滨江年鉴

2022

（总第6卷）

杭州市滨江区地方志编纂委员会 编

方志出版社
Publishing House of Local Records

图书在版编目(CIP)数据

滨江年鉴 . 2022 / 杭州市滨江区地方志编纂委员会编 . —北京 : 方志出版社 , 2022. 11
ISBN 978-7-5144-5338-6

Ⅰ . ①滨… Ⅱ . ①杭… Ⅲ . ①区 (城市) —杭州—2022 — 年鉴 Ⅳ . ① Z525.54

中国版本图书馆 CIP 数据核字 (2022) 第 232751 号

责任编辑：王娜
责任校对：刘玉霞
责任印刷：梅中英
出 版 者：方志出版社
地　　址：北京市朝阳区潘家园东里 9 号 (国家方志馆 4 层)
邮　　编：100021
网　　址：http://www.zgfzcb.cn
发　　行：方志出版社图书经销中心 (010-67110500)
印　　刷：南京凯德印刷有限公司
开　　本：889 毫米 ×1194 毫米　1/16
印　　张：31.75
字　　数：827 千字
版　　次：2022 年 11 月第 1 版
印　　次：2022 年 11 月第 1 次印刷
定　　价：280.00 元

杭州市滨江区地方志编纂委员会

顾　　问	章登峰					
主　　任	郑　迪					
副 主 任	沈　建	陈　宇	翟慧清	丁昌钰	万爱民	谢春风
委　　员	汪　栾	胡国渭	徐建刚	李庆莲	杜海涯	蒋应东
	胡嘉欢	袁海峰	夏剑兵	蔡文刚	骆小英	钟　孚
	华立军	龚赟燕	郑　丽	林春盛	来江飞	姜　黎
	李　震	周小刚	邵　臻	孙灿平	王建武	柴志冬
	郭　良	高国明	谢迎光	钱毓军	李　卓	裴　斐
	杨晓红	高　澜	宓伟庆	高德洪	史　琼	赵　铠
	胡晓辉	谭建军	吴建东	郭吉龙	汪心文	徐俏俏
	汤　茵	蒋　滢	李程旭	金文洪	王　汀	于　健
	叶春冬	陈岳敏	倪　景	张　剑		
办公室主任	汪　栾					
办公室副主任	应　军	马世炜	张　烨			

《滨江年鉴（2022）》编辑部

主　　编	汪　栾					
副 主 编	徐建刚	应　军	单敏军	王晓芸	傅国柱	方利峰
	厉玲玲	马世炜	蔡军阳	潘军刚	夏继东	季显才
	袁敏君	徐　赟				
执行主编	张　烨					
编　　辑	占监楼	杨彩霞	来玉兰	林丽萍		

奥体区块

（区委宣传部　供图）

白马湖

（区委宣传部　供图）

2021年12月28—30日，中国共产党杭州市滨江区第六次代表大会在杭州白马湖建国饭店召开　（区委宣传部　供图

2021年7月21日，杭州高新区（滨江）“亚运靓城”攻坚行动大会在杭州奥体网球中心（“小莲花”举行
（区委宣传部　供图

2021年10月27日，第二届中国自由贸易试验区发展论坛在杭州高新区（滨江）举行

（区委宣传部　供图）

2021年6月16—17日，2021年数字经济创新发展论坛在杭州高新区（滨江）举行

（区委宣传部　供图）

2021年9月10日，杭州2022年第19届亚运会倒计时一周年主题活动在杭州奥体网球中心（“小莲花”）举行

（区委宣传部　供图）

2021年8月17日，杭州高新区（滨江）全域未来社区建设推进大会召开　（区委宣传部　供图）

2021年6月8日，第七届中国杭州大学生创业大赛全国总决赛在杭州白马湖国际会展中心举行　　（区委宣传部　供图）

2021年11月3日，广脉科技股份有限公司在“新三板”精选层挂牌，该公司成为杭州市首家精选层企业、杭州高新区（滨江）第63家上市企业　　（区委宣传部　供图）

2021年11月25日，区委书记章登峰（右二）到缤纷未来社区调研　　（区委宣传部　供图）

2021年12月8日，区委书记章登峰（左二）、代区长郑迪（右一）为中共杭州高新技术产业开发区工作委员会（中共杭州市滨江区委）社会建设委员会揭牌　　（区委宣传部　供图）

2021年5月14日，区委书记王敏（右二）在中海商务中心项目现场开展安全生产检查

（区委宣传部　供图）

2021年4月7日，区委副书记、区长李志龙（右三）到浙江法之道信息技术有限公司调研

（区委宣传部　供图）

2021年2月27日，杭州奥体中心主体育场工程获“鲁班奖”　　（区委宣传部　供图）

2021年6月26日，中国动漫博物馆开馆仪式举行　　（区委宣传部　供图）

2021年9月30日，第十七届中国国际动漫节·中国网络作家村"IP直通车"专场活动举行
（区委宣传部 供图）

2021年10月16日，第八届中国国际版权博览会在杭州高新区（滨江）开幕 （区委宣传部 供图）

2021年3月5日，杭州高新区（滨江）党史学习教育动员部署会在区文化中心召开

（区委宣传部　供图）

2021年6月2日，杭州高新区（滨江）党史学习教育专题党课开班　（区委宣传部　供图）

长河革命历史纪念馆　　（区志编研室　供图）

2021年9月29日，“百年红 数智空间——杭州市党史学习教育沉浸式智慧体验馆”开馆
（区委宣传部　供图）

2021年7月14日，“潮起滨江”颂党恩红色四季理论宣讲系列活动第二季“伟大转折跟党走”在射潮广场举行

（区委宣传部　供图）

2021年6月24日至7月5日，杭州高新区（滨江）举行庆祝中国共产党成立100周年主题灯光秀

（区委宣传部　供图）

2021年4月25日，“颂歌献给党 百年谱华章”杭州市第26届“三江”歌手大赛选拔赛暨滨江区第九届业余歌手大赛在区文化中心举行

（区委宣传部　供图）

2021年5月6日，“滨朋远至 江成大业”第四届滨江国际人才节在杭州白马湖建国饭店开幕

（区委宣传部 供图）

2021年10月12日，2021第十届中国创新创业大赛生物医药全国赛开幕式暨生命健康产业发展高峰论坛在杭州白马湖国际会展中心举行

（区委宣传部 供图）

2021年10月19日，创业中华——2021侨界精英创新创业（中国·杭州）峰会在杭州高新区（滨江）开幕

（区委宣传部　供图）

2021年9月22日，浙江大学滨江研究院第一届管理委员会第二次会议暨第一届顾问委员会第一次会议召开

（区委宣传部　供图）

2021年5月13日，杭州电子科技大学滨江创新中心揭牌仪式在海外高层次人才创新创业基地举行

（区委宣传部　供图）

2021年9月7日，杭州高新区（滨江）与中国自动化集团有限公司举行战略合作签约仪式

（区委宣传部　供图）

2021年1月20日，杨林科技创业中心入选国家级科技企业孵化器　（区委宣传部　供图）

2021年12月14日，卧龙·江虹国际智汇园入选省级科技企业孵化器　（区委宣传部　供图）

2021年7月29日，杭州趣链科技有限公司入选浙江省第一批省级标准国际化示范单位

（区委宣传部　供图）

2021年3月27日，“2021和滨滨一起樱花跑”举行　　（区委宣传部　供图）

2021年4月17日，“红动浙江”马拉松启动仪式暨努力奋斗·2021浙江马拉松接力赛在闻涛路举行 （区委宣传部　供图）

2021年5月26日至6月7日，“展百年风华、看潮起滨江”杭州高新区（滨江）企业退休人员喜迎中国共产党成立100周年书画摄影展在区文化中心举行

（区人力社保局　供图）

2021年6月5日，杭州高新区（滨江）“五水共治”亲水皮划艇嘉年华活动在滨江公园启动
（区治水办　供图）

2021年6月18日，杭州高新区（滨江）举行“我的滨江时光”荣退仪式（区委宣传部　供图）

2021年9月，国信嘉园幼儿园江尚分园投入使用（区委宣传部　供图）

2021年7月10日，第六届“谁羽争锋”杭州高新区（滨江）企业羽毛球联赛开幕

（区委宣传部　供图）

2021年7月9—11日，“韵味杭州”2021田径邀请赛在杭州奥体中心主体育场（“大莲花”）举行

（区委宣传部　供图）

2021年9月3日，“从西兴出发——浙东唐诗之路影像展”暨“诗路·丝路·思路”学术研讨会在西兴古镇启动

（区委宣传部　供图）

2021年9月，杭州市钱江湾小学投入使用

（区委宣传部　供图）

2021年10月13—15日，杭州高新区（滨江）举行漫画家滨江采风暨漫画研讨会

（区委宣传部　供图）

“最美安置小区”明德明理府　　（区建管中心　供图）

长河街道山一社区孔家里　　（区治水办　供图）

编辑说明

一、《滨江年鉴》是中共杭州高新区工委(滨江区委)、杭州高新区管委会(滨江区政府)主办的地方综合年鉴,逐年记载杭州高新区(滨江)经济建设、政治建设、文化建设、社会建设、生态文明建设基本情况,为各级党政机关、研究机构,以及社会各界人士和中外投资者了解、研究杭州高新区(滨江)提供地情资料。

二、《滨江年鉴(2022)》是2017年首次出版以来的第6卷。本卷年鉴坚持以马克思列宁主义、毛泽东思想、邓小平理论、"三个代表"重要思想、科学发展观、习近平新时代中国特色社会主义思想为指导,坚持辩证唯物主义和历史唯物主义的立场、观点和方法,记述2021年杭州高新区(滨江)在建设"天堂硅谷"、打造"硅谷天堂"中的大事和要事,以及发展进程中的新特点、新问题。

三、《滨江年鉴(2022)》资料收录时限为2021年1月1日至12月31日,个别条目内容或表格中的数据适当上溯或下延。

四、《滨江年鉴(2022)》按分类法编辑,主体内容分为类目、分目、条目3个层次,以条目为主要记事单元。全书框架结构在2021卷的基础上主要有以下调整:将产业平台·特色小镇类目名称更改为产业平台,商贸服务与区域合作类目调整为商贸服务业、投资促进与区域合作2个类目,建筑业·房地产业类目调整为建筑业和房地产业管理。调整后的类目设置如下:区情概览、中共杭州高新区工委(滨江区委)、滨江区人民代表大会、杭州高新区管委会(滨江区政府)、政协滨江区委员会、中共滨江区纪律检查委员会 滨江区监察委员会、民主党派、群众团体、法治、军事、经济管理、财税·金融、高新技术产业、产业平台、科技创新、工业·农业、商贸服务业、投资促进与区域合作、城区建设与管理、建筑业和房地产业管理、环境资源、教育、文化·体育、卫生健康、人力资源、社会生活、街道、人物和荣誉。卷首彩页根据年度热点和杭州高新区(滨江)特色设置分类主题。

五、《滨江年鉴(2022)》中的统计资料均使用法定计量单位,数字用法、标点符号用法均执行国家现行规范标准。所刊载的综合性数据以区统计局核定的数据为准,未纳入统计范围的数据由各单位提供。由于统计口径不同,个别单位提供的数据与区统计局公布的数据不尽相同,引用时请注意。除特别说明外,文中数据对比均为2021年与2020年相比,"比上年"在条目中首次出现注明,后省略,"上年"指2020年,其他年份之间数据的比较均写明具体年份。区直属各单位和相关单位名称使用规范化简称。"全年""年底"和条目内未标注年份的均指2021年。《滨江年鉴(2022)》所用稿件均由各有关部门和单位提供,经各供稿单位主要负责人审核,文后署作者名,条目连续为同一作者的署一次。

六、因涵盖范围不同,书中分情况使用杭州高新区(滨江)、滨江区。

目录

特载

建设“天堂硅谷”打造“硅谷天堂”沿着习近平总书记指引的方向坚定前行——在中国共产党杭州市滨江区第六次代表大会上的报告…… 1

政府工作报告——在杭州市滨江区第六届人民代表大会第一次会议上…… 12

专记

中国共产党成立100周年庆祝活动（党史学习教育）…… 22

概况 …… 22

杭州高新区（滨江）党史学习教育动员部署会 …… 22

党史学习教育实施方案出台 …… 23

“永远跟党走，红韵耀滨江”红色接力活动 …… 23

第八届“两新”组织“七一”会演 …… 23

“两新”优秀党员成长营与“两新”党组织书记示范班 …… 23

4家红色教育阵地获评“杭州市党员干部教育培训基地” …… 23

4名微党课讲师获评“杭州市优秀党课主讲人” …… 24

“两新”组织党史学习教育 …… 24

专题学习习近平总书记在庆祝中国共产党成立100周年大会上的重要讲话精神 …… 24

三街道举行庆祝中国共产党成立100周年大会 …… 25

全省政协系统首部微纪录片发布 …… 25

党史学习教育市委宣讲团到杭州高新区（滨江）宣讲 …… 25

党史学习教育主题党日活动 …… 25

“亚运靓城”攻坚行动 …… 26

概况 …… 26

10条道路提升改造 …… 26

10个公园建设 …… 26

沿江区域提升改造项目 …… 27

亚运会场馆优化提升 …… 27

火炬大道（时代大道—滨文路）整治工程 …… 27

江南大道（东信大道—西兴立交）地面道路拓宽改造工程 …… 27

区体育馆改造工程 …… 27

中国（浙江）自由贸易试验区杭州片区滨江区块建设…… 28

概况 …… 28

中国（浙江）自由贸易试验区杭州片区滨江区块建设推进大会 …… 28

自贸试验区滨江区块首批4家银行自贸区支行揭牌 …… 28

“关银—KEY通”项目电子口岸合作制卡代理点开办 …… 29

第二届中国自由贸易试验区发展论坛在杭州高新区（滨江）举行 …… 29

年度聚焦

"三大主题年"活动 …… 30
共同富裕示范区建设 …… 31
数字化改革推进 …… 32

大事记

1月 …… 33
2月 …… 34
3月 …… 34
4月 …… 34
5月 …… 35
6月 …… 36
7月 …… 36
8月 …… 37
9月 …… 38
10月 …… 38
11月 …… 39
12月 …… 40

区情概览

自然概貌 …… 41
位置面积 …… 41
地貌特征 …… 41
气候特征 …… 41
六大天气气候事件 …… 42
建置区划 …… 42
建置沿革 …… 42
行政区划 …… 43
人口状况 …… 44
户籍人口 …… 44
流动人口 …… 44
人口迁移 …… 44
经济建设 …… 44
地区生产总值增长11.3% …… 44
财政收支平稳增长 …… 44
创新平台布局 …… 45
产业投资发展加速 …… 45
市场主体不断壮大 …… 45
创新成果持续增长 …… 45
硕博人才占人才引进总量24.6% …… 45
政治建设 …… 45
中国共产党杭州市滨江区第六次代表大会召开 …… 45
法治人大推进区域治理 …… 46
民生实事项目全部完成 …… 46
新时代政协工作机制探索 …… 46
清廉滨江建设 …… 46
文化建设 …… 46
教育优先发展 …… 46
中国动漫博物馆开馆 …… 47
浙江数字文化国际合作区入选第二批国家文化出口基地名单 …… 47
社会建设 …… 48
"平安滨江"深化 …… 48
"健康滨江"推进 …… 48
社会保障力度加大 …… 48
生态文明建设 …… 48
环境质量与上年持平 …… 48
"无废城市"建设 …… 48
"美丽杭州"建设推进 …… 48

中共杭州高新区工委（滨江区委）

综　述 …… 49
概况 …… 49
经济高质量发展 …… 49
创新创业生态优化 …… 49
全面深化改革 …… 49

基层组织建设 …… 50
管党治党从严推进 …… 50
宣传和意识形态工作深化 …… 50
新时代统战工作拓展 …… 50
重要会议…… 50
区委五届十一次全体(扩大)会议 …… 50
区委常委会和书记专题会议 …… 51
“亚运靓城”攻坚行动大会 …… 51
全域未来社区建设推进大会 …… 51
“六讲六做”大宣讲行动动员部署会 …… 51
中共杭州市滨江区委六届一次全体(扩大)会议 …… 52
重要决策…… 52
“三大主题年”攻坚行动实施方案审议通过 …… 52
党史学习教育实施方案审议通过 …… 52
街道工业园提升改造“腾笼换鸟”计划实施方案审议通过 …… 52
“亚运靓城”攻坚行动方案审议通过 …… 53
全域未来社区建设实施方案审议通过 …… 53
清廉滨江建设实施方案审议通过 …… 53
“双减”实施办法审议通过 …… 53
组织工作…… 53
概况 …… 53
“覆盖攻坚”专项行动 …… 54
“两新”党建经验全省推广 …… 54
“双强”品牌建设 …… 54
“暖滨心”项目获评2021年度杭州市机关党建品牌 …… 54
理论武装铸魂工程 …… 54
《数字力评价体系(治理版)》出台 …… 55
同辈导师项目 …… 55
数字力研习营 …… 55
全国性干部教学基地建设 …… 55
公务员一件事线上办理 …… 55
选调生招录 …… 55
干部人事档案管理 …… 56
宣传工作…… 56
概况 …… 56
对外宣传成效显著 …… 56
城市文化建设 …… 56
党委信息 …… 57
区委理论学习中心组专题学习会 …… 57
硅谷创新论坛报告会 …… 57
白马湖市民大讲堂 …… 57
统一战线工作…… 59
概况 …… 59
民营企业统战示范创建工作推进会 …… 60
民主党派工作会议 …… 60
同心·众创基金·金融赋能行动启动 …… 60
新的社会阶层人士联谊会“董秘圆桌会”启动 …… 60
新的社会阶层人士统战工作接受中央媒体采访 …… 61
区知联会换届选举大会 …… 61
上市企业“同心荟”全覆盖 …… 61
机构编制…… 62
概况 …… 62
行政机构调整 …… 62
事业机构调整 …… 62
公务员招录和保障工作 …… 62
信访工作…… 62
概况 …… 62
信访工作机制完善 …… 63
访源治理 …… 63
信访积案化解 …… 63
信访业务水平提升 …… 63
“136”格局构建 …… 63
党史研究…… 63
概况 …… 63
红色教育场馆建设 …… 63
“我的滨江时光”老物件巡回展 …… 64
微电影《出发,莫斯科》首映 …… 64
老干部工作…… 64
概况 …… 64
机关退休干部文化班 …… 64
退休干部到基层看变化 …… 64
“暖滨心”干部关心关爱实事介绍会 …… 65
综合考评和督查…… 65
概况 …… 65

市级综合考评 …… 65
区本级综合考评 …… 65
上级党委工作督查 …… 66
区本级党委工作督查 …… 66
"七张问题清单"亮晒整改工作机制出台 …… 66

滨江区人民代表大会

综　述 …… 67
概况 …… 67
"法治人大"建设 …… 67
"民生人大"建设 …… 67
"智慧人大"建设 …… 68
重要会议 …… 68
区五届人大五次会议 …… 68
区人大常委会会议 …… 69
人大常委会重要事项 …… 71
省人大常委会领导到滨江调研 …… 71
市人大常委会领导到滨江调研 …… 71
区人大代表换届选举 …… 71
人大宣传工作 …… 71
人事任免 …… 71
视察与监督 …… 74
概况 …… 74
《杭州市居家养老服务条例》执法检查 …… 74
过渡用房专题询问 …… 75
"平安护航建党百年"大排查大整治工作专题督查 …… 75
部分重点工程监督 …… 75
人大代表工作 …… 78
概况 …… 78
代表联络站建设 …… 78
人大代表建议办理 …… 78
人大街道工委工作 …… 78
概况 …… 78
区人大西兴街道工委活动 …… 78
区人大长河街道工委活动 …… 79
区人大浦沿街道工委活动 …… 79

杭州高新区管委会（滨江区政府）

综　述 …… 80
概况 …… 80
数字化改革持续推进 …… 80
滨富特别合作区建设 …… 80
高能级创新平台布局 …… 80
科技成果丰硕 …… 81
教育高质量发展 …… 81
重要政事 …… 81
区管委会、政府会议 …… 81
杭州奥体中心主体育场工程获鲁班奖 …… 86
科技新政"20条"出台 …… 86
公安部检测中心滨江实验室揭牌 …… 86
杭州高新区（滨江）与中科曙光公司、中国自动化集团签署战略合作协议 …… 86
上市公司新增10家 …… 87
政府信息 …… 87
政务公开 …… 87
概况 …… 87
主动公开政府信息 …… 87
依申请公开政府信息 …… 87
信息管理质量提升 …… 87
政务督查 …… 88
概况 …… 88
国务院、省、市政府涉区项目督查 …… 88
市人大代表建议和政协委员提案办理 …… 88
区人大代表建议和政协委员提案办理 …… 88
区政府民生实事项目督查 …… 88
数据资源管理 …… 90
概况 …… 90
一体化智能化公共数据平台建设 …… 90
组件共建共享 …… 91
"浙政钉""浙里办"两端建设 …… 91
数智治水（内涝智治）系统上线 …… 91
数字化改革体制机制建立 …… 91

《杭州高新区（滨江）数字化改革总体方案》
出台 …… 91
首席数据官制度 …… 91
数字化改革理论体系建设 …… 91
电子政务 …… 92
概况 …… 92
会议无纸化技术支持 …… 92
信息技术基础设施保障 …… 92
网络运行安全保障 …… 92
政务应用系统运维 …… 92
应急管理 …… 92
概况 …… 92
重点领域安全管理 …… 93
危化品从业单位安全监管 …… 93
安全执法检查 …… 93
森林防火灭火 …… 93
安全知识培训 …… 94
防汛防台 …… 94
消防管理 …… 94
概况 …… 94
消防执法规范化建设 …… 94
在线直播电动车火灾实验 …… 95
消防宣传进社区 …… 95
冠山社区消防治理新模式在全区推广 …… 95
消防安全综合演练 …… 95
告知承诺管理制度正式运行 …… 96
全省商业综合体灭火救援准备推进会在
杭州高新区（滨江）召开 …… 96
行政审批和服务 …… 96
概况 …… 96
集成服务改革工作省市领先 …… 96
“就近办”扩面提速 …… 96
全省“一网通办”示范大厅创建成功 …… 97
线上线下融合咨询服务体系 …… 97
区“放管服”改革协调机构成立 …… 97
投资项目审批优化 …… 97
机关内部“最多跑一次”平台迭代升级 …… 98
“跨省通办”战略合作 …… 98
公共资源交易 …… 98
概况 …… 98
“政采云”在线交易 …… 98
5个行业标准出台 …… 98
“e见证”数字开标直播注册国家商标 …… 98
远程异地“评审e站”建设 …… 99
数字见证系统启用 …… 99
外　事 …… 99
概况 …… 99
30多个国家驻华使节到杭州高新区（滨江）
企业考察 …… 99
驻华使节浙江行参访团到杭州高新区（滨江）
参访 …… 99
东帝汶国家馆（浙江馆）在杭州高新区（滨江）
揭牌 …… 99
侨　务 …… 100
概况 …… 100
“访侨企送服务”活动 …… 100
海外留学生滨江行活动 …… 100
侨企“三为”实践活动 …… 100
港澳台事务 …… 100
概况 …… 100
港澳籍人士及家属慰问 …… 100
市委统战部负责人调研香港创新创业
服务中心 …… 101
香港杭州高新区（滨江）两地社区结对
签约 …… 101
贺一诚考察缤纷未来社区 …… 101
台湾事务 …… 101

政协滨江区委员会

综　述 …… 102
概况 …… 102
政协工作宣传 …… 102
文史研究成果 …… 102
重要会议 …… 102
区政协二届五次会议 …… 102
区政府区政协联席会议 …… 103
区政协常委会会议和主席会议 …… 103

协商议政…… 105
概况 …… 105
提案办理协商 …… 106
完善3岁以下婴幼儿托育服务体系专题协商议政 …… 106
知识产权综合平台服务与保护专题协商议政 …… 106
家校社协同育人机制专题协商议政 …… 106
安置房小区物业管理专题协商议政 …… 107
与未来社区相匹配的社工队伍建设专题协商议政 …… 107
民主监督…… 111
概况 …… 111
民生实事项目专项监督 …… 111
重大投资和民生实事项目视察监督 …… 112
“推进美丽大花园建设”专项集体民主监督 …… 112
地铁口序化民主监督 …… 112
市场监管执法民主监督 …… 112
“亚运靓城”攻坚行动视察监督 …… 112
凝聚共识…… 113
概况 …… 113
政协系统中共建设推进 …… 113
“高新情·政协缘——我和滨江政协”主题征文 …… 113
区政协党史学习教育 …… 113
书香政协活动 …… 113
界别活动月 …… 114
“同心筑梦心向党”书画笔会 …… 114
凝聚共识实施意见出台 …… 114

中共滨江区纪律检查委员会 滨江区监察委员会

综　述…… 115
概况 …… 115
政治生态优化 …… 115
清廉国企建设 …… 115
清廉单元建设工作深化 …… 116
亚运建设专项监督 …… 116
漠视侵害群众利益问题专项治理 …… 116
重要会议和活动…… 116
区纪委五届六次全会 …… 116
街道纪工委监察办和派驻纪检监察组述职大会 …… 117
区纪委监委党史学习教育 …… 117
党风廉政建设…… 117
概况 …… 117
党风廉政风险防控排查 …… 117
日常监督项目化管理 …… 118
社区居务监督专题培训 …… 118
廉政风险防控分类管理机制 …… 119
执纪审查与监察调查…… 119
概况 …… 119
案件办理 …… 119
案件质量考核自查 …… 119
巡察工作…… 119
概况 …… 119
五届区委第七轮、第八轮11家单位党组织巡察整改情况回访督查 …… 120
五届区委第十轮巡察 …… 120
2021年度区委巡察工作动员部署会 …… 120
五届区委巡察“回头看” …… 121
市委巡察指导督导 …… 121
五届区委巡察全覆盖工作情况 …… 121

民主党派

民革杭州高新区（滨江）基层委员会 …… 122
概况 …… 122
直播电商产业发展的建议 …… 122
高端制造业集群发展的建议 …… 122
高空抛物判罚问题的建议 …… 122
“送法进企”普法宣传活动 …… 123

“碳达峰、碳中和”主题联合支部活动 ……… 123
“参政议政践初心、集智聚力迎国庆”党员活动 ……… 123
民盟杭州高新区(滨江)基层委员会 …… 123
概况 ……… 123
“送你一把健康伞”活动 ……… 124
以高技术产业标准研究助推“新制造业计划”发展的建议 ……… 124
公共卫生应急保障体系完善的建议 ……… 124
中考新政与备考策略专场咨询 ……… 125
民建杭州高新区(滨江)基层委员会 …… 125
概况 ……… 125
民建参政议政 ……… 125
民建议政日活动 ……… 125
民建社会服务活动 ……… 126
省数字化改革大会精神解读讲座 ……… 126
民进杭州高新区(滨江)基层委员会 …… 126
概况 ……… 126
组织活动模式创新 ……… 126
民进参政议政 ……… 126
特殊群体关爱 ……… 127
“同心筑梦跟党走,喜迎亚运红歌颂”红歌比赛 ……… 127
农工党杭州高新区(滨江)基层委员会 …… 127
概况 ……… 127
农工党参政议政 ……… 128
农工党社会服务活动 ……… 128
微视频《唱支红歌给党听》获一等奖 ……… 128
“农工之家”设立 ……… 128
致公党杭州高新区(滨江)总支部 ……… 129
概况 ……… 129
致公党参政议政 ……… 129
致公党庆祝中国共产党成立100周年活动 ……… 129
致公党专项民主监督 ……… 130
“我心中的未来社区”圆桌会 ……… 130
致公明志讲堂 ……… 130
九三学社杭州高新区(滨江)基层委员会 …… 130
概况 ……… 130
九三学社参政议政 ……… 131
九三人文大讲堂——宋代点茶 ……… 131
九三学社革命传统教育 ……… 131
九三学社“科技下乡” ……… 131

群众团体

杭州高新区(滨江)总工会 ……… 132
概况 ……… 132
技能提升行动 ……… 132
全区首个“劳模工匠之家” ……… 132
区总工会四届四次全委(扩大)会议 ……… 133
五一劳动奖章和奖状获得者 ……… 133
“浙江工匠”获得者 ……… 133
2人获评“杭州市职工经济技术创新能手” ……… 133
“926工匠公园”开工建设 ……… 134
工资集体协商业务培训 ……… 134
3个街道同步组建新就业形态联合工会 ……… 134
共青团杭州高新区(滨江)委员会 ……… 134
概况 ……… 134
社区团组织换届选举 ……… 135
志愿服务十大行动发布 ……… 135
志愿服务项目评审 ……… 135
青少年红色研学活动 ……… 136
“共青团与人大代表、政协委员面对面”活动 ……… 136
主题团日活动 ……… 136
团区委培训工作 ……… 136
“亲青恋”系列活动 ……… 136
“滨江青年说”系列活动 ……… 137
青年说“法”系列活动 ……… 137
杭州高新区(滨江)妇女联合会 ……… 137
概况 ……… 137
全区社区妇联换届选举工作完成 ……… 138
“她力量”女性宣讲团成立 ……… 138
市级示范儿童之家验收 ……… 138
“爱,就留在滨江”联谊活动 ……… 138
企业、园区妇联成立 ……… 138

杭州市滨江区社会组织联合会妇联成立 …… 139
“巾帼反诈进万家”工作推进会暨电信网络反诈知识专题培训 …… 139
妇儿工委工作暨“十四五”妇女儿童规划征求意见会 …… 140
女性健康“暖心”公益行 …… 140
8个家庭教育体验点全市首发 …… 140
全区妇女干部培训班 …… 140
杭州高新区(滨江)科学技术协会 …… 140
概况 …… 140
“科普中国”推广成果 …… 141
反邪教理论研究成果 …… 141
科技活动周和科普宣传周 …… 141
六校反邪教联盟宣传教育活动 …… 141
杭州高新区(滨江)归国华侨联合会 …… 141
概况 …… 141
区第二次归侨侨眷代表大会 …… 141
区侨联二届一次主席(扩大)会议 …… 142
“侨心向党·爱我中华”红歌联唱活动 …… 142
为侨服务月启动仪式暨侨海报国论坛举行 …… 142
2021侨界精英创新创业(中国·杭州)峰会 …… 143
“海外侨领杭州行——走进滨江”活动 …… 143
杭州高新区(滨江)工商业联合会 …… 143
概况 …… 143
上级工商联领导到杭州高新区(滨江)调研 …… 143
“亲清直通车·政企恳谈会”活动 …… 144
区工商联结对帮扶 …… 144
《企业经济犯罪刑事合规暂行办法》出台 …… 144
“献礼百年华诞、百企送祝福”活动 …… 144
6家企业入围中国民营企业500强 …… 144
新生代企业家联谊会新一届会员代表大会暨青年商会成立大会 …… 145
生物医药创新联盟(BIA)周年庆 …… 145
滨江区文学艺术界联合会 …… 145
概况 …… 145
文艺作品再创佳绩 …… 145
“新春送福写春联,滨滨留你过大年”活动 …… 146
“高新味道”小程序推出 …… 146
“从西兴出发——浙东唐诗之路影像展”启动 …… 146
首届国际体育幽默画展启动 …… 147
中国网络作家村第四次村民大会暨“村民日”活动 …… 147
杭州高新区(滨江)残疾人联合会 …… 147
概况 …… 147
残疾人专项扶持 …… 147
“有爱无碍”系列活动 …… 148
区残疾人专门协会年度工作推进会 …… 148
“残疾人之家”活动 …… 149
区残联“六进六讲”宣讲活动 …… 149
残疾人各专门协会更名 …… 149
首届“掌阅作书匠”残疾人居家就业培训 …… 150
“社区微型残疾人之家”试点建设 …… 150
区孤独症人士及亲友协会成立 …… 150
杭州高新区(滨江)红十字会 …… 150
概况 …… 150
基层红会组织建设 …… 151
百次无偿献血者新增6人 …… 151
2例造血干细胞成功捐献 …… 151
区红十字会第三次会员代表大会 …… 151
“情暖滨江·红十字博爱送温暖”活动 …… 152
第74个“5·8”世界红十字日活动 …… 152
在省、市级应急救护师资授课技能大赛获奖 …… 152

法　治

政法委及综治 …… 153
概况 …… 153
平安考核居全省第五位 …… 153
平安法治直通车系列宣传活动 …… 153
反诈联盟组织建立 …… 153

3个数字法治应用场景获评金奖应用 ……… 154
政法队伍教育整顿 ……… 154
滨江区法学会第二次会员代表大会 ……… 154
区信访局在区委政法委挂牌 ……… 154
法治政府建设 ……… **155**
概况 ……… 155
法治化营商环境优化 ……… 155
行政决策法治化 ……… 155
普法宣传 ……… 156
基层依法治理推进 ……… 156
法治政府建设实践创新 ……… 156
行政争议化解 ……… 156
公　安 ……… **157**
概况 ……… 157
智慧安防建设 ……… 157
滨江“VANKRI” App系列网络诈骗案侦破 ……… 157
杭州市首个“互联网反诈联盟”成立 ……… 157
“团圆行动”助力家庭团圆 ……… 158
全省首个网络主题公园落户滨江互联网小镇 ……… 158
检　察 ……… **158**
概况 ……… 158
案件受理审查 ……… 159
检察数字化改革 ……… 159
企业经济犯罪合规工作 ……… 159
检律定期会商机制 ……… 159
“以法之名，守护少年的你”宣传系列活动 ……… 159
政法队伍教育整顿 ……… 160
知识产权检察办公室成立 ……… 160
1个案件获评全省检察机关社会治理精品案例 ……… 160
青少年互动式法治体验馆 ……… 160
法　院 ……… **161**
概况 ……… 161
刑事案件审判 ……… 161
民商事案件审判 ……… 161
行政案件审理 ……… 162
执行工作 ……… 162
知识产权案件审理 ……… 162
繁简分流改革试点 ……… 162
数字法院建设 ……… 162
助力营商环境优化 ……… 162
区法院党史学习教育 ……… 162
“一码解纠纷”迭代升级 ……… 162
白马湖人民法庭揭牌 ……… 163
司法行政 ……… **163**
概况 ……… 163
部级智慧矫正中心创建 ……… 163
律师行业管理 ……… 163
“浙里连心”获全省推广 ……… 164
市场化调解模式运用 ……… 164
社区人民调解委员会换届 ……… 164
物联网产业园法律驿站启用 ……… 164
“安置帮教一件事”改革 ……… 164
全市首家民法典主题公园开园 ……… 164
西兴司法所成功创建省“枫桥式”司法所 ……… 165
劳动仲裁 ……… **165**
概况 ……… 165
协调劳动关系三方联动 ……… 165
劳动争议案件调解提速 ……… 165
企业劳动用工诊断评估 ……… 165

军　事

人民武装部 ……… **166**
概况 ……… 166
理论学习和政治教育 ……… 166
党管武装制度落实 ……… 166
首长机关和民兵训练 ……… 166
基层规范化建设 ……… 166
征兵工作 ……… 167
学生军训 ……… 167
部机关安全管理 ……… 167
人民防空 ……… **167**
概况 ……… 167

"工地一码通"应用提升 …… 167
人防宣传 …… 168
人防工程全生命周期系统建设 …… 168

经济管理

综合经济管理 …… **169**
概况 …… 169
投资管理 …… 169
平台发展 …… 169
上市服务 …… 169
产业规划 …… 169
未来社区建设 …… 170
自贸区建设 …… 170
营商环境优化 …… 170
基础设施完善 …… 170
经济和信息化管理 …… **171**
概况 …… 171
产业项目推进 …… 171
企业服务 …… 171
2家企业入选国家小型微型企业创业创新示范基地名单 …… 171
3家园区获评省数字化示范小微企业园 …… 172
2家企业获评第六批制造业单项冠军 …… 172
数字经济综合评价排名居全省第一位 …… 172
市场监督管理 …… **172**
概况 …… 172
网络交易监管 …… 173
食品安全监管 …… 173
医疗器械质量监管 …… 173
化妆品监管 …… 173
特种设备安全监管 …… 174
农贸市场创先争优 …… 174
民生药事服务站建设 …… 174
咨询服务模式改进 …… 174
商事服务数字办理 …… 175
企业数字服务优化 …… 175
3家企业入选首批省级标准国际化试点、示范单位 …… 175
质量发展大会 …… 175
统计管理 …… **176**
概况 …… 176
综合统计分析 …… 176
火炬统计 …… 176
统计法治建设 …… 176
统计数字化改革 …… 177
工业统计 …… 177
服务业统计 …… 177
贸易统计 …… 177
建筑业统计 …… 177
固定资产投资统计 …… 177
劳动工资统计 …… 178
采购经理调查 …… 178
基本单位名录库维护 …… 178
住户和劳动力调查 …… 178
社情民意调查 …… 178
审计监督 …… **178**
概况 …… 178
财政管理和预算执行审计 …… 178
经济责任审计 …… 179
政府投资项目审计 …… 179
行政事业审计 …… 179
大数据审计 …… 179
审计整改 …… 179
国有资产管理 …… **179**
概况 …… 179
城投类国有企业业务模式调整 …… 180
国有企业监管 …… 180
国有企业融资 …… 180
国有资本和国有企业调整 …… 180

财税·金融

财　政 …… **181**
概况 …… 181

财政收入量质齐升 …………………………… 181
企业发展服务 ……………………………… 181
民生事业改善 ……………………………… 181
城市建设保障 ……………………………… 182
财政改革深化 ……………………………… 182
财政监督管理 ……………………………… 182
税 务 …………………………………… **182**
概况 ………………………………………… 182
税收优惠助企减负 ………………………… 183
智慧税务滨江样本 ………………………… 183
信用等级评价优化 ………………………… 183
税收风险管理 ……………………………… 183
非税收入征管职责划转 …………………… 183
跨境贸易税收服务探索 …………………… 184
金 融 …………………………………… **184**
概况 ………………………………………… 184
上市企业培育 ……………………………… 187
上市后备企业培训 ………………………… 187
上市后备企业梯队建设 …………………… 188
杭州高新区（滨江）与中国银行浙江省分行达成战略合作 …………………………… 188

高新技术产业

综 述 …………………………………… **189**
概况 ………………………………………… 189
2个数字化改革项目获评省级应用项目 …… 190
大数据试点示范项目入围数量居全省第一位 ………………………………………… 190
2家企业入选省级信息技术与制造业融合发展试点示范名单 ……………………… 190
人才工作数字化一体平台推出 …………… 191
通信设备产业 ………………………… **191**
概况 ………………………………………… 191
新华三集团入选网络安全技术成熟度曲线报告“典型供应商” …………………… 191
三维通信公司获“应急通信解决方案优秀奖” ………………………………………… 192
东信北邮公司项目获中国电子学会科学技术一等奖 ……………………………… 192
信息软件产业 ………………………… **192**
概况 ………………………………………… 192
品茗股份公司“科创板”上市 ……………… 192
8家企业入选软件和信息技术服务竞争力百强 ……………………………………… 193
启明星辰集团数据时代总部落地杭州高新区（滨江） ……………………………… 193
省级首版次软件产品应用推广指导目录入选数居全省第一位 …………………… 193
2021网易未来大会 ………………………… 194
安恒信息公司项目获国家级信息技术应用创新安全优秀解决方案 ………………… 195
物联网产业 …………………………… **195**
概况 ………………………………………… 195
新华三公司入选杭州“链主工厂”名单 …… 195
海康威视公司与华新水泥公司合作推进水泥行业数字化转型 ……………………… 196
大华股份公司发布新战略 ………………… 196
新迪公司“3D云盘”入选工业互联网App优秀解决方案 …………………………… 196
安防产业 ……………………………… **196**
概况 ………………………………………… 196
海康威视公司与公安部道路交通安全研究中心共建实验室 ……………………… 197
宇视科技公司入选中国网络安全矩阵第一梯队 …………………………………… 197
大华股份公司与万华化学公司签署战略合作协议 ………………………………… 197
大立科技公司与夜视研究院集团达成战略合作 …………………………………… 197
国自机器人公司项目入选省级“尖兵”研发攻关计划 ……………………………… 198
迪普科技公司视频网安全运营解决方案获安博会“金鼎奖” ……………………… 198
集成电路产业 ………………………… **198**
概况 ………………………………………… 198
万高科技公司获评2021年浙江省半导体行业创新力企业 ………………………… 198

宇称电子公司推出新芯片 …………………… 198
杭州国芯公司产品获“中国芯”优秀市场表现产品奖 …………………… 199
士兰微电子公司获“2021年度硬核中国芯”2项大奖 …………………… 199
联芸科技公司发布整机专用固态硬盘主控芯片 …………………… 199
生物医药与健康产业 …………………… 199
概况 …………………… 199
浙江大学滨江研究院建设生命健康领域三大中心 …………………… 200
诺辉健康公司上市 …………………… 200
优思达公司与中科院医学所签署合作协议 …………………… 201
杭州高新区（滨江）首个智慧型生命健康教育基地授牌 …………………… 201
博日科技公司与省疾控中心共建技术研究中心 …………………… 201
泰格医药公司与2家公司共同成立生物医药产业基金 …………………… 201
堃博医疗公司港股上市 …………………… 202
时迈药业公司项目获2021年“创客中国”全国总决赛二等奖 …………………… 202
杭州高新区（滨江）数字疗法产业园首次参加国际研讨会 …………………… 202
生物医药创新联盟周年庆 …………………… 202
11个项目入选杭州市生物医药产业发展资助项目 …………………… 202
新能源产业 …………………… 203
概况 …………………… 203
纳晶科技公司获“最具价值光电材料品牌”奖 …………………… 203
零跑科技公司获谷歌Waymo自动驾驶算法挑战赛第一名 …………………… 203
英飞特电子公司产品入选美国照明工程协会成果报告 …………………… 204
大和热磁公司承办2021年中国石英新材料产业大会 …………………… 204
正泰新能源公司发布新产品 …………………… 204
节能环保产业 …………………… 204
概况 …………………… 204
哲达科技公司项目入选长三角G60科创走廊第三批工业互联网平台推荐目录 …………………… 205
优特电源公司入选智能照明百强企业名单 …………………… 205
中国空分公司产品入选数字化转型技术应用类典型场景库 …………………… 205

产业平台

白马湖生态创意城 …………………… 206
概况 …………………… 206
白马湖生态创意城获评浙江省重点文化产业园区 …………………… 206
VR数字产业园项目签约 …………………… 206
“网络文学IP直通车”一周年活动 …………………… 206
白马湖党群服务中心嘻番图书馆挂牌 …………………… 207
白马湖文化创意产业研究基地签约入驻 …………………… 207
白马湖郎园孵化器入选市级科技企业孵化器 …………………… 207
大丰实业公司杭州文创总部结顶 …………………… 207
白马湖健康状况评价报告发布 …………………… 207
长河工业园区一期整治提升项目开工建设 …………………… 208
智慧新天地 …………………… 208
概况 …………………… 208
7个产业项目新落点（拟落点）智慧新天地区域 …………………… 208
启明医疗生命健康产业园开工建设 …………………… 208
“吉利寰球互联网+新能源产品产业化基地”完成主体结构验收 …………………… 209
5条道路开工建设 …………………… 209
滨江数字健康小镇纳入第七批省级特色小镇创建名单 …………………… 209
7个项目加快建设 …………………… 209
2条道路竣工 …………………… 210

物联网产业园 …… **210**
概况 …… 210
18家企业入选贸易外汇收支便利化试点名单 …… 210
国际化数字贸易生态体系搭建 …… 210
物联网产业园企业长效服务机制 …… 211
园区新冠肺炎疫情防控常态化开展 …… 211
5座企业楼宇主体结顶 …… 211
物联网产业社区挂牌启用 …… 211
医惠科技公司总部大楼投入使用 …… 212
安恒信息公司新一代网络安全产品产业化基地项目开工建设 …… 212
长三角物联网产业链共同体成立仪式在杭州高新区（滨江）举行 …… 212
宏杉科技公司产品获“2021信息技术优秀产品”奖 …… 212
海康威视公司产品入选世界互联网领先科技成果名单 …… 212
云趣数科公司项目获评国家工业应用领域区块链优秀应用案例 …… 212
滨江物联网小镇 …… 213
物联网产业园党史学习教育 …… 213
互联网经济产业园 …… **213**
概况 …… 213
PingPong科技产业产品化基地项目开工建设 …… 213
北塘河大讲堂 …… 214
浙江省建筑设计研究院滨江新大楼项目落地 …… 215
互联网现代服务业创新发展区 …… 215
新增2家国家级工业设计中心 …… 215
万朋科创中心生产基地开工建设 …… 215
长川科技公司集成电路高端智能制造基地开工建设 …… 215
滨江互联网小镇 …… 216
滨江智造供给小镇 …… 216
创业慧康公司项目入选国家“5G+医疗健康”应用试点项目名单 …… 216
杭州高新区（滨江）富阳特别合作区 …… **216**
概况 …… 216
富芯半导体模拟芯片项目开工建设 …… 217
杭州正泰新能源智能制造项目开工建设 …… 217
东方通信智能制造基地项目开工建设 …… 217
杭新景灵桥互通迁改项目 …… 217
富春湾大道（二期）项目 …… 217
王家宕路（滨富路）工程 …… 218
同登路（小源溪至灵礼路）工程 …… 218
小源溪东侧景观带工程 …… 218
江北科技园 …… **218**
概况 …… 218
882家企业落户江北科技园 …… 218
302家企业南迁 …… 218
“西新会”对接交流会 …… 219
新一轮“1+X”政策专场培训会 …… 219
高新技术企业申报实操培训会 …… 219

科技创新

综　述 …… **220**
概况 …… 220
中国创新创业大赛浙江赛区总决赛在杭州高新区（滨江）举行 …… 220
产业链创新图谱上线 …… 221
科技企业孵化器 …… **221**
概况 …… 221
区科创中心 …… 221
东部软件园 …… 221
万轮科技园 …… 222
杭州华业高科技产业园 …… 222
杭州天和高科技产业园 …… 222
华城和瑞科技园 …… 223
“5050计划”加速器 …… 223
高新汇·三维信息科技园 …… 223
金绣国际孵化器 …… 223
杨林科技创业中心 …… 223
新增4家省级科技企业孵化器 …… 224
众创空间 …… **224**
概况 …… 224

LinBox中太创业空间 …… 224
H2中瑞智慧医疗创新中心 …… 224
Phenix Lab众创空间 …… 225
杭州智慧物联创新中心 …… 225
MIRACLE众创空间 …… 225
楼友会 …… 225
招商创库·杭州 …… 225
鲲AI空间 …… 225
六和桥众创空间 …… 226
创新主体培育 …… 226
概况 …… 226
高新技术企业培育 …… 226
省创新型领军企业培育 …… 227
国家科技型中小企业培育 …… 227
省科技型中小企业培育 …… 227
科技型企业研发费用补助 …… 227
“雏鹰计划”企业培育 …… 227
科技管理 …… 227
概况 …… 227
36个项目获批省级研发攻关计划立项 …… 227
42个项目获批国家、省重大科技专项配套项目 …… 228
高新技术企业服务 …… 230
15家企业入选省高新技术企业技术创新能力百强榜单 …… 231
科技合作与交流 …… 231
概况 …… 231
北京航空航天大学杭州创新研究院 …… 231
浙江大学滨江研究院 …… 232
杭州极弱磁场重大科技基础设施研究院 …… 232
杭州中科国家技术转移中心 …… 232
杭州长光产业技术研究院 …… 232
杭州电子科技大学滨江创新中心揭牌 …… 232
科技研发载体 …… 232
概况 …… 232
市级研发中心建设 …… 233
省级研发中心建设 …… 233
省级企业研究院建设 …… 237
省重点企业研究院建设 …… 237
浙江省高端模拟芯片重点企业研究院 …… 238
浙江省开关电源技术重点企业研究院 …… 238
浙江省当虹智能视频重点企业研究院 …… 238
浙江省鸿运华宁抗体新药重点企业研究院 …… 238
新认定3家省级国际科技合作载体 …… 239
新认定11家市级企业创新联合体 …… 239
浙江省极弱磁空间及应用技术重点实验室 …… 239
浙江省多维感知技术应用与安全重点实验室 …… 240
院士专家工作站建设 …… 240
科技成果及应用 …… 240
概况 …… 240
智能型科技情报挖掘和知识服务关键技术及其规模化应用 …… 240
29个项目获浙江省科学技术奖 …… 240
科技创新产业扶持基金运营 …… 242
概况 …… 242
泰鲲基金 …… 242
芯岚微基金 …… 242
浙能基金 …… 242
泰誉基金 …… 242
滨盈基金 …… 242
鋆昊基金 …… 243
光云二期基金 …… 243
知识产权（专利） …… 243
概况 …… 243
全球产业科技发现与科创服务平台上线运行 …… 243
加强知识产权工作的实施意见出台 …… 244
知识产权转化运用 …… 244
知识产权保护 …… 244
43家企业入选杭州市专利示范试点企业名单 …… 244
中国物联网产业知识产权运营中心落户杭州高新区（滨江） …… 246
知识产权宣传周 …… 246
27家企业入选浙江省专利创造百强企业名单 …… 246
新增5项中国专利奖 …… 247

全国首单基于区块链的数据知识产权质押融资签约举行 …… 247
知识产权区块链公共存证平台被列入省自贸区建设“十大成果” …… 247

工业·农业

工　业 …… **248**
概况 …… 248
制造业高质量发展综合指数居全省第一位 …… 249
7家企业入选专精特新“小巨人” …… 249
制造业高质量发展2021年行动计划编制完成 …… 249
智能物联产业发展规划编制完成 …… 249
2家企业入选工业和信息化部制造业单项冠军示范企业名单 …… 250
21家企业获评市级“未来工厂”培育企业 …… 250
中控技术公司入选省级“未来工厂”试点建设 …… 250
农　业 …… **250**
概况 …… 250
《杭州市滨江区粮油生产补贴资金管理办法》出台 …… 251
钱塘江禁渔期监督管理 …… 251
渔业增殖放流 …… 251
动植物疫病防控 …… 251
新增2家市级农业龙头企业 …… 252
农村集体经济数字管理系统基础数据归集工作培训班 …… 252
动物防疫和兽药经营管理工作培训会 …… 252

商贸服务业

进出口贸易 …… **253**
概况 …… 253
一达通公司被认定为省外贸综合服务示范企业 …… 255
外贸支持政策 …… 255
国际货运专题工作会议 …… 255
RCEP线上培训 …… 255
服务贸易 …… **255**
概况 …… 255
服务贸易系统申报 …… 257
服务贸易企业扶持 …… 257
38家企业入选浙江省数字贸易百强榜 …… 257
批发和零售业 …… **257**
概况 …… 257
农贸市场菜价 …… 258
新增2家农贸市场 …… 258
家居市场 …… 258
大型超市 …… 259
综合商场 …… 259
首店经济 …… 259
世纪联华滨江江晖路店获评浙江省绿色商场 …… 259
3人获“2021杭州市商贸服务业技术能手”称号 …… 259
吉利控股集团获评供应链创新与应用示范企业 …… 259
杭州首届数智消费嘉年华举行 …… 260
全国消费促进月·浙江站启动仪式举行 …… 260
星光大道电影文化步行街获评浙江省高品质步行街 …… 260
住宿和餐饮业 …… **260**
概况 …… 260
3个项目入选2021年度杭州餐饮业“六名”工程 …… 260
餐饮美食直播 …… 261
4人在“舌尖上的杭州”厨神争霸赛上获奖 …… 261
食品安全监管 …… 261
网络餐饮服务监管 …… 261
餐饮智慧化监管 …… 261
电子商务 …… **262**
概况 …… 262

5家企业被认定为市新零售服务（示范）企业 …… 262
3家企业参加第八届中国（杭州）国际电子商务博览会 …… 262
“交个朋友”项目落户杭州高新区（滨江） …… 262
电商平台塑料污染治理示范试点工作 …… 262
“科技赋能直播”大咖沙龙 …… 263
上峰电商产业园品牌指导服务站揭牌 …… 263
文化创意产业 …… 263
概况 …… 263
动漫作品获多个奖项 …… 263
文创企业扶持 …… 263
文创企业快速发展 …… 264
中国网络作家村获国家级称号 …… 264
文创产业管理服务平台升级 …… 264
《杭州高新区（滨江）文化产业发展“十四五”规划》发布 …… 265
游卡滨江产业基地开工建设 …… 265
旅　游 …… 265
概况 …… 265
特色旅游文化项目 …… 265
旅游行业安全隐患排查整治 …… 265
文旅和体育经营场所安全生产工作会议 …… 266
旅游行业重点乱象专项整治 …… 266
旅游行业规范用车专项整治 …… 266
酒店“一次性用品”监管 …… 266
会　展 …… 266
概况 …… 266
2021年智涌钱塘大会 …… 266
第九届中国（杭州）国际汽车博览会 …… 267
智能楼宇技术与智能产品展览会 …… 267
第七届中国杭州大学生创业大赛 …… 267
国际动漫游戏商务大会 …… 267
第十七届中国国际动漫节 …… 267
第十届中国创新创业大赛生物医药全国赛 …… 268
第八届中国国际版权博览会 …… 268
2021年杭州国际人才交流与项目合作大会 …… 268

投资促进与区域合作

境外投资 …… 270
概况 …… 270
启明医疗公司并购以色列公司 …… 271
吉利控股集团联合4家企业在开曼群岛新设公司 …… 271
招商引资 …… 271
概况 …… 271
产业链项目 …… 278
中科曙光公司高端芯片研发项目 …… 278
启明星辰公司信息安全总部项目 …… 278
对口帮扶（合作）和山海协作 …… 278
概况 …… 278
就业帮扶和干部人才交流 …… 278
资金帮扶和消费协作 …… 279
劳务协作 …… 279
杭州高新区（滨江）与朝天区签订东西部协作协议 …… 279
杭州高新区（滨江）与泰顺县签订山海协作协议 …… 279

城区建设与管理

综　述 …… 280
概况 …… 280
城区环境整治 …… 280
道路基础设施建设 …… 280
城区基础设施养护管理体制改革 …… 281
规划管理 …… 281
概况 …… 281
规划项目审批 …… 281
《杭州市滨江区总体城市设计》获市政府批复 …… 282
建设投资 …… 282
概况 …… 282

中兴单元小学及幼儿园项目推进 ………… 282
白马湖单元中学项目开工建设 …………… 282
冠塘路（湖西路西侧支路—南川路）工程…… 283
彩虹—江一110千伏线路土建工程 ………… 283
冠业巷（东冠路—冠新路）工程 …………… 283
冠新路（火炬大道—向南路）工程 ………… 283
向南路（彩霞路—滨文路）工程 …………… 283
道路建设……………………………………… 283
概况 ……………………………………………… 283
江南大道（中兴立交—西兴立交）改造
提升工程建成 ……………………………… 284
冠山路（长江南路—江陵路）工程竣工 …… 284
共联路（滨和路—月明路）工程竣工 ……… 284
滨兴路跨风情河桥梁工程竣工 …………… 284
太庙桥河（庙后王河—畈里孙河）
工程竣工 …………………………………… 284
映翠路（井山坞路—萧山界）建成 ………… 284
建业路跨铁立交工程 ……………………… 284
信诚路铁路以南段（东冠路—火炬大道）
工程完工 …………………………………… 285
长河路（闻涛路—滨康路）整治工程 ……… 285
滨康路（江淑路—风情大道）整治工程 …… 285
东冠路（浦沿路—火炬大道）整治工程 …… 285
滨盛路（时代大道—风情大道）整治工程…… 285
西兴路（江南大道—滨康路）整治工程 …… 285
江陵路（滨盛路—南环路）整治工程 ……… 286
滨康路（伟业路—时代大道）整治工程 …… 286
公共设施……………………………………… 286
概况 ……………………………………………… 286
供水管网综合漏损率降低 ………………… 286
区水务公司“十四五”发展规划编制
完成 ………………………………………… 286
区政府与市水务集团签订合作协议 ……… 286
制水保障 ………………………………………… 287
水质监测 ………………………………………… 287
排水保障 ………………………………………… 287
供排水管线建设 ……………………………… 287
智慧水务建设 ………………………………… 287
供水服务 ………………………………………… 287
水务安全生产管理 …………………………… 287
防汛排水保障 ………………………………… 288
供气服务 ………………………………………… 288
安全用气保障 ………………………………… 288
燃气管线拆改工程 …………………………… 288
燃气服务数字化 ……………………………… 288
假期校园拆改“017”承诺服务 …………… 288
“三社联动”服务持续开展 ………………… 288
供电保障 ………………………………………… 289
电力主配网建设 ……………………………… 289
省地下空间电力设施防涝整治技术在
杭州高新区（滨江）试点 ………………… 289
电力业务营销环境优化 …………………… 289
人工智能产业园数智化低碳改造 ………… 290
能源双控工作推进 …………………………… 290
水利工程 ………………………………………… 290
华家排灌站工程获国家级水利工程
优质奖——大禹奖 ………………………… 290
水文防汛“5+1”工程建设项目 …………… 290
通　信……………………………………… 291
概况 ……………………………………………… 291
滨江电信助力数字化改革 ………………… 291
滨江移动参与亚运主场馆智慧化建设 …… 291
滨江联通中标跨国企业IDC业务及
组网业务 …………………………………… 291
滨江联通中标杭州医学院5G云大学
项目 ………………………………………… 292
滨江华数“智慧”服务项目 ………………… 292
滨江华数通信保障 …………………………… 292
公共交通……………………………………… 292
概况 ……………………………………………… 292
12条公交线路开通 …………………………… 295
5条公交线路优化……………………………… 295
5条地铁线路正常运营 ……………………… 295
城区环境管理………………………………… 295
概况 ……………………………………………… 295
餐饮油烟整治 ………………………………… 296
无照经营整治 ………………………………… 296
垃圾分类专项执法 …………………………… 296
燃气安全隐患专项整治 ……………………… 296
迎亚运入城口改造 …………………………… 296

洗车行业执法整治 …… 296
市容环境整治 …… 296
装修垃圾(大件垃圾)清运处置 …… 297
垃圾分类示范创建 …… 297
低价值可回收物清运专线 …… 297
垃圾分类宣传活动 …… 297
再生资源回收 …… 297
亮化养护 …… 297
照明设施提升工程 …… 298
路面盲区暗点消除行动 …… 298
绿化养护 …… 298
绿化整治 …… 298
行道树整治 …… 298
植树节认养活动 …… 299
口袋公园提升改造 …… 299
主题花园建设和一桥公园改造 …… 299
滨安路(时代大道—江晖路)绿化整治项目 …… 299
公厕改造 …… 299
无障碍设施改造 …… 299
雨水管网养护 …… 299
零星积水点整治 …… 300
河道养护 …… 300
7条河道综保工程 …… 300
河道设施整治 …… 300
省、市级“美丽河道”创建 …… 300
“三改一拆”工作推进 …… 301
新违建处置率100% …… 302
西兴铁路工匠公园竣工 …… 302
北塘河畔双核心公园试开放 …… 302
交通运输管理 …… 302
概况 …… 302
“两客一危”专项整治 …… 303
机动车维修市场监管 …… 303
驾培市场监管 …… 303
出租车企业和汽车租赁企业管理 …… 303
出租车和网约车管理 …… 303
道路安全隐患点整治 …… 303
运输企业安全整治 …… 303
事故源头宣传教育 …… 304
交通违法行为查处 …… 304
路面交通设施设置及优化 …… 304
道路交通组织优化 …… 304
交通感知设备提质升级 …… 304
热点区域交通治理 …… 304
未来社区交通场景创建 …… 305
交通设施养护 …… 305
市政道路养护 …… 305
高架养护 …… 305
桥梁涵洞养护 …… 305
隧道养护 …… 306
工程运输车辆规范整治 …… 306
邮　政 …… 306
概况 …… 306
滨江邮政新媒体业务 …… 306
滨江邮政寄递业务 …… 306
滨江邮政降本增效持续推进 …… 306

建筑业和房地产业管理

综　述 …… 307
概况 …… 307
人才房配租和租(购)房补贴 …… 307
老旧小区改造 …… 307
建筑工地可视化管理 …… 307
建筑业行业管理 …… 308
概况 …… 308
信用网信息审核 …… 308
新型建筑工业化成果及应用 …… 308
建设工程劳务综合管理 …… 308
建筑工程防欠薪监督管理 …… 308
“无废工地”创建 …… 308
医惠智慧医疗产品产业化基地项目获评省级标准化示范项目 …… 309
工程质量安全监督 …… 309
概况 …… 309
建筑工地文明施工管理 …… 309
民工安全培训 …… 310

全时线上执法检查 …………………………… 310
建筑工地地下安全隐患排查整治行动 …… 310
建筑起重机械安全管理 ………………………… 310
建筑施工特种作业人员持证上岗专项
检查 ………………………………………… 310
建筑工地钢筋专项检查 ………………………… 310
建设工程安全生产专项整治行动 ………… 310
工地消防安全排查整治 ………………………… 311
房产管理……………………………………… **311**
概况 …………………………………………… 311
在售商品房预售资金监管 ……………………… 311
住房租赁市场整顿 ……………………………… 311
直管公房管理 …………………………………… 311
白蚁防治 ………………………………………… 311
住房保障和管理……………………………… **312**
概况 …………………………………………… 312
高层次人才住房补贴 ………………………… 312
新引进大学生、研究生租房补贴 …………… 312
人才房公开摇号配租 ………………………… 312
6个安置房项目工作专班成立 ……………… 312
安置房项目管理 ……………………………… 313
房源回迁安置和调整 ………………………… 313
安置房建设安置全流程智慧监管
平台建设 ………………………………… 313
物业管理……………………………………… **313**
概况 …………………………………………… 313
物业服务企业考核 ……………………………… 313
12个小区获评市"美好家园"住宅小区 …… 314
商品(安置)房小区经营性收入审计工作…… 314
住宅小区环境整治 ……………………………… 314
既有房屋建筑自然灾害综合风险普查 …… 314

环境资源

综 述………………………………………… **315**
概况 …………………………………………… 315
《新时代美丽滨江建设三年行动计划》
出台 ……………………………………… 315
环境空气质量巩固提升实施计划出台 …… 315
水生态环境保护"十四五"规划出台 ……… 315
生态环境保护"十四五"规划出台 ………… 315
环境管理……………………………………… **316**
概况 …………………………………………… 316
杭州高新区(滨江)成功创建省级生态文明
建设示范区 ……………………………… 316
大气环境治理 …………………………………… 316
水环境治理 ……………………………………… 317
土壤环境治理 …………………………………… 317
"无废城市"建设 ……………………………… 317
生态环境行政许可服务 ……………………… 317
环境执法……………………………………… **317**
概况 …………………………………………… 317
生态环境执法检查 ……………………………… 317
生态环境保护督察问题整改 ………………… 317
"环保智管服"生态环境管理平台 ………… 317
五水共治……………………………………… **318**
概况 …………………………………………… 318
智慧管网数字化建设升级 …………………… 318
第二届"五水共治"暨迎亚运摄影大赛
活动 ……………………………………… 318
中国水科学数学模型发展趋势研讨沙龙…… 318
5G智能河长机器人上线 ……………………… 319
数智治水系统通过验收 ……………………… 319
河湖水环境生态修复研讨会 ………………… 319
土地资源管理………………………………… **319**
概况 …………………………………………… 319
土地使用管理 …………………………………… 319
"土地码"协同服务平台上线 ……………… 319
土地执法监察 …………………………………… 320
林业管理 ………………………………………… 320
不动产登记业务 ………………………………… 320

教 育

综 述………………………………………… **321**
概况 …………………………………………… 321

青少年校园足球特色学校和特色幼儿园 …… 321
“未来教育之春”三地论坛举行 …… 321
校外培训机构管理政策出台 …… 322
校外培训机构排查治理专项行动 …… 322
师生运动码首推 …… 322
营利性学科类校外培训机构转登 …… 322
“红色智联汇——数智新课堂”启动 …… 322
滨江区教育现代化发展水平居全省第一位 …… 323
《滨江区中小学、幼儿园家委会公约(试行稿)》发布 …… 323
学前教育 …… 323
概况 …… 323
专任教师心理健康教育C级证书培训 …… 323
男幼儿教师风采展示活动 …… 323
幼儿教师区域研修 …… 324
新一轮滨江区和富阳区幼儿园城乡互助共同体结对 …… 324
义务教育 …… 324
概况 …… 324
14所学校上榜“杭州市文明校园”“美丽学校” …… 324
4所学校通过省中小学心理健康示范点验收 …… 325
“名师丹寨行”第五期行动 …… 325
首批区教育评价种子学校揭晓 …… 325
“白马湖之春”暨首届“蔚蓝教育”国际高峰论坛 …… 325
区中小学校党史教育基地揭牌 …… 325
区教育“三中心”成立 …… 326
暑期托管服务 …… 326
滨江区教师在省班主任基本功大赛中获一等奖 …… 326
区第二十四届中小学生田径运动会 …… 326
滨江区居全市中小学生体能素质检测第二位 …… 327
43条“求知专线”保障学生安全出行 …… 327
成人教育 …… 327
概况 …… 327
长河街道成人文化技术学校入选省现代化社区学校名单 …… 328
2所老年学堂新建 …… 328
第三批“社区好老师”评选 …… 328
市老年智能技术应用评比获佳绩 …… 328
全民终身学习活动周 …… 328
彩虹老年学堂获评省老年教育优质(示范)学校 …… 329
学习型城市发展指数居全省第五位 …… 329
特殊教育 …… 329
概况 …… 329
医教结合 …… 329
普通教育特殊教育融合 …… 329
智慧教育 …… 329
概况 …… 329
智慧校园新型基础设施建设 …… 330
“滨江教育一体化管理系统”建设 …… 330
“校园开放”应用登录“浙里办” …… 330
滨江教育数字化研修平台 …… 330
教师队伍建设 …… 330
概况 …… 330
头雁班学科名师培养 …… 330
校本研修信息化 …… 331
首批青年德育教师学堂学员结业 …… 331
鸣雁班新教师培养 …… 331
领雁班后备干部培养 …… 331
教师信息应用技术能力提升 …… 332
白马湖之秋“劳动教育+”创新峰会暨省名师新课堂教学研训 …… 332
青年干部训练营 …… 332
驻地学校 …… 332
概况 …… 332
浙江中医药大学 …… 332
浙江警察学院 …… 334
浙江商业职业技术学院 …… 335
浙江机电职业技术学院 …… 336
浙江艺术职业学院 …… 336
杭州医学院 …… 337
浙江省杭州第二中学 …… 338
杭州市长河高级中学 …… 339

杭州市旅游职业学校 …………………………… 340
杭州市财经职业学校 …………………………… 340
杭州国际学校 …………………………………… 341

文化·体育

综　述…………………………………………… **342**
公共文化服务 ………………………………… 342
文化推广 ……………………………………… 342
体育比赛和建设 ……………………………… 342
群众文化……………………………………… **343**
概况 …………………………………………… 343
文艺公益培训 ………………………………… 343
“携手同心、文化惠民”送戏下乡服务……… 343
公益性文艺展览服务 ………………………… 343
群众文化团队扶持 …………………………… 343
文物保护……………………………………… **343**
概括 …………………………………………… 343
大运河遗产区（西兴老街）消防建设 ……… 343
历史建筑测绘建档 …………………………… 344
杭州市第八批历史建筑 ……………………… 344
非物质文化遗产……………………………… **344**
概况 …………………………………………… 344
剪纸艺术展 …………………………………… 344
文化和自然遗产日活动 ……………………… 345
蓝印花布包入选省优秀非遗旅游商品
名单 ………………………………………… 345
杭绣·江南传习所入选“杭州亚运人文
体验点”…………………………………… 345
新一轮非物质文化遗产项目 ………………… 345
文体市场管理………………………………… **345**
概况 …………………………………………… 345
文体市场疫情防控 …………………………… 346
网络文化监管 ………………………………… 346
文体场所“双随机”抽查监督 ……………… 346
举报投诉受理 ………………………………… 346
文化经营法规宣传 …………………………… 347
文化领域执法信息化建设 …………………… 347
“护校安园”行动 …………………………… 347
文化“扫黄打非” …………………………… 347
文体市场安全生产监管 ……………………… 348
游泳场所监管 ………………………………… 348
艺术考级专项整治 …………………………… 348
公共图书管理………………………………… **348**
概况 …………………………………………… 348
公共场所服务 ………………………………… 349
科普阅读推广 ………………………………… 349
第五季“为地球朗读”全民阅读
公益活动 …………………………………… 349
第五届杭州市创客节 ………………………… 350
地方志事业…………………………………… **350**
概况 …………………………………………… 350
《滨江年鉴》编纂出版服务项目化管理 …… 350
地方志成果数字化应用 ……………………… 350
《滨江精览》《滨江微村志》编纂项目启动…… 350
《杭州市滨江区志》首发 …………………… 351
《滨江年鉴（2021）》公开出版 …………… 351
2篇论文入选中国地方志学术会议 ………… 351
档案事业……………………………………… **352**
概况 …………………………………………… 352
档案法规宣传 ………………………………… 352
档案信息化建设 ……………………………… 352
档案资源建设 ………………………………… 352
档案安全监管 ………………………………… 352
档案服务利用 ………………………………… 353
新闻传媒……………………………………… **353**
概况 …………………………………………… 353
《天堂硅谷》报 ……………………………… 354
《天堂硅谷》杂志 …………………………… 354
群众体育……………………………………… **354**
概况 …………………………………………… 354
红动浙江·2021浙江马拉松接力赛 ……… 354
“舞动中国——排舞联赛”总决赛 ………… 354
竞技体育……………………………………… **355**
概况 …………………………………………… 355
“韵味杭州”2021年田径邀请赛 …………… 355
谭玉娇获残奥会金牌 ………………………… 355
“白马湖杯”青少年校园足球联赛 ………… 355

"白马湖杯"青少年科技模型挑战赛 ········ 356

体育产业 ········ 356

概况 ········ 356

杭州中天模型有限公司 ········ 356

杭州非练健身管理有限公司 ········ 356

卫生健康

综　述 ········ 357

卫生服务 ········ 357

新冠肺炎疫情防控 ········ 357

医疗保障 ········ 357

卫生应急 ········ 357

概况 ········ 357

新冠病毒核酸检测实战演练 ········ 358

卫生应急防御强台风 ········ 358

省应急救护培训师教学大赛获奖 ········ 358

基层卫生 ········ 358

概况 ········ 358

基层中医药管理 ········ 359

基层医疗服务水平提升 ········ 359

卫生监督 ········ 359

概况 ········ 359

重点区域检查迎接国卫复评 ········ 359

数字化云监管 ········ 360

医疗美容机构乱象整治 ········ 360

维护劳动者职业健康检查 ········ 360

疾病防控 ········ 360

概况 ········ 360

精神卫生 ········ 360

慢性病防治和健康教育 ········ 361

方舱式新冠疫苗接种点 ········ 361

疾病防控业务培训 ········ 361

爱国卫生 ········ 362

概况 ········ 362

冬春季爱国卫生和环境整治 ········ 362

无烟环境建设 ········ 362

健康细胞建设 ········ 362

智慧医疗 ········ 362

概况 ········ 362

智慧化社区卫生服务站建设 ········ 363

重点人群健康管理服务 ········ 363

基层医疗机构智慧医疗应用 ········ 363

医联体建设 ········ 363

概况 ········ 363

新冠疫苗接种保障支援 ········ 364

房颤专病联合门诊开诊 ········ 364

乳腺诊治中心大型义诊及健康宣讲 ········ 364

妇幼保健 ········ 364

概况 ········ 364

更年期妇女保健规范化门诊 ········ 365

母子健康手册绑定使用 ········ 365

3家机构获评"杭州市示范性婴幼儿照护服务机构" ········ 365

3岁以下婴幼儿照护服务项目 ········ 365

驻地医院 ········ 365

概况 ········ 365

浙江大学医学院附属第二医院滨江院区 ········ 366

浙江大学医学院附属儿童医院 ········ 367

武警浙江总队医院 ········ 368

人力资源

综　述 ········ 369

人才生态区建设 ········ 369

就业及技能人才培养 ········ 369

人才生态环境优化 ········ 369

人事工资管理 ········ 370

概况 ········ 370

编外人员规范管理 ········ 370

事业单位工作人员年度考核和奖励 ········ 370

机关事业单位规范管理 ········ 371

数字化改革项目获评全省系统改革创新项目 ········ 371

专业聘用制人员 ········ 371

概况 ········ 371

中、高级专业聘用制人员招聘 …………………… 371
专业聘用制人员管理办法出台 …………………… 371
高级专业聘用制人员培训 …………………… 372
专业聘用人员年度述职 …………………… 372
专业聘用人员入编考察考核 …………………… 372
人才引进…………………………………… **372**
概况 …………………………………… 372
高层次人才培养 …………………… 372
博士后研究人员培养 …………………… 373
专业技术人才培养 …………………… 373
人力资源服务机构 …………………… 373
人员招聘 …………………… 373
“相约在高新” HR沙龙活动…………………… 373
博士后工作新政 …………………… 373
第四届滨江国际人才节 …………………… 373
政校企人才合作交流论坛 …………………… 374
才岗智配系统上线 …………………… 374
2022届毕业生校园招聘 …………………… 374
滨江杭电集成电路人才合作交流大会 …… 374
“逍遥荟” 人才月活动 …………………… 374
就业创业…………………………………… **375**
概况 …………………………………… 375
“五心关爱” 援企稳岗活动 …………………… 375
公益性岗位人员绩效补贴政策 …………………… 375
本土青年人才培训 …………………… 375
“数智就业” 推广 …………………… 376
稳定岗位补贴 …………………… 376
职业能力提升 …………………… 376
劳动监察…………………………………… **376**
概况 …………………………………… 376
劳动法律法规专项检查 …………………… 377
欠薪投诉集中接访 …………………… 377
《保障农民工工资支付条例》宣传 ………… 377
“心联薪” 多跨场景应用 …………………… 377

社会生活

民政事务…………………………………… **378**
概况 …………………………………… 378
先行救助机制 …………………… 378
社会救助领域专项治理 …………………… 378
困难群众探访服务 …………………… 378
救助服务试点项目 …………………… 379
困难家庭家境调查 …………………… 379
福利企业监管和服务 …………………… 379
地名服务 …………………… 379
地名文化传承 …………………… 380
数字门牌试点 …………………… 380
殡葬服务 …………………… 380
美女山公墓二期项目推进 …………………… 380
殡葬用品管理 …………………… 380
殡葬专项整治 …………………… 380
陵园祭扫服务 …………………… 381
婚姻登记服务 …………………… 381
婚俗改革和宣传 …………………… 381
离婚冷静期实施成效 …………………… 381
集中补领婚姻登记证试点 …………………… 381
社区建设…………………………………… **382**
概况 …………………………………… 382
全域未来社区建设 …………………… 382
社区 “微自治” 项目 …………………… 382
《滨江区社区治理与服务质量调查报告》
完成 …………………… 382
滨江区医务社会工作共建基地 …………………… 382
社会工作站、室建设推进 …………………… 383
“责任居民” 队伍培育 …………………… 383
社工师资格考试培训 …………………… 383
专职社区工作者招聘 …………………… 383
社区工作者节 …………………… 383
“三型社区” 创建 …………………… 384
《滨江区专职社区工作者分类培养实施方案》
出台 …………………… 384
社会组织…………………………………… **384**
概况 …………………………………… 384
社会组织品牌建设 …………………… 384
社会组织公益创投 …………………… 384
社区公益嘉年华项目 …………………… 387
社会组织等级评估 …………………… 387
“僵尸型” 社会组织专项整治 …………………… 387

社会组织资金补助 …… 387
人口监测与家庭发展 …… 387
概况 …… 387
公共场所母婴设施标准化建设 …… 388
失独家庭服务 …… 388
区计生协召开第五次会员代表大会 …… 388
婴幼儿照护服务入企业活动 …… 388
全面三孩政策衔接 …… 388
户籍人口管理 …… 388
流动人口管理 …… 388
出入境人员及往来港澳台人员管理 …… 388
社会保障 …… 389
概况 …… 389
被征地农民参加基本养老保险政策调整 …… 389
人社业务政务服务2.0平台推广应用 …… 389
机关事业单位养老保险改革推进 …… 390
劳务派遣企业管理 …… 390
职工退休（退职）“一件事”服务模式改进 …… 390
人社政务地图采集 …… 390
人社窗口业务技能提升 …… 390
养老保险基金管理风险排查 …… 390
社保基金安全“警示教育月”活动 …… 390
医保“一窗通办” …… 390
商业补充医疗保险参保 …… 391
欺诈骗保专项治理行动 …… 391
企业退休服务 …… 391
概况 …… 391
退管智能服务 …… 391
五类企业退休人员慰问 …… 392
企业退休人员书画摄影展览 …… 392
退役军人事务 …… 392
概况 …… 392
退役军人服务站建设 …… 392
退役军人就业创业服务 …… 392
区关爱退役军人协会成立 …… 393
崇军系列活动 …… 393
“钱潮老兵”退役军人志愿品牌发布 …… 393
退役军人数字化服务 …… 393
养老服务与老龄事业 …… 394
概况 …… 394
养老机构 …… 394
居家养老服务中心 …… 394
居家养老服务 …… 394
数字化康养联合体建设 …… 395
老年服务多措并举 …… 395
老年体育与保健 …… 395
老年友好型社区构建 …… 395
常态化老龄工作 …… 395
文明城区建设 …… 396
概况 …… 396
精神文明建设 …… 396
未成年人红色党史教育 …… 396
第十六届“公民爱心日”活动 …… 397
关心下一代工作 …… 397
概况 …… 397
市关工委调研滨江区关心下一代工作 …… 397
章元熙获评“2021年度浙江省青少年英才·红船好少年” …… 397
“情暖重阳、爱满滨江”主题活动 …… 398
慈善事业 …… 398
概况 …… 398
慈善基地建设 …… 398
“益起·善”公益慈善毅行大会 …… 398
首届慈善创投大赛 …… 399
河南洪灾援助 …… 399
“中华慈善日”主题宣传活动 …… 399
慈善发展指数评估居全省第五位 …… 400
未成年人保护 …… 400
概况 …… 400
未成年人保护工作队伍建设 …… 400
适度普惠型儿童福利制度建设 …… 400
未成年人保护工作体系建设 …… 400
民族事务 …… 401
概况 …… 401
严丽杰名师导航站民歌课堂 …… 401
畲风红歌进课堂活动 …… 401
全省首个民族专项基金设立 …… 401

宗教事务…… 402
概况 …… 402
宗教领域安全隐患大排查大整治 …… 402
宗教政策法规学习月活动 …… 402

街 道

西兴街道…… 403
概况 …… 403
西兴街道就业劳动保障服务 …… 404
西兴街道民生事业服务 …… 404
西兴街道社区妇联、团组织换届选举完成 …… 404
西兴街道实现保笼全域清零 …… 405
普惠性托育园开园 …… 405
西陵社区党群服务驿站 …… 405
西兴街道党群服务中心升级启用 …… 405
一体化综合行政执法改革试点 …… 405
缤纷街区加梯全覆盖 …… 406
缤纷未来社区开街试运行 …… 406
长河街道…… 406
概况 …… 406
长河街道常态化防疫 …… 407
长河街道“两新”组织建设 …… 407
平安长河建设 …… 407
数字化改革推进 …… 408
长河街道护老扶困 …… 408
退役军人补助发放及服务 …… 408
垃圾分类推进 …… 408
长河街道庆祝中国共产党成立100周年系列文体活动 …… 409
长河乡贤馆开馆 …… 409
冠山未来社区建设 …… 409
白马湖区域林地整治 …… 410
长河街道2家儿童之家入选市示范儿童之家 …… 410
长河街道第七次人口普查工作获市级表彰 …… 410
加装电梯服务中心投入使用 …… 410
浦沿街道…… 410
概况 …… 410
社会治理综合服务 …… 411
退役军人服务站建设 …… 411
网格管理服务 …… 411
浦沿街道庆祝中国共产党成立100周年系列活动 …… 412
社区楼廊改造 …… 412
“五水共治”工作治理 …… 412
“邻里停”共享停车平台 …… 412
“巾帼6+1”浦沿街道高校联盟成立 …… 412
新生农贸市场开业 …… 412
3家企业服务驿站成立 …… 413
高教园区反诈、交通安全治理工作站成立 …… 413
浦沿街道4个小区获市“美好家园”小区 …… 413

人物和荣誉

全国五一劳动奖章获得者…… 414
沈 辉 …… 414
梁 骏 …… 414
浙江工匠…… 414
叶雷鹏 …… 414
王海山 …… 415
邹继红 …… 415
陈 康 …… 415
冯双双 …… 415
浙江省“担当作为好支书” …… 415
高文琴 …… 415
陈荧平 …… 416
浙江省社会组织领军人物…… 416
傅引炜 …… 416
吴桂玲 …… 416
杭州市五一劳动奖章获得者…… 416
章 旗 …… 416
张兴明 …… 417

谢伟飞 …… 417
陈忠良 …… 417

统计资料选辑

杭州高新区（滨江）经济社会主要指标统计表 …… **418**
2021年杭州高新区（滨江）国民经济和社会发展统计公报 …… **427**
滨江区2020年第七次人口普查主要数据公报 …… **434**

附　录

2021年杭州高新区（滨江）重要报道精选 …… **436**
杭州高新区——激发创新活力　优化城市服务 …… 436
2021数字经济创新发展论坛在杭州高新区（滨江）举办 …… 437
发展数字经济　打造重要窗口 …… 437
积蓄“源动力”　畅通“传送带”杭州高新区（滨江）全力服务企业上市发展 …… 439
浙江自贸区滨江区块发布建设方案及创新清单 …… 440
给城市装上“大脑”——杭州市智慧城市建设调查 …… 440
滨江区推进跨层级联动、跨部门协同、跨事权集成改革知识产权事项“一楼办” …… 444
杭州高新区（滨江）重要报道题录 …… **445**
主要机构及负责人名录 …… **456**
中共杭州市滨江区委员会 …… 456
中共杭州高新技术产业开发区工作委员会 …… 456
杭州市滨江区人大常委会 …… 457
杭州市滨江区人民政府 …… 457
杭州高新技术产业开发区管理委员会 …… 457
政协杭州市滨江区委员会 …… 458
中共杭州市滨江区纪律检查委员会 …… 459
中共杭州高新技术产业开发区纪律检查工作委员会 …… 459
中共杭州市纪委市监委派出杭州高新技术产业开发区纪检监察工作委员会 …… 459
杭州市滨江区监察委员会 …… 459
杭州市滨江区人民法院 …… 459
杭州市滨江区人民检察院 …… 459
民主党派 …… 459
部分群众团体 …… 459
其他机构 …… 460
街　道 …… 460

索　引

主题索引 …… 461
图照索引 …… 477
表格索引 …… 481

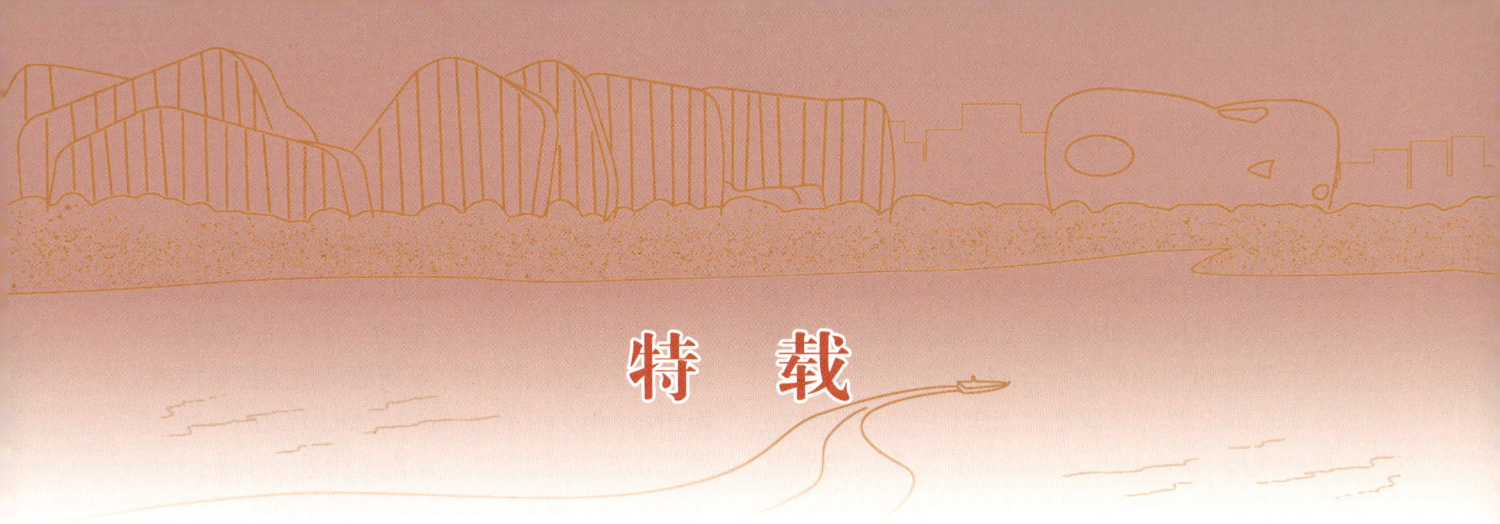

特　载

建设“天堂硅谷”打造“硅谷天堂”　沿着习近平总书记指引的方向坚定前行

——在中国共产党杭州市滨江区第六次代表大会上的报告

（2021年12月29日）

中共杭州市滨江区委书记　章登峰

各位代表、同志们：

这次代表大会的主题是：高举习近平新时代中国特色社会主义思想伟大旗帜，全面贯彻党的十九大、十九届历次全会精神和习近平总书记考察浙江、杭州重要讲话精神，认真落实中央和省委、市委部署要求，号召全区党员干部群众，从党的百年奋斗历程中不断汲取智慧和力量，沿着习近平总书记指引的方向坚定前行，在忠实践行“八八战略”、奋力打造“重要窗口”中体现高新力量、滨江担当！

现在，我代表中国共产党杭州市滨江区第五届委员会向大会作工作报告，请予审议。

一、坚定迈向世界一流的信心和决心

区第五次党代会以来，区委始终牢记习近平总书记殷殷嘱托，在党中央和省委、市委的坚强领导下，团结带领全区党员干部群众，统筹抓好党的建设和改革发展稳定各项工作，经济社会发展各项事业不断跃上新台阶，为高质量发展打造共同富裕实践样板打下了坚实基础。

五年来，我们把握“三对关系”，统筹推进高质量发展与可持续发展、高水平治理、高素质队伍建设，综合实力走在前列。经济总量持续提升，地区生产总值实现翻番，人均地区生产总值突破5万美元，市场主体突破8万家；规上工业增加值年均增长14%以上，总量跃升至全市第一。产业结构持续优化，数字经济核心产业增加值占地区生产总值比重75%以上，高新技术、装备制造等产业增加值保持年均两位数增长；新增上市公司29家，累计培育达到63家。综合优势持续显现，数字经济综合评价、创新指数、亩均效益、制造业高质量发展、服务业发展等综合指数位列全省第一，3次受到国务院督查激励，纳入中国（浙江）自由贸易试验区新片区，国家高新区综合排名始终位居第一方阵，世界一流高科技园区基本面貌加速呈现。

五年来，我们聚焦“三态融合”，产业业态、城市形态、人才生态深度融合、交互赋能，创新生态持续优化。双创动能更加强劲，累计引进各类人才15.8万人，培育国家和省级海外高层

次创业类人才、省级领军型创新创业团队均列全市第一；全社会研发投入占地区生产总值比重保持10%，每万人发明专利拥有量居全省第一。产学研用更加协同，先后落地北京航空航天大学杭州创新研究院、浙江大学滨江研究院等6个高能级产学研平台，博士后科研工作站设站规模、国家科技进步奖和技术发明奖数量均列全省第一，发布国际标准、国家标准、行业标准数量均列全省第一，获批建设长三角地区首个知识产权运营中心。科创成果更加丰硕，成功创建国家双创示范基地、国家五星级新型工业化产业示范基地、国家数字服务出口基地、国家文化出口基地、全国先进制造业和现代服务业融合试点、国家级文化产业示范园区，荣获首批全省“科技创新鼎”。

五年来，我们勇担“三重使命”，宜居宜业宜创环境持续改善，群众获得感、安全感、满意度不断提高，城市能级全面跃升。民生事业迈上新台阶，公共服务、就业和社会保障、住房保障、社会救助体系不断完善，全域未来社区建设全面推开，教育现代化发展水平跃升全省第一，成为全国唯一全域示范的智慧健康养老基地。改革创新实现新突破，商事制度改革、知识产权“一件事”改革、“企业创新积分”、政务服务“一网通办”、全域交通治理、数字孪生内涝智治等成为省市乃至全国改革创新典型案例。亚运城市展现新风貌，系统开展城市总体设计，城市路网和轨道交通更加完善畅通，奥体“大小莲花”、沿江“最美跑道”等一批精品工程成为城市新地标，“中国网络作家村”“樱花跑”等一批文体品牌深入人心。

五年来，我们奋进“世界一流”，党建统领社会经济发展，风清气正、团结一心、干事创业的政治生态不断巩固，现代化治理体系和治理能力显著提升。党的建设进一步加强，区委常委会扎实做好新时代人大、政协工作，统筹推进纪检、组织、宣传、统战、群团、党管武装等各领域工作，精心组织开展“两学一做”学习教育、“不忘初心、牢记使命”主题教育和党史学习教育，全市率先实现街道大工委、社区大党委全覆盖和民营企业党委统战部全覆盖，互联网企业党建形成全国影响力，“红色+”党建品牌矩阵成为全省标杆，新业态新就业群体党建工作获全省试点。精密智控进一步提升，开发建设“一码解纠纷”“平安工地通”等场景，基层治理体系日趋完善；坚决打赢新冠疫情防控总体战、阻击战，努力化危为机、逆势而上，坚持“两手硬”、实现“两战赢”。清廉滨江进一步建强，以创建民企“廉盟”构建“亲清”政商关系，政治巡察全覆盖成为严管严治利器，惩贪肃腐和扫黑除恶取得标志性成果，不敢腐、不能腐、不想腐一体推进成效叠加显现。

五年成绩来之不易，奋斗历程凝聚成宝贵经验，我们深深感到：创新驱动是我们的核心引擎，要有“十年磨一剑”的恒心和定力搞创新。始终牢记习近平总书记历次视察高新区（滨江）的殷殷嘱托，党建统领世界一流高科技园区建设目标，以长远眼光、系统思维谋划打造科技创新和体制创新实践样本。我们持续营造良好营商环境，迭代完善产业扶持政策，服务企业聚焦主业茁壮成长；我们引导“链主型”企业组建创新联合体，支持产业链协同创新，攻克卡脖子技术，打通产业链关键堵点；我们强化全周期科技金融服务，完善全链条知识产权保护，形成“鼓励创新、宽容失败”的浓厚氛围。实践证明，必须保持持久的恒心和强大的定力，才能下好创新“先手棋”，把发展主动权牢牢掌握在自己手中。

产业报国是我们的初心使命，要有“功成必定有我”的责任和担当做产业。始终坚守国家高新区“发展高科技、实现产业化”的初心使命，厚植创新创业生态优势，在激烈的区域竞争中先发制人、占得先机，在中美贸易摩擦和疫情全球蔓延中逆势而进、展现出强劲的产业韧性。我们坚定不移推动数字产业化，打造了数字经济核心产业全产业链，推动数字经济和新制造业“双引擎”发展；我们坚定不移推动产业数字化，输出整体解决方案赋能传统制造业转型升级，加快产业质效提升和融合并进；我们坚定不移推动城市数字化，鼓励新技术新模式新应用率先在滨江落地，首创了一批可复制可推广的数字应用场景。实践证明，必须以战略定力强链延链补链，构建附加值更高、协同性更好的产业体系，才能真正提升产业硬核实力，代表国家参与全球竞争。

共同富裕是我们的不懈追求，要有“以人民为中心”的理念和情怀谋福祉。始终聚焦人民群众对美好生活的向往，从全面、均衡、共享三个维度，持之以恒建设快乐创业幸福生活的科技新城。我们聚焦未来社区建设，做精做细共同富裕基本单元；我们构建教育创新生态，推动学前教育普及普惠和义务教育优质均衡发展；我们实施养老服务业改革，实现智慧健康养老全域覆盖；我们推进多层次医联体建设，织牢织密医疗服务网；我们持续推进“美丽滨江”建设，筑牢生态发展底线。实践证明，必须把民生福祉作为经济发展的出发点和落脚点，才能全景展现“此心安处是吾乡”的幸福图景，才能把共同富裕的路越走越宽。

成绩鼓舞人心，我们始终坚信：高新区（滨江）是杭州市域发展新格局中的核心引擎。我们地处拥江发展前沿阵地，高新产业和现代城市相互交融；我们产业基础厚实，数字经济与新制造业、生命健康产业融合发展，拥有技术变产能的独特优势；我们体制机制先行，既传承了高新区的基因，又担起了行政区的职能，更激活了新城区的动能，形成了扁平高效的工作机制。这些都为高质量发展提供了强劲支撑，我们要坚定信心、保持定力，切实把既有优势转化为现实生产力和发展驱动力。

同志们，杭州高新区成立30周年大会上，省委书记袁家军批示肯定我们是“全省高质量发展的一面旗帜”。过去五年取得的成绩，离不开习近平总书记和党中央的举旗定向、掌舵领航，离不开省委、市委的坚强领导、关心关怀，离不开历届区委打下的坚实基础和老领导、老同志的大力支持，离不开全区广大党员和干部群众的砥砺奋进、接续奋斗，离不开各民主党派和社会各界的同舟共济、团结努力。在此，我代表中共杭州市滨江区委，向大家表示衷心的感谢并致以崇高的敬意！

未来催人奋进，但我们要更加清醒：当前正处于“两个大局”交织、“两个百年”交汇的特殊阶段，百年变局和世纪疫情叠加冲击，“东升西降”大形势下内外挑战加剧，世界不稳定性不确定性明显增强，国家话语权和影响力显著提升；浙江坚决守好“红色根脉”、打造“重要窗口”，全力加快高质量发展建设共同富裕示范区；杭州牢记习近平总书记的殷切期望，突出省会城市的头雁担当，加快构建市域发展新格局；高新区（滨江）仍然处于大有可为的重要战略机遇期，必须把坚定拥护“两个确立”、坚决做到“两个维护”贯穿于把握大势大局、推进改革发展的各方面，立足新发展阶段、贯彻新发展理念、构建新发展格局，胸怀“国之大者”，抢抓国家自主创新示范区和中国（浙江）自贸试验区的联动发展机遇，放大亚运会的赛事效应，把握数字化改革的发展趋势，努力推动高质量发展向更高阶段、更高水平推进，推动共同富裕向更深层次、更广领域迈进。

在新旧动能加速转换、高新技术加速迭代、城市面貌加速蝶变的非常时期，需要面对的挑战加剧、补齐短板的任务艰巨。一是领跑优势有所弱化，产业链供应链风险尚未解除，国家高新区争先进位难度加大，企业梯队的竞争力、创新要素的联动性、开放发展的协同性与先进地区相比还有较大差距；二是发展空间亟待破局，企业成长空间需求与土地要素供给不足之间的矛盾，还未能实质性解决；三是城市功能有待完善，南北、东西发展差距明显，城市建设与管理精细化程度不高，交通路网、地下管网、绿化环境等历史欠账还有不少；四是民生供给存在弱项，公共资源、公共服务配置与流入型、高学历、年轻化的人口结构特点不匹配，离国际化现代化的标准仍有差距；五是社会治理不够精准，社会稳定、综合治理任务日趋复杂繁重，新产业、新业态、新领域安全风险不断涌现，平安、法治、文明建设成效还要进一步加强；六是队伍建设仍需加强，一些干部缺乏系统思维和变革能力，本领恐慌、畏难情绪仍然存在，担当作为、从严治党还要加强。我们必须坚持问题导向、结果导向，强化改革破题、创新制胜，积极应对发展中各种难题和挑战，为高质量发展添能蓄势。

二、精心谋划建设“天堂硅谷”、打造“硅谷天堂”的美好愿景

习近平总书记在浙江工作期间，5次亲临高新区（滨江）考察调研，对高新区（滨江）的发展做出了4次重要指示；党的十八大以来，习近平总书记又先后两次来到高新区（滨江）考察指导、出席重要活动。早在2003年和2004年，他就明确指出，“打造‘硅谷天堂’，过去是风景天堂，西湖天堂，下一步是硅谷天堂，高科技的天堂。”“天堂硅谷”正在成为杭州的一个品牌，一张名片。我们要发挥示范效应，用好这个品牌，打好这张名片，为推动全省科技事业发展做出积极的贡献。这些重要讲话和重要指示，充分体现了习近平总书记对高新产业发展的关注与关爱，对高新区建设的期待与厚望，为高新区改革发展稳定指明了方向、提供了遵循，是我们一路坚定前行最大的底气、最强的信念、最亮的明灯。

高新区（滨江）今时今日的发展成就，就是一以贯之忠诚核心、拥戴核心、维护核心、紧跟核心的生动实践。我们一任接着一任干、一张蓝图绘到底，守好了高新区的初心，担起了滨江区的使命，才得以凝聚起高质量发展的磅礴力量，打响了“创新滨江、数字滨江、国际滨江”品牌，成为“全省高质量发展的一面旗帜”，成为享誉全国的“天堂硅谷”。迈入新时代，我们必须把十九届六中全会精神与习近平总书记对高新产业发展、高质量发展的一系列新思想融会贯通，在创新创业的新起点新历程中赋予“天堂硅谷”更深层次的内涵和意义，不但要坚持创新驱动，巩固和提升发展质效，树牢“天堂硅谷”这“一面旗帜”，而且要深化拓展创新创业生态，以自身更高质量的发展引领辐射带动跨区域产业共富，成为高质量发展推动共同富裕的“一个引擎”，在第二个百年的新征程上打造更加系统性、更具时代性、更有创造性的“硅谷天堂”。

今后五年，全区工作的指导思想是：高举习近平新时代中国特色社会主义思想伟大旗帜，全面贯彻党的十九大和十九届历次全会精神，坚定不移做“两个确立”忠诚拥护者、“两个维护”示范引领者，沿着习近平总书记指引的方向坚定前行，保持“闯”的精神、“创”的劲头、“实”的作风，紧抓“亚运会、数字化、自贸区”多重机遇，一体打造高质量发展引领区、高效能治理样板区和高品质生活示范区，高水平建成“天堂硅谷·硅谷天堂”，全方位实现“世界一流·共同富裕”，在社会主义现代化新征程上走在前、做示范。

主要目标任务是：地区生产总值年均增长7%以上，人均地区生产总值突破6万美元。数字经济核心地位更加巩固，数字经济核心产业增加值占地区生产总值比重稳定在75%左右；高新技术、装备制造等产业增加值保持年均两位数增长。科技创新能力达到世界一流水平，产业辐射带动力和要素吸引力全省领先，全社会研发投入占地区生产总值比重保持在10%左右，创新指数、两化融合发展、亩均效益、创造力等综合指数继续领跑全省，上市公司、孵化器和众创空间、每万人发明专利拥有量保持全省第一。人民生活品质实现跃升，城镇居民可支配收入与地区生产总值增长基本保持同步。2026年六届区委届满时，地区生产总值超过2800亿元，财政总收入超过600亿元，为推动绿色超低碳发展提供典型示范，高质量发展推动共同富裕走在前列。

——坚持走人才引领、创新驱动之路，全力建设高质量发展引领区。抢抓全球人才加速流入的历史机遇，不断提升创新资源配置力和辐射力，持续强化产学研协同体系、金融服务体系、政策扶持体系、人才引育体系的系统性建设，深化“产学研用金、才政介美云”创新十要素的集聚和融合，全面建设国家自主创新示范区核心区，打造全球数字科技创新策源地。抢抓数字产业变革新机遇，加速数字技术跨领域融合创新、融合发展，巩固壮大智能物联、数字通信两大千亿级产业集群，着力打造数字电商、数字文创、数字健康、数字金融、智能计算、智能装备等千亿级产业集群，积极融入高端制造业全球供应链、创新链和价值链，打造全球数字经济发展高地和智能制

造产业高地，努力在省市高质量发展中走在前列。

——坚持走数字化改革之路，全力建设高效能治理样板区。以数字化改革牵引各方面各领域改革，在产业国际化、城市数字化、贸易便利化等领域先行先试，充分释放自贸试验区政策红利，全面推进数字贸易制度创新，持续提升营商环境市场化、法治化、国际化水平。党建统领整体智治，推行“一网统管”，基层治理体系实现系统重塑，平安创建更加扎实，民主法治更加健全，现代应急管理体系基本建成，国土空间开发保护格局得到优化，区域发展更加均衡、空间承载能力进一步提升，重大风险防范化解能力、突发公共事件应急能力、防灾减灾救灾能力显著增强，努力在省市治理体系和治理能力现代化中走在前列。

——坚持走民生优先、共同富裕之路，全力建设高品质生活示范区。全面贯彻“人民城市人民建，人民城市为人民”理念，彰显亚运城市综合效应，健全完善区域协调、均衡发展机制，沿钱塘江、江南大道、白马湖形成多条科创、产业、金融、文化廊道，形成“一心一带一园一谷、C形山水融城”的城市空间格局，优化重大基础设施、重大生产力和公共资源布局，持续提升集约发展、绿色发展能力，建成更加宜居宜业宜创的国际化现代化城市。紧密结合人口结构、居民需求和创新生态，科学制定全域人口发展规划，更高标准布局公共文化体育设施，更高水平、更具特色地推进幼有善育、学有优教、劳有厚得、病有良医、老有颐养、住有宜居、弱有众扶，建成全域未来社区，居民文明素养和社会文明程度全面提升，以中等收入群体为主的橄榄型社会结构充分巩固，努力在省市共同富裕道路上走在前列。

在此基础上，我们要唯实惟先、善作善成，确保到2035年，率先实现科技创新、营商环境、对外开放、产业体系、文化建设、治理体系现代化，全面建成世界一流高科技园区，全面实现共同富裕目标，在新时代全面展示中国特色社会主义制度优越性重要窗口中贡献高新力量、展现滨江担当。

三、奋力开拓建设“天堂硅谷”、打造“硅谷天堂”的实践路径

全区各级党组织和广大党员要围绕奋斗目标，贯彻落实中央和省委、市委决策部署，创造性谋划发展思路、破解发展难题、澎湃发展动能，着力塑造新优势、打造新成果，把建设“天堂硅谷”、打造“硅谷天堂”的高远目标转化为干事创业的实际行动。

（一）塑造人才引领新优势，打造科技创新新成果。坚持创新在世界一流高科技园区建设全局中的核心地位，聚焦人才“第一资源”，加快创新链、产业链与人才链深度融合，不断提升创新资源配置力和辐射力，打造“热带雨林”式的创新创业生态。

一要建好“全球人才蓄水池”。围绕“引、育、用、留”全链条，构建全周期人才服务体系。迭代升级“5050计划”，广泛吸纳具有全球影响力的科技领军人才、顶尖创新团队，精准引进一批数字经济、新制造业领域紧缺型人才。继续走好人才带技术、技术变项目、项目融资金、实现产业化的创新创业之路；优化人才评价机制，破除一切不利于人才发展的思想观念和体制性障碍。深化“人才一件事”改革，加快人才工作一体化平台集成，推动嵌入式幼儿园扩面提质，全面推进人才房三年倍增计划，深化“住创一体”的人才综合体建设，探索特定人群就医养老绿色通道，为创新创业人才营造最优生活环境。

二要布局双创平台矩阵。充分发挥北京航空航天大学杭州创新研究院、浙江大学滨江研究院、杭州长光产业技术研究院、杭州“芯火”双创基地等平台功能，加快推进北京航空航天大学研究生院、能源与碳中和浙江省实验室、浙江省智能感知技术创新中心、杭州人工智能计算中心、交叉学科研究平台等建设，推动大科学装置和更多高能级创新平台落地，培育更具紧密度、更富创造力、更强生产力的科创群落。支持建设新型研发机构，统筹推进公共技术平台建设，争取国家技术创新中心落户，力争创建省技术创新中心3家，新建省重点企业研究院、省

研发中心200家。持续强化“众创空间—孵化器—加速器—产业园—特色小镇”孵化链条，深入实施“创业陪跑计划”，精准支持双创活动，迸发更多发展动能。

三要织密协同创新网络。鼓励企业加大研发投入，不断提升核心竞争力。引导“链主型”企业牵头组建创新联合体，聚焦关键控制芯片、核心元器件、基础软件等重点领域，开展联合技术攻关，打通产业链关键堵点。积极探索研发众包、云设计等新型科研组织模式，健全产学研协同攻关机制，助力一流技术走出实验室。把握科技创新要素全球流动、研发国际合作机遇，深化科技创新开放合作，大力引进国内外先进企业研究机构，鼓励企业在海外设立科技研发中心，积极拓展同国外科技界、产业界的交流合作，深度融入全球创新网络。

四要聚合创新要素资源。协同推进科技创新和制度创新，使各类创新创业活动成本更低、效率更高、成功率更高。探索知识产权证券化，鼓励开展知识产权质押融资，加快科技型企业上市步伐；以“企业创新积分”为牵引，完善基于企业创新能力的增信机制、风险补偿机制和国有资本跟投机制，推动形成各类金融工具支持创新发展的良好局面。加大知识产权保护力度，在国家知识产权服务业集聚发展示范区的基础上，全面优化知识产权综合服务中心功能，建好国家知识产权服务出口基地、国家版权交易中心和浙江省知识产权保护示范区。加快建设一批科技公共服务平台，发展研发设计、创投孵化、技术交易等科技中介服务。大力推动国有企业市场化运作、专业化发展，深化产业基金运行体制机制改革，围绕引企育企强企打造创投品牌。

（二）塑造数字经济新优势，打造产业发展新成果。坚持“四个面向”战略部署，抢抓数字技术产业变革机遇，立足数字经济核心产业全产业链基础，不断提升产业能级，打造新增长极和优势产业集群，全力建设“数字经济最强区”。

一要迭代实施数字经济“一号工程”。围绕数字产业化和产业数字化双向发力，加强产业链横向联合、垂直整合，提升全产业链资源整合能力和供应链运行效率，构建匹配度更佳、协同性更好、竞争力更强的产业体系。加快数字技术在优势制造业行业的全流程渗透，支持企业软硬件一体化发展，引导企业由单一技术创新逐步向系统解决方案供应商转变，建好国家级新型工业化示范基地。抢占数字健康产业新蓝海，以智慧健康、高端医疗器械、医疗装备、创新药等为主导方向，打造国家级生命健康创新示范区。布局量子信息、下一代通信技术、人工智能、柔性电子等重量级未来产业，全力建设新一代人工智能创新发展试验区和人工智能应用先导区。

二要发挥产业平台特色优势。精准确立平台定位、科学谋划平台布局，继续实施街道工业园区“腾笼换鸟”、工业综合体“筑巢引凤”、村级留用地集中开发等行动计划，持续拓展产业发展空间。江北区块作为高新区重要组成部分，要继续放大“江北孵化、江南产业化”的科创路径优势，塑造区域友好、南北联动、产业协同的发展格局，当好科技成果产业化的策源地、排头兵和先锋队。物联网产业园要充分发挥国家数字服务出口基地的作用，推进“数字特区”建设，打造成为全球数字贸易枢纽和具有全球影响力的“物联网+”产业高地。互联网产业园要充分发挥制造业和服务业融合发展优势，互联网小镇要按照互联网现代服务业创新发展区定位，发展壮大数字金融以及跨境电商、工业电商，打造全球领先的互联网经济发展高地；智造供给小镇要抢抓“中国制造2025”发展机遇，集聚智能制造系统解决方案供应商，打造辐射全省乃至全国的智造供给产业集聚区。智慧新天地要抢抓生命健康产业发展新机遇，聚焦互联网医疗、医疗大数据和医疗人工智能方向，推进“BT+IT”产业融合，构建具有国际影响力的数字健康产业高地。白马湖生态创意城要围绕“园区+景区”定位，聚焦文创产业和数字科技的融合发展，推进生产、生活、生态深度融合，努力打造全省数字文化产业高地和国家级文化产业示范园区样板区。高新区（滨江）富阳特别合作区要加快推动富芯半导体、正泰新能源等标志性项目建成投产，持续优化特别合作机制，力争早日建成“合作发展示范区、自主创新拓展区、新制造业先行区”。复制特别合作区模式，加快与萧山等周边区县合作，实现资源互补、共荣发展。

三要持续激发市场主体活力。培育壮大市场主体，构建大中小企业相互依存、相互促进的企业发展梯队和成长环境。持续实施“鲲鹏计划”，支持领军企业继续做大做强，鼓励领军企业整合、衍生、裂变发展，发挥更大的引领、带动和辐射作用。深入实施“凤凰计划”，支持企业对接资本市场，继续扩大资本市场“杭高新板块”，拥有上市公司超百家。实施新一轮“瞪羚计划”，加快新动能培育和新旧动能转换，动态引育300家“瞪羚企业”。加大力度扶持科技型中小企业，发挥专精特新优势，深耕行业细分市场，努力成为行业“小巨人”或“隐形冠军”。继续实施国家高新技术企业三年倍增计划，全力培育高新技术企业后备力量。

（三）塑造亚运主场新优势，打造城市提能新成果。坚持“办好一个会，提升一座城”，打起亚运主场担当，加快亚运城市建设，放大亚运综合效应，在2022年以及未来一个时期，向世界展示一个更加国际、更具魅力、更有品质的滨江。

一要精益求精优化城市国际形象。围绕城市国际化、发展现代化，精心谋划“一心一带一园一谷”功能组团，加快实现全域均衡发展，提升城市空间承载力。擦亮“亚运主界面”，联动奥体中心和物联网产业园，塑造面向世界的“滨江门户”；串联“锦绣滨江带”，一体谋划钱塘江沿线，加快提升智慧新天地，打造城景交融的未来城市空间；赋能“智慧创新园”，依托中部互联网产业基础，加快提升智造供给小镇，成为“中国智造、滨江供给”的集聚区；打造“山水科创谷”，彰显南部山水生态价值，加快提升白马湖生态创意城，呈现科创版的“富春山居图”。加强对城市总体设计和重要节点设计的审核、把关、引导，一体推进城市功能、空间形态、综合交通和环境景观设计，加强立面、天际线和色彩管理，增强建筑的协调性和标识度，不断提升城市空间美学和人文品位。

二要高标定位提升城市基础设施。坚持人本化生态化数字化理念，科学划分功能单元，渐进式开展片区“微更新”，实现核心区域全覆盖，稳步提升城区功能品质。推动城市“西进”“南扩”，加快推动浦沿片区、铁路以南区域集中连片开发。推进快速路成网、主干道扩容、断头路联通和瓶颈路拓宽，持续增加地铁线网覆盖密度，全面打通涉铁立交通道，完善铁路以南区域路网体系。丰富城市商贸功能和文体设施，升级打造全区文化体育地图，优先布局体育公园，持续提升“大小莲花”“最美跑道”、蜗牛读书馆等文体地标，培育若干新兴商圈，加快南部、西部区块商贸综合体布局，构建线上线下融合发展的新消费中心。

三要绣花功夫打磨城市运行细节。牢牢抓住影响城市运行的薄弱环节、市民群众反映强烈的突出问题，突破瓶颈、把握细节、攻克难题，让城市更有序、更安全、更干净。用数字化手段打造道路通行、停车管理等更多治理场景，提前布局新能源充电桩等新基建，精细化开展绿化品质、路灯照明、无障碍设施等提升行动，全力打造最有序城区。聚焦防灾减灾、地下空间、高层建筑等重点单元，连片推进海绵城市建设，贯通全域生态水系，迭代数字孪生内涝智治系统，实现自然灾害灵敏感知、应急指挥快速精准、风险隐患闭环管控，全力打造最安全城区。常态化开展市容市貌专项整治，大幅提升城市保洁和垃圾分类水平，引导居民群众共治共管城市，全力打造最干净城区。

四要久久为功浸润城市文明气质。彰显融合之美、生态之美、法治之美、和谐之美，凝聚独特气质，提升城市形象品位和发展水平。依托“沿江依山抱湖串河”的地理特征，建设大中小层次合理、各区域之间均衡覆盖的公园体系，推动钱塘江、北塘河等滨水绿道互联互通，创新打造开放共享、交流交往的公共美学和运动休闲空间。以奥体滨江区块为重点，实施亮灯工程，全面提升城市界面。持续推广“礼让斑马线、行车不鸣笛、垃圾要分类”，深化“文明殡葬”等移风易俗工作，共同引领社会新风尚。持续推进“美丽滨江”建设，打好蓝天、碧水、净土保卫战，争创国家级生态文明示范区和“无废城市”。持续开展生产安全、交通安全、消防安全、食品安全等专项整治行动，深化政法领域改革和执法司法规范化建设，推进街道法治化综合改革试点工作，加快推动信访工作系统性重塑，构建矛盾纠纷多元化解机制，为高质量发展创造和谐、稳定、公平的法治环境。

（四）塑造营商环境新优势，打造开放发展新成果。坚持以制度创新为核心，充分释放自贸试验区先行先试的政策红利，全面推进数字贸易示范区核心区建设，增强链接全球的资源配置能力，当好畅通国内国际双循环的开路先锋。

一要深化营商环境便利化改革。深度融合“企业码”“亲清在线”“上马石”等数字赋能手段，建立制度化常态化政企沟通渠道，构建高新特色的企业服务平台。对标世行标准和先进地区，围绕公民个人和企业法人全生命周期“一件事”，全面推行“掌办”“网办”，全力构建审批最少、流程最快、效率最高的极简服务新模式。全面落实市场准入负面清单管理制度，建立新产业新业态包容审慎协同监管机制，保障各类市场主体依法平等准入，推进投资自由化便利化。

二要打造数字贸易国际化生态。持续开展以数字自由贸易为特色的制度集成创新，形成更多原创性、标志性制度创新成果。鼓励企业积极参与数字经济领域国际规则、标准的研究制定，推动内外贸产品“同线同标同质”，促进标准行业互信互认。构建多元化数字贸易平台，落户一批大型数字贸易平台地区总部、结算中心，支持本土数字贸易平台加快国际化。以高端服务为先导，培育数字服务新应用新模式，推动浙江数据交易所落地。加快跨境电子商务综合试验区建设，开展跨境电商新技术新业态先行先试，打造跨境电商“全国第一城、全球第一流”的核心节点。

三要加快数字金融创新性试点。健全普惠金融服务体系，加快建设科技金融服务中心。持续扩大金融领域双向开放，吸引外资法人和分支金融机构入驻，支持依法依规设立中外合资金融机构，加快建设区域性跨境金融试点区。支持金融科技企业进一步创新发展数字货币、跨境支付等业务，探索多元化支付清算服务，建设金融科技创新中心。推动贸易外汇收支便利化试点，鼓励金融机构与支付机构合作开展跨境人民币结算，打造全球跨境支付中心。

四要发展更高层次开放型经济。积极落实长三角一体化发展战略，加强与“一带一路”沿线地区的产能合作与经贸往来，推动外贸进出口稳步增长。提高利用外资质量，完善投资促进和保护机制，实施重大外资项目“直通车”制度，提高投资开放度和合作水平。精准对接全球数字贸易博览会等开放平台，以国家级会展活动、国际性高端论坛及交流活动为载体，搭建更多开放合作交流平台，推动企业更大步伐“走出去”，培育更多具有国际竞争力的本土跨国公司。

（五）塑造民生福祉新优势，打造共同富裕新成果。坚持政府有形之手、市场无形之手、群众勤劳之手同向发力，以“此心安处是吾乡”的民生情怀，共建共治共享快乐创业幸福生活的乐土，加速呈现“富裕、幸福、均衡、文明”的美好图景。

一要建设最具获得感的城市基本单元。优化社区规模布局，完善社区服务功能，建成全域未来社区，让现代化和共同富裕成为每位市民可感、可及的幸福体验。坚持改造提升与规划新建相结合，完成全区安置房建设和回迁安置，统筹推进老旧小区改造和电梯加装，优化提升安置房物业管理机制。按照“一年出标准、三年创品牌、五年全覆盖”目标，推动政府、市场主体、社会组织、居民多元主体协同，将未来社区九大场景转化为生活实景，系统性重构社区这一空间形态，全力打造绿色低碳智慧的“有机生命体”、宜居宜业宜游的“生活共同体”、资源高效配置的“社会综合体”。

二要发展最具幸福感的教育健康事业。切实解决好年轻人口、流入人口激增所带来的优质教育、托幼、医疗、康养资源供给缺口，按照对标一流、接轨国际的标准，持续增加优质教育健康服务资源供给。实施“五育并举”的高新教育工程，全速推进校园校舍“新改扩建”，健全完善服务学生全面而有个性发展的教育体系，打造专业化国际化创新型教师队伍，不断提高教育社会服务能级和贡献水平，实现高新教育更加包容、更具活力、更大开放、更高品质发展。健全婴幼儿照护服务体系，实现街道普惠性机构和社区成长驿站全域覆盖。统筹推进“健康滨江”建设，全面优化社区卫生服务站点布局，建立健全数字健康体系，提供全方位全周期医疗健康服务、全民健康教育。加强公共卫生体系建设，织密区疾控中心、社区卫生服务中心、社区卫生服务站“三位一体”防护网，建成精密智控、平战结合的重大疫情防控机制和突发公共卫生事件应急响应机制。科学布局“乐居安养”养老社群，建立社区、居家和机构相融通，医养康养相结合的照护服务体系。

三要打造最具安全感的社会保障体系。构建更加体现知识价值的收入分配机制，加快探索知识、技术、管理、数据等要素价值的实现形式，充分激发高新人才的创新热情。鼓励勤劳创新致富，健全就业服务体系，加强职业技能培训，大力培育“滨江工匠”，提高全区充分就业水平和就业质量，持续创建“无欠薪区”。健全集体收入收益分配机制，充分释放村级留用地的政策红利。完善兜底帮扶政策，对就业困难群体做好公益性岗位安置，保障因病返贫等困难群众基本生活。谋划探索共有产权房建设，构建多层次住房保障体系。优化退役军人保障机制，浓厚全民崇军氛围。

四要培育最具吸引力的创新创业文化。守好红色根脉，延续滨江文脉，推动传统文化与亚运文化、青春文化、科技文化、网络文化有机融合，形成传统韵味与时代特色相互交融的创新创业文化。秉持“鼓励创新、宽容失败、支持再创业”的高新理念，倡导产业报国的时代新风，大力弘扬科学家精神、企业家精神和工匠精神，营造包容审慎、富有弹性的成长空间。深入挖掘运河源、古海塘、浙东唐诗之路等文化内涵，保护性开发西兴古镇、长河老街、襄七房、长二等历史文化资源，弘扬耕读文化、钱塘文化内涵。布局以动漫文化、网络文学为基础的文化创意产业，加快推进内容创新、技术创新、模式创新、业态创新，全力打造具有全球影响力的国际化文化创意中心，持续提升文化承载力和吸引力。

五要探索最具开创性的产业共富道路。发挥高新技术产业引领辐射带动作用，深化与萧山、富阳等周边区县的战略合作，加快体制机制创新、强化资源优势互补，高水平建设产业合作区，持续推动产业链关键制造环节跨区域落地，以产业链带动生态圈、以生态圈打造共同体、以共同体延展共富图，加快取得突破性进展、打造标志性成果、创造普遍性经验，为全省乃至全国提供区域协调、共富发展的示范样本。扎实做好东西部协作、对口支援、山海协作和城乡统筹工作，探索先富帮后富的实践路径，形成巩固脱贫攻坚成果同乡村振兴有效衔接的新格局。

四、党建统领、固本强基、培根铸魂，为建设“天堂硅谷”、打造“硅谷天堂”提供根本保证

新时代、新征程、新使命，对全面从严治党提出了更高要求。我们必须发动全区各级党组织、各级党员干部，争当“两个确立”的忠诚拥护者、“两个维护”的示范引领者、“红色根脉”的坚定守护者、“重要窗口”的优秀建设者、人民至上的不懈奋斗者、“八八战略”的忠实践行者、高质量发展建设共同富裕示范区的先行探路者，为担当建设“天堂硅谷”、打造“硅谷天堂”的历史重任提供坚强保证。

（一）凝聚党建统领的奋进力量。坚定维护习近平总书记的核心地位，全党就有定盘星，人民就有主心骨，就能做到“任凭风浪起、稳坐钓鱼船”。始终握牢方向盘，把好政治关。坚持把政治建设摆在首要位置，始终牢记习近平总书记的殷殷嘱托、谆谆教诲，以守好“红色根脉”的政治担当，淬炼绝对忠诚的政治品格，以“钉

钉子”精神抓好习近平总书记重要指示批示精神和党中央重大决策部署的贯彻落实，确保每一件做到位、每一项落到底，不断引导全区党员干部更加紧密地团结在以习近平同志为核心的党中央周围，进一步统一思想、统一意志、统一行动，不断提高政治判断力、政治领悟力、政治执行力。努力抬高标志线，把好思想关。久久为功学习研究、宣传阐释、实践笃行习近平新时代中国特色社会主义思想，以对习近平总书记的忠诚之心、爱戴之心、拥护之心，坚定不移沿着习近平总书记指引的方向前行，把学懂弄通习近平新时代中国特色社会主义思想与建设“天堂硅谷”、打造“硅谷天堂”的实践融会贯通起来，不断打开思想空间、认知空间、发展空间，巩固发展心齐气顺、政通人和、同舟共济的良好局面。不断注入原动力，把好建设关。发挥党委总揽全局、协调各方的领导核心作用，支持人大依法履职，切实推进新时代人大工作高水平发展；支持政协协商议政，更好发挥政协汇聚力量、建言献策、服务大局的作用；支持监委、法院、检察院独立公正行使职权。牢牢把握意识形态主动权，充分发挥主流媒体引导舆论、服务大局的作用，讲好滨江故事，营造团结向上的浓厚氛围。巩固发展最广泛的爱国统一战线，加强对民主党派、无党派人士、民族宗教界人士等政治引领，持续打响“同心”系列品牌。落实党管武装制度。发挥群团组织联系群众的桥梁纽带作用，最大限度汇聚起高质量发展的磅礴力量。

（二）锻造勇于变革的过硬队伍。“国有贤良之士众，则国家之治厚。”从党的事业薪火相传、国家长治久安的政治高度，打造忠诚干净担当的高素质专业化干部队伍。重塑机制。进一步健全完善干部工作“一体系三机制”，优化干部工作全要素全周期全链条闭环管理和分级分类管理，以系统观念、系统方法推进干部工作整体性优化，精准完善干部“立体画像”，突出政治素质、实绩实效考察和新能力建设，推动建设变革型组织、提高塑造变革能力，全方位重塑组织新形态、干部好状态。优选人才。把干部、党员、人才都纳入后继有人的范畴，拓宽选人视野和渠道，注重从企业、学校、科研院所以及社会组织中发现选拔干部，加大年轻干部、女干部、党外干部、专业化干部、社区干部等培养使用力度，持续开展选调生、专业聘用制人员招考，综合运用公开选拔、综合比选、轮岗锻炼等方式，统筹做好干部“选育管用”工作，以“四个能不能”的标准选拔优秀干部。常增活力。树立正确用人导向，进一步建立健全素质培养、知事识人、选拔任用、从严管理、正向激励五大体系，立足新时代要求和干部自身特性，着力提升广大干部“八种本领”“五个过硬”“七种能力”；建好推动变革的赛道，完善干部考核指标体系，加大在急难险重任务、基层一线中识别、锻炼和使用干部，营造激励变革的全优生态；进一步完善奖惩机制、容错免责机制和澄清保护机制，深化“暖滨心”关心关爱实事项目，激励广大党员干部实干担当，迈进新征程，建功新时代。

（三）构筑坚强有力的战斗堡垒。深入贯彻新时代党的建设总要求和党的组织路线，持续完善基层党建工作责任制，以构建党建统领基层整体智治体系为导向，全面实施“红色根脉强基工程”，更高质量实现基层党建全面建强、整体跃迁。重塑组织体系。切实打造上下贯通、执行有力的严密组织体系，延展“区、街（园区）、社（组织）、小区（网格）、楼道”五级组织架构。加快基层队伍分类培养，以数字化改革为牵引，驱动完善科学有效的组织运行和组织变革，推动基层组织形态、队伍状态与经济发展、社会治理形态更加耦合。强劲组织合力。以党建统领产业发展，构建全域党建联盟。优化“双强”品牌建设，深化上市（拟上市）企业“双强”发展行动抓“头部”，拓展“红色+”党建品牌矩阵强“中坚”，争创新业态新就业群体党建工作示范区提“新兴”，推动孵化器、众创空间党建育“初创”，构建全周期产业党建生态，为“党建强、发展强”持续提供领跑动力。施展组织张力。推动社会治理重心下移，扎实开展小区、楼宇党建，建立健全“一统三化九场景”的未来社区运行机制，党建统领基层治理现代化。发挥各级党群服务中心的基层组织枢纽作用，优化力量组织、要素配置等功能，以打造“家门口的红色驿站”为目标，整合各级各领域组织资源，让广大群众更深感受“惠从党来”。

（四）涵养从严治党的清正生态。坚持政治建设和政治监督“两手硬”，以“四责协同”深化清廉滨江建设，深化一体推进不敢腐、不能腐、不想腐的工作机制，努力打造政治生态的绿水青山。以精准施治管好权力。紧盯“关键少数”，严格落实省委十三项制度和“五张责任清单”，有效加强对“一把手”和领导班子行使权力的监督制约。深化国企领域、拆迁拆违、工程建设等领域专项整治，常态化推进扫黑除恶“打伞破网”。迭代升级“廉政指数”数智应用，围绕对权力运行的全过程监督，实现主体责任落实、风险分析预警、动态防控处置、问题整改评价的一体化、智能化、可视化，不断扎紧权力的笼子。以严规铁纪管好干部。坚持从作风严起，健全“纠四风”与“树新风”并举的长效机制，深入整治形式主义、官僚主义，把好作风带进新征程。严格政商“亲清”交往，突出抓早抓小，筑牢拒腐防线。实事求是运用“四种形态”，充分发挥惩治震慑、教育警醒、激励保护的功能。以强效监督纠治问题。深化腐败易发多发领域廉政治理，持续整治政策支持力度大、资金密集、资源富集等重点领域以及群众身边的不正之风和腐败问题，坚决破除腐败利益链条、压缩腐败滋生空间。加强巡视巡察上下联动，促进党内监督与群众监督、舆论监督、社会监督等各类监督的贯通融合，长效巩固标本兼治成果。

（五）构建“一网统管”的智治体系。聚焦高质量发展、竞争力提升、现代化先行和共同富裕，把数字化贯穿到党的领导和政治、经济、社会、文化、生态文明建设全过程各方面，对生产方式、生活方式和治理方式进行全方位系统性重塑，提升治理体系和治理能力现代化水平。强化全量统筹。持续夯实城市大脑数据底座，实时汇聚全量事件，驱动线上线下资源全量统筹、综合集成，支撑城市生命体征感知与公共资源配置优化，构建横向到边、纵向到底、全链条闭环的数字化城市管理新模式，形成“一屏观全城、一网管全域、一体联动指挥”的智治体系。实现全面贯通。全力推进“152”体系与“141”体系衔接贯通，以基层治理“一件事”为突破口，优化机制流程，打破体制壁垒，把“条”的专业优势和“块”的综合优势有机结合，明确贯通的方法、路径、模式，实现两大体系在街道社区的全面贯通，加快构建“县乡一体、条抓块统”的高效协同治理格局。推进全域智治。运用“数字孪生”的核心理念，丰富和拓展城市运行管理的内涵与外延，围绕党建统领、城市运行、城市安全、城市经济、城市环境五大维度，推动政府、企业、居民、社会四侧协同，提升全域治理的整合度、协同度、共享度，提高感知社会态势、管理难点痛点、化解风险危机的能力，加快打造“一网统管”的标志性成果。

各位代表，同志们！时代呼唤担当作为，嘱托指引前行方向。让我们更加紧密地团结在以习近平同志为核心的党中央周围，全面贯彻习近平新时代中国特色社会主义思想，大力弘扬伟大建党精神，不断开辟干在实处、走在前列、勇立潮头的新境界，以高质量发展实现共同富裕的优异成绩迎接党的二十大召开，为高水平建成“天堂硅谷・硅谷天堂”而不懈奋斗！

政府工作报告

——在杭州市滨江区第六届人民代表大会第一次会议上

（2022年2月12日）

杭州市滨江区人民政府代区长　郑　迪

各位代表：

现在，我代表杭州市滨江区人民政府向大会报告工作，请予审议，并请各位政协委员和其他列席人员提出意见。

一、2021年和过去五年工作回顾

2021年，全区上下高举习近平新时代中国特色社会主义思想伟大旗帜，全面贯彻党的十九大和十九届历次全会精神，在省市党委政府和区委正确领导下，在区人大和区政协监督支持下，坚持观大势、谋全局、干实事，全面完成了区五届人大五次会议确定的目标任务，经济社会发展取得了新成绩，高质量发展、数字经济、亩均效益等综合评价，创新、两化融合发展等重要指数均居全省第一，列“中国幸福百强区”榜首。

（一）综合实力跃进攀升。一是经济体量持续增长。地区生产总值突破两千亿大关、达2022.6亿元，增长11.3%，增速列全市第一；人均生产总值超37万元，全员劳动生产率达45.9万元/人，居全省第一。实现财政总收入406.99亿元，增长13.5%；一般公共预算收入202.89亿元，增长11%。完成全社会固定资产投资302.9亿元，增长14.2%；社会消费品零售总额476.7亿元，增长11.2%。实际利用外资9.1亿美元，货物进出口总额突破千亿大关。二是产业发展持续加速。实现规模以上工业增加值771.1亿元，增长16.6%；规模以上服务业营收3377.4亿元，增长19%，服务业综合评价居全省第一。实现数字经济核心产业增加值1596.2亿元，增长16%，数字安防、网络通信、生命健康产业分别实现营收1844亿元、2217亿元、284亿元。新引进亿元以上项目21个，工业投资、高新产业投资分别增长182.8%、130.3%，杭州高新区（滨江）富阳特别合作区富芯半导体项目（一期）开工，总投资超180亿元，创历史新高。三是市场主体持续壮大。新增上市公司10家，累计达63家，基本实现每平方公里一家上市公司；新认定国高企433家、有效数突破1900家；新增省科技型中小企业674家，居全省第一；新增注册企业15653家，累计达6.7万家，市场主体突破8万家。

（二）创新生态不断优化。一是创新平台加速布局。北航杭州研究生院建成，国家安防质检中心滨江实验室、杭州电子科技大学滨江创新中心正式揭牌。新增北航—德诺弱磁医学应用实验室等优质创新联合体11个，省级重点实验室2家、重点企业研究院4家、研发中心56家，省级以上研发载体累计达501家。二是创新要素加快集聚。实施新一轮“5050计划”，新引进人才36927人，其中硕博人才9084人、高层次人才计划专家54人。交付人才房2008间、新配租2143间。新设政府引导基金子基金7只，累计参股35只，撬动社会资本近200亿元。新认定国家级孵化载体2家、省级9家，市级以上孵化载体累计达117家，在孵企业3548家。全国率先开展数据知识产权质押试点，获批长三角唯一中国物联网产业知识产权运营中心。成功举办第十届中国创新创业大赛生物医药全国赛、2021年全国大众创新万众创业活动周（浙江分会场）、第二届中国自由贸易试验区发展论坛等大型赛会活动。三是创新成果竞相涌现。新增专利授权量17916件，其中发明专利授权量6086件。入选国内首台（套）产品2

项、省内首台（套）产品5项，新增省级重点研发项目36项，27家企业上榜“省创造力百强企业榜单”并包揽前七，均居全省第一。获国家科技进步奖二等奖1项、省科学技术奖29项、中国政府质量奖提名奖3项、省市政府质量奖各1项、中国专利奖6项，发布全国首个内外贸产品“同线同标同质”团体标准，累计主导参与制定国际、国家和行业标准38项，获省首批“科技创新鼎”。

（三）社会治理持续提升。一是制度体系不断完善。制定全域未来社区建设实施方案，缤纷、冠山、东信等16个社区列入省、市未来社区创建单位，列全市第一。深化物业服务企业红黑榜、“和滨江”物业纠纷调解机制，实施社工错时上下班制度。印发社会组织培育发展办法实施细则，新增社会组织73家，区慈善发展指数居全省第一。二是数字技术广泛应用。发挥产业先发优势，加强科技成果转化，蹄疾步稳推进数字化改革工作，全市首个上线“数智滨江”总门户和五大综合应用，29个应用场景获省市试点，5个项目获省揭榜挂帅。建成全省首批“一网通办”示范大厅、全市首家“数字办税厅”，“平安工地通”入选省社会治理十大创新项目，“一码解纠纷”获“法治浙江十五周年十大最佳实践”称号，互联网产业园等热点区域治堵成为全市典型案例。三是治理能力明显提升。完成6个安置房小区综合整治，拆除保笼1.7万套，加装电梯414处、列全市第一。深化“平安滨江”建设，切实做好防范电信网络诈骗等工作，受理群众来信、来访、来电6.6万件，满意率达98.4%；扎实开展重点领域安全专项整治，积极做好防汛防台、地灾防治等工作，成功创建省级食品安全示范区，圆满完成中国共产党成立100周年等安保维稳任务，全区无较大以上事故发生。

（四）城市风貌明显改善。一是更新进一步加快。持续推进全域征迁清零，完成拆迁收购278户、交地6036亩。优化完善做地收储工作机制，全年实现经营性用地收储860亩、出让744亩。大力开展传统工业园区提升改造，完成长河工业园一期整体收购。推进留用地统筹开发，开工27村整村拆迁奖励指标、马湖、七甲闸、江三、山二等项目5个，总建筑面积达75.7万平方米。二是品质进一步提升。系统开展总体城市设计，列入全国首批国土空间规划优秀案例。杭州奥体主体育场获中国建设工程鲁班奖，杭州奥体网球中心获中国钢结构金奖，区体育馆提升改造工程完工，安保中心、媒体中心建成。冠山路、时代大道、滨盛路下穿隧道、江南大道地下快速路顺利通车，科技馆街、坚塔街等“断头路”成功打通，数智恒生中心、智慧之门等城市地标精彩亮相。新增（优化）公交线路17条、定制线路5条，新增机动车泊位8884个。三是环境进一步美化。持续开展“美丽杭州”专项行动，创建市级“美丽河道”9条、省级“美丽河湖”1个，夺取首座“大禹鼎”，华家排灌站获中国水利工程优质奖。北塘河游步道全线贯通，塘子堰等3村全域土地综合整治与生态修复工程绩效评价居全省第一。建成口袋公园10个，新增绿化面积32.9万平方米，每万元GDP二氧化碳排放量0.1802吨、远低于省市平均水平，成功创建省级生态文明示范区。

（五）群众福祉大幅增进。一是民生实事见行见效。始终践行以人民为中心的发展思想，紧紧围绕群众迫切需求，坚持一锤一锤钉钉子，一项一项抓落实，顺利完成区政府民生实事24个子项30个分项、市政府民生实事16个子项和省政府民生实事19个子项，满意和基本满意率达100%。二是公共服务提标提质。坚持教育优先发展理念，投用钱江湾小学等学校4所，开工浦乐单元中学等学校12所，新增学位2970个。成立杭二中白马湖等4个教育集团，名校集团化实现全覆盖。落实落细“双减”政策，课后服务开设率、校外培训机构压减率均达100%，“双减”经验获央视点赞。中考重高上线率连续6年超主城区平均水平，成功创建全国学前教育普及普惠区，政府履职教育评价指标全省遥遥领先。持续推进“健康滨江”，成立全省首个四方共建医务社会工作基地，新（改）建社区卫生服务站5家。建成百姓健身房、口袋运动场、健身苑点27个，正式启用中国动漫博物馆，成功举办第十七届中国国际动漫节、第十五届杭州文博会等活动。三是社会保障走深走实。续建安置房项目26个、395万平方米，交付项目6个、63万平方米、3401套，安置3008户次。城镇新增就业13.6万人，帮扶2283名就业困难人员实现再就业。为征地拆迁家庭发放大病医疗补助600.6万元。创建示范型居家养老服务中心2家，建成婴幼儿成长驿站10家，新增3岁以下婴幼儿托位105个。

各位代表，2021年主要目标任务的完成标志着本届政府履职顺利收官。过去五年，我们始终同中央省市保持高度一致，牢牢把握"高""新"发展方向，紧紧依靠广大干部群众，迎难而上、担当作为，为实现"十四五"发展目标打下了坚实基础。

五年来，我们坚定信心、阔步前行，高质量发展走在前列。地区生产总值实现翻番，以全市0.5%的土地资源创造了10%的经济体量；规上工业增加值年均增长14%以上，成为全市工业第一强区。数字经济核心产业增加值占地区生产总值比重保持在75%以上，信息化发展水平连续5年居全省第一，软件产业基地综合评价保持全国前三，拥有营收超亿元企业671家，被誉为浙江"创造力第一区""资本第一区"。成功创建国家双创示范基地、国家五星级新型工业化产业示范基地、国家数字服务出口基地、国家文化出口基地、全国先进制造业和现代服务业融合试点、国家知识产权服务业集聚发展示范区，纳入中国（浙江）自由贸易试验区新片区，国家高新区综合排名保持第一方阵。

五年来，我们下定决心、自立自强，科技创新奋力突围。累计引进各类人才15.8万人，国家和省级海外高层次创业类人才、省级领军型创新创业团队数量均列全市第一。落地北航杭州创新研究院、浙大滨江研究院等6个高能级产学研平台，"超高灵敏极弱磁场和惯性测量装置"入选"十四五"国家重大科技基础设施建设项目，开展"芯海计划"等技术攻关行动，核心元器件对外依存度有效降低。全社会R&D经费投入相当于地区生产总值比重保持10%左右，每万人发明专利拥有量、国家科技进步奖、技术发明奖和国际、国家、行业标准数量均居全省第一。商事制度改革、"企业创新积分"、知识产权"一件事"等成为全国改革创新典型案例。

五年来，我们砥砺匠心、共建共享，城市能级全面跃升。主动把握长三角建设世界级城市群、杭州构建特大城市、亚运会历史机遇，从跨江发展"桥头堡"、科技新城、江南副城到拥江发展示范区、未来城市先行区、主城核心，内生张力不断激发。城市基础设施建设投资累计达185.2亿元，实现地铁成网、路网成型。基本完成城中村改造，全面完成撤村建居社区股社分离改革，成功创建省级城乡社区治理和服务创新试验区，获省首批"平安金鼎"。累计民生保障支出865亿元，教育支出122.7亿元，安置房支出172.3亿元，社会保障和就业支出240.2亿元，教育现代化发展水平跃居全省第一，实现省市医联体双覆盖、儿科医联体全覆盖，成为全国唯一全域示范的智慧健康养老基地。

五年来，我们不忘初心、自我革新，政府建设不断深化。坚持把学习贯彻习近平总书记系列重要讲话和重要指示批示精神作为首要政治任务，制定并推行第一议题学习制度，高标准开展"两学一做"学习教育、"不忘初心、牢记使命"主题教育和党史学习教育，切实抓好中央生态环境保护督察、省委巡视反馈问题整改。修订完善政府工作规则，规范重大行政决策程序，纵深推进国资国企改革，获国务院督查激励3项、省政府督查激励4项。落实重大事项向区人大及其常委会报告、区政协通报机制，累计办理代表建议400件、政协提案469件，满意及基本满意率分别达100%、98%。高标准推进政府系统党风廉政建设，加强政府督查和审计监督，自觉接受司法、监察、群众、舆论监督，持续做好扫黑除恶"后半篇文章"，自我净化、自我完善、自我革新、自我提高能力不断增强。

回顾过去五年的工作，我们深感成绩来之不易，艰难方显勇毅。面对来势汹汹的新冠肺炎疫情，我们风雨同舟、众志成城，牢牢把握战"疫"主动权，打好人民战争、总体战、阻击战、遭遇战，累计减免各类税费超1000亿元，海康威视、大华技术、大立科技、博日科技等企业成为全国抗击疫情的重要力量。面对持续升级的中美经贸摩擦和技术封锁，我们科学应对、埋头苦干，实现经济平稳发展、产业破局前行。面对决胜全面建成小康社会，我们切实打好防范化解重大风险、精准脱贫、污染防治“三大攻坚战”，丹寨、麻江、建始顺利脱贫摘帽。五年来，我们努力在危机中育先机、于变局中开新局，经历了一次又一次严峻考验，冲破了一个又一个艰难险阻，打赢了一场又一场大仗硬仗。

回顾过去五年的工作，我们深感共识凝聚力量，同心方能致远。这五年，我们能够迎难而上、跨越发展，离不开以习近平同志为核心的党中央坚强领导，离不开省市党委政府和区委的正确领导，离不开区人大和区政协的监督支持，离不开历届班子的接续奋斗，离不开全区上下的共同努力和社会各界的关心帮助。在此，我代表区人民政府，向全区人民和来我区发展的投资创业者、科技工作者、外来建设者，向人大代表、政协委员、各民主党派、工商联、无党派人士和人民团体，向各驻区单位、高校院所、部队官兵、公安民警、消防救援队伍，向关心支持高新区（滨江）发展的社会各界人士、港澳台同胞、海外侨胞和国际友人，致以崇高的敬意和衷心的感谢！

总结过去五年的工作，我们深知发展还有不足，仍须继续努力。百年变局持续演进，世纪疫情持续流行，外部竞争持续加剧，不稳定性不确定性明显增加，我们面临的问题挑战仍然不少。一是空间资源受限。我区在全国前十高新区和全市各区县（市）中面积最小，发展空间需求与土地要素供给矛盾仍未实质性解决，内部挖潜有限，大项目难以落地，区域发展平衡性、协调性和联动性仍需加强。二是领跑优势弱化。高层次复合型人才、高能级研发平台偏少，基础研发力量不足，关键领域“卡脖子”现象仍然存在，产业链供应链韧性亟待加强；企业梯队竞争力、创新要素联动力、开放发展协同力与北京中关村、上海张江、深圳南山等相比仍有较大差距，国家高新区排名进位难度日益加大，“标兵渐远、追兵渐近”态势严峻。三是短板弱项不少。城市功能不够完善，建设与管理标准不高，交通路网、地下管网等历史欠账尚未完全解决；民生供给不够充分，拆迁安置工作滞后，教育医疗国际化水平较低，与人民群众期盼还有差距；社会治理不够精准，公共卫生等领域应急体系建设不够完善，基层基础还需进一步夯实，应对处置重大突发事件能力亟待加强；干部队伍系统思维和变革能力还有不足，本领恐慌和畏难情绪仍然存在。对此，我们将直面矛盾、担当责任，采取有力措施，切实加以解决。

二、今后五年工作思路和 2022 年重点工作

今后五年，是开启全面建设社会主义现代化国家新征程、向第二个百年奋斗目标进军的起步期，是乘势而上建设世界一流高科技园区的关键期，要始终坚持“一张蓝图绘到底”，不断聚合新动能、放大新优势，努力在新的赶考之路上为全国全省全市大局做出新的更大贡献。

根据区第六次党代会精神，今后五年政府工作的总体要求是：坚持以习近平新时代中国特色社会主义思想为指导，全面贯彻落实党的十九大和十九届历次全会精神，忠诚拥护“两个确立”、坚决做到“两个维护”，坚持稳中求进工作总基调，完整准确全面贯彻新发展理念，加快构建新发展格局，忠实践行“八八战略”、奋力打造“重要窗口”，沿着习近平总书记指引的方向坚定前行，按照中央、省、市决策和区委工作部署，抢抓“双自联动”机遇，把握数字化改革趋势，放大亚运会综合效应，建设“天堂硅谷”、打造“硅谷天堂”，全面推动经济社会发展质量变革、效率变革、动力变革，加快建成世界一流高科技园区、高质量发展建设共同富裕实践样板。

一是实现更高质量发展。坚持创新驱动，把加快攻克重要领域“卡脖子”技术、培育具有核心竞争力的企业梯队作为工作着力点，不断增强政策和策略精准性，掌握主动权、抢占新赛道。积极围绕产业链部署创新链、围绕创新链布局产业链、围绕产业链创新链完善服务链，不断做精做强做优数字经济和新制造业“双引

擎”，培育形成若干占据全球制高点的未来产业，2026年实现地区生产总值超2800亿元、财政总收入超600亿元。

二是实现更有效率发展。抢抓“双循环”“一带一路”“长三角一体化”等战略机遇，促进更大范围、更宽领域、更深层次对外开放，让更多高端资源走进来、更多创新成果走出去。抓住扩大内需战略基点，使生产、分配、流通各个环节更多依托国内市场实现良性循环，提高要素资源配置效率。加强平台企业合规治理，推动规则、监管、标准等制度型开放，构建公正、稳定、可预期的市场化法治化国际化便利化营商环境。

三是实现更加公平发展。牢固树立“发展为了人民、发展依靠人民、发展成果由人民共享”理念，把改革发展红利转化为民生幸福指数，全面完成征迁安置工作，扎实推进“扩中”“提低”改革，实现城镇居民可支配收入与地区生产总值增长基本保持同步，以中等收入群体为主的橄榄型社会结构充分巩固。健全完善以权利公平、机会公平、规则公平、分配公平为主要内容的社会公平保障体系，让人民群众在每一个重大问题的决策和处理中都感受到公平正义。

四是实现更可持续发展。把生态文明建设融入全区建设各方面全过程，处理好发展和减排、整体和局部、短期和中长期的关系，坚决守牢生态保护红线、环境质量底线、资源利用上线，大力推进绿色循环低碳发展，形成节约资源和保护环境的空间格局、产业结构、生产方式、生活方式。

五是实现更为安全发展。着力稳定优化产业链供应链，做好疫情常态化防控，大力提升应急处突能力，精准有序处置各类风险，及时阻断不同领域风险的转化通道，确保有效掌控局势、及时化解危机，确保经济社会发展平稳有序健康。

2022年是党的二十大召开之年，是亚运会举办之年，是新一届政府全面履职的开局之年，也是“十四五”承上启下的关键之年，抓好今年工作尤为重要。综合各方面因素，建议2022年我区经济社会发展主要预期目标是：地区生产总值增长7.5%；一般公共预算收入增长10%；规上工业增加值增长10%、力争11%；社会消费品零售总额增长7%；城镇调查失业率控制在5.5%以内；全社会R&D经费投入相当于地区生产总值比重在10%左右。

各位代表！新年伊始，我们遭遇了一场突如其来的新冠肺炎疫情冲击。在这场大战大考中，我们深刻领悟习近平总书记关于新冠肺炎疫情防控工作的重要讲话和重要指示精神，在省委省政府、市委市政府的坚强领导下，全区上下众志成城、日夜奋战，与时间赛跑、与疫情搏斗，打赢了这场遭遇战阻击战歼灭战，夺取了抗疫斗争全面胜利。在此，我代表区人民政府，向广大市民群众，向所有关心、支持、参与抗疫斗争的社会各界朋友，向节日期间仍奋战在抗疫一线、坚守岗位的同志们战友们，致以崇高的敬意和衷心的感谢！

完成今年目标任务，要在科学精准做好疫情防控工作的基础上，坚持系统观念，强化底线思维，保持战略定力，力争国家高新区排名争先进位；紧紧围绕区委六届一次全会要求，以“数字变革提升年、亚运效应提级年、组织建设提效年”为主载体，打好“重大改革、重大攻坚、重大项目、重大政策、重大平台”组合拳，奋力走好五条变革之路：

（一）走数字经济发展带动竞争位势变革之路，产业发展更高新更强劲。一是提升核心产业新势能。打造智能物联新生态，发挥数字安防全球领先优势，整合集成电路、数字通信、智能计算等产业力量，鼓励软件企业向嵌入式硬件产品制造、硬件企业向系统集成服务融合延伸，推动产业链资源整合、产业圈生态合作。打造智能制造新生态，实施制造业高质量发展行动计划，紧盯链主型、平台型企业，加强应用牵引、整机带动和共性技术供给，加大智造供给系统解决问题供应商培育力度，加快制造业集群化、智能化、品质化、服务化发展。打造智能健康新生态，依托国家级生命健康产业创新示范区创建，围绕“CRO+医院+研发+基金+生产企业”链条，积极链接泰格医药、启明医疗等头部企业及高校院所、公共技术平台等要素资源，推动生物技术与数字技术融合发展，增强智慧健康、高端医疗器械、创新药、检测试剂、数字疗法等细分产业国际竞争力。加快国家级新型工业化产业示范基地、省级制造业高质量发展示范区建设，推进数字安防、生物医药产业大脑，力争新增省市"未来工厂"7家，数字经济核心产业增加值增长10%以上。二是增强企业发展新动能。按照"第一时间+顶格优惠"原则全面落实国家新的组合式减税降费措施，持续完善"1+X"政策体系，推动各项政策直达企业，促进各类市场主体持续活跃，力争新增注册企业突破1.5万家。做大做强营收超亿元、十亿元、百亿元企业梯队，支持利用北交所、科创板等多层次资本市场挂牌上市，力争新增上市公司9家，动态保持后备企业不少于90家。完善"科技型中小企业—雏鹰企业—高新技术企业"培育链，力争新认定国高企350家、有效数突破2000家，省科技型中小企业400家。建立"瞪羚企业—专精特新企业—单项冠军企业"成长链，力争规上工业企业突破230家、瞪羚企业不少于300家。抢抓国家新一代人工智能创新发展试验区、应用先导区建设机遇，聚焦下一代通信技术、区块链、类脑智能、量子信息等前沿热点领域，持续盯引落地一批技术领先、成长快速的优质项目，支持裂变、衍生项目扎根发展，力争新落点产业项目不少于20个、新开工不少于12个，工业、高新产业、制造业投资均增长10%以上。三是打造数字自贸新高地。对标世界投资、贸易通行规则，对接RCEP等国际高水平自由贸易协定，按照"458"系统架构，围绕"四区一中心"目标，构建数字贸易产业、平台、生态、制度、监管五大体系，推进数字贸易全产业链发展；依托国家数字服务出口基地和国家文化出口基地，争创首批国家数字贸易示范区核心区；推动浙江大数据交易中心、杭州国际数字交易中心加快建设，集聚一批数据生态链企业，开展数据资产评估、登记结算、交易撮合等"先行先试"，推动数字人民币在亚运场景试点；探索多元化支付清算服务，支持连连科技、乒乓智能等推进境内外支付市场一体化发展，构建跨境电商全产业链服务体系；推进合格境外有限合伙人、阿里国际站新型国际离岸贸易试点；落地数字贸易"单一窗口"，复制推广企业供应链协同智慧通关系统、"长三角一体化通关"协同查验模式，全面提升跨境贸易便利化水平；争创首批国家知识产权服务出口基地，开展专利代理对外开放试点，拓展知识产权服务国际合作。四是构建产业平台新格局。进一步发挥杭州高新区江北区块科技成果产业化策源地、排头兵和先锋队作用，推动"北企南迁"不少于300家。加快物联网小镇海康威视四期、趣链科技等11个项目，互联网小镇虹软科技、游卡网络等11个项目，智造供给小镇长川科技、大立科技等7个项目，白马湖生态创意城网易三期、大丰数艺等8个项目，智慧新天地启明医疗、四企联建等11个项目，杭州高新区（滨江）富阳特别合作区富芯、正泰等6个项目建设。持续推进智造供给、数字健康、创意小镇省级特色小镇创建工作。深化"亩均论英雄"、探索"楼均论英雄"，制定工业园区提升行动计划，加快4个工业综合体、长河工业园区一期（冠山数智产业园）等项目建设，推动产业业态和配套设施提质升级，形成空间统筹、结构优化、错位协同的产业平台发展布局。

（二）走资源要素耦合带动技术路径变革之路，科技创新更自立更自强。一是增强创新硬实力。强化国家战略科技力量，加快"超高灵敏极弱磁场和惯性测量装置"、北航量子实验室建设，进一步提升北航杭州创新研究院、浙大滨江研究院等平台能级。积极引入国内外一流高等学校、科研院所等创新资源，推动企业及其他社会力量参与基础研究，支持建设新型研发机构、交叉学科研究平台、国家级制造业创新中心，力争新认定各级研发载体不少于100家，争取国家科技创业学院杭州分院、能源与碳中和浙江省实验室、省智能感知技术创新中心正式挂牌。推动大中小企业融通创新，支持链主型企业联合产业链上下游优势企业、高校院所搭建创新联合体，积极参与国家重点研发计划、国家科技重大专项、科技创新2030重大项目和尖兵领雁领航等重大科学计划，实施一批产业链协同创新项目,开展一批"无人区"颠覆性技术攻关,力争推荐申报各级科技项目不少于150项。二是增强创新支撑力。加快推进杭州人工智能(昇腾)计算中心建设,充分发挥芯火双创基地、浙江5G开放实验室等公共技术服务平台作用,完善研发外包、中试熟化、认证认可、检验检测等全链条科技服务体系,推动更多科技成果有效转化。积极盘活国有资产,加强国有平台融资和运营管理能力,制定国企改革三年行动计划,大力提升国有企业市场化、专业化水平。完善企业全生命周期金融服务体系,加快产业基金运行体制机制改革,强化"5050"人才、泰鲲等基金运营管理,持续拓展股权直投;做好重点企业资金链、担保链风险预警,强化短期资金周转功能,拓展政府性融资担保覆盖面,提高资金流转质效。深入实施"创业陪跑计划",完善"众创空间—孵化器—加速器—产业园—特色小镇"孵化链条,力争孵化器和众创空间突破130家,在孵企业突破3800家。不断完善科技创新激励机制和成果评价机制,积极举办高端论坛和大型赛会活动,持续营造懂科技、敢创新、爱奋斗的浓厚氛围。三是增强创新源动力。坚持"人才是第一资源",着力建设高水平人才高地。持续深化"5050计划",加大战略科学家、科技领军人才和创新团队、青年科技人才、卓越工程师、急需紧缺特殊人才招引力度,力争引进各类人才3.8万人以上,其中各级人才计划专家50名、海外高层次人才1200名。深入推进"人才创业协同计划",提升人才链创新链产业链匹配度、融合度。深化人才创业、就业、生活"一件事"改革,持续构建国际化科创环境和生活环境,让人才愿意来、留得住、干得好、能出彩。

(三)走数字赋能带动营商环境变革之路,社会治理更高效更精准。一是政务改革向更宽领域拓展。对标国际先进规则和最佳实践,纵深推进"放管服"改革和国家营商环境创新试点,加快形成"即时感知、科学决策、主动服务、高效运行、智能管理"的新型政务服务机制,实现企业办事更省心、群众办事更方便、政府监管更高效。完善"智能导服""企业e家"等专区建设,优化"掌办优先、PC辅助、窗口兜底、自助补充"四端协同政务服务体系。完善商事登记智能语音系统、智能辅助审批系统和"上马石"企业服务平台,试点开展住所申报承诺制。大力推进自贸片区商事主体登记确认制改革,实现"自助登记、自助查询、自行公示"。完成"商事制度改革促进政务环境提升国家级标准化试点"验收。持续深化知识产权"一件事"改革,积极开展专利导航和知识产权质押,鼓励培育高价值专利组合;搭建全国产业知识产权数据中台,完善区块链存证平台,实现知识产权创造、保护、运用全方位数字化监管。二是基层治理向更高水平迈进。推进"一网统管",高标准建设一体化智能化公共数据平台,完善社会治理数字底座,加快实现"一屏观全城""一网管全域""一体联动指挥"。推动"152"体系与"141"平台衔接贯通,加快"基层治理四平台"向全域整体智治平台迭代。大力推进全域未来社区建设,按照"一年出标准、三年创品牌、五年全覆盖"目标,统筹整合各类组织、各种资源、各方力量,因地制宜落地"三化九场景",加快数字社会"12个有"落地和"产业社区"等成果复制,试点建设缤纷未来社区治理委员会,提升可持续运营能力,争创省、市未来社区5个。深化条抓块统、大综合一体化执法改革,推进街社"一支队伍管执法"、街区物业一体化管理和小区物业提档升级。加强社工队伍建设,打造一支懂技术、会治理、善服务的复合型人才队伍。加大社会组织扶持与培育力度,引导更多市场主体、社会工作者、志愿者有序参与社会治理。三是平安建设向更深层次推进。毫不放松抓好常态化疫情防控,持续打好精密智控组合拳。深化扫黑除恶"六清"行动,加大电信网络诈骗、跨境赌博打击力度,完善"排雷引优"机制,常态运行"合规促进会",助力企业健康发展。提高"平安工地通""浙里连心"等场景业务覆盖率、群众知晓率、用户使用率,提升区社会矛盾纠纷调处化解中心运行质效,力争信访总量、四级走访总量较前三年平均值下降20%。建立健全风险分级管控和隐患排查治理双重预防机制,扎实开展交通、消防、建筑施工、危化品、燃气、食品药品等重点领域安全专项整治，加快区域感知网络建设，提升城市安全风险管控水平。持续优化防灾减灾救灾等应急体系，不断完善“统一指挥、专常兼备、反应灵敏、上下联动”应急管理体制，提高各类风险防御能力，努力打造人民群众满意安全城区。

（四）走亚运城市建设带动未来城市变革之路，城市环境更宜居更宜业。一是以办好亚运为重点。围绕“办好一个会、提升一座城、造福一方百姓”要求，以主赛场主人翁姿态，全面展示“国际滨江、亚运核心”风采。持续开展“亚运靓城”攻坚行动，高质量完成“大小莲花”赛事功能、贵宾区及主席台、开闭幕式以及亚残运会无障碍设施等四大优化提升工程，做好亚运场馆“最后一公里”体验区建设。全面完成沿江景观带提升改造，序化美化火炬传递、赛事专用、地铁出行等线路，精心谋划入城口等重要门户节点。做好各项赛事服务保障工作，确保疫情防控常态化条件下安全有序办赛。积极营造热情友好亚运氛围，精心组织城市宣传和文体活动，科学谋划场馆赛后利用，让市民群众真切体会城市变化、享受亚运红利。二是以美丽宜居为底色。建立国土空间规划统筹管理机制，依托“沿江依山抱湖串河”自然基底，立足“未来风、国际范、江南韵”形象定位，下足绣花功夫把每一寸空间用好管好。围绕提高城市空间品质、补足区域配套短板、保持土地供需平衡目标，全力推进征迁清零、过渡房区块腾拆和国有土地房屋收购，力争完成土地收储 800 亩、出让 700 亩。聚焦“一心一带一园一谷”功能组团，推动城市“西进”“南扩”，推进智造供给小镇、智慧新天地、白马湖等区域和地铁四期规划建设，开展奥体中心、区体育馆、冠山等片区“微更新”，有序推进文化中心东、区科技创新综合体、区公安消防交警业务用房等项目建设。全面推进留用地统筹开发，建成投用六村留用地项目，进一步加快智造谷、感知谷、联庄冠二留用地等项目建设。大力推进千岛湖配水工程输水通道江南线项目建设，统筹推进地下管网有机更新。完善城市绿带绿块绿廊网络，加快解放河、北塘河等河岸景观提升改造，新建（改造）公园 10 个，新增绿化面积不少于 25 万平方米，让市民群众推窗见绿、四季见花。三是以绿色低碳为核心。严格落实碳达峰碳中和要求，围绕能源、工业、建筑、交通运输、居民生活、科技创新等六大领域，探索打造一批低碳应用场景，有序实现生产生活方式全面绿色低碳转型。开展低碳建筑试点示范，推动绿色建筑创建和既有建筑改造，降低城市能耗水平。坚持慢行优先、公交优先、绿色优先，推动轨道交通与地面公交、慢行系统多网融合发展，新增（优化）公交线路 5 条。迭代智慧交通治理，畅通交通“微循环”，深化园区、商圈、学校等重点区域停车综合治理和交通秩序管理。扎实推进垃圾分类工作，促进生活垃圾源头减量，创建省级“无废城市”。继续打好蓝天、碧水、净土保卫战，实现断面水质省控以上达标率 100%，空气优良天数 315 天以上，争创国家级生态文明示范区。

（五）走公共服务供给侧改革带动共同富裕变革之路，民生福祉更普惠更厚实。一是促进教育、医疗、文体、商贸发展。对标世界一流基础教育，打造具有高新特质的教育高质量发展实践样板。推进国际理解教育课程体系建设，投用杭州国际学校，新增嵌入式幼儿园 2 所。深化教育领域综合改革，全面落实“双减”政策，建立服务学生全面而有个性发展的教育体系。积极推进沪滨教育深度合作，深化新名校集团化办学，实施更加开放、更大力度的名优校（园）长及教育人才培育计划，建设高水平专业化创新型教师队伍。以打造“无围墙未来学校”为抓手，激发办学活力，争创全国义务教育优质均衡发展区。继续深化医联体建设，深度融合浙大二院、浙大儿院、浙江中医药大学和市三医院优质资源，加快浙大二院创新中心建设，投用浙大儿院国际儿童医疗中心，推进社区卫生服务站标准化，持续优化“15 分钟医疗服务圈”。进一步健全公共卫生服务体系，切实提高公共卫生事件应急处置能力。做好非遗项目和传承人的保护与挖掘，积极落实大运河国家文化公园建设实施方案，启动长二、襄七房历保公园和海塘遗址公园建设。加快完善商贸配套，加强南部、西部区块商业布局，培育若干新兴商圈，丰富社区商业业态，不断满足居民个性化、多样化、品质化消费需求。二是强化住房、就业、双拥、社会保障。完善多层次住房保障体系，进一步规范房地产市场和住房租赁市场，开工建设共有产权保障住房1000套、公共租赁住房9万方，筹集保障性租赁住房7200套（间）。基本完成全区预安置，修订完善农转非拆迁人员家庭大病医疗补助政策，帮助就业困难人员实现再就业2000人，其中拆迁户家庭不少于700人。健全退役军人服务保障体系，持续做实双拥工作。聚焦“一老一小”，建设“居家机构相衔接、医养康养相结合、需求供给相匹配”的康养联合体，构建“一主六中心多基点”整合式、多层次照护体系；坚持“从一米高度看城市”，构建育儿友好型社会，实现社区婴幼儿成长驿站全覆盖，不断满足多样化托育需求，促进新的生育政策落地见效。扎实推进移风易俗，实施“文明低碳祭扫、节地生态安葬”行动，深入开展家庭家教家风建设工作，努力推动家和万事兴成为共同富裕美好社会的靓丽图景。三是推进东西、山海、对口、区县协作。持续加强与四川朝天区全方位、宽领域、深层次交流合作，共同打造东西部协作典范。推动与泰顺县山海协作、与吉林长春新区对口合作、与新疆阿拉尔市八团对口支援、与河北阜平县战略合作、与桐庐县区县协作，携手奋进共同富裕新征程。发挥国家高新区示范引领和辐射带动作用，坚持并优化提升杭州高新区（滨江）富阳特别合作机制，加快杭州高新区（滨江）萧山特别合作园建设，持续探索“企业总部+核心制造”合作发展新路径，推进产业空间“横拓”和产业项目“外联”，走出一条具有“高新特色、滨江特点”的产业共富之路。

各位代表，今年我们继续按照民生实事“群众提、大家定、政府办”理念，在广泛征求意见的基础上，形成了以下12个候选项目，现提请大会票选决定2022年10个民生实事项目。对区人大代表票选确定的项目，我们将切实增强责任意识、实干意识、品质意识，全力以赴办实办好。

1. 推动教育事业高质量发展。加快校园建设，投用振浦中学等4个项目；完工物联网幼儿园等3个项目；新开工江晖南路小学等4个项目；续建12个项目。推进“优学”“乐学”“研学”“畅学”工程。

2. 加快推进安居工程。交付安置房项目2个、续建18个；完成安置8000套（含预安置）；交付浦乐单元二、三期，西兴单元人才租赁房；新增人才房800间，总量达7000间。

3. 高标准建设未来社区。达到省级创建标准3个、市级创建标准9个，建设社区美好生活共同体9个；加强未来社区运营，探索可持续一体化运营模式。

4. 有效缓解停车难、出行难。新增机动车泊位不少于3740个，其中公共泊位不少于300个；新增非机动车泊位1000个、机动车绿色泊位60个；新建道路2条、续建7条、提升改造5条。

5. 提升卫生健康服务。开工建设浦沿生命健康医疗养护综合体（浦沿街道社区卫生服务中心），启动长河街道社区卫生服务中心建设项目，启用西兴街道社区卫生服务中心住院病区；与浙江中医药大学合作建立实训基地；设置智慧云诊室6个；安装AED（自动体外除颤器）200台，开展急救技能培训200场。

6. 深化平安小区提档升级。推进商住楼宇“智慧安防”建设；提升已建安置房小区消防安全水平，开展消防设施维保检测、梯控阻车系统安装、生命通道数字化管理和1000个电动自行车充电口增配等工作。

7. 提升亚运环境。创建省级无障碍社区2个；完成扬帆路、飞虹路等亚运场馆通道沥青路面及道路指示牌更新，完成时代大道、彩虹大道、江南大道等主要道路沿线亮化及环境整治，开展国际化标识系统建设改造；完成5条道路路灯暗区提升改造。

8. 强化“一老一小”关爱服务。为5家街道居家养老服务中心配备无感服务智能终端；建成婴幼儿规范化实训基地1家，新增婴幼儿成长驿站10个、托位500个，每千人拥有托位数达4个，组织育儿课堂不少于100场次，为特殊婴幼儿家庭提供入户式指导服务。

9.深入推进物业提档升级。推进安置房小区物业招标，引入优质物业服务企业；实施安置房小区物业费收缴政策，优化物业服务企业考核机制；创建市（区）级“美好家园”示范项目10个；加强“和滨江”物业矛盾纠纷调解机制，调解覆盖率保持在90%以上。

10.持续推进老旧小区提升改造。实施迎春小区、春波小区、联庄公寓等9个老旧小区提升改造；持续推进安置房小区加装电梯工作，加梯覆盖率达80%以上。

11.实施积涝点整治。在主汛期前，完成庙后王路、闻涛路一桥下穿、火炬大道铁路下穿等10处积涝点整治。

12.加强文体惠民。提升改造城市书房不少于7家，新建硅谷书房3家、智慧借阅点10个；完成江南体育中心提升改造，新建市民球场2片，改建健身苑点9处；组建区全民健身指导团队，成立街道全民健身指导组；举办区全民运动会；开展全民健身活动不少于50场、培训不少于30场。

三、全面加强政府自身建设

各位代表！新时代要有新气象，新征程呼唤新担当！新一届政府要始终保持对党绝对忠诚的政治清醒，坚定不移把党的领导贯穿到政府工作各方面全过程，以更加奋发有为的精神状态、更加勤勉务实的工作作风，积极作为、锐意进取，真正做到为党分忧、为国尽责、为民奉献。一是坚持把习近平新时代中国特色社会主义思想作为武装头脑、指导实践、推动工作的首要遵循，加强学习型政府建设，继续落实第一议题学习制度，注重生成性学习、保持创造性张力，强化系统观念、战略素养、前瞻思维，不断掌握新知识、熟悉新领域、开拓新视野，打造高素质专业化干部队伍。二是坚持把数字政府建设作为推动组织变革、提升行政效能的重要手段，聚焦群众、企业需求，全面推进跨部门、跨层级流程优化、制度重塑、管理重构，推动运转质量由点到面、由点及链整体跃升，构建科学规范、开放包容、运行高效的政府工作体系。三是坚持把法治政府建设作为谋发展、促改革、保稳定的坚实保障，深入学习贯彻习近平法治思想，提升领导干部“关键少数”法治思维能力，自觉接受区人大及其常委会法律监督和区政协民主监督，推动政府行为全面纳入法治轨道。四是坚持把群众满意作为一切工作的根本标准，顺应民心、尊重民意、关注民情、致力民生，始终做到民有所呼、我有所应，民有所求、我有所为，努力打造人民满意的服务型政府。五是坚持把廉洁廉政作为干事创业的首要前提，严格落实党风廉政建设责任制，坚持政府过紧日子，推动中央八项规定精神化风成俗。坚持严惩腐败和严密制度、严格要求、严肃教育紧密结合，持续巩固风清气正的良好政治生态。

各位代表！新时代华章铺展，新征程浩然开启！让我们高举习近平新时代中国特色社会主义思想伟大旗帜，更加紧密地团结在以习近平同志为核心的党中央周围，在省市党委政府和区委的坚强领导下，一往无前、风雨无阻，建设“天堂硅谷”、打造“硅谷天堂”，加快建成世界一流高科技园区、高质量发展建设共同富裕实践样板，以优异成绩迎接党的二十大胜利召开！

专 记

中国共产党成立100周年庆祝活动（党史学习教育）

【概况】2021年，杭州高新区（滨江）开展庆祝中国共产党成立100周年系列活动，覆盖全区区属单位52家、基层党组织3452个、党员5.39万人。系列活动包括“党在我心中”党史学习教育、“两优一先”评选表彰、“红色接力”、“岗位建功庆百年”、“组织覆盖提升”、“双强孵化”、“晒业绩、亮成果、比干劲”、党员“双领双优”、纪念“党的生日”集中宣誓、重温“入党初心”政治生日、“大爱滨江·我为‘七一’献热血”、“党内关怀送温暖”等十二项行动。以中国共产党成立100周年为契机，杭州高新区（滨江）开展党史学习教育。区四套班子负责人在学习研讨、专题党课、接受红色教育、专题组织生活会、为群众办实事等重点环节树标杆、作表率，各部门、街道、社区、学校、企业开展“沿着红色足迹学党史”等主题活动。组织宣讲队伍巡回宣讲351场。围绕中国共产党成立100周年主题，开展“我在高新学党史”、“‘船’承经典，少年启航”百日百场沉浸式未成年人红色党史教育、“网络作家写党史”等活动。结合党史学习教育的开展，杭州高新区（滨江）完成340件办实事项目，“百年红·数智空间”党史学习教育沉浸式智慧体验馆和“数智健康站”完成15分钟健康管理圈，入选全市“民呼我为”最佳实践案例，其中“百年红·数智空间”项目获2021年度宣传思想文化工作创新奖。省、市党史学习教育巡回指导组到杭州高新区（滨江）调研，对党史学习教育工作给予肯定。10月19日，中央党史学习教育调研组到杭州市调研党史学习教育开展情况，杭州高新区（滨江）作为唯一一个区县（市）代表作经验介绍。

【杭州高新区（滨江）党史学习教育动员部署会】2021年3月5日，杭州高新区（滨江）党史学习教育动员部署会召开。区委书记王敏讲话，区委副书记、区长李志龙主持。韩建中、王国珍、张玮等区四套班子负责人参加。担任过副区级以上职务的老干部；区政协秘书长；各街道党工委、区级机关各单位、各直属单位党委（党组）主要负责人和分管负责人；区人大常委会机关、区政协机关各专（工）委负责人；区委巡察组组长；各社区书记；各有关部门中层干部参加会议。会议强调要学习贯彻习近平总书记在党史学习教育动员大会上的重要讲话精神，落实省委、市委党史学习教育动员部署会精神，引导全区广大党员学党史、悟思想、办实事、开新局，更加自觉地扛起建设世界一流高科技园区、争创社会主义现代化先行示范区的使命担当，以优异成绩向中国共产党成立100周年献礼。会后，区党委理论学习中心组（扩大）暨党史学习专题报告会召开，邀请浙江大学博士生导师、教授计翔翔做“学习百年党史，汲取奋进力量”党史学习专题辅导。

【党史学习教育实施方案出台】 2021年3月5日,《杭州高新区(滨江)党史学习教育实施方案》出台,全区党史学习教育方案突出"红船味""高新味""滨江味",以"高擎红色火炬,照亮高新之路"为载体,坚持红色传承,高举新思想火炬和科技发展火炬。方案分"我在高新学党史""铸就红色高新基因""潮起滨江颂党恩""船承经典忆党史""我为群众办实事""三大主题提质年""召开组织生活会"7个板块、26项具体措施,通过党史学习教育进企业、进园区、进楼宇,推动党史学习教育。

(区志编研室)

【"永远跟党走,红韵耀滨江"红色接力活动】 2021年5月24日,"永远跟党走,红韵耀滨江"杭州高新区(滨江)庆祝中国共产党成立100周年红色接力活动在杭州奥体中心体育场启动,活动以"永远跟党走"为主题,通过启动仪式、实地打卡、党员接力、直播互动等方式,结合线上线下活动,线下老中青三代党员代表张海芳、高文琴、李玮现场分享自己守初心、担使命,为群众办实事的基层故事,线上3名网络主播直播带队到杭州高新区(滨江)党群服务中心、长河革命历史纪念馆体验,运用直播技术,结合交互式、沉浸式的体验方式,汇聚青年力量,寻访红色印记,倾听革命故事,感受城市发展成果。200多名少先队员以"迎亚运庆百年"为主题进行百米长卷绘制。活动获央广网等新闻媒体报道。

(俞宁宁)

【第八届"两新"组织"七一"会演】 2021年6月24日,"党建引领·数智蝶变"数字经济党建榜样风采展演暨杭州高新区(滨江)第八届"两新"组织"七一"会演在区文化中心举行,会演分"铭初心,回顾来时奋斗路""看峥嵘,数智蝶变显担当""勇争先,鉴照未来奋进路"3个篇章,有原创党史情景剧《遇见来耀先》、舞蹈《数智杭州》、合唱《少年》、朗诵《杭州,向数智新征程进发》等节目。现场发布杭州市"数字+党建"组织生活创新案例、数字经济党建领军型示范型党组织和百名"数智·星耀"人物,有2家党组织获评"最佳创新案例",1家获评"优秀创新案例",2家获评"数字经济领军型党组织",3家获评"示范型党组织";2人获评"创业领军人物",6人获评"数智攻坚先锋",5人获评"数字公益达人",7个团队获评"优秀研发团队",获奖人数居全市第一位。

【"两新"优秀党员成长营与"两新"党组织书记示范班】 2021年3月,区委"两新"工委建立健全"红色导师"工作机制,通过推行红色传导筑信念、党务指导育人才、多向引导共发展的"三导工作法",发挥好"传帮带"作用,以高质量的红色领路人推动高质量的"两新"党员教育,构建杭州高新区(滨江)党建培训新名片。至年底,举办"两新"党组织优秀党员成长营4期,吸引全区1.5万人次参与。5月22—25日,区委组织部组织区街双管企业、街道(平台)重点"两新"党组织负责人等41人,到苏州大学参加"两新"党组织书记示范班培训。

(陆 枫)

【4家红色教育阵地获评"杭州市党员干部教育培训基地"】 2021年6月15日,根据杭州市党员干部教育培训基地名单,杭州高新区(滨江)党群服务中心、滨江物联网小镇党员教育基地、长河革命历史纪念馆、西兴过塘行码头专题陈列馆4家红色教育基地获评市委组织部"杭州市党员干部教育培训基地"。区党群服务中心聚焦党史党建工作,有党群综合服务区、党建风采展示区、红色政治生活区、党群共建活动区、人才发展服务区、智慧党建指挥区六大主题,30个功能区块,展示杭州高新区(滨江)历史沿革,开展党员干部教育培训、主题党日活动;滨江物联网小镇党员教育基地为全省数字经济党建提供"滨江方案",是数字经济党建的典型代表、浙江建设"重要窗口"的缩影;长河革命历史纪念馆曾是中共六大代表、长河农民协会负责人来耀先生活工作的地方,兼具党史教育基地、廉政教育基地和青少年爱国主义教育基地等教育功

能；西兴过塘行码头于2014年列入中国大运河世界遗产点，位于遗产点内的西兴过塘行码头专题陈列馆展示浙东运河和过塘行历史文化。全年，4家红色教育基地共接待3.8万人次。

【4名微党课讲师获评“杭州市优秀党课主讲人”】2021年6月15日，根据中共杭州市委组织部关于确定100名杭州市优秀党课主讲人的通知，奥体社区党总支书记、居委会主任郭艳捷，区税务局党建工作科科长夏冰，区检察院第二检察部主任潘菲，滨江区新天地幼儿园教科室主任郝玲4人获评市委组织部“杭州市优秀党课主讲人”。由区委组织部牵头，全年围绕“百年正青春、奋进正当时”主题，开展“党课开讲啦”微党课巡回宣讲活动，由机关干部、社区工作者、学校教师、青年大学生、高新企业员工、志愿者等组成的宣讲团宣讲党课，50多名党课主讲人推出精品样板课件35个，受众4.58万人次。

（李　玮）

【“两新”组织党史学习教育】2021年3月始，杭州高新区（滨江）针对“两新”企业党员的特点，创新学习教育形式，坚持线下线上相结合，增强党史学习教育的实效性，引导“两新”党组织和党员职工学党史、悟思想、办实事，把学习成效转化为工作动力。浙江中控集团党委结合自动化、信息化行业背景，创建“红色智控”党建品牌——以“服务型党组织”开展党建活动，以绩效为导向的党内“双评”模型，引导党建与企业发展的互促共赢；在“红色智控”微信公众号开设“百年百天，天天学党史”专栏，全体浙江中控集团党员在“线上”重温百年党史。浙江吉利集团党委针对党史学习教育推出“红色党课”“红色学习”“红色路线图”“红色展览”“红色先锋队”“红色建功”“红色宣扬”七大红色行动。红色足迹遍及上海、浙江、江西等12个省（直辖市）60多个地点，组织各地党组织开展系列线下活动，就近参观瞻仰红色基地，串起浙江吉利集团的“红色路线图”。税友软件集团党委创新“线上+线下”模式，推出党史学习教育“红色阵地”“学习书目”“红色电影”“课程资源”4张清单，集团党委通过开展书记讲党课和线上“党史知识竞赛”、百名职工读党史和线下“江南社区党史知识竞赛”、民主生活会和学习会等形式，利用“学习强国”“时代先锋”等平台开展学习。杭州高新区（滨江）把党史学习教育相关内容纳入“两新”品牌活动“双线双领”中，推出“两新微杭州高新区（滨江）党课评比”“红色经典诵读”等13项活动清单，被33家党组织认领。至年底，全区各级“两新”党组织开展“重走红色路线，重温入党誓词”系列活动121次。

【专题学习习近平总书记在庆祝中国共产党成立100周年大会上的重要讲话精神】2021年7月2日和7月5日，杭州高新区（滨江）举行专题读书学习会，学习贯彻习近平总书记在庆祝中国共产党成立100周年大会上的重要讲话精神和省委书记袁家军在浙江省庆祝中国共产党成立100周年大会上的讲话精神。区四套班子负责人，区法院院长、区检察院检察长，各街道、区级机关各单位、各直属单位（含区直接监管企业）主要负责人参加大会。区委书记王敏主持并讲话。市党史学习教育第一巡回指导组组长张东涛、副组长杨涤参会指导，区领导李志龙、韩建中、王国珍、张玮做交流发言。会议指出，习近平总书记的重要讲话体现中国共产党人的初心使命，是开创事业的行动纲领。要求与会人员学习领会，把握习近平总书记“七一”重要讲话精神的丰富内涵，把习近平总书记“七一”重要讲话精神转化为建设共同富裕实践样板的实际行动，结合亚运攻坚、改善民生，开展“民呼我为”活动，在攻坚克难、关爱暖心中切实解决一批治理难题。加强党的建设，增强全面从严治党，推进党风廉政建设和反腐败斗争。加强宣传，营造学习习近平总书记“七一”重要讲话精神氛围。统筹抓好工作落实，做好疫情防控工作、完成全年目标任务、推进数字化改革、开展“亚运靓城”攻坚行动、推进换届工作、维护社会和谐稳定。

【三街道举行庆祝中国共产党成立100周年大会】 2021年6月，西兴街道、长河街道和浦沿街道举行庆祝中国共产党成立100周年大会。6月28日，西兴街道“百年正青春，风华看西兴”“七一”文艺会演在区文化中心举行。情景诗画《为了中国的春天》讲述襄七房党支部成立的故事；舞蹈《战斗天地》体现“围垦精神”；访谈《时代的追梦人》邀请5名上市公司董事长，围绕“创业、传承、转型、创新”等展开讨论，展现创业精神；情景舞蹈《与亚运同行》展现“亚运主场，西兴争先”的别样风采。6月29日，长河街道6名“光荣在党50年”老党员代表带领全体党员干部重温入党誓词；举行“不忘初心、接续奋斗”新老党员传承仪式；微朗诵《宝坤的故事》展现中共六大代表来耀先的担当；歌舞《芦花》重温战争年代；微访谈《长河之美》邀请长河卫生院防保科科长张壮飞、浙商代表吴忠福、长河居民谭启晓讲述自身经历，激励党员不忘初心，砥砺前行。6月29日，浦沿街道党工委书记带领全体党员重温入党誓词，坚定政治信念；向老党员代表颁发“光荣在党50年”纪念章；宣读市、区、街“两优一先”表彰通报，表彰街道“两优一先”人员和支部。

【全省政协系统首部微纪录片发布】 2021年6月25日，区政协庆祝中国共产党成立100周年系列活动之一，同心筑梦心向党——浙江政协系统首部微纪录片《吾心安处》发布暨“红色主题电影周”启动仪式在滨和社区举行。纪录片《吾心安处》由省政协联谊报社、区政协联合出品，以中国共产党成立100周年和高新人才幸福生活为创作背景，通过记录发生在杭州高新区青年人才社区——滨和社区的真实故事，以近13分钟的片长，再现杭州高新区（滨江）青年人的美好生活，以及美好生活共同体建设背后的政协力量。《吾心安处》的拍摄取景杭州高新区（滨江）多个地标性拍摄点，航拍素材130多个，拍摄场景10多个，200多名青年人才参演，展现政协元素、滨江元素和红色元素。滨和社区“红色主题电影周”同时启动。

【党史学习教育市委宣讲团到杭州高新区（滨江）宣讲】 2021年4月30日，党史学习教育市委宣讲团到杭州高新区（滨江）举行宣讲报告会。党史学习教育市委宣讲团成员、市政协办公厅副主任牟剑做主题报告，区政协办、各政协工作联络处负责人，部分政协委员，各街道、区级机关各单位、各直属单位负责人和青年党员，区党史学习教育工作专班全体人员参加报告会。牟剑阐述习近平总书记关于中共历史论述、认识开展党史学习教育的意义，鼓励党员研读党史基本著作，了解中国共产党百年奋斗的历程和历史性贡献，守好“红色根脉”，把学习中共百年历史与学习中共在浙江、在杭州的百年奋斗史结合，把握开展党史学习教育的重点，在习近平新时代中国特色社会主义思想中增强“四个意识”、坚定“四个自信”、做到“两个维护”。会议要求落实省委、市委、区委要求，把党史学习教育和贯彻落实习近平总书记关于杭州高新区（滨江）的重要指示精神相结合，围绕“高擎红色火炬、照亮高新之路”载体，聚焦“三大主题年”和数字化改革，推动中央和省委、市委决策部署在杭州高新区（滨江）落地落实，开创各项工作新局面。

【党史学习教育主题党日活动】 2021年6月15日，杭州高新区（滨江）四套班子负责人和区法院院长、区检察院检察长到长河革命历史纪念馆和中国动漫博物馆，开展党史学习教育主题党日活动。市党史学习教育第一巡回指导组组长张东涛、副组长杨涤等指导组成员全程参加。市委宣传部副部长、亚组委宣传部部长许德清陪同参观动漫馆。参与活动人员在长河革命历史纪念馆了解长河农民运动和中共六大代表来耀先开展革命运动的革命事迹，观看照片和文物资料；在中国动漫博物馆了解动漫发展历史，坚定文化自信。

（区志编研室）

“亚运靓城”攻坚行动

【概况】 杭州高新区(滨江)是亚运会开幕式和闭幕式主会场(“大莲花”)、田径、网球赛事和羽毛球比赛场馆所在地。2021年,杭州高新区(滨江)启动“亚运靓城”攻坚行动,发布“亚运靓城”五大攻坚行动和具体措施、亚运数字场馆管理系统和运营计划等。五大攻坚行动包括数智靓城、洁美靓城、品质靓城、文明靓城、平安靓城。数智靓城行动包含智慧场馆提升、数字赋能治理、未来社区建设3个类别8项具体措施。推进亚运会场馆智能化改造和设施提升;提升城市数字化水平,加强数字赋能,便捷数字生活;加快推进未来社区建设。洁美靓城行动包含绿色生态保护、基础设施建设、全域面貌提升和重要节点扮靓4个类别18项具体任务。生态保护明确重点领域和任务,引导绿色低碳的生活方式,加强生态环境保护;开展亚运攻坚比学赶超专项行动,提升改造亚运重要道路;推进全域环境整治,改善亚运场馆周围城市界面;对入城口、高架、高教园区、沿江景观、公园、绿道、亮灯工程和城市国际化标识等城市重要节点进行市容市貌整治和提升改造。品质靓城行动包括畅通出行、公共服务提升、商业服务配套、无障碍设施改造4个类别17项举措。优化动静态交通组织,深化全域智慧交通综合治理,全方位解决交通出行难、停车难、秩序乱问题;推进学校、医院等公共服务建设,构建“15分钟医疗服务圈”;建设高品质商业综合体,推进线上线下商业融合发展;构建设施完善、信息交流通畅的城市无障碍环境,提升城市温度。文明靓城行动围绕基层文明建设、推进全民健康、志愿服务3个类别14项内容进行提升。提升“滨滨有礼”文明品牌,开展“心心相融迎亚运、滨滨有礼我先行”群众性文明活动;构建“10分钟全民健身圈”,开展迎亚运系列主题活动;开展“迎亚运、滨滨有你‘益’起来”志愿服务十大行动,营造“全民志愿”氛围。平安靓城行动从覆盖基层治理、亚运安保、城市安全3个类别18项具体任务改进。完善社会治理组织体系,健全群防群治工作机制,构建和谐平安社会环境;加强公共安全防范、防范化解个人极端和各类矛盾风险隐患、开展社会面防控,强化场馆安保;守好安全生产和消防安全底线,对城市安全运行加强管理、预警和应急处置。“亚运靓城”攻坚行动的重要内容是加快推进道路整治提升工程。

五大攻坚行动把办好赛会和改善民生、推动发展相结合,持续发挥亚运筹办在加快提升城市品位、改善基础设施、优化社会治理、保护生态环境、提高公民素质等方面的牵引推动作用,建设“产城最融合、职住最平衡、生态最宜居、交通最便利”的现代化科技新城。 (区志编研室)

【10条道路提升改造】 至2021年年底,江南大道地面道路拓宽改造工程(东信大道—西兴立交)东段完成总工程量的66%,北侧全线主车道拉通,交通设施及智能交通预埋管线与主体工程同步推进;西段基本完工。滨盛路(时代大道—风情大道)整治工程完成工程量的34%。江陵路(滨盛路—南环路)整治工程完成工程量的40%。西兴路(闻涛路—滨康路)整治工程完成工程量的47%。滨康路(伟业路—时代大道)整治工程完成工程量的46%。火炬大道(时代大道—滨文路)整治工程完成工程量的54%。东冠路(浦沿路—火炬大道)整治工程完成工程量的50%。映翠路东延伸段建设(井山坞路—萧山界)、时代大道改造工程建成。江南大道改造提升工程(西兴立交—中兴立交)基本完工,处于验收阶段。

【10个公园建设】 2021年,杭州高新区(滨江)根据洁美靓城行动计划,亚运会前计划新建、提升改造10个公园,优化提升城市绿化,建设国际滨江新形象,涉及绿化面积100万平方米,其中新增绿化面积20.5万平方米。至年底,沿江景观带提升改造工程实施彩色

混凝土施工、硬质景观及苗木种植。区政府南广场提升改造工程西侧汽车坡道主体结构施工，东侧汽车坡道开挖，地下室内部施工。感知之轴公园地下室内部安装装修，景观、绿化、园路施工。襄七房海塘文化公园进行景亭、廊架、年轮广场及铺装等施工。滨康综合体南绿地工程景观亭施工。奥体中心公园苗木种植、园路施工。西兴互通公园提升工程绿化种植。中兴立交公园提升工程处于进场准备阶段。长二历史文化公园处于招投标阶段。物联网新州公园控制性详细规划调整。

（李桂荣）

【沿江区域提升改造项目】 2021年6月30日，杭州高新区（滨江）沿江区域提升改造项目开工建设。项目东起七甲闸，西至东信大道，全长12千米，总投资10.5亿元。项目分两段，七甲闸至萧山排灌站段4.5千米为全面整治范围，主要涉及江堤堤顶的安澜提标、沿江铺地改造、挡浪墙栏杆提升、腹地景观绿化的梳理和提升以及新建景观人行桥等内容；萧山排灌站至东信大道7.5千米为局部改造段，保留最美樱花跑道，进行点位式改造，新增樱花公园、临桥巷运动公园、大桥博物馆、工匠公园等公园驿站。至年底，完成主体工程量的40%。

【亚运会场馆优化提升】 2021年6月，杭州奥体滨江亚运会场馆优化提升项目开工建设。项目为亚运会场馆核心工程，东至七甲河、西至飞虹路、南至奔竞大道、北至闻涛路，主要优化提升主体育场和网球中心原有的土建安装、钢结构、幕墙等，总投资8766万元。至年底，工程主体结构验收完成，主体育场贵宾区及主席台土建优化提升完成。

【火炬大道（时代大道—滨文路）整治工程】 2021年8月27日，火炬大道（时代大道—滨文路）整治工程开工建设。工程南起时代大道，北至滨文路，全长2.8千米，为城市主干路，设计车速每小时50千米。其中：滨文路至冠山路段双向六车道，路宽50米；冠山路至时代大道段双向四车道，路宽37米。整治内容包括对交叉口的渠化、路面及桥梁病害处理、道路平侧石更换、人行道翻建等，总投资1.87亿元。至年底，全线雨水、污水管道整治完成，右幅车道路面中粗沥青完成，左幅车道路面基层病害处理完成。（王知琪）

【江南大道（东信大道—西兴立交）地面道路拓宽改造工程】 至2021年年底，江南大道（东信大道—西兴立交）地面道路拓宽改造工程一期工程（东信大道—中兴立交）建成，二期工程（中兴立交—西兴立交）北侧主车道拉通，江晖路至阡陌路八车道主路拉通，江晖路至阡陌路机非带及两侧绿化完成，两侧人行道、园路、路灯基本完成，交通设施及智能交通预埋管线与主体工程同步推进。全年完成投资3.17亿元，累计完成投资4.32亿元。江南大道（东信大道—西兴立交）地面道路拓宽改造工程为2022年杭州亚运会重点保障道路建设项目。改造后，江南大道由双向六车道拓宽至双向八车道。工程于2020年4月开工建设，东起西兴立交，西至东信大道，全长8.1千米，总投资9.98亿元。

【区体育馆改造工程】 至2021年年底，区体育馆媒体中心、安保中心完工；室内场地平面布置、观众席改造完成；新增3部无障碍电梯，无障碍区域提升改造完成；比赛照明设计方案通过亚组委审核；高配电间增容扩建和供电电源提升完成；比赛和训练场地配套功能用房调整改造完成。区体育馆为2022年杭州亚运会、亚残运会羽毛球比赛专用场馆，被亚组委确定为杭州2022年亚运会、亚残运会示范场馆。改造提升工程于2020年9月16日开工建设，分为外部新建和内部改造升级两部分。外部新建媒体中心和安保中心两栋玻璃房。媒体中心面积450平方米，分三层，设有新闻发布厅、媒体办公室等；安保中心面积750平方米，分两层，提供安保指挥、监控、交通指挥、运行人员办公等功能空间。内部改造升级包括调整内部平面布置，升级改造局部设备设施；调整比赛场地、观众席、贵宾席；增加无障碍设施及无障碍电梯；增加裁判室、医务室、器材室、兴奋剂检测室等功能用房；重新设计安装比赛灯光，安装8K高清摄像头；改造场馆强、弱电系统等。

（郝富强）

中国（浙江）自由贸易试验区杭州片区滨江区块建设

【概况】 2021年，中国（浙江）自由贸易试验区杭州片区滨江区块（简称“滨江区块”）立足数字产业优势，推进数字自贸区建设，构建数字贸易先行示范区、数字产业国际引领区、数字金融发展先行区、数字政务服务示范区，形成贸易投资便利、创新活力强劲、高端产业集聚、金融服务完善的全球数字自由贸易中心，探索构建“自贸试验区+联动创新区+辐射带动区”三位一体开放新格局。深化体制机制改革，联动推进国家自主创新示范区和国家高新区建设任务，建立“专班化、项目化、系统化”和“项目清单、制度清单、责任清单”的“三化三清单”推动工作机制。

2021年，滨江区块向省市上报各项经验（成果）38条次，其中有3个国家级基地（试点）、1项全国首创及19项省市级制度创新案例（成果）。地区生产总值、实际利用外资、进出口总额增速分别完成“高于全省平均2～3个百分点”目标。落实省市重大项目建设推进行动，新引进1亿元以上项目21个、5亿元以上重点产业项目9个，推动38个重大项目开工、建设和投产，完成投资73.26亿元。举办第二届中国自由贸易试验区发展论坛，梳理《滨江自贸区块大事记》，90多条自贸动态被《浙江自贸简报》、“浙江自贸”微信公众号录用刊发。申报的制度创新改革经验数量居全市第一位。滨江区块建设获评浙江省自贸试验区考核优秀。“知识产权集成服务改革”入选全省自贸试验区首批最佳制度创新“十佳案例”。浙江省国际数字贸易协会贸易数字化专业委员会落户滨江互联网小镇。“企业创新积分”入选全省第三批“十大标志性成果”。建设国家级产业知识产权运营中心入选浙江省自贸试验区第四批“十大标志性成果”。“‘浙江数字文化国际合作区’入选‘国家文化出口基地’”“全国首个知识产权区块链公共存证平台落地滨江区块”2项成果入选第六批浙江自贸区“十大标志性成果”。滨江区块“数字自贸综合应用系统”“创新开展数据知识产权质押”“企业供应链协同智能通关系统”“产业园区‘亲清驾驶舱’”4项入围第二批杭州自贸片区优秀改革试点经验。

【中国（浙江）自由贸易试验区杭州片区滨江区块建设推进大会】 2021年1月15日，中国（浙江）自由贸易试验区杭州片区滨江区块建设推进大会在“智慧e谷”召开。会上，杭州高新区（滨江）部署自贸试验区滨江区块建设工作，提出打造全球数字自由贸易中心目标；举行自贸大厦揭牌仪式；发布自贸试验区杭州片区滨江区块建设方案、政策措施和创新清单；与18个入驻自贸试验区（自贸大厦）项目进行现场签约，包括全球跨境金融科技人才中心项目、安恒大健康数据安全研究院项目、长三院气溶胶智能防疫芯片项目等8个首批入驻自贸大厦的项目，以及研极微电子低功耗AI芯片项目等10个入驻自贸试验区的项目；为连连数字科技股份有限公司、杭州乒乓智能技术股份有限公司、恒生电子股份有限公司、杭州趣链科技有限公司、道富信息科技（浙江）有限公司、浙江邦盛科技有限公司、信雅达系统工程股份有限公司、招银网络科技（杭州）有限公司自贸试验区滨江区块8家数字金融创新示范企业授牌；宣布国家数字服务出口基地首批列入贸易外汇收支便利化试点企业名单；发布全球产业知识产权运营平台。

【自贸试验区滨江区块首批4家银行自贸区支行揭牌】 2021年4月30日，自贸试验区杭州片区滨江区块首批4家银行自贸区支行集中揭牌仪式在“智慧e谷”举行。杭州自贸片区管委会，浙江银保监局，中国工商银行省、市分行，中国农业银行杭州市分行，中国银行省、市分行，中国建设银行省分行等单位相关负责人共50人参加。杭州自贸片区管委会专职副主任施黄凯、滨江区委书记王敏分别致辞；4家银行分别介绍自贸区支行的创新业务和特色服务，业务涵盖跨境业务清算、资本项目结汇、扩大人民币跨境使用、探索投融资汇兑等方面。至年底，滨江区块落地全国首批本外币合一银行结算账户业务和杭州地区首批外汇NRA账户（境外机构境内外汇账户）不落地结汇服务，其中贸易外汇收支便利化服务为区内169家企业办理6969笔跨境收支业务、涉及金额27.49亿美元。

【“关银一KEY通”项目电子口岸合作制卡代理点开办】 2021年6月9日，“关银一KEY通”项目电子口岸合作制卡代理点（杭州）开办仪式在中国建设银行杭州滨江支行举行。中国电子口岸数据中心杭州分中心和中国建设银行杭州滨江支行为杭州首家电子口岸合作代理制卡点授牌。“关银一KEY通”是中国建设银行与中国电子口岸数据中心的合作项目，包括联合推出新版电子口岸客户端产品——“单一窗口共享盾”，以及在中国建设银行营业网点开设合作制卡代理点，便利企业办理电子口岸业务。电子口岸合作制卡代理点（杭州）是中国建设银行杭州滨江支行联合中国电子口岸数据中心杭州分中心针对自贸区企业推出的“就近办、多点办、一站办”的服务项目。项目通过结合海关电子口岸端与银行网银端功能，使企业既可登录国际贸易“单一窗口”办理通关业务，又可登录银行网银系统办理金融业务，简化业务办理流程，服务外贸发展。

【第二届中国自由贸易试验区发展论坛在杭州高新区（滨江）举行】 2021年10月27日，第二届中国自由贸易试验区发展论坛在杭州高新区（滨江）举办。论坛由商务部、省政府指导，商务部国际贸易经济合作研究院、省商务厅、市政府主办，中国（浙江）自由贸易试验区杭州片区管理委员会、区政府承办。论坛以“新格局、新使命、新担当”为主题，聚焦自贸试验区推动构建新发展格局、推动自贸试验区高质量发展、对接国际经贸新规则、数字经济赋能自贸试验区发展等重要议题，为中国自由贸易试验区建设和发展凝聚共识，建言献策。商务部、省市区相关负责人、各自贸试验区代表、自由贸易试验区领域的专家学者、中外知名企业代表、省内各联动创新区代表等222人以线上线下方式参加论坛。论坛发布《中国自由贸易试验区发展报告2021》；商务部自贸区港建设协调司、商务部国际贸易经济合作研究院、浙江省自贸办等单位负责人，围绕推进自由贸易试验区高质量发展、发挥自贸试验区作用为构建新发展格局贡献力量、浙江自贸试验区的特色化发展之路等议题发表主旨演讲。中央电视台新闻频道、人民网、浙江卫视等近20家媒体报道论坛。

（张　俊）

年度聚焦

“三大主题年”活动

2021年2月7日，杭州高新区（滨江）成立“三大主题年”（重点项目提速年、重大改革攻坚年、基层组织提质年）活动工作专班（简称“专班”），分别从区委办、区委宣传部、区市场监管局、区综合行政执法局、规划资源滨江分局、区工商联和区融媒体中心抽调7人，内设综合协调、信息宣传、联合督导3个工作组，实行实体化办公，重点负责“三大主题年”活动的统筹协调、督查考核以及信息宣传、“比学赶超”等工作。3月1日，中共杭州高新区（滨江）党委办“三大主题年”专班支部委员会（临时党支部）成立，选举产生3名支部委员会委员，形成“支部+专班”的工作体系。专班全年召开周工作例会47次、月度专题分析会6次，牵头组织工作推动协调会6次，编发会议纪要51份，活动简报49期，月度工作总结12份。专班牵头举办扩大有效投资、数字化改革、亚运城市建设、社区党组织领办项目4场“比学赶超”竞赛活动，11家单位获竞赛优胜单位。将“三大主题年”活动纳入区年度综合考评，明确11条加减分项，并在“浙政钉”掌端每月公布牵头单位得分情况。通过调查剖析、提炼总结，形成工作调研报告13篇，其中《“北企南迁”工作“痛点”调查》《长河、浦沿街道征迁交地堵点分析》《街道工业园区提升改造现状及难点分析》等12篇获区主要领导批示。

2021年，杭州高新区（滨江）制定《关于开展“三大主题年”活动实施方案》《“三大主题年”活动督查工作方案》《“三大主题年”活动考核实施细则》等文件，开展现场督查36次，走访涉及亚运建设、城市管理、征迁安置、体制机制改革、省市重点项目推进等单位23家；专项督查全域交地、拔钉清零、国有土地房屋征收等重点工作；与区人大、区政协、区纪委等联合督查亚运建设、省市重点项目，推进难点任务攻坚。印发《关于下达“三大主题年”工作任务清单和重点量化指标的通知》，晒出6张清单、124项重点量化指标。每月对124项指标开展督查，动态掌握各项工作开展进程，分析形成督查情况通报，并同步以点赞、标星及亮红的形式，在区政府大厅电视显示屏上滚动亮晒。针对进度迟缓的指标，印发整改通知，要求限期整改并持续跟踪。全年编发督查通报33期，半年度、年度专题通报2期，印发《整改通知书》70份，均按期整改到位。利用“三大主题年”数字化应用场景，动态呈现主题年所有任务的总体推进情况，包括点赞、滞缓、完成全年目标、整改交办、工作展示等场景，具体到每个指标，并对应“一总览四体系”，动态呈现项目内容概况（任务总览）、月度推进情况（指标体系）、工作机制要求（工作体系）、相关政策文件（政策体系），及各指标牵头单位实时得分评价（评价体系）。至年底，124项指标中，提前完成年度目标任务46项，占37.1%；正常推进完成任务75项，占60.48%；未完成年度目标任务3项，占2.42%。

（盛丛杰）

共同富裕示范区建设

2021年，杭州高新区（滨江）贯彻落实中共中央《关于支持浙江高质量发展建设共同富裕示范区的意见》、省委《浙江高质量发展建设共同富裕示范区实施方案（2021—2025年）》、市委《杭州争当浙江高质量发展建设共同富裕示范区城市范例的行动计划（2021—2025年）》指示精神，编制《杭州高新区（滨江）奋力推进高质量发展打造共同富裕实践样板实施方案（2021—2025年）》（简称“实施方案”），成立由区委书记任组长、区长任第一副组长、多位区领导任副组长、相关单位主要负责人任成员的杭州高新区（滨江）奋力推进高质量发展打造共同富裕实践样板领导小组，下设办公室，办公室设在区发改局，由常务副区长任主任。成立中共杭州高新技术产业开发区工作委员会（中共杭州市滨江区委）社会建设委员会。拟定《杭州高新区（滨江）奋力推进高质量发展打造共同富裕实践样板领导小组工作规则》，编制形成推进高质量发展打造共同富裕实践样板重点任务清单、突破性抓手清单、重大改革清单、试点清单。重点任务清单紧扣实施方案的落实，逐一明确指标体系和137项举措的责任单位，突出“十四五”期间的工作重点；突破性抓手清单重点聚焦当年要取得的实质性、突破性成果；重大改革清单紧扣需要承接的省市支持事项，共66项具体诉求；试点清单紧扣促进形成共同富裕实践样板的特色亮点。

2021年，杭州高新区（滨江）聚焦经济高质量发展、全域未来社区建设、民生福祉提升3项重点工作，开展共同富裕示范区建设。坚持以经济产业持续高质量发展夯实共同富裕示范区建设基础，战略性新兴产业建设、落实重大政策措施2项工作获国务院督查激励，为全省唯一；获全省高能级战略平台试点。建成美好生活共同体18个，完成冠山、缤纷2个未来社区验收。完成区政府民生实事24个子项30个分项、市政府民生实事16个子项和省政府民生实事19个子项，满意和基本满意率100%。坚持教育优先发展理念，投用杭州市钱江湾小学等学校4所，开工浦乐单元中学等学校12所，新增学位2970个。成立杭二中白马湖等4个教育集团，名校集团化实现全覆盖。持续推进“健康滨江”，成立全省首个四方共建医务社会工作基地，新（改）建社区卫生服务站5家。创建示范型居家养老服务中心2家，建成婴幼儿成长驿站10家，新增3岁以下婴幼儿托位105个。

落实省委、省政府关于山区26县跨越式高质量发展决策部署，召开杭州高新区（滨江）—泰顺县山海协作联席会议，签订2021年度山海协作工程合作框架协议和2021年度山海协作工程结对帮扶协议。召开与四川省广元市朝天区东西部协作工作座谈会和联席会议，持续推进产业协作，建立健全招商引资协作工作机制，加快产业项目落地见效；加强文旅交流；注重增进民生福祉，持续深化教育、医疗等民生领域的结对共建、资源共享、人才共育；就社会治理领域合作和干部人才交流合作签订框架协议。

2021年，杭州高新区（滨江）高质量发展建设共同富裕示范区工作，居全省90个区县（市）前列，获考核优秀等次。滨富合作区作为缩小地区收入差距案例入选省典型案例；“构建橄榄型社会结构”“跨区域产业共富合作样板”2个试点入选市首批名单；编制上报2个试点三年行动计划；征集上报“缤纷未来社区打造”“东西部劳务协助数字化平台建设推广应用”“老年人医康养转介转养应用场景”3个试点案例。国家、省、市媒体对杭州高新区（滨江）海康威视嵌入式幼儿园等3个点进行采访，对杭州高新区（滨江）共同富裕做宣传报道。邀请FM89杭州之声、市共富办等单位，调研缤纷、冠山2个未来社区，其中有关缤纷未来社区建设的信息稿被《杭向共富》录用并获常务副市长戴建平批示。

（周建江）

数字化改革推进

2021年，杭州高新区（滨江）推进数字化改革工作。2月18日，浙江省数字化改革大会召开。2月19日，区委召开专题会议，召集区委办（改革办）、区府办（区数据资源管理局）、区委政法委、区城市大脑专班、区发改局、区经信局、区行政服务中心、区市场监管局主要负责人，以及“三大主题年”专班成员，学习贯彻全省数字化改革大会精神，交流研讨数字化改革工作。会议指出，全省数字化改革大会全面部署数字化改革工作，提出统筹运用数字化技术、数字化思维、数字化认知，把数字化、一体化、现代化贯穿到中国共产党的领导和经济、政治、文化、社会、生态文明建设全过程各方面，对体制机制、组织架构、方式流程、手段工具进行全方位、系统性重塑，从整体上推动经济社会发展和治理能力的质量变革、效率变革、动力变革，在根本上实现整体智治、高效协同。2月21日，区政府召开第60次常务会议，专题学习全省数字化改革大会精神。

3月19日，杭州高新区（滨江）党委理论学习中心组（扩大）暨数字化改革专题报告会在滨江物联网小镇举行。会议邀请原副省长、省智能制造专家委员会主任毛光烈做报告，报告以“深刻理解数字化改革的定义，积极自觉地投身于五大改革”为主题。4月8日，杭州高新区（滨江）召开数字化改革专题会议。会议专题部署数字化改革工作，要求把数字化改革当作牵引各项工作的主动力和总抓手，推进“1+5+2”系统性建设，以制度优势全力保障数字化改革克难攻坚。“1+5+2”系统性建设，“1”即一体化智能化公共数据平台；“5”即5个综合应用，包括党政机关整体智治综合应用、数字政府综合应用、数字经济综合应用、数字社会综合应用、数字法治综合应用；“2”即理论体系和制度规范体系。数字化改革专班、各牵头部门和项目负责方，围绕全区数字化改革工作，提出意见和建议。4月26日至9月2日，杭州高新区（滨江）召开数字化改革工作例会3次，落实省委数字化改革第二次工作例会、全省数字化改革工作推进会、数智杭州领导小组会议的有关精神和部署要求，听取重点工作进度汇报，研究细化下一步工作。区委政法委等10家单位做汇报演示。5月28日，杭州高新区（滨江）召开全区数字化改革暨重点场景建设“比学赶超”活动推进会。“项目智慧督”“数字自贸”“经济治理大数据平台”“未来社区”“平安工地一码通”“科技人才创业孵化平台”“儿童保健新服务”“知识产权数字化改革集成”“滨视通”“数字贸易跨境便利化协同服务平台”等场景在会上展示，经评比，区委政法委的“平安工地一码通”、区府办的“数字自贸”、区委办的“项目智慧督”获前三名。

2021年，杭州高新区（滨江）在产业国际化、城市数字化、贸易便利化等领域先行先试，全省首个区县（市）“数智平台”上线。1055个政务服务事项，可以通过移动端、电脑端、自助机端和窗口端实现“一网通办”，并向街道平台、社区、银行等基层网点延伸。在物联网产业园、白马湖生态创意城等产业平台建设“企业e家”，提供企业开办与变更、税务、社保、医保等90多项服务，实现“办事不出园”。上线数字化改革应用产业链创新图谱，推出人才工作数字化一体平台。企业创新积分试点入选浙江省自贸区杭州片区制度创新优秀案例。“平安工地通”“数智治水”等29个应用场景和项目获省市试点，“数字自贸”“创新积分”等5个项目获省揭榜挂帅，组件贡献度居全省第一位。“数字自贸”综合应用入选全省商务系统数字化改革典型案例，“数智通关”“浙里探馆”2个项目获评省级应用项目示范试点项目。“数智通关”连接中国国际贸易“单一窗口”平台，成为数字经济系统省级应用项目示范试点；“浙里探馆”围绕展馆运营、数据管控、增值服务、数字应用4个方面，提升展馆数字化水平，实现展会数据监测监管全覆盖。

（区志编研室）

大事记

1月

4日，省委书记袁家军到杭州高新区（滨江）考察杭州宏华数码科技股份有限公司展厅、数码喷印设备车间，了解公司发展历程和数码喷印技术应用、个性化定制等情况，听取公司研发生产、工业4.0应用、未来发展规划及需要协调解决问题的汇报。

5日，杭州高新区（滨江）安全生产暨疫情防控工作会议召开。

同日，杭州高新区（滨江）第二次归侨侨眷代表大会召开。会议审议区侨联第一届委员会工作报告，通过《区侨联第一届委员会工作报告的决议》，选举产生新一届区侨联领导班子。

6日，祖名豆制品股份有限公司在深圳证券交易所中小板上市，是杭州高新区（滨江）第54家上市公司。

7日，区政府与区政协召开工作联席协商会议，会议就《政府工作报告（征求意见稿）》《政协常委会工作报告（征求意见稿）》及2021年区政府、区政协重点工作等事项进行协商交流。

8日，副省长彭佳学到杭州高新区（滨江）参加“浙农股份”上市更名活动，考察浙农科创园，听取浙江省供销合作社联合社、浙农集团股份有限公司工作汇报。

13日，杭州高新区（滨江）红十字会第三次会员代表大会召开。会议听取区红十字会第二届理事会工作报告，通过《杭州高新开发区（滨江）红十字会第二届理事会工作报告的决议》，选举产生第三届理事会理事、监事会监事。选举产生会长、常务副会长、副会长、秘书长、常务理事等。

同日，省委常委、统战部部长熊建平到杭州高新区（滨江）听取杭州火石创造科技有限公司超级数据工厂和产业大脑系统演示汇报。

14日，市人大常委会党组书记、主任于跃敏到杭州高新区（滨江）走访中控科技集团有限公司董事长金建祥。

15日，杭州高新区（滨江）全球产业科技发现与科创服务平台上线运行，平台以全球专利数据为纽带，整合产业、企业、技术、人才、资本等数据，具备全球科技发现、专利质量预审、知识产权资产盘点、上市公司信息查询、创新资源匹配等8项功能。

20日，科技部发文公布国家级科技企业孵化器认定名单，杭州金绣花边有限公司的金绣国际孵化器、杨林控股有限公司的杨林科技创业中心2家孵化器入选。

20—22日，杭州市滨江区第五届人民代表大会第五次会议、中国人民政治协商会议第二届杭州市滨江区委员会第五次会议召开。

26日，杭州市闻涛小学、杭州闻涛中学、长河街道成人文化技术学校、钱塘春晓幼儿园（春晓园区）4所学校入选首批浙江省现代化学校名单。

29日，全省首个产业社区——物联网产业社区在滨江物联网小镇挂牌。

31日，市委副书记、市长刘忻到杭州高新区（滨江）调研江南大道（西兴立交—中兴立交）改造提升工程。

2月

8日，副省长王文序到杭州高新区（滨江）调研杭州奥体中心主体育场和网球中心建设、无障碍设施改造建设情况。

10日，副省长高兴夫到杭州高新区（滨江）调研杭州博日科技股份有限公司并看望慰问企业员工。

12日，省委书记袁家军到杭州博日科技股份有限公司，看望慰问春节值班人员、外地留浙人员，了解核酸检测试剂和设备生产情况。

18日，杭州诺辉健康科技有限公司在香港交易所上市，是杭州高新区（滨江）第55家上市公司。

19日，区委召开会议专题学习贯彻全省数字化改革大会精神。

21日，区政府召开第60次常务会议，专题学习全省数字化改革大会精神。

25日，浙江吉利控股集团有限公司、阿里巴巴（中国）有限公司、海亮集团3家企业获评“全国脱贫攻坚先进集体”。

27日，杭州奥体中心主体育场工程获中国建筑行业工程质量的最高荣誉——鲁班奖。

3月

1日，杭州高新区（滨江）出台《关于打造数字经济和新制造业发展“双引擎”加快建设世界一流高科技园区的若干政策意见》（科技新政“20条”）。

同日，钱塘江流域实施禁渔。禁渔时间为3月1日0时至6月30日24时。禁止类型为除娱乐性游钓和休闲渔业以外的所有作业方式。

3日，杭州高新区（滨江）在网易蜗牛读书馆启动“‘船’承经典、少年启航”未成年人红色教育活动。

5日，杭州高新区（滨江）召开全区党史学习教育动员部署会。

同日，杭州高新区（滨江）生物医药创新联盟（BIA）副理事长企业鸿运华宁（杭州）生物医药有限公司与招商局集团有限公司健康板块举行战略合作暨C轮融资签约仪式。

同日，杭州高新区（滨江）纪念“三八”国际妇女节111周年活动在滨江物联网小镇举行。

9日，市委常委、统战部部长陈新华到杭州高新区（滨江）调研新的社会阶层人士统战工作。

10日，滨江区图书馆武警医院分馆在武警浙江总队医院开馆。

16日，杭州高新区（滨江）与中国银行浙江省分行签订战略合作协议。

17日，富芯半导体模拟芯片项目一期开工建设，项目总投资400亿元，用地面积43.13公顷，分2期建设；一期投资180亿元，建设年产60万片12英寸高性能模拟集成电路生产线。

19日，国家知识产权局批复杭州高新区（滨江）建设中国物联网产业知识产权运营中心，是长三角地区首家国家级产业类知识产权运营中心。

同日，杭州爱科科技股份有限公司在上海证券交易所科创板挂牌上市，是杭州高新区（滨江）第56家上市公司。

30日，杭州品茗安控信息技术股份有限公司在上海证券交易所科创板挂牌上市，是杭州高新区（滨江）第57家上市公司。

同日，“智涌钱塘”2021年AI Cloud生态大会在杭州白马湖国际会展中心举行。

同日，海外高层次人才创新创业基地新冠疫苗方舱临时接种点启用。

4月

1日，中国工程院院士刘人怀到杭州高新区（滨江）浙农科创园参加长三角绿色创新发展研究院筹备会。

5日，电子信息（物联网）产业示范基地入选2020年国家五星级新型工业化产业示范基地，已连续2年入选。

7日，杭州高新区（滨江）生命健康产业集群商标——“钱塘康畔”通过国家商标局核准，为浙江省首个生命健康产业集群商标。

同日，杭州高新区（滨江）发布《国民经济和社会发展第十四个五年规划和二〇三五年远景目标纲要》。

9日，公安部检测中心滨

江实验室揭牌仪式在滨江物联网小镇举行。

12日，长河乡贤馆开馆。

13日，“潮起滨江”颂党恩红色四季理论宣讲团进基层巡回演讲启动，首场演讲活动在长河街道党群服务中心举行。

17日，“红动浙江”马拉松启动仪式暨努力奋斗·2021浙江马拉松接力赛在闻涛路樱花大道举行，全国有330支队伍、1980人参赛。

同日，国家卫健委党组成员王建军到杭州高新区（滨江）调研海外高层次人才创新创业基地新冠疫苗方舱临时接种点、浙江大学医学院附属第二医院滨江院区新冠疫苗接种点。

18日，长河街道江一农贸市场、浦沿街道新生农贸市场开业。

19日，工业和信息化部党组成员、副部长王志军到杭州高新区（滨江）调研矽力杰半导体技术（杭州）有限公司、杭州海康威视数字技术股份有限公司并座谈。

20日，“数智滨江”总门户发布。

21日，省委常委、常务副省长陈金彪到杭州高新区（滨江）调研网易（杭州）网络有限公司。

同日，杭州高新区（滨江）知识产权宣传周启动。

25日，“颂歌献给党、百年谱华章”杭州市第26届“三江”歌手大赛选拔赛暨滨江区第九届业余歌手大赛举行。

27日，浙江大学—博日科技联合研究中心签约挂牌，启动运营。

同日，区政府、公安滨江分局、区治理电信网络诈骗防范领导小组办公室、互联网产业园发展服务中心及15家企业共同启动全市首个“互联网反诈联盟”，签订《滨江区反诈联盟公益宣传战略合作协议》。

29日，自贸试验区杭州片区滨江区块首批银行自贸区支行揭牌。中国工商银行、中国农业银行、中国银行、中国建设银行分别介绍自贸区支行的创新业务和特色服务，业务涵盖跨境业务清算便利化、资本项目结汇便利化、扩大人民币跨境使用、探索投融资汇兑便利化等方面。

30日，“奋进新时代·爱尚新生活·浙里来消费”2021年全国消费促进月浙江站启动仪式在滨江星光大道举行。杭州高新区（滨江）推出“春浓、春晖、春潮、春醉、春惠”系列促消费活动。

同日，党史学习教育市委宣讲团到杭州高新区（滨江）举行宣讲报告会。

5月

1日，北塘河畔双核心公园试开放，东起江陵路，西至江虹路。

3日，杭州高登汽车有限公司全国首家门店在滨江宝龙城开业，主营单价在40万～120万元的房车，开业第一周销售额600万元。

6日，“滨朋远至、江成大业”第四届滨江国际人才节在杭州白马湖建国饭店开幕。

8日，杭州高新区（滨江）统计局挂牌成立。

9日，时代大道高架（冠山隧道—萧山界）正式通车。

13日，杭州电子科技大学滨江创新中心（滨江研究院）开业仪式暨首期科创项目推介会在杭州高新区（滨江）海外高层次人才创新创业基地举行。

同日，“滨朋远至、江成大业”第四届滨江国际人才节双创“侨”梁日之“侨联人才·相约高新”为侨服务月启动仪式暨侨海报国论坛在杭州白马湖建国饭店举行。

17日，省市场监督管理局公布浙江省专利创造百强企业名单，杭州高新区（滨江）有27家企业入选，入选数量居全省区县（市）第一位，其中新华三技术有限公司以4784件发明专利，居全省百强企业名单榜首。

18日，全国文联文艺“两新”工作座谈会在杭州高新区（滨江）举行。

20日，全市未来社区现场建设推进会在杭州高新区（滨江）举行，与会人员考察冠山未来社区建设情况。

同日，滨江区中小学校党史教育基地揭牌暨党史学习教育十大系列活动启动仪式在浙大教育学院附属学校举行。

21日，杭州高新区（滨江）获浙江省“五水共治”工作最高综合性奖项——“大禹鼎”。

24日，大型情景话剧《红船·追梦》在杭州高新区（滨江）开演，献礼中国共产党成立100周年。

26日，浙江省国际数字贸易协会贸易数字化专业委员会落户滨江互联网小镇，并在杭州高新区（滨江）举行专业委员会成立大会暨贸易数字论坛。

27日，杭州市滨江区关爱退役军人协会成立。

28日，杭州高新区（滨江）召开全区数字化改革暨重点场景建设“比学赶超”活动推进会。

同日，Newegg Commerce,Inc.在美国纳斯达克上市，是杭州高新区（滨江）第58家上市公司。

6月

4日，全省首个民族专项基金——红石榴基金发布，红石榴基金由区慈善总会和区民宗局共同发起，为杭州市旅游职业学校新疆班、浙江警察学院西藏班困难学生提供助学金。

7日，党史学习教育中央第五指导组成员到杭州高新区（滨江）考察浙江吉利控股集团党史学习教育开展情况。

8日，第七届中国杭州大学生创业大赛全国总决赛在杭州白马湖国际会展中心举行。

9日，人社部公布第五批全国创业孵化示范基地名单，杭州万轮科技园上榜。

10日，外交部中东问题特使翟隽和32个国家的外国驻华使节到杭州高新区（滨江）考察杭州亚运会主体育场，参观浙江正泰太阳能科技有限公司。

15日，杭州高新区（滨江）获2020年度全省区县（市）科技进步目标责任制考核优秀单位，获全省首批“科技创新鼎”。

16—17日，2021年数字经济创新发展论坛在杭州高新区（滨江）举行，论坛主题为“数字变革引领高质量发展”。中国工程院院士潘云鹤等发表主旨演讲。

17日，杭州高新区（滨江）举行首席数据官授牌仪式，确定58个部门的首席数据官及联络人名单。

18日，杭州高新区（滨江）举行“我的滨江时光”荣退仪式暨“暖滨心”干部关心关爱新一轮实事介绍会。

24日，国家知识产权局公布第二十二届中国专利奖获奖名单，杭州安恒信息技术股份有限公司、浙江正泰太阳能科技有限公司、浙江苏泊尔家电制造有限公司、浙江中控技术股份有限公司4家企业4项专利获专利优秀奖，浙江吉利控股集团有限公司1项专利获外观设计优秀奖。

同日，以“数字出彩、自贸加速”为主题的“浙江开放指数与商务‘十四五’规划媒体通气会暨自贸大厦（滨江）数字云客厅启用仪式”在滨江物联网小镇举行。

同日，西兴街道西陵社区党群服务驿站建成开放，是全区首家党群服务驿站。

26日，中国动漫博物馆开馆。博物馆位于杭州高新区（滨江）白马湖畔，占地面积2.77公顷，主体建筑面积3.04万平方米，有原画、史料、刊物、模型等动漫藏品2万余件。

28日，省委书记袁家军到杭州高新区（滨江）调研杭州安恒信息技术有限公司，并与部分互联网企业负责人交流。

30日，中共杭州市滨江区委五届十一次全体（扩大）会议在区文化中心召开，区委书记王敏代表区委常委会作题为《高点定位“国际滨江”，精心锻造“亚运核心”，奋力推进高质量发展打造共同富裕实践样板》的报告。

同日，税友软件集团股份有限公司、杭州热电集团股份有限公司在上海证券交易所主板挂牌上市，杭州高新区（滨江）累计培育上市公司59家。

同日，杭州高新区（滨江）出台《关于进一步加强知识产权工作的实施意见》。

同日，北京航空航天大学杭州创新研究院启动“飘扬党旗下的中国航空航天梦”——庆祝中国共产党成立100周年系列活动之建党百年航空航天百件大事主题图片展。

7月

1日，区人大代表之家、区人大工作研究会揭牌。

2日，浙江省疾病预防控制中心、杭州博日科技股份有限公司举行战略合作签约仪式，双方共建的“传染病源学及检测关键技术研究中心”揭牌。

5日，浙江省建筑设计研究院滨江院区启用。

6日，白马湖文化创意产业研究基地成立签约仪式在杭州白马湖建国饭店举行。基地位于白马湖生态创意城的陈家村，由中国传媒大学、杭州市委宣传部、杭州高新区（滨江）、杭州师范大学共同发起建立。

7日，浙江天翼物联产业联盟落户滨江物联网小镇。联盟由中国电信浙江分公司成立，为浙江产业发展提供专业化、属地化、全链条服务。

同日，杭州市侨联公布第一批“杭州市侨联侨界创新创业基地”名单，杭州高新区（滨江）的华侨国际·先锋大厦入选。

8日，杭州宏华数码科技股份有限公司在上海证券交易所科创板挂牌上市，是杭州高新区（滨江）第60家上市公司。

9—11日，“韵味杭州”2021田径邀请赛在杭州奥体中心主体育场（“大莲花”）举行，是“大莲花”建成后举办的首场田径比赛。

10日，第六届“谁羽争锋”杭州高新区（滨江）企业羽毛球联赛开幕。8月29日闭幕。

12日，杭州高新区（滨江）人工智能教育中心、家校社协同育人中心和学生身心健康教育数据支持中心“三中心”成立仪式在杭州市滨江实验小学举行。

20日，2021年《财富》公布世界500强企业名单，阿里巴巴（中国）有限公司、浙江吉利控股集团有限公司2家杭州高新区（滨江）企业入围。

21日，杭州高新区（滨江）在杭州奥体网球中心（“小莲花”）举行“亚运靓城”攻坚行动大会。

同日，杭州高新区（滨江）被省政府命名为省级生态文明建设示范区。

23日，星光大道电影文化步行街成为全省首条通过验收的高品质步行街。

24日，副省长徐文光到杭州奥体中心主体育场、浦沿排灌站、火炬大道下穿涵洞检查指导防汛防台工作。

26日，《杭州市滨江区总体城市设计》获市政府批复，是杭州市首个分区总体城市设计。

29日，省市场监管局公布浙江省第一批省级标准国际化试点、示范和培育基地名单，阿里巴巴（中国）有限公司和杭州趣链科技有限公司入选示范单位，浙江中控太阳能技术有限公司入选试点单位。

30日，工业和信息化部副部长、国防科工局局长张克俭到杭州高新区（滨江）调研浙江大立科技股份有限公司、杭州海康威视数字技术股份有限公司。

8月

1日，2021年秋季全省征兵体检“首检日”活动在杭州高新区（滨江）举行。

10日，副省长徐文光到杭州高新区（滨江）调研未来社区建设工作，参观冠山未来社区党群服务中心、居家养老服务中心、社区卫生服务站、百姓健身房。

16日，由中央和省、市媒体记者组成的采访团到杭州高新区（滨江）海康威视嵌入式幼儿园、互联网产业园、冠山未来社区采访，报道杭州高新区（滨江）在公共服务优质共享、缩小地区差距、建设共同富裕现代化基本单位等领域的实践。

同日，杭州高新区（滨江）“文明靓城、滨滨有礼”行动启动，志愿者在主要交通道路路口开展文明劝导。

20日，杭州吉利寰球科技有限公司的“吉利寰球互联网+新能源产品产业化基地”项目完成主体结构验收，是智慧新天地区域首个开工建设并通过验收的项目。

21日，工业和信息化部公布第三批专精特新“小巨人”企业名单，浙江中控研究院有限公司、浙江国自机器人技术股份有限公司、杭州国芯科技股份有限公司、杭州瑞盟科技有限公司、杭州贝丰科技有限公司、杭州路先非织造股份有限公司、浙江明度智控科技有限公司7家企业入选。

27日，杭州高新区（滨江）的“浙江数字文化国际合作区”入选第二批国家文化出口基地名单，是全国唯一的数字文化贸易功能区。

同日，中国电子信息行业联合会发布2021年度软件和信息技术服务竞争力百强企业名单，杭州高新区（滨江）8家企业入选。

28日，杭州高新区（滨江）运动员谭玉娇获东京残奥会女子举重67公斤级项目金牌。

9月

2日，副省长王文序到杭州高新区（滨江）调研北京航空航天大学杭州研究生院、北京航空航天大学杭州创新研究院并座谈。

3日，浙江省钱塘数字贸易研究院、浙江省国际数字贸易协会、杭州电子科技大学经济学院、杭州师范大学阿里巴巴商学院联合发布2020年度浙江省数字贸易百强榜，38家杭州高新区（滨江）企业上榜。

7日，杭州高新区（滨江）与曙光信息产业股份有限公司、中国自动化集团有限公司签署战略合作协议。

同日，杭州高新区（滨江）在“智慧e谷”召开2021年质量发展大会暨质量月启动仪式。

9日，全国首单基于区块链的数据知识产权质押融资签约仪式在杭州高新区（滨江）“智慧e谷”举行。浙江凡聚科技有限公司“沉浸式儿童注意力缺陷与多动障碍测评数据自行脱敏”获银行授信贷款100万元，成为全国首单基于区块链数据的知识产权质押融资。

10日，工业和信息化部总经济师许科敏到杭州高新区（滨江）调研思创医惠科技股份有限公司。

同日，杭州亚运会倒计时一周年主题活动在杭州奥体网球中心举行。

16日，国务委员王勇到杭州高新区（滨江）调研杭州海康威视数字技术股份有限公司质量工作。

17日，杭州海康威视数字技术股份有限公司“基于创新创业创造的数智”质量管理模式、浙江吉利控股集团有限公司“梦想成真”品质经营管理模式、新华三技术有限公司“以客户需求为中心、内在博弈驱动创新”的质量管理模式等3家杭州高新区（滨江）企业的质量管理模式获第四届中国质量奖提名奖。

18日，工业和信息化部发布2021年大数据产业发展试点示范项目名单，网易（杭州）网络有限公司的“易数实时数据平台”、杭州安恒信息技术股份有限公司的“跨行业全加密数据安全可信融合计算平台”、创业慧康科技股份有限公司的“基于大数据的创新智能医疗服务平台”3个项目入围，占全省入围总数的50%，居全省第一位。

22日，浙江大学滨江研究院第一届管理委员会第二次会议暨第一届顾问委员会第一次会议在杭州高新区（滨江）召开，并举行浙江大学滨江研究院第一届顾问委员会聘任仪式。

24日，堃博医疗控股有限公司在香港联合交易所主板上市，是杭州高新区（滨江）第61家上市公司。

同日，第十届中国创新创业大赛浙江赛区暨第八届浙江省“火炬杯”创新创业大赛总决赛在杭州高新区（滨江）闭幕。

29日，杭州高新区（滨江）召开共青团基层组织改革工作动员会和青年工作联席会议第二次全体会议。

同日，第十七届中国国际动漫节在杭州高新区（滨江）杭州白马湖国际会展中心开幕。10月4日闭幕。

30日，杭州高新区（滨江）与国家机关事务管理局帮扶办、河北省阜平县签订战略合作协议。

同日，《杭州高新区（滨江）文化产业发展“十四五”规划》发布，对“十四五”时期文化产业发展做出系统谋划和总体规划。

10月

9日，省委副书记、统战部部长黄建发到杭州高新区（滨江）调研浙江大华股份有限公司。

11日，由杭州市委宣传部

与新华社新闻信息中心组织的城市国际化主题宣传活动“2021境外主流媒体杭州行”启动，首站采访杭州高新区（滨江）。

12日，2021年第十届中国创新创业大赛生物医药全国赛开幕式在杭州高新区（滨江）举行。

14日，浙江省（杭州市）网络安全宣传周“法治日”活动启动，全省首个网络安全主题公园落户滨江互联网小镇。

15日，由杭州市公共资源交易中心、杭州市公共资源交易中心高新技术产业开发区（滨江）分中心与浙江省长三角标准技术研究院共同起草的浙江省杭州市地方标准《公共资源交易开标直播平台管理服务规范》正式实施。

同日，杭州高新区（滨江）与温州市泰顺县签订山海协作工程合作框架协议。

16—18日，第八届中国国际版权博览会在杭州白马湖国际会展中心举行。

19日，创业中华——2021年侨界精英创新创业（中国·杭州）峰会在杭州高新区（滨江）举行。

同日，2021年全国大众创业万众创新活动周浙江分会场在杭州奥体网球中心（“小莲花”）启动。

20日，“滨朋远至、芯向未来”杭州高新区（滨江）与杭州电子科技大学集成电路人才交流合作大会在杭州电子科技大学举行。

同日，首批4家省级知识产权保护示范区试点建设名单公布，杭州高新区（滨江）入选。

21日，省发改委公布首批省级现代服务业创新发展区名单，滨江互联网现代服务业创新发展区入选。

22日，《杭州市滨江区志》首发仪式在区文化中心举行。《杭州市滨江区志》为地方通志，是滨江区成立后的第一部区志。上限起于事物的发端，下限止于2015年，全志330万字。

27日，第二届中国自由贸易试验区发展论坛在杭州高新区（滨江）举行。

同日，副省长朱从玖到杭州高新区（滨江）参加2021年首届全球数字贸易博览会新闻发布会。

29—30日，杭州高新区（滨江）第二十四届中小学生田径运动会召开，全区中小学校560名运动员参赛。

11月

3日，广脉科技股份有限公司在“新三板”精选层挂牌，是杭州市首家精选层企业、杭州高新区（滨江）第63家上市企业。

同日，第五批国家级工业设计中心名单公布，新华三技术有限公司“云与智能”工业设计中心和浙江大华技术股份有限公司工业设计中心2家中心入选。

4日，浙江省命名和创建的特色小镇2020年度考核结果公布，滨江物联网小镇获省级命名特色小镇考核优秀、滨江互联网小镇获省级创建小镇考核优秀。

5日，省小微企业园工作联席会议办公室公布2021年度浙江省五星级、四星级小微企业园名单，万轮科技园被认定为五星级，人工智能产业园等3家被认定为四星级，分别占杭州市入选数的50%和33.3%，居全市第一位；认定总数居全省第一位。

6日，澳门特别行政区行政长官贺一诚到杭州高新区（滨江）参观缤纷未来社区。

7日，省委书记、省人大常委会主任袁家军，省委副书记、代省长王浩到杭州白马湖国际会展中心参加2021年杭州国际人才交流与项目合作大会开幕式。

8日，2021年杭州国际人才交流与项目合作大会滨江分会场活动在海外高层次人才创新创业基地举行，杭州高新区（滨江）推出人才工作数字化一体平台。

11日，杭州市“青春社区”工作推进会暨第一届“杭州市社区青年达人”表彰大会在西兴街道滨和社区举行。

12日，杭州高新区（滨江）数字化改革应用产业链创新图谱上线，通过“一键智能匹配”应用，即可推荐投资技术项目的投资机构信息，帮助企业对接资本机构。

19日，省政协主席葛慧君到杭州高新区（滨江）考察杭州奥体中心主体育场、网球中心。

22日，杭州高新区（滨江）与萧山区、拱墅区签署战略合作协议。

23日，滨江区领导干部会议召开。市委副书记、市长刘忻出席并讲话，市委常委、组织部部长毛溪浩宣读任免文件。章登峰任中共杭州市滨江区委委员、常委、书记；提名郑迪为杭州市滨江区区长候选人；免去王敏的中共杭州市滨江区委书记、常委、委员职务；提议李志龙不再担任杭州市滨江区区长职务。

29日，区五届人大常委会第四十五次会议决定郑迪代理杭州市滨江区区长职务，决定接受李志龙辞去杭州市滨江区区长职务的请求。

30日，中央第二巡视组组长王新哲到杭州高新区（滨江）调研杭州士兰微电子股份有限公司、东方通信股份有限公司。

12月

3日，副省长高兴夫到杭州高新区（滨江）调研江南大道提升改造工程。

4日，杭州高新区（滨江）与四川省广元市朝天区召开东西部协作联席会议，两地就社会治理领域合作和干部人才交流合作签订框架协议。

7日，长三角物联网产业链共同体成立仪式在滨江物联网小镇举行，长三角物联网产业链共同体“杭州会客厅”揭牌成立。

8日，中共杭州高新技术产业开发区工作委员会（中共杭州市滨江区委）社会建设委员会揭牌。

9日，杭州高新区（滨江）数智治水系统通过验收，正式上线运行。系统对全区河道管网水质、水环境实时监测，具备对突发事件感知、预警、溯源、事件自动派发、闭环处理等功能，实现“一网统管”目标。

11日，市委书记刘捷到杭州高新区（滨江）考察杭州奥体中心主体育场、网球中心。

13日，省经信厅2021年浙江省首版次软件产品应用推广指导目录公布，杭州高新区（滨江）22家企业的产品入选，企业获评数量占全市入选总数的49%，居全省第一位。

14日，2021年“舞动中国——排舞联赛”线上总决赛在杭州市滨江区体育馆开幕。全国18个省（直辖市、自治区）以及香港、澳门特别行政区，69个城市的338支精英队伍共5600多人参赛。大赛由国家体育总局体操运动管理中心、中国蹦床与技巧协会、市体育局、区政府主办，中国蹦床与技巧协会排舞分会、市体育事业发展中心、区社发局联合承办。

15日，滨江区第六届人大代表换届选举，全区21万余名选民投票。

17—18日，2021年网易未来大会在线上直播举行，大会设原力觉醒、未来之城、国潮、灵感无界、和文化、元宇宙六大论坛，线上观看人数2200万余人。

22日，副省长徐文光到杭州高新区（滨江）考察祖名豆制品股份有限公司、四维生态科技（杭州）有限公司。

27日，华家排灌站获中国水利工程优质奖——大禹奖。

28日，滨盛路下穿隧道开通试运行。

28—30日，中国共产党杭州市滨江区第六次代表大会在杭州白马湖建国饭店召开。区委书记章登峰代表中共杭州市滨江区第五届委员会作题为《建设“天堂硅谷”，打造“硅谷天堂”，沿着习近平总书记指引的方向坚定前行》的报告。会议选举产生中国共产党杭州市滨江区第六届委员会、第六届纪律检查委员会和出席中共杭州市第十三次代表大会代表。

29日，浙江省科技厅公布2021年新认定省级企业研发机构名单，矽力杰半导体技术（杭州）有限公司的高端模拟芯片研究院、英飞特电子（杭州）股份有限公司的开关电源技术研究院、杭州当虹科技股份有限公司的智能视频研究院、鸿运华宁（杭州）生物医药有限公司的抗体新药研究院4家企业研究院被认定为省级重点企业研究院。

（区志编研室）

区情概览

自然概貌

【位置面积】 滨江区位于钱塘江下游南岸，地处北纬30°08′20.4″～30°14′20.4″、东经120°07′4.8″～120°13′55.2″。东、南面与杭州市萧山区盈丰街道、北干街道、城厢街道、蜀山街道及闻堰街道接壤。西、北濒钱塘江，与杭州市西湖区、上城区隔江相望。境域东西最大距离10.4千米，南北最大距离10.4千米。据第二次全国土地调查，总面积72.2平方千米，钱塘江水域面积11.3平方千米，占总面积的15.7%；内陆区域面积60.9平方千米，占总面积的84.3%。其中：内陆区域内河道和湖泊面积2.6平方千米，占总面积的3.6%；林地面积3平方千米，占总面积的4.2%。

【地貌特征】 滨江区地处萧绍平原西部，北靠杭州复向斜丘陵，南依浦阳江平原。境内以平原为主，有少量低丘，地貌类型单调，界线清晰。以西江塘、北海塘为界，分为里畈片地貌和沙地片地貌。里畈片位于老虎洞山、美女山、狮子山一线以北至西江塘北段一带，为由富春江、浦阳江挟带的泥沙和湖沼堆积形成的冲积–湖积平原，有星散分布的孤丘。平原表面平展，北部和西北部地势略高，海拔6.2～6.8米，白马湖一带稍低，湖面常年正常水位5.6米，格子状、枝杈状水系密布，由西向东汇注白马湖。沙地片分布于浦沿街道半爿山至西兴街道西江塘以北的南沙冲积–海积平原西端，呈东西向伸展，宽2.6～4.8千米，由钱塘江、东海涌潮挟带的泥沙堆积形成。平原表面微微起伏，南部地势略微高起，河渠纵横，池、井、浜散布。濒临钱塘江水域，地面略微高起，沉积物明显变粗，主要为细砂和粉砂，土质松散。

（陈志根）

【气候特征】 杭州市滨江区地处亚热带季风气候带，温和湿润，雨量充沛，光照充足，四季分明，春秋较短，冬夏较长。春季一般始于3月中下旬，回暖早，冷暖转换快，气温日差较大。夏季平均始于5月下旬至6月初，初夏常为梅雨季节，高湿闷热；盛夏晴热少雨，是台风影响最频繁时期。秋季多开始于9月下旬至10月初，多秋高气爽的天气。冬季多开始于11月底至12月初，多晴冷天气。

2021年，滨江区年平均气温18.8℃，较常年高1.8℃，为有气象监测记录以来最高；年降水量1937.3毫米，居有气象监测记录以来第四位；年雨日数161天，较常年多13.8天；年日照时数1835.5小时，较常年多7.8%。2021年各月平均气温均高于常年，夏季持续时间为有气象监测记录以来最长；汛期降水异常偏多，7—8月降水量为有气象监测记录以来最多；台风“烟花”滞留时间长，风大雨强，危害较重。

气温 平均气温为18.8℃，较常年高1.8℃，为1951年建站以来最高；年极端最高气温为38.2℃，出现在7月15日；年极端最低气温为–6.4℃，出现在1月8日。1月平均气温6.5℃，较常年高1.9℃；2月平均气温10.9℃，较常年高4.5℃；春季（3—5月，下同）平均气温18℃，较常年高2℃；夏季（6—8月，下同）平均气温28℃，较常年高0.7℃；秋季（9—11月，下同）平均气温20.4℃，较常年高1.8℃；12月平均气温8.5℃，较常年高1.5℃。

降水　2021年降水量1937.3毫米，较常年多34.9%。1月降水量16.2毫米，较常年少79.9%；2月降水量68.7毫米，较常年少22.1%；春季降水总量为427.8毫米，较常年多9%；夏季降水总量为1103.4毫米，较常年多99%；秋季降水总量为326.1毫米，较常年多19.2%；12月降水量9.9毫米，较常年少79.8%。

日照　年日照时数1835.5小时，较常年多7.8%。1月日照时数171.9小时，较常年多68.5%；2月日照时数111.5小时，较常年多14.7%；春季日照时数393.7小时，较常年少6.6%；夏季日照时数487.2小时，较常年少10.1%；秋季日照时数491.1小时，较常年多17.6%；12月日照时数191.4小时，较常年多48.7%。

【六大天气气候事件】 2021年，滨江区出现六大天气气候事件。

年均气温最高，气候变暖持续。年平均气温为18.8℃，较常年高1.8℃，为有气象观测记录以来的最高值。各月平均气温均较常年高，其中2月平均气温为历史记录以来最高，气候变暖仍在持续。

入夏早入秋迟，经历最长夏季。2021年入夏（5月3日）时间早，入秋（10月11日）时间晚，夏季长达161天，较常年132天增加近1个月，是有气象记录以来最长的一个夏天。但超过38℃的日数仅有2天，总体感觉并不特别炎热。

“秋老虎”威力大，桂花迟迟不开花。“秋老虎”持续发威，国庆节7天的平均气温为27.2℃，较常年高出6.5℃，是有气象记录以来最热的国庆节。往年9月中下旬滨江区开始丹桂飘香，2021年10月中旬还没达到桂花开放所适宜的气温，致使桂花不能适时开放，直到10月下旬才大范围盛开，较往年推迟1个月左右。

夏季降水偏多，为有记录以来第二。6—8月降水量1103.4毫米，是常年同期的2倍，仅次于1999年的1126.7毫米。其中7—8月降水量852.3毫米，是常年同期降水量的2.5倍，为有气象监测记录以来的最大值。

台风“烟花”滞留时间长，风大雨强。第6号台风“烟花”于7月23—28日持续影响滨江，影响时间超过100小时。滨江区出现长时间暴雨和大风天气，全区降水量在250毫米（山二社区）~282.1毫米（闻涛社区），24—26日全区8个自动气象站均连续3天出现暴雨天气；8个自动气象站中有5个出现8级大风。

霾日数持续降低，好天气数量增多。根据杭州国家基准气候站观测资料统计，全年霾日数共50天，是近三年中最少的一年；平均能见度12.2千米，大于10千米的天数占50%以上；月均负氧离子浓度每立方厘米785个，空气“较清新”以上等级天数近80%。

（朱兰娟）

建置区划

【建置沿革】 新石器时代，滨江境内已有人类活动。春秋战国时，为越国属地。战国中期，楚威王（前339—前329）灭越，境域属楚。秦王政二十五年（前222），置会稽郡，境域属会稽郡。西汉初至元始二年（2）间，始建县，名余暨，境域属余暨县。新朝王莽始建国元年（9），改余暨为余衍，境域属余衍县。东汉建武年间（25—56），复称余暨，属会稽郡。三国，吴黄武年间（222—229），改名永兴，属会稽郡。县治设古长兴乡（即今滨江区浦沿街道境内），境域属永兴县。西晋，属会稽郡。隋开皇九年（589）废永兴县并入会稽郡。唐仪凤二年（677），复设永兴县，属越州。其间，废县89年，隶属不变。唐天宝元年（742），改永兴为萧山，越州亦改为会稽郡，境域属会稽郡萧山县。五代时，萧山属吴越国镇东军，境域属镇东军萧山县。北宋太平兴国三年（978），吴越国除，镇东军仍改为越州，境域属越州萧山县。时萧山县实行乡里制，滨江境域设夏孝乡（西兴、长河一带）、长兴乡（浦沿一带），仍隶属萧山县。南宋绍兴元年（1131），改越州为绍兴府，萧山均其属县，滨江境域属绍兴府萧山县。元至元十六年（1279），改绍兴府为绍兴路，萧山属绍兴路。此年改乡为都、改里为图，改夏孝乡为三都，辖十一图；改长兴乡为四都，辖六图；设西兴场，隶属不变。明至清末，沿袭元制。清康熙间（1662—1722）西兴设市，雍正七年（1729）称西兴庄；道光十一年（1831）称长兴乡为"浦堰"；咸丰十一年（1861），太平军占领萧山，改县名为莦珊县。境域属莦珊县。同治二年（1863），太平军退出，复称萧山县，境域仍属萧山。同治二年（1863）至光绪间（1875—1908）长河设镇；光绪二十四年（1898）改"浦堰"为"浦沿"，隶属不变。宣统二年（1910），根据《城乡镇地方自治章程》《府厅州县地方自治章程》，县以下设乡，时滨江境内有西兴乡、长河乡、长兴乡，隶属萧山县。

民国元年（1912），废府，萧山为省直辖，滨江境域属萧山。民国3年（1914），省下设道，萧山属会稽道；民国16年（1927），废道，萧山复由省直辖。民国17年（1928），推行村里制，县下设区，区下设村、里，时设西兴里、长河里、浦沿里，属萧山县第二区；民国19年（1930），将村、里、自治会改编为乡镇，滨江境域设2个镇、1个乡。民国21年（1932）2月，长河设区，辖冠山、长河、傅许、沿山4个乡、135个闾，归属不变。民国24年（1935），省设行政督察区，萧山属第三行政督察区；民国37年（1948），萧山复归省直辖县，境域归属依旧。

1949年5月5日，萧山县解放，由省直辖。同年5月，长河设区，隶属萧山。6月，萧山划入绍兴专区。1957年，划入宁波专区。1958年10月1日，实行政社合一的人民公社体制，长河区所辖西兴、长河、山河、浦沿、闻堰5个乡镇，联合成立长河人民公社，隶属萧山县不变。1959年改属杭州市，滨江境域均属萧山县。1984年3月，改公社为乡，滨江境域有西兴、长河、浦沿3个乡。1985年6月，改乡为镇，称西兴镇、长河镇、浦沿镇，仍属萧山县。1988年1月，萧山撤县设市（县级），境域属萧山市。

1996年5月9日，经《浙江省人民政府关于扩大杭州市市区行政区划的批复》批准，西兴、长河、浦沿3个镇从萧山市中划出，归杭州市西湖区管辖。5月24日，根据《浙江省民政厅关于同意将杭州市西湖区西兴镇的东湘、杜湖、湖头陈三村划归萧山市城厢镇的批复》，西兴镇划出东湘、杜湖、湖头陈3个村，并归萧山市城厢镇。12月12日，根据《国务院同意浙江省调整杭州市市辖区行政区划的批复》，以西兴、长河、浦沿3个镇地域设滨江区，因地濒钱塘江，故名"滨江"。2002年6月，杭州市委决定，对杭州高新技术产业开发区管委会和滨江区的管理体制进行调整：杭州高新技术产业开发区党工委、管委会作为市委、市政府的派出机构性质不变；杭州高新技术产业开发区党工委、管委会班子成员和滨江区党委、政府班子成员实行全交叉兼职；既按高新技术产业开发区模式运行，又行使地方党委、政府职能，称杭州高新技术产业开发区（滨江），简称"杭州高新区（滨江）"。2003年11月18日，省政府批复，撤销杭州市滨江区西兴镇、长河镇、浦沿镇建制，其行政区域改由滨江区政府直辖。同年12月3日，市政府批复，设西兴街道、长河街道、浦沿街道。街道驻地、管辖区域、四至界限与原建制镇同。境域为杭州市滨江区。

（来小钦）

【行政区划】 2021年，滨江区有西兴、长河、浦沿3个街道，62个社区，实际运行59个。其中：西兴街道有共联社区、马湖社区、庙后王社区、七甲闸社区、西兴社区、襄七房社区、协同社区、星民社区、奥体社区、滨和社区、丹枫社区、官河社区、金东方社区、水电社区、温馨社区、西陵社区、新州社区、亚运社区、物联网社区，石门塘社区20个社区，其中亚运社区、物联网社区、石门塘社区处于筹建阶段；长河街道有江一社区、江二社区、江三社区、长一社区、长二社区、长河社区、山一社区、汤家桥社区、天官社区、中兴社区、闻涛社区、月明社区、晶都社区、白马湖社区、冠山社区、钱潮社区、观潮社区、江汉社区、竹山社区、越王社区20个社区；浦沿街道有新生社区、浦联社区、杨家墩社区、联庄社区、东冠社区、冠二社区、冠一社区、岩大房社区、山二社区、新浦社区、之江社区、滨文社区、六和社区、彩虹社区、滨盛社区、东信社区、西浦社区、向南社区、信诚社区、明德社区、江南社区、华悦湾社区22个社区。

（占监楼）

人口状况

【户籍人口】 至2021年年底，滨江区户籍人口311158人，比上年增加18809人，上升6.43%，均为城镇人口，其中西兴街道98977人、长河街道97444人、浦沿街道114737人。0~17岁71485人，占总人口的22.97%，上升5.52%；18~34岁85150人，占总人口的27.37%，上升5.49%；35~59岁111230人，占总人口的35.75%，上升7.94%；60岁以上43293人，占总人口的13.91%，上升6.01%。户籍总数83452户，增加3836户，增长4.82%，平均每户3.73人。总人口中，男性156251人，占50.22%；女性154907人，占49.78%。全区出生人口3573人，比上年3853人下降7.27%。出生人口中，男性1832人，女性1741人，出生人口性别比105.23（以女性为100）。全区死亡人口794人，比上年836人减少42人，下降5.02%。

【流动人口】 至2021年年底，滨江区流动人口在册344618人，比上年增加5577人，上升1.64%，其中西兴街道118624人、长河街道117833人、浦沿街道108161人。居住时间1年以下155617人，占流动人口在册数的45.16%；居住时间1～5年161738人，占流动人口在册数的46.93%；居住时间5年以上27263人，占流动人口在册数的7.91%。16～59周岁流动人口在册310161人，占流动人口在册数的90%。流动人口中男性197312人，占比57.26%，女性147306人，占比42.74%，性别比例为134（以女性为100）。初中及以下学历流动人口117288人，占34.03%；高中学历80083人，占23.24%；大专及以上学历147247人，占42.73%。全区有少数民族52个，少数民族流动人口13406人，占全区流动人口总数的3.89%。

【人口迁移】 2021年，滨江区迁移人口61880人，比上年50219人上升23.22%。其中市内迁入11068人，比上年9781人上升13.16%；省内迁入7804人，比上年6168人上升26.52%；省外迁入9417人，比上年7046人上升33.65%；市内迁出10373人，比上年10334人上升0.38%；省内迁出571人，比上年465人上升22.8%；省外迁出1297人，比上年1103人上升17.59%。

（杜　鹃）

经济建设

【地区生产总值增长11.3%】 2021年，杭州高新区（滨江）实现地区生产总值2022.6亿元，比上年增长11.3%，增速居全市第一位。其中：第一产业增加值0.5亿元、第二产业增加值859.1亿元、第三产业增加值1163.1亿元，分别下降27.3%、增长12.9%和10.2%。三次产业结构调整为0.02∶42.47∶57.51。实现社会消费品零售总额476.7亿元，增长11.2%；自营出口额734.4亿元，增长34.6%。全区规模以上工业企业实现增加值771.1亿元，增长16.6%，总量居全市第一位。规模以上工业中高新技术产业增加值增长17.3%，战略性新兴产业增加值增长17.9%，装备制造业增加值增长18.4%，分别占规模以上工业增加值的96.4%、95.4%、93.1%。全年建筑业实现增加值18.1亿元，增长12.9%。

【财政收支平稳增长】 2021年，杭州高新区（滨江）实现财政总收入407亿元，比上年增长13.5%；一般公共预算收入202.9亿元，增长11%，其中税收收入192.5亿元，占一般公共预算收入的94.9%，其中增值税（含营改增）、企业所得税、个人所得税分别为65.7亿元、45.8亿元、46.3亿元，分别占税收收入的32.4%、22.6%、22.8%。一般公共预算支出143.2亿元，增长13.3%，其中民生保障支出124.1亿元，占一般公共预算支出的86.7%。用于教育、产业扶持的支出分别为27亿元、61.5亿元，分别增长8.2%、14.6%。

【创新平台布局】2021年，北京航空航天大学杭州研究生院建成，国家安防质检中心滨江实验室、杭州电子科技大学滨江创新中心揭牌。新增北航—德诺弱磁医学应用实验室等优质创新联合体11个，省级重点实验室2家、重点企业研究院4家、研发中心56家，省级以上研发载体累计501家。

【产业投资发展加速】2021年，杭州高新区（滨江）新引进亿元以上项目21个，总投资158.4亿元。杭州高新区（滨江）富阳特别合作区富芯半导体项目（一期）开工、总投资180亿元，为历史最高。备案新设外商投资企业173个，增资项目90个，投资总额1000万美元以上大项目28个；实际利用外资8.5亿美元。固定资产投资增长2.7%，其中，项目民间投资增长8.8%，交通投资增长170.2%，生态环保、城市更新和水利设施投资增长24.6%，高新产业投资增长31.6%，工业投资增长28.2%。

【市场主体不断壮大】2021年，杭州高新区（滨江）新注册企业15653家，累计拥有注册企业67324家，新增注册资本987.1亿元。新增上市公司10家，总计培育63家，上市公司总量居全省第一位。新认定国家级高新技术企业432家，有效数1928家，继续保持全省第一位。国家规划布局内重点软件企业和集成电路设计企业27家，占全省87%。15家企业入选省创新企业百强；17家企业被认定为省技术先进型服务企业，占全省74%。全年新增研发中心省级56个、市级71个，至年底，拥有省级研发中心356个；新增市级以上企业技术中心19个，其中市级16个、省级3个，共拥有技术中心173个；新增省级实验室2家，共拥有省级重点企业研究院44个。

【创新成果持续增长】2021年，杭州高新区（滨江）专利授权量17874件，比上年增长34.2%，每万人发明专利拥有量479.1件，居全省第一位。PCT（国际专利合作条约）申请量为660件，占全市PCT申请总量的30.6%，居全省第一位。获评国家知识产权示范企业14家，占全省的16.7%，中国专利奖65项。拥有市级及以上科技企业孵化器75个、众创空间42家，其中国家级孵化器10个、众创空间17家，在孵企业3548家。研究与试验发展（R&D）经费支出约占地区生产总值的10%。各类技术合同登记3473项，技术交易总额240.2亿元，增长41.6%，年度技术交易额居全省首位。

【硕博人才占人才引进总量24.6%】2021年，杭州高新区（滨江）新引进各类人才总数36927人，其中博士296人、硕士8788人，硕博人才占人才引进总量的24.6%。至年底，拥有国家人才计划人才124人、省人才计划人才184人，新增发达国家院士专家等国际顶尖人才2人、各级人才计划工程人选54人、海外高层次人才1248人、区人才计划企业103家。新增市人才计划项目46个，居全市第一位。

（区志编研室）

政治建设

【中国共产党杭州市滨江区第六次代表大会召开】2021年12月28—30日，中国共产党杭州市滨江区第六次代表大会在杭州白马湖建国饭店召开。市委常委、副市长柯吉欣到会指导，区人大、区政府、区政协领导，离退休老干部代表和区各行各业代表参会，实到党员代表208人。大会总结滨江区第五次党代会以来的成绩和经验，分析面临的形势和挑战，谋划后五年的指导思想、目标任务和战略举措，提出"建设'天堂硅谷'，打造'硅谷天堂'，沿着习近平总书记指引的方向坚定前行"的目标。大会通过《中国共产党杭州市滨江区第六次代表大会关于区委工作报告的决议》《中国共产党杭州市滨江区第六次代表大会关于区纪律检查委员会工作报告的决议》，选举产生中国共产党杭州市滨江区第六届委员会、第六届纪律检查委员会和出席中共杭州市第十三次代表大会代表。

【法治人大推进区域治理】 2021年，区人大开展"一周一释法"，在"滨江人大"微信公众号推送普法宣传案例40篇次，点击量5.6万人次。开展"一月一学法"，组织学习各类法律40多部。首次听取法治政府建设情况报告，在20个政府部门分期分批开展"一年一述法"，备案审查政府规范性文件37件，推进政府依法行政。开展《中华人民共和国消防安全法》等20多部法律法规检查，配合省市人大30多部法律法规立修法调研，提出意见。开展"一季一旁听"，每季度组织人大代表和机关干部旁听法院庭审490人次，拓宽司法监督渠道。开展诉源治理和社会矛盾纠纷调处化解"最多跑一地"改革专项监督，推进非诉讼纠纷解决机制，形成大调解工作格局，创新社会治理模式。

【民生实事项目全部完成】 2021年，杭州高新区（滨江）践行以人民为中心的发展思想，围绕群众迫切需求，将民生实事落到实处。完成区政府民生实事，涉及加快推进安居工程，推动教育事业高质量发展，推进交通治堵，"迎亚运"美化城市环境，推进小区综合整治，推进物业提档升级，优化公共交通，建设社区"美好生活共同体"，巩固深化垃圾分类，做好村级留用地开发10项共24个子项目30个分项；市政府民生实事16个子项；省政府民生实事19个子项；满意和基本满意率均为100%。

【新时代政协工作机制探索】 2021年，区政协推进新时代政协自身建设，聚焦党建、机制、文化、人才、数字"五个赋能"，克服基础工作、人员力量"两个薄弱"，探索实践省、市、区政协委员"厅、站、室"三级联动机制，均获省、市政协主席批示肯定，相关经验做法被省、市政协工作情况交流介绍推广。"坚持机制赋能、彰显青春特色，切实推进专委会工作提质增效""以数字化改革赋能新时代政协工作"等创新做法在全市数智政协建设工作推进会、市政协专门委员会工作会议上做交流发言。

【清廉滨江建设】 2021年，杭州高新区（滨江）出台《关于纵深推进清廉滨江建设持续打造风清气正政治生态实施方案》。落实区纪委保障清廉建设的39项任务。召开清廉单元推进会，制定年度重点任务38项。西兴街道星民社区获评市"清廉社区示范点"。对22项区重点任务跟踪排查问题275个，对30项重要工作开展"项目化"监督。开展亚运建设专项监督，抄告并整改问题25项。区监委向区人大常委会报告亚运建设工程监督专项工作。开展廉洁从政从业行为自查420多人次，出具廉政鉴定3324人次。受理信访举报87件次，处置线索119件，立案56件，给予党纪政务处分51人。在政法队伍教育整顿中处置问题线索14件，立案4件。针对违反中央八项规定精神、漠视侵害群众利益等问题开展专项监督223次，查处违反中央八项规定精神问题14件16人，通报典型案例4起。开展涵盖教育、医疗、住房、生态等行业领域和产业链供应链、自贸区等经济领域专项治理工作33项。开展国企领域专项监督，督促整改问题14个、完善制度60项，挽回资金2100万余元。

（区志编研室）

文化建设

【教育优先发展】 2021年，杭州高新区（滨江）投用杭州市钱江湾小学等学校4所，开工浦乐单元中学等学校12所，新增学位2970个。成立杭二中白马湖等教育集团4个，名校集团化实现全覆盖。落实落细“双减”政策，课后服务开设率、校外培训机构压减率均为100%，“双减”经验在中央电视台播出。中考重高上线率连续6年超主城区平均水平，创建全国学前教育普及普惠区，政府履职教育评价指标居全省前列。

2021年6月26日，中国动漫博物馆开馆 （区委宣传部 供图）

【中国动漫博物馆开馆】 2021年6月26日，中国动漫博物馆开馆。中国动漫博物馆是经国家广电总局和中国动画学会批准的“国字号”动漫博物馆，是浙江省“之江文化产业带”及“之江艺术长廊”的重点项目。中国动漫博物馆位于杭州高新区（滨江）白马湖畔，占地面积2.77公顷，有4个常设展厅，主体建筑面积3.04万平方米。一楼序厅“动漫你的遐想”展示经典的动漫片段和经典的动漫形象。二楼展厅“动漫你的回忆”以时间为线索，讲述2004年以前中国动漫发展历史，从动画、漫画的起源、萌芽开始，依次展现清朝末期、中华民国、中华人民共和国社会主义建设时期及改革开放时期的动画和漫画，设置互动游戏和报亭、租书屋、老式电视机等具有年代特色的制景。三楼展厅“动漫你的今天”展现2004年后中国动漫产业发展状况，展示作者手稿和各类动漫衍生品，配置动漫图书馆。四楼展厅“动漫你的未来”通过多种AR（增强现实）、VR（虚拟现实）、MR（混合现实）等设备，展现动漫与其他领域的融合应用，设立电竞专区、动画教室等。中国动漫博物馆有原画、史料、刊物、模型等动漫藏品2万多件，包括动漫大师和专家学者捐赠的藏品。

【浙江数字文化国际合作区入选第二批国家文化出口基地名单】 2021年8月27日，商务部、中宣部、文化和旅游部、国家广电总局四部门公布第二批国家文化出口基地名单，由浙江中南卡通股份有限公司作为运营主体申报的浙江数字文化国际合作区入选，是浙江省第二个国家文化出口基地，也是全国唯一的数字文化贸易功能区。浙江数字文化国际合作区是杭州高新区（滨江）数字经济、动漫文创产业和数字贸易发展的核心区域，依托杭州高新区（滨江）数字贸易优势，通过构建工业化、数字化、标准化、国际化和融合化“五大体系”，和建设国际动漫数字内容智创平台、“之江一号”AI表演数字动画平台、动漫数字化制作及衍生品开发智造平台、动漫数字化贸易平台、国际动漫技术标准研发平台、动漫行业专家智库平台、海外动漫交易平台、国际动漫版权保护平台、国际动漫交易公共服务平台和数字动漫文创产业融合发展平台“十大平台”，实行“政府监管、市场运作、企业运营”的创新工作机制，合力建设全国首个以数字文化出口为特色的集聚区，引领中国数字文化贸易全面发展。合作区引入包括运营主体浙江中南卡通股份有限公司在内的数字文化技术、内容、贸易等相关创新型企业30多家，初步形成近5万分钟的动漫数字内容年生产能力，拥有近50万分钟多语言片库，出口原创动画1万小时以上，出口覆盖100多个国家和地区，形成集数字技术研发、

数字内容创作、数字文化出口为一体的数字文化产业和贸易生态链，处于全国行业领先地位。（区志编研室）

社会建设

【“平安滨江”深化】 2021年，杭州高新区（滨江）做好防范电信网络诈骗等工作，受理市民来信、来访、来电6.6万件，市民满意率98.4%；开展重点领域安全专项整治，做好防汛防台、地灾防治等工作，成功创建省级食品安全示范区，完成中国共产党成立100周年活动、第十七届中国国际动漫节等安保维稳任务，全区无较大以上事故发生。

【“健康滨江”推进】 至2021年年底，杭州高新区（滨江）拥有卫生机构283个，比上年增长4.4%，其中医院8个。拥有各类医疗机构床位655张，其中医院床位515张，分别增长9.7%和12.7%。卫生技术人员3723人，增长8.1%；其中执业（助理）医师1132人，注册护士1569人，分别增长3.7%和4.5%。医院年诊疗21.7万人次，增长64.7%。婴儿死亡率和5岁以下儿童死亡率分别为1.53‰和1.33‰。有社区卫生服务站35家。

【社会保障力度加大】 2021年，杭州高新区（滨江）居民人均可支配收入为76498元，比上年增长9.2%，其中工资性收入占68.2%；居民人均消费支出50705元，增长13.9%。至年底，职工基本养老保险参保57.1万人，净增8.7万人；基本医疗保险参保率99.77%。续建安置房项目26个、395万平方米，交付项目6个、63万平方米、3401套，安置3008户次。城镇新增就业13.6万人，帮扶2283名就业困难人员实现再就业。为征地拆迁家庭发放大病医疗补助600.6万元。创建示范型居家养老服务中心2家，建成婴幼儿成长驿站10家，新增3岁以下婴幼儿托位105个。（区志编研室）

生态文明建设

【环境质量与上年持平】 2021年，杭州高新区（滨江）空气质量达到二类环境空气功能区标准，空气质量优良率87.2%，比上年下降3.1个百分点；PM2.5年平均浓度每立方米28.4毫克，与上年持平。交接断面和省控、市控断面平均水质均为Ⅲ类水质，达到考核目标要求。根据土壤环境质量监测结果，监测点土壤指标均达到二级标准，区域土壤环境质量较好。浦沿单元BJ0603-09及BJ0603-06地块完成土壤修复，新增地下水修复区域阻隔桩409根，安全利用率100%。被省政府命名为第五批省级生态文明建设示范区。

【“无废城市”建设】 2021年，杭州高新区（滨江）推进“无废城市”建设，依托省固体废物管理平台，339家企事业单位实现固体废物上网管理，上网管理率100%；规范危险废物收集处置，收集危险废物4760吨，安全处置率100%；加强医疗废物监督管理，18家医疗卫生机构纳入智慧监管平台；开展“无废细胞”建设，建成无废工地50个、无废学校5个、无废医院2个、无废工厂3个，实现3年建设任务1年完成。

【“美丽杭州”建设推进】 2021年，杭州高新区（滨江）新建道路24.9千米，实有道路总长度322.8千米。新增、优化公交线路17条，新增（扩容）公共自行车服务点12座，新增（更新）亲子座公共自行车500辆。新增园林绿地面积32.9公顷，其中公园绿地面积16.9公顷。建成“口袋公园”10个，建成红色城管驿站6座。改造、新建完成18条（段）河道44.8千米绿道。创建市级“美丽河道”9条、省级“美丽河湖”1个，获得浙江省“五水共治”最高奖“大禹鼎”，华家排灌站获中国水利工程优质（大禹）奖。北塘河游步道全线贯通，塘子堰等3个社区全域土地综合整治与生态修复工程绩效评价居全省第一位。

（区志编研室）

中共杭州高新区工委（滨江区委）

综　述

【概况】2021年，杭州高新区（滨江）贯彻落实中共十九大精神以及习近平总书记考察浙江、杭州重要讲话精神，加快建设“创新滨江”“数字滨江”“国际滨江”，聚力改革开放、创新发展、未来社区建设，推进“亚运靓城”五大攻坚行动和“三大主题年”建设，保持经济高质量发展和社会和谐稳定。实现地区生产总值2022.6亿元，比上年增长11.3%，增速居全市第一位。其中，数字经济核心产业增加值1596.2亿元，增长16%，占地区生产总值比重近80%。一般公共预算收入202.89亿元，增长11%。新增上市公司10家，累计63家，基本实现每平方千米1家上市公司。新认定国家级高新企业432家，有效数1928家。高质量发展、数字经济、亩均效益等综合评价和创新、两化融合发展等重要指数均居全省第一位，居2021年“中国幸福百强区”榜首。

【经济高质量发展】2021年，杭州高新区（滨江）锚定建设世界一流高科技园区总目标，实现社会主义现代化先行示范、高质量发展建设共同富裕实践样板。人均生产总值37万余元，全员劳动生产率45.9万元/人，居全省第一位；财政总收入407亿元，比上年增长13.5%，规模以上工业增加值771.1亿元，增长16.6%。数字经济和新制造业“双引擎”发展，数字经济核心产业增加值1596.2亿元，增长16%，占地区生产总值比重近80%；数字安防、网络通信、生命健康产业分别实现营业收入1844亿元、2217亿元、284亿元，获评全省制造业高质量发展示范区。全年新引进亿元以上项目21个，工业投资、高新产业投资分别增长182.8%、130.3%，杭州高新区（滨江）富阳特别合作区富芯半导体项目（一期）开工、总投资180亿元，为历史新高。

【创新创业生态优化】2021年，杭州高新区（滨江）新引进人才36927人，其中硕博人才9084人、高层次人才计划专家54人。新设政府引导基金子基金7支，累计参股35支，带动社会资本近200亿元。新认定国家级孵化载体2家、省级9家，市级以上孵化载体累计117家，在孵企业3548家。新增优质创新联合体11个，省级重点实验室2家、重点企业研究院4家、研发中心56家。创新产业供地模式，实施工业园区“腾笼换鸟”、工业综合体“筑巢引凤”、存量土地“净地交付”3项计划，规模以上工业亩均增加值1677.5万元，持续保持全省第一位。

【全面深化改革】2021年，中共杭州高新区工委（滨江区委）坚持以“重大改革攻坚年”建设为着力点，立足高质量发展，以数字化改革撬动共同富裕体制机制创新，推动社会领域改革和社会形态重塑。推进数字化改革工作，全市首个上线“数智滨江”总门户和五大综合应用，29个应用场景获省市试点，5个项目获省揭榜挂帅。建成全省首批“一网通办”示范大厅、全市首家“数字办税厅”，“平安工地通”入选省社会治理十大创新项目，“一码解纠纷”获“法治浙江十五周年十大最佳实践”，互联网产业园等热点区域治堵成为全市典型案例。聚焦产业发展破难题，推进自主创新示范区和自由贸易试验区“双自联动”，全国首创“企业创新积分”。获批浙江省首批知识产权保护示范区试点，知识产权“一件事”改革经验全省推广，全国首单数据知识产权质押融资签约。推进全国商事制度改革促进政务环境提升标准化示范试点，《商事登记数字化服务规范》上升为杭州市地方标准。

【基层组织建设】 2021年，中共杭州高新区工委（滨江区委）以“基层组织提质年”为着力点，坚持党建引领基层治理和党建引领产业发展两手抓，各领域党建形成整体建强态势。全面实施组织化、功能化、阵地化“三大行动”，健全五级组织架构，建成“1（区）+3（街道）+59（社区）+3N”党群服务矩阵，形成街道大工委—社区大党委—小区（网格）党支部—楼廊党小组—党员责任区共建共治新格局。持续深化互联网党建、上市（拟上市）党建组团、“红色+”党建联盟矩阵等品牌建设，“双积分”机制全省推广，入选建党百年全国优秀党建创新案例，数字经济党建领跑全市。聚焦新业态新就业群体党建，推出“心运力”关爱计划，“新业态·新就业群体党建智控场景”入选全省揭榜挂帅项目。加大优秀年轻干部选用交流力度，储备“双一流”大学年轻干部206人。

【管党治党从严推进】 2021年，中共杭州高新区工委（滨江区委）落实党风廉政建设责任制，坚持无禁区、全覆盖、零容忍。制定《关于纵深推进清廉滨江建设持续打造风清气正政治生态实施方案》，开展影响亲清政商关系突出问题专项整治，保障全区经济社会高质量发展。对7家区级单位开展常规巡察，对3个街道、9个社区和4家区属国企开展巡察“回头看”，实现本届区委巡察任务全覆盖。

【宣传和意识形态工作深化】 2021年，中共杭州高新区工委（滨江区委）创新理论学习形式，开设“硅谷创新论坛”“院士讲堂”，策划“庆祝建党100周年”等系列主题宣传报道，“滨江发布”连续5年在国家高新区微信公众号综合影响力评估中蝉联全国第一。接受省委巡视市委意识形态延伸检查和市委对区委意识形态专项检查，各项工作正规有序。构建网信依法治网工作体系，建成投用区网络应急指挥中心，建立健全组织体系和应对处置流程。文明创建活动取得成效，开展“迎亚运，滨滨有你‘益’起来”志愿服务十大行动，营造“全民志愿”“全民迎亚运”氛围。

【新时代统战工作拓展】 2021年，中共杭州高新区工委（滨江区委）推动新时代统战工作，开展“同心筑梦跟党走”主题教育和“侨心向党·爱我中华”红歌联唱等系列活动，巩固统一战线共同政治基础。拓展民营经济领域统战工作，实现63家民营企业党委统战部全覆盖，阿里巴巴集团控股有限公司等25家企业“同心荟”组织打通统战工作企业的“最后一公里”。成立全省首支民族专项基金“红石榴”基金。（孙超杰）

重要会议

【区委五届十一次全体（扩大）会议】 2021年6月30日，中共杭州市滨江区委五届十一次全体（扩大）会议在区文化中心召开，全体区委委员、候补委员和区纪委委员、监委委员，各部门（单位）负责人、曾担任过副区级以上职务的老干部、部分区党代表、各社区党组织负责人共200多人参加会议。区委书记王敏代表区委常委会作题为《高点定位“国际滨江”、精心锻造“亚运核心”，奋力推进高质量发展打造共同富裕实践样板》的报告。会议强调，要理解习近平总书记关于共同

2021年6月30日，中共杭州市滨江区委五届十一次全体（扩大）会议在区文化中心举行　　（区委宣传部　供图）

富裕的重要论述精神，在浙江高质量发展建设共同富裕示范区中把握新使命、找准新路径，在实践中不断拓展深化对共同富裕社会形态的认识理解，彰显担当作为。加快世界一流高科技园区建设，为浙江高质量发展建设共同富裕示范区做出新的更大贡献。

（余莉雯）

【区委常委会和书记专题会议】 2021年，中共杭州市滨江区委召开区委常委会会议29次，学习贯彻习近平总书记在党史学习教育动员大会上的重要讲话精神，贯彻落实中共十九届六中全会和省委十四届十次全会精神、市委十二届十二次全会精神。按照党委总揽全局、协调各方原则，落实好民主集中制，把方向、谋全局、抓大事、促改革。发挥党委的领导核心作用，就事关滨江经济社会发展的重大问题和党的建设工作进行研究。召开书记专题会议22次。

（孙超杰）

【“亚运靓城”攻坚行动大会】 2021年7月21日，杭州高新区（滨江）“亚运靓城”攻坚行动大会在杭州奥体网球中心（“小莲花”）举行，杭州亚组委领导，区四套班子负责人、区法院院长、区检察院检察长，全体区管干部、社区书记，“亚运靓城”五大攻坚行动志愿者代表、社会各界代表等共1700多人参加。区委书记王敏做动员讲话。会议宣布杭州高新区（滨江）正式进入亚运攻坚阶段，发布“数智靓城、洁美靓城、品质靓城、文明靓城、平安靓城”五大攻坚行动和75项具体措施、亚运数字场馆管理系统和运营计划等，为杭州高新区（滨江）全面进入亚运时间明确任务。会议要求，开展“亚运靓城”五大攻坚行动，建设“国际滨江、亚运核心”，抓住亚运聚光效应，依靠亚运“全球引流”，建设杭州世界名城版图中的“创新滨江、数字滨江、国际滨江”。

【全域未来社区建设推进大会】 2021年8月17日，杭州高新区（滨江）全域未来社区建设推进大会在“智慧e谷”召开，区四套班子负责人、区法院院长、区检察院检察长，部门主要负责人等170多人参加。会议回顾总结前一阶段未来社区建设工作，研究部署新一轮未来社区建设。会议介绍《杭州高新区（滨江）推进全域未来社区建设实施方案》，区发改局与未来社区建设服务方签订合作框架协议。会议强调要贯彻落实省委、市委关于未来社区建设的工作部署，聚焦民生福祉、引领创新空间，加快建设软硬结合内外兼修的未来社区。

【“六讲六做”大宣讲行动动员部署会】 2021年11月25日，杭州高新区（滨江）学习贯彻中共十九届六中全会精神“六讲六做”大宣讲行动动员部署会在区文化中心举行。区四套班子负责人，各街道、区级机关各单位、各直属单位主要负责人，青年党员和青年宣讲员代表等70多人参加会议，区委书记章登峰结合动员部署做首场宣讲。会议发布学习贯彻中共十九届六中全会精神“六讲六做”大宣讲行动总体安排。提出要按照中央和省委、市委要求，全面动员全区各级党组织和党员干部群众，讲好中共百年奋斗历程和新时代中共辉煌成就，在全区上下持续学习贯彻全会精神。以“六讲六做”大宣讲行动为载体，形成中共十九届六中全会精神人人学、人人讲的局面，把党史学习教育和学习贯彻中共十九届六中全会精神联动贯通起来，推动“六讲六做”走深走实，确保“六讲六做”见行见效。

资料：“六讲六做”

讲好党的百年奋斗历程，做红色根脉的坚定守护者；讲好新时代的辉煌成就特别是“两个确立”对新时代党和国家事业发展、对推进中华民族伟大复兴历史进程的决定性意义，做“两个维护”的示范引领者；讲好百年奋斗的宝贵经验，做新时代“重要窗口”的优秀建设者；讲好习近平总书记深厚的为民情怀，做人民至上的不懈奋斗者；讲好习近平总书记在浙江的故事，做“八八战略”的忠实践行者；讲好习近平总书记赋予浙江的重大历史使命，做高质量发展促进共同富裕的先行探路者。

【中共杭州市滨江区委六届一次全体（扩大）会议】 2021年12月30日，中共杭州市滨江区委六届一次全体（扩大）会议在杭州白马湖建国饭店召开。全体区委委员、候补委员和区纪委委员、监委委员，各部门（单位）负责人，曾担任过副区级以上职务的老干部，区党代表、各社区党组织负责人共200多人参加。区委书记章登峰主持会议并讲话。会议指出，新一届区委班子要在上一届工作基础上，沿着总书记指引的方向坚定前行，取得新的成绩。要抓住“亚运会、数字化、自贸区”等多重机遇，围绕经济建设中心，持续开展“数字变革提升年、亚运效应提级年、组织建设提效年”活动，推进重大改革、重大攻坚、重大项目、重大政策、重大平台，实现经济高质量发展。会议选举产生中共杭州市滨江区第六届委员会常务委员会委员，书记、副书记；通过中共杭州市滨江区第六届纪律检查委员会第一次全体会议选举产生的区纪律检查委员会常务委员会委员，书记、副书记人选。（余莉雯）

重要决策

【“三大主题年”攻坚行动实施方案审议通过】 2021年1月11日，区委常委会审议通过《开展“三大主题年”攻坚行动实施方案》（简称“方案”）。方案由总体目标、主要任务、保障措施3个方面组成，围绕“建设世界一流高科技园区”主题主线，开展“推进重点项目提速年”“重大改革攻坚年”“基层组织提质年”“三大主题年”活动，谋划布局重大创新平台、重点产业项目、重要改革举措，力争在项目提速、改革攻坚、基层组织提质等方面形成标志性成果，实现全区整体提升，打好“十四五”开局之年攻坚战。

【党史学习教育实施方案审议通过】 2021年3月4日，区委常委会审议通过《杭州高新区（滨江）党史学习教育实施方案》（简称“方案”），方案由总体要求、主要任务、组织领导3个部分组成，以“红色传承学党史，善思求变谋发展”为主线，以“让之江火炬照亮高新之路”为载体，通过党史学习教育与学习贯彻习近平总书记关于杭州高新区（滨江）历次重要指示精神相结合，重点学习习近平总书记在庆祝中国共产党成立100周年大会等会议上的重要讲话精神，开展“我为群众办实事”“三大主题年”等活动，深化对中共历史的系统把握。党史学习教育贯穿2021全年，面向全体党员，以县处级以上领导干部为重点，引导广大党员在学党史、悟思想、办实事、开新局中扛起使命担当。

【街道工业园提升改造“腾笼换鸟”计划实施方案审议通过】 2021年3月31日，区委常委会审议通过《关于街道工业园区提升改造“腾笼换鸟”计划实施方案》（简称“方案”）。方案由基本原则、主要措施、保障机制、工作计划4个方面组成。由区管委会、区政府成立区工业园区提升改造工作专班，区发改局负责制定全区实施方案和整体推进工作，区经信局、规划资源滨江分局等部门落实相应责任，街道制定具体实施方案和三年行动计划，明确具体时间要求。方案坚持规划引领，根据园区特性和片区基础设施承载力，重新进行城市规划布局，坚持产业布局整体上错位互补，集聚发展，建设“研发+制造”的新制造业产业园和科技创新孵化园，坚持简化审批，属地街道和相关部门做好服务。通过联合监管，一系列评价标准加政策倒逼转型升级，推进高质量发展。

【“亚运靓城”攻坚行动方案审议通过】 2021年6月28日，区委常委会审议通过《杭州高新区（滨江）“亚运靓城”攻坚行动方案》，方案由总体目标、工作框架、保障机制3个部分组成。方案指出杭州高新区（滨江）作为亚运会开闭幕式主场馆和网球、羽毛球比赛场馆所在地，使命光荣、责任重大，要求围绕“办好一个会，提升一座城”，彰显“新时代、新亚运”风采，推动建设世界一流高科技园区迈上新台阶。“亚运靓城”攻坚行动以“数智靓城、洁美靓城、品质靓城、文明靓城、平安靓城”五大行动为主要着力点，统一思想、凝心聚力，全面发力、以赛靓城，完成“当好东道主、办好亚运会”职责。

【全域未来社区建设实施方案审议通过】 2021年7月21日，区委常委会审议通过《杭州高新区（滨江）推进全域未来社区建设实施方案》，方案由指导思想、基本原则、工作目标、主要任务、工作步骤、保障措施6个部分组成，围绕区委全会提出的推进高质量发展打造共同富裕实践样板目标，创新推动未来社区“三化九场景”落地，一体化推进数字社会建设，分层分类建设“一社一品”。用5年时间形成全域未来社区建设格局，成为共同富裕示范窗口、美好生活滨江品牌、数字治理创新样板。

【清廉滨江建设实施方案审议通过】 2021年9月9日，区委常委会审议通过《纵深推进清廉滨江建设，持续打造风清气正政治生态的实施方案》。方案包括工作目标、重点任务、工作要求、任务清单（第一批）4个部分，分别对8个清廉单元建设提出具体任务，明确牵头单位和责任单位。方案确定第一批共38项任务，分为2021年12月和2022年6月共2个时间节点完成，第一批任务完成后启动第二批任务，坚持滚动实施，持续推进。

【“双减”实施办法审议通过】 2021年9月9日，区委常委会审议通过《滨江区关于进一步减轻义务教育阶段学生作业负担和校外培训负担的实施办法》，实施办法由总体要求、具体任务、工作安排、机制保障4个部分组成，围绕建设区域高质量教育体系，构建教育健康生态，建设美好教育新高地，通过加大教育教学改革力度、全面压减作业总量和时长、提升学校课后服务水平、全面规范校外培训机构、关注家校社协同育人、强化配套治理等举措，减轻学生过重学业负担，促进学生全面发展、健康成长。实施办法明确2021年8—12月做好工作部署和专项整治，2022年全年做好深入治理和巩固督查，2023年总结验收并形成特色成果，迎接省市级“双减”工作检查验收。“双减”工作领导小组由区委副书记张玮任组长，区委宣传部部长沈建、副区长包嘉颖任副组长，各相关单位主要负责人为领导小组成员。区“双减”工作领导小组在区教育局设“双减”工作专班。

（童　镜）

组织工作

【概况】 至2021年年底，杭州高新区（滨江）共有基层党组织3452个，其中党委138个、党总支170个、党支部3144个，在册党员5.39万人。有女性党员2.41万人，占44.65%；35周岁以下党员3.03万人，占56.15%；本科及以上学历党员4.29万人，占79.59%；“两新”组织党员4.06万人，占75.32%。区管干部391人，有女性干部

100人，占25.58%；35周岁以下年轻干部14人，占3.58%；党外干部19人，占4.86%；大学以上学历365人，占93.35%；处级领导干部284人，其中正处级78人、副处级206人；机关部门班子成员229人，街道班子成员41人，区直接监管国有企业班子成员14人。

全年，新发展党员602人，组织关系转入10621人，组织关系转出18179人，出党29人，死亡23人，净减6998人。64个基层党组织获评区级以上"先进基层党组织"，56人获评区级以上"优秀共产党员"，57人获评区级以上"优秀党务工作者"，867人获颁"光荣在党50年"纪念章。调整区管干部7批、107人次，提任"84后"副职8人，女干部10人、党外干部3人。选派5名干部到四川省广元市、宁波市镇海区、温州市泰顺县等地挂职。（俞宁宁　吴静雅）

【"覆盖攻坚"专项行动】2021年4月9日，杭州高新区（滨江）启动"两新"组织"覆盖攻坚"专项行动，以上市（拟上市）企业、有市认定的小微企业园区为覆盖重点，综合企业发展、党员总数、职工稳定性等方面因素，实施"一企一策"网格化管理。至年底，单建党组织180个，联建党组织200个。

【"两新"党建经验全省推广】2021年4月21日，《浙江日报》第4版以《红色引擎，让脱贫步入"快车道"，浙江吉利控股集团有限公司党委助力全国超3万建档立卡户脱贫》为题报道浙江吉利控股集团有限公司（简称"吉利控股"）党委"红色引擎"党建品牌。7月17日，吉利控股党委书记黄新龙受邀参加全省"两新"组织党组织书记示范培训班，在培训班上讲授专题党课《提升"红色引擎"品牌，推动"双强"高质量发展》。

2021年，聚光科技（杭州）股份有限公司（简称"聚光科技"）党组织和党员"双积分"考核纳入省"两新"组织党建工作要点。聚光科技党委的《创新"双积分制"，以高质量党建助推企业高质量发展》案例入选"全国企业党建创新优秀案例"。

【"双强"品牌建设】2021年4月29日，"百年征程·红色启航"杭州高新区（滨江）"双强"品牌共建会在杭州安恒信息技术股份有限公司召开，通过实地参观、品牌介绍、座谈交流等，部署建设更契合产业特点和企业文化的"双强"品牌工作。通过举办培训，提升履职能力；出台匹配产业周期的党建工作指引，构建"双强孵化"生态圈；建立"两新"党建智控体系等工作。至年底，建成杭州安恒信息技术股份有限公司党委"红色卫士"、东冠集团有限公司党委"红色基站"、诺基亚通信系统技术（北京）有限公司浙江分公司党委"红色信号"3个"双强"品牌。（周益方）

【"暖滨心"项目获评2021年度杭州市机关党建品牌】2021年，区直属机关党工委发布第五轮"暖滨心"关心关爱实事项目迭代清单。项目以突出政治功能、聚焦干部需求、实事清单推进、整合资源赋能为实践路径，探索实施一系列聚焦干部痛点、精准有效的关心关爱实事项目，优化"1144"工作模式，即"1"张清单：关心关爱实事项目清单；"1"条时间轴：分季节安排夏令营、应急救护等有趣有益的活动；"4"个维度：全体党员干部的政治引领类项目、年轻好学干部的能力提升类项目、苦干实干干部的生活关爱类项目、生活困难干部的困难帮扶类项目；"4"点坚持：坚持正职引领、坚持用户思维、坚持部门协同、坚持好中选优。至年底，"暖滨心"关心关爱实事项目吸引1.3万人次参与，满意率95%，获评2021年度杭州市机关党建品牌。（李　玮）

【理论武装铸魂工程】2021年，杭州高新区（滨江）实施理论武装铸魂工程，结合党史学习，深化干部政治理论教育。举行中共十九届五中、六中全会精神轮训，基层党组织书记轮训，党史教育云课堂，"红船精神的历史内涵和时代精神"云讲堂，"党史+未来社区"专题班等课程共8场次，培训6000人次。完成区管干部党史网络学习专题考试，全体区管干部参加，合格率100%。

2021年8月28日，杭州高新区（滨江）开展数字力研习营分组研讨活动
（区委组织部　供图）

【《数字力评价体系（治理版）》出台】 2021年5月，杭州高新区（滨江）推出《数字力评价体系（治理版）》（简称“体系”）。体系将省委数字化改革部署精神与区委组织部4年探索实践相结合，从党委政府角度把数字力定义为战略力、数据力、分析力、落地力、架构力、制控力6个维度34个评价因子，形成对应数字力的测评体系与测评工具，优化评价体系和评价描述，帮助领导干部架构数字化的战略思维与体系，助力数字化改革。

【同辈导师项目】 2021年7月，杭州高新区（滨江）推出年轻干部成长营第六期暨同辈导师项目。从全区范围内挑选11名优秀年轻干部结对46名新进干部，通过言传、手帮、身教的形式，帮助新人提能，促进融入；通过带领小组学员围绕既定目标开展团队活动，开展创新课题研究，锻炼年轻干部团队领导力。同辈导师项目学制9个月，至年底，形成建设性调研成果11个。

【数字力研习营】 2021年8月28日至9月27日，杭州高新区（滨江）举行领导干部数字力研习营，抽调区级机关单位、街道48名首席数据官开设实际操作示范班，强化数字领导力战略和全局思维，打磨应用场景设计思维及项目开发落地技能；面向全区干部开放“科普向”课程，提升数字化基础能力。研习营邀请省市有关领导干部、浙大专家学者围绕数字战略思维、项目落地方法论等模块，运用案例分析、讲座、钉钉直播、小组研讨等形式开展培训，830多人次参加。

【全国性干部教学基地建设】 2021年10月，杭州高新区（滨江）建设海康威视“创新驱动　数字经济”干部教学基地。基地位于阡陌路555号海康威视公司展厅，以学习贯彻习近平总书记在2015年考察杭州海康威视数字技术股份有限公司时提出的“企业持续发展之基、市场制胜之道在于创新，各类企业都要把创新牢牢抓住，不断增加创新研发投入，加强创新平台建设，培养创新人才队伍，促进创新链、产业链、市场需求有机衔接，争当创新驱动发展先行军”重要指示精神为主题，突出“物联网思维”理论转化实践，科学设置参观点位和教学环节。至年底，基地承接全国党政干部现场教学8700多人次，被列入习近平新时代中国特色社会主义思想杭州市十大生动实践精品教育基地。

（张　磊）

【公务员一件事线上办理】 2021年，杭州高新区（滨江）根据省市公务员生命全周期一件事改革要求，持续推进全区公务员一件事全覆盖。会同区委编办、区人力社保局等相关业务审批部门改进一件事办理业务出现的问题，保障一件事线上办理基础数据的完整性。至年底，为全区公务员办理线上业务335件。

【选调生招录】 2021年5月，杭州高新区（滨江）为充实年轻干部队伍力量，结合省委、市委组织部统一安排，首次面向36所“双一流”高校及省内12所重点建设本科院校选调应届优秀大学毕业生4人，平均年龄26周岁，学历均为硕士研究生，分布在公安滨江分局、区城管局、区发改局。9月，结合杭州高新区（滨江）富阳合作区建设，4人到富阳区灵桥镇、渔山乡开展为期2年的基层锻炼。

（罗晓莉）

【干部人事档案管理】 2021年3月15日，市委组织部印发《2021年全市干部人事档案工作要点》，明确推进干部人事档案管理相关工作要求。8月，区委组织部招聘档案专管员6人，经集中跟班见学，分别负责区委组织部、区教育局、区社发局、区人力社保局、区财政局等部门和国有企事业单位干部人事档案工作。协调场地，组织团队进行规划设计，建立满足区级干部人事档案数字化加工的干部人事数字档案工作室1个，完成967卷科级及以下人员的档案数字化，实现公务员、参公人员人事档案数字化全覆盖。

（付世胜）

宣传工作

【概况】 2021年，杭州高新区（滨江）宣传思想工作以中共十九大以及十九届二中、三中、四中、五中、六中全会精神为遵循，学习宣传贯彻习近平新时代中国特色社会主义思想和习近平总书记系列重要讲话精神，落实中央和省委、市委、区委对宣传思想工作的各项要求，把握意识形态工作领导权和主动权，为建成世界一流高科技园区提供思想保障、精神力量、道德滋养和文化支撑。围绕中国共产党成立100周年主题，开展系列庆祝、学习、宣传活动。开展“我在高新学党史”“潮起滨江颂党恩红色四季理论宣讲”“网络作家写党史”等活动，受到各级媒体关注。创建“百年红·数智空间”杭州党史学习教育沉浸式智慧体验馆，成为红色网红打卡点，国庆假期吸引1.3万人体验。“在杭州滨江穿越百年党史”等话题微博阅读量近千万人次。区委理论中心组开展集中学习16次、专题学习212次，处级以上党员干部交流发言1073人次。成立党史学习教育区委宣讲团，是全市唯一为中央调研组进行经验交流汇报的区县（市）。开展中共十九届六中全会精神“六讲六做”大宣讲活动216场，受众7090人次。推出《滨滨暗访小区》系列监督报道，开设“滨滨观察哨”，发布各类曝光台92期，解决问题41个，后台收到市民群众留言5100多条。组织开展“我为群众办实事、我为企业解难题、我为基层减负担”活动，策划举办“四心联动优服务，民呼我为促发展”主题活动，形成“嵌入式幼儿园”“爱婴护婴”“未来社区”“议事红茶汇”“驻企服务员”等系列为民办实事品牌。承办“国际滨江、亚运核心”——“亚运靓城”攻坚行动大会，开展“迎亚运、滨滨有你‘益’起来”志愿服务十大行动，营造“全民志愿”“全民迎亚运”氛围。建成投用区网络应急指挥中心，举行网络安全宣传周活动，全省首个“网络安全主题公园”落户杭州高新区（滨江）。建好用好“学习强国”学习平台，滨江供稿中心获评2021年度浙江学习平台优秀供稿单位。

【对外宣传成效显著】 2021年，杭州高新区（滨江）策划“庆祝建党100周年”等系列主题宣传报道，对接中央电视台《今日中国：浙江篇》和《百年芳华》大型直播在滨江落点，全年在各级媒体宣传报道2732篇（条）。依托双语宣传片、宣传画册、沿江景观灯光秀等宣传品传播，全新宣传片在“滨江发布”视频号阅读量100万余人次，“大小莲花绽放”短视频在“抖音”阅读量484万人次。拓展国际传播渠道，56条信息通过“hangzhoufeel”外宣厨房中英文报纸、英文App、Twitter等海外社交账号向世界传播，在杭州外宣共享平台“韵味杭州”App发布信息近600条。

【城市文化建设】 2021年，杭州高新区（滨江）推进文化惠民工作，开展“滨滨送欢乐、文艺进万家”“文明动车、幸福专列”和“千场电影大巡映”等文化惠民项目。持续开展“和滨滨一起樱花跑”等品牌文化活动。创建区党群服务中心、浙江中医博物馆等一批第二课堂。保障第十七届中国国际动漫节等大型节展活动，中国动漫博物馆开馆。沃尔沃汽车博物馆、杭绣·江南传习所、网易蜗牛读书馆入选2021年“杭州亚运人文体验点”名单。（王春松）

【党委信息】2021年，区委办修订《杭州高新区（滨江）党委政府信息工作考核办法》，针对考核序列、考核规则进行修改、优化完善。编发《高新（滨江）信息》本周要情51期，情况专报90期，情况交流57期，《工作情况交流》（双月刊）6期，获区领导批示117条。上报社情民意类信息1259条，中办录用信息17条，省、市录用动态类信息31条、专报类信息21篇；获省、市领导批示17条。

（甘立飞）

【区委理论学习中心组专题学习会】2021年，杭州高新区（滨江）举行区党委理论学习中心组（扩大）专题学习会5次，区委理论学习中心组全体成员、列席人员参加。3月4日，学习《中国共产党党员权利保障条例》《中国共产党统一战线工作条例》并开展学习交流。3月29日，围绕习近平总书记在党史学习教育动员大会上的重要讲话精神和《习近平在浙江》采访实录做交流发言。4月21日，围绕“习近平科学的思维方法在浙江的探索与实践”开展交流研讨。7月5日，围绕习近平总书记在庆祝中国共产党成立100周年大会上的重要讲话精神、省委书记袁家军在浙江省庆祝中国共产党成立100周年大会上的讲话精神进行交流发言。11月29日，围绕中共十九届六中全会精神进行交流发言。

【硅谷创新论坛报告会】2021年，杭州高新区（滨江）举行硅谷创新论坛报告会7场，区四套班子负责人，区法院院长、区检察院检察长，各街道、区级机关各单位、各直属单位相关负责人，部分企业负责人共2000多人次参与。3月5日，区党委理论学习中心组（扩大）专题报告会举行，邀请浙江大学人文学院博士生导师、教授计翔翔作“不忘初心与百年中国”专题辅导。3月15日，区党委理论学习中心组（扩大）暨全国两会精神学习报告会举行，邀请全国政协常委南存辉、全国人大代表陈宗年、全国人大代表蒋胜男结合两会精神和后续发展，分享参会感受。18日，区党委理论学习中心组（扩大）暨数字化改革专题报告会举行，邀请省智能制造专家委员会主任毛光烈作“理解数字化改革定义，自觉参与五大改革”专题辅导。4月21日，党史学习教育暨区党委理论学习中心组（扩大）专题学习会举行，邀请《习近平在浙江》采访实录嘉宾、省发改委原副主任刘亭作“习近平科学的思维方法在浙江的探索与实践”专题辅导。7月24日，区党委理论学习中心组（扩大）专题报告会举行，邀请清华大学文科资深教授、清华大学苏世民书院院长薛澜就第四次工业革命与创新驱动发展作报告。11月3日，区党委理论学习中心组（扩大）暨习近平法治思想专题报告会举行，邀请省委政法委一级巡视员，省法学会党组成员、副会长陆剑锋作“习近平法治思想”专题辅导。12月6日，区党委理论学习中心组（扩大）暨中共十九届六中全会精神专题学习报告会举行，邀请省委党校副校长陈立旭作“中共百年奋斗重大成就和历史经验——学习中共十九届六中全会精神”专题辅导。

【白马湖市民大讲堂】2021年3月11日，区委宣传部印发《“白马湖市民大讲堂”活动安排》，部署安排课程内容、选课方式和师资队伍。2021年是中国共产党成立100周年，在课程设置上增加党史学习教育比重。课程内容包括中共十九届五中、六中全会精神，习近平新时代中国特色社会主义思想，中国共产党历史，高质量建设世界一流高科技园区，法律知识、文明礼仪，休闲文化、亲子教育、家庭沟通等。

2021年白马湖大讲堂课程内容情况表

表1

类别	主 题	课程名称	宣讲单位
必讲课程	党史党建系列	1.习近平新时代中国特色社会主义思想	区委宣传部
		2.中国共产党的历史	
		3.中共十九届五中、六中全会精神解读	
		4.新中国史、改革开放史和社会主义发展史	
		5.纪律处分条例	区纪委监委
		6.全面从严治党	
		7.基层统战与民族宗教工作	区委统战部
	区情形势系列	1.高新技术产业发展	区发改局、区经信局、区科技局
		2.高质量建设世界一流高科技园区	
		3.数字化改革和数字滨江建设	数字化改革专班
		4.生态环境与美丽滨江	生态环境滨江分局
		5.清廉滨江建设	区纪委监委
		6.平安滨江建设	区委政法委（司法局）
选讲课程	法律法规系列	1.宪法知识宣传	区委政法委（司法局）、区法院
		2.常用法律知识	
		3.《中华人民共和国民法典》中的婚姻家庭	区妇联
		4.社保相关政策	区人力社保局
		5.计生相关政策	区社发局
		6.消防安全	区消防救援大队
		7.小区物业管理	区住建局
	文明礼仪系列	1.基层精神文明建设	区委宣传部（文明办）
		2.垃圾分类	区城管局
		3.移风易俗、文明殡葬	区民政局
		4.家训家规家风	区妇联
		5.文明交通	滨江交警大队
		6.职场礼仪和形象礼仪	区妇联
	休闲文化系列	1.文化自信和中华传统	区委宣传部
		2.摄影艺术	区摄影家协会
		3.声乐辅导	区社发局、社区学院
		4.插花赏析	社区学院
		5.学茶品茶	社区学院、区妇联
	亲子教育系列	1.家庭教育	区政协（林镜团队）
		2.“护佑童心”系列讲座	区政协（杨宇团队）
	家庭沟通系列	1.婚姻家庭与财产	区政协（王少成团队）
		2.婆媳关系对对碰	区委宣传部
		3.三代同堂的沟通艺术	

续表1

类别	主 题	课程名称	宣讲单位
选讲课程	健康养生系列	1.颈椎病预防	区政协（孙超团队）
		2.中医药适应技术的推广应用	
		3.小儿推拿四季贴	
		4.中医四季养生	区社发局
		5.养生操	社区学院
		6.老年人的心理健康课	区委宣传部
		7.压力应对与情绪管理	
		8.不同年龄的睡眠健康课	
	操作技能系列	1.红十字急救技能	区社发局
		2.火场逃生自救技能	区消防救援大队
		3.火灾隐患自查自改	
		4.中老年防诈骗	社区学院
		5.中西式点心	
		6.化妆美容	

（郭自青）

统一战线工作

【概况】 至2021年年底，杭州高新区（滨江）7个民主党派有成员627人，比上年增加46人。民营企业统战部及“同心荟”89家。区党外知识分子联谊会（简称“知联会”）、新的社会阶层人士联谊会（简称“新联会”）、网络人士联谊会（简称“网联会”）等组织联系党外知识分子和新的社会阶层人士15万人。归侨侨眷3200人，港澳同胞61人，台胞200人、台属15人。区工商联会员企业1051家，个人会员225人，基层商（协）会9个。

中共滨江区委统战部支持各民主党派、无党派人士“以党为师”开展学习教育活动，巩固统一战线广大成员与党同心、团结奋斗的思想政治基础。先后开展“侨心向党·爱我中华”红歌联唱、“青春向党告白·我给党唱支歌”活动、到中国共产党杭州历史馆参观学习等18个系列50多场活动，1000多人次参加，在“滨江统战”微信公众号编发“同心学史”200多期，开设“多党合作主委谈”专栏，利用短视频、图片、文字等形式，回顾多党合作历史，展现各民主党派不忘初心跟党走风采。录制《没有共产党就没有新中国》音乐短片，在“学习强国”平台刊发。赠阅《中国共产党统一战线工作条例》读本，通过“滨江发布”微信公众号等平台，以专栏、条例知识问答等形式推送信息1000多条，指导民主党派开展议政日、组织生活会、季度例会等60多场次，组织开展“议政日”主题活动及专题培训，编印《参政议政成果汇编》，提交调研报告和建议56项，其中《关于推进我省“产业大脑”建议》《以新型产业基础设施布局推进长三角生物医药产业高质量发展》等获省委书记袁家军、省长郑栅洁批示。召开民营企业统战工作现场会、基层统战工作推进会，实现63家民营企业党委统战部全覆盖，建设五星级民营企业统战工作示范单位10家，培育四星级民营企业统战工作示范点15家，阿里巴巴“乘风·同心荟”、网易“蜗牛·同心荟”、吉利“吉聚·同心荟”等25家企业“同心荟”打通统战工作企业的“最后一公里”，形成“归属有组织、活动有阵地、干事有舞台、保障有支撑、发展有风采”的局面；建设白马湖“嘻番里”、江北“北高峰”、物联网

"领跑者"同心联盟站等园区统战阵地,实现企业统战组织覆盖提质,该项工作2次获中央统战部《每日汇报》推介。建设"新联会同心活动驿站",开展实务交流、培训活动20多场次。完成新的社会阶层人士综合评价体系开发。

【民营企业统战示范创建工作推进会】2021年3月19日,杭州高新区(滨江)民营企业统战示范创建工作推进会在浙江施强集团有限公司举行。区委统战部主要负责人,各街道、平台统战负责人,阿里巴巴集团控股有限公司、网易(杭州)网络有限公司、正泰集团股份有限公司、东冠集团有限公司、浙江施强集团有限公司等10家示范点创建企业统战负责人共25人参加会议。会上,10家示范点创建企业统战部负责人汇报2020年统战亮点工作和2021年工作计划,交流民营企业统战示范创建工作思路和庆祝中国共产党成立100周年活动计划。会议提出强化思想引领,扩大政治共识;做好示范点创建工作;创建滨江统战工作品牌3个工作内容。

【民主党派工作会议】2021年3月25日,杭州高新区(滨江)召开民主党派工作会议,中共滨江区委统战部相关负责人、各民主党派基层组织班子成员、各支部(支社)主委共50多人参加会议。各民主党派主委汇报交流2020年工作情况和2021年工作思路。会议要求各民主党派加强思想政治引领,围绕庆祝中国共产党成立100周年、党史学习教育,开展"同心筑梦跟党走"系列活动;提高参政议政水平,着眼系统谋划,发力重点课题,打造调研精品;服务中心大局工作,落实中共滨江区委决策部署要求,为滨江发展建言献策;加强党派队伍建设,把握统战工作数字化改革要求,健全民主党派人物库、组织库,制定组织发展规划。

【同心·众创基金·金融赋能行动启动】2021年4月1日,杭州高新区(滨江)同心·众创基金·金融赋能行动启动仪式在中赢集团举行,中共滨江区委统战部相关负责人,浙江中赢股权投资基金管理有限公司、浙江赛智伯乐股权投资管理有限公司等企业负责人出席启动仪式。杭州高新科技创业服务有限公司董事长、总经理张炳于就金融赋能行动有关情况、公司的整体情况和业务方向做介绍,新唐信通(浙江)科技有限公司、杭州维服科技有限公司、杭州蔚复来科技有限公司、杭州准芯生物技术有限公司等5家公司介绍各自的融资项目,与银行和投资机构互动交流。同心·众创基金·金融赋能行动在同心·众创基金的基础上推出,增强统一战线凝聚力,带动社会资金,优化区域营商环境。

【新的社会阶层人士联谊会"董秘圆桌会"启动】2021年6月29日,杭州高新区(滨江)新的社会阶层人士联谊会"董秘圆桌会"在"智慧e谷"启动,中共浙江省委、杭州市委、滨江区委统战部有关负责人,浙江省上市公司协会、区相关部门负责人,区上市企业代表、区新联会班子成员、区工商联企业代表等80多人参加。杭州高新区(滨江)新的社会阶层人士代表围绕"碳中和背景下上市公司的机遇与挑

2021年6月29日,杭州高新区(滨江)新的社会阶层人士联谊会"董秘圆桌会"在"智慧e谷"启动　　(区委统战部　供图)

战”展开交流。活动加强辖区新的社会阶层人士统战工作，深化“凝聚新力量、筑梦新时代”主题活动，为区内上市企业、拟上市企业搭建创新创业经验交流和资源对接平台，集聚高端优质资源和力量，助力杭州高新区（滨江）经济社会发展。

【新的社会阶层人士统战工作接受中央媒体采访】2021年9月11日，人民日报社、新华社、光明日报社、中国新闻社、人民政协报社、团结报社等中央媒体采访团到杭州高新区（滨江）知识产权大厦，采访新的社会阶层人士统战工作。中共滨江区委统战部向中央媒体采访团介绍杭州高新区（滨江）及新的社会阶层人士统战工作情况，成立“知产·同心荟”，搭建交流学习平台，围绕建言献策、社会服务、人才培养、联谊交友等探索新的社会阶层人士统战工作服务知识产权工作。“知产·同心荟”工作人员向中央媒体采访团介绍杭州高新区（滨江）知识产权大厦新的社会阶层人士实践创新，推进知识产权“一件事”改革，强化知识产权全链条保护，探索开展新的知识产权金融服务，推进知识产权质押融资工作落地实施等方面情况。中央媒体采访团与6名新的社会阶层人士代表交流，了解新的社会阶层人士投身技术创新和科技成果转化应用，助推杭州高新区（滨江）高质量发展的故事和案例。《人民日报》、《团结报》、中国新闻网、人民政协网等媒体平台均做相关报道。

【区知联会换届选举大会】2021年9月26日，杭州高新区（滨江）党外知识分子联谊会（简称“知联会”）换届大会暨二届一次理事大会在“智慧e谷”召开，中共杭州市委统战部、中共滨江区委统战部相关负责人和82名理事代表参加会议。会议听取《杭州高新区（滨江）党外知识分子联谊会第一届理事会工作报告》，审议通过《杭州高新区（滨江）党外知识分子联谊会章程（修订草案）》，选举产生新一届常务理事和领导班子，赵国民当选为新一届会长，陈丹任常务副会长。会议邀请省委党校教授李涛开展“中国共产党对共同富裕的百年追求”专题讲座。

【上市企业“同心荟”全覆盖】2021年11月16日，杭州高新区（滨江）2021年街道、平台统战重点工作现场会在创业智慧大厦举行。中共杭州市委统战部、中共滨江区委统战部相关负责人及各平台、街道统战委员，民营企业统战部部长，上市企业党组织（同心荟）负责人共80多人参加。会上，江北科技园、创业慧康科技股份有限公司、虹软科技股份有限公司和浙江省第一水电建设集团股份有限公司等企业党委统战部分别就民营企业统战工作经验做介绍与交流；万轮科技园等15家民营企业被授予“高新区（滨江）四星级民营企业统战工作示范点”称号；“江北科技园北高峰·同心联盟站”揭牌成立；对杭州电魂网络科技股份有限公司、杭州启明医疗器械股份有限公司等18家上市企业“同心荟”进行授牌。杭州高新区（滨江）自年初企业党委统战部实现全覆盖后，上市企业“同心荟”也实现全覆盖。

（徐哲宇）

2021年9月26日，杭州高新区（滨江）党外知识分子联谊会二届一次理事大会在“智慧e谷”召开　　（区委统战部　供图）

机构编制

【概况】 至2021年年底，杭州高新区（滨江）有党委机构7个，管委会、政府工作机构19个，派出机构4个，人大常委会办事机关7个，政协办事机关7个，法院1个，检察院1个，街道3个。

【行政机构调整】 2021年，杭州高新区（滨江）因工作需要，对部分行政机构作相应调整。2月1日，在杭州高新技术产业开发区（滨江）商务局加挂中国（浙江）自由贸易试验区杭州片区滨江区块管理办公室牌子。3月10日，杭州高新技术产业开发区（滨江）农业农村局由独立设置调整为在杭州高新技术产业开发区（滨江）发展和改革局挂牌；杭州高新技术产业开发区（滨江）统计局由在杭州高新技术产业开发区（滨江）发展和改革局挂牌调整为独立设置；杭州高新技术产业开发区（滨江）党委、管委会（政府）信访局由在杭州高新技术产业开发区（滨江）党委办公室挂牌调整为在杭州高新技术产业开发区（滨江）党委政法委挂牌。7月30日，杭州高新技术产业开发区（滨江）住房和城市建设局加挂杭州高新技术产业开发区（滨江）文物局牌子。12月6日，中共杭州高新技术产业开发区纪律检查工作委员会更名为中共杭州市纪律检查委员会杭州市监察委员会派出杭州高新技术产业开发区纪检监察工作委员会，仍在中共杭州市滨江区纪律检查委员会杭州市滨江区监察委员会挂牌。12月19日，杭州高新技术产业开发区（滨江）城市管理局〔杭州高新技术产业开发区（滨江）综合行政执法局〕更名为杭州高新技术产业开发区（滨江）综合行政执法局，加挂杭州高新技术产业开发区（滨江）城市管理局、杭州高新技术产业开发区（滨江）综合行政执法指导办公室牌子。

【事业机构调整】 2021年，杭州高新区（滨江）对部分事业机构作4次调整。3月2日，杭州高新区人才开发中心更名为杭州高新技术产业开发区（滨江）政务人才管理服务中心。5月17日，杭州市国土资源局滨江分局滨江管理所更名为杭州市规划和自然资源局高新技术产业开发区（滨江）分局自然资源所。9月6日，杭州高新技术产业开发区（滨江）安全生产综合行政执法队更名为杭州高新技术产业开发区（滨江）应急管理行政执法队。9月18日，杭州市滨江区农业技术推广服务中心更名为杭州市滨江区农业综合服务中心。

（余　虎）

【公务员招录和保障工作】 2021年，杭州高新区（滨江）提前用编，招录专业性公务员3人，平均年龄24周岁，学历均为硕士研究生，分布在区委办、区法院。1月，杭州高新区（滨江）组建公务员考试录用疫情防控工作领导小组，以区委组织部、区委宣传部、区人力社保局、区社发局、公安滨江分局、区市场监管局等部门为成员单位，保障辖区6个考点、381个考场笔试防疫安全，维护考点秩序、保障食宿安全等工作。

（罗晓莉）

信访工作

【概况】 2021年，杭州高新区（滨江）办理群众来信、来访、来电和网上信访5.79万件。其中：来信217件，比上年下降14.9%；四级走访183批次708人次，下降9.9%和22.7%；市长公开电话交办4.75万件，上升76.69%；网上信访9980件，下降2.32%。编印《信访日报》（原《信访电日报》）249期，群众信访反映问题主要集中在城乡建设、市场监管、劳动和社会保障、网络金融等方面。修订《滨江区法定途径分类处理信访投诉请求清单》，刊发《访源治理通报》13期。开展专项心理沟通能力系列培训3次，96人次参加。区领导带头坚持信访值守工作，四套班子成员及法院院长、检察院检察长接待来访群众82批次，区主要领导阅批来信占全区初信的82.35%，有效推动信访矛盾化解，初次信访件一次性化解率97.27%。

【信访工作机制完善】 2021年，杭州高新区（滨江）完善区信访工作联席会议制度，强化组织推动、综合协调、督导落实等职能，调整区信访工作联席会议（信访工作领导小组）成员及专项工作组，共设环保邻避问题工作组、房产问题工作组、征迁安置问题工作组等10个专项工作组。制定区领导公开接访工作方案，四套班子负责人随机接访，调处解决信访事项，从源头上化解矛盾纠纷。完善社会矛盾纠纷调处化解中心（简称“矛调中心”）一窗受理工作，提升力度和精度。至年底，区矛调中心组织各类协调会3419次，成功调解矛盾纠纷9967项，收到群众锦旗32面。

【访源治理】 2021年，杭州高新区（滨江）修订《滨江区法定途径分类处理信访投诉请求清单》，深化信访法治化建设，确保各类信访问题依法合理分流、妥善处置。开展“两降一升”（降信访总量、降四级走访量，提升群众满意度）访源治理专项行动，刊发《访源治理通报》13期，分析各单位信访件办理情况，查找薄弱环节和突出问题，督促整改，全年来信、来访、网上信访量均比上年下降，其中四级走访数量比前三年平均数下降76.3%，下降数全市最大。

【信访积案化解】 2021年，杭州高新区（滨江）领受国家、省、市三级信访积案578件。区信访局制定工作方案，进行分层包干，区四套班子负责人及法院院长、检察院检察长领衔包案36件困难件，各事权单位27名区管干部包案57件信访积案。至6月，提前实现动态清零。信息专报《滨江区强化“三真”工作法实现三级信访积案全部“清零”》在《杭州信访》简报第45期刊发，获市委常委、政法委书记许明批示。

【信访业务水平提升】 2021年，杭州高新区（滨江）通过专项培训、业务研讨、业务竞赛比武、大调研等活动提升工作人员业务能力。组织96人次参加专项心理沟通能力系列培训3次，87人次参加省、市信访局各条线开展的业务培训，116人次参加信访业务竞赛比武活动。向市信访局报送信访调研报告3篇、获市三等奖1篇，1篇业务交流文章发表在省《信访与民情》杂志，2篇案例选编入选市信访局《锦旗背后的故事》。加强对事权单位业务指导，对信访件办理存在问题的事权单位，通过预警、通报、交办等形式压实工作责任，发出提示预警单3份、预通报56份、重要信息专报8份，向16家单位发出重复信访件交办函，对容易形成重复访、越级访的事项发出预警信息9份，信访件办理质效提升明显，在杭州市每月组织的公开电话办理质效评比中，杭州高新区（滨江）长期保持全市前三位，5次获全市第一位。

【“136”格局构建】 2021年，杭州高新区（滨江）将“积案化解和访源治理攻坚年”指标纳入党委政府信访工作责任书和信访考核，层层压实责任，落实矛盾纠纷10%化解在区、30%化解在街道、60%化解在社区的“136”工作要求，形成矛盾自下而上逐级吸附过滤机制。深化街道和社区的矛调中心建设，形成区、街、社三级上下联动、左右协调的基本格局。 （董志强）

党史研究

【概况】 2021年，区委组织部（区党史办）以“高擎之江火炬、照亮高新之路”为载体，以杭州高新区（滨江）党群服务中心和长河革命历史纪念馆为主阵地，突出红船味、高新味、滨江味，挖掘“亚运滨”红色历史文化资源，联合开展“我的滨江时光”巡回展、“跟着手艺游红色中国”红色宣教、“‘船’承经典、少年起航”沉浸式红色教育等活动118场。聘请来耀先孙女来芬琴为长河革命历史纪念馆荣誉馆长。

【红色教育场馆建设】 2021年，区委组织部（区党史办）

长河革命历史纪念馆一角　　（区委组织部　供图）

发挥杭州高新区（滨江）党群服务中心和长河革命历史纪念馆两大核心作用，持续招募以“五老”群体为首的“红色讲师团”，立足杭州高新区（滨江）坤记理发店、农民协会旧址等史迹，讲好红色故事、繁荣红色文化。依托“馆企共建”“馆校共建”等模式，开展“我把史料献给党”“红色历史手拉手”等特色活动20多场，全年参观近5000人次。

【“我的滨江时光”老物件巡回展】 2021年5月14日，区委组织部（区党史办）启动“我的滨江时光”历史性资料和物品巡回展，以杭州高新区（滨江）成立后各单位（个人）142件代表性物件、历史资料、工作用品为重点展品，在各街道、各平台党群服务中心等展出，展现杭州高新区（滨江）30年发展轨迹。至年底，吸引2万余人次观看。

【微电影《出发，莫斯科》首映】 2021年5月30日，微电影《出发，莫斯科》在长河历史文化街区首映。微电影由长河街道监制，根据浙江省出席中共六大会议的唯一农民代表来耀先的真实事迹改编，通过还原来耀先到莫斯科出席六大会议出发前一夜所发生的故事，再现长河农民运动光辉历史。　（陈　晨）

老干部工作

【概况】 至2021年年底，杭州高新区（滨江）有离休干部5人，归口滨江属地管理的省、市离休干部18人，其中3人配备助老员服务。区、街退休干部221人，其中副厅级以上9人、县处级以上108人（含副区级12人）、科级及以下104人。卫生教育退休干部489人。全年举办老干部情况通报会5次、专题座谈1次、学习参观活动5次，120人次参加；老干部理论读书会30场，512人次参加；主题党日活动110场，1500人次参加；离退休干部党支部书记培训班1场，12人次参加；红色宣讲活动60场，1228人次参加。走访慰问离休干部20人次、四套班子退休干部50人次、退休困难党员1人次。长河街道卫生服务中心原副主任陈恩丰获评省退休干部先进工作者，西兴成人教育学校教师叶柏明获评省关心关爱下一代先进个人，官河社区方丰爱、金东方社区江慧茹、钱潮社区樊军获评“市最美正能量”。公安滨江分局机关总支部退休干部支部获评市最美离退休干部党组织。

【机关退休干部文化班】 2021年，杭州高新区（滨江）机关退休干部文化班在区文化中心开设旗袍、书法、旅游文化、声乐等12门课程，115名机关事业单位退休干部参加，邀请书法、声乐、旅游等专业老师10多人授课，全年授课384次。新增老年国画班，吸引35人报名参加，是报名人数最多的课程。

【退休干部到基层看变化】 2021年4月17日和6月18日，杭州高新区（滨江）根据庆祝中国共产党成立100周年工作部署，分2批组织区级机关退休干部50多人到杭州奥体中心参观体育场馆，感受亚运氛围；到杭州海康威视数字技术股份有限公司、浙江大华技术股份有限公司参观企业生产流水线，与企业负责人座谈交流。

【“暖滨心”干部关心关爱实事介绍会】2021年6月18日，杭州高新区（滨江）举行“我的滨江时光”荣退仪式暨“暖滨心”干部关心关爱新一轮实事介绍会。市委组织部、市直机关党工委、区委常委、区委组织部相关领导给25名退休人员颁发纪念奖章。退休人员及其家属、街道和区级机关单位主要负责人等200多人参加。荣退仪式暨实事介绍会分温暖守护、初心永擎2个环节。新一轮“暖滨心”干部关心关爱实事项目由“政治引领”“阵地聚力”“美好生活”“文化情操”“强身健体”“亲子成长”“IT聚能”7个维度组成，从提升工作能力、陶冶艺术情操、创建美好生活等多角度出发，关心关爱干部。区财政局陈银元、长河街道高小荣代表退休人员分享作为杭州高新区（滨江）改革发展亲历者的心路历程。活动为11名6月过生日的退休人员举行集体生日仪式，并送上2份生日礼物，一份是入党志愿书的复印件，代表着退休人员的“初心”；一份是区委书记亲笔签名的生日贺卡，代表着区委的关心。该活动是2021年新推出的老干部关心关爱系列活动之一。

（程远娟）

综合考评和督查

【概况】2021年，杭州高新区（滨江）综合考评紧扣国家高新区评价指标体系、省市重点工作目标任务、区委区政府重点工作，优化综合考评实施体系，2020年度市对区下达的106条社会评价意见整改完成率、2021年度“公述民评”30条意见落实整改反馈率均为100%。完成上级及区本级党委督查工作，出台完善“七张问题清单”亮晒整改工作机制。

【市级综合考评】2021年5月5日，市考评办印发《杭州市2021年度综合考评实施方案》，对杭州高新区（滨江）开展年度综合考评。12月初，启动2021年度杭州市对高新区（滨江）综合考评工作。市对区综合考评分为“重点攻坚”“日常履职”“创新创优”“满意度评价”4个维度。“重点攻坚”分为“15+7重要经济指标”“高质量发展”“六大行动”，其中“15+7重要经济指标”采用晋优、否优、加分的方式；“日常履职”分为“打造国际一流环境”“平安创建”“职能目标”，其中“职能目标”包含落实巡视反馈督察整改问题、省委“七张问题清单”和社会评价意见整改等，实行负面清单管理；“创新创优”涉及“国内影响”，工作获省部级以上表彰肯定或正式推广的，予以认定赋分；“满意度评价”涉及“市县评议”和“社会评价”，2021年度“市县评议”和“社会评价”全部实行电子化操作，通过发送邀请短信、点击手机端链接登录的方式，参与评价，“社会评价”参评对象为两代表一委员、基层干部、市场主体和群众代表。社会评价意见整改工作满意度测评与社会评价工作结合进行。党建工作考核继续采取“否优降档”“加减分”办法。根据《杭州市2021年度综合考评实施意见》，杭州高新区（滨江）综合考评成绩排名全市前9位，且在全国高新区排名前3位的，可直接“晋优”，未进入全国高新区前5位的，直接“否优”。2021年度，杭州高新区（滨江）在全国高新区排名中居第5位。杭州高新区（滨江）2021年度综合考评得分93.225分，居全市第5位，获优秀等次，并获重要经济指标攻坚（良好）、高质量发展2个单项奖。

【区本级综合考评】2021年6月23日，区党委印发《关于实施2021年度综合考评的意见》，衔接市对区考评工作。8月4日，印发《2021年度区综合考评日常履职、创新创优、满意度评价考核办法的通知》，规范区综合考评实施办法。2021年度被考核单位分为3个序列，分别是街道（3家）、区级机关各单位及区直属各单位（42家）、市驻滨江单位（4家），共49家。考评内容分为"重点攻坚""日常履职""创新创优""满意度评价"4个部分。"重点攻坚"包括"全国高新区评价指标""重要经济指标""高质量发展""六大行动"和"数字化改革",采用牵头单位与市对区考核结果挂钩,其他部门由牵头单位考核的方式;"日常履职"包括"打造国际一流营商环境""平安创建""三大主题年""市考核职能目标及区委区政府重点工作任务和共性工作",其中市考核职能目标采用挂钩考核办法,区本级参照市对区考核结果同比例扣分,区共性任务由牵头部门负责考核,采用排名制赋分,区其他重点任务由牵头部门负责考核,采用负面清单考核办法;"创新创优"涉及"国内影响",工作获省部级以上和市委、市政府表彰肯定或正式推广的,予以认定赋分,加分情况经区考评办审核汇总;"满意度评价"包括"领导评价"和"社会评价",其中"领导评价"仍采用纸质化评价,"社会评价"则采用电子化评价。参评单位综合评定分优秀、良好、达标、不达标4个等次。经区考评办组织实施,区委常委会讨论决定,印发《关于公布2021年度综合考评结果的通知》,其中12家单位被评为优秀单位,9家单位被评为良好单位,其余均为达标等次。

(沈陈怡)

【上级党委工作督查】 2021年,杭州高新区(滨江)开展督查检查考核工作31项,其中督查17项、检查(含巡察)5项、考评9项,项目总数与2020年持平。督查数量比上年增加1项,检查数量增加2项,考核数量减少3项。根据省委、市委有关工作要求以及省委、市委专题会议精神,推进22个中央巡视反馈问题整改工作,其中全市共性问题20个、杭州高新区(滨江)整改问题2个。至年底,所涉问题均整改完成并销号。

【区本级党委工作督查】 2021年,杭州高新区(滨江)推进党政机关整体智治,建设"人才工作数字化平台""全球人才洞察与创业孵化场景""项目智慧督""接待调研""一表通""廉政指数""委员履职管理""七张问题清单""应急处突""世界一流高科技园区"10个应用场景,编辑上报周报39份、月报7份。编写《高新(滨江)工作动态》半月报15期。印发专项性工作通知单3份,专项工作交办单10份,编辑督查专报2份、督查通报5份。落实区委主要领导及区委副书记批示823件,签收件151件,其中督办件87件,全部办结。专项督查关于区委全会重点工作及区委五届八次全体(扩大)会议、区委五届十一次全体(扩大)会议分组讨论中提出问题和建议落实单位46家次,均办理完毕。

【"七张问题清单"亮晒整改工作机制出台】 2021年6月22日,区委办、区府办出台关于完善"七张问题清单"亮晒整改工作机制的通知,明确全区"七张问题清单"整改落实工作要坚持党建统领、问题导向,系统集成、协同解决,改防并举、标本兼治的原则,落实整改责任,加强闭环管理,完善评价机制,明确工作流程,将"七张问题清单"纳入各街道部门党委(党组)班子年度述职重要内容以及大党建考核内容。至年底,收到省、市清单问题30个,其中省级清单问题3个、市级清单问题27个,所涉问题均已整改完成并销号。区本级共发布清单问题13个,均整改完成并销号。

资料:"七张问题清单"

基于巡视、审计、督查、生态环保、安全生产、网络舆情、群众信访等方面问题,围绕问题发现、生成、整改、评估、预防全周期,运用数字化改革思路、方法、手段赋能全流程精密智控、全要素综合分析、全方位党建统领的多跨场景应用。其核心要义是体系化机制化地主动发现问题、及时有效管控问题、举一反三解决问题,防范化解风险。

(俞　越)

滨江区人民代表大会

综　述

【概况】 至2021年年底，滨江区有各级人大代表183人，其中全国人大代表1人、浙江省人大代表3人、杭州市人大代表20人、滨江区人大代表159人。区人大常委会全年召开常委会会议11次、主任会议18次，审议讨论专项工作报告20个，开展执法检查、专题询问、视察调研72次，做出决议决定22项，发出审议意见书18件，任免国家机关工作人员52人次。专项审查投资总额超1亿元政府重大投资项目29个，参与治水巡河和环境巡查，推进“美丽滨江”建设。专题调研滨江区创新平台发展情况，分析创新平台发展现状与不足，形成《杭州高新区（滨江）创新平台发展及建议》。开展“亲清三访”活动，走访企业、社区、人才和基层代表400多人次，掌握社情民意和群众实际困难，及时协调解决有关问题。交办督办大会期间代表建议61件、闭会期间代表建议14件，处理群众来信来访24件（“钱保姆”来信1710封，计1件）。

【“法治人大”建设】 2021年，区人大常委会坚持“一周一释法”，在“滨江人大”微信公众号开辟专栏，结合全区中心工作、监督重点、社会热点问题等每周定期推送普法宣传案例40篇次。组织“一月一学法”，年初制订全年学法计划，组织开展《中华人民共和国法官法》《中华人民共和国检察官法》《杭州市居家养老服务条例》等法律法规的学习辅导，提高履职能力。调研监督全区“七五”普法规划落实情况和“八五”普法编制情况，做出“八五”普法决议。开展“一年一述法”，对7个部门开展述法评议和满意度测评，并跟踪推进审议意见的整改落实。听取和审议区监察委员会关于开展亚运建设项目监督工作情况的报告，保障“廉洁办亚运、节俭办亚运”落实。围绕宗教事务工作，上下联动开展《浙江省宗教事务条例》执法检查，推动政府出台新举措，正确引导宗教界人士和信教群众，运用法治思维和法治方式解决宗教领域的矛盾和问题，提高宗教工作的数字化与法治化水平。开展“一季一旁听”，每季组织代表旁听法院庭审活动，采取线上线下相结合的方式开展，调取回放24起案件的庭审录音录像，组织旁听2次，针对争议焦点、法律适用等问题开展交流。开展“一届一评议”，对法官、检察官进行履职评议，听取和审议3位法官、2位检察官履职情况报告和全体员额法官、检察官书面履职报告，督促区法院、区检察院结合政法队伍教育整顿，逐条落实审议意见。

【“民生人大”建设】 2021年，区人大常委会推进民生实事项目代表票决制工作，落实一事一小组、一人一项目、一季一活动、半年一评估、一年一评价“五个一”监督机制，分组开展民生实事监督活动38次，参加代表412人次。指导街道实施居民议事制度，开展民生实事项目会商票决工作。3个街道确定以人大代表为主的会商会议成员224人，票决产生街道民生实事项目18件，并同步开展监督。加强代表联络站建设，规范化改造实体代表联络站60个，在区党群服务中心及9个社区美好生活共同体新建代表联络站，代表进联络站开展活动232次，接待选民1689人次，省、市、区干部代表参加联络站活动18人次。按照“双联系”制度要求，制定《2021年区人大常委会组成人员走访联系基层代表安排表》，并纳入区人大常委会年度工作计划，实现107名基层人大代表走访联系全覆盖。围绕群众关注热点，听取全区体育工作、物业管理、教育质量提升工作专项汇报，开展《杭州市居家养老服务条例》执法检查，视察推进校园和美好生活共同体建设。围绕生态环境保护，听取和审议区政府关于2020年度环境状况和环境目标完成情况的报告，审议提出加强基础设施建设、加强监督查处力度、加强固废危废管理、加强环境问题信访调处、加强生态文明示范工作等意见，视察推进亚运场馆、闻涛路沿江景观提升改造工程及江南大道改造提升工程建设，推进区域环境持续改善。

【“智慧人大”建设】 2021年，区人大常委会推进人大数字化改革，深化“智慧人大”建设。成立区人大数字化改革专班，制定《深化“智慧人大”改革行动方案》，以省、市、区人大数字化系统和应用平台为基础，重点建设“一中心、五平台、N应用”（区人大数据中心，门户主网站、信息交互站、代表联络站、实时监督站、政务工作站五大平台，N个场景即多个人大业务应用场景）智慧人大系统，推进“智慧人大”与“数字滨江”相融合，初步建成滨江人大数据中心，提升人大工作的科学化、精准化、智能化水平，主动融入全区数字化改革大局。推出“代表e站”，基本实现“掌上、全上、马上”要求，实行代表履职量化考核，代表履职数量和质量不断提升，114名基层代表开展履职活动1572人次。广泛征集街道工委及代表的体验反馈，将“代表e站”链至“浙政钉”，推进代表履职服务、民生实事监督、部门直通车、人大融媒体等多个人大业务应用场景迭代升级，实现信息交互。（阮淑慧）

重要会议

【区五届人大五次会议】 2021年1月21—22日，杭州市滨江区第五届人民代表大会第五次会议在杭州白马湖建国饭店召开，应到代表159人，实到150人，列席人员91人。会议听取和审查区长李志龙所作的《杭州市滨江区人民政府工作报告》；审查《杭州市滨江区国民经济和社会发展第十四个五年规划和二〇三五年远景目标纲要》，审查、批准《杭州市滨江区国民经济和社会发展第十四个五年规划和二〇三五年远景目标纲要》；审查《杭州市滨江区2020年国民经济和社会发展计划执行情况与2021年国民经济和社会发展计划草案的报告》，审查、批准《杭州市滨江区2020年国民经济和社会发展计划执行情况的报告与2021年国民经济和社会发展计划》；审议《2020年区政府民生实事项目完成情况和2021年民生实事候选项目形成情况报告》，测评2020年区政府民生实事项目；审查《杭州市滨江区2020年财政预算执行情况和2021年财政预算草案的报告》，审查、批准

2021年1月21—22日，杭州市滨江区第五届人民代表大会第五次会议在杭州白马湖建国饭店召开 （区人大办 供图）

《杭州市滨江区2020年财政预算执行情况的报告和2021年财政预算》；听取和审查区人大常委会主任韩建中所作的《杭州市滨江区人民代表大会常务委员会工作报告》；听取和审查区人民法院院长池海江所作的《杭州市滨江区人民法院工作报告》；听取和审查区人民检察院检察长夏涛所作的《杭州市滨江区人民检察院工作报告》。大会审议通过上述报告并作出决议。投票表决产生10项2021年政府民生实事项目。会议期间收到代表建议61件，交区政府和有关部门研究办理。

【区人大常委会会议】2021年，区人大常委会举行会议11次，区人大常委会组成人员，区政府、区监委、区法院、区检察院及议题相关单位负责人参加会议。

2021年滨江区人大常委会会议情况表

表2

日期	会议名称	会议内容
2021-01-12	区五届人大常委会第三十六次会议	听取《滨江区国民经济和社会发展第十四个五年规划和二〇三五年远景目标纲要（草案）》，会议同意该草案提交区五届人大五次会议审查和批准；听取并审议政府工作报告、民生实事项目报告、2021年区政府民生实事候选项目形成情况报告、滨江区2020年国民经济和社会发展计划执行情况报告、2021年国民经济和社会发展计划（草案）报告、区2020年财政预算执行情况报告、2021年财政预算（草案）报告、法院工作报告、检察院工作报告起草情况的汇报，决定提交区五届人大五次会议审查和批准；审议并通过区人大常委会工作报告和2021年工作要点；讨论并决定区五届人大五次会议有关事项；审议并表决有关人事任免事项
2021-03-23	区五届人大常委会第三十七次会议	听取并审议2020年度环境质量状况和环境保护目标完成情况、2020年度法治政府建设情况的报告；听取并审议人大街道工委2020年度工作情况和2021年度工作计划的报告，表决通过3个街道工作委员会工作报告；审议并表决有关人事任免事项，举行颁发任命书、宪法宣誓仪式
2021-04-30	区五届人大常委会第三十八次会议	审议并表决有关人事任免事项，经表决，决定任命郑迪为杭州市滨江区副区长；免去姜永柱杭州市滨江区副区长职务
2021-05-25	区五届人大常委会第三十九次会议	听取并审议法官、检察官履职情况报告，法官、检察官履职评议工作情况的报告并进行满意度测评；接受徐国宏辞去滨江区第五届人民代表大会代表职务；审议并表决有关人事任职事项
2021-07-21	区五届人大常委会第四十次会议	听取并审议关于全区农转居拆迁过渡用房有序退出拓展发展用地空间工作的汇报、关于滨江区农转居拆迁安置过渡用房情况的调研报告，并专题询问；审议并表决有关人事任免事项，举行颁发任命书、宪法宣誓仪式
2021-08-24	区五届人大常委会第四十一次会议	听取并审议区政府2021年度第二批新开工超1亿元政府重大投资项目的报告、区人大常委会财经工委关于2021年度区政府第二批重大投资项目审查报告、杭州市滨江区人大常委会关于2021年区政府第二批重大投资项目的报告的审议意见（草案），经审议表决同意2021年度区政府第二批新开工超1亿元重大投资项目计划。听取并审议滨江区2021年上半年国民经济和社会发展计划执行情况的报告、滨江区2020年财政决算（草案）和2021年上半年财政预算执行情况的报告、关于2020年度滨江区本级预算执行和其他财政收支的审计工作报告；区人大常委会财经工委关于滨江区2021年上半年国民经济和社会发展计划执行情况的调查报告、关于2020年财政决算和2021年上半年财政预算执行情况的审查报告及滨江区人大常委会关于批准滨江区2020年度财政决算的决议（草案），经会议审议表决，决定批准区政府提出的2020年度财政决算

续表2

日期	会议名称	会议内容
2021-09-28	区五届人大常委会第四十二次会议	听取并审议区监委关于开展亚运建设项目监督工作情况的报告、区人大常委会监察和法制司法工委关于区监委开展亚运建设项目监督工作情况的调研报告、关于区政府2020年度全区国有资产管理情况的综合报告、区人大常委会财经工委关于《滨江区人民政府关于2020年度全区国有资产管理情况的综合报告》的审查报告；审议并表决通过《杭州市滨江区第五届人大常委会工作机构设置和主要职责（修订草案）》《杭州市滨江区人民代表大会常务委员会任免国家机关工作人员办法（修订草案）》《杭州市滨江区组织实施宪法宣誓制度办法（修订草案）》；听取并审议《关于接受朱国锭辞去杭州市滨江区第五届人民代表大会代表职务请求的决议（草案）》，经表决接受朱国锭辞去区五届人大常委会代表职务；审议并表决有关人事任职事项
2021-10-28	区五届人大常委会第四十三次会议	听取并审议《杭州市滨江区人大常委会关于设立区选举委员会的决定（草案）》《杭州市滨江区人大常委会关于成立区人大换届选举工作联席会议的决定（草案）》《杭州市滨江区人大常委会关于设立区人大代表换届选举工作指导小组的决定（草案）》《杭州市滨江区人大常委会关于设立各街道及系统人大代表换届选举工作领导小组的决定（草案）》以及人大代表换届选举工作相关事项的通报。经表决，通过区选举委员会、联席会议、指导小组和街道及系统人大代表换届选举领导小组等工作机构名单；审议并表决有关人事任职事项
2021-11-12	区五届人大常委会第四十四次会议	听取并审议区发改局、区经信局、公安滨江分局、区退役军人事务局、区府办、规划资源滨江分局、生态环境滨江分局7个部门主要负责人述法工作报告，区人大常委会监察和法制司法工委述法工作调查报告，并进行满意度测评，经表决，区发改局、区经信局、区退役军人事务局、区府办测评结果为满意，公安滨江分局、规划资源滨江分局、生态环境滨江分局测评结果为基本满意；听取并审议区司法局关于“七五”普法工作实施及“八五”普法规划编制情况的报告，表决通过《杭州市滨江区人大常委会关于开展第八个五年法治宣传教育的决议（草案）》；听取并审议区政府关于2021年杭州市滨江区地方政府债务限额的报告，表决通过《关于批准2021年滨江区地方政府债务限额的决议（草案）》《关于批准调整2021年度财政收支预算的决议（草案）》
2021-11-29	区五届人大常委会第四十五次会议	审议并表决有关人事任免事项
2021-12-14	区五届人大常委会第四十六次会议	听取并审议区政府关于2020年区政府民生实事项目进展情况及区五届人大五次会议代表建议办理情况的报告，滨江交警大队、区社发局、区建管中心、区发改局关于重点督办建议办理工作的报告，区人大常委会人事代表工委关于区五届人大五次会议代表建议办理情况的调查报告。对4件重点督办建议办理情况进行满意度测评。经表决，滨江交警大队承办的“关于让国际滨的道路更加通达、文明、顺畅的建议”、区社发局承办的“关于推进滨江区0～3岁亲子早教服务工作的建议”、区建管中心承办的“关于尽快实施农转居拆迁安置过渡房有序退出，拓展发展用地空间的建议”、区发改局承办的“关于优化滨江区民营企业营商环境的建议”等4件重点建议办理情况的测评结果均为满意；听取并审议区政府关于提请区人大常委会审议的新开工超1亿元政府重大投资项目的报告、区人大常委会财经工委关于区政府新开工超1亿元政府重大投资项目审查报告及关于新开工超1亿元政府重大投资项目的报告的审议意见（草案）。经表决，同意新开工超1亿元政府重大投资项目计划；经表决，通过《关于召开杭州市滨江区第六届人民代表大会第一次会议的决定（草案）》，决定区第六届人民代表大会第一次会议于2022年2月中旬在杭州市滨江区召开。同意将会议议程（草案）提交区六届人大一次会议预备会议通过；审议并表决有关人事任免事项

（李定炎）

人大常委会重要事项

【省人大常委会领导到滨江调研】2021年3月10日，省人大常委会副秘书长陈安到滨江区长河街道晶都社区人大代表联络站，围绕人大数字化改革工作召开座谈会，听取有关数字化改革工作情况汇报，并征求全省人大数字化改革行动方案意见建议。5月21日，省人大常委会社会建设工委副主任陶波到滨江区，视察杭州2022年亚（残）运会场馆建设等工作，走访杭州奥体中心体育馆。9月1日，省人大常委会办公厅副主任肖鹏青到滨江区，调研智慧人大和电子会务保障系统建设情况。10月27日，省人大常委会党组书记、副主任梁黎明率全省各级人大常委会主任学习会与会人员到滨江区考察亚运筹备工作。

【市人大常委会领导到滨江调研】2021年4月1日和5月7日，市人大常委会主任李火林到滨江区调研，走访看望市人大代表，了解代表的履职、本职工作及所在企业生产经营情况，并听取意见建议。5月11日，市人大常委会副主任卢春强到滨江区，开展市民生实事项目“代表监督周”活动，走访缤纷小区和锦绣江南小区，对既有住宅电梯加装工作和老旧小区高层住宅二次供水设施改造工作开展情况进行监督。5月17日，市人大常委会副主任陈红英到滨江区，开展养老民生实事项目“代表监督周”活动，走访西兴街道适老化改造家庭。5月25日，市人大常委会副主任罗卫红到滨江区调研，走访海康威视幼儿园、浙东运河西兴老街码头。7月13日，市人大常委会副主任罗卫红、徐小林率教科文卫工委、民宗侨外工委有关负责人，以及部分市人大代表调研滨江区文旅融合工作。7月15日，市人大常委会副秘书长、办公厅主任阮重晖到滨江区，走访区人大代表之家和区人大工作研究会。9月16日，市人大常委会副主任陈红英率市人大代表滨江代表团部分代表，对2021年杭州市民生实事项目“新增养老机构床位1500张，实施困难老年人家庭适老化改造3000户”开展季度督查，并对2020年杭州市民生实事项目“新建市级生活垃圾分类示范小区500个，新建大件垃圾‘定时定点’投放和清运商业街40个、生活小区40个”开展回头看。10月14日，市人大常委会副主任罗卫红到滨江区，走访正泰集团股份有限公司和浙江宇视科技有限公司。11月22日，市人大常委会主任李火林率省十三届人大杭州中心组代表到滨江区缤纷未来社区、新华三集团视察争当浙江高质量发展建设共同富裕示范区城市范例工作。

【区人大代表换届选举】2021年7月起，区人大常委会部署区六届人大代表的选举工作，通过调查摸底、宣传发动、选区划分、选民登记、候选人推荐和联审等程序。12月15日，全区设立选区149个，登记选民215691人，参加投票207975人，投票率为96.42%。投票选举产生区六届人大代表204人。当选代表中，党政干部代表42人，占20.59%；妇女代表72人，占35.29%；非中共党员代表73人，占35.78%；连任代表52人，占25.49%；工人、农民92人，占45.1%；专业技术人员72人，占35.29%。大学本科学历83人，占40.69%；硕士及以上学历37人，占18.14%。36～55岁128人，占62.75%；35岁及以下22人，占10.78%。

【人大宣传工作】2021年，区人大常委会在省、市人大网站刊登信息稿49篇次，省、市人大信息刊物刊稿21篇次，在《人民代表报》《浙江日报》《浙江工人日报》等媒体刊稿25篇次，在“滨江发布”等区级媒体刊稿74篇次，在“滨江人大”微信公众号发布稿件210篇次，编发《每周人大动态》45期，通过微信公众号与人大门户网站同步发送。编发《人大代表手机报》38期，编印《滨江人大信息》7期。论文《推进人大工作体系化研究》获省人大优秀论文特别奖，《加强融媒体建设，唱响滨江人大好声音》获市人大工作与时俱进案例奖。

【人事任免】2021年，区人大常委会依法任免国家机关工作人员52人次。

2021年区人大常委会人事任免情况一览表

表3

日期	会议	任免	姓名	任免职务	文号
2021-01-13	区五届人大常委会第三十六次会议	决定免去	石　威	副区长	滨人大常〔2021〕1号
2021-03-23	区五届人大常委会第三十七次会议	决定任命	孙灿平	区人力资源和社会保障局局长	滨人大常〔2021〕3号
		决定免去	胡也静	区人力资源和社会保障局局长	
		任命	胡也静	区人大常委会浦沿街道工作委员会主任	滨人大常〔2021〕5号
		免去	陈贤忠	区人大常委会浦沿街道工作委员会主任	
2021-04-30	区五届人大常委会第三十八次会议	决定任命	郑　迪	副区长	滨人大常〔2021〕6号
		决定免去	姜永柱	副区长	
2021-05-25	区五届人大常委会第三十九次会议	接受辞去	徐国宏	区五届人大代表	滨人大常〔2021〕8号
		决定任命	姜　黎	区统计局局长	滨人大常〔2021〕9号
		任命	侯百曙	区监察委员会副主任	滨人大常〔2021〕10号
		免去	周国桥	区监察委员会副主任	
2021-07-21	区五届人大常委会第四十次会议	决定任命	汪　栾	区民政局局长	滨人大常〔2021〕12号
		决定免去	张炬刚	区经济和信息化局局长	
		决定免去	戴灿东	区民政局局长	
		免去	徐伟平	区人大常委会长河街道工作委员会副主任	滨人大常〔2021〕13号
		接受辞去	何美华	市人大代表	滨人大常〔2021〕14号
		任命	龚赟燕 胡　青	区人民检察院副检察长、检察委员会委员、检察员	滨人大常〔2021〕15号
		任命	陈慧芳	区人民检察院检察委员会委员、检察员	
		免去	夏　强	区人民法院副院长、审判委员会委员、审判员职务	
		免去	冯焕龙 李　瑜 陈金能 夏月红 章明明 梁秋芳	区人民法院人民陪审员	

续表3

日期	会议	任免	姓名	任免职务	文号
2021-07-21	区五届人大常委会第四十次会议	免去	吴国刚	区人民检察院副检察长、检察委员会委员、检察员	滨人大常〔2021〕15号
2021-09-28	区五届人大常委会第四十二次会议	决定免去	陆文俊	副区长（证监局挂职干部）	滨人大常〔2021〕17号
		接受辞去	朱国锭	区五届人大代表	滨人大常〔2021〕22号
2021-10-28	区五届人大常委会第四十三次会议	任命	蔡智群	区人民法院民事审判一庭庭长	滨人大常〔2021〕21号
		任命	倪晓花	区人民法院行政审判庭（知识产权审判庭）庭长、白马湖人民法庭副庭长	
		任命	赖梅君	区人民法院立案庭庭长	
		任命	钟飞燕	区人民法院民事审判一庭副庭长	
		任命	陈　波	区人民法院立案庭副庭长	
		免去	季隽虹	区人民法院审判委员会委员、民事审判一庭庭长	
		免去	钱　敏	区人民法院刑事审判庭庭长	
		免去	潘　文	区人民法院立案庭庭长	
		免去	刘　清	区人民法院浦沿人民法庭副庭长	
		免去	钟飞燕	区人民法院立案庭副庭长	
2021-11-29	区五届人大常委会第四十五次会议	任命	赵　平	区人民法院副院长、审判委员会委员、审判员	滨人大常〔2021〕30号
		任命	陈明雷 王　健	区人民法院审判员	
		接受辞去	李志龙	区长	滨人大常〔2021〕31号
		接受辞去	池海江	区人民法院院长、审判委员会委员、审判员	滨人大常〔2021〕32号
		决定	郑　迪	代理区长	区第五届人民代表大会常务委员会公告（第2号）
		决定	赵　平	代理区人民法院院长	区第五届人民代表大会常务委员会公告（第3号）
2021-12-24	区五届人大常委会第四十六次会议	决定任命	陈　宇 张宏光 高　翀	副区长	滨人大常〔2021〕34号
		决定任命	张宏光	杭州市公安局滨江分局局长	
		决定任命	林春盛	区经济和信息化局局长	

续表3

日期	会议	任免	姓名	任免职务	文号
2021-12-24	区五届人大常委会第四十六次会议	决定 免去	荆　慰 周力军	副区长	滨人大常〔2021〕34号
		决定 免去	荆　慰	杭州市公安局滨江分局局长	
		决定 免去	汪　栾	区民政局局长	
		决定 免去	许江晨	区商务局局长	
		接受 辞去	黄利文	区监察委员会主任	滨人大常〔2021〕35号
		任命	商丽萍	区监察委员会副主任	滨人大常〔2021〕36号
		任命	吴　为	区人民检察院检察员	滨人大常〔2021〕37号
		决定	商丽萍	代理区监察委员会主任	区第五届人民代表大会常务委员会公告（第4号）

（吕依莉）

视察与监督

【概况】 2021年，滨江区人大常委会围绕区委区政府重点工作，依法履行职责，开展执法检查、专题询问、视察调研72次。落实一事一小组、一人一项目、一季一活动、半年一评估、一年一评价“五个一”监督机制，分组开展民生实事监督活动38次，参加代表412人次。

2021年4月14日，区人大常委会组织民生实事项目代表专项监督小组成员，到月亮湾幼儿园开展“巩固深化垃圾分类”民生实事项目专项监督活动　　（区人大办　供图）

【《杭州市居家养老服务条例》执法检查】 2021年3月19日，区人大常委会副主任陈玉棠率区执法检查组和区政府相关部门负责人查看长河街道中兴社区居家照料中心、春波居家养老服务中心，西兴街道迎春居家养老服务中心，检查《杭州市居家养老服务条例》执行情况。5月18日，区人大常委会主任会议专题听取区政府关于《杭州市居家养老服务条例》贯彻实施情况的报告，指出要注重精准养老服务，根据不同社区老龄化程度、需求，科学设置项目；要提升护理能力，抓好护理人员培训工作，提升护理人员的责任心和专业护理技能，适当提升待遇保障，减少人员流失；要加强医养结合，加强社区卫生服务中心和医疗机构的介入，建设医养护联合体，提升网点医疗服务能力，方便老人就近就医。

【过渡用房专题询问】 2021年3月2日起，区人大常委会副主任周建杭和区人大常委会城建环保工委负责人组织开展农转居拆迁安置过渡用房有序退出，拓展发展用地空间情况工作的调研，通过走访街道、社区和部分人大代表，踏看过渡房现场，与区建管中心、区审计局、规划资源滨江分局等部门召开座谈会，向区财政局、区信访局等部门问卷调查，到先进城区考察学习等形式，调研滨江区过渡房基本情况，梳理出安全隐患较多、物业管理水平不高、管理制度不完善、租金收取和使用不规范、有序退出推进慢等问题，提出对老旧过渡房尽快开展整治提升，出台相关管理制度，建立统一管理平台，探索有序退出路径，建立过渡房管理专班，加快有序退出，拓展用地空间，推进滨江产城人融合。调研报告获区委书记王敏批示肯定。7月21日，区第五届人大常委会第四十次会议听取并审议《全区农转居拆迁过渡用房有序退出，拓展发展用地空间工作》的报告，询问区建管中心、区财政局等职能部门，推动全区农转居拆迁安置过渡用房有序合理退出。

【“平安护航建党百年”大排查大整治工作专题督查】 2021年6月25日和6月30日，区人大常委会副主任周建杭、胡银根组织开展“平安护航建党百年”大排查大整治工作专题督查。区人大财经工委、城建环保工委负责人，区平安办、区住建局、区城管局、区应急管理局、区市场监督管理局、区消防救援大队相关负责人参加。督察组听取关于风险隐患普查及“平安护航建党百年”大排查大整治工作推进情况汇报，暗访检查区农转居拆迁安置房九区块四期工程、区政府南广场地下停车场工程2个建筑工地的安全生产与文明施工情况，重点检查消防安全、建设安全、人员安全、设备安全以及平安宣传，指出施工单位和监理单位都要把安全放在第一位，树立安全事故可防可控、必防必控理念。

【部分重点工程监督】 2021年10月28日，区人大常委会组织区人大代表视察亚运场馆、闻涛路沿江景观提升改造工程及江南大道等道路改造提升工程情况。通过考察江南大道沿线、闻涛路沿江景观带和亚运会主场馆，召开座谈会，听取区高新总公司（奥体滨江公司）关于闻涛路沿江景观提升改造情况和亚运场馆建设提升、运营准备情况，听取区城建发展公司关于江南大道改造提升工程情况，提出要抓紧工程工期、跟进运行维护、工程质量高要求等意见建议。

2021年6月25日，区人大常委会组织开展“平安护航建党百年”大排查大整治工作专题督查，检查区农转居拆迁安置房九区块四期工程（区人大办 供图）

2021年杭州市滨江区人大常委会民生实事项目督查情况表

表4

民生实事项目	督查时间	督查人员	督查内容	测评结果
加快推进安居工程	2021-04-15 2021-07-09 2021-11-25	区人大常委会副主任周建杭组织专项代表监督小组	踏看九区块扩面耀洋一期（新生）项目、十三区块二期（浦联）项目建设现场和明德明理府、创业人才公寓，听取区住建局、区建管中心、3个街道关于“加快推进安居工程”民生实事项目进展情况的汇报，提出要提高人才房的利用率与周转率、尽快出台安置房物业收费等相关政策、继续做好预安置工作，缩短过渡期，及早安置等意见建议	满意
推动教育事业高质量发展	2021-05-11 2021-06-09 2021-07-09 2021-09-06 2021-09-14 2021-11-11	区人大常委会副主任万爱民组织专项代表监督小组	走访中兴单元和江南单元小学及幼儿园项目，踏看项目建设情况，听取区教育局关于校园建设民生实事进展情况的汇报，提出要围绕目标、突破难点，合力推进，全方位提升滨江区教育实力。视察国信嘉园幼儿园江尚分园，听取区教育局关于该民生实事项目进展情况及校园开放应用场景的相关汇报，提出要围绕高质量均衡发展、全覆盖共享建设成果、打造滨江美好教育的总目标，推进各项工作开展	满意
推进交通治堵	2021-05-28 2021-11-25	区人大常委会副主任汤伟平组织专项代表监督小组	现场踏看网商路秋溢路口和江二路口交通情况，通过监控视频观看实时交通路况，听取区交警大队关于交通治堵民生实事项目完成情况的报告，提出要做好数字化改革，利用滨江区高新技术优势，邀请相关企业参与，成立联合数字化交通平台，研究治理交通问题，要找准老百姓关注的痛点、难点问题，继续通过多种手段解决互联网产业园、物联网产业园等人员密集区域高峰期拥堵问题，通过政府部门推动，整合社会资源，共享道路资源，缓解停车难问题，加大宣传力度，让市民及时了解交通治理相关信息，通过合理引导，缓解交通拥堵	基本满意
“迎亚运”美化城市环境	2021-04-19 2021-07-26 2021-09-10 2021-12-10	区人大常委会副主任丁幼芳组织专项代表监督小组	踏看沿江景观提升改造工程及入城口改造项目等现场，建议区政府及相关职能部门要全面梳理、查漏补缺，确保项目全面完成；提高标准，提升项目工程质量；加大宣传，提升公众知晓率，争取群众理解支持；建立机制，落实项目后续长效管理，为迎亚运工作夯实基础	基本满意

续表4

民生实事项目	督查时间	督查人员	督查内容	测评结果
持续推进小区综合整治	2021-04-21 2021-07-23 2021-12-08	区人大常委会副主任陈玉棠组织专项代表监督小组	视察西兴街道缤纷北苑小区、长河街道春波南苑小区、浦沿街道浙新小区综合整治情况，听取公安滨江分局、区住建局、各街道等关于该民生实事项目中小区综合整治、电梯加装、小区“智慧安防”改造等多个子项目的汇报，提出要加快整治进度，加强后续维保，推进数据接入等意见建议	基本满意
深入推进物业提档升级	2021-04-20 2021-07-09 2021-11-24	区人大常委会副主任周建杭组织专项代表监督小组	踏看缤纷东苑、风景蝶园、钱塘福苑物业管理情况，听取区住建局、3个街道关于“深入推进物业提档升级”民生实事项目进展情况的汇报，提出物业提档升级要坚持党建引领、问题导向、法治保障和数字赋能，解决百姓难题，提升小区物业管理能力水平	基本满意
优化公共交通	2021-06-18	区人大常委会副主任胡银根组织专项代表监督小组	听取区住建局关于民生实事项目进展情况的汇报，提出要提升公共自行车停车管理工作，要关注老年人出行需求等建议，要求政府要根据任务目标，完成该项民生实事项目，对代表们提出的意见建议，要做好收集梳理，并及时反馈	基本满意
建设社区“美好生活共同体”	2021-04-15 2021-07-30 2021-12-03 2021-12-07	区人大常委会副主任陈玉棠组织专项代表监督小组	视察西兴街道襄七房社区、长河街道钱潮社区、浦沿街道新浦社区等9个社区美好生活共同体建设情况，听取区民政局和各街道关于该民生实事项目的汇报，提出要加快建设进度，加强运维管理，完善全区规划等意见建议	基本满意
巩固深化垃圾分类	2021-04-14 2021-11-05	区人大常委会副主任万爱民组织专项代表监督小组	走访西兴再生资源分拣中心、月亮湾幼儿园，视察杭州绿能环保发电有限公司和白马湖和院，了解垃圾分类处置情况和小区垃圾分类情况，听取区城管局关于该民生实事项目及全区垃圾分类工作情况的汇报，提出各职能部门要通力合作、扎实推进，精准整改问题、抓实常规工作、超前做好示范引领	基本满意
做好村级留用地开发	2021-06-17	区人大常委会副主任胡银根组织专项代表监督小组	听取区住建局关于民生实事项目进展情况的汇报，要求各部门要对开发建设总体规划、权益分配、风险防范等问题深入研究，确保拆迁群众利益；要重视代表们提出的意见建议，及时做好反馈	基本满意

（李定炎）

人大代表工作

【概况】 2021年，滨江区五届人大五次会议收到代表提出的建议、批评和意见（简称“建议”）61件，闭会期间代表建议14件，均按要求办理答复。代表进联络站开展活动232次，接待选民1689次。

【代表联络站建设】 2021年，区人大常委会持续优化代表联络站布局，区党群服务中心及美好生活共同体代表联络站运行接待。代表进联络站开展活动232次，接待选民1689次。组织区委书记、区长等18名区领导人大代表及其他区管干部人大代表全部进代表联络站开展接待活动，接待基层代表及群众213人次，答复反馈意见建议108条。

【人大代表建议办理】 2021年1月20—22日，区五届人大五次会议收到代表提出的建议、批评和意见（简称“建议”）61件。3月3日，区政府召开建议交办会议，将代表建议交给21个承办单位办理，其中有6个单位办理3件及以上。至6月上旬，21个承办单位全部完成建议的答复工作，其中答复A类46件、B类14件、C类1件，建议答复及态度评价满意率均为100%，C类件比上年减少2件。12月，各人大街道工委分别组织开展代表建议办理工作满意度测评会，经测评，59件建议办理结果为满意，2件为基本满意，满意率96.7%，提升2.6个百分点。建议解决率91.8%，提升13.9个百分点。12月底，区人大常委会专题听取审议代表建议办理情况报告，开展重点建议办理满意度测评，“关于让‘国际滨’的道路更加通达、文明、顺畅的建议”“关于推进滨江区0～3岁亲子早教服务工作的建议”“关于尽快实施农转居拆迁安置过渡房有序退出，拓展发展用地空间的建议”“关于优化滨江区民营企业营商环境的建议”4件重点督办建议测评结果为满意。14件闭会期间代表建议均按要求办理答复。

（吕依莉）

人大街道工委工作

【概况】 2021年，滨江区各街道人大工委服务保障区人大常委会及代表履职，组织代表定向视察公安滨江分局、区经信局、区退役军人事务局，围绕企业发展运营、基层综合执法建设、退役军人招聘管理与服务提升等开展代表小组视察，监督推动街道办事处工作。通过街道居民议事会议了解经济社会发展以及民生实事项目情况，成立专项监督小组跟踪监督。开展区人大代表换届工作，经12月15日投票选举后，3个街道选举产生区六届人大代表192人，其中西兴街道60人、长河街道63人、浦沿街道69人。

【区人大西兴街道工委活动】 2021年1月18日，西兴街道召开第一次居民议事会议，区人大西兴街道工委听取办事处关于经济社会发展以及民生实事项目情况汇报，评议14个部门及区派驻单位2020年工作，满意率100%；测评2020年6项民生实事项目完成情况，结果均为满意；票选出2021年6项民生实事项目，对应成立专项监督小组跟踪监督。6月18—24日，6个专项小组分别开展集中监督视察活动。8月11日，在街道第二次居民议事会议上，审议办事处经济社会发展情况、国有资产管理、财政预决算情况和2021年民生实事项目进展情况的报告，各专项监督小组就上半年街道民生实事项目进展情况出具书面评估报告。6月3日和11月18日，2次组织部分市、区人大代表定向视察公安滨江分局，听取公安滨江分局基本工作职能、年度主要工作开展及人大代表建议和民生实事项目承办情况汇报，提出意见建议。6月22日至9月18日，组织代表视察老街公厕提升、固陵路街容环境整治、共联垃圾集置房、襄七房智慧社区建设，听取街道办事处关于美丽杭州建设、智慧街道、智慧社区建设和民生实事项目完成情况的报告；视察共联社区居家养老服务照料中心和百姓健身房的运营情况并听取公共体育服务工作和居家养老服务建设情况的汇报；到街道党群服务中心观摩学习代表联络站规范化提升等工作。12月8日，组织代表测评西兴代表团在区五届五次人代会上提出的16件代表建议办理结果满意度，均为满意件。

【区人大长河街道工委活动】2021年，区人大长河街道工委听取街道财政预算、经济运行、国有资产管理、三产开发情况、街道生态环保、垃圾分类情况、街道农转居安置房建设与安置情况、社区美好综合体建设情况、区派驻街道单位（派出所、交警中队、城管中队、司法所、市场监管所）工作情况的报告，推动街道重点工作落实。2月2日，在2021年度第一次居民议事会议上票选出6项民生实事项目，街道工委组建6个专项监督小组，对民生实事项目实施“一事一小组、一人一项目、一季一活动、一年一评价”的全程跟踪监督模式，指导各组排定监督计划，全程开展监督活动。8月11日，在2021年度第二次居民议事会议上，听取街道办事处关于民生实事项目推进情况的汇报，议事会议成员经讨论审议建言献策。5月26日和12月24日定向视察区经信局2次，听取区经信局推动数字化改革、落实工业投资和产业项目、“数字新基建”等工作汇报，了解企业发展运营情况，代表们就安商稳商、人工智能、推动制造业智能化等提出意见建议。助力冠山社区“未来社区”试点工作，完善更新22个联络站上墙制度，提升改造晶都、江一、闻涛3个联络站，推进网上联络站建设，实现联络站“线上+线下”同步推进，晶都联络站获评市“最美联络站”。

【区人大浦沿街道工委活动】2021年，区人大浦沿街道工委在街道2次居民议事会议上，听取街道经济社会发展、民生实事项目完成情况的汇报；票选产生街道6项民生实事项目，并于年底前全部按期完成。提出意见建议36条，均按条目式移交街道办事处回复办理。4月29日至8月12日，组织部分人大代表和居民议事会成员开展“社区微型消防站建设”监督活动，踏看杨家墩老年过渡房等4个点位消防站建设；组织民生实事监督各小组线上交流“亚运会主题公园建设”和“就业帮扶工程”，督促各项目有效推进；听取街道有关科室负责人汇报，开展对“停车场建设工程”线上监督。5月19日 和12月3日，2次组织部分代表定向视察区退役军人事务局，参观宣传展厅和浦沿街道退役军人服务站，了解机构设置及法定职责，听取重点工作开展情况，提出意见建议。12月8日，组织代表对区五届人大五次会议上代表提出的23件建议办理情况进行满意度测评，其中满意21件，基本满意2件。强化代表线上履职意识，持续加强企业微信App宣传培训力度，梳理印发操作指南，实现代表线上履职率100%，7位代表在“部门直通车”提出建议15条。全年走访街道22个社区，了解代表联络站现状并提出指导建议；提升改造六和社区等代表联络站2家，新建冠二社区等代表联络站4家。

（郁　浩）

杭州高新区管委会（滨江区政府）

综　述

【概况】 2021年，杭州高新区（滨江）围绕建设世界一流高科技园区目标，经济社会取得全面发展，高质量发展、数字经济、亩均效益等综合评价，创新、两化融合发展等指数均居全省第一位，居“中国幸福百强区”榜首。在全国率先开展数据知识产权质押试点，获批长三角唯一的中国物联网产业知识产权运营中心。系统开展总体城市设计，列入全国首批国土空间规划优秀案例。完成6个安置房小区综合整治，拆除保笼1.7万套，加装电梯414处，数量居全市第一位。续建安置房项目26个、面积395万平方米，交付项目6个、面积63万平方米、3401套，安置3008户次。中国动漫博物馆启用，举办第十七届中国国际动漫节等活动。持续开展“美丽杭州”专项行动，创建市级“美丽河道”9条、省级“美丽河湖”1个，获得首座“大禹鼎”，华家排灌站获中国水利工程优质奖。北塘河游步道全线贯通，原塘子堰等3个社区全域土地综合整治与生态修复工程绩效评价居全省第一位。新认定国家级高新技术企业432家，有效数1928家；新增省科技型中小企业674家，居全省第一位。2家企业入围中国民营企业500强。城镇新增就业13.6万人，帮扶2283名就业困难人员实现再就业。为征地拆迁家庭发放大病医疗补助600.6万元。创建示范型居家养老服务中心2家，建成婴幼儿成长驿站10家，新增3岁以下婴幼儿托位105个。制定全域未来社区建设实施方案，缤纷、冠山等16个社区被列入省、市未来社区创建单位，居全市第一位。

【数字化改革持续推进】 2021年，杭州高新区（滨江）发挥产业先发优势，加强科技成果转化，数字化改革工作持续推进，全市首个上线“数智滨江”总门户和五大综合应用，29个应用场景获省市试点，5个项目获省揭榜挂帅。建成全省首批“一网通办”示范大厅、全市首家“数字办税厅”，“平安工地通”入选省社会治理十大创新项目，“一码解纠纷”获“法治浙江十五周年十大最佳实践”，互联网产业园等热点区域治堵成为全市典型案例。

【滨富特别合作区建设】 2021年，杭州高新区（滨江）围绕“合作发展示范区、自主创新拓展区、新制造业先行区”的总目标，推动特别合作区高质量快速建设。至年底，提供产业用地48.4公顷，签约落地富芯半导体模拟芯片、宏华数码、东方通信、正泰新能源等8个新制造业项目。供地项目总投资206亿元，列入省重点产业项目3个、省市县长项目工程4个、市重点产业项目4个。其中，富芯半导体项目（一期）开工，总投资180亿元，为历史新高。

【高能级创新平台布局】 2021年，杭州高新区（滨江）高能级创新平台建设取得新进展，北京航空航天大学杭州研究生院建成，公安部检测中心滨江实验室、杭州电子科技大学滨江创新中心揭牌。新增北航—德诺弱磁医学应用实验室等优质创新联合体11个,省级重点实验室2家、重点企业研究院4家、研发中心56家,省级以上研发载体累计501家。

【科技成果丰硕】 2021年,杭州高新区(滨江)入选国内首台(套)产品2项、省内首台(套)产品5项,新增省级重点研发项目36项,27家企业上榜"省创造力百强企业榜单"并包揽前七位,均居全省第一位。获国家科技进步奖二等奖1项、省科学技术奖29项、中国政府质量奖提名奖3项、省市政府质量奖各1项、中国专利奖6项,发布全国首个内外贸产品"同线同标同质"团体标准,累计主导参与制定国际、国家和行业标准38项,获省首批"科技创新鼎"。

【教育高质量发展】 2021年,杭州高新区(滨江)坚持教育优先发展理念,投用杭州市钱江湾小学等学校4所,开工浦乐单元中学等学校12所,新增学位2970个。成立杭二中白马湖等4个教育集团,名校集团化实现全覆盖。落实落细"双减"政策,课后服务开设率、校外培训机构压减率100%,"双减"经验在中央电视台播出。中考重高上线率连续6年超主城区平均水平,成功创建全国学前教育普及普惠区,政府履职教育评价指标居全省第一位。 (王先梦)

重要政事

【区管委会、政府会议】 2021年,杭州高新区(滨江)召开区政府常务会议17次,审议通过议题34项,主任(区长)、副主任(副区长)出席会议,人大常委会副主任、政协副主席列席会议,各街道、区级机关各部门、各直属单位、市驻区有关单位主要负责人参加会议;召开主任(区长)办公会议12次,审议通过议题146项,主任(区长)、副主任(副区长)出席会议,办公室主任、副主任、区监委负责人、区司法局主要负责人、区审计局主要负责人、各街道主要负责人,会议内容相关部门(单位)主要负责人参加会议。

会议传达学习习近平总书记重要讲话和指示精神,中央、省委、市委、区委重要会议精神。审议并原则通过2021年政府投资项目计划及有关事宜、支持科技型中小企业融资的实施意见、推进企业上市和并购重组的实施意见、促进领军企业跨越发展的实施意见;审议并原则通过2021年度区政府重大行政决策目录、2021年新一轮人才企业类别申报计划认定工作情况等议题。

2021年区管委会、政府重要会议一览表

表5

日期	会议名称	会议内容
2021-01-09	区政府常务会议	传达学习中央全面深化改革委员会第十七次会议精神、中央政治局民主生活会会议精神、中央农村工作会议精神、中央经济工作会议精神、省委经济工作会议精神、区委五届十次全体(扩大)会议精神。传达杭州市疫情防控工作会议精神并部署春节前后疫情防控工作。审议并原则通过2021年政府工作报告、2021年民生实事项目、人才扶持政策修订、进一步打造一流人才生态区、"十四五"规划和2035远景目标纲要、2020年国民经济和社会发展计划执行情况与2021年国民经济和社会发展计划草案、修订《促进科技企业创新创业的实施意见》、2020年财政预算执行及2021年财政预算(草案)、修订《关于进一步加强知识产权工作的实施意见(送审稿)》等议题

续表5

日期	会议名称	会议内容
2021-01-09	主任区长办公会议	审议并原则通过认定杭州高新区（滨江）第三批智造供给系统解决问题供应商、杭州泰格医药科技股份有限公司产业用地、“百城百园”专项资金分配方案、杭州脉象健康科技有限公司政策扶持、杭州研极微电子有限公司政策扶持、杭州岳麓传媒有限公司政策扶持、爱普存储技术（杭州）有限公司政策扶持、杭州能工科技有限公司扶持政策、引进“盗墓笔记主题博物馆”（暂名）项目等议题
2021-01-31	区政府常务会议	传达学习习近平总书记在省部级主要领导干部学习贯彻中共十九届五中全会精神专题研讨班上的重要讲话精神、习近平总书记在十九届中央纪委五次全会上的重要讲话精神。审议并原则通过推进富芯12英寸模拟集成电路生产线项目等议题
2021-01-31	主任区长办公会议	审议并原则通过进一步规范基层站所经费管理、修订社区经费保障工作办法、进一步规范社区专职工作者年度考核奖励、杭州泰一指尚科技有限公司产业用地选址调整、德施曼机电（中国）有限公司产业用地选址调整、浙江海康科技有限公司提高土地利用率、浙江普康生物技术股份有限公司提高土地利用率、易思维（杭州）科技有限公司政策兑现、杭州欧博曼环保科技有限公司政策扶持、“交个朋友”系企业扶持政策、浙江施王物联科技有限公司扶持政策、君盟文化项目扶持政策、与浙江永辉超市有限公司签订第二轮合作备忘录、VR数字产业园项目产业用地、北京航空航天大学房建成院士团队“超高灵敏极弱磁场和惯性测量装置重大科技基础设施”建设、区产业扶持基金投资亿次网联（杭州）科技有限公司、区产业扶持基金非同股同权投资海速芯（无锡）科技有限公司、区产业扶持基金投资杭州富芯半导体有限公司、区产业扶持基金投资杭州芯迈半导体技术有限公司等议题
2021-02-21	区政府常务会议	交流学习全省全面推进数字化改革大会精神
2021-02-24	区政府常务会议	交流学习全省全面推进数字化改革大会精神
2021-03-05	区政府常务会议	交流学习全省全面推进数字化改革大会精神
2021-03-11	区政府常务会议	传达学习习近平总书记在党史学习教育动员大会上的重要讲话精神、习近平总书记在中青年干部培训班开班式上的重要讲话精神、习近平总书记在中共中央政治局第二十八次集体学习时的重要讲话精神、习近平总书记在看望参加政协会议的医药卫生界教育界委员时的重要讲话精神、习近平总书记在全国脱贫攻坚总结表彰大会上的重要讲话精神。审议并原则通过2021年政府投资项目计划、进一步支持科技型中小企业融资的实施意见、推进企业上市和并购重组的实施意见、促进领军企业跨越发展的实施意见。研究中央生态环境保护督查整改工作等议题
2021-03-11	主任区长办公会议	审议并原则通过与仙居县签订区域合作框架协议、杭州博日科技股份有限公司提高土地利用率、浙江盛域医疗技术有限公司产业用地、与校宝在线签订战略合作备忘录、杭州百世咖信息科技有限公司安商稳商企业扶持政策、浙江金实乐环境工程有限公司扶持政策、煦达新能源侧梯次储能项目扶持政策、朗赟科技有限公司扶持政策、科睿微（杭州）电子技术有限责任公司扶持政策、乌斯怀亚网络科技有限公司扶持政策、海速芯（杭州）科技有限公司（筹）扶持政策、浙江甲骨文超级码科技股份有限公司扶持政策、浙江大丰数艺科技有限公司二期项目产业用地选址、普联技术有限公司二期项目产业用地选址、推进村级留用地开发和整村拆迁奖励项目实施方案、研究交地做地管地实施细则等议题

续表5

日期	会议名称	会议内容
2021-04-14	区政府常务会议	传达学习全国两会精神、中央财经委员会第九次会议精神。审议并原则通过2021年度区政府重大行政决策目录等议题。研究电信网络诈骗案件宣传防范工作
2021-04-14	主任区长办公会议	审议并原则通过产业扶持基金阶段参股杭州滨盈创新股权投资合伙企业（有限合伙）、区产业扶持基金阶段参股杭州鋆昊臻芯创业投资合伙企业（有限合伙）、区产业扶持基金阶段参股杭州泰誉三期创业投资合伙企业（有限合伙）、中国联通浙江省分公司杭州第二通信枢纽楼三期项目、杭州尚健生物技术有限公司申请新增产业用地、杭州炎魂网络科技有限公司申请产业用地、杭州神甲科技有限公司产业用地选址调整、量谷企业服务项目扶持政策、星耀优选（杭州）食品科技有限公司扶持政策、区产业扶持基金投资浙江零跑科技有限公司、区产业扶持基金投资博日科技股份有限公司、区产业扶持基金投资杭州流彩动画有限公司、富芯半导体和芯迈半导体项目监管工作方案、2020年区政府质量奖拟获奖企业审定、杭州钱潮化工有限公司产业用地等议题
2021-05-13	区政府常务会议	传达学习习近平总书记在博鳌亚洲论坛2021年年会开幕式上的视频主旨演讲精神。传达学习国务院第四次廉政工作会议精神及省、市续会精神，并研究区政府廉政工作。通报区管委会、政府领导分工调整。听取电信诈骗治理情况汇报并研究下一阶段工作。审议并原则通过奥体滨江亚运场馆优化提升项目实施方案等议题。研究安全生产工作
2021-05-13	主任区长办公会议	审议并原则通过2021年新一轮人才计划企业类别申报计划认定、建设杭州人工智能（昇腾）计算中心、熙唐思贤（浙江）科技有限公司扶持政策、杭州必是特服装有限公司扶持政策、浙江大应科技有限公司扶持政策、给予杭州思创医惠集团有限公司周转资金支持、区资产经营公司受让民泽科技智汇中心不动产等议题
2021-06-18	区政府常务会议	传达学习习近平总书记在中共中央政治局第二十九次集体学习上的重要讲话精神、习近平总书记在中国科学院第二十次院士大会、中国工程院第十五次院士大会、中国科协第十次全国代表大会上的重要讲话精神、习近平总书记在全球健康峰会上的重要讲话精神、习近平总书记在推进南水北调后续工程高质量发展座谈会上的重要讲话精神、习近平总书记关于统计工作的重要指示精神及国家统计局统计督察有关工作等、省委十四届九次全体（扩大）会议精神。研究安全生产工作。研究市对区综合考评有关事宜。审议并原则通过校园建设标准、修订关于进一步加强知识产权工作的实施意见等议题
2021-06-18	主任区长办公会议	审议并原则通过与丹寨县缔结友好区县协议、杭州视芯科技有限公司申请购置工业综合体、杭州品茗安控信息技术股份有限公司产业用地、杭州天阙科技有限公司产业用地、杭州中恒电气股份有限公司产业用地、浙江肯特科技股份有限公司产业用地、与浙江金仪盛世生物工程有限公司签订合作备忘录、与杭州海莱新创医疗科技有限公司签订合作备忘录、区产业扶持基金投资城云科技（中国）有限公司、区产业扶持基金发起设立杭州泰格生物医药产业基金、区担保公司为浙江普渡科技有限公司提供担保、农转居拆迁安置小区消防设施设备管理方案等议题

续表5

日期	会议名称	会议内容
2021-07-22	区政府常务会议	传达学习习近平总书记在庆祝中国共产党成立100周年大会上的重要讲话精神、习近平总书记在出席中国共产党与世界政党领导人峰会上的重要讲话精神、中央全面深化改革委员会第二十次会议精神、全省庆祝中国共产党成立100周年大会精神、市委十二届十二次全体（扩大）会议精神、区委五届十一次全体（扩大）会议精神。审议并原则通过与广元市朝天区深化东西部协作和交流合作框架协议、2021年法治政府建设工作要点、区2020年财政决算及2021年上半年财政预算执行情况、促进3岁以下婴幼儿照护服务发展实施意见、山一农居SOHO提升改造等议题
2021-07-22	主任区长办公会议	审议并原则通过调整区政府投资项目资金拨付流程、区政府投资项目代建业务结算模式管理办法、区做地主体资金结算办法、与第一师阿拉尔市八团推进兵地交流深化框架协议、2021年度上市后备企业认定、试点建设国家火炬创业学院杭州分院、杭州网易智企科技有限公司扶持政策、杭州拉扎斯信息科技有限公司扶持政策、杭州梢嘿贸易有限公司扶持政策、与华为系企业签订合作备忘录、设立人才专项基金、给予杭州思创医惠集团有限公司周转资金支持等议题
2021-08-20	区政府常务会议	传达学习习近平总书记在中共中央政治局第三十二次集体学习上的重要讲话精神、习近平总书记在亚太经合组织领导人非正式会议上的重要讲话精神、中共中央政治局会议精神、中央财经委员会第十次会议精神。审议并原则通过2021年度区工业企业综合评价工作、长二历保区块整治工程列入2021年政府投资计划、奥体区块委托运营等议题。研究杭州创建“全国禁毒示范城”禁毒工作在杭州高新区（滨江）开展情况
2021-08-20	主任区长办公会议	审议并原则通过国管局定点帮扶办、滨江区与阜平县战略合作交流框架协议、杭州神甲科技有限公司产业用地选址调整、虹软科技股份有限公司产业用地、鸿运华宁（杭州）生物医药有限公司产业用地、易兆微电子（杭州）股份有限公司产业用地、杭州哲达科技股份有限公司申请购置工业综合体、苏泊尔家电制造有限公司产业扶持政策、曙光信息项目扶持政策、杭州康吉森项目扶持政策、连通（杭州）技术服务有限公司扶持政策、万里扬集团有限公司扶持政策、浙江智易物联科技有限公司扶持政策、与软通系企业签订合作备忘录、与省建筑设计研究院签订补充协议、区产业扶持基金投资杭州朗迅科技有限公司、专业聘用制人员管理办法等议题
2021-09-15	区政府常务会议	传达学习习近平总书记在中央党校（国家行政学院）中青年干部培训班开班式上的重要讲话精神、习近平总书记在金砖国家领导人第十三次会晤上的重要讲话精神。审议并原则通过向区人大常委会综合报告国有资产管理情况、绿色发展五年行动方案等议题
2021-09-15	主任区长办公会议	审议并原则通过区产业基金阶段参股杭州云曦二号股权投资合伙企业（有限合伙）、杭州健海科技有限公司扶持政策、杭州大希地科技股份有限公司扶持政策、杭州博日科技股份有限公司扶持政策、杭州海康机器人技术有限公司产业用地、杭州微影软件有限公司产业用地、杭州海康威视数字技术股份有限公司2021实验室产业用地、与第六空间系企业签订合作备忘录、与市水务集团签订战略合作协议、与长城所开展新一轮合作、与温州市泰顺县2021年度山海协作工程合作框架协议等议题

续表5

日期	会议名称	会议内容
2021-10-15	区政府常务会议	传达学习习近平总书记在纪念辛亥革命110周年大会上的重要讲话精神、习近平总书记在中共中央政治局第三十三次集体学习上的重要讲话精神、习近平总书记在中央人才工作会议上的重要讲话精神。审议并原则通过长河工业园区一期整治提升工程（冠山数智产业园）建设等议题
2021-10-15	主任区长办公会议	审议并原则通过浙江长典医药有限公司扶持政策、曙光信息项目扶持政策、恺英网络项目扶持政策等议题
2021-10-25	区政府常务会议	传达学习习近平总书记在《求是》杂志发表的重要文章《扎实推动共同富裕》
2021-11-04	区政府常务会议	审议并原则通过2021年财政预算调整以及政府债务限额等议题
2021-11-26	区政府常务会议	传达学习中共十九届六中全会精神并动员部署政府系统学习贯彻中共十九届六中全会精神“六讲六做”大宣讲行动。传达学习习近平总书记在中共中央政治局第三十四次集体学习上的重要讲话精神、习近平总书记在二十国集团领导人第十六次峰会上的重要讲话精神、习近平总书记在中华人民共和国恢复联合国合法席位50周年纪念会议上的重要讲话精神、习近平总书记在中央全面深化改革委员会第二十二次会议上的重要讲话精神。审议并原则通过区人民政府2021年行政规范文件清理结果、创建省级食品安全示范区、全面推进林长制、临时用地管理实施办法等议题。研究近期新冠肺炎疫情防控有关事宜
2021-11-26	主任区长办公会议	审议并原则通过2021年人才计划企业类别申报认定、军地一体化平台共建协议、领军培育企业2020年扶持政策、“海康威视”2020年扶持政策、“大华股份”2020年扶持政策、“恒生电子”2020年扶持政策、“宇视科技”2020年扶持政策、拨付浙江大学滨江研究院下半年经费、阿里巴巴系2020年度扶持政策兑现、浙江吉利控股集团有限公司等吉利系企业2020年度扶持政策兑现、钱江摩托项目扶持政策、心芽信息科技项目扶持政策、启明星辰网络信息安全总部项目扶持政策、与全爱医院管理（杭州）有限公司签订合作备忘录、区产业扶持基金投资杭州诺驰生命科学有限公司、区道路保洁等议题
2021-12-20	区政府常务会议	传达学习习近平总书记在中央全面深化改革委员会第二十三次会议上的重要讲话精神、习近平总书记在中共中央政治局第三十五次集体学习上的重要讲话精神、中共中央政治局会议精神、中央经济工作会议精神。审议并原则通过2022年全区主要经济指标预期建议安排
2021-12-20	主任区长办公会议	审议并原则通过浙江中控太阳能技术有限公司、网易系公司2020年扶持政策兑现方案、浙农控股系企业新一轮政策支持、施强数智健康产业有限公司扶持政策、区产业扶持基金投资杭州视芯科技、区产业扶持基金投资浙江时迈药业、富芯项目等议题

【杭州奥体中心主体育场工程获鲁班奖】 2021年2月27日，杭州奥体中心主体育场工程获中国建筑行业工程质量的最高荣誉奖鲁班奖。杭州奥体中心主体育场工程外形似“大莲花”，由28片大“花瓣”和27片小“花瓣”组成，于2009年开工，2019年竣工投入使用，占地面积28.67公顷，总建筑面积22.9万平方米，有地上6层、地下1层，可容纳8.08万名观众，是继国家体育场鸟巢和广东奥体中心体育场之后的全国第三大体育场馆。杭州奥体中心主体育场将承办杭州亚运会开幕式、闭幕式和多项田径项目比赛。项目在建设过程中攻克深基坑安全施工、上部看台构件的精准定位及支模、悬挑构件加工与安装、空间弯曲构件加工制作及支撑架卸载、体育设施（场地、灯光、音响）施工及综合调试等多项工程技术难题，尤其是钢结构的架设。

【科技新政“20条”出台】 2021年3月1日，杭州高新区（滨江）施行《关于促进科技企业创新创业的实施意见》（简称“意见”），意见包括鼓励科技企业梯队培育、鼓励科技孵化体系建设、鼓励科技企业创新发展、鼓励研发创新体系建设、鼓励产学研合作、附则6个部分，具体在鼓励在孵创客企业发展、鼓励优质出孵企业发展、鼓励科技中小型企业发展、鼓励国家高新技术企业发展、支持加大培育建设、鼓励各级载体认定、鼓励提升孵化绩效、鼓励输出品牌服务、支持各类主体建设海外孵化器、鼓励申报各级科技计划、鼓励参加中国创新创业大赛、鼓励开展技术创新、鼓励加大研发投入、鼓励设立研发机构、支持院士专家工作站建设、鼓励创新国际化、支持开展产学研合作、加大创新券推广力度、支持新型研发机构建设、鼓励科技服务机构发展20个方面出台各项具体鼓励政策。

【公安部检测中心滨江实验室揭牌】 2021年4月9日，公安部检测中心滨江实验室揭牌仪式在滨江物联网小镇举行。实验室在智慧安防领域提供全方位多领域检测认证服务，联合本地企业、技术机构、行业团体等开展关键技术攻关、标准制定修订等工作。实验室建有3个公共安全防范产品检验检测实验室，能够对主要的安防电子产品开展检验检测。功能和性能实验室具备安防监控视频感知存储和传输等设备的检测能力；电磁兼容与安全性实验室具备电磁骚扰、电磁抗扰度和电气安全检测的能力；环境适应性实验室完成公共安全行业中常用设备的高低温、恒定湿热、交变湿热、冲击、碰撞、震动、盐雾以及外壳防护等级等环境适应性实验。

【杭州高新区（滨江）与中科曙光公司、中国自动化集团签署战略合作协议】 2021年9月7日，杭州高新区（滨江）与曙光信息产业股份有限公司（简称“中科曙光公司”）、中国自动化集团举行战略合作签约仪式。杭州高新区（滨江）与中科曙光公司围绕高端计算产业生态展开合作。中科曙光公司是中国信息产业的领军企业，业务涉及高端计算、存储、安全、数据中心等领域，为杭州高新区（滨江）提升关

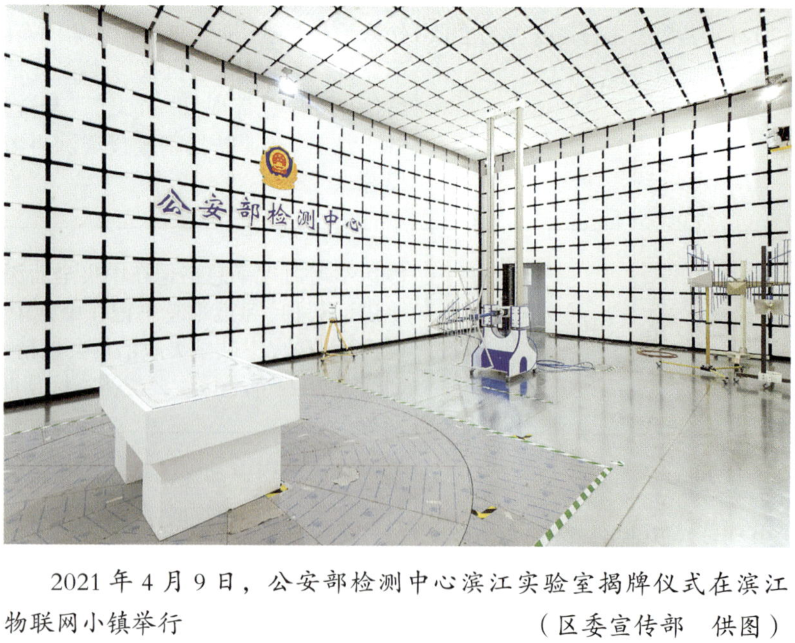

2021年4月9日，公安部检测中心滨江实验室揭牌仪式在滨江物联网小镇举行
（区委宣传部 供图）

键核心技术、促进供应链各环节安全可信、建立健全数字化网链、带动区域数字化转型等方面提供服务。杭州高新区（滨江）与中国自动化集团在工业自动化行业的科技创新、研发产业化发展等领域展开合作。中国自动化集团是中国石化行业安全及紧急控制系统领域的骨干企业，主要为客户提供流程工业自动化产品与综合方案，旗下杭州康吉森自动化科技有限公司、杭州康吉森自动化工程技术有限公司计划在杭州高新区（滨江）开展分布式控制系统研发项目，为杭州高新区（滨江）制造业高质量发展提供技术支持。

【上市公司新增10家】 2021年，杭州高新区（滨江）新增祖名豆制品股份有限公司、杭州诺辉健康科技有限公司、杭州爱科科技股份有限公司、杭州品茗安控信息技术股份有限公司、税友软件集团股份有限公司、杭州热电集团股份有限公司、杭州宏华数码科技股份有限公司、堃博医疗控股有限公司、广脉科技股份有限公司、Newegg Commerce，Inc.10家上市公司，累计63家，基本实现每平方千米1家上市公司。

（王先梦）

【政府信息】 2021年，区府办修订《政务信息报送和录用考核制度》，实行挂职加分制，鼓励部门选派信息员到信息科挂职，通过“老带新”“传帮带”模式，为部门培养信息骨干，信息科工作人员到3家单位开展专题培训，共5名信息员完成挂职任务返回原单位。围绕各级领导关注点、工作重难点、创造性亮点等，定期发布区级约稿通知，向部门出题目、提要求，发布区级约稿通知4则，共31个选题。政务信息刊物《观察与思考》，共编印216期，编印2020年度政务信息汇编250本。上报省、市要情类信息165篇、专报110篇，被上级采用要情类信息25篇、专报28篇、参阅3篇，获省市领导批示18篇，其中2篇文章获省长郑栅洁批示肯定、2篇文章获市长刘忻批示肯定，实现省、市主要领导批示“零突破”。

（陈诗沁）

政务公开

【概况】 2021年，杭州高新区（滨江）公开政府信息2.2万条，其中通过门户网站公开7600条、通过“滨江发布”政务微博公开4500条、通过“滨江发布”政务微信公开1600条、通过“滨江发布”App公开8500条。建设专题专栏强化公开重点，通过链接跳转，与政务服务网、政府采购网等专题网站联动。完成网站适老化阅读和无障碍阅读功能改造。

【主动公开政府信息】 2021年，杭州高新区（滨江）发布规范性文件15件、年度重点工作进展10期、民生实事进展10期，实现2021年政府工作报告和17期政府常务会议文图同步公开，完成4个区级重大行政决策事项决策前预公开，全生命周期公开重大项目4个，按期完成2021年建议提案办理129件，及时公开建议提案办理结果。持续推进规划、财政和涉疫等重点领域和民生领域信息公开，做到应公开尽公开。

【依申请公开政府信息】 2021年，杭州高新区（滨江）坚持依法依规，从实体答复和程序处理两个方面规范依申请答复工作。政府信息依申请公开新收181件，上一年度无结转，完成答复176件，其中予以公开67件、部分公开23件、不予公开9件、无法提供71件、不予处理4件、其他情况2件，结转下年度继续办理5件。

【信息管理质量提升】 2021年，杭州高新区（滨江）持续落实信息管理质量提升和基层目录运用。梳理重要政策文件，按照定期的规范性文件清理结果，建立规范性文件数据库，推进全区现行有效规范性文件统一公开。通过信息发布纠错和网站监测等技术手段，提升信息发布的准确性。根据年度重点工作，结合标准目录，对26个领域中的环境保护、养老服务、义务教育、医疗疾控、就业创业、重大建设项目批准和实施、公共资源配置领域7个领域进行栏目细化和内容完善，完成标准目录对上述7个领域工作全覆盖。

（谢玲玲）

政务督查

【概况】 2021年，杭州高新区（滨江）落实省、市代表建议和委员提案、民生实事、重点工作涉区项目督办，完成区管委会、政府重点工作目标任务105项，区政府民生实事项目工作10个大项、24个子项，区“两会”建议提案129件，专项任务19项等督查工作。印发督查通知单37件、督查通报38份、督查专报109份。办理落实区长批示件619件，签收件466件，其中督办件72件。

【国务院、省、市政府涉区项目督查】 2021年，杭州高新区（滨江）履行国务院、省、市政府涉区项目督查工作，自4月起，按月专项督查市民生福祉项目17个涉区子项目的完成情况；自6月起，按月督查省政府民生实事项目19项涉区子项目的完成情况。上报2020年度国务院、省政府督查激励对象，“战略性新兴产业建设”“落实重大政策新措施”2项工作获国务院督查激励、“知识产权保护工作”1项工作获省政府督查激励。

【市人大代表建议和政协委员提案办理】 2021年2月25日，杭州高新区（滨江）收到市十三届人大六次会议代表建议协办件4件，收到市政协第十一届委员会第五次会议委员提案协办件2件。建议、提案承办工作涉及区发改局、区科技局、区商务局、区社发局、区城管局、规划资源滨江分局6家单位。至4月25日，市人大代表建议、政协委员提案均办结。

【区人大代表建议和政协委员提案办理】 2021年1月20—22日，区五届人大五次会议和区政协二届五次会议确定代表建议61件、委员提案68件，其中重点建议4件、重点提案4件、重点联系提案21件。建议提案内容涉及经济发展、城市建设和民生保障等方面。3月3日，区人大常委会、区政府、区政协联合召开2021年区政府民生实事项目实施工作动员部署会暨区“两会”建议提案交办会，印发《关于切实做好2021年区“两会”建议提案办理工作的通知》，要求各单位按照责任早落实、工作早安排、任务早明确的工作思路，研究建议办理工作，提升办理质量，办好每一件建议提案。4月2日、5月6日、6月2日对区住建局、区城管局、区社发局等29家建议提案办理单位的办理情况开展专项督查。至6月2日，建议提案全部如期办复。61件人大建议中财政经济类5件，占8.2%；城乡建设类42件，占68.9%；教科文卫类6件，占9.8%；政法、民政、社会福利类8件，占13.1%。已解决或在2021年度内能及时解决的46件，占75.41%；已制订解决措施或已列入改进计划，并明确答复代表办理时限的14件，占22.95%；因条件限制或其他原因不能解决、所提建议留作参考的1件，占1.64%。61件建议全部按期办复，面商（电话）沟通率、办理态度满意率、办理答复满意率均为100%。12月15日，区政府对建议办理情况开展“回头看”，办理结果满意率96.7%，建议办理解决率75.41%。68件政协提案中经济科技类18件，占26.5%；城市建设管理类18件，占26.5%；社会事业类29件，占42.6%；社会法治类3件，占4.4%。已经解决和在2021年度内能够解决或基本解决的61件，占89.7%；已制定解决措施或列入改进计划逐步解决的5件，占7.4%；因条件限制或其他原因暂时不能解决的2件，占2.9%。68件提案全部按期办复，面商（电话）沟通率、上网率、办复率均为100%，态度满意率100%，提案办理结果评价满意率98.5%。

【区政府民生实事项目督查】 2021年1月20—22日，区五届人大五次会议由人大代表投票确定2021年10项民生实事项目。内容涉及加快推进安居工程，推动教育事业高质量发展，推进交通治堵，“迎亚运”美化城市环境，持续推进小区综合整治，深入推进物业提档升级，优化公共交通，建设社区“美好生活共同体”，巩固深化垃圾分类，做好村级留用地开发10项共24个子项目。3月2日，区政府印发《2021年政府为民办实事工程实施方案的通知》，明确10项实事的细化目标任务、组织方案、推进方案、群众工作方案及工作要求。根据实施方案，建立“一事一方案”的清单化督办机制，定责、定人、定时，全程督办。自3月起“一月一通报”，自6月起开展实地督查，发现问题及时协调解决。区政府通过年初部署会、年中推进会、月度例会及民生实事专题会等，督促牵头单位推进民生实事的开展进度，将民生实事项目纳入年度综合考评，对完成民生实事项目的单位，在年度考评总分中加分。区人大对项目进行全程跟踪督查，促进项目保质保量完成。至年底，2021年10项政府为民办实事工程24个子项目全部完成。

2021年滨江区政府民生实事项目内容及责任部门一览表

表6

民生实事项目	项目内容	责任单位
加快推进安居工程	安置房交付九区块扩面耀洋一期（新生）、十三区块二期（浦联）、八区块五期（杨家墩）、八区块三期二期（杨家墩）、长虹苑扩点二期（长一）、十五区块四期（冠山）6个项目，总建筑面积62万平方米	区建管中心
	全年回迁安置2000套房源	各街道
	新配租人才租赁房8.7万平方米，提供一定比例的人才房，采用摇号的方式进行分配	区住建局
推动教育事业高质量发展	加大优质教育资源供给力度，加快校园项目建设：投用2个项目，完工3个项目，续建6个项目，新建7个项目	区教育局、区城建发展公司、各街道
	优质教育资源覆盖率100%，推进四大行动：未来教师梯级培养行动、校长职级专业管理行动、公办初中提质强校行动、新名校集团化办学行动	区教育局
	推行学生身心发展“大健康”行动：近视防控“明亮工程”、体质提升“固本工程”、健康活泼“阳光工程”	区教育局
推进交通治堵	完成10个路口提升改造工程	滨江交警大队、区城管局
	完成物联网、互联网等重点产业园区周边智慧交通建设	滨江交警大队、区住建局
“迎亚运”美化城市环境	开展城市美化行动，实施火炬大道（时代大道—滨文路）等7条道路沿线路面、管网、路灯、绿化、交通优化等提升改造	区住建局
	实施时代高架、彩虹高架、钱塘江大桥、西兴大桥、复兴大桥、之江大桥等高架和入城口沿线可视范围内的拆后区块、户外广告、绿化景观、市容市貌等提升改造	区城管局
	实施沿江景观提升改造工程	高新开发公司、区住建局
	开展14条“美丽河道”创建工作	区城管局
	提升改造3处口袋公园	区城管局

续表6

民生实事项目	项目内容	责任单位
持续推进小区综合整治	完成西兴街道白马湖白鹤苑、缤纷北苑、滨康小区，长河街道春波南苑、长江小区，浦沿街道浙新小区6个小区综合整治	各街道
	应装尽装，愿装尽装，完成不少于400台加梯目标。签约率100%、开工率100%、完工率100%	区住建局、各街道
	全区现有住宅小区实现“智慧安防”改造	公安滨江分局
深入推进物业提档升级	加强行业指导，继续推动39个安置房小区物业提档升级工作100%全覆盖；加强“和滨江”物业矛盾纠纷调解机制，继续打造滨江“和”品牌，调解成功率保持90%以上；全区创建10个“美好家园”小区;常态化开展安置小区物业服务企业考核，全年淘汰不少于3个项目的物业企业；加大培训力度，全年开展业务培训不少于6次，参与人员不少于900人次	区住建局、各街道
优化公共交通	开通园区、重点区域专线8条	区住建局
	新增（扩建）公共自行车服务点10处	区住建局
	在中兴和园、新州花苑、迎春小区等10个小区周边区块增设夜间临时泊位，缓解夜间停车难问题	滨江交警大队
	新建8条道路，分别为滨兴路（南川路—建业路）、浦西路（镇前路—浦湖街）、规划支路2号路（坚塔路—东冠路）、冠塘路（湖西路西侧支路—南川路）、白马湖中学规划道路、乳泉路（时代大道—规划支路）、映翠路东延伸段（井山坞路—萧山界）、东冠路改造（浦沿路—火炬大道）。续建江南大道改造提升工程（西兴立交—中兴立交）	区住建局
建设社区“美好生活共同体”	建设9个集办事、生活、养老、托幼、文体、自治等服务为一体的社区“美好生活共同体”	各街道
巩固深化垃圾分类	推进全区域、全时段、全系列垃圾分类。以示范为引领，巩固垃圾分类工作成效，再生资源回收利用率50%以上，市级示范标准小区达到60%，打造企业、学校、医院、公共机构、农贸市场等100个垃圾分类示范点	区城管局
做好村级留用地开发	开工整村拆迁奖励指标开发建设项目，开工不少于4个村级留用地统筹开发项目	区住建局、各街道

（来佳琪）

数据资源管理

【概况】 2021年，杭州高新区（滨江）29个应用场景获省市试点，5个项目获省揭榜挂帅，6项工作获省市主要领导批示肯定。缤纷、冠山、东信等16个社区列入省市未来社区创建试点，居全市第一位。“平安工地通”被列入省数字法治好应用，参与建设的“数字贸易服务在线”被列入数字经济优秀省级重大应用，“平安工地通”“知识产权一件事”被列入数字化改革门户省级优秀应用，“项目智慧督”“数字自贸”“校园开放”等7个应用被列入数字化改革门户市级优秀应用，数字孪生场景在省数字化改革成果展中展出。杭州高新区（滨江）在市数字化改革暨重大产业项目推进比学赶超中获第三名。在省年度考评中，一体化智能化公共数据平台居全省区县（市）第五位，数字经济系统工作居全省区县（市）第四位。

【一体化智能化公共数据平台建设】 2021年，杭州高新区（滨江）一体化智能化公共数据平台汇聚数据资源25亿条，省市回流数据完成落库数据表182张、数据2890万条；

建设6个专题库，包含数据表327张、数据2418.2万条。接入22种3085台物联感知设备，获取物联感知数据2.1亿条。对外开放接口日均使用4万余次，为27家单位50多个业务应用提供数据支撑。

【组件共建共享】 2021年，杭州高新区（滨江）完成组件目录梳理175个，在省组件超市中注册组件23个、上架组件10个，组件贡献度居全省区县（市）第一位。6个组件被省内多个地方申请使用，22个新建项目均调用强制性组件，组件使用率100%。《一体化智能化公共数据平台中组件共建共享模式的探索与实践》在市数据资源管理局2021年调研课题评选中获第一名。

【“浙政钉”“浙里办”两端建设】 2021年，杭州高新区（滨江）完成“浙政钉”2.0迁移、不活跃群清理、用户与单位信息完善度99%、用户激活率100%、用户活跃度90%以上的考核目标；集成接入办公、管理、决策类移动应用30个。杭州高新区（滨江）作为“浙里办”杭州城市频道区县（市）专区试点单位，完成全区服务类移动互联网应用程序普查工作，上架数字自贸、平安工地码等10个应用，百万人口活跃度居全市第一位。

【数智治水（内涝智治）系统上线】 2021年，杭州高新区（滨江）开发数智治水（内涝智治）系统。9月30日，完成内涝预警、研判、处置、复盘、改造的全链条闭环，实现孪生展示一张图、态势感知一张网、指挥调度一体化、防涝安全一网管。10月19日，通过省大数据发展管理局、省住房和城乡建设厅联合初验，接入省住房和城乡建设厅城市生命脉络在线平台，作为内涝治理在线的重要组成部分上线，省大数据发展管理局局长金志鹏在调研并听取系统的建设思路及场景演示后表示肯定。

【数字化改革体制机制建立】 2021年2月18日，浙江省数字化改革大会召开。2月19日，杭州高新区（滨江）形成“1个领导小组、1个数字化改革专班和5大领域专班”的工作体系。4—6月，编制《杭州高新区（滨江）数字化改革总体方案》，形成《2021年度数智滨江建设工作清单、场景清单、制度创新清单》，建立日动态、周报、月度例会的“战时机制”，将数字化改革相关工作纳入年度综合考评体系，推进数字化改革工作。

【《杭州高新区（滨江）数字化改革总体方案》出台】 2021年4月28日，《杭州高新区（滨江）数字化改革总体方案》（简称“方案”）出台，方案包括数字化改革总体要求、重点工作任务、保障体系3个部分，含党政机关整体智治系统、数字政府系统、数字社会系统、数字法治系统、一体化智能化公共数据平台建设方案等6个子方案，明确杭州高新区（滨江）数字化改革的基本原则、主要目标、重点工作任务、组织领导、督考联动、安全保障等内容。

【首席数据官制度】 2021年5月14日，《杭州高新区（滨江）首席数据官制度》发布。首席数据官（简称“CDO”）是公共数据资源的管理人、行业数据统筹的协调人、信息系统应用的负责人、数据安全保障的防护人。区首席数据官由区数字化改革专班负责人担任，街道、部门首席数据官由各单位分管负责人担任。首席数据官制度为构建全区统一的大数据管理服务体系，提升全区公共数据资源和信息化应用水平；促进各级各部门数据高度共享、业务高度协同，避免重复建设和信息孤岛；推动部门联动，为保障网络安全和数据安全提供支持。

【数字化改革理论体系建设】 2021年5月25日，杭州高新区（滨江）出台《杭州高新区（滨江）数字化改革应用项目“揭榜挂帅”快速响应实施方案》，鼓励全区各部门参与揭榜省市项目，并提供相关保障。区市场监管局起草的《知识产权“一件事”集成服务规范》、区行政服务中心起草的《公共资源交易开标直播平台管理服务规范》作为杭州市地方标准发布。至年底，杭州高新区（滨江）推动数字化改革项目管理规范化相关经验做法被《浙江政研》刊发；数字孪生（城市内涝治理）场景相关做法被《浙江信息》刊发；利用IRS（房间智能化系统）已建应用功能模块赋能项目预审的经验案例，入选《省IRS应用目录使用优秀案例集》。（胥正诚）

电子政务

【概况】2021年，杭州高新区(滨江)门户网站录入和发布各类信息7379条，审核外链正确性723条，制作专题栏目7个，完成门户网站7项改造。在党政办公系统提升改造期间，完成需求、问题修复共424个。处理违规外联37次、高危端口225个、高危漏洞1135个、弱口令121个。全区部署36台服务器、2台存储设备、3台核心级交换机、18台安全设备及配套的其他交换路由设备。接入政务外网点位235个，接入计算机终端4041台，接入视联网点位60个。协助驻大楼内各部委办局完成网络专线接驳和局域网调整，维护保障信息化办公设备914人次，维护电话系统216人次。巡检机房12次，调试新上架设备9次，处理各类故障402起，无重大事故发生。保障视频会议379次，视频会议调试525次。区信息中心承担信创项目实施工作，部署460台信创电脑及配套设备。完成区府办信息化类采购项目1个，协助其他科室实施采购流程4个。

【会议无纸化技术支持】2021年，杭州高新区（滨江）完成区党政办公系统移动端、无纸化会议、部门OA等系统、模块开发建设，优化完善提升原有功能。经调研选型试用，采购配置84台会议用平板电脑及配套设备，满足区委常委会、区政府常务会议、办公会议等重要会议的无纸化需求。

【信息技术基础设施保障】至2021年年底，区政务外网接入点位235个，接入计算机终端4041台，接入视联网点位60个，确保党政机关政务办公运作顺畅。维护政务外网核心机房、区政府大楼非密机房运维，部署在机房内服务器、存储设备、核心级交换机、安全设备及配套的其他交换路由设备的正常运行。机房由专人定岗维护，控制人员进出，落实机房管理制度，全年巡检机房12次，调试新上架设备9次。保障覆盖全区机关、街道，延伸至社区的政务外网运维稳定。

【网络运行安全保障】2021年，区信息中心加强对政务外网网络的实时监测检查，发现违规外联37次、高危端口225个、高危漏洞1135个、弱口令121个，均及时整改完毕，对无法整改的相关系统、设备进行关停处理，整改完成后再予以上线。对发现问题的部门加强通报力度，限时整改，并对各部门相关责任人员开展网络安全意识培训。

【政务应用系统运维】2021年，区信息中心负责运行维护政府门户网站、党政办公系统及电子邮件系统。根据《2021年浙江省政府网站工作要点的通知》等文件要求，全年录入和发布各类信息7379条，制作专题栏目7个，完成7项门户网站改造，包括开发建设门户网站移动端、门户网站PC端和移动端老年版等。监测检查网站信息内容，审核外链准确性723条，维护门户网站的政治性、权威性和严肃性。在党政办公系统全面提升改造期间，区信息中心负责保障党政办公系统稳定运行，确保无重大系统事故发生，并完成需求新增、变更、问题修复共424个。区政府邮件系统由本地服务器部署迁移至区城市大脑云平台部署，增强系统运行环境的安全性、稳定性和可靠性。（阮　静）

应急管理

【概况】2021年，杭州高新区（滨江）修订完善各责任制单位安全生产和消防工作职责，区主要领导与25家责任制单位负责人签订安全生产和消防综合目标管理责任书，分解落实目标任务。调整设立区安全生产委员会及10个专业安全生产委员会，由分管区领导担任专委会主任；25家责任单位与下属企事业单位签订安全生产和消防目标责任书。推进应急指挥平台数字化建设，重点围绕自然灾害防治、安全综合监管、企业安全生产、应急处突（应对紧急事件和处理突发事件）等应用场景进行内容完善、数据补充、结构优化、流程再造。对接有关部门，获取气象、水文等监测数据，完善补充自然灾害应急数据库。在100家试点企业安装前端物联感知设备，开发完善企业安全生产风险监测模块。工商贸领域发生事故2起，死亡2人；消防领域（生产经营性火灾事故）未发生事故；未发生自然灾害亡人事故；未发生较大以上（含）安全事故。

【重点领域安全管理】 2021年，杭州高新区（滨江）关注道路交通领域、消防安全、危化品、建筑施工、工商贸、旅游、城市运作7个易发生群死群伤重点领域，推进安全生产综合治理三年行动、遏制较大以上生产安全事故攻坚战、安全生产风险普查、住宅小区消防安全环境大提升行动等工作。开展“平安护航建党百年”安全隐患大排查大整治。会同区住建局、区城管局、区消防救援大队等部门开展重大安全隐患暗访曝光行动5期，重点对建筑施工、工商贸、消防安全、旅游安全、燃气使用等领域进行暗访曝光检查。检查各领域企业（场所）51家，开具责令整改通知书51份，曝光隐患198处。至年底，均落实整改。

【危化品从业单位安全监管】 2021年，杭州高新区（滨江）严格行政审批，把好准入关口，加强危险化学品从业单位的安全监管。全区有危险化学品经营、运输、使用单位239家。其中：危险化学品经营单位90家，区发证44家（均为不带存储经营）、市发证46家（7家加油站带储存）；运输单位5家；使用单位144家，主要以化工实验室、新材料研发等高新技术企业为主，均未达到使用许可要求、未构成重大危险源。全年核发危险化学品经营许可证24件，审核转报16件，注销8家；三类易制毒化学品经营单位发证3家，注销1家；剧毒品备案1家。未发生涉危险化学品生产安全事故。

【安全执法检查】 2021年，杭州高新区（滨江）出动安全生产执法检查531人次，依法立案90起，办结90起，罚款金额158.21万元，全部案件未发生行政复议和诉讼。开具大型活动设施搭建安全生产备案证明15件，并做好全程安全监督和检查。依法依规做好“行刑衔接”工作，打击安全生产领域违法犯罪行为，移送涉嫌犯罪案件2件，公安机关立案2件。开展小微企业园区安全生产“互学互比”专项活动，通过专家辅导、交叉学习、专项检查、执法处罚等方式，提高小微企业园区安全生产意识和管理水平。对加油站、汽车修理厂等企业开展集中检查，整治企业安全管理制度不健全、电气线路陈旧老化、危化品仓库设置不规范、作业现场安全管理混乱等问题，检查发现问题隐患97处，开具整改指令书21份；检查指导有限空间企业15家次，发现问题隐患75处，开具整改指令11份。至年底，所有问题隐患均完成整改。

【森林防火灭火】 2021年，杭州高新区（滨江）开展森林防灭火数字化建设，发挥高新区数字化、信息化优势，以数字赋能森林防火应急指挥，在区应急指挥信息系统中开发森林防灭火专题模块，推进森林防火灭火工作。增设消防水池7个，森林消防柜19个（含森林消防器材），新配备水基灭火器100个、消防背包10个、消防灭火弹50个。开展清明、“五一”国际劳动节、“十一”国庆节等节假日森林防灭火检查，设立61个上山检查点，派出检查组32组、733人次，查处整改问题3起。出动宣传巡查车辆90辆次，开展森林应急救援科普进社区25次（3个街道10个有林社区），增添防火宣传横幅、标语86幅，新增和修复防火宣传牌

2021年12月3日，区应急管理局在冠山公园组织开展森林防灭火演练暨竞赛活动　　（区应急管理局　供图）

65块，发放宣传资料1.2万份，播放宣传片5部，发送森林防火短信提醒，覆盖区内30万余人次。

【安全知识培训】 2021年，杭州高新区（滨江）依托社区学院举办一般性生产经营单位主要负责人和安全管理员培训16期，1223人参加，1205人取得安全员证书，合格率98.5%。通过“请专家辅导、送宣传资料、发宣传物品”等途径送课到企业，组织有限空间、园区安全管理和风险普查专题培训3期，参加园区（企业）300多家，发放安全生产宣传册700多本。通过微信公众号、企业联络群、短信群发等渠道开展“企业百万员工安全大培训”，全区企业员工安全大培训合格3533人，任务完成率188.9%。

【防汛防台】 2021年，杭州高新区（滨江）配备抢险运输车辆32辆、水泵114台、大型清淤疏通车6台、大功率应急排水作业车1台、发电机15台、冲锋舟6艘，储备编织袋等抢险物资27万余件（只）。在7月30日、31日，8月26日强降雨和第6号台风“烟花”外围环流影响期间，启动Ⅳ级应急响应3次、Ⅲ级应急响应2次、Ⅱ级应急响应2次、Ⅰ级应急响应1次，召开会商会议16次、发送防御通知13次、发放工作提示单7次、发送预警信息440万余条次、编辑发送防汛防台工作简报67期，出动队伍2238支、备勤人员1.62万人次、应急巡查检查人员1.58万人次，出动装备车辆1326辆次、水泵420台次，处理小范围积水550处（次），转移人员4.57万人次。　（江志平）

消防管理

【概况】 2021年，杭州高新区（滨江）发生火灾43起，比上年下降23.2%；直接财产损失88.2万元，上升103.7%；无人员伤亡。区消防救援大队及所辖长河、高新、浦沿3个中队接警出动990次，其中火警238次、抢险救援454次、社会救助及其他出动295次、公务执勤3次。调派消防车2341辆次、消防员1.41万人次。抢救被困人员22人。配备执勤消防车辆14辆，执勤消防车灭火剂总装载量66.5吨（泡沫11.5吨、水55吨），消防员个人防护装备1897件（套），特种防护装备226件（套），抢险救援装备器材217件（套）。监督执法检查单位3693家，办理行政处罚案263起，拘留8人、临时查封64处。开展安全检查170起、火灾调查43起。开展“119”消防宣传月活动和消防业务能力大比武。

【消防执法规范化建设】 2021年3月30日，区消防救援大队在全省消防救援队伍正规化建设试点现场会上做执法规范化建设经验交流发言。区消防救援大队从政务服务更便民、消防治理更亲民、隐患整治更高效、消防监管更全面4个方面，介绍在推进执法规范化建设、建设创人民满意消防队伍中的具体做法和工作成效。自2020年起，大队率

2021年11月9日，杭州高新区（滨江）2021年“119”消防宣传月启动仪式暨消防业务能力大比武在白马湖广场举行

（区委宣传部 供图）

先试点消防许可告知承诺制，提高许可效率；16项政务服务入驻“浙江政务服务网”、“浙里办”App和政务服务2.0平台，提升群众办事体验；规范设置办案区“四区六室”，公开执法流程，严格内部法审，群众回访满意度100%；针对民众集中反映的消防问题，健全完善“常态治理”和“联合管控”，遏制电动自行车违规停放充电、消防车道被占用等现象。

资料：“四区”“六室”

执法办案区、行政办公区、来访接待区、生活保障区。

询问室、听证室、物证室、防火装备室、防火业务研讨室、信访接待室。

【在线直播电动车火灾实验】 2021年5月12日，区消防救援大队联合“FM93浙江交通之声”开展电动自行车模拟火灾实验，“央视频”、“央视频”移动网、“网易新闻”、“中国蓝”、“FM93浙江交通之声”微信及微博、“一直播”等九大平台进行同步在线直播。实验设置在一座废弃的四层农房内进行，电动自行车停放在室内并人为模拟电瓶故障引发火灾，现场直观展示电瓶车火灾的烟气浓度以及建筑内烟囱效应的危害。实验结束后，媒体记者现场采访区消防救援大队有关人员，针对电动车火灾的特点及原因、私接乱拉电线充电的安全隐患、电动车进电梯入户的危害、面对火灾居民该如何处理等问题进行互动，引导民众规范使用电动自行车，规避电动自行车火灾。

【消防宣传进社区】 2021年8月，区消防救援大队与交警部门、属地街道协商对接，将消防安全提醒内容融入辖区59个社区交通治理站，共筑辖区“安全网”。区消防救援大队从生活中常见火灾隐患入手，选取电动车、出租房、消防通道、用电安全、非居住空间、油锅起火等作为常见主题制作上墙内容，每个板块对应一个隐患内容，详细介绍如何预防、如何处置、注意事项等要点。在电视屏幕上滚动播放真实火灾警示案例视频，加深参观群众印象，提升消防安全意识。至年底，59个社区交通治理站接待参观人数2万余人次。

【冠山社区消防治理新模式在全区推广】 2021年8月16—17日，杭州高新区（滨江）全域未来社区建设推进大会召开。冠山社区演示的“居有所安”模块，涵盖“消防排查”“敲门守护”“可视化微站调度”“电瓶车入梯阻车”“生命通道监管”五大场景，通过将工作平台系统、联网式感烟探测器、微站摄像头、梯控阻车系统、消防车道摄像头等前端设备信息，统一汇总到后台综合分析，指导社区采取针对性措施，实现社区消防安全工作的数字化管控。11月1日起，针对生命通道停车、电瓶车违规充电等冠山社区消防治理新模式，在全区范围推广应用。

【消防安全综合演练】 2021年9月3日，区消防救援大队联合区委政法委、长河街道举行消防安全综合演练。演练在华信咨询设计研究院举行，采取“情况模拟、综合救援、实战演练”的方法，模拟楼层发生“火情”，单位指挥部统筹指挥，启动预案引导人员按照楼层逃生疏散线路到达安全集合点。单位微型消防站、社区微型站、高新消防救援站实施内攻扑火及内部搜查被困人员，登高车实施登高救人。经过各方配合，全体工作人员的安全得到保障。该次演练是区平安办“喜迎亚运、共建平安”全民消防安全大排查大演练行动第一场综合演练，现场1000多人参与。至年底，全区开展类似演练210场次，参与人员5.5万人次，申领“消防蓝码”8600人次。

资料：“消防蓝码”

杭州市消防救援支队在微信小程序“杭州消防便民服务”上推出“消防蓝码”。测试人点击答题，每个考卷8道题，答完题目即可获得“消防蓝码”。

【告知承诺管理制度正式运行】 2021年9月17日，区消防救援大队受理首个公众聚集场所投入使用营业前消防安全检查承诺制项目。根据新修改的《中华人民共和国消防法》，公众聚集场所消防审批实行告知承诺制，即场所在投入使用、营业前，单位只需向消防窗口做出场所符合消防技术标准和管理规定的承诺并提交规定的材料；经工作人员审查资料合格后，即予以许可，实现“一经受理，即办即走”。至年底，全区受理消防安全检查承诺制项目6个。

【全省商业综合体灭火救援准备推进会在杭州高新区（滨江）召开】 2021年9月29日，全省消防救援队伍商业综合体灭火救援准备推进会在龙湖滨江天街商业综合体举行。推进会由浙江省消防救援总队主办，总队、各支队相关部门负责人60多人参加。区消防救援大队在现场演示重点部位熟悉和固定消防设施性能测试，介绍消防救援窗、消控室、地下冷库、水泵房、喷淋系统、防火分区、防火卷帘等部位和辅助用房功能，对救援重点，难点问题进行现场操作测试，并按照队站、大队、支队3个层级，组织灭火救援桌面推演，设置推演科目，突出战术应用、态势标绘等内容。

（施桢俊）

行政审批和服务

【概况】 2021年，杭州高新区（滨江）行政服务中心推进数字化改革，成功创建全省“一网通办”示范大厅。江南、江北办事服务大厅受理审批服务事项139万余件，比上年减少10.35%；共接待群众65.83万人次，减少0.24%。办事大厅开展延时服务540人次，午间值班服务7995人次，上门服务149次。收到企业和群众表扬信89封、锦旗39面。免费提供证照快递送达9107件，增加57.3%；免费复印办件材料3.5万人次、20.6万张；“24小时综合自助机”受理5.2万件，减少53%。有效回应群众办事诉求3817件，满意率97.81%，实现率98.69%。

【集成服务改革工作省市领先】 2021年，杭州高新区（滨江）聚焦涉企服务和便民服务重点领域，推进部门业务综合集成，按照“减环节、减材料、减时间、减跑动”的原则，落实全省全市“一件事”集成服务。落地企业“一件事”48件、个人“一件事”23件。杭州高新区（滨江）“知识产权全生命周期一件事”获评2021年第一批中国（浙江）自由贸易试验区十佳制度创新案例，纳入《省委改革办发2020年企业全生命周期新增和迭代“一件事”清单》，获省长郑栅洁批示肯定。6月25日，作为全省唯一区县试点，杭州高新区（滨江）“高校毕业生就业一件事”在全省测试并上线应用。

【“就近办”扩面提速】 2021年1月29日，物联网产业园区企业服务专区“企业e家”挂牌成立，内设智能导服、精准接洽、综合窗口、网办掌办、联合会商、自助服务六大功能区，提供商事登记、税务等90项事项服务。6月，企业专区服务模式向白马湖创意园、江北科技园复制延伸，实现“办事不出园”。11月，区行政服务中心完成58台“一网通办”综合自助机迭代升级，实现全区3个街道、59个社区政务服务2.0工作台网点社区全覆盖。至年底，78台自助机受理办件5.2万件。

【全省“一网通办”示范大厅创建成功】 2021年3月18日，区行政服务中心入选全省“一网通办”示范大厅创建试点单位，依托省一体化在线政务服务平台，通过硬件设备适配对接、推广应用2.0事项、优化办事大厅功能专区，构建“掌办优先、PC辅助、自助补充、窗口兜底”的四端协同政务服务新体系，推进更多政务服务事项“全省通办”“跨省通办”。8月5日，经省大数据发展管理局验收通过，相关工作经验在全省复制推广。至年底，“一网通办”平台上线事项1054项，办理业务284.7万件。

【线上线下融合咨询服务体系】 2021年3月29日，区行政服务中心整合线上线下咨询人员队伍，上线7×24小时在线咨询服务，实现办事咨询热线24小时应答。12月，在“浙里办”和“滨江发布”App、“滨江市民之家”微信公众号上线事项预约功能，实现“线上取号、线下办事”。整合大厅线下高频咨询电话12部，联动区人力社保局、区市场监管局等部门，提供全时段、跨部门、线上线下一体化咨询服务，优化咨询服务机制。

【区“放管服”改革协调机构成立】 2021年5月17日，经区管委会、区政府决定，杭州高新区（滨江）推进政府职能转变和“放管服”（简政放权、放管结合、优化服务）改革协调领导小组成立，由区长李志龙任组长，全区36个单位分管负责人为组员，下设办公室，办公室设在区行政服务中心。11月1日，区“放管服”办出台《关于落实全国全省深化“放管服”改革电视电话会议重点任务的分工方案》，协调部门深化推进“放管服”改革工作，优化工作机制。至年底，区“放管服”办推进简政放权、放管结合、优化服务改革，加快推进政府职能转变。在知识产权集成服务改革、自由贸易区建设等领域改革实践经验取得突破性进展，政务服务“示范大厅”、“滨政督”、知识产权集成服务改革等应用场景和项目获全国、省、市试点，获17次省、市主要领导批示，10多次被作为典型案例推广，10多次在国家、省、市现场会（工作推进会）做典型经验交流推广。

2021年3月18日，区行政服务中心入选全省“一网通办”示范大厅创建试点单位　　（区审管办　供图）

【投资项目审批优化】 2021年6月，杭州高新区（滨江）建设“投资项目审批情况分析”数字驾驶舱，建立投资项目“全生命周期”审批电子档案，实现审批流程的常态化展示和整体数据分析，联合区发改局、滨江供电分公司，将“用电报装电力接入外线工程”审批纳入综合窗口，实现企业用电报装“一窗受理、并联审批”。至年底，全区涉审省、市重点及复工复产代办项目10个，项目总投资54.1亿元，产生区域评估受益项目174个。投资项目审批经验获市长刘忻批示肯定。

【机关内部“最多跑一次”平台迭代升级】 2021年6月，杭州高新区（滨江）机关内部“最多跑一次”平台新增事项办结前6小时提前预警功能，全流程追踪办事进展，定期对申报材料、办理时限、办理流程等全面检查、调整，完成16个预警提示，推进15个事项按时办结。更新系统事项清单，及时上架高频事项、下架低频事项，全年上线30家部门246个内部事项，办理业务14.44万件（含统建+自建平台）。

【“跨省通办”战略合作】 2021年6月24日，区行政服务中心与贵州省黔东南苗族侗族自治州麻江县、丹寨县就“跨省通办”签订战略合作协议，在社保、医保、民政等高频民生领域，建立“跨省通办”授权信任机制，相互授权专窗人员“收件受理权、一次性告知权、原件核验权、审批结果送达权”，持续深化政务合作。梳理首批“跨省通办”事项7项、全流程“网办”“掌办”事项44项；贵州省黔东南苗族侗族自治州麻江县、丹寨县各梳理“跨省通办”事项15项。

（张玲玲）

公共资源交易

【概况】 2021年，杭州市公共资源交易中心高新区（滨江）分中心〔简称“杭州高新区（滨江）分中心”〕完成交易项目383项，比上年增长4.36%；成交总额136.51亿元，增长65.65%。其中：建设工程类（含小型建设工程）项目348项，成交额124.59亿元，包括成交额超1亿元项目21个，涉及亚运项目建设、教育用房建设、农转居安置、美丽河道等重点民生实事项目；政府采购类项目33项，成交额10.65亿元，综合交易类项目2项，成交额1.27亿元。保障全区重点建设、民生实事等项目完成交易活动，交易服务零投诉。自1月起，全面推行工程保函替代投标保证金机制，全年减免投标保证金151亿元，惠及企业10.1万家次。清退投标保证金901.05万元，实现投标保证金账户资金“零沉淀”，优化营商环境。

2021年，杭州高新区（滨江）分中心获“全国十佳公共资源交易中心（区县级）”称号、全国公共资源交易优秀示范奖和科技成果大赛三等奖。“e见证”数字直播工作获2020年度全市公共资源交易领域“金钥匙奖”，参加市数字经济系统应用场景“路演周”活动，在全市数字经济系统建设领域交流分享改革经验。在2021年度营商环境评价“招标投标”指标区县（市）考核工作中获全市前列。

【“政采云”在线交易】 2021年1月1日起，杭州高新区（滨江）取消供应商入库审核工作，减少供应商入驻“政采云”的环节。组织1420家区内供应商、42万件商品参与全省“政采云”网上超市商品竞争。会同区主管部门加强采购交易平台管理，强化“政采云”商品巡查机制，依托大数据平台运用信用手段，畅通在线提异渠道，实现入驻企业推优退劣。抽查企业720家（占区入驻供应商总数的50.7%），涉及商品2957件，对65家违规企业做扣除诚信分、暂停或退出网上超市交易等处理，定期在“滨江市民之家”微信公众号公布处理决定。至年底，全区“政采云”电子卖场交易量12688笔，交易额2.9亿元。

【5个行业标准出台】 2021年3月1日，杭州高新区（滨江）分中心作为全省基层政务公开试点单位，出台并实施4个公共资源交易领域区级地方标准，分别为《公共资源交易管理规范》《公共资源交易评标管理规范》《公共资源交易政务公开规则》《政府采购项目阳光评审管理规范》。会同市交易中心发布全市首个公共资源交易领域地方标准《公共资源交易开标直播平台的建设与管理规范》，自2021年10月15日起实施。

【“e见证”数字开标直播注册国家商标】 2021年6月14日，杭州高新区（滨江）“e见证”数字开标直播成功注册国家商标。杭州高新区（滨江）分中心梳理分析日常工作中遇到的问题,完善工作流程,落实开标现场日常巡检工作,形成工作台账,及时处理各类突发情况,消除投标人对不见面招投标流程和环节的疑虑,降低时间、路程等投入,打破地域局限,丰富交易资源,吸引更多企业跨地域参与项目交易竞争。全年,“e见证”数字开标直播395场次,为10.32万家企业提供开标现场直播服务,其中102个项目投标参与企业超500家(占项目总场次的25.82%),联庄一号路、联庄二号路工程项目参与投标企业1275家,成为杭州高新区(滨江)公开招标单项目投标家数最多的项目。

【远程异地“评审e站”建设】 2021年9月,杭州高新区(滨江)作为全市开展“1+N”远程异地多点评标试点城区,参与打通市本级与各区县的专家评审通道,丰富专家评审资源。基于评标过程可视化、标后实名公示专家打分内容的“阳光评审”机制,杭州高新区(滨江)分中心在评审区域内建设独立评标站点,增加评审点位2个,建设设备齐全、线路统一、环境舒适、空间独立的“评审e站”,优化现场专家管理机制,确保评标活动公正、公平,降低廉政风险,建立适合公共资源交易电子化的区县交易平台服务模式。11月10日,“评审e站”启用。至年底,共有涉及市本级、建德市、桐庐县的4个远程异地项目在“评审e站”中完成评标工作。

【数字见证系统启用】 2021年12月30日,杭州高新区(滨江)数字见证管理系统建成并投入使用。系统实现开评标场地在线预约、代理退出评标室、“一人多标”见证等功能,将“人工见证”升级为“智能见证”。通过结合数字开标直播工作,现场人员实现可视化管理、音视频档案“一键化”归档,提高数字见证透明度,提高现场见证工作效率,推进开标、评标、后续监管等环节全链条音视频留痕可追溯。打通与市交易中心见证协同等渠道,突破数据壁垒,建立健全规范透明、廉洁高效的交易体系。建立开标现场巡检机制,制定现场管理应急预案,实行“六色”管理机制提高现场人员区分度并进行分类管理,实现代理机构退出评标室隔离管理,净化招投标环境。 (俞一帆)

外 事

【概 况】 至2021年年底,杭州高新区(滨江)有常驻境外人士1400人,涉及美国、法国、印度、日本等40多个国家和地区。全年有教师随团出国1批2人次。企业出国执行经贸项目考察、技术服务等任务受理的1批1人次最终取消出访任务。办结疫情防控期间外国人来华入浙“快捷通道”96批201人次。其中,按照“先行先试”原则,为自贸区滨江片区内重点企业制定外籍人士来华入浙“快捷通道”白名单制度,办结5批69人次。

【30多个国家驻华使节到杭州高新区(滨江)企业考察】 2021年4月14日,欧洲国家驻华使节代表团、拉美及亚洲国家驻华使节代表团20名大使、37名嘉宾参加“中国共产党的故事——习近平新时代中国特色社会主义思想在浙江的实践”专题宣传介绍会,参观考察浙江吉利集团股份有限公司、新华三技术有限公司。

【驻华使节浙江行参访团到杭州高新区(滨江)参访】 2021年6月10日,“让世界关注这扇窗——驻华使节浙江行”参访团到杭州高新区(滨江)参访。参访团由中国政府中东问题特使翟隽和32名外国驻华使节组成,在杭州奥体中心主体育场,到访人员了解场馆的设计理念、建筑构造、功能划分、高科技元素等,近距离感受亚运氛围。在正泰集团杭州园区的“正泰创新体验中心”,到访人员了解公司在清洁能源与智慧能源应用领域的创新成果。

【东帝汶国家馆(浙江馆)在杭州高新区(滨江)揭牌】 2021年10月12日,东帝汶国家馆(浙江馆)在杭州高新区(滨江)揭牌。东帝汶民主共和国驻华大使桑托斯，东帝汶驻华大使馆参赞西奥，省、市贸易促进会负责人，中国（上海）自由贸易试验区国别（地区）中心理事会负责人，东帝汶国家馆馆长，东帝汶国家馆（浙江馆）馆长，杭州市第八巡回指导组代表及区贸易促进会相关负责人等10多人出席活动。东帝汶国家馆是第二届中国国际进口博览会后首个落户上海自贸区国别（地区）中心的国家馆。东帝汶国家馆（浙江馆）是东帝汶国家馆在浙江省的分支机构，是杭州与东帝汶等"一带一路"国家文化交流与经贸往来的枢纽。活动现场，市贸易促进会与东帝汶国家馆签署友好合作备忘录。

（方明霞）

侨　务

【概况】2021年，杭州高新区（滨江）侨务办公室（简称"区侨办"）围绕区委、区政府中心工作，落实工作决策部署，围绕服务社会经济发展大局，履行职责，坚持国内、海外工作并重，拓展海外联络工作、服务新侨工作，推动基层组织建设和基础建设，提升为大局服务水平，凝聚侨心汇聚侨力。在疫情常态化背景下，做好涉侨境外疫情输入防控工作，构建联防联控、群防群控网络，建立侨情信息报送机制，核查省外口岸入境到浙人员数据2000多条。全区归侨侨眷3200人，涉侨企业1500多家。

【"访侨企送服务"活动】2021年3月23日，省侨商会会长廖春荣带领会长团成员、监事会领导及经贸、金融、法律等专家共21人到杭州高新区（滨江）开展"访侨企送服务"活动。在侨企杭州康奋威科技股份有限公司举行座谈会，公司负责人介绍公司基本情况、发展规划和面临的主要困难。廖春荣勉励企业继续发挥人才和科技优势，侨企负责人要增强政策和市场两个信心，克服新冠肺炎疫情带来的困难，表示省侨商会将继续为企业做好服务。

【海外留学生滨江行活动】2021年7月9日，区委统战部（侨办）开展"魅力中华·看我国际滨"海外留学生滨江行活动，中澳科技创新能力提升研修班的澳大利亚海归学生40多人参加。留学生们参观杭州海康威视数字技术股份有限公司及浙江吉利控股集团有限公司2家高科技企业的体验展示中心。通过高新企业现场教学活动，感受杭州高新区（滨江）浓厚的创新创业氛围和企业在经济发展中的重要作用。

【侨企"三为"实践活动】2021年9月28日，省委统战部干部处、侨务一处党支部成员10多人，到杭州高新区（滨江）开展侨企"三为"（为群众办实事、为基层减负担、为企业解难题）实践活动。活动人员走访侨企浙江时迈药业有限公司（简称"时迈药业公司"）、杭州康奋威科技股份有限公司（简称"康奋威公司"），参观时迈药业公司场地、听介绍，了解企业在药物研发、推广发行、产业合作等方面的优势，听取企业未来的发展规划等；与康奋威公司负责人交流，了解企业自动化控制、机械设计、信息化方面的技术研究成果。

（俞以婷）

港澳台事务

【概况】2021年，杭州高新区（滨江）从深化联谊交流、实践实习创业基地建设、青年骨干培养3个层面开展港澳台工作。与香港社区、学校开展交流，拓展社区结对、校际结对、家庭交流；推进香港杭州创新创业服务中心建设，为港澳大学生实习创业和交流提供服务，促使港澳青年融入发展。完成香港杭州高新区（滨江）同乡会换届，开展香港青年创业论坛等活动。

【港澳籍人士及家属慰问】2021年1月29日，区委统战部相关负责人及香港杭州高新区（滨江）同乡会会长、各街道统战委员到西兴街道新州社区、长河街道闻涛社区、浦沿街道之江社区走访慰问港澳籍人士及家属,表示节日问候和美好祝愿。走访人员向港澳籍代表人士介绍2020年全区疫情防控和经济社会发展方面取得的成绩,听取港澳人士意见建议。针对港澳人士在内地生活工作中遇到的困难,与相关部门沟通协调,研究解决方案。香港杭州高新区(滨江)同乡会向港澳籍人士及家属送上防疫福袋和慰问信。

【市委统战部负责人调研香港创新创业服务中心】 2021年8月19日,市委统战部副部长俞永明等10多人到杭州高新区(滨江)调研。调研人员走访香港创新创业服务中心和白马湖嘻番里·同心联盟站,召开座谈会,听取杭州高新区(滨江)港澳工作、基层统战工作汇报,提出杭州高新区(滨江)要结合自身优势,持续建设港澳青年交流工作阵地品牌,探索乡贤在乡村振兴与共同富裕的特色优势,发挥统战资源优势,为杭州发展做出统战贡献。

【香港杭州高新区(滨江)两地社区结对签约】 2021年9月17日,香港杭州高新区(滨江)同乡会第二届理事会就职典礼暨杭州高新区(滨江)与香港社区结对签约仪式以两地连线方式举行。中央政府驻港联络办社会工作部原部长杨茂,市委统战部副部长俞永明,区委常委、统战部部长朱黎明,副区长陈健,区政协副主席余静漪,香港杭州高新区(滨江)同乡会会长顾梓昆等出席。区委统战部部务会议成员,各街道统战委员、统战干事,香港同乡会在内地会员代表,在滨江港籍代表人士及相关企业负责人等受邀参加。就职典礼前,选举产生香港杭州高新区(滨江)同乡会第二届理事会,顾梓昆任会长。香港康山社区、海怡社区与滨江区闻涛社区、彩虹社区两地4个社区,联合香港杭州高新区(滨江)同乡会,通过在线方式完成三方结对签约。

【贺一诚考察缤纷未来社区】 2021年11月6日,澳门特别行政区行政长官贺一诚在省、市、区领导的陪同下,考察西兴街道缤纷未来社区。缤纷未来社区覆盖3个社区、5个小区,坚持党建统领,以人为核心,聚焦人本化、生态化、数字化,围绕未来邻里、教育、健康、创业、建筑、交通、低碳、服务、治理九大场景,以丹枫路为轴聚焦重点民生需求,在旧改基础上进行功能升级,创建缤纷会客厅、缤纷食堂、社区服务中心、综合治理中心、缤纷卫生服务分中心、缤纷健身中心、缤纷成长驿站七大服务枢纽。贺一诚对缤纷未来社区建设表示赞赏。(孙利伟)

【台湾事务】 至2021年年底,杭州高新区(滨江)有台资企业29家,分属软件服务、文化创意、业务咨询等行业。区台办全年常态化走访台资企业和台胞台属,了解台资企业经营现状,开展台属联谊活动,精准提供服务,协助解决相关问题14个。落实"杭州惠台60条"等文件精神,做好惠台政策执行,服务区内台资企业。承办两岸青年网络文学大赛·未来发展高峰论坛暨"网络文学IP直通车"一周年活动。(沈高锋)

政协滨江区委员会

综　述

【概况】 2021年，区政协以习近平新时代中国特色社会主义思想为指导，学习贯彻中央和省委、市委、区委政协工作会议精神，贯彻落实区委决策部署，围绕“高质量发展建设共同富裕实践样板”主题主线，坚持发扬民主和增进团结相互贯通、建言资政和凝聚共识双向发力，以党史学习教育为着力点，坚持完善党建赋能、机制赋能、文化赋能、人才赋能、数字赋能“五个赋能”特色做法，发挥专门协商机构作用，形成“青春政协”高新特色，助力建设世界一流高科技园区。举行集体学习74次，参加委员1038人次。举行专题议政性常委会会议、专题协商会、提案办理协商会8次，报送协商建议12篇，区委区政府主要领导批示11件次。组织开展“请你来协商”活动20多场，开展专项集体民主监督和民生实事等联合监督9项，68件提案全部按期办结。

【政协工作宣传】 2021年，区政协在“滨江政协”微信公众号发布信息170篇，在区级以上媒体宣传报道117篇次，登上《人民政协报》“政能量”榜18次，9篇稿件被“学习强国”浙江学习平台转载。联合省政协《联谊报》出品的浙江政协系统首部微纪录片《吾心安处》，展现杭州高新区（滨江）“产城人”融合发展的生动实践和青年人才参与政协协商、社会治理的青春力量，被新华社、“学习强国”等媒体和平台转载，上线24小时全网点击量220万余次。区政协助推建设家校社协同育人实践样板的相关做法在新华社、《人民政协报》等媒体刊发，24小时阅读量50万余次。

【文史研究成果】 2021年，区政协鼓励区政协书画院、文史研究会等社团组织结合自身优势，挖掘杭州高新区（滨江）厚重的历史底蕴和人文创新精神，编撰亲历、亲见、亲闻“三亲”史料，发挥存史、资政、团结、育人的社会功能，与区委宣传部联合完成《浙江文史记忆丛书》杭州滨江分册编撰工作。1月26日，由区政协编撰、西泠印社出版社出版的《众创的力量》获杭州市政协优秀文史图书表彰（二等文史成果）。11月30日，在第35届华东地区优秀哲学社会科学图书评选暨出版发行工作研讨会上，由区政协编著、杭州出版社出版的《创新引擎——杭州高新区（滨江）创新发展文化透视》获华东地区优秀哲学社会科学图书奖二等奖。（李庆莲）

重要会议

【区政协二届五次会议】 2021年1月20—22日，区政协二届五次会议在杭州白马湖建国饭店举行。会议应到委员156人，开幕式实到150人。市政协领导，区四套班子负责人，区法院、检察院负责人，以及各街道、区级机关各单位、各直属单位和驻区各单位负责人等邀请人员98人，列席

2021年1月20—22日，中国人民政治协商会议第二届杭州市滨江区委员会第五次会议在杭州白马湖建国饭店召开　（区政协办　供图）

人员7人参加大会开幕式。会议听取区长李志龙所作的《政府工作报告》，听取审议区政协主席王国珍代表政协第二届杭州市滨江区委员会常务委员会所作的工作报告和区政协副主席张爱莲所作的提案工作情况报告。委员们通过提案、大会发言、小组讨论等形式，建言资政，凝聚共识。会议选举郑丽为政协第二届杭州市滨江区委员会秘书长，汤茵、林春盛、宣苏岚、郭伟华、陶剑琴5人为政协第二届杭州市滨江区委员会常务委员。会议收到大会发言材料27篇，8名委员做口头发言；以提案形式提出的意见建议85件，其中各民主党派和政协各界别以集体形式提出27件，委员以个人名义或联名提出58件。

【区政府区政协联席会议】2021年1月7日，区政府区政协召开工作联席协商会议，区政府、区政协领导班子成员及区政府办公室、区政协办公室、区政协各专委会负责人共20人参加。会议就《政府工作报告（征求意见稿）》和《政协常委会工作报告（征求意见稿）》及2021年度区政府区政协重点工作进行协商交流。与会人员围绕产业高质量发展、平台高标准建设、城市精细化管理、民生高水平改善以及重点协商履职议题等具体工作提出意见建议。

【区政协常委会会议和主席会议】2021年，区政协召开常委会会议4次，就有关问题进行协商审议。区政协主席、副主席，秘书长和常务委员参加历次会议。召开主席会议13次，组织集体学习、协商审议重点工作、月度安排等事宜。区政协主席、副主席、秘书长，区政协各办（委）正副主任参加历次会议。

2021年政协滨江区委员会常委会会议情况表

表7

日期	会议名称	会议内容
2021-01-21	二届二十三次常委会会议	听取8个小组召集人关于各组讨论政协常委会工作报告、提案工作报告、政府工作报告及其他报告，讨论政协决议（草案）、选举办法（草案）、候选人名单（草案）、总监票人、监票人建议名单（草案）情况的汇报；审议通过《政协第二届杭州市滨江区委员会第五次会议提案收集和初审情况的报告（草案）》
2021-03-25	二届二十四次常委会会议	专题传达学习习近平总书记在党史学习教育动员大会上的重要讲话精神和全国“两会”精神，通报2021年区政协工作要点、区政协委员“履职菜单”，部署年度相关重点工作

续表7

日期	会议名称	会议内容
2021-06-21	二届二十五次常委会会议暨提案办理专题协商会	听取区府办关于区政协二届五次会议提案办理工作情况，区社发局等提案承办部门关于4个重点督办提案办理情况，区政协提案委关于提案办理督查情况汇报。与会人员围绕68件立案交办提案，特别是促进直播电商产业健康发展、完善公共卫生应急保障体系、推进高技术产业标准研究助推“新制造业计划”、江南大道沿线亮灯工程提升改造等4件重点提案内容，进行协商交流
2021-09-28	二届二十六次常委会会议暨推进高端制造业发展打造共同富裕实践样板专题协商会	聚焦“推进高端制造业发展，打造共同富裕实践样板”主题，由经科委牵头、区内各民主党派和部分政协委员参加的课题组提交1份总报告和7份子报告。会上，区经信局、区政协经科委分别从推进新制造业高质量发展情况、打造高端制造业核心竞争力示范区路径研究等方面进行主题发言，7个民主党派主委从推进高端制造业集群发展、成立产业联盟、深化产学研协作、高端制造业人才安居等方面作交流发言，活动同步开设“浙政钉”主题议政群，各部门、党派、企业和委员代表共70多人通过线上线下参加协商交流

2021年政协滨江区委员会主席会议情况表

表8

日期	会议名称	会议内容
2021-01-13	党组（扩大）会议暨二届五十九次主席会议	讨论调整后的区政协二届五次会议日程（草案），听取区委组织部有关人事事项的说明，讨论调整区政协部分联络处负责人事宜，听取讨论部分委员划分或调整界别、联络处（小组）建议方案
2021-01-29	二届六十次主席会议	学习省政协主席葛慧君在省政协十二届四次会议上所做的常委会工作报告、在小组讨论时的讲话要点，传达学习区委书记王敏在区政协二届五次会议大会发言材料上的批示精神，听取二届五次会议提案立案审查情况的汇报，交流区政协办和各专委会月度工作
2021-02-26	二届六十一次主席会议	讨论区政协2021年工作要点；听取区政协重点联系提案确定情况的汇报；听取讨论专委会“1+3”工作专班运行机制及功能性党支部调整方案，庆祝中国共产党成立100周年活动方案，3岁以下婴幼儿托育服务体系“请你来协商”活动方案，地铁口序化、市场监察执法民主监督活动方案；交流区政协办和各专委会月度工作
2021-03-24	二届六十二次主席会议	研究讨论2021年区政协委员“履职菜单”、区政协“同心向党”书画展方案、在建工地智慧监管专题视察方案、“书香政协·硅谷书房”揭牌暨读党史沙龙活动方案，交流区政协办和各专委会月度工作
2021-04-23	党组（扩大）会议暨二届六十三次主席会议	讨论《滨江区政协党组2021年工作要点》；听取数字政协建设情况汇报；听取讨论组织部分委员和机关干部到北戴河培训方案，完善知识产权综合平台服务与保护功能“请你来协商”活动方案；交流区政协办和各专委会月度工作

续表8

日期	会议名称	会议内容
2021-05-21	二届六十四次主席会议	听取讨论区政协二届二十五次常委会会议暨年度提案办理协商活动方案，区政协迎“七一”庆祝中国共产党成立100周年活动方案，深化区域高水平医联体建设专题视察活动方案，地铁口序化民主监督活动方案，2021年“界别活动月”活动方案；交流区政协办和各专委会月度工作
2021-06-29	二届六十五次主席会议	传达学习杭州市委十二届十二次全体（扩大）会议精神，研究讨论构建家校社协同育人机制新格局“请你来协商”活动方案，交流区政协办和各专委会月度工作
2021-07-27	二届六十六次主席会议	审议《政协杭州市滨江区委员会关于加强和改进人民政协凝聚共识工作的实施意见（讨论稿）》，研究讨论直播电商产业健康发展情况专题视察、安置房小区物业管理“请你来协商”、市场监督执法情况民主监督等活动方案，交流区政协办和各专委会月度工作
2021-08-30	二届六十七次主席会议	传达学习省政协主席葛慧君对滨江区政协推进“五个赋能”破解“两个薄弱”问题探索实践的批示精神，研究讨论区政协二届二十六次常委会暨推进高端制造业高质量发展打造共同富裕实践样板“请你来协商”活动方案，审议通过关于构建家校社协同育人机制新格局的调研报告，交流区政协办和各专委会月度工作
2021-09-27	党组（扩大）会议暨二届六十八次主席会议	听取区政协机关党组关于巡察情况及整改方案汇报，研究讨论二届政协委员留任建议方案，讨论通过加快推进未来社区社工队伍建设“请你来协商”活动方案，审议通过《关于推进“请你来协商·民生议事堂”平台建设的实施意见》《关于进一步提升安置房小区物业管理水平的调研报告》，研究“数智政协”建设工作，交流区政协办和各专委会月度工作
2021-10-29	二届六十九次主席会议	听取“滨江数智政协”建设情况汇报，研究讨论高端制造业发展现状与前景的调研报告、三届一次会议大会发言选题，交流区政协办和各专委会月度工作
2021-11-30	二届七十次主席会议	研究讨论政协常委会工作报告、提案工作报告、新一届政协委员培训方案，交流区政协办和各专委会月度工作
2021-12-22	二届七十一次主席（扩大）会议	研究区政协三届一次会议有关事项，审议政协常委会工作报告、提案工作报告，研究讨论《委员履职量化考评实施细则》、区政协三届一次会议大会发言口头发言建议名单、2021年度优秀委员等各类先进推荐名单和2022年协商履职重点工作建议，交流区政协办和各专委会月度工作

（李庆莲）

协商议政

【概况】 2021年，区政协围绕进一步完善3岁以下婴幼儿托育服务体系、完善知识产权综合平台服务与保护功能、构建家校社协同育人机制新格局、安置房小区物业管理、推进高端制造业发展建设共同富裕实践样板、建设与未来社区相匹配的社工队伍等重要议题，共举行专题议政性常务委员会会议1次，提案办理协商会1次，专题协商会6次，报送协商建议12篇，区委区政府主要领导批示11件次。围绕在建工地智慧监管、医联体建设、直播电商产业发展、市场监管执法、数字经济时代的发展机遇和挑战、迎亚运非遗提升、实施人才关爱工程、智慧社区建设等内容，组织开展“X”部分“请你来协商”活动20多场。

【提案办理协商】 2021年3月3日，区政协参加2021年区政府民生实事项目实施工作动员部署会暨区“两会”建议提案交办会，集中交办提案68件，其中重点督办4件、重点联系21件。4—5月，区政协各专委会走访区住建局、区民政局、区城管局等24家提案承办单位，协商督查区政协二届五次会议提案办理情况，听取承办单位有关负责人和提案领衔人的意见建议，了解提案办理工作进展，交流提案办理好做法，共商办理过程中存在的困难和问题，督促承办单位做好提案办理落实和成果转化。6月21日，召开提案办理专题协商会，就年度提案办理、重点提案和重点联系提案办理工作进行专题协商。通过区政协和各承办单位共同努力，68件提案全部按期办复，面商（电话）沟通率、上网率、态度满意率均为100%。11—12月，组织开展2021年提案质量及提案办理质量双向评议工作，承办单位对提案质量满意率100%，委员对提案结果评价满意率为98.5%；评选优秀提案7件，提案办理先进单位6家。

【完善3岁以下婴幼儿托育服务体系专题协商议政】 2021年3月29日，区政协召开进一步完善3岁以下婴幼儿托育服务体系“请你来协商”专题协商会。会议听取区社发局关于杭州高新区（滨江）婴幼儿照护服务情况、区政协教文委关于课题调研情况的汇报，与会人员围绕做好0～1岁儿童家庭入户指导、成长驿站的建设和运营、创建国家和省市级托育服务示范点、托育机构食品安全问题、构建多元化差异化托育服务配套、开发建设0～3岁托育数字监控管理平台等问题进行协商互动。该场协商会是2021年首场“请你来协商”活动。

【知识产权综合平台服务与保护专题协商议政】 2021年5月19日，区政协在区知识产权大厦召开完善知识产权综合平台服务与保护功能“请你来协商”专题协商会。与会人员视察物联网产业知识产权运营公共服务平台建设、运行情况，听取区市场监管局关于知识产权综合服务平台工作、区政协经科委关于完善知识产权综合平台服务与保护功能调研情况的汇报，围绕制定许可奖励政策，设立开放许可平台，构建全流程在线知识产权保护一站式服务，推进知识产权综合平台与园区数字平台融合，做好知识产权服务中介公司筛选和分类分级，以“区块链+知识产权+司法”完善知识产权综合服务平台，提升知识产权保护功能等内容进行协商互动。

【家校社协同育人机制专题协商议政】 2021年7月22日，区政协围绕“构建家校社协同育人机制新格局”主题开展专题

2021年5月19日，区政协在区知识产权大厦召开完善知识产权综合平台服务与保护功能“请你来协商”专题协商会

（区政协办　供图）

协商。会议听取区教育局、区妇联、区政协教文委关于创新家校社协同育人新机制、全区家庭教育工作开展情况和课题调研情况汇报，围绕以学生成长为本推进家庭教育和社会教育形态升级转换，从结婚登记入手引导青年人从合法父母成长为合格家长，以未来社区的建设为契机补足“社”之短板，以高新企业家长学校联盟为切入口开展各类协同育人活动，搭建家校社共育平台，关注学生心理健康问题等内容进行协商互动。

【安置房小区物业管理专题协商议政】 2021年8月23日，区政协举办安置房小区物业管理“请你来协商”专题协商会。会议听取区住建局、长河街道、区政协城建委关于滨江区安置房小区物业管理工作情况、街道工作开展情况和课题调研情况的汇报，围绕部门协同、街社合力，共同推动全区物业管理水平上台阶进行协商互动。委员们提出要发挥物业管理委员会作用，提高居民意识，建立综合管理协调制度等意见建议。

【与未来社区相匹配的社工队伍建设专题协商议政】 2021年11月4日，区政协在冠山未来社区举办建设与未来社区建设相匹配的社工队伍“请你来协商”专题协商会。会议听取区民政局关于滨江区社工队伍建设现状、长河街道关于社区干部能力提升情况和区政协社法委关于课题调研情况的汇报，围绕利用数字化平台提升社工工作效率和质量，出台未来社区数字化建设标准与规范，加强社工队伍教育培训，完善社工待遇等内容，开展座谈交流。4名社区书记分别从增设社工岗位配置、制定专职社工轮岗交流制度、建立科学化考核体系、加强“全能社工”培养、通过未来社区数字化建设让社工减负等方面提出看法和建议。

2021年区政协重要建议情况表

表9

序号	建议形式	建议人/单位	主题	内容
1	社情民意专刊	区政协办	关于政协智库成员对滨江区相关工作的意见建议	3月24日，区政协智库成员首场协商活动上，11名经济科技、城市建设管理、基层社会治理、社会事业发展等领域的智库成员，结合本职岗位，围绕2021年区委、区政府中心工作和区政协重点工作，提出以高科技企业引领高端制造业，特别是高端装备制造业健康发展；重视教育、住房、交通、知识产权、政策等问题，优化营商环境和创新环境；推进“美好生活共同体”建设、社工队伍打造，提升社会治理和公共服务水平；支持公益组织发展等意见建议。3月26日，建议以《政协信息·社情民意专刊》〔2021〕第1期报送区委、区政府主要领导
2	社情民意专刊	教文委	关于进一步完善与城市能级相适应的托育服务适性发展体系的建议	在分析滨江区托育服务发展的优势、机遇和挑战的基础上，提出要对标先进城市工作经验，针对托育服务在顶层设计、管理服务力量、社区普惠性托育资源等方面存在不足，紧抓先行优势，优化顶层设计，加大政策导向，加强管理和创新力度，匹配多元需求，不断完善与滨江区城市能级相适应的托育服务创新发展体系。3月31日，建议以《政协信息·社情民意专刊》〔2021〕第2期报送区委、区政府主要领导

续表9

序号	建议形式	建议人/单位	主题	内容
3	社情民意专刊	城建委	关于进一步拓展“工地一码通”使用功能提升在建工地智慧化管理水平的建议	区政协组织委员进入工地现场，了解“工地一码通”在工地智慧化监管中发挥的作用，9名委员建议扩大智慧化的范围，拓展新的应用场景，更好实现工地全过程智慧管理；打通现有人脸识别系统和“工地一码通”考勤功能，实现信息互享；多跨协同推进“工地一码通”推广使用，使智慧监管系统更有温度；出台相关政策，优化智慧监管系统，更好发挥系统在工地安全质量监管、安全生产责任保险等方面作用。4月20日，建议以《政协信息·社情民意专刊》〔2021〕第3期报送区委、区政府主要领导
4	社情民意专刊	经科委	关于进一步完善滨江区知识产权平台服务与保护功能的建议	针对知识产权工作现状，建议加大知识产权人才引进和培育，提升知识产权高价值创造能力，加快集聚高端知识产权服务机构，开展知识产权综合运用考核，加快形成区域知识产权体系化保护功能，以数字化改革引领提升知识产权服务能级，推进知识产权国际化部署。5月21日，建议以《政协信息·社情民意专刊》〔2021〕第4期报送区委、区政府主要领导
5	社情民意专刊	教文委	关于深化区域高水平医联体建设的建议	根据多层次医联体建设实际，委员们建议推进医联体多元化建设，争取与多家上级医院建立双向转诊机制；完善医联体内同向激励机制，成立医联体工作领导小组和管理委员会，统筹协调医联体的发展规划、资源配置、人事管理等事项；推进智慧医疗建设，建立医疗集团或医联体集中的医疗数据资源库，实现资源共享，提高医院就诊效率；强化基层医疗机构能力建设，借助浙江大学医学院附属第二医院完善的教学培训体系，为社区服务中心在人员甄选招聘、规范化培训考核及专业技能训练等方面提供支持；完善基层公共卫生体系建设，探索用医联体建设的思路推动社区卫生服务机构与上级医院的合作；加强儿科医联体建设；推进中医医联体建设。6月24日，建议以《政协信息·社情民意专刊》〔2021〕第5期报送区委、区政府主要领导
6	社情民意专刊	经科委	关于进一步促进直播电商产业健康发展的建议	委员专题视察区内直播电商产业健康发展情况后，建议完善直播电商应用新场景，优化直播电商产业扶持政策，推动头部直播电商企业集聚发展，加强服务监管营造多方共治良好氛围，建设“直播产业第一区”。8月20日，建议以《政协信息·社情民意专刊》〔2021〕第6期报送区委、区政府主要领导
7	社情民意专刊	教文委	坚持高新特色展现滨江风采努力打造家校社协同育人的实践样板——关于构建家校社协同育人机制新格局的调研报告	围绕构建家校社协同育人机制新格局，剖析在家校社协同育人方面存在问题：家长的教育观念不科学、教育素养缺乏，导致育人弱化、内卷化；学校教育的主阵地主渠道功能作用发挥不到位，造成“五育并举”弱化；社会育人主体及其责任体系仍不明确，致使教育越来越焦虑。建议通过学校育人、家庭育人、社会育人“三力”齐发的内部革新，优化理念、机制、资源、“数智”的“四方面”外部协同，构建家校社协同育人机制的新格局。8月31日，建议以《政协信息·社情民意专刊》〔2021〕第7期报送区委、区政府主要领导

续表9

序号	建议形式	建议人/单位	主题	内容
8	专报信息	区政协办	滨江政协推进“五个赋能”破解“两个薄弱”问题的探索和实践	针对区县政协基础工作薄弱、人员力量薄弱“两个薄弱”问题，区政协探索党建赋能、机制赋能、文化赋能、人才赋能、数字赋能，推进政协工作提质增效，不断展现新时代人民政协的新样子。8月25日和9月7日，分别获省政协主席葛慧君和市政协主席潘家玮批示。9月16日，建议以《政协信息·社情民意专刊》〔2021〕第8期报送区委、区政府主要领导
9	专报信息	区政协办	滨江区政协推进“厅、站、室”三级联动的实践探索	区政协推进委员工作室建设，探索形成省政协委员会客厅、市政协委员工作站、区政协委员工作室（简称“厅站室”）三级联动机制。9月16日，建议以《政协信息·社情民意专刊》〔2021〕第9期报送区委、区政府主要领导
10	调研报告	城建委	关于进一步提升安置房小区物业管理水平的调研报告	针对区内安置房小区物业管理存在的问题，建议加强制度顶层设计；加强安置房小区物业管理力度；通过前移安置房小区物业管理工作、整合物业区域“管家式”开展物业服务、探索物业增值服务等；完善物业管理模式；通过宣传教育引导、建立业委会、探索物业费收缴等，增强居民参与意识和主体意识。10月14日，建议以《政协信息·社情民意专刊》〔2021〕第10期报送区委、区政府
11	调研报告	经科委	关于杭州高新区（滨江）高端制造业发展现状与前景的调研报告——打造高端制造业核心竞争力示范区路径研究	根据杭州高新区（滨江）高端制造业发展现状，厘清杭州高新区（滨江）发展高端制造业的必要性和基础优势，借鉴苏州昆山、上海浦东、北京经开区等地先进做法，围绕杭州高新区（滨江）发展高端制造业应具有的“专精特新”的产业特征，提出高端制造业未来着力的重点方向以及加快建设高端制造业核心竞争力示范区的相关建议。具体建议有通过壮大标志性产业链、做强产业链关键环节、补链固链提升产业链竞争力等，锻造重点标志性产业链；通过强化企业创新主体地位、加强科技成果转移转化、深化科技体制创新，围绕产业链筑牢创新链；通过强化领军企业支持引领作用、培育一批制造业单项和隐形冠军、促进大中小企业融通发展，强化制造领军企业带动；通过建设“产业大脑+未来工厂”、推动“制造集成服务”“服务整合制造”的新业态发展、推进“低碳生产+绿色制造”，赋能制造业融合化升级；通过推进国际产业合作、支持企业海外制造技术并购、增强区域产业协作，扩大国际开放合作水平；通过加强政策引导支持、盘活挖掘承载空间、加强高端制造人才保障、引导资本向高端制造集中，强化资源要素保障支撑。11月12日，建议以《政协信息·社情民意专刊》〔2021〕第11期报送区委、区政府
12	调研报告	社法委	关于打造与未来社区建设相匹配的社工队伍的调研报告	针对社工队伍建设存在的社工队伍专业化程度不高、社工队伍服务大局意识不够强、社工队伍人员配备不足、各级职责边界不清导致的社区事务行政化等问题，建议按照推进全区全域未来社区建设的要求，通过党建统领，凝聚共识；统筹配备，保障待遇；多措并举，外引内培；完善机制，激发动能；明确职责，数字赋能。11月18日，建议以《政协信息·社情民意专刊》〔2021〕第12期报送区委、区政府

续表9

序号	建议形式	建议人/单位	主题	内容
13	重点督办提案	民盟杭州高新区（滨江）基层委员会	关于推进高技术产业标准研究助推“新制造业计划”发展的建议	针对区内高技术产业标准化存在的缺少有影响力的标准化组织，缺乏高质量、对行业有引领作用的高技术产业标准，缺少标准化服务机构，缺少高层次标准化人才等问题，建议抓住杭州市推进“新制造业计划”的契机，通过建立制造业标准创新和有效实施的工作机制；促进科技成果的标准化转化，开展标准化试点示范工作；支持深度参与国际标准化活动，提高标准国际话语权；发展标准化服务业，创建“高新制造业”标准品牌；培养标准化人才，推动“高新制造业”标准化工作可持续发展，在制造业领域积极布局标准化战略。3月3日，建议由副区长陈健领办、区政协副主席余静漪督办，区市场监管局为承办单位，区政协社法委为督办部门
14	重点督办提案	民革杭州高新区（滨江）基层委员会	关于促进杭州高新区（滨江）直播电商产业健康发展的建议	针对直播产业发展现状，建议善用法治思维，当好合规倡导者；细化直播电商扶持政策，增强政策可落地性；筹建专门职能办公机构或协调机构负责政策执行及落地；树立区政府在直播电商企业中优质服务型政府的印象，以更加良好的营商环境和更加完善的政策制度，促进直播电商产业健康发展。3月3日，建议由区委常委沈建领办，区政协副主席夏福志督办，区委宣传部（文创发展中心）为承办单位，区政协经科委为督办部门
15	重点督办提案	共青团和青联界	关于江南大道沿线亮灯工程提升改造的建议	通过分析江南大道沿线道路楼宇亮灯现状，指出楼宇亮灯与道路亮灯缺少全局把控，总体规划相对滞后；灯光设计与使用不当，导致效果混乱与光污染；部分灯具电缆设施设备缺乏有机更新，存在一定安全隐患；场景化分时段智能控制欠缺，节能理念不够等问题，建议要规划统筹，科学统一；融入文化，展现风采；以人为本，注重节能；强化运营，统筹管理，真正借亚运会筹办的契机，提升改造亮灯情况，提升城市品位、城市设施和城市服务国际化。3月3日，建议由副区长周力军领办，区政协副主席周翔督办，区城管局为承办单位，区政协城建委为督办部门
16	重点督办提案	民盟杭州高新区（滨江）基层委员会	关于完善杭州高新区（滨江）公共卫生应急保障体系的建议	针对公共卫生保障体系存在的疾控中心人员数量短缺且老龄化严重、人员专业化程度不高、群众需求与疾控防保力量不匹配、防控网络存在难点和盲区等问题，特别是在应对新冠肺炎疫情中暴露出来的短板，建议完善公共卫生应急保障组织体系、队伍建设，完善疾控物资保障体系建设，完善疾控数据平台建设。3月3日，建议由副区长陈健领办，区政协副主席张爱莲督办，区社发局为承办单位，区政协教文委为督办部门

续表9

序号	建议形式	建议人/单位	主题	内容
17	重点联系提案	工会界	关于优化社区治理结构，推动物业提档升级的建议	针对当前小区治理存在的业主和物业服务企业、业主和业委会、业委会与物业企业“三对主要矛盾”，特别是业委会存在的门槛低、权力大、责任小、缺乏担当的实际，提出要发挥社区党支部引领作用、探索建立职业化运行机构、服务费用和日常维修费用分离、小区公共收益参照维修基金管理办法建账监管、重大事项公开招投标等建议，更好推进社区小区物业提档升级。3月3日，建议由副区长居国平领办，区政协副主席周翔督办，区住建局为承办单位，区政协城建委为督办部门
18	重点联系提案	民进杭州高新区（滨江）基层委员会 杨　宇 徐光群	关于优化滨江区家校社协同共育机制强化青少年“家国情怀”教育提升学生核心素养的建议	聚焦家校社共同关心的青少年教育问题，建议通过共享科学教育理念，遵循孩子发展规律；澄清家庭角色定位，构建平等合作关系；深化家校社合作内容，提供家庭教育支持等举措，提升家校社合作质量，促进学生更好、更健康发展。3月3日，建议由副区长包嘉颖领办，区政协副主席张爱莲督办，区教育局为承办单位，区政协教文委为督办部门
19	重点联系提案	民族宗教界 蒋建圣	关于数字赋能基层治理的建议	针对数字赋能基层治理的三大矛盾：数字赋能与基层耗能的矛盾，管理维度与治理维度的矛盾，数字治理与被数字治理的矛盾，建议强化统筹规划，实施数据系统化归集、统筹分配应用；广开言路，倾听市场主体声音；培养政务数据人才，掌握算法、算力主动权，提升基层数字领导力、执行力和运用力等。3月3日，建议由副区长包嘉颖领办，区政协副主席周翔督办，区民政局为承办单位，区政协社法委为督办部门

（李庆莲）

民主监督

【概况】 2021年，区政协围绕市场监管执法、地铁口序化、直播电商产业健康发展、社会矛盾纠纷调处化解中心建设等内容开展视察监督；围绕“迎亚运”美化城市环境、推进教育事业高质量发展、加快推进安居工程、建设社区“美好生活共同体”、推进物业提档升级等重大投资和民生实事项目，以及“数智靓城”行动，与区人大常委会进行联合监督；围绕疫情防控工作进行指导检查，紧扣区委工作重点监督助推；围绕美丽大花园建设、共同富裕示范区建设等内容，与省、市政协开展联动专项集体民主监督。

【民生实事项目专项监督】 2021年，区政协根据《2021年政府民生实事项目实施方案》，组织委员专项监督小组，对加快推进安居工程、建设社区“美好生活共同体”、“迎亚运”美化城市环境、深入推进物业提档升级5项民生实事项目开展专项监督。4月15日，区政协副主席夏福志一行对“加快推进安居工程”民生实事项目开展专项监督，踏看九区块扩面耀洋一期（新生）项目、十三区块二期（浦联）项目建设情况，听取区建管中心和各街道情况汇报，从明确制度规范、加强物业管理、提升安置房管理品质等方面提出监督建议。4月15日、7月30日，区政协副主席周翔一行对建设社区“美好生活共同体”民生实事项目开展专项监督，视察冠山社区、江一社区、山二社区“美好生活共同体”建设情况，听取区民政局、各街道情况汇报，从突出社区文化特色、完善无障碍设施、加强后期管理、给社工减负等方面提出监督建议。4月19日，区政协副主席余静漪一行前往区城管局，听取“迎亚运”美化环境中高架和入城口提升改造、“美丽河道”创建、提升改造口袋公园等子项目工作方案，并就入城口宣传展示、游步道安全与通达性、口袋公园功能定位等提出监督建议。7月9日、11月24日，区政协副主席周翔率委员专项监督小组对“深入推进物业提档升级”民生实事项目开展专项监督，踏看缤纷东苑小区、风景蝶园、钱塘福苑物业管理情况，听取区住建局和各街道情况汇报，并从收缴物业费、完善物业考核办法、提高居民公共意识、提高居民参与度等方面提出监督建议。5月11日、11月11日，区政协副主席张爱莲率委员专项监督小组对“推进教育高质量发展”民生实事项目开展专项监督，踏勘中兴单元和江南单元小学及幼儿园项目、视察国信嘉园幼儿园江尚分园，听取区教育局情况汇报。

【重大投资和民生实事项目视察监督】2021年1月12日，区政协组织50多名政协委员分组开展“2020年重大投资和民生实事项目推进情况”视察，通过看现场、听汇报、查进度等方式，了解项目进展情况。区政协主席王国珍，区政府副区长周力军、陈健、陶峰，区政协副主席张爱莲、周翔参加视察。委员们走访北塘河畔及周边区域提升改造工程现场，体验“清水绿堤”、公园空间的健身互动设备等，提出完善市民休闲空间的监督建议；视察杭州市奥体实验小学、海康威视嵌入式幼儿园的校园环境及运行情况，肯定相关项目建设，提出深化教育改革，推进教育现代化等监督建议；检查观邸国际小区垃圾分类工作，提出做好小区垃圾分类模式的宣传推广等监督建议。

【“推进美丽大花园建设”专项集体民主监督】2021年3月，区政协根据省、市政协相关方案，研究制定《区政协“推进美丽大花园建设、打造国际滨江”专项集体民主监督实施方案》，围绕“生态环境全域提质、城市景观整体提升、历史文化不断彰显”3个方面，通过省、市、区三级政协联合实地踏勘、座谈交流会、相关提案督办、民生实事项目监督、“掌上履职”反映意见建议等形式，提出意见建议。至6月底，有123人次委员参与，实地调研北塘河畔及周边区域提升改造工程等点位19处，召开座谈会14次，提出意见建议74条。区政协城建委向市政协报送《“推进美丽大花园建设”专项集体民主监督开展情况报告》，针对“美丽大花园建设”认识有待提高、城市管理中局部秩序问题有待优化、生态环境质量有待巩固提升、城市景观品质有待提升等问题，提出加大宣传合作力度、建立长效管理机制、建设独具特色的滨江城市风貌等建议。

【地铁口序化民主监督】2021年5月26日，区政协城建委组织委员开展地铁口序化民主监督活动。区政协副主席周翔一行9人视察滨康路站、长河站等地铁站点建设和秩序管理情况，听取区城建发展公司（地铁办）、区住建局、区城管局相关负责人关于地铁站点建设管理、配套公共交通、地铁口序化管理等方面工作情况汇报，从注重环境舒适度、完善指示标识、体现人文关怀等方面提出监督建议。

【市场监管执法民主监督】2021年8月31日，区政协社法委组织委员开展市场监管执法民主监督活动，重点对食品安全及举报投诉情况开展监督。委员们视察胡庆余堂天然食品公司，了解原材料提取、生产流水线、产品包装、成品贮存等生产环节卫生管控情况；进入区市场监管局抽检室，查看抽检设备及操作流程等，提出加强重点领域监管、发挥食品行业协会等社会组织作用、以数字化手段加大对食品企业监管力度、引导食品行业加强自律等监督建议。

【“亚运靓城”攻坚行动视察监督】2021年9月16日，区政协组织委员开展“数智靓城”

行动专题视察。区政协主席王国珍、副主席周翔，秘书长郑丽，以及区政协城建委、社法委负责人参加。委员们走访华家排灌站，听取区城管局智治水系统工作、智慧水利平台建设等情况汇报，肯定智慧水利管理系统和排灌站建设，围绕全力以赴打赢“亚运靓城”攻坚战，让杭州高新区（滨江）的水更清、路更畅、民更安，提出继续优化和完善智慧系统建设、视情开展演练等视察建议。（李庆莲）

凝聚共识

【概况】 2021年，区政协结合党史学习教育，完善以党组理论学习中心组学习为引领，党组会议、主席会议集体学习和委员培训等相配套的学习制度体系，开展“硅谷系列·书香政协”委员读书活动，加强思想政治引领，广泛凝聚共识。组织集体学习、委员培训、读书活动74次，参加委员1038人次。发挥在滨江的省政协委员会客厅、市政协委员工作站和区政协委员工作室资源，组织开展“我与示范区建设”专题讲座、滨江海创&浙大校友创新创业论坛等“厅、站、室”联动活动7场，将政协工作延伸到青年人才、海创人才、网络作家、文化创客等特殊群体。区政协领导及机关党员干部走访联系委员、企业（人才）、社区，走访看望老党员、困难群众，到联系结对社区指导疫情防控，协调解决实际问题，开展“为群众办实事、为企业解难题、为基层减负担”专题实践活动24项，领衔破解难题13个。

【政协系统中共建设推进】 2021年，区政协落实中共中央和省市区委关于加强政协系统中共建设部署要求，制定区政协党组工作要点，完善“政协党组+政协机关党组+党总支+各专委会党支部”的政协中共组织体系。推进“一支部一品牌”建设，创建提案委“青春·建言”、经科委“青春·共富”、城建委“青春·靓城”、教文委“青春·讲坛”、社法委“青春·智治”、委员工委“青春·人才”6个特色党建品牌。健全党建工作责任制，发挥政协党组在政协工作中的领导作用，加强对机关党组和各专委会党支部的领导，以党建强政治、带队伍、促履职、增团结。

【“高新情·政协缘——我和滨江政协”主题征文】 2021年1月11日，区政协结合中国共产党成立100周年、滨江区建区25周年和二届区政协工作收官，启动“高新情·政协缘——我和滨江政协”主题征文活动。新老委员们结合岗位实际、委员职责和履职实践撰写征文。至9月底，通过“滨江政协”微信公众号推送征文30篇。其中，《本职履职互促共进》《“政协委员当得值！”乘风破浪的小姐姐黄月君多面角色样样精彩》在省政协《联谊报》和“同心苑”刊出，《管平潮：缘结滨江潮》被“学习强国”浙江平台转发。

【区政协党史学习教育】 2021年2月26日，区政协召开党组暨主席（扩大）会议，专题组织学习习近平总书记在党史学习教育动员大会上的重要讲话精神，落实中央关于开展党史学习教育的决策部署和区委有关要求，对区政协机关党史学习教育进行部署安排。2—12月，围绕“同心筑梦心向党”主题，策划10项主题履职活动，区政协党员领导干部及政协委员到基层讲党课、解难题、办实事。组织开展“百名委员读百年党史”“百名委员读懂百年庆典”“百名委员热议全会精神”交流发言活动，参与委员600多人次、发言3000多条。其中，在3月15日启动的市政协“千名委员读百年党史”线上交流活动中，区政协有151名委员参与，发言条数1022条，发言字数11.36万字，居各区县（市）政协第一位。

【书香政协活动】 2021年3月15日，区政协制定《关于开展硅谷系列·书香政协读书活动的实施方案》，通过与党史学习教育、政协履职等工作相结合，丰富完善以“每周一学”“每月一讲”“每季一荐”“每年一论”为载体的“硅

2021年4月22日，区政协在英飞特园区挂牌成立首个“书香政协·硅谷书房”　（区政协办　供图）

谷系列·书香政协”委员读书活动。4月22日，在英飞特园区挂牌成立首个“书香政协·硅谷书房”，组织阅读分享、音乐党课、党史沙龙等活动。全年组织“每周一学”30多次，学习习近平新时代中国特色社会主义思想，学习中央和省市区委、全国政协和省市政协相关会议和文件精神，到滨富合作区、浙江中控研究院有限公司、浙江零跑科技股份有限公司等建设平台和高新企业参观学习；举办“每月一讲”10次，涉及5G技术与数字赋能、产业数字化等内容；开展“每季一荐”4次，推荐分享《〈资治通鉴〉与家国兴衰》《苦难辉煌》《世界文明史》《水浒传》等书籍。10月28日，省政协《联谊报》头版头条以《闻一闻！滨江政协的书香味，在课堂里，在书房中，在云端……》为题，介绍“硅谷系列·书香政协”的做法和取得的成果。

【界别活动月】 2021年5—6月，区政协围绕“同心筑梦心向党”主题，举办“界别活动月”活动。15个界别、156名委员通过跨界联合，开展“走进央企对话未来”“走进红色研学基地汲取红色精神力量”“走进植物工厂探索科技赋能现代农业”“走进奥体中心调研数字赋能亚运”等主题活动10场。其中：5月25日，科技科协界、农林界委员走进四维生态科技（杭州）有限公司、杭州汉徽光电科技有限公司等企业，了解科技在引领农业未来中的重要作用，探讨交流现代农业发展；6月9日，社会福利和社会保障界、无党派人士界、民族宗教界联合在网易蜗牛读书馆开展中共一大沉浸式教育学习和企业数字化改革交流活动；6月16日，经济界委员走进委员企业——中国联合工程有限公司走访参观、座谈交流；6月24日，中共界、共青团和青联界委员到长河革命历史纪念馆、浙江中医药博物馆参观学习。

【“同心筑梦心向党”书画笔会】 2021年6月11日，区政协在区文化中心举办“同心筑梦心向党”书画笔会，政协委员和书画爱好者共30多人参加，以翰墨丹青描绘和抒写“不忘初心跟党走，砥砺奋进建新功”的高新故事和时代精彩。区政协主席王国珍致辞。笔会共征集120多幅书画作品，结合现场创作，共评选出80幅优秀作品，制作汇编《同心筑梦心向党——滨江区政协庆祝中国共产党成立100周年书画作品选集》。

【凝聚共识实施意见出台】 2021年7月27日，政协第二届杭州市滨江区委员会第六十六次主席会议审议通过《关于加强和促进人民政协凝聚共识工作的实施意见》（简称“意见”）。意见由总体要求、主要任务、重要举措、工作要求4个部分组成。主要任务包括做好政协委员凝聚共识工作、面向社会做好传播共识工作、面向基层做好增进共识；重要举措包括加强引领融入共识、健全制度促进共识、紧扣履职达成共识、创新载体传递共识、联系群众增进共识、做好宣传汇聚共识6个方面；工作要求包括加强组织领导、发挥党员委员先锋模范作用、注重能力建设等方面内容。

（李庆莲）

中共滨江区纪律检查委员会
滨江区监察委员会

综　述

【概况】 2021年，滨江区纪检监察组织落实全面从严治党、党风廉政建设和反腐败工作各项部署，落实政治监督，开展全域清廉治理，推进规范化法治化建设和纪检监察干部队伍建设，为全区经济社会高质量发展提供保障。制定区委、区委班子成员和区级、街道主体责任事项共164项，监督“线上”报送履责情况924项。开展“两个责任”谈话1787次。跟踪区重点任务22项，排查问题275个，对30项重要工作开展“项目化”监督。受理信访举报87件次，处置线索119件，立案56件，给予党纪政务处分51人。完成第五届区委巡察任务，其中2021年完成对7家单位的常规巡察；对3个街道、9个社区和4家国有企业开展“回头看”。区纪委区监委主创选送的微电影《心若有廉　花自盛开》获第三届“玉琮杯”清廉微电影微视频大赛微视频类入围奖。

【政治生态优化】 2021年，区纪委监委督促45家单位党委（党组）开展政治生态自查自评。设立相应指标，坚持问题导向，以一幅“画像”研判单位（部门）政治生态。印发纪检监察建议书7份、提出整改意见14条，督促开展案件警示教育和风险排查防控。制定落实省委关于加强“一把手”和领导班子监督十三项实施意见任务清单32项，开展廉洁从政从业行为自查420多人次。对不担当不作为不落实问题追责问责17人，曝光典型13件次。把牢选人用人廉洁关，出具廉政鉴定3324份。做好受处分干部回访教育，完成综合评估16人。分层分类开展业务培训288人次，挂职锻炼4人次。完善“片组协作”“组巡联动”等机制，深化纪律、监察、派驻和巡察监督贯通。推进杭州市基层小微权力全过程网上运行平台落地。社区“三小”监督系统在59个社区全覆盖运行，累计监督6.04亿元社区资金使用情况，被市委改革办纳入“三榜一单”。

【清廉国企建设】 2021年，区纪委监委持续推进清廉国有企业建设。6月7日，区纪委、区委宣传部、区财政局联合召开滨江区国有企业领域突出问题专项治理工作部署会。会议传达省纪委、省委宣传部、省财政厅、省国资委《关于开展全省国企领域突出问题专项治理工作的实施方案》，明确专项治理重点为“国有资产重大损失存量问题专项清理”“金融企业不良资产（风险项目）‘回头看’专项行动”“国企领导人员亲属违规与企业发生业务往来问题专项整治”“国有企业‘同股不同权’问题专项整治”“国有企业工程项目追加工程款问题专项整治”“国有企业违规公款消费问题专项整治”“国有企业违规出租出借房产问题专项整治”“规范国有企业购买财产保险行为专项行动”8个方面，6月为梳理排查阶段，7—10月为集中处置阶段，11—12月为总结完善阶段。7月12日，区纪委监委、区委宣传部、区财政局联合召开区国有企业领域突出问题专项治理工作推进会。

明确要持续推进清廉国企建设，解决国企领域存在的突出问题，于9月底前完成整改自查问题。至年底，督促整改问题14个、完善制度60项，挽回资金2100万余元。

【清廉单元建设工作深化】 2021年，区纪委监委根据省市关于纵深推进清廉建设的意见，召开深化清廉单元建设专题会议和推进会，形成《关于纵深推进清廉滨江建设的实施意见（征求意见稿）》及其年度任务清单，推进清廉机关、清廉社区（经合社）、清廉学校、清廉医院、清廉国企、清廉民企、清廉工程、清廉文化8个单元建设，制定年度重点任务38项。把清廉单元建设与落实"十四五"规划、"三大主题年"等中心工作同步推进，与各个牵头单位的主责主业结合起来，把各单位的重点工作与清廉单元建设任务紧密结合，推动全面从严治党向纵深发展。至年底，有15项任务完成率100%，22项任务完成率在80%以上，其中西兴街道星民社区获评市"清廉社区示范点"，杭州市闻涛小学和杭州市丹枫幼儿园2所学校创建为市"清廉学校示范点"，杭州市闻涛中学被市教育局推荐为省级清廉学校示范点参评单位，建立浙江吉利控股集团股份有限公司、浙江宇视科技有限公司、恒生电子股份有限公司、浙江五洲工程项目管理有限公司4个清廉民企示范点。

【亚运建设专项监督】 2021年，区纪委监委成立由区纪委书记黄利文牵头的监督专班，制定专项监督方案并纳入日常监督"项目化"管理，聚焦"质量、效率、安全、廉洁"，通过"线上线下"并行、部门协同联动等方式，对重点内容重点环节开展监督。注重监督保障和协调促进有机结合，将服务寓于监督之中，不断拓展监督的综合效果。以落实"数字化改革"为契机，会同区高新总公司完善"亚运建设项目监督管理系统"，推动协同监督常态化平台化，实现共用监督资源、共享监督信息、共促问题解决。4月15日，区纪委监委召开亚运建设项目专项监督座谈会，区住建局、区审计局、高新总公司（奥体滨江公司）相关负责人围绕保障落实亚运建设攻坚任务，就强化建设单位主体责任、发挥纪检监察和主管部门监督责任进行交流。至年底，开展亚运建设专项监督2批4次，抄告并整改问题25项。

【漠视侵害群众利益问题专项治理】 2021年5月28日，区纪委监委会同区司法局、区教育局、区民政局、区人力社保局、区社发局、区市场监管局、区发改局、生态环境滨江分局、公安滨江分局、区建管中心等单位，围绕教育、养老社保、生态环境等领域，确定"社区矫正领域执法不规范问题集中治理""校外培训机构违规办学治理""惠民殡葬提标增项扩面工程""重大工程建设项目劳资纠纷专项治理""困难群众因贫致贫返贫问题治理""保健食品违规销售、虚假宣传等问题治理""征收项目回迁安置问题专项治理""侵占集体资产资源问题集中治理""第二轮中央生态环境保护督察交办信访件集中攻坚销号""电信网络诈骗专项治理"10个专项治理项目，在全区开展漠视侵害群众利益问题专项治理工作。至年底，开展漠视侵害群众利益问题专项监督94次，发现问题57个，整改问题53个，通报典型案例1起。督促落实好过"紧日子"的要求，"三公"经费支出比上年下降14.4%。（袁晓婧）

重要会议和活动

【区纪委五届六次全会】 2021年2月20日，中国共产党杭州市滨江区第五届纪律检查委员会第六次全体（扩大）会议暨作风建设"三大主题年"动员大会在区文化中心召开。区四套班子负责人，区纪委委员14人，列席1人，区级机关各单位、各直属单位负责人，各街道班子成员，各街道社区书记，全体纪检监察干部、区委巡察机构全体干部参加。会议邀请市纪委监委第六监督检查室负责人到会指导。会议以习近平新时代中国特色社会主义思想为指导，

2021年2月20日，中国共产党杭州市滨江区第五届纪律检查委员会第六次全体（扩大）会议暨作风建设“三大主题年”动员大会在区文化中心召开　　（区委宣传部　供图）

贯彻落实中共十九大和十九届二中、三中、四中、五中全会精神，按照十九届中央纪委五次全会、省纪委十四届六次全会、市纪委十二届六次全会和区委五届十次全会的决策部署，回顾总结2020年纪检监察工作，研究部署2021年纪检监察、作风建设工作及改革攻坚、项目提速、组织提质“三大主题年”活动任务。审议通过区委常委、纪委书记、监委主任黄利文代表区纪委常委会所作的《全力推进纪检监察工作高质量发展，为争创社会主义现代化先行示范区提供坚强保障》的工作报告。

【街道纪工委监察办和派驻纪检监察组述职大会】 2021年2月2日，区纪委监委在区文化中心召开街道纪工委监察办、派驻纪检监察组述职大会，区委常委、区纪委书记、区监委主任黄利文，全体纪检干部参加。西兴、长河、浦沿3个街道纪工委监察办和第一纪检监察组、派驻公检法纪检监察组等7家派驻机构主要负责人汇报2020年工作完成情况和2021年工作计划。区纪委监委班子成员就分管条线工作做出部署要求。会议通报全区纪检监察信息和宣传工作情况。

【区纪委监委党史学习教育】 2021年3月16日，区纪委监委机关及派驻机构全体党员到上城区小营巷历史文化街区，参观中共杭州小组纪念馆并召开党史学习教育动员部署会。会议要求将学习教育与纪检监察工作协同推进，以党史学习教育为契机，学习习近平总书记在党史学习教育动员大会上的重要讲话精神等内容，履行监督执纪问责和监督调查处置职能，明确“‘船’承经典忆党史”“清廉滨江建设提质增效”“日常监督项目化管理”等5个方面任务，部署强化责任落实、政治引领、宣传报道、效果导向等工作内容。至年底，区纪委监委组织党史课堂、专题辅导、探寻红色足迹等主题活动15次，参与党史学习教育275人次。

（袁晓婧）

党风廉政建设

【概况】 2021年，区纪委监委协助区委出台《关于纵深推进清廉滨江建设持续打造风清气正政治生态实施方案》，落实区纪委监委保障清廉建设的39项任务，召开清廉单元推进会，制定年度重点任务38项。到临安区、萧山区学习纪检监察数字化建设赋能监督治理先进经验，形成具有滨江特色的数字化监督模式。西兴街道星民社区获评市“清廉社区示范点”。“两新”党组织纪检组织实现全覆盖。

【党风廉政风险防控排查】 2021年，区纪委监委制定《2021年高新区（滨江）深入开展廉政风险排查防控工作方案》，落实全面从严治党政治责任，一体推进不敢腐、不能腐、不想腐机制。根据方案安排，于2月动态调整完善廉政风险点，3月修订完善廉政风险防控制度。3月25日，全区廉政风险排查防控工作推进会召开，动员部署和推进2021年工作任务，全区51家单位相关负责人参加。会议要求，各单位各部门要根据工作方案的要求，学习借鉴会议交流单位的工作经验，细化措施、落实责任，按照3月底基本完成防控制度建设的要求推进。区纪委监委审核汇编形成覆盖全区防控制度框架，综合运用廉政风险排查成果、巡视巡察成果和各类廉情信息等日常监督成果，构建4级64项指标的廉政风险评价指标体系，完成2021年度全区48家单位廉政指数核算和发布。

【日常监督项目化管理】 2021年2月24日，区纪委监委召开纪检监察日常监督项目化管理工作部署会议，区纪委书记监委负责人，各街道纪工委、监察办，各派驻纪检监察组、委机关相关室负责人等20多人参加。根据《滨江区纪检监察日常监督项目化管理实施方案》，2021年纪检监察机关第一批监督项目围绕“重点项目提速年”“重大改革攻坚年”“基层组织提质年”三大主题14个具体项目开展。工作侧重将日常监督转换为“内容具体、目标明确、责任到位”的项目化监督工程，按照推动一项重点工作、解决一件民生实事等“七个一”目标有序推进。各街道纪工委、监察办和派驻机构负责人分别就如何落实各自认领的监督项目及下阶段具体监督思路交流互动。至年底，30项日常监督项目均已完成。

2021年杭州市滨江区纪委监委日常监督项目一览表

表10

三大主题	序号	具体监督项目
围绕“重点项目提速年”开展项目化监督	1	清廉亚运工程建设专项监督
	2	安置房建设、安置与管理专项监督
	3	全域征迁交地专项监督
	4	街道工业园区提升改造专项监督
	5	社区留用地统筹开发专项监督
	6	围绕“重点项目提速年”开展项目化监督
围绕“重大改革攻坚年”开展项目化监督	7	城市管理体制改革专项监督
	8	国有企业改革专项监督
	9	去中心化后行政审批作风效能监督
围绕“基层组织提质年”开展项目化监督	10	非公企业“廉盟”建设专项监督
	11	社区“三小”权力运行专项监督
	12	公安分局执法突出问题整治专项监督
	13	检察院员额检察官廉政风险防控专项监督
	14	法院防止干预司法“三个规定”落实情况专项监督

【社区居务监督专题培训】 2021年4月26日，滨江区社区居务监督专题培训会在区政府举行，各街道纪工委、各社区监察联络站站长共60多人参加。培训会部署清廉社区建设工作任务，邀请长河街道纪工委、区财政局财政监督局负责人就“三小”监管系统及监察联络站履职、社区政府采购方面授课，要求与会人员把握清廉社区建设面临的主要问题，做好村社资金、拆迁补偿、工程建设、三产项目、社会治安等重点领域风险防控，重视社区巡视巡察发现共性问题；完成清廉社区建设的各项任务，落实“小微权力”清单，深化“三务”公开，培育清廉社区示范点，推进“股社分离”改革，实施“居账街

审”规定等日常工作，推进区委巡察工作向社区延伸，打通党内监督“最后一公里”，查处违纪违规行为；发挥好社区监察联络站在清廉社区建设中的作用。厘清监察工作联络站、居务监督委员会、社区纪委（纪检委员）3个角色职能分工，主动承担责任，发挥作用。

【廉政风险防控分类管理机制】2021年7月29日，区纪委分析评价各单位廉政风险排查防控工作成果，根据排查工作的细致程度、风险点的精准程度、防控制度的匹配程度将全区49家单位分为A、B、C三类，进行分级管理分类防控，建立廉政风险防控分类管理机制，制发《关于廉政风险防控制度实施分类管理的通知》。8月10日，区纪委组织初评为C类的7家单位座谈，推进落实风险防控分类管理。党风室总结前期全区廉政风险排查防控情况，部署分类管理工作；C类的7家单位根据分类管理的要求进行整改，以排为基础，查为重点，防为目标，把好制度关、监督关。8月29日，C类单位完成风险点排查、风险防控制度更新。（袁晓婧）

执纪审查与监察调查

【概况】2021年，区纪委监委一体推进不担当不作为不落实，坚持全面从严治党不动摇。坚持无禁区、全覆盖、零容忍，持续深化惩防并举、标本兼治。运用法律法规，以案促改，严肃作风纪律，针对安置房项目违规堆放渣土、污水管网满溢等事件背后的问题，追责问责17人，曝光典型13件次。开展涵盖教育、医疗、住房、生态等行业领域和产业链供应链、自贸区等经济领域专项治理工作33项。

【案件办理】2021年，区纪委监委受理信访举报87件次，处置线索119件，立案56件，给予党纪政务处分51人。办理浦沿街道冠一社区原党总支书记、居委会主任来某，浦沿敬老院原副院长、工疗站原副站长来某，华数数字电视传媒集团有限公司原高级副总裁何某，区供销合作总社原主任胡某4起留置案件。在政法队伍教育整顿中处置问题线索14件，立案4件，对1名主动说明问题的干部落实宽严相济政策。常态化开展“打伞破网”，办理涉黑线索10件。建立案件质量45条负面清单，确保执纪执法安全规范。

【案件质量考核自查】2021年1—3月，区纪委监委为加强案件质量管理与监督，增强依规依纪依法办案意识，保障和提高案件质量，对滨江区各街道纪工委、派驻纪检监察组2018—2020年办理的党纪政务处分案件质量及处分执行情况进行评查。按照市纪委印发的《全市纪检监察机关案件质量评查标准及评分细则》标准，评查内容包括事实和证据、定性和处理、手续和程序、材料和文书、执行和落实5个方面。评查活动由区纪委监委案件审理室负责组织，抽调各街道纪工委、派驻纪检监察组工作人员各1人组成检查组，进行抽查和交叉检查。评查活动分3个阶段进行：自查自纠阶段（2021年1月29日至2月25日），集中检查阶段（2021年3月1—10日），总结通报阶段（2021年3月10—31日）。经审查，发现签批手续不全、处分执行不到位等10个问题，均已整改到位。

（袁晓婧）

巡察工作

【概况】2021年，中共杭州市滨江区委按照中央和省委、市委巡视巡察工作总体部署，对第十轮7家区级单位党组织开展常规巡察，实现该届区委巡察全覆盖工作任务。对4个区属国有企业党组织、3个街道党工委和9个社区党组织开展巡察“回头看”；对第七轮、第八轮11家被巡察单位党组织巡察反馈问题整改情况开展回访督查。抽调巡察干部参加市委巡察指导督导组对各区县开展的巡察指导督导和涉粮问题专项巡察，接受市委第三巡察指导督导组对滨江区委巡察工作开展指导督导。至年底，区委常规巡察和巡察“回头看”共发现问题103个，向被巡察单位党组织提出整改意见建议45条，受理信访67件，移交问题线索2件。

【五届区委第七轮、第八轮11家单位党组织巡察整改情况回访督查】 2021年3月17日，区委巡察工作领导小组研究修订《滨江区巡察整改回访督查和质效评估实施办法》，通过量化指标、多维考核、综合运用，推动巡察整改落地见效。7月7日至8月3日，区委巡察机构会同区纪委监委组建4个回访督查组，对区发改局、区经信局、区审计局、区人力社保局、区农业农村局（建管中心）、区财政局、白马湖生态创意城管委会、科创公司、区城管局、规划自然资源滨江分局、区退役军人事务局11家单位党组织开展巡察反馈问题整改情况回访督查和质效评估。对照巡察反馈意见、巡察整改报告和长效机制建设，发现并向被巡察单位党组织指出需要整改的具体问题40个，督促各单位党组织立行立改，提升整改成效。

【五届区委第十轮巡察】 2021年3月20日至6月11日，区委派出4个巡察组分别对公安滨江分局、杭州高新国有控股集团有限公司、区总工会、区人大常委会机关、区政协机关、杭州高新区（滨江）富阳特别合作区、江东科技园管委会7家单位党组织领导班子开展常规巡察。巡察组共听取被巡察单位党组织工作汇报7次，开展个别谈话253人次，发放并回收领导班子综合问卷调查表、民主测评表231份，召开座谈会7次，调阅有关文件资料，通过“码上问卷”面向企业开展抽样问卷调查，走访相关职能部门、街道、园区、企业及项目工地，对部分下一级单位开展延伸了解。会同区委组织部、区委宣传部、区委政法委开展选人用人、意识形态责任制、法治政府建设及财务等专项检查。巡察发现问题57个，其中公安滨江分局党委15个、杭州高新国有控股集团有限公司3个、区总工会党组8个、区人大常委会机关党组8个、区政协机关党组8个、杭州高新区（滨江）富阳特别合作区党工委7个、江东科技园管委会党组8个，巡察组向被巡察单位党组织提出整改意见建议22条。至年底，7家单位整改问题57个，整改率100%。

【2021年度区委巡察工作动员部署会】 2021年4月23日，区委召开2021年度区委巡察工作动员部署会。区委书记王敏，区纪委书记、巡察工作领导小组组长黄利文，区委组织部部长、巡察工作领导小组副组长商丽萍，各街道和区级机关各单位、直属单位党组织主要负责人、区纪委监委和区委巡察机构工作人员共58人参加会议。区委巡察办通报2020年度巡察发现的10类共性问题和2021年度区委巡察计划。黄利文结合各单位汇报情况和区委巡察发现问题进行综合点评，针对存在的共性问题明确整改要求。王敏就2021年全区推进巡察工作，提出要以巡视标准推动巡察工作，以巡视标准促进巡察整改，以成果运用推动改革发展。

2021年4月14日，区委第二巡察组召开巡察区总工会党组工作动员会

（区委巡察办　供图）

2021年4月23日，区委召开2021年度区委巡察工作动员部署会
（区委巡察办　供图）

【五届区委巡察“回头看”】2021年8月26日至9月15日，区委派出4个巡察组分别对高新开发公司（奥体开发公司）、资产经营公司、科创公司、城建发展公司4个区属国有企业党组织，对西兴街道、长河街道、浦沿街道3个街道党工委及其9个社区党组织开展巡察“回头看”。巡察组共听取被巡察单位党组织工作汇报12次，开展个别谈话218人次，发放并回收领导班子综合问卷调查表、民主测评表516份；通过“码上问卷”开展巡察整改满意度、知晓度调查，召开座谈会4次，调阅有关文件资料，走访相关居民安置及过渡房小区、街面、企业及重点项目工地，对共联、七甲闸、协同、江一、山一、长一、滨盛、浦联、杨家墩9个社区党组织巡察整改情况开展延伸巡察。巡察“回头看”发现问题47个，其中高新开发公司（奥体开发公司）7个、资产经营公司6个、科创公司5个、城建发展公司7个、西兴街道8个、长河街道6个、浦沿街道8个，巡察组向被巡察单位党组织提出整改意见建议23条，要求各被巡察单位在2022年4月前整改完毕。

【市委巡察指导督导】2021年9月18—30日，市委第三巡察指导督导组通过动员部署、访谈座谈、查阅资料、现场指导等方式对滨江区委巡察工作开展指导督导。12月22日，市委巡察办向滨江区委反馈4个方面10条意见。对照反馈意见，区委巡察工作领导小组牵头逐项研究整改措施，经区委批准上报整改方案，落实整改举措37条。

【五届区委巡察全覆盖工作情况】至2021年年底，五届区委共实施10轮常规巡察，巡察全区49家区级单位党组织，实施5轮社区巡察，巡察59个社区党组织，完成本届区委巡察工作全覆盖；实施一轮巡察“回头看”，对7家区级单位党组织和9个社区党组织开展巡察“回头看”；开展“最多跑一次”改革专项巡察、区人防系统机动式巡察，配合市委巡察组对区人民法院党组开展提级巡察；分两轮对第一轮至第八轮20家被巡察单位党组织巡察反馈问题整改情况开展回访督查。2017—2021年，巡察组反馈巡察问题1184个，至2021年年底，已整改1178个，整改率99.49%；累计移交问题线索55件，留置1人，党纪处分6人，组织处理45人，挽回经济损失1529万元，推动各部门建立完善规章制度462个。（王　楚）

民主党派

民革杭州高新区（滨江）基层委员会

【概况】 至2021年年底，中国国民党革命委员会杭州高新区（滨江）基层委员会〔简称“民革杭州高新区（滨江）基层委”〕下辖“社法”“高新”和“综合”3个支部，有党员60人（新增10人），其中女性32人。硕士研究生以上学历24人，中高级职称40人，国家人才计划专家2人；担任市政协委员2人（常委1人），区人大代表1人、区政协委员6人（常委1人）、副区长1人；市管干部1人，区管干部2人，科级干部5人。全年培养发展对象9人，开展各项活动14次，其中党员参观调研培训活动6次、宣传和社会服务活动4次、走访企业4次。党员提交社情民意信息被上级部门录用34篇次。1名党员被民革中央表彰为民革榜样人物，3名党员获评民革市委会2019—2021年双争评比优秀党员，5名党员获评民革市委会2019—2021年双争评比优秀党务工作者，1名党员获评2020—2021年民革市委会参政议政工作先进个人。民革杭州高新区（滨江）基层委获民革市委会2019—2021年双争评比示范支部和2020—2021年参政议政工作先进集体二等奖。

【直播电商产业发展的建议】 2021年1月，民革杭州高新区（滨江）基层委针对杭州高新区（滨江）直播电商产业发展的新情况，组织3名党员走访直播电商头部企业，发现直播电商政策中人才认定细节问题仍未明确、自有可租售物业数量不足、配套服务产业政策引导不充分、直播带货活动中存在违法违规现象等问题，在区政协二届五次会议上提交集体提案《关于进一步加快发展滨江区直播电商产业的建议》，提出细化直播电商扶持政策，建立专门职能办公机构或协调机构负责政策执行及落地，善用法治思维、当好合规倡导者等对策建议。建议作为大会口头发言材料，并列入区政协年度重要提案。

【高端制造业集群发展的建议】 2021年3月，民革杭州高新区（滨江）基层委围绕区政协“推进高端制造业发展”年度调研课题，组织5名党员走访杭州海康威视数字技术股份有限公司、浙江大华技术股份有限公司、浙江宇视科技有限公司、杭州士兰微电子股份有限公司等制造企业，发现企业对通过并购进行跨越式发展的认识不足，并购数量少、政策少、门槛高，限制区域内高端制造业集群发展等情况，提交调研报告《推动并购重组新跨越，共创智能制造新体系——关于鼓励区内企业加大并购力度促进高端制造业集群发展的建议》，提出研究与完善并购重组相关政策，创新产业培育主体、建立高端制造业并购信息备案与引导培育服务机制，引导政府产业基金、市场创新资本、金融产品向高端制造业集中等对策建议。

【高空抛物判罚问题的建议】 2021年4月，民革杭州高新区（滨江）基层委党员沈丽萍针对城市住宅小区高空抛物导致人身伤害恶性事件频发现象，发现高空抛物的刑事证明难，高空抛物罪与以危险方法危害公共安全罪界限不明，高空抛物行刑衔接机制尚不完善等问题，撰写《当前高空抛物罪判罚存在的问题及建议》，提出强化公安机关、物业管理服务企业等的监控职责，综合运用多种手段破解刑事证明难题，建立高空抛物的行刑衔接机制，加强宣传，将高空抛物行为纳入个人诚信档案等建议。建议被市政协、民革省委会、民革中央录用。

【“送法进企”普法宣传活动】 2021年6月18日，民革杭州高新区（滨江）基层委社法支部联合中共中控集团第九党支部举办“送法进企”普法宣传活动。支部党员、律师钱宇峰通过实际案例，向参加活动的中共党员、民革党员、群众共60多人讲解民间借贷和婚姻家事相关法律知识。

【“碳达峰、碳中和”主题联合支部活动】 2021年6月20日，民革杭州高新区（滨江）基层委综合支部与民革拱墅七支部开展“碳达峰、碳中和”主题联合支部活动，活动在中国杭州低碳科技馆举行，双方共有12名党员参加。党员们参观中国杭州低碳科技馆各个展厅，体验特色展项，了解杭州在探索形成绿色低碳为导向的高质量发展道路中取得的成就，观看生态保护特效科教影片，加深对低碳生活和绿色发展理念的认识。

【“参政议政践初心、集智聚力迎国庆”党员活动】 2021年9月23日，民革杭州高新区（滨江）基层委开展“参政议政践初心、集智聚力迎国庆”党员活动。民革市委会、中共滨江区委统战部相关负责人以及民革杭州高新区（滨江）基层委党员共43人参加。党员们参观安恒信息安全创新体验中心展厅，了解安恒云、大数据安全、智慧城市安全建设和工业互联网安全等网络安全技术。党员吴鸣旦作题为《网络与大数据安全》的专题报告，向与会人员介绍网络安全、信息安全和网络空间安全的概念，传授做好个人信息安全和防范隐私泄露的方法。党员李元江从参政议政调研工作的任务、需要注意的问题、选题思路和建议3个方面，引用案例和素材，分享参政议政和调研工作的心得和体会。

（韩　俊）

2021年9月23日，民革杭州高新区（滨江）基层委开展“参政议政践初心、集智聚力迎国庆”党员活动

〔民革杭州高新区（滨江）基层委　供图〕

民盟杭州高新区（滨江）基层委员会

【概况】 至2021年年底，中国民主同盟杭州高新区（滨江）基层委员会〔简称“民盟杭州高新区（滨江）基层委”〕有6个支部，盟员128人（新发展5人，转入3人，病故1人），其中女盟员70人。本科及以上学历120人，中高级职称100人。市管干部1人、区管干部2人，省政协委员1人，市政协委员2人，区人大代表1人、区政协委员8人，其中区政协常委2人。全年上报建言建议被民盟省委会录用23篇，民盟市委会录用39篇。开展“学党史，悟思想”活动，到中国共产党杭州历史馆学习，收看中国共产党成立100周年大会直播，组织盟员在支部微信群里发表观后感。

组织15名盟员参加民盟市委会“庆祝建党100周年、民盟80周年主题歌咏汇”演出。开展“走亲联心三服务”“党盟同行——送你一把健康伞”“信好有你”等系列社会服务。民盟杭州高新区（滨江）基层委获评2020年民盟省委会脱贫攻坚先进集体、社会服务先进集体。综合支部获评民盟省委2021年度“双十佳”基层组织（组织建设类）、民盟市委会2020年度基层示范组织。5个支部获评民盟市委会星级支部，其中五星级2个、四星级3个。3名盟员获评民盟省委会2020年社会服务工作先进个人，2名盟员获评2020年民盟省委会脱贫攻坚先进个人。

2021年5月26日，民盟杭州高新区（滨江）基层委在月亮湾幼儿园开展“均衡营养，合理膳食”主题公益活动

〔民盟杭州高新区（滨江）基层委　供图〕

【“送你一把健康伞”活动】 2021年，民盟杭州高新区（滨江）基层委联合浙江中医药大学师生志愿者，举行3次4场“送你一把健康伞”服务活动。5月18日，到浦沿街道东信社区贺田尚城小区，开展“预防登革热”健康宣教活动，讲解登革热危害、传播途径、预防方法，传授居民科学驱蚊方法，演示驱蚊片使用要领，向居民免费发放驱蚊片。5月26日，在杭州市长河中学和月亮湾幼儿园举行健康讲座。在月亮湾幼儿园，开展“均衡营养，合理膳食”主题公益活动，通过游戏引导孩子学习“食物金字塔”及合理膳食基本原则；在杭州市长河中学，浙江中医药大学基础医学院博士鲁军开展“中医中的四季养生”主题讲座，通过现场体验环节，增进学生对中医文化的理解和健康意识的关注。7月24日，服务萧宏集团滨江区沿江区域提升改造项目的务工人员，开展“与健康为伍，伴预防同行”主题分享，向在场工人传授穴位保健、中药茶、手诊等中医调理保健手法，普及简单易学中医防未病知识，开展耳穴探穴、粗看手诊等中医诊疗活动，提供量血压、测血糖等爱心检查，送上花茶、中药茶等清热解暑饮品。全年，参加活动盟员33人次，服务群众775人次。

【以高技术产业标准研究助推“新制造业计划”发展的建议】 2021年1月，盟员施一明在区政协第二届五次会议上以《关于推进高技术产业标准研究，助推“新制造业计划”发展建议》为题发言，提出杭州高新区（滨江）高技术产业标准研究方面存在的问题，从建立制造业标准创新和有效实施的工作机制、促进科技成果的标准化转化、开展标准化试点示范工作、支持深度参与国际标准化活动、提高标准国际话语权、发展标准化服务业、打造“高新制造业”标准品牌、培养标准化人才、推动滨江制造业标准化工作可持续发展等方面提出建议。提案被区政协列为2021年重点提案。

【公共卫生应急保障体系完善的建议】 2021年1月，盟员马宏利在区政协第二届五次会议中以《关于完善杭州高新区（滨江）公共卫生应急保障体系的建议》为题作大会发言，分析杭州高新区（滨江）公共应急保障体系存在的问题，从完善公共卫生应急保障组织体系、完善公共卫生应急保障队伍建设、完善疾控物资保障体系建设、完善疾控数据平台的建设4个方面提出建议，完善公共卫生应急保障体系，推进杭州高新区（滨江）公共卫生防疫体系。提案被区政协列为2021年重点提案。

【中考新政与备考策略专场咨询】 2021年5月29日，"杭州市中考新政与备考策略"专场咨询活动在浙江省杭州第二中学举行。活动由民盟市委会、市政协民盟界别小组委员工作站主办，民盟杭二中支部承办，民盟杭二中支部盟员、杭二中（东河校区）英语教研组组长倪耀辉举行专题讲座，解读中考新政，指导中考复习；杭二中资深盟员教师开展现场咨询，为家长和考生们就中考新政解读及志愿填报咨询、学科疑难解答、中考最后阶段复习指导以及初高中衔接等进行指导，100名家长和学生参加。活动通过"培英公益云讲堂"全程直播，吸引400多人观看。（孟晓勤）

民建杭州高新区（滨江）基层委员会

【概况】 至2021年年底，中国民主建国会杭州高新区（滨江）基层委员会〔简称"民建杭州高新区（滨江）基层委"〕下设5个支部，有会员141人。其中：男性101人、女性40人，平均年龄47岁；本科以上学历119人，硕士研究生以上29人；中级以上职称56人，副高以上职称21人；机关事业单位供职人员29人，公有经济人士4人，非公有制经济人士97人，新的社会阶层人士11人；各级人大代表2人，各级政协委员14人。2021年，民建杭州高新区（滨江）基层委4个支部获评民建市委会先进支部，2个支部获评民建市委会先进集体。1名会员获评民建省委会年度企业家和优秀会员，2名会员获评民建省委会为全面建成小康社会做贡献成绩突出个人，1名会员获2021年度省级参政议政优秀成果一等奖，18名会员获评民建市委会先进会员，1名会员获评市社会组织领军人才和市百名巾帼"云代言"，各有1名会员分别获评市最美公务员、市优秀工会工作者、市优秀教师、市优秀教育工作者。

【民建参政议政】 2021年，民建杭州高新区（滨江）基层委向区人大、区政协提交个人议提案、意见建议11件，团体提案1件。向民建市委会提交信息57篇、调研报告1篇，获中共滨江区委统战部录用信息及报道24篇。范渊的《物联网安全形势严峻亟须加强立法和安全监管提升安全意识和能力》、陈勇的《建议加快推进广播电视领域设备国产化进程保障我国关键信息基础设施供应链安全》、秦昊的《关于我国VR/AR产业发展存在四方面短板亟待引起重视并加以改善的建议》3篇被民建中央、中共浙江省委统战部同时录用，范渊的《关于培育数据要素市场推动数字经济产业创新发展的建议》等3篇被民建省委会录用。袁智勇的《关于政府产业基金设立及运作的几点建议》获区委主要领导签批。范渊分别获评省级、市级信息工作先进个人，王少成获评市级信息工作先进个人。

【民建议政日活动】 2021年，民建杭州高新区（滨江）基层委开展议政日活动3次。4月22日，民建高新四支部、五支部联合举办议政日活动，围绕"设立定向产业发展基金，推动高端制造业跨越式发展"提出建议意见。7月21日，民建高新一支部、四支部围绕习近平总书记"七一"讲话展开议政活动，围绕"如何贯彻落实讲话精神，全力推进区域高质量

2021年4月22日，民建杭州高新区（滨江）基层委举行议政日活动 〔民建杭州高新区（滨江）基层委 供图〕

发展”献言献策。8月11日，民建高新一支部、四支部开展“未来社区”议政日活动，围绕未来社区的硬件建设、软件投入、后期运营、建设意义等问题探讨建言。

【民建社会服务活动】 2021年，民建杭州高新区（滨江）基层委贯彻实施《民建浙江省委会关于助力高质量发展建设共同富裕示范区的实施意见》，参与助力山区26个县跨越式发展，向遂昌县三中捐赠图书1800多本合计金额6万余元，到遂昌县助农点认购9万余元爱心助农礼包，助力乡村振兴。开展“助力抗疫、共克时艰”活动，向园区、社区、机关员工赠送中药防疫包500多个。参与第四届“小小鸟”公益夏令营活动，以海外云端课堂、千份诗乐礼物、云上音乐盛会、美好教育助学等为亮点，联合巴塞罗那中文教育基金会、欧洲最大华文学校——西班牙孔子文化学校，相约100名海外“小小鸟”在云端相会，共同在诗乐声中寻找中华文化和美的源头。

【省数字化改革大会精神解读讲座】 2021年3月6日，“浙江省数字化改革大会精神解读讲座”在杭州高新区（滨江）安恒大厦“民建之家”举行，讲座由民建杭州高新区（滨江）企业家联谊会主办，邀请省经济信息中心、中共滨江区委宣传部相关负责人讲授浙江省数字化改革规划及杭州高新区（滨江）数字化改革工作有关情况，助力民建会员了解浙江全省数字化改革的目标、要求和任务，抓住数字化改革发展机遇。民建会员、省科协副主席范渊作《数字化改革背景下的安全挑战与实践》主题发言，政协经济界一组委员、杭州市政协科技文化委员会客厅成员、民建高新企联会成员、部分区工商联企业家等参加。 （周文嘉）

民进杭州高新区（滨江）基层委员会

【概况】 至2021年年底，中国民主促进会杭州高新区（滨江）基层委员会〔简称“民进杭州高新区（滨江）基层委”〕下设4个支部，有会员69人（发展新会员5人、转出3人、转入2人）。51人具有中高级以上技术职称。担任区人大代表1人，区政协委员7人，担任副处以上领导职务1人。全年开展“情系会员，四季走访”会员走访、“凝心聚力走正道”春季茶话会、“同心筑梦跟党走，喜迎亚运红歌颂”，承办市委会2021年“迎亚运盛会，展民进风采”等活动12次。选送1名年轻会员参加市委统战部第33期民主党派中青年骨干培训班，选送2名会员参加民进省委会骨干会员培训班，选送5名会员参加市委会新会员培训班。民进杭州高新区（滨江）基层委获评民进市委会2021年度反映社情民意信息工作先进集体，4个支部均获评民进中央2021年度《民主》杂志宣教工作优秀集体，四支部获评民进市委会先进支部。主委陈月利获评2021年度民进省委会优秀基层组织负责人，3名会员获评民进市委会优秀会员，2名会员获评民进市委会参政议政工作先进个人。

【组织活动模式创新】 2021年，民进杭州高新区（滨江）基层委采取“基委会搭台、支部承办、全员唱戏”的模式，每个支部按季度领取2项活动任务，全体会员参与。各支部根据会员特点各自开展组织活动，做到“周周有学习、月月有活动、季季有主题”，丰富活动形式，增强组织凝聚力与活力。全年举办“情系会员，四季走访”会员走访、“凝心聚力走正道”春季茶话会、“同心筑梦跟党走，喜迎亚运红歌颂”等活动。承办民进市委会2021年“迎亚运盛会，展民进风采”活动，全市各区县（市）基层委员会、市直属各支部共16支代表队和民进市委会机关工作人员、青联会委员200多人参加。

【民进参政议政】 2021年，民进杭州高新区（滨江）基层委开展民进省委会立项课题“关于加强政务数据管理的法律建议”。会员撰写社情民意、调研文章共29篇。其中：黄美丽撰写的《建议尽快发布移动终端进校园规范化指导方案减少局部矛盾对教育信息化的阻抗》被民进中央录用，《建好社区成长驿站，构建0～3岁幼有所育幸福民生起点》被市政协、民进市委会录用，《关于进一步完善与城市能级相适应的托育服务适性发展体系的建议》调研报告以社情民意专刊上报区委区政府，获区委书记批示，调研文章《多措并举，完善0～3岁托育服务体系》被省政协录用并刊登在省政协《联谊报》的议政栏目，《坚持高新特色，展现滨江风采，努力打造家校社协同育人的实践样板》获区委书记批示；吴惟明撰写的《完善认罪认罚从宽制度规避执行过程中检方“一言堂”风险》被民进中央、民进省委会录用，《检察机关刑事立案监督功能弱化严重妨碍国家法治建设应予纠正》被民进中央录用，《政法队伍教育整顿应关注四方面问题》被民进省委会录用；吴惟明与汪姗姗合作撰写的《警惕借扫黑斗争举报“寻衅滋事罪”成为老赖护身符》被市委统战部、市政协、民进市委会录用；汤理迪撰写的《建议杭州市内景区和游乐场所率先逐步推广直饮水》被民进市委会录用。

2021年6月1日，民进杭州高新区（滨江）基层委组织西兴幼儿园和新疆维吾尔自治区阿克苏市第一幼儿园开展“共读小红书，齐唱小红歌”活动　　〔民进杭州高新区（滨江）基层委　供图〕

【特殊群体关爱】 2021年，民进杭州高新区（滨江）基层委利用会员自身特长，关心关爱特殊群体。一支部开展“小善大爱益起来，有爱的冬天不再冷”冬衣捐赠活动，收到各类冬衣100套，送给困难家庭小朋友；三支部开展贵州省黔东南苗族侗族自治州麻江县困难家庭微心愿达成活动，帮助困难家庭完成微心愿15个；三支部的“舒馨”服务站，会员通过视频直播为家长解疑释惑家庭教育问题，观众1万余人次，点赞2000多次；结合“百校十万‘石榴籽’青少年融情工程”，四支部会员为新疆维吾尔自治区阿克苏市第一幼儿园的孩子们采购一批绘本，协助幼儿园开展“童心向党，阅读伴我成长”爱国主义读书活动，通过云端连线方式开展“共读小红书，齐唱小红歌”活动。

【“同心筑梦跟党走，喜迎亚运红歌颂”红歌比赛】 2021年6月26日，民进杭州高新区（滨江）基层委庆祝中国共产党成立100周年“同心筑梦跟党走，喜迎亚运红歌颂”红歌比赛在区文化中心举行，基层委所属4个支部40多名会员参加。参赛曲目有歌曲《没有共产党就没有新中国》《不忘初心》《学习雷锋好榜样》《我和我的祖国》等，朗诵《选择跟党走》《信仰的力量》《走向复兴》等。经角逐，一支部、二支部、三支部、四支部分获“最佳活力团队”“最佳组合团队”“最佳实力团队”“最具潜力团队”。

（谢春凤　陈　杰）

农工党杭州高新区（滨江）基层委员会

【概况】 至2021年年底，中国农工民主党杭州高新区（滨江）基层委员会〔简称“农工党杭州高新区（滨江）基层委"〕有支部3个，新发展党员7人，共有党员62人。党员中有市人大代表1人，区人大代表1人，区政协委员5人（常委1人）。3个支部均获评农工党市委会先进支部，一支部、三支部获评四星级支部，二支部获评三星级支部。

2名党员获评农工党中央脱贫攻坚工作先进个人，其中1人同时获评浙江省女子监狱"爱心大使"，1名党员入选浙江省人才计划科技创新领军人物、2021年度反映社情民意信息工作先进个人，1名党员获中央音乐学院全国青少年艺术展演（省级）乐团类优秀指导教师奖，1名党员获评2021年省、市优秀家庭医生，1名党员被中共杭州市委、市人民政府评为2020年度杭州亚运会、亚残运会筹办工作突出贡献个人，2名党员获评农工党市委会2021年度宣传工作先进个人，4名党员获评农工党市委会2021年度优秀党务工作者，3名党员获评农工党市委会2021年度优秀党员。党员吕静论文《小剧场的假定性拓展》在《中国戏剧》杂志上发表。

【农工党参政议政】 2021年，农工党杭州高新区（滨江）基层委党员立足本职，关心社会，通过调查研究，撰写意见建议，参政议政。许丽丹《我国非法社会组织现状分析及对策建议》被农工党省委会录用，周迪《建议加强汽车自动驾驶监管助力健康发展》被农工党省委会录用，周迪《建议完善三个"在线平台"提高突发灾害应对能力》被农工党省委会、市政协录用。

【农工党社会服务活动】 2021年，农工党杭州高新区（滨江）基层委持续开展社会服务。党员罗红英以技术扶贫为着力点，带动贫困人群就业创业，开展农工党·滨江·丹寨对口帮扶美容美发技能培训、阿克苏美容美发职业技能培训，全免学费近百人；在车站、敬老院、监狱、社区等提供爱心义剪服务。党员徐朱丹向贵州省黔东南苗族侗族自治州丹寨县捐赠20万元，用于改善当地党群服务中心、学校环境；随区新生代企业家联谊会参与捐赠贵州省黔东南苗族侗族自治州丹寨县兴仁中学、兴仁小学防疫测温系统的建设项目；向贵州省毕节市大方县卫健局捐赠价值6万元的AED3台，并邀请杭州市急救中心党员唐春福进行心肺复苏急救知识（AED使用）培训。农工党杭州高新区（滨江）基层委在元旦凌晨为一线环卫工人赠送大米、油、口罩、消毒液；邀请浙江湘湖律师事务所律师裘伟淼为杭州江南实验学校的500名新8年级学生举行法律知识讲座，增强青少年法治安全意识和自我防范意识。

【微视频《唱支红歌给党听》获一等奖】 2021年4月23日，农工党杭州高新区（滨江）基层委组织20名农工党员在杭州高新区（滨江）党群服务中心拍摄庆祝中国共产党成立100周年微视频，以老歌新唱的方式唱响《唱支红歌给党听》，赞颂中华人民共和国所取得的伟大成就。作品获农工党市委会"微视频献礼100周年"一等奖，并入选"学习强国"杭州学习平台。

【"农工之家"设立】 2021年11月29日，在党员徐朱丹企业浙江富成建设集团有限公司内设置"农工之家"。"农工

2021年4月23日，农工党杭州高新区（滨江）基层委党员在杭州高新区（滨江）党群服务中心拍摄庆祝中国共产党成立100周年微视频
〔农工党杭州高新区（滨江）基层委 供图〕

之家”面积120平方米，主要分农工党简介、组织架构、参政议政、社会服务、优秀表彰五大板块，介绍农工党在筹备建党时期、中华人民共和国成立后逐步从民主革命转到社会主义革命和社会主义建设时期的相关情况，中央、省、市历届领导人相关情况，农工党杭州高新区（滨江）基层委相关组织架构、开展活动等相关内容。

（许丽丹）

致公党杭州高新区（滨江）总支部

【概况】 至2021年年底，中国致公党杭州高新区（滨江）总支部委员会〔简称“致公党杭州高新区（滨江）总支部”〕下设西兴、长河、浦沿3个支部。新增党员2人，转入1人，共有党员43人。有市管干部1人、区管干部2人，担任区人大代表4人，区政协委员7人，区外区（县）级政协委员1人。致公党杭州高新区（滨江）总支部全年组织党员学习全国两会和中共十九届六中全会精神，在西兴街道卫生服务中心开展防“艾”知识宣传活动，在长河街道晶都社区开展第六届“健康人生，无毒家园”主题宣传活动，承办“侨联人才·相约高新”为侨服务月启动仪式暨侨海报国论坛。下属支部与结对支部建立常态化交流合作机制，联合开展中共党史学习教育、“迎亚运盛会，赏萧然水韵”等主题活动。致公党杭州高新区（滨江）总支部获评市委会综合先进集体、参政议政先进集体、社会服务先进集体、海外联谊工作先进集体。1名党员获评致公党省委会“2021浙江致公风采人物”“参政议政工作先进个人”，1名党员获评致公党省委会“组织工作先进个人”，1名党员获评致公党省委会“宣传思想工作先进个人”。1名党员获评致公党市委会“参政议政工作先进个人”，2名党员获评致公党市委会“海外联谊工作先进个人”。

【致公党参政议政】 2021年，致公党杭州高新区（滨江）总支部提交调研报告及参政议政信息14篇。其中：《关于推进我省“产业大脑”的建议》《以新型产业基础设施布局推进长三角生物医药产业高质量发展》获省委、省政府主要领导批示，《推进生命健康产业发展，推动中医药承创新发展》被列为致公党市委会立项课题，《关于数字赋能基层治理的三大矛盾与建议》被列为区二届五次政协会议大会口头发言、重点联系提案和优秀提案，《关于打造数字货币创新应用示范区的建议》《建设新型产业基础设施，促进生命健康产业高质量发展》被列为区政协二届五次会议大会发言、重点联系提案、集体提案，《关于优化杭州市高新区民营企业营商环境的建议》被列为区五届人大五次会议建议案、重点督办建议案。

【致公党庆祝中国共产党成立100周年活动】 2021年，致公党杭州高新区（滨江）总支部组织党员收看庆祝中国共产党成立100周年和纪念辛亥革命110周年大会，学习中共中央总书记习近平重要讲话精神，组织党员向致公党市委会

2021年4月10日，致公党杭州高新区（滨江）总支部组织“同心·同行”——体验中共一大情景沙盘模拟活动

〔致公党杭州高新区（滨江）总支部　供图〕

报送征文和感言短文。其中：6名党员提交“百年征程，百年初心”庆祝中国共产党成立100周年主题征文，17名党员提交庆祝中国共产党成立100周年大会重要讲话感想感言，16名党员提交纪念辛亥革命110周年大会感想感言，6名党员提交中共十九届六中全会精神感想感言。组织党员到中国共产党杭州历史馆开展党史主题教育。邀请致公党富阳支部和“‘同心·国际’社区基地”东信社区党员，在“网易蜗牛读书馆·致公明志讲堂”开展“同心·同行”——体验中共一大情景沙盘模拟活动。组织党员到浙东（四明山）抗日根据地旧址群参观学习。组织党员选送情景诗朗诵《灯火里的中国》，参加致公党杭州市委会举办的庆祝中国共产党成立100周年主题雅集活动。

【致公党专项民主监督】2021年，致公党市委会负责人到杭州高新区（滨江）开展专项民主监督4次。7月16日，市政协副秘书长、市委会专职副主委吴静到杭州高新区（滨江），与区委统战部及区商务局负责人等，对接协商如何有效开展2021年度“服务建设‘数智杭州·宜居天堂’高水平推进市域治理现代化”专项民主监督工作，启动年度专项民主监督工作。8月25日，副市长、致公党市委会主委胡伟率专项民主监督组，调研杭州高新区（滨江）自贸大厦、浙江大华技术股份有限公司，了解“数字自贸”综合应用系统、数字云客厅和企业供应链协同智慧通关等典型应用场景情况。9月24日，致公党市委会专项民主监督组调研杭州高新区（滨江）知识产权大厦、六棱镜（杭州）科技有限公司，了解知识产权“一件事”改革探索，参观世界知识产权组织技术与创新支持中心（TISC）、浙江省品牌指导服务站、知产·同心荟图书馆，提供各类知识产权一站式服务的办事大厅以及杭州知识产权法庭（滨江）巡回审判庭、知识产权维权援助工作站等。11月2日，副市长、致公党市委会主委胡伟率专项民主监督组到杭州高新区（滨江）开展“服务建设‘数智杭州·宜居天堂’，高水平推进市域治理现代化”专项民主监督活动，聚焦“推动杭州数字自贸区制度创新”主题的知识产权保护内容进行监督调研和座谈交流。

【“我心中的未来社区”圆桌会】2021年6月3日，致公党杭州高新区（滨江）总支部联合浦沿街道党工委、东信社区党总支共同开展“参政议政开放日——我心中的未来社区”圆桌会活动，邀请社区居民代表（含国际居民代表）、专家学者、业务指导部门、社区合作共建单位50多人参加，与会人员就东信社区的邻里、教育、健康、创业、交通、低碳、建筑、服务、治理等九大场景建设进行讨论交流，畅谈未来社区生活设想，助力建设未来社区·国际化社区样板。

【致公明志讲堂】2021年10月10日，“人民币债券市场国际化探讨”主题分享会在“网易蜗牛读书馆·致公明志讲堂”举行，活动由致公党市委会、致公党杭州高新区（滨江）总支部主办，致公党浦沿支部承办，50多人参加。党员沈昕嘉以中国债券市场必将与国际接轨的形势为背景，结合自身工作经验和感悟，从中国债券市场将会是国际债券市场的重要组成部分、中国债券市场对外开放的脚步、中美债券市场差异与分析、海外金融科技在固收一级市场与二级市场的分析与展望4个方面，解读海外债券市场与中国债券市场对接情况、人民币债券对海外投资者的吸引点、外资如何参与境内市场、金融科技如何赋能境内机构联通海外市场等内容，并与参加活动人员交流互动。（钟琛琛）

九三学社杭州高新区（滨江）基层委员会

【概况】至2021年年底，九三学社杭州高新区（滨江）基层委员会共有社员124人，新发展8人，转入3人，转出2人。担任市政协委员1人、区人大代表2人、区政协委员6人（区政协常委2人）。有女性社员31人。具有中、高级以上职称86人。九三学社杭州高新区（滨江）基层委员会全年举行党史类、社会服务类、政策解读类活动20多次。与区退役军人事务局签订《对口联系合作协议》，为退役军人优抚对象的帮扶，健康、法律咨询等方面提供服务。九三学社杭州高新区（滨江）基层委员会获评九三学社省委会2021年度“先进基层组织”；二支社、三支社获评九三学社市委会“五星级支社”。各有1人获评九三学社省委会“社会服务先进个人”“优秀社务工作者”“优秀社员”，1人被市总工会推选为省2020—2021年度“忠实践行‘八八战略’、奋力打造‘重要窗口’”立功竞赛先进个人候选人。

【九三学社参政议政】 2021年1月20—22日，九三学社杭州高新区（滨江）基层委员会在区“两会”期间提交提案9篇，其中集体提案3篇。至年底，周树忠《关于加速推进互联网医疗健康业态的发展建议》，张吕峥、葛航《关于产业链与创新链双向融合的建议》2篇被九三学社中央录用；周明耀《建议在人工智能领域加大对国产自研编程语言发展的支持》被中共省委统战部录用；基层委集体议案《关于我区村级留用地统筹开发的几点建议》获中共滨江区委书记王敏批示。九三学社杭州高新区（滨江）基层委员会全年提交建议、提案、信息30多篇（不含中共滨江区委统战部约稿），分别被九三学社中央、九三学社省委会、省委统战部、省政协、市政协等录用。

【九三人文大讲堂——宋代点茶】 2021年5月3日，九三学社杭州高新区（滨江）基层委员会三支社在西兴街道新州社区开展“进社区、进学校、进企业服务”活动，邀请九三学社拱墅支社社员竹心讲解宋代点茶。活动分知茶、点茶、品茶3个环节，科普讲座和点茶亲子活动相结合，通过讲解茶文化，了解各个朝代饮茶方式和茶道的区别。听取点茶制作器具、步骤和要领介绍后，参与人员根据老师的演示，动手制茶、品茶。新州社区居民和小朋友20多人参加。

【九三学社革命传统教育】 2021年5月15日，九三学社杭州高新区（滨江）基层委员会组织社员35人到中国共产党杭州历史馆参观，社员们察看文物实物、档案资料。10月16日，九三学社杭州高新区（滨江）基层委员会组织社员40多人到金华参观革命先烈邵飘萍旧居，了解党史，接受革命传统教育。

【九三学社“科技下乡”】 2021年9月18日，九三学社杭州高新区（滨江）基层委员会联合中国杭州低碳科技馆，到杭州市淳安县安阳乡中心小学举行“科技下乡”活动。科普讲座“恐龙诞生的秘密”从认识恐龙、恐龙的历史、恐龙灭绝的猜想等方面给小学生科普恐龙知识，提升孩子们对探究自然奥秘的兴趣。科学表演《水》《等蜂来》通过故事传递科学知识，让小学生理解和认识到环境保护的重要性，从小树立保护自然环境的意识。活动有100多人参加。

（吴义明）

2021年5月15日，九三学社杭州高新区（滨江）基层委员会组织社员到中国共产党杭州历史馆参观

〔九三学社杭州高新区（滨江）基层委　供图〕

群众团体

杭州高新区（滨江）总工会

【概况】 至2021年年底，杭州高新区（滨江）有工会3697家，年内新增工会509家，新增会员1.32万人。新建工会数居全市第二位。获评全国五一劳动奖章获得者2人，市五一劳动奖状获得者2家、奖章获得者4人。培育“浙江工匠”5人，第五届“杭州工匠”2人，“杭州工匠提名奖”1人，认定第二届“滨江工匠”10人。关心关爱特殊群体，新建妈咪小屋13个、爱心驿家2个，为女职工提供30场专题健康讲座或沙龙，发送380份“西湖益联保”医疗保障。推广普及在职职工医疗互助，全区参保职工63875人，受助职工1026人，发放补助金104.4万元。组织2127名企业一线职工免费参加疗休养。实施“春风行动”，募集社会资金78.4万元，向52户次困难家庭发放救助金24.7万元。春节期间推出“滨滨留你过大年”十大暖心举措。走访慰问企业，发放慰问金13万元。开展第六届“谁羽争锋”企业羽毛球联赛、第二届职工足球联赛、“劳动最美、毅路同行”职工清风毅行、“周末去哪里”单身青年联谊等活动，3000多人次参加。开展应急救护、网络信息安全管理、人力资源管理、家政服务等多种形式的区域性职工劳动竞赛4场，参与企业及社区172家。开展“安康杯”竞赛活动，在安全生产月期间，组织各级工会开展讲座、培训、演练等活动，650家企业、4.16万人次参与，组织安全生产隐患排查企业656家，排查整改问题隐患104个。指导辖区工会和企业工会开展工资集体协商要约行动，全年单建工会工资专项集体合同签订率96.72%。聚光科技（杭州）股份有限公司单板焊接班组获评2020—2021年度省“安康杯”竞赛活动优胜班组。7家企业入围2021年杭州市“贯彻新发展理念”企业社会责任建设A级企业名单，7家企业入围2021年杭州市创建和谐劳动关系先进企业名单。

【技能提升行动】 2021年，区总工会以培养现代知识型职工和新型技术型蓝领为重点，开展职业技能培训9班次，379人次参加，取得职业技能证书263人。开展职工大讲堂22场，覆盖员工1274人次。奖励高技能人才840人、42.46万元。为406名职工提供免费技能培训，其中278名职工获职业资格证书。创建市高技能人才（劳模）创新工作室1家、市“工人先锋号”4家。浙江大华技术股份有限公司多介质自适应的远距离传输监控系统等11个项目被市总工会选树为市职工技术创新成果。

【全区首个“劳模工匠之家”】 2021年1月19日，杭州市劳模工匠协会召开第一届理事会第三次会议。会议为首批22家杭州市“劳模工匠之家”授牌，杭州安恒信息技术股份有限公司“劳模工匠之家”入选。杭州安恒信息技术股份有限公司“劳模工匠之家”总面积100平方米，设有理发室、理疗室、健身房、发泄室、小球俱乐部，会议室独立设置，可容纳20人。“劳模工匠之家”是提升劳模工匠服务管理水平，营造关心、尊重、学习、争当劳模工匠氛围，加强劳模工匠间的交流提供场所。

【区总工会四届四次全委（扩大）会议】 2021年2月26日，杭州高新区（滨江）总工会第四届委员会第四次全体（扩大）会议在区文化中心召开。会议学习贯彻中共十九届五中全会、全国劳动模范和先进工作者表彰大会和省委、市委群团工作会议精神，贯彻市总工会十五届七次全会决策部署，回顾总结2020年工作，研究部署2021年工作任务。听取区总工会主席丁幼芳作题为《聚焦主责主业、强化履职尽责，以“三个滨江”建设实际行动向建党百年献礼》的工作报告。书面审议《2020年工会经费审查工作情况和2021年工会经费审查工作安排》的经审工作报告，表决通过第四届委员会第四次全体（扩大）会议工作报告和经审报告。会议替补于健等12人为区总工会第四届委员会委员，选举于健、方明轩、叶春冬、来树祥、俞卫平等5人为区总工会第四届委员会常委，选举方明轩为区总工会第四届委员会副主席（挂职）。

【五一劳动奖章和奖状获得者】 2021年4月26日，在“咱们工人有力量，劳模工匠心向党”杭州市职工“庆五一·迎七一”大会上，诺基亚通信系统技术（北京）有限公司浙江分公司总裁章旗，浙江大华技术股份有限公司执行总裁兼公司技术中心主任、高级工程师张兴明，杭州兴耀商业经营管理有限公司写字楼事业部职员谢伟飞，杭州迪普科技股份有限公司软件架构及算法首席专家、高级工程师陈忠良4人获杭州市五一劳动奖章；浙江智仁律师事务所、浙江天皇药业有限公司2家单位获杭州市五一劳动奖状。4月27日，杭州高新区（滨江）有杭州国芯科技股份有限公司首席技术专家梁骏、浙江中控技术股份有限公司高级副总裁沈辉2人获全国五一劳动奖章。

2021年2月26日，杭州高新区（滨江）总工会第四届委员会第四次全体（扩大）会议在区文化中心召开 （区总工会 供图）

【“浙江工匠”获得者】 2021年4月30日，省总工会在省人民大会堂举行2021年庆祝“五一”国际劳动节暨表彰劳模先进大会，为2021年“新时代浙江工匠”颁发证书，杭州安恒信息技术股份有限公司安全研究员叶雷鹏、浙江中南建设集团钢结构有限公司常务副总经理王海山、杭州三艺智能科技有限公司技术总监邹继红、杭州艺福堂茶业有限公司运营经理陈康、杭州维讯机器人科技有限公司技术支持冯双双5人获评“浙江工匠”。

【2人获评“杭州市职工经济技术创新能手”】 2021年9月14日，2021年杭州市“926工匠日”网络与信息安全管理员职业技能大赛结束。全市各区县（市）总工会、各产业工会选送的38名选手参加，杭州高新区（滨江）有6人参加，通过理论知识和操作技能2轮比赛，杭州安恒信息技术股份有限公司郑鑫、赵今总成绩分别是第六名和第七名，按《杭州市职业技能竞赛管理办法》有关规定，郑鑫、赵今获“杭州市职工经济技术创新能手”称号。

【“926工匠公园”开工建设】 2021年9月26日，“926工匠公园”开工仪式在杭州高新区（滨江）举行。市委常委、宣传部部长戚哮虎；市人大常委会副主任、市总工会主席郑荣胜；市政协副主席叶鉴铭；省总工会副主席、一级巡视员周小兵；市总工会党组书记、常务副主席王越剑；区委副书记、区长李志龙；区委副书记、政法委书记张玮；区委常委屠国平；区人大常委会副主任、区总工会主席丁幼芳；区住建局、规划资源滨江分局、高新开发公司负责人，区总工会领导班子成员以及劳模工匠职工代表100多人参加。“926工匠公园”位于钱塘江大桥南侧，总面积9.58万平方米，在钱江一桥公园建设基础上提升改造。新公园注入“9·26”工匠日、滨江工匠人物、工匠作品等元素，建成包括工匠博物馆、工匠长廊、工匠集市，集休憩、参观、游览于一体的现代化工匠文化标志性公园，计划于2022年6月建成开放。

【工资集体协商业务培训】 2021年11月4日，区总工会在区党群服务中心开展工资集体协商职工代表业务培训，提高基层工会干部的履职能力和协商谈判水平，促进劳动关系和谐稳定发展。培训班以新时代背景下的工资集体协商为主题，培训邀请华东师范大学社会法治与公共政策研究中心研究员凌林为学员授课。全区50多家企业的工会干部及职工代表共51人参加。凌林结合多年省总工会法律工作部的工作经验，围绕如何理解新时代背景下的工资集体协商、工资集体协商解决什么问题、如何开展工资集体协等方面进行讲解。学员们观摩《首届长三角地区工会集体协商技能竞赛决赛》近1个小时的视频演示。

2021年9月26日，“926工匠公园”开工仪式在杭州高新区（滨江）举行

（区总工会　供图）

【3个街道同步组建新就业形态联合工会】 2021年12月16日，区总工会为推动工会组织有效覆盖，探索创新工会新组织模式，保障新就业群体职工合法权益，分别在西兴、长河、浦沿3个街道同步组建新就业形态联合工会，并召开第一次会员代表大会，会议听取联合工会筹备工作情况汇报、选举办法草案，公布联合工会第一届委员会委员候选人名单，选举产生3个街道首届新就业形态联合工会领导班子，举行新就业形态联合工会委员会授牌仪式。联合工会覆盖辖区新就业形态营业网点11个、新就业形态劳动者1100多人，依托“数智群团”“杭工e家”App等平台，推动新就业形态劳动者“一键入会”，实施“互联网+”工会普惠服务，重点建设“司机之家”“快递员之家”“户外职工爱心驿站”等线下服务阵地，服务新就业群体。

（孔潇若）

共青团杭州高新区（滨江）委员会

【概况】 至2021年年底，共青团杭州高新区（滨江）委员会（简称“团区委”）下设基层团（工）委44个、团总支12个、团支部396个，有团员2.39万人。全年完成聚光科技（杭州）股份有限公司、矽力杰半导体技术（杭州）有限公司、杭州电魂网络科技股份有限公司、杭州迪普科技股份有限公司等企业的团组织新建工作，成立首个区县级社会组织联合会团支部，中国网络作家村、杭州优行科技有限公司等新业态团组织升格为团委。会同8家高新区团委共同发起成立长三角国家高新区青年创新创业联盟。牵头推进“数智滨团”建设，开发上线全市首个区县（市）“数智群团”平台，开展“迎亚运，滨滨有你‘益’起来”志愿服务十大行动、垃圾分类、文明引导、平安巡防等志愿服务，组织“百年薪火、代代相传”红色研学之路活动、“‘船’承经典、少年起航”未成年人红色教育沉浸式体验活动、“双百双进”高校学生暑期社会实践活动等，参与动漫节、创新创业大赛生物医药全国赛等节展赛事志愿服务，全年参加各类志愿服务6.59万人次。成立杭州高新区（滨江）青年商会。举行杭州高新区（滨江）第二届“青年律师心向党”主题演讲比赛。承办团中央“青春同心·永跟党走”一起读党史分享会浙江分会场活动。与区检察院、公安滨江分局、区教育局、区司法局、区妇联联合举办“以法之名，守护少年的你——浸润式‘两法’校园宣传”系列活动。启动“百年薪火，代代相传”红色研学之路活动，成立“少年派”红领巾宣讲团，开展“小小解说员”比赛活动。参加2021年杭州市“亲青帮”青年法治辩论赛，杭州高新区（滨江）代表队获冠军。

【社区团组织换届选举】 2021年1月24日，杭州高新区（滨江）完成全区58个社区团组织换届选举工作。新一届社区团组织班子217人，平均年龄28.5岁。28周岁以下102人，“95后”55人；中共党员156人，占71.9%；本科及以上学历占82%；女性占61.3%。社区团组织书记58人，实现100%由社区两委班子成员兼任，平均年龄31.2岁。35周岁及以下团组织书记54人，占93.1%；28周岁及以下书记6人。本科及以上学历占84.5%。在3个社区探索专职兼职挂职相结合的团组织，吸纳高新企业、共建单位的优秀青年6人成为社区团组织兼职委员。

【志愿服务十大行动发布】 2021年3月4日，团区委发布杭州高新区（滨江）志愿服务十大行动，包括“百年薪火、代代相传”红色宣讲行动、数字赋能志愿服务专项行动、“亚运V站”建设行动、亚运志愿文化宣传进社区行动、“青春助力平安建设”专项行动、“青春社区”专项行动、志愿服务品牌培育行动、志愿服务能力提升行动、志愿服务激励关爱行动、志愿服务氛围提升行动。至年底，团员参加志愿服务6.59万人次。

【志愿服务项目评审】 2021年4月13日，团区委、区文明办联合组织2021年杭州高新区（滨江）志愿服务项目大赛评审会。评审会邀请杭州青荷公益基金会、区退役军人事务局、杭州市滨江区益生社区家庭教育指导中心、区文明办、区委政法委、区检察院、区财政局、区社发局及部分街道、社区、学校相关负责人30多人参加。经过项目申报、项

2021年4月4日，志愿者在海外高层次人才创新创业基地方舱临时接种点服务

（团区委　供图）

目评审、项目路演，“守护童贞，共助成长——护蕾儿童防范性侵寓教于乐公益”“‘橙益行’消防志愿者基地”“北航杭州创新研究院‘航空航天红色’特色研学”“‘不孤鸟’守护计划”“乐生——儿童临终关怀服务”“迎亚运 我先行”“关爱自闭症儿童志愿者活动”“为老理发”“杏林先锋队‘暖阳行动’”“红色礼仪服务队”“志愿精神烽火传”10个项目获评重点志愿服务项目。

【青少年红色研学活动】 2021年4月24日，“飘扬党旗下的中国航空航天梦”青少年红色研学活动在北京航空航天大学杭州创新研究院举行。活动由北京航空航天大学杭州创新研究院、团区委等共同主办，包括参观航空航天科普体验展厅、浙江省智能传感材料与芯片集成技术重点实验室、大数据与工业智联网技术研究室，在户外广场设计以“百年党史”和“航空航天”为主题的6个游戏关卡，150人参加。

【“共青团与人大代表、政协委员面对面”活动】 2021年4月30日，“共青团与人大代表、政协委员面对面”活动暨2021年度杭州高新区（滨江）志愿服务项目签约仪式在杭州奥体中心举行，部分区人大代表、政协委员与青年代表30多人参加。活动围绕“如何更好地整合各类资源，运用数字化手段推动志愿服务”展开面对面交流，提出发挥青年力量、提供更大平台、融合亚运元素等建议；向2021年度杭州高新区（滨江）重点志愿服务项目和提名项目颁发证书，并与重点项目代表签约。

【主题团日活动】 2021年5月7日，“数智滨江青春力量”青年共话数字化改革座谈会暨杭州高新区（滨江）庆祝中国共产党成立100周年主题团日活动举行，区委副书记张玮出席会议并讲话。新华三集团、杭州安恒信息技术股份有限公司、浙江大学滨江创新研究院、浙江中南卡通股份有限公司、区数字化改革专班及社区等单位的7名优秀青年代表围绕数字化改革交流发言。会议表彰2020年度市、区两级共青团工作先进集体及个人，举行超龄团员离团仪式和荣誉团干部代表表彰仪式。

【团区委培训工作】 2021年，团区委举行社区团干部培训、青年文明号创建观摩培训、“迎亚运，滨滨有你”志愿服务培训共4场。3月14日，杭州高新区（滨江）新一届社区团干部培训班开班，新一届社区团组织书记、团干部100人参加培训，课程涵盖基层组织建设、社区少先队工作、志愿服务、廉政教育等，组织参观中国共产党杭州历史馆、杭州青年运动史馆，引领团干部学党史、强信念、办实事、开新局，提升理论水平和专业素养。4月21日，团区委组织青年文明号现场观摩暨创建培训活动。2020—2021年度市级青年文明号争创集体、2016—2019年度获市级青年文明号荣誉集体、团区委机关工作人员20多人参加。活动观摩全国青年文明号集体——地铁钱江路站，邀请浙江省团校副教授朱文欣进行创建培训。7月9日，“迎亚运，滨滨有‘你’”志愿服务培训在西兴街道滨和社区青年之家举行，邀请杭州市志愿者服务协会老师顾雅娟讲授《志愿服务理念和礼仪培训》；9月18日，“迎亚运，滨滨有‘你’”志愿服务培训在浦沿街道信诚社区开展，邀请浦沿卫生院护士长朱金萍讲授《服务亚运、“救”在身边，做学校社区的急救英雄》，现场宣讲交通文明引导、防诈骗等知识，20多人参加。

【“亲青恋”系列活动】 2021年，杭州高新区（滨江）举行“亲青恋”系列活动4场。3月28日，亲青恋“2021我们在一起·在剧场遇见你”青春交友活动在西戏·XIXI LIVE举行，教育系统、高新企业、金融证券、社会工作等40名单身青年参加，通过即兴戏剧沉浸式体验增进彼此的了解。4月8日，“爱，就留在滨江”企业青年专场联谊活动在杭州安恒信息技术有限公司举行，现场100多人的个人信息录入人才婚恋信息库，有14对青年现场对接成功。9月12日，“亲青恋·‘爱情公寓’青春联谊会”

在西兴街道滨和社区举行，网易（杭州）网络有限公司、杭州海康威视数字技术股份有限公司等高新企业单身员工30多人参与，活动由自我介绍、共同舞蹈、组队游戏等环节组成。11月6日，“缤纷一起来，云厨青年趴”活动在缤纷未来社区云食堂举行，单身青年30人参加，活动有美食知识问答、美食游戏互动、厨艺比拼等环节。

【“滨江青年说”系列活动】 2021年，杭州高新区（滨江）举行“滨江青年说”宣讲活动3场，100多人次参加。5月17日，2021年“滨江青年说”宣讲活动在杭州高新区（滨江）党群服务中心举行，5名青年代表围绕“学党史、悟思想、讲奋斗、显担当”分享各自的青春故事。6月20日，“滨江青年说”浦沿街道专场活动在浦沿街道党群服务中心举行，5名青年代表围绕“学党史、悟思想、讲奋斗、显担当”四大主题进行分享。7月18日，“滨江青年说”西兴专场活动在西兴街道党群服务中心举办，5名青年代表围绕“讲奉献、显担当、懂城事、论奋斗、议拼搏”五大主题进行分享。

【青年说“法”系列活动】 2021年，杭州高新区（滨江）举行青年说“法”系列活动5场。6月29日，第一场青年说“法”活动举行，邀请区青年说“法”宣讲团成员、区检察院第一检察部检察官助理刘铭珺向区帮扶救助、儿童工作人员普及最新实施的《中华人民共和国未成年人保护法》。7月29—30日，青年说“法”7月主题活动举行，邀请长河派出所警官高洁、浙江峰翔律师事务所律师鲍芳，为杭州市滨和小学暑托班学生开展“以法护航，快乐成长”等安全教育。8月13日，青年说“法”活动邀请公安滨江分局法制大队民警孙轲在杭州市长河小学讲授“未成年人暑期安全教育”。10月11日，青年说“法”活动邀请区检察院第一检察部副主任吴为给明月江南幼儿园教师讲授“未保法及未成年人学校保护规定中的学校及教师责任”。（张晨希）

2021年7月29—30日，杭州高新区（滨江）青年说“法”主题活动走进杭州市滨和小学暑托班（团区委 供图）

杭州高新区（滨江）妇女联合会

【概况】 2021年，区妇联开展“巾帼心向党、奋斗新征程”党史学习教育，联合区委组织部、区委宣传部、公安滨江分局等部门和街道开展各类教育活动80多场。参与平安巡防、防范电诈、法治宣传、关爱帮扶、家庭教育等活动610多场次，开展普法宣传活动73场次，7000多人次参与。与区检察院联合开展“滨滨巾帼护蕾行动”强制亲职教育（使为人父母者学习教养子女所需要的知识）工作，对监护失职的监护人进行系统的监护义务履行、家庭教育指导等方面的教育并持续跟踪。创建市级妇女之家7个、妇女微家3个，累计在社区网格、楼宇园区建立“妇女微家”187个。牵头实施全区家庭教育工作“十三五”规划，编制完成《杭州高新区（滨江）家庭教育工作“十四五”规划》。全区共有“儿童之家”58家，年内获评示范儿童之家省级1家（共2

家）、市级5家（共10家）。有亲子阅读阵地200多个，其中全国儿童友好家园1家、全国家庭亲子阅读辅导体验基地1家。以寻找最美家庭为主题，入选省最美家庭1户、省绿色家庭1户，市最美家庭2户、市绿色家庭6户；省级巾帼文明岗4个、市巾帼文明岗9个、市巾帼建功标兵4人。接收婚姻家庭类矛盾纠纷案件29件，成功调解16件；接到“110”联动警情679件、调处率100%，出具家庭暴力告诫书271份；区妇联本级共接待来电来信来访9件，及时安抚情绪化解矛盾，减少和阻断“民转刑”案件。各级基层妇联干部和执委走访家庭3235户、企业67家，梳理诉求建议510多条。

市“四新”（新领域、新业态、新阶层、新群体）领域妇联组织建设现场推进会在杭州高新区（滨江）召开。杭州市首家区级社会组织联合会妇联成立。区妇联获评2021年度浙江省平安家庭建设优秀单位。

【全区社区妇联换届选举工作完成】 2021年1月15日，杭州高新区（滨江）社区妇联换届选举工作完成。全区社区妇联选出主席58人，副主席68人，执委430人。新一届社区妇联主席平均37.8岁，其中，中共党员占93%，大专及以上学历占98%。1月27日，区妇联在区党群服务中心举办新一届社区妇联主席培训班。培训班安排维权工作实务、手机摄影技巧、妇联工作指南等内容，市妇联一级调研员陶陶、全国摄影家协会会员楼颖、区妇联副主席金小君分别授课。街道、社区妇联主席共71人参加。

【“她力量”女性宣讲团成立】 2021年3月1日，“她力量”女性宣讲团成立。宣讲团由区妇联发起，首批成员15人由教师、民警、律师、社会组织负责人等组成，区委常委、宣传部部长沈建出席成立仪式并讲话。宣讲团成员从女性视角，面向妇女家庭，重点宣传习近平新时代中国特色社会主义思想、党中央做出的重大决策和战略部署以及中国共产党百年故事，唱响主旋律、发出好声音、凝聚正能量。至年底，宣讲团组织巡回宣讲34场次，1.2万人次参与。

【市级示范儿童之家验收】 2021年5月20日，市妇联副主席陈红美到杭州高新区（滨江）考核验收市级示范儿童之家建设情况，检查长河街道江汉社区、钱潮社区，西兴街道丹枫社区以及海康威视幼儿园，参观区党群服务中心。11月2日，杭州市妇儿工委公布2021年度杭州市示范儿童之家名单，杭州高新区（滨江）有西兴街道丹枫社区儿童之家、浦沿街道滨文社区“慧启赋”儿童之家、长河街道江汉社区儿童之家、长河街道钱潮社区“蜗牛e家”儿童之家和海康威视儿童之家5家入选。至年底，杭州高新区（滨江）有“儿童之家”58家、200多个亲子阅读阵地，获评示范儿童之家市级5家、累计10家，其中省级1家、累计2家。

【“爱，就留在滨江”联谊活动】 2021年5月31日，区妇联、区人才办联合浙江大华股份有限公司发起以“爱，就留在滨江”为主题的大型联谊活动。活动是区妇联“爱，就留在滨江”联谊系列活动之一，178名来自区内高新企业、卫生系统、教育系统及金融单位的单身青年参加，41对嘉宾互赠玫瑰表白成功。全年，区妇联举行专场、小型、大型联谊活动33场次，服务未婚青年1200多人次，272对青年牵手成功。

【企业、园区妇联成立】 2021年，杭州高新区（滨江）推进妇联组织“织网行动”，组建杭州泰一指尚科技有限公司、杭州萤石网络有限公司等12家市重点互联网企业妇联，组建杭州安恒信息技术股份有限公司、聚光科技（杭州）股份有限公司等重点行业企业妇联，完成群团集市“五共协同”企业妇联组织建设任务413家，在英飞特科技园、浙江万福控股集团、杭州京安创业园、浦沿街道工业园区、大华·江虹国际创新园等女性较为集中的科技园区（楼宇）成立妇联组织，覆盖企业500家。

2021年杭州高新区（滨江）新成立的部分企业、园区妇联情况表

表11

成立日期	妇联名称	主席	副主席
2021-03-30	英飞特科技园妇联	林　镜	陆银霞、曾莉莉
2021-04-16	恒生电子股份有限公司妇联	屠海燕	赵美娟
2021-04-23	信雅达科技股份有限公司妇联	金圆圆	夏丹青、张宋宋
2021-05-11	杭州安恒信息技术股份有限公司妇联	刘蓝岭	俞录美、沈亚婷
2021-05-19	杭州海康威视数字技术股份有限公司妇联	邵丽雯	童小寒、王赛男
2021-05-27	浦沿街道工业园区妇联	潘　希	来春红
2021-06-16	浙江万福控股集团妇联	林　琅	占秀梅
2021-06-17	杭州君盟新媒体科技集团有限公司妇联	李　烈	张　莉
2021-06-17	杭州士兰微电子股份有限公司妇联妇联	陈　丽	俞　瑾、张秀梅
2021-06-18	杭州京安创业园妇联	孙利美	施　丹
2021-06-18	银江股份有限公司妇联	倪　静	韩　潇
2021-07-12	聚光科技（杭州）股份有限公司妇联	王　静	林天真、陈鲜丽
2021-07-15	新华三集团妇联	卞　晈	司傅冰、牛　婕
2021-07-15	中控科技集团有限公司妇联	方　芳	梁　霞、朱方圆
2021-08-03	大华·江虹国际创新园妇联	王　起	夏　丹、陈桂芬

2021年9月9日，杭州市滨江区社会组织联合会妇联成立

（区妇联　供图）

【杭州市滨江区社会组织联合会妇联成立】 2021年9月9日，杭州市滨江区社会组织联合会妇联成立，是杭州市成立的首家区级社会组织联合会妇联。市社会组织服务中心、区妇联、她视界创新助力发展中心、浙江花都美容美发培训中心、滨江爱来家社区公益服务中心、杭州湾社会创新中心相关负责人参加。区社会组织联合会有会员单位35家，其中女性社会组织20家。区社会组织联合会妇联为凝聚、引领和培育更多的组织、团体，创新服务模式和内涵，搭建社会组织女性参与社会服务的平台，拓展服务功能，为女性、儿童及家庭需求的服务项目提供更专业、精准的服务。利用联合会的集聚平台效应，带动更多的女性社会组织成员共同发展。

【“巾帼反诈进万家”工作推进会暨电信网络反诈知识专题培训】 2021年9月16日，区妇联召开“巾帼反诈进万家”工作推进会，专题部署全区妇

联系统深入开展反诈工作，区妇联、公安滨江分局相关人员，区直属单位妇联主席，各街道、社区妇联主席，各巾帼反诈宣讲团成员和有关社会组织负责人100多人参加。会后，举行电信网络反诈知识专题培训，邀请国信证券浙江分公司高级讲师黄赵洁，从电信网络诈骗形势、电信诈骗的常见形式、如何处理可疑情况3个方面，提高全区妇女及家庭成员的反诈骗意识，增强识骗和防骗能力。

【妇儿工委工作暨“十四五”妇女儿童规划征求意见会】 2021年9月22日，杭州高新区（滨江）妇儿工委工作暨“十四五”妇女儿童规划征求意见会议召开，妇儿工委主任、副区长包嘉颖出席会议并讲话，区府办、区政府妇儿工委成员单位、各街道负责人26人参加。会议听取区“十三五”发展规划期间的妇女儿童工作情况总结、下步工作重点、妇女儿童“十四五”发展规划起草情况说明，围绕“十四五”妇女儿童规划提出意见建议。

【女性健康“暖心”公益行】 2021年，区妇联联合省社会组织总会常务理事单位杭州常青树名医馆，共同举行2021年女性健康“暖心”公益行活动3期，提高女性健康意识和自我保护能力，100多人次参与。10月14日，在浙江宇视科技有限公司开启活动第一站，邀请浙江大学医学院附属妇产科医院主任医师马麟娟讲述女性生理健康、妇科常见病（如宫颈疾病、子宫肌瘤、卵巢囊肿等）、科学避孕的方法以及宫颈癌的筛查预防和HPV疫苗的相关知识。讲座结束后安排义诊环节，马麟娟提供“一对一”健康咨询，根据实际情况提出专业建议。10月19日，区妇联联合区红十字会、常青树公益服务中心，邀请区红十字会讲师包龙为中国农业银行滨江支行在职员工培训急救知识。10月22日，区妇联联合杭州常青树名医馆妇联、常青树公益服务中心在浙大中控信息技术有限公司开展“中医养生与调理”公益讲座，由杭州常青树名医馆内科专家何淼泉为企业员工开展讲座及“一对一”号脉问诊。

【8个家庭教育体验点全市首发】 2021年11月4日，杭州高新区（滨江）作为省家庭教育指导服务体系试点，在全市率先发布家庭教育体验点8个，并举行启动仪式。体验点融合家庭教育、学校教育和社会教育，构建部门统筹联动机制，助力“双减”工作落地落实。8个家庭教育体验点是浙江中医药博物馆、中国杭州低碳科技馆、杭州高新区（滨江）党群服务中心、杭州青少年活动中心滨江分中心、西兴街道平安建设综合体验馆、长河革命历史纪念馆、网易蜗牛读书馆、吉利汽车体验馆。启动仪式结束后，区教育局副局长周芸佳做题为“‘双减’后，一起试试‘第四种教育’”家庭教育讲座。

【全区妇女干部培训班】 2021年11月8—10日，区妇联在区党群服务中心举行全区妇女干部培训班，各街道、社区妇联主席65人参加。培训人员听取省委党校经济学教研室副教授潘家栋“高质量发展建设共同富裕示范区——学习贯彻省委十四届九次全会精神”专题讲座，市卫健委爱国卫生管理与健康促进处处长周侃“杭州市健康城市建设实践与探索”专题讲座，市委党校教授吴百花“习近平‘七一’重要讲话精神”专题讲座，区妇联党组成员、副主席金小君解读区妇女儿童发展“十四五”规划。培训人员参观千鹤妇女纪念馆和缤纷未来社区。（曹　仪）

杭州高新区（滨江）科学技术协会

【概况】 至2021年年底，杭州高新区（滨江）科学技术协会（简称“区科协”）下属街道科协3个，企业科协30个。全年组织科普大篷车进社区、菜单式讲座和长者智能手机培训等科普活动400多场，发放宣传品2万余份；新建2家院士工作站，3家专家工作站；新建

2家青少年科普教育基地；开展学术活动8场。

【"科普中国"推广成果】 2021年，区科协开展"科普中国"App科普员信息员注册推广工作，为区内居民提供科普信息。至年底，杭州高新区（滨江）总注册人数3.7万人，比上年增加9000多人，居杭州市第三位；分享文章248.3万篇，新增57.6万篇，居杭州市第三位；月活跃人数5.5万人，居杭州市第一位。

【反邪教理论研究成果】 2021年，区科协围绕反邪教理论，开展《无邪社区的创建对策研究》《宗教与邪教关系之研究》《日本施行〈宗教法人法〉对于我国依法治邪的启示》《新时代社区反邪教工作》4项区级课题研究，为杭州高新区（滨江）反邪教工作提供参考。在2021年杭州市反邪教优秀调研论文评选活动中，浙江警察学院的2篇论文《浙江省农村群众反邪教认知调查及其对策》《日本施行〈宗教法人法〉对于我国依法治邪的启示》分别获一等奖和三等奖。

【科技活动周和科普宣传周】 2021年5月21日，区科技活动周围绕"百年回望，中国共产党领导科技发展"主题，在西陵社区西陵休闲广场启动。9月，围绕"百年再出发，迈向高水平科技自立自强"主题，区科普宣传周活动采取线上方式云启动。两次活动共发动80多个单位共同参与，通过"滨江科普"公众号、各工作群预热，向公众免费开放13个青少年科普教育基地，发放2.5万份宣传资料，组织讲座25场，制作"百年回望、创新发展"科技成就展板1套12块，展示"双碳"、反邪教等展板40多块，2.5万人次参与。

2021年5月21日，"百年回望，中国共产党领导科技发展"科技活动周在西陵休闲广场启动 （区科协 供图）

【六校反邪教联盟宣传教育活动】 2021年11月18日，杭州高新区（滨江）六校反邪教联盟宣传教育活动在浙江商业职业技术学院举行。活动表彰科普反邪活动优秀组织单位、优秀反邪教指导教师、科普达人等，杭州市反邪教协会理论研究基地揭牌，为杭州市旅游职业学校加入联盟授牌，杭州市旅游职业学校成为联盟第七个理事单位。至月底活动结束，六校反邪教联盟成员单位学生表演反邪教主题教育节目，开展反邪教系列讲座、反邪教海报设计比赛和科普大篷车等活动20多场。

（李明达 陈 玥）

杭州高新区（滨江）归国华侨联合会

【概况】 至2021年年底，杭州高新区（滨江）归国华侨联合会（简称"区侨联"）有委员57人，其中主席1人、副主席12人、秘书长1人、常务委员31人。2021年1月12日，在杭州市第十次归侨侨眷代表大会上，区侨联获评市侨联系统先进集体。7—10月，华侨国际·先锋大厦获评市侨界创新创业基地，天和高科技产业园获评省侨界创新创业基地，海外高层次人才创新创业基地获评中国侨联新侨创新创业基地。

【区第二次归侨侨眷代表大会】 2021年1月5日，杭州高新区（滨江）第二次归侨侨眷代表大会在杭州白马湖建国饭店召开，市侨联党组书记、副主席裘建平，区四套班子主要负责人，全区归侨、侨眷代表，海内外华侨、华人和留学归国人

2021年1月5日，杭州高新区（滨江）第二次归侨侨眷代表大会在杭州白马湖建国饭店召开 （区侨联　供图）

员代表，区侨务工作领导小组23家成员单位以及区内各民主党派、群团组织负责人180多人参加会议。大会选举产生新一届区侨联委员会委员57人，委员会常委31人，袁海峰当选区侨联第二届委员会主席，王连均当选区侨联第二届委员会专职副主席，周文嘉当选区侨联第二届委员会挂职副主席，黄建、周颖菲、来关明、吴善东、范渊、林时永、莫炜国、任天挺、徐江宁、章笠中当选区侨联第二届委员会兼职副主席，朱小华当选区侨联第二届委员会秘书长。会上，成立美国、德国、乌克兰、澳大利亚、日本、阿联酋等8个区侨联海外联络处及1个海外创新服务中心。

【区侨联二届一次主席（扩大）会议】 2021年3月31日，区侨联召开二届一次主席（扩大）会议，中共滨江区委常委、统战部部长杨晓峰，区侨联班子成员、秘书长等20多人参加。会议学习传达习近平总书记2月20日在党史学习教育动员大会上的重要讲话及省侨联十届二次全委会、市侨联十届一次主席（扩大）会议精神；审议通过区侨联2021年度工作要点，新一届班子交流发言，提出创新思路，谋划推进侨联各项工作。与会人员到中国共产党杭州历史馆参观学习，从“民族独立人民解放的杭州篇章”“推进社会主义建设的杭州记忆”“走中国特色社会主义道路的杭州实践”3个发展阶段，了解杭州近几十年在中国共产党领导下的创新发展历程。

【“侨心向党·爱我中华”红歌联唱活动】 2021年4月23日，区侨联为庆祝中国共产党成立100周年，在英飞特电子（杭州）股份有限公司园区举行“侨心向党·爱我中华”红歌联唱活动，市、区侨联相关负责人，区侨联部分委员、代表共30多人参加。活动由区侨联主办、隐士音响（杭州）有限公司承办，杭州江南实验学校老师丁雨指导参与人员合唱《我和我的祖国》，区侨联代表人士、隐士音响首席执行官戴中天分享《唱支山歌给党听》《我的祖国》《保卫黄河》《父亲的草原母亲的河》等20多首歌曲赏析。通过歌曲鉴赏、合唱，凝聚侨心，激发侨界人士爱国爱乡情。

【为侨服务月启动仪式暨侨海报国论坛举行】 2021年5月13日，“滨朋远至·江成大业”第四届滨江国际人才节双创“侨”梁日之“侨联人才·相约高新”为侨服务月启动仪式暨侨海报国论坛在杭州白马湖建国饭店举行。活动由区侨联主办，致公党市委会“‘同心·海创’基地”、区政协侨联界别、区生物医药创新联盟、致公党杭州高新区（滨江）总支部、杭州华侨国际产业发展有限公司协办。启动仪式上，杭州费尔斯通科技有限公司（火石创造）、杭二中北美校友会、杭州科畅科技咨询有限公司（贝壳社）、杭州华侨国际产业发展有限公司、浙江创信商业管理有限公司、杭州天和高科技产业园6家侨企（社会团体）被授予区侨联创新创业基地，新增美国马萨诸塞州、日本东京、意大利波尔查诺3家区侨联海外联络处。为侨服务月活动以政策宣传介绍、主旨演讲、海归创业者论坛等形式，聚焦海归新侨创新创业，宣传杭州高新区（滨江）的创业环境和生态环境。

【2021侨界精英创新创业（中国·杭州）峰会】 2021年10月19日，创业中华——2021侨界精英创新创业（中国·杭州）峰会在杭州白马湖建国饭店举行，全国政协常委、中国侨联副主席李卓彬，中国侨联副秘书长、经济科技部部长赵红英以及省市区领导、侨界代表等300多人参加。活动由中国侨联、省侨联、市政府共同主办，市侨联与杭州高新区（滨江）管委会、政府联合承办，以“新起点、高质量、共富裕”为主题，围绕高质量发展建设共同富裕示范区城市范例目标，以“1场峰会开幕式+4场平行论坛+1场实地考察活动”的形式展开，聚焦科技领军人才、创新团队和项目引进，凝聚侨界力量助力构建双循环发展格局，推进长三角侨创融合发展和共同富裕。开幕式上，海外高层次人才创新创业基地被授予中国侨联新侨创新创业基地，全省5家单位被授予省侨界创新创业基地。现场签约项目29个，总投资额110.7亿元。其中，杭州高新区（滨江）与浙江时迈药业有限公司、浙江国自机器人技术股份有限公司、网易（杭州）网络有限公司等企业签约项目21个，总投资额97.3亿元。

【“海外侨领杭州行——走进滨江”活动】 2021年10月20日，市侨联第十一次海外协作会议暨“海外侨领杭州行——走进滨江”活动举行，21个国家和地区40个海外联络处（侨团）的42位侨领参加。活动由市侨联、杭州高新区（滨江）共同举办，“阿根廷—中国青年学生联合会”“阿塞拜疆华侨华人协会”2家侨团新加入市侨联海外协作机制，成为市侨联海外联络处，并予授牌。与会人员参观杭州奥体中心主体育场、“智慧e谷”和国家级侨界创新创业基地——海外高层次人才创新创业基地。

（俞以婷）

杭州高新区（滨江）工商业联合会

【概况】 至2021年年底，杭州高新区（滨江）工商业联合会（总商会）（简称“区工商联”）有街道商会3家、园区商会1家、行业协会4家，企业会员1051家，个人会员220人。区工商联全年开展庆祝中国共产党成立100周年专题活动11次；召开民营企业家座谈会，组织民营企业家开展理论学习宣讲活动12次，600多人次参与；组织企业家开展各类形式培训学习20多期次；组织各行业商（协）会开展合作交流、资源对接、信息共享等活动26次；开展“每月赠书”、生日祝福、健康体检、关怀慰问等关爱企业家系列活动。在抗疫救灾、结对帮扶等公益事业中，会员企业捐款捐物1.03亿元。会员企业杭州兴耀控股集团有限公司、中控科技集团有限公司获评市慈善事业发展促进工作先进集体。

区工商联获2021年度全国“五好”县级工商联；获评省工商联2021年民营企业调查点工作先进单位，获评2021年度全省工商联服务“两个健康”工作成绩突出集体，获省工商联2021年全省第二季度服务“两个健康”最佳案例、2021年度全省工商联服务“两个健康”最佳工作实践创新成果奖；获“2021年度杭州市政府慈善事业发展促进工作”集体嘉奖。西兴街道商会获评2021年度“四好”商会。区工商联5名执常委企业家获市风云杭商、新锐杭商称号，占受表彰人数的23%，居全市第一位。

【上级工商联领导到杭州高新区（滨江）调研】 2021年，上级工商联领导到杭州高新区（滨江）调研8批次。1月11日，市政协副主席、市工商联主席冯仁强到博联智能科技股份有限公司走访调研，了解高层次人才和企业科技创新情况。3月25日，省工商联党组书记陈浩在浙江大华技术股份有限公司与数字经济、生命健康、“互联网+”领域的企业代表座谈交流，听取民营企业实现科技自立自强的意见建议。4月15日，省工商联副主席林建良专题调研杭州高新区（滨江）6家中国民营500强企业。5月26日，市工商联党组书记麻承荣到东冠集团有限公司考察指导，与企业负责人座谈交流，了解企业运营发展情况。6月3日，中央统战部四局二级巡视员王云波、全国工商联机关党委王定生、全国工商联研究室干部马林走访创业慧康科技股份有限公司，开展座谈会探讨亲清政商关系。6月8日，全国工商联经济部副部长罗力到浙江吉利控股集团有限公司，开展民营企业信用体系建设调研。7月8日，市工商联党组书记麻承荣到滨和环境建设集团调研，听取企业意见建议。11月25日，市政协副主席、市工商联主席冯仁强陪同云南省工商联互学互促工作组到智慧新天地考察调研，了解区生物医药创新联盟的职能定位、创新做法、工作成效等情况。

【"亲清直通车·政企恳谈会"活动】 2021年，区工商联分别与区科技局、区税务局、区商务局举行"亲清直通车·政企恳谈会"活动。1月19日，区工商联和区科技局在区文化中心联合举行首场亲清直通车活动。区领导郑迪、杨晓峰出席并讲话，12家企业家代表和相关部门负责人参加会议，与会人员围绕"科技自立自强促发展"展开交流。4月23日，区工商联与区税务局联合举行第二期亲清直通车活动，区工商联、区税务局、区发改局、区经信局、区科技局、区人力社保局等部门负责人和区内10家拟上市公司相关负责人参加，围绕"便民办税春风行动"，聚焦便民办税，帮助纳税（缴费）人解决缴税难题，优化营商环境座谈交流。8月19日，区工商联与区商务局联合举行第三期亲清直通车活动。区领导陶峰出席并讲话，相关部门负责人和中国出口信保浙江分公司分管负责人以及区内13家外贸企业代表参加，围绕"融入新格局，助力双循环"互动交流。

【区工商联结对帮扶】 2021年，区工商联会员单位捐款捐物，结对帮扶贵州省、四川省、湖北省有关区县（市）。3月20日，区工商联新生代企业家联谊会到贵州省黔东南苗族侗族自治州丹寨县开展对口帮扶，捐赠10万元改善兴仁镇兴仁小学教育设施。5月7日，区工商联携执委企业浙江笨鸟科技有限公司到四川省广元市朝天区开展对口帮扶交流活动，与广元市朝天区工商联签订《友好工商联协议书》；与朝天区沙河镇小学签署《对口帮扶框架协议》，捐赠10万元学习生活物资。11月15日，杭州高新区（滨江）与朝天区举行"万企兴万村"结对云签约仪式，21家民营企业与朝天区20个村签订结对帮扶协议，现场认捐38万元；校宝在线（杭州）科技股份有限公司投入400万元支持公益教育事业，启动"双百计划"免费向全国学校提供100套SaaS（软件即服务，即通过网络提供软件服务）软件和线下100名校长培训服务。

【《企业经济犯罪刑事合规暂行办法》出台】 2021年3月10日，区工商联与区检察院、区司法局联合出台《企业经济犯罪刑事合规暂行办法》。该办法包括工作定义、适用范围、协作原则、专业合规考察库成员的选任、合规考察启动、联席会议机制、联络员制度等10条内容，促进区工商联与区检察院、区司法局在办理涉企经济犯罪刑事案件过程中的协调配合，建立权威高效、衔接顺畅的工作机制。至年底，对1起案件进行合规考察，并对企业和负责人依法做出不起诉，系杭州市首例以第三方监管人考察的刑事合规案件。

【"献礼百年华诞、百企送祝福"活动】 2021年7月1日，区工商联联合《天堂硅谷》报推出"学党史、忆初心，百企送祝福"特别活动。携西兴街道商会、长河街道商会、浦沿街道商会、白马湖商会、女企业家委员会、新生代企业家联谊会、生物医药创新联盟、刑事合规促进会、科技企业孵化器联谊会以及区内百余家企业，在《天堂硅谷》报推出8个整版，共同发出对中国共产党和国家美好的祝愿。

【6家企业入围中国民营企业500强】 2021年9月21日，2021年中国民营企业500强榜单揭晓，杭州高新区（滨江）6家企业入围，其中阿里巴巴（中国）有限公司居第5位，居浙江省第1位；浙江吉利控股

集团有限公司居第11位；网易（杭州）网络有限公司居第122位；百世物流科技（中国）有限公司居第361位；浙江大华技术股份有限公司居第419位；浙江中南建设集团有限公司居第446位。“2021中国民营企业制造业500强”名单和“2021中国民营企业服务业100强”名单同时发布，浙江吉利控股集团有限公司居“2021中国民营企业制造业500强”第5位。阿里巴巴（中国）有限公司、网易（杭州）网络有限公司分别居“2021中国民营企业服务业100强”第2位和第46位。

【新生代企业家联谊会新一届会员代表大会暨青年商会成立大会】 2021年10月29日，区工商联在杭州白马湖建国饭店召开区新生代企业家联谊会新一届会员代表大会暨青年商会成立大会。大会以“青春正飞扬，未来皆可期”为主题，创新组织形式，将新生代企业家联谊会与团区委青年商会合而为一。会议选举产生杭州高新区（滨江）新生代企业家联谊会（青年商会）新一届理事会成员99人，李伟当选会长，吴伟、章敏杰任常务副会长，汤琳宏任秘书长。大会发布《汇聚青春力量，建设共富样板》倡议书。签订非公企业“廉盟”公约，中国建设银行滨江支行与区新生代企业家联谊会（青年商会）举行金融协作签约仪式。

【生物医药创新联盟（BIA）周年庆】 2021年12月6日，区工商联在白马湖会展中心举行生物医药创新联盟（BIA）周年庆典活动。BIA专家委员会主席、中国科学院院士、西湖大学校长施一公在线发表致辞。区领导朱黎明、陶峰，市市场监督局副局长林霄，生物医药创新联盟（BIA）代表，区人才办等相关部门负责人85人参加。活动主题为“凝心聚力，创新发展”，听取生物医药创新联盟（BIA）理事长华绍炳的BIA工作情况介绍。活动中，3亿元规模的BIA创新基金和区生物医药知识产权创新联盟揭牌，12家企业合作签约，3家企业投资签约。

（邓　彬）

2021年10月29日，杭州高新区（滨江）新生代企业家联谊会新一届会员代表大会暨青年商会成立大会召开　（区工商联　供图）

滨江区文学艺术界联合会

【概况】 至2021年年底，滨江区文学艺术界联合会（简称“区文联”）有作家协会、书法家协会、舞蹈家协会、朗诵协会、音乐家协会、美术家协会、摄影家协会7个协会，有会员662人，其中国家级70人、省级178人、市级223人。全年各协会举办、承办、协办各类活动近100场次。完成《浙江文史记忆丛书》杭州滨江分册编撰工作。

【文艺作品再创佳绩】 2021年，区委宣传部（区文联）组织开展爱国主义题材、当代现实题材、本土文化题材文艺创作，完成《共有一个家》《小小的音量》《生死突围》等音乐影视作品。动漫《下姜村的绿水青山梦》获评中国文化艺术政府奖第四届动漫奖最佳动漫作品。网络电影《金山上的树叶》入选广电总局2021年网络视听节目精品创作传播工程。电视动画片《天眼归来第二季》在中央电视台少儿频道黄金时段播出。电视动画片《乐比悠悠学成语》入选国家广电总局推荐2021年第一、第二季度优秀国产动画电视片。网络视听《19层》入选浙江文化艺术发展基金2021年度资助项目。电影《爆炸声中的寻找》入选2021年杭州市文艺精品创作扶持项目。亚运主题音乐作品 *TO WIN* 在央视新闻客户端各大平台宣传。《莲鼓越歌行》《梦游天姥》获第三届“浙江风格，江南舞韵”舞蹈作品展演甲组专业类十佳作品。《惠风和畅》入选“乡村振兴·童话云和”省美术作品展。《仙风剑雨录》获泛华文“金键盘”奖。微视频《心若有廉　花自盛开》获第三届“玉琮杯”清廉微电影视频大赛入围奖。

【“新春送福写春联，滨滨留你过大年”活动】 2021年1月，杭州高新区（滨江）落实市委市政府关于“鼓励新杭州人留杭过年”的号召，举行“新春送福写春联，滨滨留你过大年”活动。活动由区委宣传部、各群团组织主办，区书法家协会、区摄影家协会承办，省、市书法家协会会员在华业高科技产业园、浙江苏泊尔股份有限公司、英飞特电子（杭州）股份有限公司、杭州海康威视数字技术股份有限公司等30多家高新企业园区现场书写、赠送福字与春联，吸引6000多名企业员工参加，现场送出春联和福字8000多份。

2021年1月24日，“新春送福写春联，滨滨留你过大年”活动在区人才公寓举行　（区委宣传部　供图）

【“高新味道”小程序推出】 2021年7月2日，区文联协同整合全区20多个部门、企业、机构的数字文化资源，推出“高新味道”数字文化小程序。小程序由“打卡滨江”“滨滨有活动”“滨江FM”“文化与健康”“强国训练场”“大师开课啦”“连小信”“数字阅览”“AME短剧孵化”“作家村日志”“滨江新视觉”“15分钟文化圈”等版块组成。“文化地图”划出身边的15分钟文化圈，“数字阅览”免费向公众开放国内1300种数字图书、报刊、音频，并实时更新，“慢直播”锁定钱塘江、奥体博览城等地标，“精品课程”供市民订阅等，为市民群众提供便捷高效的文化服务。至年底，有22.21万人次登录小程序。

【“从西兴出发——浙东唐诗之路影像展”启动】 2021年9月3日，“从西兴出发——浙东唐诗之路影像展”启动仪式暨“诗路·丝路·思路”学术研讨会在浙东运河源头西兴古镇举行，省、市、区相关领导，省市文联和摄影家协会负责人，湖州市、绍兴市、宁波市、嘉兴市、台州市等大运河摄影发展联盟有关人员，考古、非遗、作家（评论）方面专家、学者，在杭中国摄影金像奖获得者等80多人参加。活动以摄影的艺术手法，探寻浙江发展之血脉，沿着文化繁盛的诗路，追索通江达海的丝路，定格共同富裕的思路，为共同富裕从物质与精神两方面找出实证。预定于2022年围绕“西兴这个镇”“浙东这条河”“杭州这座城”举办大型影像展览，用图片、视频、文本、实物等形式呈现诗路浙江和共同富裕的成果。将本次展览的影像、文本等汇编成《大运河影像年鉴》（西兴—浙东篇）。在“诗路·丝路·思路”学术研讨会上，专家学者围绕西兴在诗路浙江中的历史地位，唐诗之路、海上丝路与共富思路交融，西兴古镇蝶变升值等课题进行研讨。

【首届国际体育幽默画展启动】2021年9月30日，“2022（杭州·滨江）首届国际体育幽默画展”启动仪式暨新闻发布会在杭州白马湖国际会展中心举行。发布会向全球漫画爱好者征集体育幽默漫画，参赛者可采用油画、水彩、水粉、国画、版画、数字绘画等艺术形式进行创作，向全世界展现杭州2022年第十九届亚运会和杭州滨江，弘扬体育精神，展现城市风采。省漫画家协会主席公布参赛细则和征稿启事，活动总周期为2021年9月至2022年7月，其中征稿时间为2021年9月30日 至2022年3月30日。征稿截止日后，组委会将组织专家对投稿作品进行初评、终评，并对评选结果进行公示，举行获奖作品颁奖典礼暨作品展览活动。

【中国网络作家村第四次村民大会暨“村民日”活动】2021年12月9日，中国网络作家村第四次村民大会暨“村民日”活动在线上举行。活动上，为浙江中南卡通股份有限公司和中国网络作家村村民刘阿八网络动画《超能公寓》改编创作合作，网龙网络和中国网络作家村启动“魔域宇宙”IP共创计划，中国网络作家村和杭州沉浸式文创联盟筹委会战略合作，之幻网络科技有限公司和恺英网络股份有限公司、咪咕数字传媒有限公司、中国网络作家村共同启动的“青铜幻想计划”合作等举行签约仪式。同步举行“网络文学IP直通车”，以“剧变社交·本来美好”为主题，关注“线下桌游”和“沉浸式行业”。网络文学作家、新村民代表凌晨分享从事网络文学创作的故事及入村心情。村民大会上，作家村发布《中国网络作家村倡议书》和《新村规民约》。（陈凌群）

杭州高新区（滨江）残疾人联合会

【概况】至2021年年底，杭州高新区（滨江）有持证残疾人3880人，比上年增加193人，其中西兴街道988人、长河街道1375人、浦沿街道1517人。按残疾类别分：肢体残疾1948人，精神残疾366人，视力残疾292人，听力残疾686人，智力残疾455人，言语残疾43人，多重残疾90人。按残疾等级分：一级残疾382人，二级残疾766人，三级残疾1694人，四级残疾1038人。60岁以上残疾人2285人，占58.89%，老龄化趋势明显。全年实施残疾人专项扶持救助，提升残疾人劳动技能，推进残疾人精准康复，开展扶残助残活动，丰富残疾人文化生活。开展社区残疾人网格化服务，做好日常信访办理，受理来电咨询政策24次，复信率、办结率、满意率均为100%，无越级上访、重复访、集体访事件发生。为残疾人开展康复辅助器具适配369例，新增残疾人机动轮椅车11辆，为辖区内288辆残疾人机动轮椅车免费办理非机动车第三者责任险。新推荐40名残疾人就业，续签合同46人，并全部纳入实名制登记管理。举办“掌阅作书匠”、插花、烘焙、茶艺等培训220多人次。肢体二级残疾人刘飞获“浙江省‘康恩贝’残疾人自强创业奖”，视力残疾人黄国芳获“杭州市自强创业之星”称号。西兴街道“残疾人之家”在市残联举办的“喜迎亚运会，爱达百千万”2021年杭州市残疾人排舞（健身操）展示评比活动获一等奖。谭玉娇获东京残奥会、残疾人举重世界杯赛、第十一届全国残疾人运动会女子举重67千克级3枚金牌，获共青团市委、市青年联合会“杭州青年五四奖章”，被省政府授予一等功。在“仁爱杯”杭州市第二届助残护理员技能竞赛中，杭州高新区（滨江）代表队获团队二等奖、个人三等奖。

2021年8月23日起，杭州高新区（滨江）残疾人联合会（简称“区残联”）办公场所由原来的滨江区春晓路580号钱塘春晓大厦8楼搬迁至滨江区丹枫路788号海越大厦19楼。

【残疾人专项扶持】2021年，杭州高新区（滨江）全面实施残疾人专项扶持救助，实现对残疾人或家庭就业扶持、教育补助、康复医疗(医疗保险)、生活救助、社会保险(养老保险)全覆盖。按时向3880名残疾人发放残疾人津贴、288名机动轮椅车主发放燃油补贴、3125人次享受困难残疾人生活补贴、2.02万人次享受重度残疾人护理补贴,核发补贴资金近800万元。为3880名残疾人购买意外险,为120人理赔36.6万元。提供家电统保服务8560人次。2024名残疾人或家庭享受就业扶持、教育补助、康复医疗和生活救助,核发扶持救助资金685万元。落实残疾人就学补助政策,资助残疾学生和残疾人家庭子女454人,补助资金144.37万元。向入住区残疾人定点托养机构的残疾人补助资金456万元,惠及2958人次。开展"送清凉"夏季高温慰问活动,慰问定点托养机构残疾人248人、资金12.4万元,残疾人之家71人、资金7.1万元,夏季高温慰问一户多残176人、资金17.6万元。联合华数传媒网络有限公司第二分公司、中国移动滨江分公司、中国联通杭州市滨江区分公司、中国电信滨江分局4家运营商,为全区所有残疾人家庭提供优惠政策免费安装数字电视和宽带,实际安装2180户;为300多名困难残疾人提供助残呼叫器并提供关爱套餐服务。

【"有爱无碍"系列活动】 2021年,杭州高新区(滨江)配合"迎亚运(亚残运)"无障碍环境提升行动和市、区两级人大开展的无障碍环境建设视察活动,参与无障碍环境试用体验,现场体验新建(扩建、改建)城市道路,国家机关,交通运输、教育、文化、体育、医疗卫生、金融、电信、邮政、旅游、宾馆等公共服务场所无障碍设施48次,配合区住建局、规划资源滨江分局做好新规划、新建工程项目图纸无障碍技术指导48次。组织残障人士参加第31次"全国助残日""庆祝建党100周年,喜迎亚残运会""健康无障碍——彩虹爱心行(牵着蜗牛去散步)"等"有爱无碍"系列活动,营造包容、文明、和谐的社会环境。开展"观影无障碍·志愿暖人心"系列无障碍观影15次,1000多人次参加。

【区残疾人专门协会年度工作推进会】 2021年3月26日,区残疾人专门协会年度工作推进会在区党群服务中心召开,区残联、区肢残人协会、聋人协会、盲人协会、智精残亲友会、残疾人文体协会、无障碍环境促进会、她视界等30多人参加会议。各协会负责人汇报2021年工作计划及活动方案,讨论各协会开展活动事宜。

2021年区残疾人各专门协会主要活动情况表

表12

日期	主办方	活动内容
2021-03-07	区残联、聋人协会	庆祝第22次全国爱眼日,组织辖区听障人士到桐乡一品绿农场开展"我心有爱"团建活动
2021-05-16	区残联、残疾人各专门协会	在白马湖动漫广场举办"学习《中华人民共和国民法典》,护航新生活"的全国助残日主题活动
2021-06-06	区残联、肢残人协会	开展"追寻伟人足迹,坚定红色信仰"庆百年华诞主题活动,参观杭州市梅家坞周恩来纪念室
2021-07-20	区残联、智力精神残疾人亲友会	庆祝第15次全国特奥日,在天畝文体中心羽毛球馆举办"喜迎亚(残)会·参与特奥·健康向上"趣味运动会
2021-09-11	区残联、肢残人协会	在白马湖动漫广场举办"共享品质生活,感受茶艺古韵"主题活动
2021-09-25	区残联、无障碍环境促进会	在海外高层次人才创新创业基地组织区无障碍环境交流促进分享会,举行区无障碍宣讲团成立仪式

续表12

日期	主办方	活动内容
2021-10-10	区残联、聋人协会	庆祝第64届国际聋人节，在白马湖举办“步步向亚运，处处讲文明”活动
2021-10-23	区残联、盲人协会	在区党群服务中心开展“有爱无碍，为爱同行”关爱残疾人主题活动
2021-10-29	区残联、智力精神残疾人亲友会	在临安区青山湖开展“秋在脚下，欢乐出行”残疾人户外拓展活动，并在室内学习插花
2021-11-27	区残联、盲人协会	举办“用手感受世界、你是我的眼”主题活动，走进浙江地质科创园地质博物馆开展体验，组织观看红色电影
2021-12-03	区残联、残疾人文体协会	庆祝第30个“国际残疾人日”，在长河街道“残疾人之家”开展组织“回馈社会，展现自我，与爱同行”文艺会演

【“残疾人之家”活动】 2021年5月18日，杭州高新区（滨江）“党建引领、残健共融”庆祝中国共产党成立100周年暨“五进残疾人之家”启动仪式在长河街道文化中心举行。“五进残疾人之家”包括党建联动进“残疾人之家”、志愿服务进“残疾人之家”、康复体育进“残疾人之家”、就业支持进“残疾人之家”、服务清单进“残疾人之家”，通过各种活动给残疾人送温暖、送关爱。全年，在“党建引领、残健共融”系列活动中，西兴街道“残疾人之家”开展趣味运动会等活动10场、长河街道“残疾人之家”开展活动10场，浦沿街道“残疾人之家”开展活动9场。各街道“残疾人之家”党建结对30人，党员志愿服务764人次。

2021年6月25日，区残联在西兴街道“残疾人之家”举行首届趣味运动会 （区残联　供图）

【区残联“六进六讲”宣讲活动】 2021年7月15日，区残联在浙江吉利集团控股有限公司党群中心会议室举办首场“六进六讲”〔进中心讲党史、进机关讲数智、进学校讲亚运、进企业讲共融、进农村（文化礼堂）讲奋斗、进社区讲无障碍〕宣讲活动，浙江吉利集团有限公司和街道党员代表近100人参加。活动邀请市自强宣讲团成员宣讲“爱达杭州讲共融”，向社会展示残疾人身残志坚、自强自立、奋发向上的精神风貌，营造社会理解、支持残疾人事业，残健共融氛围。至年底，开展“六进六讲”宣讲活动8场，530人次参与。

【残疾人各专门协会更名】 2021年8月3日，区残联为方便管理及残疾人辨识各专门协会，将区残疾人各专门协会更名成统一前缀。由杭州高新开发区（滨江）、杭州高新区（滨江）、杭州市滨江区统一更改为杭州市滨江区。

2021年区残联各专门协会更名前后对比一览表

表13

更名前	更名后
杭州高新开发区（滨江）肢残人协会	杭州市滨江区肢残人协会
杭州高新开发区（滨江）聋人协会	杭州市滨江区聋人协会
杭州高新开发区（滨江）盲人协会	杭州市滨江区盲人协会
杭州高新开发区（滨江）智力精神残疾人亲友会	杭州市滨江区智力精神残疾人亲友会
杭州高新区（滨江）残疾人文体协会	杭州市滨江区残疾人文体协会
杭州市滨江区残疾人无障碍环境促进会	杭州市滨江区无障碍环境促进会

【首届“掌阅作书匠”残疾人居家就业培训】 2021年8月5日，首届“掌阅作书匠”残疾人居家就业培训班在区党群服务中心启动，区残联、浙江出版集团数字传媒有限公司（简称“浙版数媒”）、掌阅科技股份有限公司（简称“掌阅科技”）签署三方合作协议，探索新时代残疾人“互联网+就业”新模式。浙版数媒优先为残疾人提供数字图书内容，残疾人通过“掌阅作书匠”平台对内容进行数字化加工获取劳动报酬。掌阅科技为符合要求的残疾人提供相应的就业培训、工作岗位、工作平台及技术工具，通过学习电子书制作排版、校对审核、编辑技能，考核上岗，帮助残疾人实现居家就业，解决残障人士就业岗位少、持续性差、受时间地域限制等就业难题。第一期培训为期2天，20多名残疾人参加免费培训。

【“社区微型残疾人之家”试点建设】 2021年8月，区残联探索“社区微型残疾人之家”试点建设。“@家驿站——社区微型残疾人之家”是街道“残疾人之家”服务的延伸，具备康复训练、辅具智配、文化娱乐、家庭支持、日间托养、无障碍体验等功能，可根据残疾人需求提供有针对性的社会工作、文化娱乐、法律咨询、心理咨询、生活服务等内容，解决残疾人社区服务短板，优化残疾人社区服务体系。区残联以“@家驿站”为基点，开展残疾人就业培训，促进残疾人就业率提升；延伸残疾人创业项目，在驿站布局聋人徐文娥一品绿农场产品直销站点、黄国芳盲人推拿服务点，助力优秀残疾人创业者项目发展。至年底，彩虹城“社区微型残疾人之家”建成试点。

【区孤独症人士及亲友协会成立】 2021年11月30日，滨江区孤独症人士及亲友协会成立大会在区党群服务中心召开，区残联相关人员、各街道残联代表、区孤独症人士及亲友协会会员等人员参会。区孤独症人士及亲友协会成员由辖区内孤独症人士及亲友、爱心企业、专家、志愿者共30人组成，帮助更多孤独症人士和家庭融入社会。

> **资料：孤独症**
>
> 又称自闭症或孤独障碍症等，是广泛性发育障碍的代表性疾病。

（贾胜军）

杭州高新区（滨江）红十字会

【概况】 2021年，杭州高新区（滨江）开展应急救护普及培训81场，2.11万人次参训；救护员培训110场，4047人取得证书。造血干细胞捐献志愿者登记入库83人，实现造血干细胞捐献2例。器官（组织）、遗体捐献登记790例，实现遗体捐献4例、眼角膜捐献4例、器官捐献1例。主办“我为七一献热血”活动，报名2830

人，成功献血3528人，献血100.96万毫升，造血干细胞采样入库65人。全区有5180名志愿者成功献血，献血总量150.12万毫升，千人献血率和年度增长率居全市第一位。百次无偿献血者新增6人，共19人。助力贵州省黔东南苗族侗族自治州丹寨县、麻江县红十字会开展爱心助学、博爱助农项目。新建医疗机构红十字会1个，全区共有1个；博爱家园4个，全区共有7个；企业红十字会3个，全区共有7个。区红十字会获评省红十字会新冠肺炎疫情防控先进集体。

【基层红会组织建设】 2021年，杭州高新区（滨江）将红会组织建设向企业、医疗机构、学校拓展和延伸。区红十字会负责人走访浙江吉利控股集团有限公司、浙农控股集团有限公司、聚光科技（杭州）股份有限公司等企业，为企业解决实际困难，关心会员企业困难员工，新建企业红十字会3个，累计7个，企业建会试点工作获市、区两级领导肯定。以“推动社区治理、提升社区能力、促进社区发展”为目标，以“防灾减灾、健康促进、生计发展、人道传播”为主要内容，推进社区“博爱家园”建设。至年底，建成西兴街道滨和社区、新州社区，长河街道闻涛社区、长河街道党群服务中心，浦沿街道东信社区、信诚社区、彩虹城社区7个红十字“博爱家园”。

【百次无偿献血者新增6人】 2021年，杭州高新区（滨江）百次无偿献血者新增6人。孙建梅，杭州人，长河街道江一社区退休工人，累计献血119次；甄海军，浙江绍兴新昌人，在滨江做厨师，累计献血117次；涂晓星，杭州人，诺基亚滨江园区员工，累计献血111次；杨雯煜，杭州人，杭州越驭服饰有限公司员工，献血106次；张万清，湖北襄阳人，在远方大厦工作，累计献血102次；戴岳杨，杭州人，长河街道汤家井社区居委会工作人员，累计献血100次。至年底，杭州高新区（滨江）百次无偿献血者有19人。

【2例造血干细胞成功捐献】 2021年，杭州高新区（滨江）成功捐献造血干细胞2例。3月25日，造血干细胞志愿捐献者周宇在省人民医院完成造血干细胞捐献，成为区内第7位造血干细胞捐献者、省内第663位捐献者。11月29日，新杭州人王子健成功为血液病患者捐献造血干细胞，成为区内第8位造血干细胞捐献者、省内第734位捐献者。

【区红十字会第三次会员代表大会】 2021年1月13日，杭州高新区（滨江）红十字会第三次会员代表大会在“智慧e谷”召开。区委副书记、政法委书记张玮，市红十字会党组成员、副会长章仕才出席并讲话。区领导万爱民、陈健，各部门相关负责人，企业红十字会代表，红十字会志愿者代表120人参加会议。会议听取区红十字会第二届理事会工作报告，通过《杭州高新开发区（滨江）红十字会第二届理事会工作报告的决议》，选举产生第三届理事会理事、监事会监事。第三届理事会理事由上一届的23人增至32人，常务理事从8人增至12人，其中企业理事从3人增至7人，组成

2021年1月13日，杭州高新区（滨江）红十字会第三次会员代表大会召开　（区红十字会　供图）

人员文化程度高，基层一线占比高，爱心企业家、社会各界先进人物、爱心人士占比高。监事会5人，其中监事长1人、副监事长1人、监事3人，监事长由区审计局副局长兼任。

【“情暖滨江·红十字博爱送温暖”活动】 2021年2月，杭州高新区（滨江）红十字会开展“情暖滨江·红十字博爱送温暖”活动。区红十字会负责人到辖区企业浙江中南建设集团有限公司、杭州大和热磁电子有限公司以及3个街道，走访慰问留杭外来困难家庭，造血干细胞、人体器官捐献者，红十字会员及志愿者家庭，因病、因伤、失独困难户77户，发放慰问金7.7万元、慰问物资价值2.31万元。

【第74个“5·8”世界红十字日活动】 2021年5月8日，杭州高新区（滨江）“庆建党百年 与健康同行”守护月暨“5·8”博爱周系列活动启动仪式在星光大道举行。现场设红十字服务、家庭健康、医疗服务、女性关怀4个区域12个展位，提供心肺复苏和AED现场教学体验、义诊、健康有奖知识竞答、健康宣教资料发放、优生优育咨询等服务。活动结合“5·8”世界红十字日、“5·12”国际护士节、“5·15”国际家庭日、“5·29”计生协会会员日等宣传节点，立足医疗健康服务、红十字应急救护、计生暖心关爱、婴幼儿科学养育等，开展义诊、急救培训、育儿指导、健康讲座等活动，300多人次参与。

【在省、市级应急救护师资授课技能大赛获奖】 2021年8月26日，区红十字会师资队参加市红十字应急救护师资授课技能大赛，获团体二等奖；蒋全龙获心肺复苏含AED使用授课技能个人第一名，被市总工会授予“杭州市职工经济技术创新能手”称号；王文文获踩踏授课技能个人二等奖。9月27—29日，区红十字会应急救护师蒋全龙代表杭州市红十字会师资参加“2021年浙江省红十字应急救护培训师教学大赛”，获“心肺复苏（含AED使用）授课技能”一等奖。

（来　蕾）

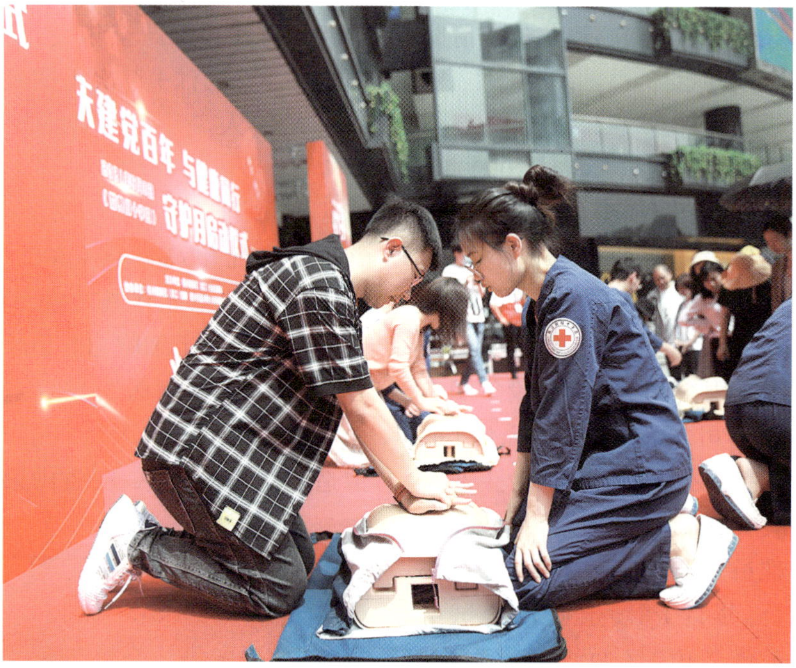

2021年5月8日，杭州高新区（滨江）“庆建党百年 与健康同行”守护月暨“5·8”博爱周系列活动启动仪式在星光大道举行

（区红十字会　供图）

法　治

政法委及综治

【概况】 2021年，杭州高新区（滨江）统筹推进正风纪、保平安、促稳定、精治理、讲法治、惠民生等工作。制定《中共杭州市滨江区委政法委员会工作规则》，在全市范围首创政法单位月度工作例会制度。完成43件重大决策风险评估。出台《杭州高新区（滨江）加盟维权处置工作方案》，对涉及24家企业的107件加盟维权隐患实施提前化解或稳控，调解成功16件，调解终止20件。区扫黑办全年核查线上举报206件，均及时跟进落实查处措施。全区网格数由373个调整为379个，“三网融合”（警务网格、经济服务网格、社会治理网格）格局全面形成，受理各类网格事件19.95万件，办结19.93万件，办结率99.9%。区委政法委挂牌区信访局，全面整合维稳和信访两项工作，社会矛盾纠纷化解调处中心接待群众来访1.66万批次2.04万人次，线上、线下共受理矛盾纠纷1.3万件。开展信访“攻坚年”活动，初件一次性化解率97.27%，信访机构和责任单位满意率分别为97.42%和96.02%，国家级和省级积案件572件，于6月提前清零，是主城区首个清零城区。

【平安考核居全省第五位】 2021年，杭州高新区（滨江）建立平安创建指标量化考评体系，健全督查通报、暗访检查、隐患整改、督导闭环等专项机制。开展安全隐患排查整治，排查整改包括交通违章、火灾隐患、食药品违规加工等风险隐患8000多处。至年底，道路交通亡人事故比上年下降20%，电动自行车事故下降37.23%，火灾警情下降36.14%，涉及全区平安建设工作的53项结果性指标、20项过程性指标、十大行业领域暗访指标处在全市第一方阵。联合街道、社区等，评选出“平安建设优秀单位”11家，“平安示范单位”164家。杭州高新区（滨江）被省委、省政府命名为“平安区”，获“一星平安金鼎”，居全省2021年度平安考核第五位。

【平安法治直通车系列宣传活动】 2021年，杭州高新区（滨江）开展平安法治直通车系列线下宣传活动。组建由居委会成员、楼道长、热心居民、退休党员、社区青年党员、社区矫正对象、重点青少年等群体构成的平安建设宣传志愿者队伍59支，开展进园区宣传活动173场和消防安全大演练205场，发放平安法治宣传资料10万余份、宣传品4万余份。至年底，全区平安建设群众安全感提升至98.6%，知晓率提升至95%，均高于上年同期数和全省平均数；全区平安建设群众参与率提升20%，至80%以上，为全区历史最高水平。

【反诈联盟组织建立】 2021年，杭州高新区（滨江）借助社会力量分层分类建立反诈联盟组织，提升居民群众反诈意识。4月27日，商业综合体、大型超市反诈联盟成立，各大商超在营业期内通过电子大屏常态化播放反诈宣传视频，营造反诈氛围。4月29日，由浙江中医药大学、浙江警察学院、浙江机电职业技术学院等6所高校组成的高校反诈联盟成立，同步开展反诈宣传校园嘉年华活动，通过投壶答题、流动打卡、创意海报设计等趣味环节向1200多名学生传授网贷、传销、刷单等常见诈骗手段和防范策略。4月30日，滨江区治理电信网络新型违法犯罪工作领导小组办公室与阿里巴巴集团控股有限公司、网易（杭州）网络有限公司等15家互联网企业签订《滨江区反诈联盟公益宣传战略合作协议》，成立互联网企业反诈联盟，整合互联网企业技术和资源优势开展反诈宣传活动。同日，"滨江区反诈联盟"抖音号上线，至年底，发布反诈短视频32期，播放量20万次。

【3个数字法治应用场景获评金奖应用】 2021年，"平安工地通"、"一码解纠纷"诉源治理平台、"浙里连心"心理矫正系统3个数字法治应用场景获评市委政法委"五阶"评选金奖应用。"平安工地通"于2021年5月上线，至年底，服务295个工地项目、用户注册量3.38万人，日访问量超7000人次，总访问量120万人次，服务企业办事20.6万件。风险指数下降30.5%，审批用时下降89%，涉工地信访纠纷下降72%。"滨江区工程智慧监管'工地一码通'管理系统"被列为省级重大科研课题。"一码解纠纷"诉源治理平台于2020年6月上线，打破调解资源地域限制，整合全市72家律所1400多名律师加入专业调解队伍，配套实行市场化收费标准，应用律师调解市场化模式。先进经验写入省委《关于加强新时代调解工作的若干意见》，获评法治浙江建设十五周年"十大最佳实践"、杭州市首届"十大法治实践"、杭州市数字法治场景应用金奖。"浙里连心"心理矫正系统于2020年12月上线，平均每名社区矫正对象登记评估时间为20分钟，效率提升58.3%；融入全省"浙里社区矫正"应用，覆盖90个区县（市），初步筛查率100%，风险防控画像精准率90%。被省司法厅列入《全省"智慧矫正"多跨场景重大改革项目清单1.0》，入选省数字法治系统重大应用任务清单；获中央政法委《法治日报》2021政法智能化建设创新案例和论文征集"智慧司法创新产品"奖，被市委全面依法治市委员会评为2021年度有辨识度有影响力法治建设成果、市数字法治好应用（第一批）。

【政法队伍教育整顿】 2021年3月起，区委政法委开展党史学习教育和政法队伍教育整顿活动，坚持党史学习教育、政治教育、警示教育、英模教育四措并举。至年底，全区政法单位组织理论学习中心组学习16次，班子成员交流发言60多人次；开展习近平法治思想专题讲座等各类讲座43场次，撰写心得体会400多篇；组织开展警示教育20多次、党纪党规培训37场次，参与干警1800多人次；492名政法干警主动查摆问题，自查整改241个，所有问题均整改完毕。

【滨江区法学会第二次会员代表大会】 2021年4月16日，滨江区法学会第二次会员代表大会在区文化中心召开，65名代表参会。会议听取区委政法委常务副书记夏剑兵做第一届理事会工作报告。选举产生区法学会第二届会长、副会长和理事，区委副书记、政法委书记张玮当选法学会会长，夏剑兵任常务副会长，彭虹、许利萍、蔡文刚、夏强、吴国刚、何华坤、林馥贞7人任副会长，林馥贞任兼职秘书长，涂益平、季斌凯、叶伟、姜卫平等9人任常务理事，倪晓花、蓝颖、陈骁雄、陈丽霞等20人任理事。

【区信访局在区委政法委挂牌】 2021年9月18日，区信访局由在区委办公室挂牌调整至在区委政法委挂牌。区信访局和区委政法委合而为一，整合人员、机构设置、职能，融合矛盾纠纷调解、信访处置、维护稳定等业务，区级社会矛盾调处化解中心"由政法委负责牵头抓总，信访局负责运行服务"的运作模式得到优化，"风险研判、矛盾调处、事件处置"的功能定位更加突出。至年底，接待群众来访1.66万批次2.04万人次，线上、线下受理矛盾纠纷1.3万件。

（林佩斐）

法治政府建设

【概况】 2021年，杭州高新区（滨江）发挥党委对法治政府建设工作的领导核心作用，将法治政府建设作为关键和重点，纳入区委全面依法治区工作部署和督察考核内容。印发《2021年法治政府建设工作要点》，明确重点工作，压实部门责任。出台《关于进一步加强知识产权工作的实施意见》，增强区域自主创新能力，推进国家知识产权示范园区、国家知识产权服务业集聚发展示范区、国家高新技术产业标准化示范区和国家专利导航产业发展实验区建设。提高政府信息管理质量，梳理重要政策文件，建立区规范性文件数据库，推进全区现行有效规范性文件统一公开。完善环境保护、养老服务、义务教育、医疗疾控、就业创业、重大建设项目批准和实施、公共资源配置领域7个重点领域栏目，推进标准目录工作全覆盖，公开政府信息2.2万条。规范行政执法行为，举行法治政府建设暨“两高一低”专项整治工作推进会，推动行政执法“三项制度”全覆盖，落实执法协作制度，完善和改进执法方式，落实“综合查一次”、非现场执法、轻微违法告知承诺制等执法新机制。强化执法监督，开展执法部门案卷评查、执法辅助人员辅助执法情况、水利行政执法专项监督，促进行政执法提升履职质效。强化行政执法主体和人员管理，组织全区执法人员专题培训，提升履职素养，组织全区99名行政执法人员参加省市行政执法证培训考试，全区行政执法部门持证率90%以上、街道85%以上。开展行政执法主体确认和人员证件核发工作，梳理执法主体及人员变更情况，至年底，全区执法人员换证565本，换发率100%。

2021年8月11日，杭州高新区（滨江）召开法治政府建设暨“两高一低”专项整治工作推进会 （区司法局 供图）

【法治化营商环境优化】 2021年，杭州高新区（滨江）完成权力事项1.0清单整理工作，梳理23个部门460项权力事项。打造“掌办优先、PC辅助、窗口兜底、自助补充”的“四端协同”政务服务新体系，上线1054项“一网通办”事项，办件217万余件。“e见证”数字开标直播351场次，服务企业9.32万家，降低企业时间、路程等投入。“上马石”服务平台累计服务企业近5万家次，实现企业贷款申请9.4亿元，项目入选杭州市自贸区制度创新优秀案例。推进“送法进企业”，根据不同企业法律需求，开展法治宣传和法律服务活动，“线上+线下”服务企业1027家，排查涉企矛盾纠纷279件，撰写法治体检报告355份，解决问题508个。

【行政决策法治化】 2021年，杭州高新区（滨江）加强规范性文件管理，实施规范性文件前置审查和备案审查，审查政府部门规范性文件4件，通过4件；审查区政府规范性文件15件并向市政府报备。做好涉及市场主体文件的公平竞争审查，评估规范性文件100件，修改清理8件。执行重大行政决策程序规定，公示重大行政决策事项目录，落实公众参与、专家论证、风险评估、合法性审查、集体讨论决定程序，提升行政决策法治化水平。发挥法律顾问、公职律师作用，区各部门、街道政府法律顾问实现全覆盖，4个部门配有公职律师。开展法律顾问工作情况专项检查，推进履职质效和规范化管理使用，助推依法行政。实现街道、社区合法性审查全覆盖，审查决策性文件107件、规范性文件5件、执法决定2件、合同175件、居民公约59件。

【普法宣传】 2021年，杭州高新区（滨江）坚持领导干部带头学法，落实政府常务会议学法制度，举办新任领导干部任前法律知识考试，组织领导干部旁听庭审，组织领导干部、执法人员法律知识专题培训，落实全区公务员网上学法用法活动，提升领导干部的法治意识、法治能力。依托“滨江区公共法律E服务平台”等线上平台提供“互联网+法律服务”。开展“法雨春风”服务月、全民国家安全教育日、预防电信网络新型违法犯罪、“美好生活·民法典相伴”、青年说“法”等宣传活动，推动全民学习习近平法治思想、《中华人民共和国宪法》《中华人民共和国民法典》、防诈骗等知识，全年开展宣传活动100多场，受众7.2万人次。

【基层依法治理推进】 2021年，杭州高新区（滨江）推进基层法治建设，落实行政执法改革，推进“四治融合”治理体系。西兴街道作为全省乡镇（街道）法治化综合改革试点，在缤纷未来社区以“小切口”推进“一支队伍管执法”，整合公安滨江分局、滨江交警大队、区综合执法局、滨江消防大队、区市场监管局等部门，成立社区综合执法队，组建基层综合执法最小单元，为推进法治化改革提供样板。西兴司法所被省司法厅命名为“枫桥式”司法所。星民社区通过“全国民主法治示范社区”复核，冠山社区、江一社区、江汉社区、西陵社区4家社区成功创建“省级民主法治社区”。

【法治政府建设实践创新】 2021年，杭州高新区（滨江）探索“一码解纠纷”诉源治理新路径，推进律师调解市场化，项目获评法治浙江建设15周年“十大最佳实践”、市首届十大法治实践。知识产权集成服务“一件事”改革全省推广，获批建设中国物联网产业知识产权运营中心，知识产权纠纷多元化解决机制进一步健全。上线全国首个知识产权区块链公共存证平台，落地全国首单基于区块链的数据知识产权质押。“平安工地通”用数字化手段构建平安工地五色治理体系，实现风险闭环管控，入围第三批省数字法治好应用，入选杭州城市大脑2050展厅，经验做法载入《杭州改革》，获评省市优秀门户应用，被省住建厅发文作为试点。区检察院、区司法局、区工商联出台《滨江区企业犯罪刑事合规考察实施办法》及实施细则，探索刑事合规新方向，创新企业犯罪司法治理新模式。

【行政争议化解】 2021年3月24日，杭州高新区（滨江）制定实施《关于开展行政争议“两高”专项整治行动实施方案》，成立专项整治领导小组，每月召开例会持续推进行政案件“两高”（行政复议、诉讼发案量高，复议纠错、败诉率高）专项整治，逐案分析研判，压实部门责任，解决行政复议诉讼发案量高、纠错败诉率高的问题，完善行政案件“两高”月通报制度，编发通报12期。发挥行政复议和行政争议调解窗口合一优势，推进行政争议实质性化解，实现行政争议全部引导当事人诉前调解。落实专职调解人员，通过领导包案、部门联调、府院衔接、第三方力量引入等形式，强化行政争议调解力度。调解中心成功协调化解行政争议120件，行政复议调解结案率62.6%，行政诉讼调撤率45.7%，均超省市平均水平。发挥行政复议执法监督效能，开展行政复议“以案治本”专项行动，梳理行政案件113件。全区复议纠错率6.2%，诉讼败诉率7.8%，比上年分别下降12%、28.6%。 （虞立建）

公　安

【概况】 2021年，杭州市公安局高新技术产业开发区（滨江）分局（简称“公安滨江分局”）处置各类警情6.1万起，刑治案件立案1.03万起、打击和处理违法犯罪行为1788起。主动防范化解风险，常态开展涉政、涉恐专项斗争，依法取缔非法宗教活动点7处。策划常态化疫情防控下活动安保，完成第十七届中国国际动漫节、第八届中国国际版权博览会等大型展会赛事安保，稳妥处置敏感事件53起。持续推进网贷平台风险处置，抓获194人、追赃30亿余元，“三率”（案件侦结率、追赃挽损率、缉捕追逃率）指标继续在全市领先。全面支撑疫情防控，研判数据8.9万条、流调溯源1200多人。常态化运行企业“合规促进会”，破获涉企案件32起，挽回损失2300多万元。破获涉黑涉恶案件8起，采取强制措施71人，查扣资产5700万余元。电信诈骗案件立案1785起、移诉207人，成功侦破部督“11·18”跨境电信网络诈骗、“1·9”虚拟币诈骗等案件。成功破获“5·26”伪造现场杀人案、“3·31”网约绑架案等重大案件，现行命案及五类案件破案率连续5年100%。办理落户1.4万人、人才引进1.1万人，受理外国人签证申请2362份。19个集体、13名个人获市级以上荣誉，20名个人获二等功、三等功，“1·9”特大电信网络诈骗专案组立集体二等功，公安滨江分局被市委政法委推荐为全省平安建设先进单位。

【智慧安防建设】 2021年，公安滨江分局深化智慧安防建设，9000个智能采集终端实现全域覆盖，完成智安小区建设145个。深化公安数字化改革，打造“滨视通”，覆盖全区150多家学校、医院等场所；研发“风云”在线警务平台，“听风”模块汇聚公安、政务、企业、互联网等多维数据40个TB（Terabyte，太字节，计算机存储容量单位），“捕风”模块掌握人口数据127万条；构建“一搜通查”“智控工地”模块，覆盖297家、1万余人，拓展数据应用场景。推进公安部“智能客服”项目，完成“长三角跨省迁移户口”全省试点工作。加强“一窗通办”“一网通办”，办件5.7万件，网办率近80%，居全市前三位。

2021年10月1日，巡特警在第十七届中国国际动漫节会场执勤
（公安滨江分局　供图）

【滨江“VANKRI”App系列网络诈骗案侦破】 2021年1月9日，公安滨江分局接施某报案，称其遭遇网络诈骗。施某通过微信炒股群内成员介绍下载“VANKRI”App炒虚拟币软件，并通过网银向对方提供的账户多次转账，累计转账1292万余元。1月18日，专案工作组经前期侦查，组织警力分赴5省7地开展收网工作。至3月底，捣毁窝点3个，抓获犯罪嫌疑人23人，其中刑拘16人、取保6人，扣押猫池（基于电话的一种扩充装备）5台、电脑15台、银行卡50多张、作案手机80多部以及手机卡2000多张。1292万元赃款被悉数追回，获公安部和省、市领导肯定。

【杭州市首个“互联网反诈联盟”成立】 2021年4月30日，区治理电信网络新型违法犯罪工作领导小组办公室在北京航空航天大学杭州创新研究院举行“互联网反诈联盟”启动仪式。区治理电信网络新型违法犯罪工作领导小组办公室、区互联网产业园发展服务中心及公安滨江分局相关负责人和阿里巴巴集团有限公司、网易（杭州）网络有限公司、连连银通电子支付公司、杭州安恒信息技术股份有限公司等15家互联网企业负责人参加。会议通报全区电信网络诈骗犯罪的总体形势，从履行企业责任、营造全民反诈氛围和提高群众反诈能力方面提出意见和建议。区治理电信网络新型违法犯罪工作领导小组办公室负责人与参会企业负责人签订《滨江区反诈联盟公益宣传战略合作协议》，成立全市首个“互联网反诈联盟”。至年底，15家反诈联盟企业中，有7家企业零发案，占46.67%。

【“团圆行动”助力家庭团圆】2021年6月，公安滨江分局刑侦大队接上级流转的“团圆行动”线索指令：蔡某疑似是贵州人彭某和刘某夫妇于1995年12月7日被拐卖的儿子。滨江刑侦大队开展落地核查，及时与贵阳警方取得联系。经杭州刑侦支队及贵阳警方复核，确认蔡某即为彭某和刘某夫妇亲生儿子。7月15日，公安滨江分局刑侦大队安排彭某和刘某夫妇与被拐孩子蔡某见面，历经26年的寻找终得团圆。2021年1月起，滨江刑侦大队3次全面清理本地失踪人员库、疑似被侵害人员库及打拐数据库，补充完善相关信息，采集扩充血样数量，开展比对核查工作，查找失踪被拐儿童。至年底，公安滨江分局刑侦大队成功促成2个家庭团圆。

【全省首个网络主题公园落户滨江互联网小镇】2021年10月14日，2021年浙江省（杭州市）网络安全宣传周“法治日”活动在杭州高新区（滨江）启动，宣布全省首个网络安全主题公园落户滨江互联网小镇。网络主题公园采用“网安+公园”方式，利用开放式公园进行网络安全普法教育。公园内设置网络安全视频播放点、网络安全网红打卡点、网络安全普法知识点、网络安全案例警示点以及网络安全公益大讲堂等内容。公园以小镇近万家互联网企业为载体，通过日常普法宣传教育和警企党建共建等方式，提升行业主体的互联网法治意识。公园对外免费开放，供市民在休闲中学习网络安全知识。

（杜　鹃）

检　察

【概况】2021年，杭州市滨江区人民检察院（简称“区检察院”）开展党史学习教育20多次，强化政治自觉、法治自觉、检察自觉，围绕法治现代化新要求，立足主责主业，推动刑事、民事、行政、公益诉讼四大检察全面协调充分发展，护航滨江平安稳定。开展常态化扫黑除恶，参与电信网络诈骗犯罪打击治理，出台《派驻公安机关检察室实施办法》，加强检警协作和监督，刑事检察更加有力；树立“双赢多赢共赢”理念，开展涉社保终本执行等系列专项监督行动，以数字赋能民事监督；以行政争议实质性化解为重点，加强行政生效裁判监督，着力化解社会矛盾；会同区妇联、区残联建立公益诉讼配合协作机制，开展美丽河湖、冷鲜禽、无障碍设施、安全生产等专项行动。加强诉源治理，促进社会和谐，全年接待来访群众104批121人，做到“群众来信件件有回复”，7日内程序性回复、3个月内办理结果答复均为100%。开展“我为群众办实事”实践活动，进社区、进企业、进校园开展活动100多次。

2021年，区检察院连续6年获评全国检察机关宣传先进单位，2名干警立个人三等功，1名干警获评全省未成年人检察业务能手，1名干警获评杭州市最美检察人，1名干警获评全市公诉业务标兵和未成年人检察业务标兵，1名干警获评全市行政检察标兵，1名干警获评全市优秀公诉人，2名干警入选全市检察理论研究人才库，14篇论文获市级以上表彰奖励，11件案件被评为市级以上精品案例、典型案例。

自2021年6月7日起，区检察院办公地址从滨江区丹枫路3号搬迁至滨江区江南大道4288号。

【案件受理审查】2021年，区检察院受理提请批准逮捕案件227件360人，比上年下降14.02%，依法批准逮捕136件184人；受理审查起诉案件627件930人，上升26.67%，依法提起公诉325件542人。全年不诉率33.78%，审前羁押率从年初52.67%下降至31.18%。认罪认罚案件适用率92.01%，精准量刑提出率99.36%，量刑建议采纳率98.27%。参与电信网络诈骗犯罪打击治理，起诉诈骗犯罪67件153人；起诉强奸、抢劫、绑架等侵犯人身权益犯罪9件16人；突出惩治非法吸收公众存款、集资诈骗等涉众型经济犯罪，批准逮捕10件11人，起诉28件85人，维护金融秩序。立案监督并判决生效6人，追捕追诉判决生效3人，追加漏罪2件，发出纠正违法通知书4件。民事检察对生效裁判提出监督意见，法院裁定再审6件，已改判1件。办理行政生效裁判申诉案件2件，诉中行政争议实质性化解2件；办理非诉执行监督案件19件，被监督单位均已回复采纳。办理行政公益诉讼案件40件，食品安全民事公益诉讼3件，对侵权人索赔相应诉前赔偿惩罚性赔偿金。

【检察数字化改革】2021年，区检察院申领省检察院数字应用场景检察任务，被省检察院确定为数字检察应用场景创新任务的数字化送达承担院，推动检察文书送达升级迭代。与区司法局共同探索“社区矫正执法监督协同应用”，项目于2021年11月入选政法一体化办案应用第二批多跨子场景。就跨区域远程提审等开展探索，实现跨区域远程提审及源头笔录数字化，助力办案质量和效率双提升。从个案监督向场景式监督类案监督转化，通过抓取和筛选法律文书关键字，开展民事检察、行政检察类案监督，办理案件61件。

【企业经济犯罪合规工作】2021年，区检察院以“两会”建议、提案为契机，探索推进企业经济犯罪合规工作，激发市场主体活力。3月12日，与区司法局、区工商联会签《企业经济犯罪刑事合规协作暂行办法》《滨江区企业犯罪刑事合规考察实施办法》，明确合规考察库成员选任程序、合规考察工作规范等细则，建立权威高效、衔接顺畅的工作机制，成立企业经济犯罪合规工作领导小组。3月15日，出台《关于开展企业经济犯罪刑事合规工作的实施办法》，明确企业合规工作的启动条件和流程。9月，对1起企业涉税案件进行合规考察。

【检律定期会商机制】2021年2月2日，区检察院与区司法局、区律师工作委员会率先出台《关于建立检律定期会商机制的意见》，推动搭建检律沟通交流平台，促进新时代检律良性协作互动。9月15日和18日，区检察院相关人员走访靖霖律师事务所和浙江圣港律师事务所，与靖霖律师事务所、浙江圣港律师事务所、浙江富奥律师事务所、北京华泰（杭州）律师事务所、浙江峰翔律师事务所负责人等律师代表座谈交流。双方就加强检律协作、推动法律职业共同体建设、优化移动检察服务、细化认罪认罚案件控辩协商机制、深化检律联合业务培训和交流、加强刑事合规检律合作等方面进行交流讨论。

【“以法之名，守护少年的你”宣传系列活动】2021年3月31日起，由区检察院牵头，联合公安滨江分局、区教育局、区司法局、区妇联、团区委共同主办“以法之名，守护少年的你”——浸润式“两法”（《中华人民共和国未成年人保护法》《中华人民共和国预防未成年人犯罪法》）校园宣传系列活动。活动创新采用数字化手段，联合网易蜗牛读书馆推出浸润式校园普法产品，通过流动驿站、法治微课及基地参观等形式，利用角色代入、实时投票、情景表演等方式还原故事，实现浸润式普法。通过沉浸式体验活动、法治微课、主题班会、法治实践等形式，实现线上线下联动，校内校外共振。至年底，开展

2021年4月22日，区检察院知识产权检察办公室在知识产权大厦成立
（区检察院　供图）

活动50多场次，2000多人次参与。

【政法队伍教育整顿】 2021年3—6月，区检察院开展政法队伍教育整顿专题活动，落实队伍教育整顿活动的“三大环节”（学习教育、查纠整改、总结提升）“四项任务”（筑牢政治忠诚、清除害群之马、整治顽瘴痼疾、弘扬英模精神）。通过理论中心组专题学、部门每周集中学、干警每日自学、集中政治轮训、观看警示教育片等形式，推动理论学习常态化，督促干警学好学深。运用自查自纠、专项整治和组织查处抓查纠整改，交叉评查案件700件，开展谈心谈话60多次。建立健全长效机制，持续推进司法规范化建设。

【知识产权检察办公室成立】 2021年4月22日，区检察院在知识产权大厦设立知识产权检察办公室，办公室以“凝聚合力、依法履职、延伸服务、突出实效”为理念，集中统一履行涉知识产权刑事、民事、行政等检察职能，发挥“打击惩治、法律监督、犯罪预防、法律研究”四大作用；区检察院与区市场监管局签署《关于强化知识产权协同保护的合作办法》，共同推进构建知识产权“严保护、快保护、大保护、同保护”工作格局。12月30日，知识产权检察办公室升级为知识产权检察室。至年底，检察室通过专题讲座、案例警示、进企业园区普法、调研等形式，了解企业保护知识产权现状，听取企业在知识产权方面的法律诉求，开展知识产权普法宣传6次，覆盖全区30多家企业。

【1个案件获评全省检察机关社会治理精品案例】 2021年12月17日，区检察院办理的利用大学生就业政策骗取政府补贴案件获评全省检察机关社会治理精品案例。2020年1—5月，刘某、张某、郭某、荣某等人利用杭州某互联财务管理有限公司和某云贸易有限公司，通过中介杨某、陈某及公司业务员查找、联系非杭州工作的应届高学历毕业生章某等近50人，以代缴社保等方式虚构在上述两家公司的劳动关系和工作记录，共骗取政府补贴73万元，从中获利12.3万元。2021年6月，刘某、张某、郭某等6人因犯诈骗罪分别被判处有期徒刑10年2个月至3年不等，并处罚金。2020年11月至2021年6月，区检察院对姜某等43名学生和崔某、薛某两名员工分别作相对不起诉处理。该案系全省首例利用大学生就业政策骗取政府补贴案件，区检察院运用提前介入、电子数据审查等方式引导侦查取证，通过梳理追踪赃款去向等，促使涉案人员主动退赃，追回国有资产50多万元。针对刘某等人诈骗案中反映出的杭州高校毕业生人才生活补贴申领中存在的问题，区检察院建言献策推动源头治理。

【青少年互动式法治体验馆】 2021年8月1日，区检察院建成全省政法系统首个以网络安全为主题的青少年互动式法治体验馆并试运行，体验馆位于区检察院4楼，面积800平方米，馆内配有讯问、一站式询问、心理疏导、模拟法庭、法治讲堂、家庭教育指导、普法基地七大功能区，利用现代

2021年10月31日，杭州市崇文世纪城实验学校学生参观“E路守护”青少年互动式法治体验馆　　（区检察院　供图）

化信息技术，融合网络安全法律法规、典型案例，设置虚拟讲解、VR体验、密室逃脱等模块，建设一站式、沉浸式、场景化的“数智”网络安全普法实践教育基地。至年底，体验馆接待参观来访1000人次。经区网信办推荐，区检察院“E路守护”青少年互动式法治体验馆入选2021年浙江省网络综合治理体系建设暨依法治网体系建设四类（网络普法基地类）成果。

（陈开腾　田璟美）

法　院

【概况】 2021年，滨江区人民法院（简称“区法院”）围绕区委决策部署，以司法为民、公正司法为主线，为经济社会稳定发展保驾护航。受理各类案件1.4万件，比上年上升8.01%；办结1.45万件，上升7.9%。一线法官人均结案546件，超出全省法院平均值231件，居全市第三位、全省第五位。深化知识产权“三合一”审判工作，推进知识产权“一件事”改革。依法惩治刑事犯罪，受理一审刑事案件342件，办结329件（含旧存）。妥善化解民商纠纷，受理一审民商事案件（含知识产权）6001件，审结6375件（含旧存）。监督支持依法行政，受理一审行政诉讼案件136件，审结123件。参与“一码解纠纷”迭代升级，试点律师市场化解纠纷，民商事收案数、结案数均下降，诉前纠纷化解率39.23%。落实“法治是最好的营商环境”重要指示精神，畅通涉企买卖合同纠纷立审执绿色通道，助力营造稳定公平透明、可预期的营商环境。巩固“基本解决执行难”成果，全年新收执行案件6293件，执结案件6466件（含旧存），执行到位金额11.13亿元。受理涉恶案件1件5人，所有涉黑恶案件均已全部审结。

2021年，区法院获评“全省政法系统执法办案、矛盾纠纷调解成绩突出集体”“全市平安创建先进集体”“杭州市国际一流营商环境建设成绩突出集体”，执行局获集体三等功，各有1人获二等功和三等功。

【刑事案件审判】 2021年，区法院新收一审刑事案件342件，审结329件（含旧存）。打击非法集资类犯罪，受理非法吸收公众存款和集资诈骗案件28件74人，审结21件57人，保护群众财产安全。打击国家工作人员贪污贿赂及渎职行为，依法审结受贿等职务犯罪案件3件。打击严重暴力犯罪案件，依法审理抢劫、故意伤害、敲诈勒索案件18件，强奸、强制猥亵案件16件。

【民商事案件审判】 2021年，区法院新收一审民商事案件6001件，审结6375件（含旧存）。审结婚姻家庭、继承等家事纠纷322件，维护社会和谐发展。审结买卖、承揽、建设工程等合同纠纷案件971件，保障诚信市场秩序。审结劳动争议案件326件，畅通劳动者维权绿色通道。强化新类型行业管理，妥善审结网络主播与直播平台等服务合同纠纷，引导网络直播行业健康发展，保护群众人身安全。

【行政案件审理】 2021年，区法院新收一审行政案件136件，审结123件（含旧存）。优化行政案件诉前调解协作机制，邀请区司法局、律师事务所等召开“律师参与行政争议调解机制”会议，共同研究律师参与调解机制建设。推动行政机关负责人出庭应诉工作，行政机关负责人出庭应诉率100%。加强司法与行政良性互动，持续沟通交流行政复议、诉讼案件、法治政府建设等工作，全面推进依法行政。

【执行工作】 2021年，区法院新收执行案件6293件，执结6466件（含旧存），执行到位金额11.13亿元。强化信用惩戒，限制高消费4085人次，纳入失信被执行人名单3786人，移送涉及拒绝执行案件12件16人次。推进执行转破产工作，移送执转破案件32件；受理“钱保姆”“稳赚宝”等非法吸收存款、集资诈骗类涉众型刑事涉财执行案件53件，移送执行标的额46.99亿元，保护群众财产安全。出台执前督促实施办法，受理执督案件791件，完成220件，涉及金额1998万元。执行案款集中发放日活动被《人民法院报》《浙江法制报》等多家媒体报道。

【知识产权案件审理】 2021年，区法院新收一审知识产权案件223件，审结409件（含旧存）。其中：“五常大米”案入选2020年度杭州法院“知识产权司法保护十大案例”，涉MCN机构（网红经纪公司）不正当竞争案被《人民法院报》、中国法院网等多家媒体报道。开展知识产权周系列活动，举办涉网络红人纠纷司法保护新闻发布会。参与全区知识产权“一件事”改革，建成白马湖专业特色法庭。

【繁简分流改革试点】 2021年，区法院细化调整院内繁简分流组织架构模式，提升办案质效。持续优化司法确认工作，受理司法确认申请案件1000件，确认调解协议有效案件995件，强化调解员对司法确认案件自动履行督促，提高案件自动履行率。重点完善小额诉讼配套机制，坚持“简化程序、不减损权利”原则，审结小额诉讼案件1221件。细化简易程序适用规则、普通程序独任制适用范围，简易程序适用率87.18%。

【数字法院建设】 2021年，区法院全面推广“浙江移动微法院”应用，让当事人足不出户即可享受立案、调解等服务，减少诉讼成本。全面推进无纸化办案办公改革，无纸化立案1万余件，无纸化立案率99.97%，在线提交响应率100%。与公安滨江分局等部门配合，完善刑事诉讼一体化办案系统，确保案件及时流转、准确跟进，政法一体化考核指标均为100%。

【助力营商环境优化】 2021年，区法院坚决落实习近平总书记“法治是最好的营商环境”重要指示精神，助力营造稳定公平透明、可预期的营商环境。开通涉企买卖合同纠纷立案、保全、审理、执行的“绿色通道”，重点减少办案耗时、降低诉讼成本。发挥破产审判盘活生产要素、转换新旧动能作用，有序推动龙禧集团破产重整，审慎处理博泰破产案件、梁英破产案件等。至年底，受理破产案件27件，审结12件。

【区法院党史学习教育】 2021年，区法院开展庆祝中国共产党成立100周年系列活动、法官宪法宣誓、重温入党誓词等主题教育，提高党性修养。在微信公众号“滨江区人民法院”上开设“学党史、听党话、跟党走”专栏，邀请市委党校教授上党课，制作以“跟着总书记学党史”“党史百年”为主题的宣传图板在院内巡展，举办“红色故事我来讲”活动，选送1名优秀干警参加区“潮起滨江颂党恩”红色四季理论宣讲团，开办“荣退干警的微党课”，选送2支队伍参加党史知识竞赛暨学习强国“学习达人”挑战赛，获团体第二名和优秀组织奖。

【“一码解纠纷”迭代升级】 2021年5月16日，“一码解纠纷”平台上线法院委派律师市场化调解商事诉前调解案件的全新模块，完成迭代升级，以数字化为引领，探索推进律师调解市场化新路径。5月24

日起，律师调解全新模块在滨江区率先展开试点运行，区法院配合试点工作开展，“一码解纠纷”平台通过案由自动识别滨江法院的借贷纠纷、涉企纠纷、合同纠纷、保险纠纷、金融纠纷、电子商务纠纷等商事诉前调解案件，将其委派至杭州律谐调解中心的律师进行调解。至年底，“一码解纠纷”平台从区法院抓取诉前调解案件7433件。

【白马湖人民法庭揭牌】 2021年11月19日，杭州市滨江区人民法院白马湖人民法庭在区知识产权大厦揭牌成立。区委副书记、政法委书记张玮和杭州中院审判委员会委员张巧薇为白马湖人民法庭揭牌，省高院、市中院、区人大常委会、区法院等相关负责人20多人参加揭牌活动。白马湖人民法庭于2020年5月获批增设，办公地点设在杭州市滨江区丹枫路399号区知识产权大厦内，有数字化审判法庭3个，配置立案大厅、人民调解室、信访接待室、法警值班室以及普法长廊等。白马湖人民法庭是知识产权审判专业特色法庭，发挥审判职能、助力全区知识产权全链条司法保护。 （彭梦玮）

2021年11月19日，法官在滨江区人民法院白马湖法庭揭牌仪式上宣誓 （区法院 供图）

司法行政

【概 况】 至2021年年底，杭州高新区（滨江）有律师事务所54家，比上年增加5家；专、兼职律师687人，增加149人。基层法律服务所4家，与上年持平；基层法律服务工作者16人，减少2人。有人民调解委员会71个，增加10个；在册调解员386人，增加147人。全年以法律援助中心服务窗口为基础，6个行业法律援助和3个街道法律援助工作站为框架，建立59个社区法律援助宣传联络点，实现法律援助全覆盖。办理法律援助案件388件，提供法律咨询5687人次，为当事人挽回经济损失或取得经济利益117.4万元。调解矛盾纠纷2345起。长河司法所所长王环阳获评司法部全国司法所模范个人，区司法局人民参与促进法治科科长彭继获评“全市司法行政系统最美党员”，西兴司法所所长吴国龙获评“全市最美司法行政人”。

【部级智慧矫正中心创建】 2021年，杭州高新区（滨江）持续推进社区矫正中心场地环境和硬件设施建设，建成集接收报到、学习教育、信息监管、应急处置以及司法部到司法所五级联动的指挥中心，建立警务联络室、训诫室、VR（虚拟现实）教育室、修心教育室等25个功能室，应用数字化管理，对在册社区矫正对象实现精准管控和即时处置。7月19日，司法部考核验收组对区社区矫正中心6个大项目385项内容逐一评分，区社区矫正中心成功通过考核验收。7月23日，在浙江省推进部级“智慧矫正中心”创建工作现场会上，创建工作经验代表杭州市做典型交流发言和工作展示。

【律师行业管理】 2021年，区司法局制定《滨江区律师行业党建规范化建设行动方案》《滨江区律师行业党建研究会商制度》，组织律师行业党建规范化建设示范点培育，开展健康毅行、图说党史、党史知识竞赛、微党课竞赛等特色党建活动，加强全区律师行业党建规范化建设；落实“千所联千会”机制，与区工商联、区律师工作委员会签订战略合作框架协议，促成浙江圣港律师事务所和浦沿街道商会、浙江峰翔律师事务所和区女企业家联谊会、北京华泰（杭州）律师事务所和杭州缙云商会、浙江振邦（杭州）律师事务所和杭州永嘉商会4对8家单位的法律服务协议；组织律师行业专业委员会竞选活动，指导成立公司与金融、婚姻家事与财富传承、建设工程等8个律师行业专业委员会。

【“浙里连心”获全省推广】 2021年，区司法局根据省司法厅“智慧矫正”建设要求，建设“浙里连心”社区矫正综合管理平台。通过心理巡诊模块、五色“心晴码”分类、矫正对象心理档案等，形成“前端服务—中端预警发现—末端精准干预”全流程闭环，实现针对社区矫正对象的精细化、智慧化监管和服务，结合线下教育帮扶活动，帮助社区矫正对象尽快融入社会。5月8日，“浙里连心”被省司法厅确定为“社区矫正心理健康智能场景应用”试点；9月3日，被列入《全省“智慧矫正”多跨场景重大改革项目清单1.0》，在全省推广。平台入选省数字法治系统重大应用任务清单，获评市数字法治好应用（第一批）。

【市场化调解模式运用】 2021年，区司法局迭代升级“一码解纠纷”诉源治理平台，打破调解资源地域限制，整合全市60多家律所1400多名律师加入专业调解队伍，运用市场化调解模式，配套实行市场化收费标准，释放市场化调解活力。5月28日，“一码解纠纷”律师调解员成功调解一起标的40多万元的科技公司买卖合同纠纷，并按照收费标准收取调解费用，成为律师调解市场化的“第一单”，也是杭州市首个律师市场化调解的成功案例。至年底，市场化调解成功调解纠纷374件。

【社区人民调解委员会换届】 2021年3月26日，区司法局完成全区59个社区人民调解委员会换届工作，在全省范围内率先实现调委会主任均由社区书记担任，带动调委会规范化建设。至4月底，实现59个社区“法律明白人”担任调解员全覆盖，落实专职调解员聘任、调解员执证上岗及优秀调解员评选等制度。至年底，全面落实各个社区调委会人民调解公示制度和群众监督机制。

【物联网产业园法律驿站启用】 2021年7月12日，区司法局联合物联网产业园建设的法律服务公益平台——“物联网产业园法律驿站”成立。驿站位于滨江物联网产业社区内，以律师事务所等合规部门为依托，结合志愿者律师群体，组建11人法律服务专家团，为企业提供政策法规解读，定制市场化法律服务产品，推动法律服务融入产业社区功能布局。至年底，服务企业60多家次。

【“安置帮教一件事”改革】 2021年10月27日，“浙里安帮”安置帮教综合管理系统上线运行，系统由“浙里知心”“安帮服务”“心理服务机器人”三大功能模块组成，为刑满释放人员提供法律法规及政策信息推送、需求反馈、业务办理、情绪表达、善行上报、心理测评、心理训练等多种线上服务功能。先后配套制定《滨江区刑满释放人员赋码管理规则》《滨江区刑满释放人员安置帮教执行地变更规则》《滨江区刑满释放人员跨区域帮教工作规则》《“浙里安帮”操作手册》《关于进一步明确刑满释放人员网格管理工作事项的通知》5项制度，对“浙里安帮”的使用和刑满释放人员的“分类赋码”“双列管”“执行地变更”“网格化管理”做补充说明，形成可供借鉴的制度成果。至年底，完成全区308名刑满释放人员覆盖使用，推送就业信息、政策法规、生活小贴士和实时热点等信息75条，收集11名刑满释放人员的“好人好事”，回复解答问题15个。

【全市首家民法典主题公园开园】 2021年12月4日，全市首家民法典主题公园开园，市司法局副局长任丹娅和区委副书记、政法委书记张玮为民法典公园揭牌。公园位于长河街道晶都社区，同时举行第八个国家宪法日暨第四个宪法宣传周活动。活动以“习近平法治思想为指引，坚定不移走中国特色社会主义法治道路”为主题，200多名国家工作人员参加集体宪法宣誓仪式。区司法局法律援助中心、长河司法所、长河街道平安办工作人员联合开展“普法微课堂”，向居民发放法治宣传资料，讲解法律法规，通过身边案例讲解增强居民法律意识和法治素养，营造“办事依法、遇事找法、解决问题用法、化解矛盾靠法”氛围，吸引160多人参与。

【西兴司法所成功创建省“枫桥式”司法所】 2021年12月27日，省司法厅命名西兴司法所为“浙江省‘枫桥式’司法所”。西兴司法所履行人民调解、社区矫正、安置帮教、法律服务等职能，承担“浙里连心”智慧矫正平台和“浙里安帮”安置帮教综合管理平台试点建设任务，累计解除社区矫正对象360人，为刑满释放人员提供政策传达、心理教育、公益帮扶等帮教服务。协助西兴街道建成18个公共法律服务站点、5个省级民主法治社区和1个全国民主法治示范村。通过法律法规和专业知识培训，培育“法治带头人”17人、“法律明白人”77人、“遵纪守法示范户”51人，树立优秀法治形象。培育“全省社区矫正能手”和“全市金牌和事佬”各1人。

（林佩斐）

劳动仲裁

【概况】 2021年，杭州高新区（滨江）劳动人事争议仲裁院采取滚动式开庭、双休日开庭等模式，全年开庭1700次。受理劳动人事争议案件2917件，结案（含上年度结转件）2918件，结案率100.03%，调解率90.6%。受理集体争议案件16件，涉及劳动者226人，为劳动者挽回损失150多万元。网络办案602件，网络调解案件203件，网络办案率33.7%。“来就调”律师工作室调解560件案件，为劳动者挽回损失300多万元，接待各类咨询6000多人次，提供法律援助40人次。

【协调劳动关系三方联动】 2021年，区劳动人事争议仲裁院联合区总工会、区工商联召开协调劳动关系三方会议，以优化营商环境为目标，讨论工资集体协商“集中要约行动”、审核积分入学和积分落户申请、电子网签劳动合同平台推广、建设和谐劳动关系示范区等相关议题。联合区总工会开展旁听庭审活动，邀请各个企业劳动关系协调员参加，帮助引导企业经营者履行社会职责。通过三方联动，建立和谐劳动关系。

【劳动争议案件调解提速】 2021年6月，区人力社保局联合区总工会，启动第二批企业HR调解联盟调解员招聘。7月完成面试，聘任新调解员20人。开展第一批调解员年度考核，继续聘任调解员12人，培育金牌调解员2人。完善“不见面”调解机制，发挥协商、调解在处理劳动争议案件的基础性作用，调解率70%以上。至年底，企业HR调解联盟调解员成功调解劳动争议案件840件，平均调解1起劳动纠纷缩短至3～5天，提速纠纷化解。

【企业劳动用工诊断评估】 2021年9月，区人力社保局开展企业劳动用工诊断评估工作，以委托第三方机构的形式，通过上门走访、问卷调查，了解企业离职管理、规章制度、工作时间、休息休假、薪酬管理等方面情况，为300家企业量身定制用工风险报告，提出完善建议，从源头上规范企业用工行为，防范企业用工风险。经随机抽查回访，企业反馈满意度95%以上。

（徐　靖）

军　事

人民武装部

【概况】 2021年，滨江区人民武装部（简称“区人武部”）落实上级党委和区委决策部署，以创造与滨江经济社会发展相符相称的武装工作业绩为目标，各项工作稳中有进。年终综合考评列杭州警备区第二位，被省军区评为全面建设先进人武部，区人武部机关党支部被省军区党委表彰为先进基层党组织。拓展新质民兵编兵企业，在重点企业和中小企业编建新质民兵，逐个单位组织点验并授旗授牌，在省军区民兵调整改革检查考评中获得第二名。

【理论学习和政治教育】 2021年，区人武部坚持用习近平新时代中国特色社会主义思想和习近平强军思想武装官兵，引领后备力量建设。以庆祝中国共产党成立100周年为主线，组织党委中心组带机关理论学习，落实“周二理论学习日”制度及政策法规辅导，到中国共产党杭州历史馆、萧山衙前农民运动纪念馆参观见学，部领导为机关和民兵分队开展党课教育10多场。将理论学习和政治教育相融合，结合征兵宣传到街道和高校进行党史军史、形势战备、国家安全等专题宣讲9场。

【党管武装制度落实】 2021年，区委、区政府统筹协调经济社会建设与强武备战关系，将武装工作融入发展大局，列入领导干部绩效考评、党管武装述职，落实双重领导、党委议军、现场办公、党政领导过“军事日”等制度。区人武部每月向区委、区政府报送武装工作情况，定期召开武装工作例会，为新任职街道武装部政治教导员颁发命令状，增强管武兴武责任意识。

【首长机关和民兵训练】 2021年，区人武部机关围绕提升国动援战能力，加强紧贴实战、基于实案的指挥训练。按照“月训三天、季考一次”要求，基础训练重在逐课目、逐内容抓落实，业务训练重在分部门、分岗位抓组训，课题训练重在上下联动、军地联合抓演练。在落实大纲规定训练内容基础上，突出军事理论学习、指挥技能训练、专项能力研练、联合指挥演练。区人武部本级首长机关联动区国防动员委员会，参加杭州警备区统一组织的军地联合指挥机构一级部署演练。按照《民兵军事训练大纲》，落实民兵训练。完成民兵教练员和学生军训教官遴选、训练、签约工作，选派专武干部参加省市两级新任职专武干部集训；组织区民兵应急连成建制集中备勤轮训，完成战备值班课题训练和防汛防台课题专业训练，结合组织民兵干部骨干和民兵教练员集训，同步完成全区基干民兵“三实”训练考核。9月，组织民兵参加杭州警备区第四届民兵岗位练兵比武，获综合第五名。

【基层规范化建设】 2021年，区人武部坚持整体筹划、分步推进，提升硬件设施，梳理各科月、季、年工作清单，实施“岗位能力提升工程”，制定请销假和考勤办法，开展资产大清查，规范战备、训练、工作、生活4个秩序，提升机关整体面貌。做好基层“窗口”单位建设，推进“评星挂牌”活动，5类7个“窗口”单位达到建设标准并通过上级验收，多个社区民兵连部获评五星级社区民兵连部。

【征兵工作】 2021年，滨江区针对任务指标重、大学毕业生征集数提升、新冠肺炎疫情造成体检力量场地紧张等新情况，通过区领导组织部署发动，将责任分解压实到相关部门负责人和街道办事处主任、社区书记、民兵连长。区人武部负责人到高校开展“点亮青春、逐梦军营”主题征兵宣传，组织高校、街道目测初检和上站体检，征兵报名率、初检合格数、上站率均获满分，完成年度征兵工作。开设相对独立的征兵体检站和役前集中训练隔离点，保障全省秋季征兵“首检日”活动，事迹在中央电视台《新闻联播》等播出。

【学生军训】 2021年，区人武部加强军地协调对接、整合军地力量资源，创新推开部队承训、领训与院校自训“三结合”的军训格局。3月底，完成民兵承训教官队伍遴选审核，开展作风纪律教育、军事技能训练和承训资质考核，签订协议、举行聘任仪式。5月，参加杭州军训联席工作会议，学习政策法规、交流经验做法、受领军训任务、明确标准要求和研究对策措施。7月，召开区学生军训工作座谈会，传达上级指示精神，对接本区设有高中部的中学学生军训任务，协调落实承训工作。8月份，完成辖区杭州市长河高级中学600多名学生军训任务。帮助杭州钱学森学校对接学生军训工作，协调场地及食宿。

【部机关安全管理】 2021年，区人武部机关每月组织安全自查，排查安全隐患；每季度落实一次安全训练，主要包括安全防护技能、安全操作技能、应急避险技能、自救互救技能等内容。在组织军事训练、岗位培训和执行重大军事任务时结合任务性质进行风险评估，针对性组织安全防护训练。规范化整治文印室、保密室，增配设施设备。坚持“动态清零”，消除安全隐患，整改经省军区、警备区季度检查、常态巡查和本级自查发现的问题40多个，落实新冠肺炎疫情防控措施，营造安全稳定的发展环境。　（潘　岩）

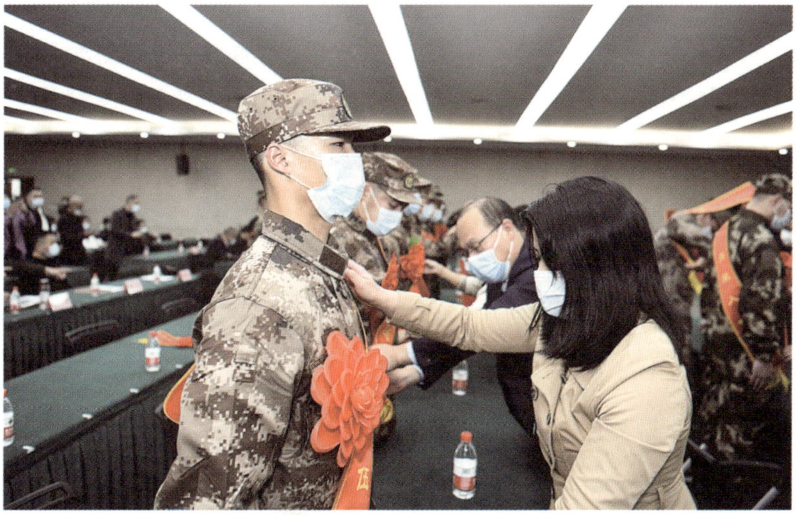

2021年3月15日，杭州高新区（滨江）举行2021年度春季征兵新兵入伍欢送仪式　（区委宣传部　供图）

人民防空

【概况】 2021年，区住建局（人防办）围绕党建引领、数字赋能、主责主业3个维度，完成人防工程易地建设核实、人防工程战时功能等级确定、收取人防工程易地建设费等工作，线上审批率、办结率、群众满意率均为100%。开展党史学习与人民防空发展史相结合的学习教育活动，党委中心组理论学习11次。开展备战训练，落实宣传教育。与区综合执法局开展联合执法，办结行政处罚案件1件。区住建局（人防办）被市人防办评为2021年度数字化改革工作先进单位和人民防空工作先进单位，被省人防办评为人民防空工作先进单位。

【“工地一码通”应用提升】 2021年，区住建局（人防办）

全面提升“工地一码通”应用场景，升级完善五色分级治理、风险智能感知、审批事项联办、用工风险防控功能等，运行人防质量监管数据5536次，验收62次，线上整改回复182次，问题跟踪率91%；人防工程质量监督工作效率从原平均2个工作日压缩至4个小时，提升质量效率，提高政府服务效能，改善企业营商环境，实现企业办事“零跑腿”。

【人防宣传】 2021年，区住建局（人防办）组织开展形式多样的人防宣传教育活动。设立防空防灾、国防与人防等主题内容宣传展示板，发放《中华人民共和国防空法》《浙江省防空地下室管理办法》《人民防空知识》漫画读本等宣传手册，在人流密集地段的大型显示屏、电子显示屏上循环播放人防宣传视频，悬挂横幅和展示挂图，设立咨询台，组织人防知识竞答等宣传方式，受教人数8000多人次，其中，中小学宣传教育数量比上年增长20%，受教育学生4100多人次。在长河街道中兴社区开展“5·12”人员疏散掩蔽演练，200多名市民参加。落实人员防护方案进社区、进楼道、进家庭，设有新生社区浙新小区、滨文社区江畔云庐等15个体验点。联合区人武部在浦沿街道新浦社区完成国防、人防宣传教育实践基地试点工作。

【人防工程全生命周期系统建设】 2021年6月9日，区住建局（人防办）启动人防工程全生命周期系统建设。人防工程全生命周期系统依托数字化技术，构筑一套“先进、高质、高效、智能”的纵向贯通和横向集成一体化的人防工程项目管理平台，实现人防工程环节流程化、管理可视化、信息共享化、统计定制化，是全市数字化改革重点。区人防办按照项目清单化要求，成立由人防办、局办公室、人防科、审批科、监管科等相关科室负责人10人组成的数字专班，明确具体负责人，制定项目实施进度，采取周报告、月分析、季汇总等方式实施进度考核。12月7日，系统建设完成。（来 萍）

2021年9月18日，区人防办工作人员在区政府南广场开展“9·18”人防宣传活动 （区人防办 供图）

经济管理

综合经济管理

【概况】 2021年，杭州高新区（滨江）地区生产总值2022.6亿元，比上年增长11.3%，增速居全市第一位；人均生产总值37万余元，居全省第一位；规模以上工业增加值771.1亿元，增长16.6%；规模以上服务业营业收入3377.4亿元，增长19%；完成全社会固定资产投资302.8亿元，增长14.2%；一般公共预算收入202.89亿元，增长13.5%；社会消费品零售总额476.7亿元，增长11.2%。完成《2021年全区国民经济和社会发展计划执行情况及2022年国民经济和社会发展计划草案》《2021年上半年国民经济和社会发展计划执行情况的报告》，经区政府同意报区人大常委会审议通过。

【投资管理】 2021年，杭州高新区（滨江）固定资产投资302.8亿元，比上年增长14.2%，其中：工业投资增长153.3%，高新产业投资增长136.5%，均创历史新高。完成海康机器人等24个项目落点，网易三期等10个项目摘牌，启明医疗等15个项目开工。其中，4个“152”省市县长工程项目全部开工，首次实现落地率100%。

【平台发展】 2021年，杭州高新技术产业开发区被列入首批省高能级战略平台培育名单。滨江物联网小镇获评多个省、市特色小镇优秀称号，连续2年获评国家物联网产业示范基地五星级评价。互联网经济产业园连续4年获省级现代服务业集聚示范区综合评价第一名，滨江互联网小镇获评亩均效益领跑者，入选首批浙江省现代服务业创新发展区。智慧新天地滨江数字健康小镇入选省第七批特色小镇创建名单。白马湖生态创意城建成投用全国唯一的中国动漫博物馆。江北科技园302家企业完成“北企南迁”。

【上市服务】 2021年，杭州高新区（滨江）围绕百家上市目标，构建上市生态圈。举办专题培训，推进与上海证券交易所、深圳证券交易所及省证监局、银保监局等战略合作，集聚更多金融资源。至年底，新增上市企业10家，累计培育上市企业63家。企业上市（挂牌）梯队持续扩充，重新认定上市后备企业92家，上市后备入库企业100多家。其中，已过会企业3家，报会企业6家，在辅导企业20家。杭州高新区（滨江）上市工作受到省政府督查激励，经验总结在《领跑者》刊登，获省、市主要领导肯定批示。

【产业规划】 2021年，杭州高新区（滨江）加快政策迭代，修订完善《关于进一步打造一流人才生态区的实施意见》《关于促进领军企业跨越发展的实施意见》《关于推进企业上市和并购重组的实施意见》《关于进一步支持科技型中小企业融资的实施意见》《关于促进科技企业创新创业的实施意见》《关于进一步加强知识产权工作的实施意见》等政策，形成覆盖企业全生命周期的“1+X+N”产业政策。根据科技进步统计监测报告，杭州高新区（滨江）创新指数位居全省首位，全年专利授权量1.79万件，比上年增长34.2%，每万人发明专利拥有量479.1件，居全省第一位。PCT（国际专利合作条约）申请量660件，占全市PCT申请总量的30.6%，居全省第一位。推进与杭州海康威视数字技术股份有限公司、浙江大华技术股份有限公司、恒生电子股份有限公司、浙江宇视科技有限公司等领军企业签订的战略协议，扶持培育领军企业，支持企业做大做强。抓投入、优政策，创新指数保持全省第一位。

资料："1+X+N"产业政策

"1"：《关于打造数字经济和新制造业发展"双引擎"加快世界一流高科技园区的若干政策意见》总体明确产业政策体系的目标任务、政策措施。

"X"：围绕人才、重点产业、科技创新、重点企业、科技金融、招商引资等方面的各专项政策，实现对企业不同发展阶段、不同产业类别、不同功能平台、全生命周期的政策支持。

"N"共7条政策，主要区分新制造业、智造供给、集成电路、5G产业、文化创意、直播经济等不同产业修订新增扶持政策。

【未来社区建设】 2021年，杭州高新区（滨江）以全域未来社区建设为牵引，推动数字社会建设。承办全市未来社区建设现场推进会，召开全域未来社区推进大会，发布全域未来社区实施方案。推进冠山、东信2个省级未来社区建设，在缤纷未来社区打造未来生活实验室等场景，定期举办"未来生活节"，招募"数字生活体验官"等系列活动，推动最新的科技产品走进居民家庭和社区生活。未来社区承担省、市接待任务，得到肯定。

【自贸区建设】 2021年，杭州高新区（滨江）围绕打造全球数字自由贸易中心，加快推进"五个先行先试"，实现"跨境交流专用通道试点"等3个国家级基地（试点）、1项全国首创、"知识产权集成服务改革"等19项省市级制度创新案例（成果）、203项改革试点经验复制推广落地。"以区块链技术创新数据知识产权质押融资新模式"获浙江自贸区最佳制度创新案例。"数字自贸""数智通关"应用场景被列入全省多跨场景应用目录。举办第二届中国自由贸易试验区发展论坛，实现160项创新清单复制推广落地。

资料："五个先行先试"

数字新技术新业态新模式先行先试、贸易平台全球布局先行先试、数字智能口岸监管先行先试、数字贸易规则创新先行先试和营商便利化改革先行先试。

【营商环境优化】 2021年，杭州高新区（滨江）出台各项服务措施，优化营商环境。便利化服务改革实现创新，成功创建全省"一网通办"示范大厅，建成全市首家"数字办税厅"，实现全市首批"两书合一"（建设项目的选址意见书和用地预审意见书），开展跨境服务贸易"单一窗口"申报退税全省试点；一体化应用实现多个拓展，"一码解纠纷"完成迭代升级，获法治浙江建设十五周年"十大最佳实践"；基层政务服务日趋完善，数智社区一体化平台1.0版上线发布，设立3个重点产业园区企业服务中心"企业e家"。

【基础设施完善】 2021年，杭州高新区（滨江）新开工东冠路（信诚南路—月湾路）、共联路（滨和路—月明路）、冠新路（向南路—火炬大道）等26条道路，滨盛路下穿隧道和江南大道改造提升工程完工，至年底，完工道路（包括整治）24千米。开通园区、重点区域公交专线12条，新增（扩建）公共自行车服务点10处，新增泊位8884个（公共加配建）。奥体亚运场馆主体育场、网球中心决赛馆等项目完成竣工验收，奥体主体育场获评国家优质工程"鲁班奖"。借助地理空间一体化信息平台和智慧感知系统提升道路通畅度，重点路口治理延误指数比上年平均下降7%。

（李钰磊）

经济和信息化管理

【概况】 2021年，杭州高新区（滨江）实现规模以上工业增加值771亿元，总量居全市第一位，比上年增长16.6%；完成制造业（含滨富合作区）投资54.7亿元，增长182.8%，增速居全市第一位；数字经济营业收入4758.7亿元，增幅18.1%，总量居全市第二位；数字经济核心产业增加值1596亿元，增长16%，增加值占地区生产总值（GDP）比重的78.9%，总量和占比均居全市第一位。杭州高新区（滨江）获评全省高新区亩均效益领跑者、浙江省创建制造业高质量发展示范区县（市）考核优秀单位（全省5个）和制造业高质量发展示范园区（全省2个），蝉联全省唯一五星级国家新型工业化产业示范基地，获全省数字经济综合评价指数和制造业高质量发展指数“双第一”。“产业链协同创新”入选工业和信息化部典型经验、全省典型案例；《探索建设企业创新联合体》工作经验入选省政府《浙江政务信息》专报，获副省长卢山批示。实施“机器换人”项目36个，新增工业机器238台，规模以上工业企业数字化覆盖率100%。

开展“三化融合”（数字产业化、产业数字化、城市数字化）专项行动，11家企业入选省、市级工业互联网试点示范。推进省级数字经济创新发展试验区建设，数字经济综合评价和两化融合发展水平继续居全省第一位。认定国家软件和信息技术服务竞争力百强企业8家，国家规划布局内重点软件和集成电路企业27家，浙江省电子信息产业百家重点企业42家次，均居全省第一位。实施《关于进一步优化企业服务的工作方案》。

做好高成长性企业重点筛选、重点培育，累计在智慧安防、生命健康等领域培育“单项冠军”5家、“专精特新”小巨人11家、“隐形冠军”9家。持续深化小微企业园建设，累计认定省级小微企业园40家，培育国家级双创基地、中小企业公共服务示范平台各5家，省级中小企业公共服务示范平台14家，省级数字化园区11家。修订新一轮“1+X+N”产业扶持政策，出台领军企业、上市创新创业、融资等专项政策，兑现5G、集成电路、单项冠军等区级产业扶持资金44.99亿元。

【产业项目推进】 2021年，区经信局发挥区产业项目前期办作用，强化速度意识，一般项目从拿地到开工时间由12个月缩减至6个月，重点项目向3个月目标提速。实时梳理开工、招拍挂、上会落点、洽谈、储备等5个阶段的项目情况，抓好项目落点、开工、入库关键环节。做好浙江中控研究院有限公司、杭州品联科技有限公司等8家单位工业综合体首批企业遴选、入驻工作。至年底，完成24个项目落点，10宗土地招拍挂，12个产业项目开工，5个项目通过规划审批流程，其中富芯半导体项目创下从拿地到开工17天的新纪录。

【企业服务】 2021年，区经信局牵头全区企业服务体系建设工作，实施《关于进一步优化企业服务的工作方案》，围绕“迭代升级‘亲清三访’，打造‘亲清三访’2.0版”目标，通过“条块结合、以块为主”实现企业服务全覆盖；开展两轮“三服务”活动。2月，组织“亲清三访”走访；10月，开展“三服务”走访，明确每名区领导、区管干部联系服务2～3家重点企业。全年共走访企业1117家次，“三服务”小管家系统受理问题8618个。明确有关部门、街道、平台企业服务职责范围和企业迁出的预警挽留流程，制定《高新区（滨江）2021年安商稳商工作考核办法》，开展安商稳商工作考核，至年底，净迁入企业718家。

【2家企业入选国家小型微型企业创业创新示范基地名单】 2021年10月29日，工业和信息化部公示2021年度国家小型微型企业创业创新示范基地名单，共评定168家国家小型微型企业创业创新示范基地，其中杭州高新区（滨江）2家基地入选，分别是杭州东部软件园和杭州天和高科技产业园，数量居全省第一位。杭

州东部软件园是省内第一家国资“新三板”挂牌公司，帮助科技型初创企业实现快速发展，打造价值型科技企业孵化器。杭州天和高科技产业园以生物医药科技为特色，主做生命健康专业孵化器。

【3家园区获评省数字化示范小微企业园】 2021年11月16日，省经济和信息化厅发布2021年度浙江省数字化示范小微企业园名单，确定36个园区为浙江省数字化示范小微企业园。其中杭州高新区（滨江）的东方通信科技园、杭州人工智能产业园和杭州金盛科技园3家生产性服务类园区入选，数量居全省第一位，占杭州入选数的42.9%。

【2家企业获评第六批制造业单项冠军】 2021年11月8日，工业和信息化部公示拟认定的第六批制造业单项冠军和拟通过复核的第三批制造业单项冠军名单，共评定118家单项冠军示范企业和141个单项冠军产品，其中杭州高新区（滨江）2家示范企业入选，分别为新华三技术有限公司、杭州中科微电子有限公司，主营产品分别为企业网无线设备、北斗导航芯片及模块。

【数字经济综合评价排名居全省第一位】 2021年12月16日，省数字经济发展领导小组办公室、省经济和信息化厅、省统计局印发《2021浙江省数字经济发展综合评价报告》，对全省11个设区市、90个区县（市）2020年度的数字经济发展情况，从基础设施、数字产业化、产业数字化、新业态新模式和政府与社会数字化5个方面进行综合评估。杭州高新区（滨江）数字经济综合评价总指数为152.6分，综合排名连续4年居全省第一位。其中，数字产业化、产业数字化、新业态新模式、政府与社会数字化均居全省第一位，基础设施居全省第三位。 （郑嘉宇）

市场监督管理

【概况】 至2021年底，杭州高新区（滨江）有在册市场主体8.21万家，其中在册企业6.73万家。2021年，新增注册企业1.56万家，比上年增长38.24%，增速居全市第二位，连续6年存续市场主体正向高速增长。新增浙江省AAA级“守合同重信用”企业18家，续展浙江省AAA级“守合同重信用”企业23家；新增浙江省AA级“守合同重信用”企业40家，续展浙江省AA级“守合同重信用”企业14家；新增浙江省A级“守合同重信用”企业42家，续展浙江省A级“守合同重信用”企业12家。累计创建“五化”市场10家、浙江省放心农贸市场10家、四星级文明规范市场9家、三星级文明规范市场2家。

全年受理举报投诉件8.03万件，比上年增长45.4%，其中举报2.14万件、投诉5.64万件、咨询2504件。聚焦区内大型商业综合体，融入市场监管、亚运、商圈特色元素，建设“高新味浓、辨识度强”的放心消费新样板。拍摄制作“市监小姐姐”放心消费系列短视频，播放量40万余次。杭州高新区（滨江）被列入省放心消费重点县区，共建成有效放心消费单位1325家，包括无理由退货承诺单位514家、放心工厂123家、放心消费商圈4个。

全年立案查处违法违规案件433件，罚没款901.09万元，其中大案要案70件。组织医疗美容药品、医疗器械、兴奋剂药品、化妆品等专项整治，开展日常执法检查，检查药品、医疗器械生产经营企业1388家次，抽检产品182批次。开展消费安全综合执法、民生领域“铁拳”行动以及网络市场综合执法三大行动，推进转供电、涉企收费以及广告等专项整治，查处违法行为，维护市场公平秩序。

加强物防工作组织领导，牵头建立区大物防联控工作机制。推进“浙冷链”应用推广，开通“浙冷链”单位512家。开展涉事冷链食品排查核实工作，处置涉疫冷链事件10起。抽查疑似使用进口高风险非冷链集装箱货物生产经营单位650家。落实农贸市场防疫要求，加强零售药店疫情监测和防控，做好新冠病毒疫苗质量、新冠病毒核酸检测试剂等专项检查。在全省系

统“三比一讲”争先创优竞赛中获一等奖。（傅佳琪）

【网络交易监管】2021年，区市场监管局规范网络交易平台经营行为，开展平台企业自查整改，对照116项整改清单，指导督查区内平台企业，共排查出问题隐患82个，限期完成整改并形成整改报告。开展“浙江省放心消费示范网店”创建，完成申报48家。利用网络交易大数据监测平台，开展常规网络监测及专项监测，全年共开展专项监测13次，监测商品486万件，处置违法违规线索6797条。至年底，办理涉网案件110件，罚没款326.75万元，协助异地案件调查4345件，查无下落网店执行7131件。（张　敏）

【食品安全监管】2021年，区市场监管局深化食品“抽检分离”改革，提升抽检能力规范化建设，抽检1661批次，涵盖生产、流通、餐饮三大业态。全市食品安全“抽检分离”改革暨基层抽检能力规范化建设现场推进会在杭州高新区（滨江）召开。做好“浙食链”系统应用推广工作，覆盖全区食品生产经营主体300家。加强食品安全专管员队伍建设，47名专管员划至区市场监督管理局统一管理，充实食品安全监管力量。省食品药品安全委员会办公室公布2021年度“浙江省乡镇（街道）食安办评价结果”名单，长河街道获评省五星级乡镇（街道）食安办，西兴街道和浦沿街道获评省四星级乡镇（街道）食安办，基层食品安全网络体系完善。至年底，杭州高新区（滨江）成功创建省级食品安全示范区。（裘连君）

【医疗器械质量监管】2021年，区市场监管局检查医疗器械生产企业96家、经营企业559家；完成49家医疗器械生产企业的一类备案产品核查；行政处罚案件3起，罚没款3.01万元；完成防护类国家抽样调查3批次，其他国家抽样调查项目4批次，省级抽样调查9批次，市级抽样调查36批次抽检工作；完成3家新冠核酸检测试剂第三方检验室和新冠核酸检测试剂的抽检工作；加强自建网站和第三方平台医疗信息监测处置，对“网易严选”和“1688”等平台加强监管，对“1688”平台发行政执法协助函，约谈平台单位，敦促平台加强对企业进行医疗器械网络销售的准入审核。推进药械生产智慧监管“黑匣子”试点，做好医疗器械经营智慧监管平台应用试点，探索在医疗器械经营领域开展“非现场”智能化监管，杭州启明医疗器械股份有限公司、钛加（浙江）供应链科技有限公司成为全区首批试点企业。

（赵正业　许　军）

【化妆品监管】2021年，区市场监管局开展化妆品专项整治，检查化妆品备案企业274家次，审查备案产品1136个次，检查生产企业5次；推进化妆品不良反应监测体系建设，建立市级化妆品哨点医院1家，把102家化妆品企业纳入监测体系，上报化妆品不良反应82例；开展化妆品法律法规宣传，举办现场培训3次，进社区现场宣传2次，发放宣传手册1000多份，发放化妆品宣传易拉宝4幅，利用智慧电梯监管装置循环播放宣传图片1.18万小时，受益群

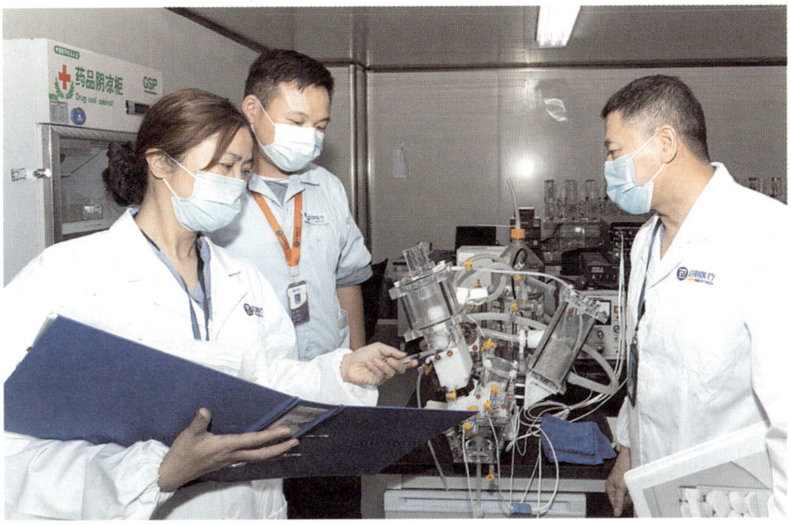

2021年9月2日，区市场监管局工作人员到杭州启明医疗器械股份有限公司服务（区市场监管局　供图）

众26万余人次。做好化妆品“百千万”示范工程提升，筛选经营比较规范的3家商场和11家示范店作为2021年提升单位进行创建，通过市市场监管局的检查验收。

（赵正业　沈鸣涛）

【特种设备安全监管】 2021年，区市场监管局督促特种设备使用单位建立双重预防机制建设，对特种设备使用单位运用系统进行分类评价，完成分类评价797家，占比100%。推出电梯养老保险、按需维保等创新举措，强化电梯全生命周期安全管理。深化“智慧电梯应用场景”应用，实现与市级城市大脑场景对接，通过上线困人自动报警、不文明乘梯及时劝阻等功能模块，初步实现救援可视化、维保透明化、监测实时化、监管智慧化。

（赵伯银）

【农贸市场创先争优】 2021年，区市场监管局开展农贸市场“五化”和“提档升级创星”行动。发挥创建考核“指挥棒”作用，把市场创建工作纳入街道年度考核，加大对市场投入力度，协调区财政局安排专项经费222万元用于市场创先争优补助奖励。针对市场卫生环境、设备设施、食品安全、经营秩序等，通过资金投入、硬件改造、管理强化等方式，推动创建进程。指导市场举办方顺应数字经济、新消费经济发展趋势，转变观念，提升购物体验。至年底，创建“五化”市场6家，星级市场7家，放心市场（消费环境放心、食品安全放心、管理服务放心、诚信经营放心、价格计量放心）6家。

资料：“五化”

便利化、智慧化、人性化、特色化和规范化。

（华岳祥）

【民生药事服务站建设】 2021年，区市场监管局根据省政府十方面民生实事项目，按照“便民、利民、惠民、安全、规范、长效”原则，推进民生药事服务站建设。民生药事服务站以零售药店为主体，在严格药品、医疗器械经营质量管理的基础上，按照统一标识标记、统一设置标准、统一药事服务项目等要求，为居民提供合理用药用械指导、个人药物使用档案、安全用药知识讲座、中药代工和校准代办等公益性服务。至年底，建成5家民生药事服务站，其中四星级民生药事服务站3家：阿里健康大药房连锁（杭州）有限公司江晖路店、杭州九洲大药房连锁有限公司月明路店、浙江正京元大药房连锁有限公司杭州滨兴西苑店；三星级民生药事服务站2家：浙江正京元大药房连锁有限公司杭州滨康二苑店、浙江正京元大药房连锁有限公司杭州春波小区店。　（赵正业　陈寒雨）

【咨询服务模式改进】 2021年，区市场监管局完善以AI智能语音服务机器人为核心的政务咨询服务平台，辅以“人工客服”兜底，构建“语音机器人+人工客服”双服务模式，形成咨询服务闭环，实现政务服务的数字化转型。梳理高频问题库，梳理出企业注册登记涉及的核名、设立、变更、备案、注销五大类知识模块，形

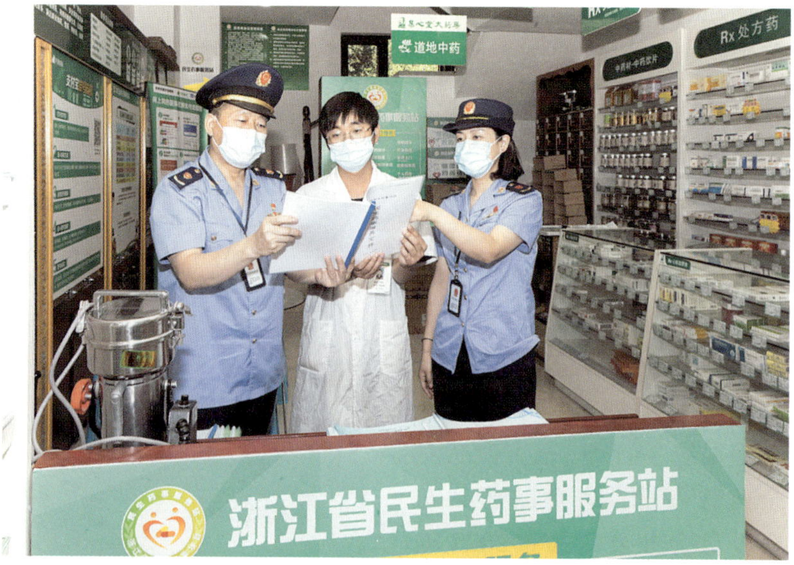

2021年9月13日，区市场监管局工作人员到民生药事服务站杭州易心堂大药房连锁有限公司江晖路店指导和服务

（区市场监管局　供图）

成知识图谱，整理出3000多条相似问法，867条问答型知识以及49个复杂的流程型知识，覆盖日常90%的群众来电咨询。以“机器”替代“人工”，为办事群众提供7×24小时全天候不间断的“一口清”智能应答咨询服务。至年底，语音机器人应答总量10万余个，满意率90.9%。

【商事服务数字办理】 2021年，区市场监管局改革业务办理模式，深化商事主体全生命周期“一网通办”。改造全程电子化登记平台，开发企业登记智能辅助审批系统，实现企业设立“分钟制”获批新模式，发放全市首张辅助智能审批的企业电子营业执照。建立经营范围数据库，经营范围申报由传统叙述文字优化调整为选择式规范条目。企业名称智能复核，通过建立动态调整的字号、行业及主营业务白名单库，符合条件的取消名称人工复核程序，全年更新无须复核名称行业数据1.2万条。推行企业住所申报承诺制，全区众创空间工位地址和具有合法非住宅产权地址纳入地址白名单库，通过企业信用承诺的方式直接登记，无须提交其他住所证明。公司自然人股东转让其持有该公司的全部或者部分股权，通过系统自动共享，将股权转让相关信息推送给税务部门，即可全程网上完成股权转让信息变更登记，实现由“跑两部门、跑多次”转为“跑一部门、跑零次”。

【企业数字服务优化】 2021年，区市场监管局坚持以企业需求为服务导向，整合政府服务企业平台涉企服务入口，围绕全生命周期和全业务领域，突出多跨协同，覆盖企业创立、运营、退出、监管服务全过程，构建一体化的企业线上服务平台。运用平台的智慧化手段，采用系统申报和数据归集等方式形成数据自动穿透、智能分析，实现管理指标无感监测、可视化分析等功能，快速排摸和梳理企业情况。通过连接政府—企业、银行—企业、园区—企业、企业—企业之间的关系，解决企业在政策支持、办公场地、贷款融资等方面信息不对称的难题，推动社会力量共建、共享，构建全区统一架构、数据资源互联互通、双创信息充分融合的涉企服务生态系统。至年底，平台聚集产业政策、金融产品、服务机构等双创资源要素800多个，应用日活跃量1000人次以上，累计服务企业12万家次，办理企业贷款申请12.2亿元。（高轶舟）

【3家企业入选首批省级标准国际化试点、示范单位】 2021年7月29日，省市场监管局公布浙江省第一批省级标准国际化试点、示范和培育基地名单，阿里巴巴（中国）有限公司和杭州趣链科技有限公司入选示范单位，浙江中控太阳能技术有限公司入选试点单位。阿里巴巴（中国）有限公司作为中国最大和最早的电商平台之一，参与标准制定，与商家、行业协会以及政府部门合作探索标准落地执行以及电子商务质量协同治理。至年底，参与制定国家标准7项，行业标准15项。杭州趣链科技有限公司是区块链技术及解决方案供应商，其趣链区块链底层平台是国内首批通过工业和信息化部电子标准化研究院与中国信息通信研究院区块链标准测试，符合国家战略安全规划的区块链核心技术平台。至年底，申请专利230多项，软件著作权50多项，参与制定ISO标准（国际标准化组织制定的标准）1项、ITU（国际电信联盟）标准7项、国际标准50多项、国家标准8项，其余行业标准、团体标准50多项，总计100多项。浙江中控太阳能技术有限公司是中国最早从事光热发电技术研究与产业化推广的企业之一，专注塔式熔盐储能光热发电技术的技术研究、装备研制与工程化应用，参与光热发电行业标准的制定工作。至年底，参与制定国际标准1项，国家标准4项、行业标准5项和团体标准5项。

【质量发展大会】 2021年9月7日，杭州高新区（滨江）在“智慧e谷”召开2021年质量发展大会暨质量月启动仪式。杭州高新区（滨江）质量强区领导小组各成员单位代表，有意向报名各级政府质量奖组织负责人或质量、标准、知识产权工作负责人，历届省、市、区政府质量奖获奖企业及培育企业代表，参与国际、国家、行业标准制定单位代表，"品字标"浙江制造企业及培育企业代表，浙江省商标品牌示范企业、知识产权示范企业等其他重点企业代表，其他优秀企业代表共100多人参加。大会为2020年区政府质量奖获奖单位、浙江省首批标准国际化示范单位、试点单位、第二十一届中国专利奖、国家级知识产权示范企业、浙江省商标品牌示范单位、杭州市专利示范企业颁奖；讲评2020年政府质量奖评审工作，部署2021年政府质量奖创建工作；举行质量月启动仪式，进行质量月第一场活动"质量标准培训"，浙江中控研究院有限公司和浙江大华股份有限公司相关负责人进行经验分享。（吴元阵）

统计管理

【概况】 2021年，区统计局围绕全面建成世界一流高科技园区的目标，推动依法统计依法治统，夯实统计数据质量，提升统计服务水平，做好工业、服务业、科技（火炬）、贸易、建筑业、固定资产投资、劳动工资、农业等统计年、月报审核上报工作。做好住户调查、采购经理、生产经营、景气调查、月度劳动力调查、工业生产者价格调查、固定资产投资价格调查等普查调查工作。完成5‰人口变动、平安浙江、居民出行结构等社情民意调查及临时性调查工作。深化统计改革创新，以"世界一流高科技园区""滨江统计可视化平台"和"统计RPA（机器人流程自动化）小叮当机器人"为统计数字化改革重点项目，推动落实改革任务，"数字员工"获全省统计局系统数字化改革重大应用首批试点。加快统计网格建设，根据街道属地企业特征，指导3个街道因地制宜分专业选取企业建立统计网格。强化统计信息化建设，实时更新"浙政钉"端"统计可视化平台"数据；及时更新《统计月报》《统计快报》《统计公报》《统计年鉴》等信息。通过"统计可视化平台""滨江发布"等发布最新统计数据，为区委区政府领导、社会公众等各方面需求提供参考。

【综合统计分析】 2021年，区统计局围绕区委、区政府中心工作，以做优统计调查、专业统计监测和地区生产总值（GDP）核算监测为基础，加强分析研判，撰写《1—8月全区经济运行情况及三季度分析研判》《关于GDP数据有关情况的汇报》等统计信息、调研分析文章71篇，其中统计分析报告13篇、专报和要情9篇，9篇获区主要领导批示。

【火炬统计】 2021年，区统计局围绕建设世界一流高科技园区目标，通过"严抓培训质量、严抓重点企业、严抓有效审核、严抓监测预警、严抓部门联动、严抓工作创新"六抓工作机制，开展火炬统计工作。排摸火炬统计入库企业，组织15场"线上+线下"的业务培训，覆盖企业2500家。强化审核数据质量，通过部门合力对企业表和综合表共420项统计指标开展审核，完成2021年度火炬统计企业年报及杭州高新区综合年报的上报。高质量上报火炬统计工作总结和考核材料，连续15年获"火炬统计工作先进单位"称号。

【统计法治建设】 2021年，区统计局以统计数据质量为核心，防范和惩治统计造假，加大统计法规宣传力度，提升统计数据质量，做好国家统计督察迎检工作。提高统计基层基础建设，以区政府名义印发《进一步加强统计调查工作的实施意见》，推动全区统计调查责任体系建立健全。出台《杭州高新区（滨江）防范和惩治统计造假弄虚作假责任制实施办法》，落实防范及惩治工作责任。加强对机关、街道、社区和企业统计员的业务指导和法治培训，建立健全全区统计数据质量管理体系。制定全区统计法治"八五"普法规划，推动普法宣传。在"12·4"国家宪法日和"12·8"《中华人民共和国统计法》颁布纪念日期间，在全区机关事业单位举办统计法治宣传活动、在杭州市特色文化广场开展法律知识宣讲活动，开展以

《中华人民共和国宪法》《中华人民共和国民法典》《中华人民共和国统计法》为主要内容的法治有奖答题，发放普法宣传和住户调查手册2000多册。

【统计数字化改革】 2021年，区统计局聚焦统计核心业务，制定《杭州高新区（滨江）统计数字化改革工作方案》，坚持目标导向、问题导向、结果导向，推进“世界一流高科技园区”“滨江统计可视化平台”和“统计RPA小叮当机器人”3个统计数字化改革重点项目。“世界一流高科技园区”模块已完成核心表单设计，对任务总览及指标、政策、工作和评价五大体系整体框架完成重构；从单模块目标分析呈现出全局“一屏掌控”、政令“一键智达”、执行“一贯到底”、监督“一览无余”的数字赋能、高效协同预警参谋场景。“滨江统计可视化平台”以原有的“滨江统计”App为基础，将原统计App迁移到“浙政钉”，新增数据分析以及跨部门数据预警等功能，满足“浙政钉”移动办公需求，为区委区政府以及相关部门提供统计数据支持。“统计小叮当机器人”以省统计局特色小镇试点为主要任务，对接省市特色小镇业务安排，采用RPA机器人完成特色小镇统计报表的数据处理和数据审核，提升统计效率，并在全省统计数字化大会上做专题汇报。

【工业统计】 2021年，区统计局组织企业召开企业年报会议，加强企业业务培训和统计法律法规宣传教育；加强重点单位监测，逐家审核，并帮助企业建立健全统计台账体系，确保源头数据质量；加强与企业交流，除日常线上沟通交流外，加强实地业务指导，全年走访企业100多家次。完成工业、能源等统计年报、季报、月报的审核上报。配合省、市统计局对全区工业企业数据质量自查自纠和重点企业现场核查。撰写各类分析、专报等，为区政府及有关部门提供决策参考，发挥好统计“参谋部、晴雨表、信息窗”职能作用。至年底，杭州高新区（滨江）有规模以上工业企业219家，比上年增加23家。

【服务业统计】 2021年，区统计局召开服务业企业年报会议；加强重点单位监测，逐家审核；协同街道建立网格，加强与企业交流，对企业实地指导，走访核查企业18家。全覆盖进行3次统计数据质量核查，做好数据自查自纠工作，对数据存在差异的企业进行督促修改。配合做好季度报表、电子商务交易平台情况和生产经营景气状况调查、企业用工调查等工作。至年底，杭州高新区（滨江）有规模以上服务业679家，比上年增加119家。

【贸易统计】 2021年，区统计局通过线上线下相结合的形式召开贸易企业年报会议，宣传贸易统计法律法规，多种途径指导企业建立健全统计台账、填写统计报表。每季度收集全区贸易企业基础报表，对数据存在差异的企业，及时联系并督促更正，保证数据质量。加强实地业务指导，走访核查企业21家。至年底，杭州高新区（滨江）有规模以上批发和零售业456家、规模以上住宿和餐饮业52家，共计508家，比上年增加112家。

【建筑业统计】 2021年，区统计局组织做好建筑业统计年报、季报上报工作，加大报表监测、审核力度，提升数据质量，落实防范和惩治统计造假、弄虚作假相关文件精神，对所有建筑业企业展开数据自查、现场核查工作。撰写各类分析、信息，协同部门高质量完成各项工作。至年底，杭州高新区（滨江）有资质以上建筑业企业66家，比上年增加6家。

【固定资产投资统计】 2021年，区统计局对投资统计工作加强项目摸底和入库，对接区财政局、区住建局、区商务局等部门抓政府投资项目、房地产开工项目和重点产业投资项目，通过对企业项目的实地走访、数据核查，了解企业投资情况，确保统计数据应统尽统。对全区投资项目开展固定资产投资统计数据质量自查和抽查，做好监测和预警，与涉及投资考核的区住建局、区商务局等部门对接，配合做好投资项目入库业务咨询指导，对投资项目统计查漏补缺，严把质量关。至年底，杭州高新区

（滨江）固定资产投资项目共283个，其中项目投资241个、房地产投资42个。

【劳动工资统计】 2021年，区统计局完成1500多家单位劳动工资统计季报，2000多家法人单位劳动工资统计年报。劳动工资专业报表涉及规模以上工业企业、资质等级建筑业企业、限额以上批发零售住宿餐饮企业、规模以上服务业企业、房地产开发经营企业及规模以下抽样企业，涵盖国民经济二十大行业。报送数据反映杭州高新区（滨江）企业的实际薪酬及从业人员变化情况，为区委、区政府掌握全区人才结构变化和工资变动提供数据基础。

【采购经理调查】 2021年，杭州高新区（滨江）涉及采购经理调查单位73家，其中制造业28家、非制造业45家。根据《2021年杭州采购经理调查数据质量核查抽查工作方案》要求，4—9月，涉及调查单位对影响统计数据质量的12个方面进行自查，自查表反馈率100%。经国家统计局杭州调查队数据质量检查和统计执法抽查，数据质量良好。

【基本单位名录库维护】 2021年，区统计局做好基本单位核查和名录库维护，“小升规”单位的新增和变动审批、跨区搬迁划转工作。至年底，全区名录库系统有法人单位3.89万家，比上年增加5607家；产业活动单位6568家，增加749家。全年维护名录法人单位1.83万家，包括新增单位8851家、修改8967家、剔除141家。维护产业活动单位2763家，包括新增564家、修改2087家、剔除78家。

【住户和劳动力调查】 2021年，区统计局做好全区140户记账户的月报、季报、年报工作，完成调查数据的未编码、超限说明、审核差错、反馈报表等审核任务，完成调查数据的报送、行职业编码、分析说明等工作。据统计，全年居民人均可支配收入为7.64万元，比上年增长9.2%；居民人均消费支出5.07万元，增长13.9%。开展入户陪访工作，全年走访住户调查样本点12次；走访劳动力调查样本点18次，入户陪访调查户43户，电话回访106户。对8个社区128户调查户开展数据自查、核查工作。配合杭州市调查队完成省网购消费调研问卷、房价上涨对居民消费的影响情况调研等工作。

【社情民意调查】 2021年，区统计局完成23个社区1207份5‰人口变动抽样调查问卷、8个社区104份居家养老满意度调查问卷、80份老旧小区综合改造提升调查问卷、4个社区40份2021年国家社会心态调查问卷、11个社区165份2021年杭州市主城区居民出行结构调查问卷、5个社区200份2021年平安浙江调查工作问卷。 （沈　懿）

审计监督

【概况】 2021年，区审计局围绕上级审计部门确定的审计工作重点，结合区委、区政府工作中心，围绕“重点项目提速、重大改革攻坚和基层组织提质”的决策部署，以促进财政资金提质增效、履行“经济体检”职责为审计目标，在重大项目建设、领导干部用权、城市管理维护费等方面依法独立开展审计监督。全年实施审计项目11个，查出管理不规范资金10.8亿元。区党政主要领导对审计报告及专报做出批示17篇次，被《中国审计报》录用信息6篇，被《浙江内审杂志》录用2篇，被杭州市审计局录用信息39篇。在省、市审计系统优秀项目评比中，有3个项目获优秀奖项（其中省优三等奖1项、市优三等奖2项）。1篇论文获省审计厅年度优秀审计论文三等奖，2项案例获省审计厅优秀大数据审计案例。1人获杭州市政府发文表彰。

【财政管理和预算执行审计】 2021年，区审计局开展2020年度财政预算执行、决算草案和其他财政收支情况审计，对财政收支真实完整情况、预算分配合理规范情况、区级及区级部门决算草案编制情况开展审计。2021年同级审在做好核心审的同时，开展政府债务限额管理情况和政府综合财务报告2个专题审计，重点关注政府综合财务报告数据的完整性、准确性、规范性及披露情况。开展公安滨江分局2020年财务收支审计，重点对公款竞争性存放、下属事业单位撤销管理等方面予以审计规范。

【经济责任审计】 2021年，区审计局把服务党委政府工作大局作为经济责任审计工作出发点，以“权力+责任+风险”为主线，对区人力社保局和区住建局开展领导干部经济责任审计。会同区纪委监委、区委组织部，完成全区50家单位领导干部及国有企业领导人员2020年度履行经济责任情况报告，做到经济责任审计监督全覆盖。重新修订出台《杭州高新开发区（滨江）经济责任审计工作联席会议议事规则》和《杭州高新开发区（滨江）经济责任审计工作联席会议办公室工作规则》，完善经济责任审计工作联席会议运作机制。经济责任审计结果为干部管理提供参考。

【政府投资项目审计】 2021年，区审计局深化投资审计转型，完成从价款结算审核到重大项目跟踪审计及专项审计调查的转型。全年开展亚运会跟踪审计和2021年民生实事项目跟踪审计，对全区41个建安工程超2亿元的政府投资重点工程项目开展审计监督，出具审计月报492份。初步建立运行有效的重大项目审计监督数字化平台，利用信息化手段提升管理绩效，实现政府重大投资项目审计监督“线上”管理。修订完善《杭州高新区（滨江）审计局重大政府投资项目审计监督协审工作考核办法》，强化对协审单位的过程化监管和量化考核。

【行政事业审计】 2021年，区审计局开展区城市运行管理费专项审计调查，专项审计对招投标管理、合同履约、第三方监督、考核管理4个方面提出规范建议，出台《杭州市滨江区环卫、绿化养护绩效激励办法（试行）》《杭州市滨江区道路保洁分类管理考核办法》《滨江区公共绿地养护管理考核办法》3个管理办法。

【大数据审计】 2021年，区审计局创新审计组织和工作模式，开展数字化审计。在区安置情况审计项目中，采取“整体分析、发现疑点、延伸核实”的大数据审计工作模式，利用Python（计算机编程语言）编程技术、全覆盖数据分析等手段，发现利用假的结婚证、户口信息骗取安置房、重复安置面积等问题，总结并报送的《E区安置政策落实情况大数据审计案例》获2021年度省优秀大数据分析审计案例。在政府投资项目审计中，利用BIM（建筑信息模型）技术对智慧新天地创新中心项目进行分析，发现问题185项，提出优化建议19条，形成《建议引入BIM技术提高重大政府投资项目数字化管理水平》专报，受到区政府主要领导重视和推广。

【审计整改】 2021年，区审计局把审计整改工作纳入区级年度综合目标考核，建立审计问题整改清单并逐一销号，形成审计整改闭环管理，推动审计整改落到实处。按照“治已病防未病”原则，编制财政审计、固定资产投资审计、企业审计、事业单位审计及经济责任审计5个大类的审计发现问题共性清单，内容包括问题领域、问题性质、常见问题表现形式、主要定性依据及建议措施5个方面，供各部门参考。

（田李霞）

国有资产管理

【概 况】 至2021年底，杭州高新区（滨江）已形成区财政局（国资办）、杭州高新国有控股集团有限公司与区属国有企业的“1+1+N”股权架构体系，有区属国有全资及国有控股公司24家，区属国有参股企业15家。全区国有企业资产总额794.86亿元，负债总额326.32亿元，净资产468.54亿元，营业收入15.30亿元。

区属国有企业全年新增债券融资额度和银行授信融资额度278.75亿元，实际提款额度137.94亿元，实际融资余额175.16亿元，国有企业银行授信贷款利率均不高于同期贷款市场报价利率（LPR）。

【城投类国有企业业务模式调整】 2021年，杭州高新区（滨江）构建委托代建业务和土地整理开发业务，调整投资性房地产计量变更模式，完善城投类区属国有企业业务模式，提高国有企业盈利能力。7月26日，出台《滨江区做地主体资金结算办法（试行）》；7月27日，出台《杭州高新区（滨江）政府投资项目代建业务结算模式暂行办法（试行）》《关于进一步完善滨江区政府投资项目资金拨付流程的通知》等，明晰国有企业做地资金与收入结算机制，明确国有企业代建范围、方式及代建业务成本加持比例结算模式，增加国有企业主营业务收入。印发《关于组建杭州益谷城市建设发展有限公司的通知》，完成杭州益谷城市建设发展有限公司注册登记，与杭州高新开发建设管理运营公司和杭州滨江城建发展公司等签订代建框架协议，推进代建业务开展。

【国有企业监管】 2021年，杭州高新区（滨江）完善国有企业监管机制。加强选人用人管理，区府办印发《杭州高新区（滨江）国有企业机构设置和人员配置管理办法（修订）》，完善企业公开招聘人员程序和制度要求。区委组织部、区财政局党委出台《杭州高新区（滨江）区属国有企业中层管理人员选拔任用管理办法》《杭州高新区（滨江）区属企业领导人员管理办法（试行）》的通知》，加强企业中层人员管理和区属企业领导人员的管理。规范重大事项监管，区府办印发《杭州高新区（滨江）区属国有企业重大事项管理暂行办法》，区国资办制定《杭州高新区（滨江）区属国有企业重大事项管理操作细则》。强化薪酬绩效挂钩，完善经营业绩与薪酬挂钩机制，区财政局修订出台《杭州高新区（滨江）直接监管企业负责人综合业绩考评办法（修订）》；制定《2021年度直接监管企业经营业绩考核细则》，突出重大任务落实指标完成情况，实施差异化分类考核。建立资金协调机制，区国资办出台《杭州高新区（滨江）区属国有企业融资管理办法（试行）》，成立区属国有企业资金协调小组，建立区属国有企业融资例会协调机制，统筹协调国有企业融资计划、融资担保方案、成本控制标准、企业间资金调度、资金管理等相关资金业务。

【国有企业融资】 2021年，区财政局（国资办）引导区属国有企业拓宽融资渠道，保障重点项目资金需求。提升国有企业信用评级，杭州高新国有控股集团有限公司获AAA信用评级，是杭州市主城区首家获此评级的区级国有企业。拓宽资本市场融资渠道，3月，杭州滨江城建发展公司在深圳证券交易所发行非公开公司债券20亿元，发行利率为3.97%。6月、11月，杭州高新国有控股集团有限公司分两期发行债券35亿元，年利率分别为3.40%、3.45%，创2021年全国范围内同期限同评级可比规模私募债最低利率。

【国有资本和国有企业调整】 2021年1月18日，区党委财经委员会审议通过区财政局提交的关于进一步明确区属国有企业职责和调整完善国有企业出资人关系、业务模式及相关制度办法。区财政局（国资办）理顺企业职责，制定国有企业“三定”方案，明确7家国有企业主要职责、内设机构、中层职数，核定一级企业员工编制数；调整完成“区财政局（国资办）—杭州高新国有控股集团有限公司—国有企业”的“1+1+N”集团化资金监管模式，明晰国有企业隶属关系，把原有国有公司股权调整至杭州高新国有控股集团有限公司，整合国有企业、国有资产，做大做优国有资本规模；出具《关于同意杭州滨江城建发展有限公司与杭州滨江物业管理有限公司组建合资公司的批复》和《关于同意杭州高新开发建设管理运营有限公司长期股权投资退出的批复》；出具《关于同意成立杭州滨江奥体运营有限公司相关事宜的批复》和《关于同意增加杭州白马湖生态创意城投资开发有限公司资本的批复》，增强国有企业运营能力。 （陈啸君　林　倩）

财税·金融

财　政

【概况】 2021年，杭州高新区（滨江）财政总收入407亿元，比上年增长13.5%；一般公共预算收入202.89亿元，增长11.0%，占财政总收入的49.9%。一般公共预算收入中税收收入192.49亿元，占一般公共预算收入的94.9%；一般公共预算支出143.17亿元，增长13.3%。全年非税收入71.12亿元，其中纳入一般公共预算收入管理的非税收入10.39亿元、土地出让金收入57.61亿元、其他政府性基金收入3.12亿元。

区财政局印发《关于压减部门一般性支出的通知》，对各部门非必要支出及一般性支出进行压减，共压减经费2.15亿元。强化"三公"经费预算管理，"三公"经费预算控制指标比上年压缩5%，全区全年"三公"经费支出813万元，比上年下降9.6%。全区预算执行情况良好，财政收支平衡。

【财政收入量质齐升】 2021年，区财政总收入407亿元。区财政局强化优质税源培育，加强财税部门联动，跟踪分析区内重点领军企业的税源布局变化情况，增强既有税源发展后劲。建立部门协调机制，区财政局、街道、产业平台及相关部门形成合力，强化安商稳商、双招双引，挖掘并发现新生优质税源。加强非税征收管理，跟踪出让地块挂牌进程，加强与上级部门协调沟通，对接摘牌拿地单位，争取土地出让金收入及时入库。配合征收部门完成4项政府非税收入划转工作。争取上级资金，至年底，申报专项债券项目14个，新增专项债券资金34.62亿元；向上级财政部门争取转移支付产业扶持资金11.23亿元。

【企业发展服务】 2021年，区财政局强化资金统筹，加大产业扶持力度，发挥积极财政政策作用，聚焦科技创新、数字变革、孵化培育、人才生态等发展目标，落实新一轮"1+X"产业政策，全年落实区级产业扶持资金44.99亿元，支持数字经济、新制造业等实体经济发展，推进创新要素集聚、推动产业稳健增长。加大政策供给力度，以大力扶持核心人才为导向，对区级人才激励政策进行修订，开展两轮调查取样，第一轮根据样本确定基本划分标准，第二轮进行二次验证与修正，两轮合计选取企业样本79家，人才样本4200份，对营业收入亿元以上企业进行重点分析。提升企业人才服务水平，将政策兑现审核工作与"三服务"活动相结合，走访企业100家，企业事项现场办结率95%。加强会计人才队伍建设，组织落实高级会计师职务任职资格评审、高端会计人才培养工作，至年底，全区通过高级会计师职务任职资格评审59人。

【民生事业改善】 2021年，杭州高新区（滨江）投入一般公共预算民生支出124.07亿元，比上年增长15.5%，占一般公共预算支出的86.7%。投入27亿元助推美好教育建设，新建、续建浦乐单元、中兴单元等中小学及幼儿园17所，支持创建全国学前教育普及普惠区。投入34.44亿元优化创新生态，支持科技创新及研发项目资助、科技金融创新等。投入3.8亿元推进“健康滨江”建设，重点保障防疫支出，新（改）建社区卫生服务站5家。投入3.59亿元支持文体事业发展，用于文化体育设施建设，建成百姓健身房、口袋运动场、健身苑27个，保障第十七届中国国际动漫节等文体活动举办。投入18.32亿元提升社会保障水平，落实促进就业专项经费，助力消除“零就业家庭”。创建示范型居家养老服务中心2家，建成婴幼儿成长驿站10家。投入26.22亿元用于市政公用设施养护、市容环卫管理、绿化养护及整治、垃圾分类管理、公交运行补贴等。投入10.7亿元深化“平安滨江”建设，保障公共安全，支持节能环保、住房保障、河道综合治理、农业发展项目资助等。

【城市建设保障】 2021年，杭州高新区（滨江）投入94.45亿元支持“全域清零”、安置房建设、道路基础设施建设及生态环境质量改善等重点项目实施。投入征迁资金4.96亿元，完成拆迁收购278户、交地402.4公顷。投入52.06亿元，推进老旧小区改造、加装电梯、美好生活共同体等安居工程。投入19.46亿元改善城市交通，保障滨盛路下穿隧道和江南大道改造提升等道路工程建设，打通科技馆街、坚塔街等“断头路”。投入15.02亿元提升公共服务，重点保障亚运场馆及其配套建设，建成口袋公园10个。投入水利环境整治建设2.95亿元，保障河湖综合整治工程，推进省级生态文明示范区和“无废城市”建设。

【财政改革深化】 2021年，区财政局深化预算绩效管理改革，探索中期财政绩效管理机制，实施绩效项目分级分类管理，试点开展全生命周期绩效管理。创新建立人大代表、政协委员参与评价工作机制。督促部门整改财政重点评价、重点监控发现的问题92个。推进绩效与预算一体化闭环管理，建立以绩效为核心的预算安排与绩效目标、绩效监控、绩效评价及项目储备“四挂钩”机制，2022年部门预算审减资金5679万元。推进财政数字化改革，按照“1个平台、2个综合应用、2个保障体系”的总体布局，打造系统集成、功能高效、数据协同的数字财政新体系。构建以财政核心业务为主要内容的预算一体化系统，打通“政采云”平台数据，整合集成政府采购监管体系，创新推出“社区财E通”系统，规范社区财务运行。

【财政监督管理】 2021年，杭州高新区（滨江）强化政府债务管理，推进地方政府隐性债务化解，完成隐性债务化解34.6亿元，累计政府债务化解率56.2%。研究制定杭州高新区（滨江）商业资产经营公司转型方案，推动隐性债务依法合规化解。规范财政资金管理，开展财政专户和公款存放问题自查和整改，实施财政国库支付中心资金专户公开招标。落实基层财政资金管理专项检查“回头看”，督促西兴街道、浦沿街道完成自查整改工作。强化直达资金监管力度，把资金监管贯穿于分配、拨付、使用的各个环节，提升资金使用规范性。迎接预决算公开检查并落实整改，规范公开标准，提高政府部门预决算公开的透明度。加强政府采购监管，对8个采购单位（含3个街道）的40个项目开展政府采购专项检查，涉及采购资金8.21亿元，发现问题239个，并落实整改举措。组织全区采购单位开展妨碍政府采购公平竞争的“备选库、名录库、资格库”清理，督促5家责任单位完成清理和结果公示。强化政府投资项目评审管理，调整完善政府投资项目资金拨付流程，构建资金拨付新模式。优化服务，推进项目评审容缺化、精细化、时效化管理，全面提升项目评审“时质效”。全年预算、结算项目评审净核减4.34亿元。（周贵勇）

税　务

【概况】 2021年，杭州高新区（滨江）有纳税户7.37万户，其中企业纳税人6.34万户，个体工商户1.03万户。全年完成税费收入569.35亿元，其中税收收入415.09亿元，比上年增加59.6亿元，增长16.76%；社保费及非税收入154.26亿元，增长51.67%。税收收入中，增值税收入129.97亿元，企业所得税收入120.06亿元，个人所得税收入117.42亿元，城市维护建设税收入12.51亿元，印花税收入3.45亿元，土地增值税收入12.17亿元，房产税收入7.10亿元，车辆购置税收入5.37亿元，其他税收收入7.04亿元；社保费及非税收入中，社保费收入142.56亿元，教育费附加收入5.37亿元，地方教育附加3.58亿元，残疾人就业保障金2.55亿元，文化事业建设费0.07亿元，其他非税收入0.13亿元。

【税收优惠助企减负】 2021年，区税务局落实各项税收优惠政策，提升退税办理时效，减轻企业负担。至年底，办理完成退税175.7亿元，其中出口退（免）税81.22亿元（出口退税71.06亿元、免抵调库10.16亿元），软件退税50.39亿元，增值税留抵退税25.07亿元，个税汇缴退税1.8亿元惠及18.4万人，其他类型退税17.22亿元。

【智慧税务滨江样本】 2021年，区税务局自主创新纳税服务数字化应用场景，建立数字化办税厅。借助征纳沟通平台，通过综合屏幕共享、表单交互等技术，畅通在线辅助渠道，为纳税人咨询在线辅导，推进"办税+咨询"一体化。引入"智慧语音机器人"，建立"7个人工语音+8个智慧虚拟"座席，形成"智能快速响应+人工答疑兜底"机制。至年底，咨询电话接通量9.14万个，接通能力比上年增长34.94%。在业务处理上以"人员最精、环节最简、效率最高"为原则，从办理频次、风险控制、法定程序多维度出发，把93项业务集中处理，构建"机器+人工"的高效处理机制。

【信用等级评价优化】 2021年，区税务局强化纳税信用等级评价（上一年度企业纳税遵从情况）结果运用，定期公示纳税信用A级的纳税人名单，落实纳税信用等级A级、B级的激励政策，落实D级纳税人领票等相关限制惩戒政策，推动社会形成守信激励、失信惩戒的氛围，共同建设"信用滨江"。至年底，完成全区企业2020年度纳税信用评价，共有信用管理户数5.97万户，参评企业5.55万户，参评企业占92.96%。A级纳税人4049户，占纳税人的7.29%，比上年提高0.93个百分点；D级纳税人3499户，占纳税人的6.29%，下降0.96个百分点。

【税收风险管理】 2021年，区税务局针对互联网平台企业存在的税收风险，坚持支持和规范并重，辅导企业消除风险隐患，提升纳税遵从。加强对网络电商的风险提醒，开展网络零售电商服务提醒工作，完成14户电商补缴税款，共1813万元。加强对大企业的税收风险管理，完成4家千户集团（指年度缴税额达到国家税务总局管理服务标准的企业集团）11户成员企业的风险分析任务，确认16个风险点、税款2631万元；完成核实上市公司股权转让事项532条，确认缴税10条，涉及企业44家、税款2786.23万元。加强虚拟（风险）地址企业管理，引导街道招商引资部门加强对引入企业的质量把控。利用街道、平台、公安、市场监管等部门信息优势，强化风险精准识别。7户网约车平台企业及1户外卖平台企业完成整改，实现属地管理就地缴纳。通过不定期园区巡查，多源数据分析研判，形成"白名单""黑名单"等不同风险等级的企业名单并定期信息共享，防范税收风险。

【非税收入征管职责划转】 2021年，区税务局接受3项非税收入征管职责划转，分别为水土保持补偿费、防空地下室异地建设费及国有土地使用收入。划转以政策平移、征管平移、秩序平移为原则，通过税务部门的上下联动和左右纵横，与市税务局和区财政局、区原征收单位等业务部门协同沟通，建立合作机制，加强培训宣传辅导，做好征缴流程及应急预案，通过非税共治平台，在不增加缴费人缴费负担的基础上，做到“无感缴费”，实现划转非税收入管理和服务的统一，确保新非税收入平稳划转。至年底，办理个人土地出让金补缴247笔，入库金额748.17万元；办理水土保持补偿费收入4笔，金额5.27万元。

【跨境贸易税收服务探索】 2021年，区税务局开展跨境贸易税收服务探索，助力滨江企业主动“走出去”。三星半导体杭州分公司是跨境服务贸易“单一窗口”出口退税试点单位，区税务局辅导该公司通过单一窗口申报离岸服务外包出口销售额120.23万美元，在1个工作日内完成46.68万元免抵退税款的受理、审核、退税全流程，实现平台“一点接入”、信息“一次提交”、手续“一网通办”、结果“一次反馈”，是全省首笔跨境服务贸易“单一窗口”申报退税。探索出口退税备案单证无纸化管理，有226户企业完成备案单证无纸化企业登记，单证无纸化备案373条。根据《国家税务总局浙江省税务局关于开展第二批离境退税商店备案工作的通告》要求，助力杭州尚诚顺新电子科技有限责任公司取得离境退税商店资质，该店是杭州高新区（滨江）首家离境退税商店。

（王　俨）

金　融

【概况】 杭州高新区（滨江）银行业、证券业、保险业归属于杭州市统一管辖，统一由“一行两会”负责监管。区内金融业主要有小贷、担保、典当等非银行业金融机构。2021年，全区有4家小额贷款公司，注册资金合计6亿元，发放贷款316笔，年均贷款利率12.9%；有4家融资性担保公司，注册资金19.7亿元，担保业务金额167.53亿元，担保户数249万户，其中，为小微企业和“三农”担保29.06亿元，担保户数0.11万户；有典当法人企业3家，注册资金0.96亿元，发生典当业务304笔、总额0.82亿元。

2021年，杭州高新区（滨江）举办上市公司诚信经营规范发展大会、拟上市企业培训，新增上市企业10家（累计培育63家，数量居全省第一位），已过会3家，报会6家，上市培育工作经验总结在《人民日报》刊登。发挥政府产业扶持基金作用，开展合作基金、股权投资、周转帮扶、融资担保等业务，运作合作基金25支，总规模259.83亿元，累计投资项目262个；投资金额35.73亿元，其中新增直投项目12个，投资金额26.91亿元，推动设立杭州高新区（滨江）首支规模1亿元的人才基金。为区内重点企业提供担保业务，在保余额3.31亿元，在保企业69家；推出科创保（见贷即保）等产品。

2021年驻杭州高新区（滨江）保险公司机构一览表

表14

类型	机构全称	机构地址
财险	渤海财产保险股份有限公司浙江分公司杭州营业部	滨江区江南大道618号东冠大厦7楼
	中国平安财产保险股份有限公司浙江分公司滨江支公司	滨江区共联路新州花苑商铺11号1～2层
	阳光财产保险股份有限公司滨江支公司	滨江区西兴街道滨安路222号
	中国太平洋财产保险股份有限公司杭州市滨江支公司	滨江区滨康路222号
	中华联合财产保险股份有限公司杭州市滨江支公司	滨江区西兴街道滨安路126–7号

续表14

类型	机构全称	机构地址
财险	浙商财产保险股份有限公司滨江支公司	滨江区西兴街道丹枫路788号1幢5层508室
人身险	中国人寿保险股份有限公司杭州市滨江支公司	滨江区西兴街道江陵路1916号兴祺大厦1幢1层112～114室、4层401～406室
	华夏人寿保险股份有限公司浙江分公司杭州滨江营销服务部	滨江区西兴街道滨盛路1509号天恒大厦2502室
	中国平安人寿保险股份有限公司浙江分公司滨江区营销服务部	滨江区西兴街道月明路560号1幢2号楼2楼、4楼404～412室
	中国太平洋人寿保险股份有限公司杭州市滨江支公司	滨江区江南大道380号1幢10层1003～1007室
	泰康人寿保险有限责任公司浙江电话销售中心	滨江区江南大道3888号信雅达科技大厦7楼
财险（省公司）	渤海财产保险股份有限公司浙江分公司	滨江区江南大道618号东冠大厦7楼
	太平科技保险股份有限公司浙江分公司	滨江区长河街道泰安路239号11层1103～1104室

2021年驻杭州高新区（滨江）银行机构一览表

表15

序号	银行机构名称	下辖分支机构数量（个）	机构地址
1	工商银行钱江支行	7	滨江区江晖路1761~1767号
2	农业银行杭州滨江支行	9	滨江区江南大道288号
3	中国银行杭州滨江支行	4	滨江区江南大道3806号
4	建设银行杭州滨江支行	6	滨江区江南大道480号
5	交通银行杭州滨江支行	0	滨江区江南大道588号
6	邮储银行杭州西兴镇支行	0	滨江区滨安路162~168号
7	浙商银行杭州滨江支行	0	滨江区新联路625号
8	中信银行杭州滨江支行	0	滨江区江南大道1090号
9	华夏银行杭州滨江支行	0	滨江区江南大道288号
10	光大银行杭州滨江支行	0	滨江区江南大道123~127号
11	民生银行杭州滨江支行	2	滨江区江南大道588号
12	渤海银行杭州滨江支行	0	滨江区江南大道380号
13	恒丰银行杭州滨江支行	1	滨江区泰安路9号
14	浦发银行杭州钱塘支行	0	滨江区江陵路2028号
15	兴业银行杭州滨江支行	0	滨江区江南大道90号B座
16	招商银行杭州西兴支行	0	滨江区阡陌路459号

续表15

序号	银行机构名称	下辖分支机构数量（个）	机构地址
17	招商银行杭州钱塘支行	0	滨江区滨盛路1869号
18	招商银行杭州滨江支行	0	滨江区滨盛路4305号
19	招商银行滨康支行	0	滨江区聚工路19号
20	平安银行杭州滨江支行	0	滨江区滨和路566号
21	广发银行杭州滨江支行	0	滨江区江南大道1088号
22	杭州银行滨江支行	5	滨江区钱龙大厦1～2楼
23	杭州银行科技支行	0	滨江区江南大道3850号创新大厦1～2层
24	北京银行滨江支行	0	滨江区滨盛路1509号
25	北京银行杭州西兴社区支行	0	滨江区启智街845号
26	上海银行滨江支行	0	滨江区江南大道380号
27	南京银行杭州滨江科技支行	0	滨江区滨盛路1508号
28	江苏银行杭州滨江小微企业专营支行	0	滨江区滨盛路1786号
29	宁波银行股份有限公司杭州高新支行	1	滨江区滨康路308号聚才大厦2幢
30	台州银行杭州滨江支行	0	滨江区滨康路308号聚才大厦1幢
31	稠州银行杭州滨江支行	0	滨江区滨盛路1501号银丰大厦1楼
32	泰隆银行杭州滨江支行	0	滨江区江南大道3850号
33	民泰银行杭州滨江小微企业专营支行	0	滨江区滨康路228号
34	杭州联合银行西兴支行	5	滨江区固陵路12号
35	杭州联合银行长河支行	4	滨江区长江路21号
36	杭州联合银行浦沿支行	5	滨江区东冠路793号

2021年驻杭州高新区（滨江）证券机构一览表

表16

序号	机构名称	地 址
1	东莞证券股份有限公司浙江分公司	滨江区西兴街道丹枫路788号1幢101室
2	国信证券股份有限公司浙江互联网分公司	滨江区长河街道滨盛路1688号明豪大厦1002、1005室
3	国元证券股份有限公司浙江分公司	滨江区江汉路1785号网新双城大厦4幢2201-1室
4	华泰证券股份有限公司浙江分公司	滨江区江虹路1750号信雅达国际创意中心1幢2302、2304、2305、2306、2404室
5	安信证券股份有限公司杭州滨盛路证券营业部	滨江区滨盛路1688号明豪大厦7层705室
6	财通证券股份有限公司杭州江南大道证券营业部	滨江区长河街道江南大道380号1幢一层109室

续表16

序号	机构名称	地 址
7	大通证券股份有限公司杭州星光大道证券营业部	滨江区江南大道288号1幢502-3室
8	方正证券股份有限公司杭州滨江通和路证券营业部	滨江区通和路68号4楼B区403室
9	国融证券股份有限公司杭州江汉路证券营业部	滨江区长河街道江汉路1785号网新双城大厦1幢603室
10	国泰君安证券股份有限公司杭州滨江科技馆街证券营业部	滨江区长河街道科技馆街1505号凯瑞金座101室
11	国元证券股份有限公司杭州江汉路证券营业部	滨江区长河街道江汉路1785号网新双城大厦4幢2201-6室
12	恒泰证券股份有限公司杭州江南大道证券营业部	滨江区长河街道江南大道588号主楼12层1203室、1205室
13	华创证券有限责任公司杭州伟业路证券营业部	伟业路601号
14	华福证券有限责任公司杭州江南大道证券营业部	滨江区西兴街道江南大道88～96号（双号）1-A楼2层1-3室
15	民生证券股份有限公司杭州长河路证券营业部	滨江区长河路1318号1幢2102室
16	新时代证券股份有限公司杭州江虹路证券营业部	江虹路1750号信雅达国际创意中心1幢2406室
17	浙商证券股份有限公司杭州滨江威陵大厦证券营业部	滨江区江南大道380号威陵大厦5层505、506、507室
18	中泰证券股份有限公司杭州滨和路证券营业部	滨江区西兴街道滨和路598号星澳商务中心1幢18层05室
19	中信证券股份有限公司杭州滨盛路证券营业部	滨江区西兴街道滨盛路1508号海亮大厦1层104室，二层203、204室
20	中信证券股份有限公司杭州火炬大道证券营业部	滨江区浦沿街道火炬大道581号C座114、115室、701室

【上市企业培育】2021年，杭州高新区（滨江）新增祖名豆制品股份有限公司、杭州诺辉健康科技有限公司、杭州爱科科技股份有限公司、杭州品茗安控信息技术股份有限公司、税友软件集团股份有限公司、杭州热电集团股份有限公司、杭州宏华数码科技股份有限公司、堃博医疗控股有限公司、广脉科技股份有限公司、Newegg Commerce，Inc.10家上市公司。累计培育上市公司63家、"新三板"挂牌企业106家，数量居全省各区县（市）第一位。至年底，有上市企业55家，总市值1.79亿元。区领导带队走访企业70多家，了解企业上市进程，解决拟上市企业的困难。完成上市、拟上市企业募投项目备案34个。帮助上市公司、拟上市公司开具资质认定、合规证明等联系函1100多份。

【上市后备企业培训】2021年，杭州高新区（滨江）举办大型资本市场专题培训2次。6月21日，杭州高新区（滨江）上市公司诚信经营规范发展大会在区文化中心举行，大会邀请浙江证监局、金杜律师事务所及国元证券专家解读上市公司最新监管要求、分析合规经营案例，强化企业社会主体责任，引导企业规范发展。11月17日，杭州高新区（滨江）

2021年3月16日，杭州高新区（滨江）与中国银行浙江省分行举行战略合作签约仪式　　（区委宣传部　供图）

科技金融服务中心与全景网杭州路演中心采用“线上+线下”方式举办上市后备企业高管人才精品沙龙，50多家区内拟上市企业高管参加。沙龙邀请北京证券交易所及知名中介机构专家进行上市实务培训，针对北京证券交易所设立后带来的多层次资本市场改革机遇，与企业探讨上市要点问题、审核趋势重点等话题。

【上市后备企业梯队建设】 2021年，杭州高新区（滨江）根据《关于推进企业上市和并购重组的实施意见》和“百家上市公司”行动计划，开展上市后备企业的认定和培训工作，认定上市后备企业92家。杭州海康威视数字技术股份有限公司、浙江大华技术股份有限公司等上市公司裂变孵化出杭州萤石网络股份有限公司、浙江华睿科技股份有限公司、浙江零跑科技股份有限公司等上市后备资源。至年底，过会企业3家，报会企业6家，在浙江证监局辅导企业20家，涵盖新一代信息技术、生物健康、智慧城市等高新行业，形成多层次、密集型的上市后备企业梯队。

【杭州高新区（滨江）与中国银行浙江省分行达成战略合作】 2021年3月16日，杭州高新区（滨江）与中国银行浙江省分行举行战略合作签约仪式。根据战略合作协议，中国银行浙江省分行将协调中银集团内外多种业务平台，包括但不限于中银香港、中银国际、中银投、中银保险、中银基金、中银租赁等向杭州高新区（滨江）辖区内各国有公司、高新技术企业、中小微企业和个人，提供不少于500亿元的融资支持，形式包括但不限于直接授信、产业基金、债券承销、首次公开募股（IPO）、债券投资、海外发债等。合作领域包括数字经济和新制造业发展金融合作、科创企业金融支持、策划成立合作基金、科技人才金融新服务体系、城市化建设金融合作等。

（来　霖）

高新技术产业

综　述

【概况】 2021年，杭州高新区（滨江）规模以上工业增加值771.1亿元，总量居全市第一位，其中高新技术产业、战略性新兴产业和装备制造业增加值比上年分别增长17.3%、17.9%和18.4%。信息技术产业实现收入4869.4亿元，数字经济核心产业实现增加值1596.2亿元，居全市第二位；占地区生产总值的78.9%，居全市第一位，数字经济综合评价总指数居全省首位。规模以上工业亩均增加值1990.36万元，居全省第一位；规模以上工业亩均税收233.66万元，居全省第二位。

2021年，杭州高新区（滨江）获国务院两项督查激励，获批全国首批先进制造业和现代服务业融合试点，获评全省高新区亩均效益领跑者、省级数字经济创新发展试验区、浙江省创建制造业高质量发展示范区县（市）考核优秀单位（全省5个）和制造业高质量发展示范园区（全省2个），获评全省唯一五星级国家新型工业化产业示范基地，数字经济综合评价、两化融合发展、制造业高质量发展综合评价、亩均效益、创造力等综合指数继续保持全省第一。拥有软件和信息技术服务竞争力百强企业8家，国家规划布局内重点软件和集成电路设计企业27家，占全省87%；认定国家级高新技术企业695家，其中新认定433家；有效国家级高新技术企业数1900多家，稳居全省前列。新增上市企业10家，累计上市企业63家，基本实现每平方千米1家上市企业。新增国家专精特新“小巨人”企业7家，居全市第一位；国家重点“小巨人”企业5家，居全市第一位；新增国家中小企业公共服务示范平台1个、国家小型微型企业创业创新示范基地2个、中国互联网综合实力百强企业3家、工业和信息化部第六批制造业单项冠军企业2家、国家级工业设计中心2家、国家级科技企业孵化器2家。新列入国家级新型信息消费示范项目2个、智能制造试点示范项目2个、工业互联网App优秀解决方案项目2个，国家能源领域首台（套）重大技术装备项目2个；新获国家科技进步奖二等奖1项。新立项省级重点研发项目36项，居全省第一位。新备案市级以上孵化载体26家，其中国家级2家、省级9家、市级15家。新增省级众创空间5家，居全省第一位；杭州国家芯火双创基地（平台）获批省工程师协同创新中心试点平台；新认定省级研发中心56家，市级研发中心71家，省级企业技术中心3家，市级企业技术中心16家。

2021年，杭州高新区（滨江）出台楼宇经济发展专项政策，修改完善新一轮产业发展、企业上市、融资等扶持政策，支持信息软件、集成电路、物联网、安防、生物医药与生命健康、节能环保等高新技术产业发展，形成覆盖产业行业全领域，服务企业成长发展全生命周期的产业政策。全年区财政产业扶持支出63.4亿元，比上年增长14.6%，占一般公共预算支出的42.9%。（张　瑜）

2021年杭州高新区（滨江）数字经济及相关产业情况表

表17

指标名称	营业收入（限额以上）		增加值	
	总量（亿元）	增速（%）	总量（亿元）	增速（%）
数字经济核心产业	4758.7	18.1	1596.2	16.0
电子商务产业	818.1	10.3	433.8	4.4
云计算与大数据产业	1577.5	13.8	730.3	7.0
物联网产业	1781.4	15.1	509.8	11.0
数字内容产业	2102.8	18.5	988.6	15.0
信息软件产业	2776.4	16.6	1159.5	15.8
电子信息制造业	2543.5	20.7	641.4	16.7
集成电路产业	191.3	44.8	52.5	29.8
机器人产业	17.1	35.4	5.4	50.9

（区统计局）

【2个数字化改革项目获评省级应用项目】 2021年8月20日，省经信厅发布《关于公布数字经济系统省级应用项目示范试点单位的通知》，杭州高新区（滨江）“数智通关”“浙里探馆”2个项目获评。“数智通关”项目围绕企业通关数据下载难、回流慢，数据采购成本高、风险高，通关过程无感知等问题，帮助企业实现跨境申报、通关可视化、通关数字化、服务商优选、政策推送；帮助企业节省45%的数据处理时间、20%的人力成本，报关数据回流由原来的3～5天转变为实时。至年底，“数智通关”平台注册企业498家，年出口50万美元以上企业实现全覆盖，通关订阅回流数据超2万单。“浙里探馆”项目聚焦提升浙江展会、展馆数字化水平，集企业服务和政府监管于一体，围绕展馆运营、数据管控、增值服务、数字应用4个方面，构建一键找馆、展会备案和展馆监管3个子场景，建设数据多元、纵横贯通、高效协同、治理闭环的展馆数字化管理服务体系。至年底，“浙里探馆”覆盖义乌国际博览中心、宁海国际会展中心、杭州白马湖国际会展中心等22个省内展馆，同步开展试点应用和迭代建设。

（金轶城　宁　萍）

【大数据试点示范项目入围数量居全省第一位】 2021年9月1日，工业和信息化部发布2021年大数据产业发展试点示范项目名单，网易（杭州）网络有限公司、杭州安恒信息技术股份有限公司、创业慧康科技股份有限公司3家杭州高新区（滨江）企业入围，占全省入围总数的50%，居全省第一位。至年底，全区有101家企业入围杭州市云计算和大数据产业库，占全市总数44%。杭州高新区（滨江）聚焦云计算和大数据产业基础构架、操作系统、芯片等关键技术领域，建设开放的合作平台，推动成果落地；业务覆盖芯片设计、网络设备、软件平台等产业链各环节。

【2家企业入选省级信息技术与制造业融合发展试点示范名单】 2021年10月14日，省经信厅公布新一代信息技术与制造业融合发展试点示范企业名单（个性化定制方向），杭州览众数据科技有限公司（简称“览众数据公司”）、杭州优海信息系统有限公司（简称“优海信息公司”）2家杭州高新区（滨江）企业入选。览众数据公司为零售流通企业提供由数据驱动、基于人工智能和运筹优化算法组成的供应链管理智能决策方案，帮助企业增加销售机会、简化供应链管理流程、提升决策效率、

降低运营成本。览众数据公司自主研发的商品流动性智能决策平台，在时尚品牌连锁行业、生鲜食品连锁行业、医药流通连锁行业获100多家头部品牌客户的认可。优海信息公司以“优海云工业互联网平台”为核心，依托“APaaS+SaaS”（应用程序平台即服务+软件即服务）的平台化服务战略，为客户提供咨询、运营、软件实施一站式服务。优海信息公司立足于长三角经济带，重点布局浙江、上海、江苏、安徽等省份和城市，服务客户500多家。

（张　瑜）

【人才工作数字化一体平台推出】 2021年11月8日，2021年杭州国际人才交流与项目合作大会滨江分会场活动在杭州高新区（滨江）海外高层次人才创新创业基地举行。会上，杭州高新区（滨江）推出人才工作数字化一体平台。依托平台，政府可通过企业的知识产权、业务领域、合作客户、企业动态等“关键点”进行画像，精准提供公共服务产品，为企业找到更多合作机会；企业可进行搜索，比选技术点、专利权人等，找到合作对象，发送合作邀请，也可发送需求，由职能部门帮助对接，实现合作目的。至年底，惠及企业480多家，促成合作60多项，解决技术难题180多个。

（全轶城）

2021年11月8日，杭州高新区（滨江）推出人才工作数字化一体平台

（区委宣传部　供图）

通信设备产业

【概　况】 2021年，杭州高新区（滨江）通信设备制造业实现营业收入2217.39亿元，比上年增长17.6%。利润总额251.23亿元，出口313.3亿元，增长20.8%。杭州高新区（滨江）网络通信领域形成从元器件制造供应、系统设备对接到通信网络技术服务的网络通信设备产业链条，在网络通信设备制造、系统平台开发、网络信息安全和通信服务保障等领域有核心技术积累和市场竞争优势，集聚华为杭州研究所等研发中心，新华三集团、东方通信股份有限公司、三维通信股份有限公司等骨干企业，形成覆盖全国的研发、销售、服务的网络体系。新华三集团连续6年居服务器虚拟化国产品牌第一位，获评2021年度ICT（信息与通信技术）综合实力企业、2021年度推动产业进步贡献企业，获2021年度优秀产品技术方案奖。新华三集团的400G交换机在全国未来网络领先技术成果发布会上获未来网络领先创新科技成果奖；UniStor X10000分布式存储获软件定义存储电信行业收入增速居第一位。三维通信股份有限公司在无线通信网络优化行业市场占有率全国排名前三位，获2021年应急通信优秀解决方案优秀奖。杭州东信北邮信息技术有限公司的“智能开放的业务网络关键技术及应用”项目获2021年度中国通信学会科学技术一等奖。

【新华三集团入选网络安全技术成熟度曲线报告“典型供应商”】 2021年8月9日，全球权威咨询机构Gartner发布《2021年网络安全技术成熟度曲线报告》，新华三集团入围网络防火墙领域“典型供应商”（SampleVendors）。企业结合云计算、5G、物联网、IPv6、大数据及高性能计算的发展趋势，针对云计算数据中心、运营商、大型企业及园区网出口等市场推出防火墙产品，有30万余台设备稳定部署在运营商、企业网、大型数据中心、政企单位、分支机构、物联网等场景，并根据云安全、等级保护等客户需求提供解决方案。Gardner是IT（互联网技术）研究与顾问公司，其《网络安全技术成熟度曲线报告》收录全球网络安全领域最具竞争力的前沿技术。

【三维通信公司获"应急通信解决方案优秀奖"】 2021年9月29日，工业和信息化部公示"应急通信优秀解决方案征集活动"获奖名单，三维通信股份有限公司（简称"三维通信公司"）"天地一体可视化应急指挥调度系统解决方案"获优秀奖。"天地一体可视化应急指挥调度系统解决方案"是三维通信公司满足应急客户实际需求，以无线网络、卫星通信为基础，集成视频会议、视频监控和指挥调度等业务模块，在断路、断电、断通信的恶劣条件下，为应急管理部门提供一套可视化应急指挥调度方案，用于移动视频监控、多媒体指挥调度、协同作业、应急联动等典型场景。解决方案在本地组网发挥LTE基站的强覆盖能力，不受地形和遮挡限制，一张网络可覆盖整个区域，使现场可视、可知，实现多媒体指挥调度及移动视频监控等业务，通过集成网关可打通公网实现互联互通，为应急救灾提供通信保障。

【东信北邮公司项目获中国电子学会科学技术一等奖】 2021年12月16日，中国电子学会2021年度科学技术奖的获奖项目公示，杭州东信北邮信息技术有限公司（简称"东信北邮公司"）参与的"基于移动通话的新媒体平台关键技术及应用"项目获2021年度中国电子学会科学技术一等奖。项目由杭州东信北邮信息技术有限公司等6家单位合作完成，围绕"挖掘通话功能之外的巨大潜在价值"课题开展关键技术攻坚、系统开发和规模化应用工作。项目在3GPP（第三代合作伙伴计划）形成通话新媒体业务的首批系列国际标准，在ITU-T（国际电信联盟远程通信标准化组织）首次提出通话业务中引入新媒体的业务总体需求和应用场景，发表SCI（科学引文索引）论文16篇、EII（工程索引）论文21篇，授权发明专利11项，其中国际专利1项。项目提出并创建基于移动通话的新媒体通道，建成移动通话新媒体平台。

（张　瑜）

信息软件产业

【概 况】 2021年，杭州高新区（滨江）信息软件产业实现营业收入3990.84亿元，利润总额677.65亿元。区内集聚杭州海康威视数字技术股份有限公司、网易（杭州）网络有限公司、浙江大华技术股份有限公司等8家全国软件和信息技术服务业竞争力百强企业，创业慧康科技股份有限公司、杭州安恒信息技术股份有限公司等国家规划布局内重点软件企业22家。根据科技部火炬中心对全国软件基地的最新排名，杭州国家软件产业基地综合排名居第二位。信息化发展水平连续多年列全省第一位。举办2021网易未来大会。恒生电子股份有限公司入选2021年度全球金融科技百强榜单，居第38位，比上年提升2位，连续14年入选。杭州安恒信息技术股份有限公司获评首批国家级安全运营类一级网络安全企业。

【品茗股份公司"科创板"上市】 2021年3月30日，杭州品茗安控信息技术股份有限公司（简称"品茗股份公司"）在上海证券交易所"科创板"首发上市。品茗股份公司成立于2011年，是国家级高新技术企业和国家规划布局内重点软件企业。公司聚焦施工阶段的"数字建造"应用化技术及产品开发，立足建筑行业、面向"数字建造"的对象和过程，提供自施工准备阶段至竣工验收阶段的应用化技术、产品及解决方案，满足各方在成本、安全、质量、进度、信息管控等方面的信息化需求。公司专注自主研发和创新，掌握跨建筑行业及信息技术行业的核心技术，包括BIM（建筑信息模型）技术、算法引擎、物联网技术、云平台技术等技术领域的研究成果，形成包含偏底层技术与偏应用化技术的核心技术体系。

【8家企业入选软件和信息技术服务竞争力百强】 2021年8月27日，中国电子信息行业联合会发布2021年度软件和信息技术服务竞争力百强企业名单，杭州海康威视数字技术股份有限公司、网易（杭州）网络有限公司、浙江大华技术股份有限公司、新华三技术有限公司、中控科技集团有限公司、恒生电子股份有限公司、浙江宇视科技有限公司、银江股份有限公司8家杭州高新区（滨江）企业入选，占全省总数的72.7%，居全省第一位。软件和信息技术服务竞争力百强企业名单评选活动是由工业和信息化部指导，中国电子信息行业联合会发起。评选工作根据相关政府、行业协会推荐，企业自愿参与原则，结合2020年企业年报数据、行业统计数据和企业经营数据，通过整合规模、效益、技术、研发和社会责任等指标，建立指数计算模型体系进行综合评审，确定入选名单。

【启明星辰集团数据时代总部落地杭州高新区（滨江）】 2021年12月1日，杭州高新区（滨江）与启明星辰信息技术集团有限公司（简称“启明星辰集团”）总部项目签约仪式暨数据绿洲发布会在杭州举行。签约发布会上，宣布启明星辰集团数据时代（DT）总部落地杭州高新区（滨江），与北京IT总部形成南北2个总部基地新格局。同步发布数据安全整体框架——数据绿洲，计划结合杭州数字应用场景，整合浙江人才、高校和科研的资源，推动集团发展。启明星辰集团成立于1996年，是拥有完全自主知识产权的网络安全产品、可信安全管理平台、安全服务与解决方案的综合提供商，是中国网络信息安全领域的骨干企业，公司有技术发明专利和软件著作权200多项，参与制定国家及行业网络安全标准20多项，承担并完成国家级、省部级和地方科研项目近100项。启明星辰集团是“国家级企业技术中心”“国家规划布局内重点软件企业”，入选“中国自主创新品牌20强”，拥有“涉及国家秘密的计算机信息系统集成甲级资质”认定等资质认定能力。

2021年12月1日，杭州高新区（滨江）与启明星辰信息技术集团有限公司总部项目签约仪式暨数据绿洲发布会在杭州举行

（区委宣传部　供图）

【省级首版次软件产品应用推广指导目录入选数居全省第一位】 2021年12月13日，省经信厅公布《2021年浙江省首版次软件产品应用推广指导目录》，杭州高新区（滨江）有银江股份有限公司、杭州安恒信息技术股份有限公司等22家企业的软件产品入选，占全市49%，获评数量居全省第一位。指导目录主要考核评定企业的软件产品功能或性能有重大突破、具有技术领先优势或者打破市场垄断、填补国内空白的创新产品，支持一批技术水平高、带动力大、竞争力强的首版次软件产品的推广应用。

2021年杭州高新区（滨江）入选省级首版次软件产品应用推广指导目录一览表

表18

序号	产品名称	企业名称
1	安恒AiLPHA数据安全管理平台软件 V2.0	杭州安恒信息技术股份有限公司
2	汇信银行智慧小微系统软件 V1.0	浙江汇信科技有限公司
3	阿启视视频大数据云平台软件 V3.0	杭州阿启视科技有限公司
4	趣链联邦计算软件 V1.10	杭州趣链科技有限公司
5	5G疑难病诊治远程多学科协同平台 V2.0	创业慧康科技股份有限公司
6	明度智慧药品研发全生命周期管理系统 V1.0	明度智云（浙江）科技有限公司
7	高达谷神快速开发平台软件 V3.0	杭州高达软件系统股份有限公司
8	区块链统一电子印章平台 V1.0	杭州天谷信息科技有限公司
9	“优优”工业App V2.0	杭州优海信息系统有限公司
10	面向 MaaS 的城市轨道交通智慧出行服务平台 V1.0	八维通科技有限公司
11	网易云信融合通信 PaaS 平台 V1.0	杭州朗和科技有限公司
12	齐治特权账号安全管理系统 V3.0	浙江齐治科技股份有限公司
13	东信北邮AIOps智能运维应用平台软件 V1.0	杭州东信北邮信息技术有限公司
14	云毅场外开基投资管理系统软件 V1.0	杭州云毅网络科技有限公司
15	集团税务管理（GTS）系统 V1.0	税友软件集团股份有限公司
16	设备安康工业互联网平台软件 V1.9	杭州哲达科技股份有限公司
17	远望主机监控与审计系统（国产化版）软件 V3.0	浙江远望信息股份有限公司
18	数智监督云平台 V1.0	浙江建达科技股份有限公司
19	数据安全合规检测系统 V3.0	杭州世平信息科技有限公司
20	银江数据中枢平台软件 V4.0	银江股份有限公司
21	春来机动车污染源智能管理监控平台软件 V1.0	杭州春来科技有限公司
22	宇视视图数据智能中台软件 V5.0	浙江宇视科技有限公司

【2021网易未来大会】 2021年12月17—18日，2021网易未来大会在线上直播举行。大会由网易（杭州）网络有限公司主办，由市商务局、杭州高新区（滨江）指导。大会以“原生、向上”为主题，涵盖原力觉醒、未来之城、国潮、灵感无界、和文化、元宇宙六大论坛，各行各业的院士，故宫博物院、三星堆研究院等相关专家，非遗传人，艺评人等45人参加。会上，展示AI（人工智能）虚拟人、未来人居展等创新应用；中国科

2021年12月17—18日，2021网易未来大会在线上直播举行
（区经信局　供图）

学院院士顾逸东、符淙斌、高福分别作题为《我国载人航天及应用》《全球气候变化和人类的未来》《新冠肺炎大流行与疫苗研发》的主题演讲；中国工程院院士傅志寰、贺克斌、加拿大工程院院士陈忠伟分别作《中国铁路，发展与创新》《“双碳”的机遇与挑战》《新能源电池的突破和创新》主题演讲。大会线上有2200万余人观看。

（黄书韬）

【安恒信息公司项目获国家级信息技术应用创新安全优秀解决方案】 2021年12月7日，国家工业信息安全发展研究中心公布第二届信息技术应用创新安全优秀解决方案评选结果，杭州安恒信息技术股份有限公司（简称“安恒信息公司”）“安恒信创云安全解决方案”获“2021年信息技术应用创新安全优秀解决方案”。“安恒信创云安全解决方案”以安恒云—天池云安全管理平台产品为主体，利用虚拟化技术为云上应用提供包括漏洞扫描、主机安全、运维审计、日志审计等10多种安全能力，支持通过一套管理平台实现对所有安全能力的统一管理，帮助用户快速解决信创云上业务的安全问题，完成云上等保合规建设。方案支持与多种信创基础软硬件兼容适配，可统一覆盖非信创环境，以“多云多芯一体化防护”的理念实现建设集约化、信息共享化、服务标准化、效益最大化。（宁　萍）

物联网产业

【概况】 2021年，杭州高新区（滨江）物联网产业实现营业收入1993.38亿元，比上年增长19.39%；利润总额280.91亿元，减少2.8%；出口额312.13亿元，增长22.31%。杭州高新区（滨江）集聚杭州海康威视数字技术股份有限公司、新华三技术有限公司、浙江大华技术股份有限公司、聚光科技（杭州）股份有限公司等物联网产业链相关骨干企业。滨江物联网小镇产业以物联网产业为主导，同时发展云计算、大数据、移动互联网、信息安全、5G及先进传感设备、核心元器件制造等物联网基础性支撑产业，建成覆盖关键控制芯片设计研发、无线射频识别、传感器、存储器和终端设备制造、网络安全等关键环节的数字经济全产业链，并在数字安防、信息安全、关键芯片、区块链、智慧医疗、环境能源、智能驾驶7个细分产业处于行业领先地位。杭州安恒信息技术股份有限公司入选工业和信息化部2021年工业互联网试点示范项目名单。

【新华三公司入选杭州“链主工厂”名单】 2021年2月25日，杭州市政府发布《中共杭州市委杭州市人民政府关于加快建设“未来工厂”的若干意见》，新华三技术有限公司（简称“新华三公司”）凭借其赋能产业链上下游企业协同发展的iCM模式（智能协同制造），入选2021年度杭州“链主工厂”名单。“链主工厂”指在产业链、供应链体系中处于核心或支配地位的重点骨干企业，发展行业协作、供应链协同，有效引进培育产业核心环节企业，整体带动产业发展、提升行业竞争力的工厂形态。新华三公司通过在内部进行全面数字化转型和改造实践，探索出符合自身发展的iCM模式，规划“1个大脑、2轴协同、3化发展、6大场景”的“1236”建设蓝图，以智能协同制造模式进行全方位的智能制造实践。与传统供应链协同相比，“新华三供应链协同平台”持续补链、强链、延链，赋能上游供应商、下游渠道伙伴开展全方位合作，保障产业链安全。通过在上下游产业链之间、各代工厂内部车间之间、车间内部各产线之间进行生产运营优化与数据打通，以全方位智能管理能力帮助制造业企业实现产业链数字化，智能化转型。

资料：“1个大脑、2轴协同、3化发展、6大场景”

“1个大脑”：基于全面互联、开放融合、持续进化的新华三工业数字大脑；“2轴协同”：横轴实现全产业链、供应链协同，纵轴实现全价值链协同；“3化发展”（数字化、网络化、智能化）：在数字化、网络化的基础上实现智能化，最终实现自感知、自学习、自决策、自执行、自适应；“6大场景”：网络化协同、智能化生产、数字化设计、个性化定制、共享化制造、服务化延伸。

【海康威视公司与华新水泥公司合作推进水泥行业数字化转型】 2021年3月31日，杭州海康威视数字技术股份有限公司（简称“海康威视公司”）与华新水泥股份有限公司（简称“华新水泥公司”）签署战略合作框架协议。双方发挥各自的行业优势，在工业智能化等领域展开合作，通过物联网、大数据及人工智能技术，在智能安防、智能巡检、智能矿山、智能生产和智能决策等相关领域和应用场景进行合作，探索并完善水泥行业的数字化解决方案，推进更多智慧化应用在水泥行业落地，共同推动水泥行业朝着绿色、智能方向转型升级，建设水泥行业的智能制造和数字化转型样板。

【大华股份公司发布新战略】 2021年10月28日，浙江大华技术股份有限公司（简称“大华股份公司”）战略升级发布会在线上举行。发布会以“Dahua Think# 云联万物、数智未来”为主题，多平台同步直播，就数智赋能城市和企业可持续、绿色、高质量发展，构建行业领先的人工智能物联网、物联数智平台基础能力，以及千行百业数智化转型等话题进行探讨。会上，大华股份公司Dahua Think#战略发布一站式的人工智能开发平台——大华巨灵平台、体系化的物联数智平台——城市平台2.0、企业平台3.0，以及技术全面升级的睿智5系列人工智能物联网产品。战略是在新型智慧城市架构基础上，依托大华股份公司20年的技术积累与行业沉淀，聚焦城市、企业两大业务战略，通过人工智能物联网、物联数智平台两大技术战略，夯实全感知、全智能、全连接、全计算、全生态“五全”数智能力基础，建设共建、共赢、共生的智慧物联生态共同体。

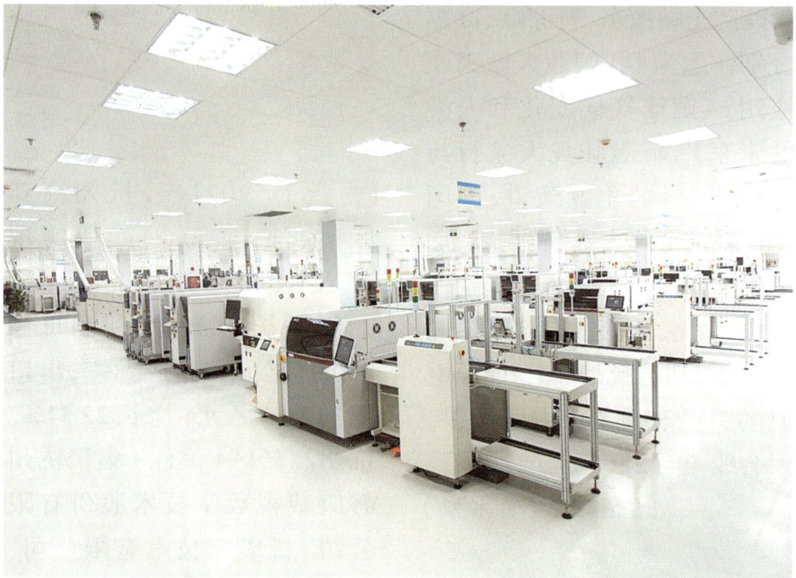

浙江大华技术股份有限公司“大华PCBA（电路板相关）工厂”

（区经信局　供图）

【新迪公司“3D云盘”入选工业互联网App优秀解决方案】 2021年12月27日，工业和信息化部公布2021年工业互联网App优秀解决方案征集遴选工作结果，新迪数字工程系统有限公司（简称“新迪公司”）“3D云盘”入选。“3D云盘”由新迪公司自主研发，是面向企业的2D、3D模型数据统一管理与协同分享的软件产品，能实现基于轻量化三维数据的产品数据管理与协同技术交流，具备产品数据管理、项目管理、任务分派、模型查看、分享、批注等功能。此次征集工作旨在遴选出依托工业互联网平台解决工业实际需求的工业互联网App优秀解决方案，征集内容包括安全可靠工业App、基础共性工业App、行业通用工业App、企业专用工业App。（范歆晨）

安防产业

【概况】 2021年，杭州高新区（滨江）安防产业实现营业收入1844.11亿元，比上年增长19.66%；利润总额275.36亿元，增长0.7%；出口308.29亿元，增长22%。杭州高新区（滨江）坚持创新驱动发展战略，坚持市场化竞争，建设具有国际竞争优势数字安防企业群，支撑杭州数字安防产业集群创建国家先进制造业集群。核心领域视频监控规模全球领先，硬盘录像机（DVR）、网络硬盘录像机（NVR）、摄像机等产销量包揽全球市场前两名。杭州海康威视数字技术股份有限公司、浙江大华技术股份有限公司、浙江宇视科技有限公司在2021年度“全球安防50强”榜单，分别居第一位、第二位、第六位，整体占有率约50%。数字安防领域上市公司35家，居全省首位。

【海康威视公司与公安部道路交通安全研究中心共建实验室】 2021年3月2日，杭州海康威视数字技术股份有限公司（简称“海康威视公司”）和公安部道路交通安全研究中心签署战略合作协议。双方就推进落实道路交通安全风险感知及隐患分析研究、道路交通应急事件协同管控技术研究，以及道路交通应急事件现场恢复技术等展开探讨。根据协议，双方共同成立道路交通安全管理创新实验室，以道路交通风险研判、事故隐患分析以及应急协同管控技术等为主要研究方向。

【宇视科技公司入选中国网络安全矩阵第一梯队】 2021年3月25日，“安全牛”第八版中国网络安全行业全景图发布，32家企业入选，浙江宇视科技有限公司（简称“宇视科技公司”）入选物联网安全矩阵，处于中国网络安全矩阵第一梯队。宇视科技公司作为人工智能物联网行业视频网络综合安全解决方案服务商，以IP视频等物联网产品为核心持续发展，先后获国家信息安全中心、国家密码管理局和公安部检测机构等权威机构认证，成为国家信息安全漏洞库（CNNVD）支撑单位，拥有安全创新专利30多项，首批获《公共安全视频监控联网信息安全技术要求》（国标35114）证书；与安全防范技术与风险评估公安部重点实验室达成战略合作，共同组建视频安全联合实验室，在物联网终端安全、数据安全等方面进行合作，推动物联网安全创新发展、实战落地与升级建设。“安全牛”是网络安全专业媒体及智库，收录347家国产网络安全企业和相关行业机构，供甲方用户、安全厂商、投资机构、业界人士了解产业生态格局、趋势、投资机会。

【大华股份公司与万华化学公司签署战略合作协议】 2021年5月31日，浙江大华技术股份有限公司（简称“大华股份公司”）与万华化学集团股份有限公司（简称“万华化学公司”）签署战略合作协议。双方在信息通信新材料创新、新一代信息通信技术与安全管理深度融合、智能生产辅助、安全生产提升、流水线自动化改造、智慧化工园区等领域开展合作。万华化学公司是一家全球化运营的化工新材料公司，业务涵盖聚氨酯、石化、精细化学品、新兴材料四大产业集群，服务行业包括生活家居、运动休闲、汽车交通、建筑工业、电子电气、个人护理和绿色能源等。大华股份公司是以视频为核心的智慧物联解决方案提供商和运营服务商。

【大立科技公司与夜视研究院集团达成战略合作】 2021年9月6日，浙江大立科技股份有限公司（简称“大立科技公司”）与北方夜视科技研究院集团有限公司（简称“夜视研究院集团”）签署战略合作协议，双方组建合资公司，专业从事氧化钒非制冷红外探测器及机芯研发生产，生产全型谱系列的非制冷红外探测器，满足市场需求，推动非制冷红外探测器产业独立自主发展，实现核心器件的自主可控。大立科技公司是专业从事非制冷红外焦平面探测器、红外热成像系统、智能巡检机器人、惯性导航光电产品研制的高新技术企业，是国内少数技术自主可控、完全知识产权、独立研发，从生产热成像核心器件、机芯组件到整机系统制造，具有完整产业链的专业制造商之一。

【国自机器人公司项目入选省级“尖兵”研发攻关计划】 2021年11月25日，省科技厅公布2022年度“尖兵”研发攻关计划第一批项目清单，浙江国自机器人技术股份有限公司（简称“国自机器人公司”）牵头申报的“面向飞机健康安全的智能巡检机器人及检测平台研发”项目入选。项目以国自智能巡检机器人为核心，构建围绕飞机健康安全的智能巡检系统，保障飞机飞行安全，减少飞行延误，打破国外垄断，为国产大飞机数字化健康管理积累经验，节约飞机运行成本。国自机器人公司积累10年智能巡检机器人研发及应用经验，在电网、电厂、轨道交通、能源、管廊等行业拥有成功案例。“尖兵”研发攻关计划聚焦未来产业等重点领域，兼顾社会公益等重大技术需求，在浙江省范围内公开征集榜单，解决一批关键核心技术和科技瓶颈问题，推进科技高水平自立自强。

【迪普科技公司视频网安全运营解决方案获安博会“金鼎奖”】 2021年12月26—29日，第十八届中国国际社会公共安全博览会（简称“安博会”）在深圳举行。安博会以“打造智慧城市，提高城市管理服务水平，提升百姓满意度，实现城市管理科学化、精细化、智能化”为主题。杭州迪普科技股份有限公司（简称“迪普科技公司”）作为视频网安全建设领军企业参会，展出的公安视频网安全运营解决方案获安博会“金鼎奖”。方案以安全设备、平台为基础设施，结合“人工服务”和“运营管理流程”，以安全运营的方式帮助用户提升网络识别、防护、监测、响应、恢复五大关键能力，解决传统网络安全建设模式下的问题。方案于2021年初推出，至年底，实现成交额1.15亿元。

（范歆晨）

集成电路产业

【概况】 2021年，杭州高新区（滨江）集成电路产业实现营业收入231.06亿元，利润总额40.48亿元。杭州高新区（滨江）集成电路产业是国家最早批准的7个国家级集成电路设计产业化基地之一。集成电路产业有11个课题入围国家核高基（核心电子器件、高端通用芯片及基础软件产品）重大科技专项，课题内容涉及嵌入式CPU（中央处理器）、高端存储芯片、专用SoC芯片、工控关键软硬件、车载操作系统、高端服务器等。全区集成电路产业形成整机与芯片互动的良性产业生态，杭州士兰微电子股份有限公司、矽力杰半导体技术（杭州）有限公司、杭州万高科技股份有限公司等企业的芯片产品大量应用于杭州本地的整机企业。杭州士兰微电子股份有限公司获第四届集成电路产业创新突出贡献奖。

【万高科技公司获评2021年浙江省半导体行业创新力企业】 2021年6月18日，浙江省半导体行业协会20周年庆典暨中国（钱塘）集成电路高峰论坛在杭州举行。论坛由中国半导体行业协会、省发改委、省经信厅指导，浙江省半导体行业协会、杭州国家“芯火”双创基地（平台）、市经信局等单位联合主办。论坛上，杭州万高科技股份有限公司（简称“万高科技公司”）获评浙江省半导体行业创新力企业。万高科技公司提供完整的能源互联网芯片及解决方案，在低功耗高精度模拟电路设计、计量和通信算法等方面拥有100多项知识产权，先后获浙江省科技进步二等奖、中国专利银奖和3次中国专利优秀奖，形成“主控、通信、计量”三大类芯片产品，实施“芯片—模组—解决方案”的全链路产品服务体系。评选活动覆盖浙江省集成电路设计、制造、封装测试、关键材料和先进设备等全产业链环节的企事业单位，考察企业在集成电路领域的自主知识产权、技术创新性、填补自主产业链产品能力，以及集成电路产业带动作用等综合实力。

【宇称电子公司推出新芯片】 2021年8月10日，杭州宇称电子技术有限公司（简称“宇称电子公司”）推出钱塘系列

DTOF单点测距SPAD（单光子雪崩二极管）芯片。芯片基于国内半导体产业链配套，适用于单线激光雷达（LDS）和接近传感器（PMS）等场景，具有高集成度、高性能、低成本的特点。宇称电子公司凭借技术优势在迭代过程中与国内半导体产业链配套厂商进行合作，协作优化器件工艺，完善厂家工艺设计工具包（PDK），为客户提供定制化需求。

【杭州国芯公司产品获“中国芯”优秀市场表现产品奖】 2021年12月20日，2021年第十六届“中国芯”集成电路产业促进大会在广东珠海国际会展中心举行。大会由中国电子信息产业发展研究院、珠海市政府、横琴粤澳深度合作区执行委员会主办。杭州国芯科技股份有限公司（简称“杭州国芯公司”）自主研发的“DVB-T2数字电视SoC芯片Gemini”获“中国芯”优秀市场表现产品奖。芯片采用方形扁平无引脚（QFN）封装和先进的系统级（SIP）多核封装，芯片上可灵活配置不同容量的内存，在机顶盒终端产品实现2层PCB（印制电路板）单面贴技术，提升产品可靠性的同时，最大限度地降低地面接收机顶盒的物料清单（BOM）成本。芯片内嵌高性能国产CPU（中央处理器），采用基于软硬件协同设计平台的开发与验证流程，建立并完善国产CPU嵌入应用的生态链，通过开发基于国产CPU和自有实时操作（RTOS）系统数字电视嵌入软件解决方案，提升系统稳定性。至年底，杭州国芯公司出货量占全球地面机顶盒芯片市场的25.7%，排名第一。

【士兰微电子公司获“2021年度硬核中国芯”2项大奖】 2021年12月28日，第三届硬核中国芯领袖峰会暨2021年汽车芯片技术创新与应用论坛在深圳举行。论坛由深圳市半导体行业协会支持、深圳市芯师爷科技有限公司主办。论坛上，公布“2021年度硬核中国芯评选”获奖名单，杭州士兰微电子股份有限公司（简称“士兰微电子公司”）及其产品获“2021年度卓越功率半导体企业”和“2021年度最佳功率芯片”2个奖项。士兰微电子公司依托垂直整合制造（IDM）模式，从设计、制造、封装测试到销售自有品牌IC一手包办，实现特色工艺技术与产品研发，以及半导体器件、集成电路和模块产品的协同发展。公司的技术与产品在绿色电源芯片技术、MEMS（微机电）传感器技术、LED照明和屏显技术、高压智能功率模块技术、第三代功率半导体器件技术、数字音视频技术等技术领域保持国内领先的地位。

【联芸科技公司发布整机专用固态硬盘主控芯片】 2021年12月31日，联芸科技（杭州）有限公司（简称“联芸科技公司”）发布4通道无外置缓存个人计算机（PC）整机专用固态硬盘（SSD）主控芯片（型号MAP1602），并实现量产。芯片是联芸科技公司推出的第三代PCIe（NVMe）主控芯片，采用全球领先的12纳米工艺技术设计，支持PCIe Gen4x4 NVMe 2.0 接口技术标准，采用ARM R5高性能CPU（中央处理器）内核，内嵌自主研发的第三代Aglie ECC（4K LDPC）纠错技术、Agile Zip数据压缩技术、硬件RAID5/6 及E2E 数据保护技术，搭载联芸科技公司最新的超低功耗SoC芯片架构设计技术与NAND接口高性能自适配技术，实现低功耗，高性能的目标。

（金铁城）

生物医药与健康产业

【概况】 2021年，杭州高新区（滨江）生物医药与健康产业实现营业收入283.9亿元，利润总额27.36亿元，出口总额11.93亿元。杭州高新区（滨江）支持生物医药与健康产业发展，数字健康领域依托区域内互联网产业，推进“生物技术+信息技术”产业发展，培育引进创业慧康科技股份有限公司、医惠科技有限公司等智慧医疗行业头部企业，形成产业聚集氛围。在生物医药领域形成生物医药产业基础及生物医药CRO（医药研发合同外包服务机构）服务产业集群；医疗器械领域培育杭州启明医疗器械股份有限公司、杭州诺辉健康科技有限公司等上市企业，形成影像设备、高值耗材产业为骨干，多产业协同发展的新格局；体外诊断试剂领域培育杭州博日科技股份有限公司、杭州优思达生物技术有限公司等技术创新性强的诊断试剂企业。

2021年，杭州莱和生物技术有限公司新冠抗原COVID-19检测（家庭自测）通过美国食品药品监督管理局（FDA）、欧盟产品安全标志认证（CE），产品销往40多个国家。杭州泰格医药科技股份有限公司入选《财富》全球未来50强名单。杭州优思达生物技术有限公司获评杭州市抗击新冠肺炎疫情先进集体。浙江时迈药业有限公司LAG-3抗体的临床试验申请获国家药品监督管理局批准，用于治疗复发缓解型多发性硬化症。杭州高新区（滨江）申请的生命健康产业集群商标——“钱塘康畔”通过国家知识产权局商标局核准，是全省首个生命健康产业集群商标。鸿运华宁（杭州）生物医药有限公司与招商局集团签约合作。杭州启明医疗器械股份有限公司参与建设的“组织再生生物材料质量研究与控制重点实验室”获批国家药品监督管理局第二批重点实验室。杭州唯强医疗科技有限公司的胸主动脉支架系统通过国家药品监督管理局创新医疗器械特别审批申请审查，是杭州高新区（滨江）第十个通过国家药品监督管理局批准的三类创新产品。杭州康恩贝制药有限公司的盐酸坦索罗辛缓释胶囊入选2021年度“浙江制造精品”名单。

【浙江大学滨江研究院建设生命健康领域三大中心】 2021年，浙江大学滨江研究院建设生命与大健康研究中心、儿童健康创新研究中心和智能医疗技术与装备研究中心。生命与大健康研究中心瞄准国家生命大健康产业发展的战略需求，以攻克重大疾病为目标，结合临床实践和需求，围绕重大疾病进行高水平联合攻关，从应用基础研究到临床转化研究、医学科技成果转化，协同推进颠覆性技术创新和产品研发，构建创新资源集聚、组织运行开放、治理结构多元的医学创新平台，培养与汇聚于一体的产、学、研、用协同医学顶尖人才培养机构。儿童健康创新研究中心依托国家儿童健康与疾病临床医学研究中心和国家儿童区域医疗中心等国家级平台，围绕攻克儿童重大疾病核心任务，建设开放、共享、联合的综合性生物技术与医疗器械研发产业链条，构建产学研多方联动、协调发展的创新创业生态。智能医疗技术与装备研究中心在医疗健康大数据与智慧医疗信息技术、新型生物医学传感与检测分析技术、智能生物医学影像、新型智能诊疗设备、智能医用机器人与生物医用材料等关键技术领域，开展前沿基础和技术研究，解决临床诊疗中的高端医疗器械“卡脖子”问题，实现医学精准化诊断设备的产业化，助推高端医疗器械产业发展。至年底，生命与大健康研究中心在心脑血管疾病和肿瘤领域，引进超声可视化引导的靶向给药诊疗一体化系统等项目6个，建立27人研发团队。儿童健康创新研究中心建成26人的儿科领域科研及服务团队，引进儿童重症感染分子诊断技术开发与应用等创新项目5个，申请专利4项，与浙江大学医学院附属儿童医院等5家医院开展医研企合作，与长治久安人工心脏科技开发有限公司建立人工心脏联合研究中心。智能医疗技术与装备研究中心建立31人的智能医疗技术研发队伍，引进国家级人才11人、博士后6人、院士顾问委员2人。

【诺辉健康公司上市】 2021年2月18日，杭州高新区（滨江）企业杭州诺辉健康科技有限公司（简称“诺辉健康公司”）在香港交易所挂牌上市。诺辉健康公司成立于2015年，致力于生物高科技创新，专注于高发癌症的居家早期筛查，旗下常卫清和噗噗管2款结直肠癌筛查产品获国家药品监督管理局批准并开始商业化，其中常卫清是国内首个获国家药品监督管理局批准的结直肠癌早筛产品，是至2021

年年底中国唯一获国家药品监督管理局批准的癌症筛查产品。

【优思达公司与中科院医学所签署合作协议】 2021年5月8日，杭州优思达生物技术有限公司（简称“优思达公司”）与中国科学院基础医学与肿瘤研究所（简称“中科院医学所”）签署战略合作协议。双方围绕肿瘤智能分子诊治技术研究，建立并完善技术体系和仪器平台，开发肿瘤早期诊断检测方法，并推动转化应用。优思达公司是一家专注创新即时检验（POCT）分子诊断产品研发、生产和销售的高新生物科技公司，自主研发的即时检验（POCT）核酸检测试剂，被科技部列入应急快速核酸检测重大专项，填补国内新冠核酸检测领域的空白。中科院医学所是中国科学院首个以医学命名的直属研究所，主要开展新品研发、肿瘤诊断、精准治疗等重大疾病诊疗和防控的相关研究。

【杭州高新区（滨江）首个智慧型生命健康教育基地授牌】 2021年6月24日，医惠科技有限公司博物馆被授牌为“智慧医疗与全民健康科普教育基地”，成为杭州高新区（滨江）首个“智慧科技体验+科普教育”的生命健康教育基地。基地位于月明路567号，由医惠科技有限公司建设，展示面积3000平方米，内设健康宣教科普中心和智慧医疗仿

2021年7月2日，杭州博日科技股份有限公司与浙江省疾病预防控制中心在杭州白马湖建国饭店举行战略合作签约仪式

（区委宣传部　供图）

真体验中心。健康宣教科普中心展现数字医疗生态体系（E-SMART3.0）5个阶段的发展历程，围绕医学发展、人体构造、疾病与治疗、健康生活等内容，运用娱乐、互动、体验性较强的内容和方式，建设全面、系统的科普展馆。智慧医疗仿真体验中心配备护士站、急诊室等，通过医生、患者的角色扮演，呈现全流程医疗健康服务，直观感受“全人全程可及连贯的智慧医疗信息服务”。

【博日科技公司与省疾控中心共建技术研究中心】 2021年7月2日，杭州博日科技股份有限公司（简称“博日科技公司”）与浙江省疾病预防控制中心在杭州白马湖建国饭店举行战略合作签约仪式，为双方共建的“传染病源学及检测关键技术研究中心”揭牌。根据合作协议，双方在传染病病原学相关基础科学研究、病原微生物核酸检测技术研究、蛋白原料研发、人才交流与培养、联合申报科研项目，以及知识产权、标准研发等领域展开合作。

【泰格医药公司与2家公司共同成立生物医药产业基金】 2021年7月12日，杭州泰格医药科技股份有限公司（简称“泰格医药公司”）与杭州市国有资本投资运营有限公司、杭州高新创业投资有限公司共同投资成立生物医药产业基金。基金规模200亿元，投资方向和领域围绕生命健康产业，关注创新型医疗器械、生物医药、医疗服务、医疗信息化、数字疗法、智能制造、营养健康等企业，覆盖企业发展的各个阶段。基金采取股权投资的方式对直接投资项目和子基金项目进行投资，区内浙江时迈药业有限公司、杭州高

田生物医药有限公司、杭州卫本药业有限公司、嘉译生物医药(杭州)有限公司均为基金计划投资项目。

【堃博医疗公司港股上市】 2021年9月24日,杭州堃博生物科技有限公司(简称"堃博医疗公司")在香港联交所主板上市。堃博医疗公司成立于2012年,专注于介入呼吸病学产品开发,提供创新型肺部疾病解决方案。堃博医疗公司是呼吸介入病学领域的领军企业,依托全球独家的全肺抵达导航技术,开发出由实时图像全肺抵达导航技术提供支持的肺病学平台,解决诊疗模式的痛点及肺部疾病治疗需求,推动肺部疾病领域进入精准诊疗时代。

【时迈药业公司项目获2021年"创客中国"全国总决赛二等奖】 2021年10月31日至11月1日,第六届"创客中国"中小企业创新创业大赛全国总决赛在重庆举行。总决赛由工业和信息化部、重庆市经信委、重庆市财政局等单位联合承办,50个项目参加比赛。杭州高新区(滨江)企业浙江时迈药业有限公司(简称"时迈药业公司")的"基于自主创新药物开发平台打造抗体药物源头创新项目"代表浙江参加全国总决赛,获企业组二等奖。项目致力于恶性肿瘤和自身免疫性疾病靶向抗体药物研发,基于创新型技术平台,已开发出20多个不同阶段的单、双抗产品(First-In-Class),所有产品管线的序列和分子设计均源于公司的抗体文库和双抗平台。

【杭州高新区(滨江)数字疗法产业园首次参加国际研讨会】 2021年12月4日,2021(中国)数字疗法国际研讨会在线上举办。杭州高新区(滨江)数字疗法产业园(简称"产业园")首次参加数字疗法国际研讨会,园区企业杭州芝兰健康有限公司代表产业园出席会议,就园区发展情况发表主题演讲。产业园是由杭州泰格医药科技股份有限公司发起的数字疗法产业园区,位于交投大厦,占地面积3000平方米。园区依托杭州高新区(滨江)产业基础、精准产业政策和专项产业基金优势,聚集数字疗法行业,通过数字疗法通用技术平台和一站式孵化服务,推动数字疗法领域新技术、新产品的研发应用和产业化。至年底,产业园有杭州芝兰健康有限公司、杭州心景科技有限公司、杭州范斯凯科技有限公司3家企业入驻,与树兰医疗管理股份有限公司、杭州泰格捷通检测技术有限公司等企业机构建立合作关系。

【生物医药创新联盟周年庆】 2021年12月6日,生物医药创新发展论坛暨杭州高新区(滨江)生物医药创新联盟(BIA)周年庆在杭州白马湖建国饭店举行。周年庆活动上,联盟成立初始规模为3亿元的生物医药专项基金和杭州高新区(滨江)生物医药知识产权创新联盟,在带动社会投资、对联盟企业提供知识产权相关服务和资源对接等方面提供帮助。生物医药创新联盟于2020年9月成立。至2021年年底,吸收和发展创新药物、体外诊断、医疗器械创新企业及相关服务机构等会员65家。通过讲座分享、路演、学术沙龙等形式,开展不同主题的交流活动20多场。

【11个项目入选杭州市生物医药产业发展资助项目】 2021年12月15日,市经信局公布入选杭州市生物医药产业发展资助项目名单,杭州高新区(滨江)有11个项目入选。

2021年杭州高新区(滨江)入选杭州市生物医药产业资助项目一览表

表19

项目名称	项目承担单位	项目类型
以创新疫苗评价为特色的全套药物非临床安全性评价研究(GLP)公共服务平台建设	杭州医学院	公共服务平台建设项目
生物医药研发外包(CRO)	杭州思默医药科技有限公司	生物医药研发服务项目

续表19

项目名称	项目承担单位	项目类型
生物医药研发外包（CRO）	杭州泰格医药科技股份有限公司	生物医药研发服务项目
生物医药科技创新服务平台	浙江中医药大学	生物医药研发服务项目
非那雄胺片1mg一致性评价	杭州康恩贝制药有限公司	仿制药质量和疗效一致性评价项目
泮托拉唑钠肠溶片一致性评价	杭州康恩贝制药有限公司	仿制药质量和疗效一致性评价项目
赛诺菲安博维申请仿制药一致性评价参比制剂项目	赛诺菲（杭州）制药有限公司	仿制药质量和疗效一致性评价项目
实时荧光定量PCR分析仪（FQD-96C）	杭州博日科技股份有限公司	首次获国家医疗器械注册证书并在本市产业化项目
超声软组织切割止血手术设备	杭州瑞克斯医疗器械有限公司	首次获国家医疗器械注册证书并在本市产业化项目
注射用交联透明质酸钠凝胶	杭州市科腾生物制品有限公司	首次获国家医疗器械注册证书并在本市产业化项目
食物特异性抗体IgG4检测试剂盒（蛋白芯片法）	杭州浙大迪迅生物基因工程有限公司	首次获国家医疗器械注册证书并在本市产业化项目

（杨千慧）

新能源产业

【概况】 2021年，杭州高新区（滨江）新能源产业营业收入182.27亿元，比上年增长34.65%；利润总额13.07亿元，下降36.9%；出口总额33.81亿元，下降3%。新能源产业重点研究太阳能、地热能、生物质能等新能源技术，推进新能源产业化进程。包含浙江中控太阳能技术有限公司、浙江零跑科技有限公司、中机国能（浙江）新能源技术有限公司、浙江正泰太阳能科技有限公司、正泰新能源开发有限公司、杭州新世纪能源环保工程股份有限公司等企业。正泰新能源开发有限公司列“全球新能源企业500强”第68位，获第八届中国国际光储充大会“2021年度最佳用户侧应用场景创新项目奖”、第十二届太阳能光伏产业大会“卓越光伏建筑一体化（BIPV）解决方案企业”和“2021超高效光伏组件奖”。

【纳晶科技公司获“最具价值光电材料品牌”奖】 2021年4月21—22日，“2021势银显示触控技术与材料应用趋势峰会（DTIC 2021）”在宁波市举行。峰会由宁波膜智信息科技有限公司（势银）主办，以“技术路线竞争下的战略抉择”为主题，内容覆盖量子点材料、触控材料、光学胶等方面。会上，杭州高新区（滨江）企业纳晶科技股份有限公司（简称“纳晶科技公司”）获“最具价值光电材料品牌”奖。纳晶科技公司是一家以量子点半导体新材料（纳米晶）为技术核心的高新技术企业，主要业务是量子点新材料的研究及相关应用技术与产品的开发、制造和销售，有量子点绿色合成核心专利、量子点国内外专利申请300多项，年产能50吨量子点浓缩液的制造基地。在无镉量子点材料的合成工艺、光致、电致应用领域占据重要地位。

【零跑科技公司获谷歌Waymo自动驾驶算法挑战赛第一名】 2021年6月20日，谷歌无人驾驶公司Waymo在CVPR 2021自动驾驶Workshop上公布Waymo挑战赛结果，浙江零跑科技股份有限公司（简称“零跑科技公司”）获自动驾驶算法挑战赛第一名。挑战赛设置4个项目，包括动态预测、关联预测、实时2D检测与实时3D检测，零跑科技公司在实时2D检测挑战赛中获第一名。零跑科技公司作为科技型车企，运用创新技术推动产品优化，自主研发生产的车规级智能驾驶芯片“凌芯01”，成为唯一兼具硬件芯片及软件算法的国内主机厂。

【英飞特电子公司产品入选美国照明工程协会成果报告】 2021年8月9—13日，英飞特电子（杭州）股份有限公司（简称“英飞特电子公司”）推出的EUW双色温LED驱动电源，经美国照明工程协会委员会通过对产品独创性、创新性、技术价值等方面的审核选定，入选美国照明工程协会（IES）2021年成果报告。产品采用英飞特电子公司专利集成磁性器件设计，内置高水平的共模和差模保护，具备IP66/IP67的防护等级，支持亮度与色温的独立调节。EUW单电源方案相比传统双电源方案，安装更为简单，可减少接线材料及人工成本，降低误接风险，节省运输及库存成本。EUW系列产品主要应用于隧道照明，产品除国内销售外，出口美国、欧洲等国家和地区。

【大和热磁公司承办2021年中国石英新材料产业大会】 2021年10月15日，中国石英新材料产业大会在杭州举行。大会由CEMIA中国电子材料行业协会石英材料分会主办，Ferrotec（中国）集团、杭州大和热磁电子有限公司（简称“大和热磁公司”）承办，以“赋能新发展，智构新格局”为主题，围绕第三代半导体对石英新材料的需求、石英坩埚与石英玻璃等话题，探讨石英材料发展面临的新机遇与新挑战，有220人参加。大会搭建企业家交流合作的平台，帮助企业了解Ferrotec（中国）集团在半导体新材料领域的产业布局、新材料产能及前沿技术等，健全半导体产业链条，推进产业发展。

【正泰新能源公司发布新产品】 2021年，正泰新能源开发有限公司（简称“正泰新能源公司”）发布2款新产品。TELOGY泰集雀羽工商业建筑光电屋面系统，提出光伏建筑一体化（BIPV）解决方案，是正泰集团“泰集”品牌下专门针对工商业屋顶生产的一款装配式光伏绿色建材产品，其组件加压型钢板一体化设计实现光伏发电与工商业屋顶建材的融合；产品兼顾建筑建材防水、防火、抗风揭及抗冲击性等性能，可抗13级以上台风。全新升级的ASTRO 6单晶高效高密度组件新产品发布，其采用210大尺寸硅片并应用66片版型，结合小间距焊接技术和无损切割工艺，使组件效率最高可达21.57%。

（吴佳伟）

节能环保产业

【概况】 2021年，杭州高新区（滨江）节能环保产业实现营业收入179.11亿元，比上年增长19.65%；利润总额5.85亿元，降低69.92%；出口总额20.12亿元，降低0.69%。节能环保产业以节能技术和产品研发、节能工程集成服务

浙江正泰新能源开发有限公司总部大楼

（浙江正泰新能源开发有限公司　供图）

为主，利用互联网技术提升环境治理能力。杭州高新区（滨江）集聚中国空分工程有限公司、聚光科技（杭州）股份有限公司、英飞特电子（杭州）股份有限公司、杭州景业智能科技股份有限公司、杭州远方光电信息股份有限公司等企业。英飞特电子EUM系列产品获第六届“中国电源学会科学技术奖”；杭州优特电源有限公司入围第26届广州国际照明展览会·阿拉丁神灯奖——智能照明百强企业榜“驱动控制类”细分领域品牌名单；中国空分工程有限公司碳捕集利用与封存（CCUS）杭州市工程研究中心被认定为市级工程研究中心。聚光科技（杭州）股份有限公司入选浙江省高新技术企业创新能力百强榜单、资源与环境技术领域十强榜单。

【哲达科技公司项目入选长三角G60科创走廊第三批工业互联网平台推荐目录】 2021年2月25日，长三角G60科创走廊联席会议办公室公布长三角G60科创走廊第三批工业互联网平台推荐目录，杭州哲达科技股份有限公司（简称“哲达科技公司”）推出的设备安康工业互联网平台入选。设备安康工业互联网平台通过大数据、人工智能、云计算和智能传感器的集成应用，赋能制造业的数字化转型，助力企业实现“保安全、降成本、促生产”，安全管控设备全生命周期。至年底，设备安康工业互联网平台入选浙江省2021年度省级重点工业互联网平台项目名单、浙江省首批十大重点工业互联网平台推广名单、省级第一批工业互联网平台名单。

【优特电源公司入选智能照明百强企业名单】 2021年5月29日，阿拉丁神灯奖智能照明百强企业名单公布，杭州优特电源有限公司（简称“优特电源公司”）申报的智能驱动电源项目入选阿拉丁神灯奖——智能照明百强企业榜“驱动控制类”细分领域品牌名单。优特电源公司的主营业务为中、大功率智能LED（发光二极管）驱动电源产品的研发、生产和销售，包括户外照明、工业照明、植物照明等LED照明产品制造业，其终端产品主要应用在大型户外LED照明设施、室内工业（商业）照明设施以及植物生长等照明设施领域。阿拉丁神灯奖由商务部指导、广州市经济贸易委员会支持，由广州国际照明展览会于2013年推出，是照明领域内的权威奖项，每年评选一次；评选对象涵盖全球照明产业绿色、节能的创新产品与前沿技术，以及优秀设计作品等。

【中国空分公司产品入选数字化转型技术应用类典型场景库】 2021年12月14日，首届中央企业数字化转型峰会在深圳召开。峰会由大湾区中央企业数字化协同创新联盟和中央企业数字化发展研究院联合主办，中国机械工业集团有限公司等中央企业承办。中国空分工程有限公司（简称“中国空分公司”）申报的“大型化工园区多源智慧管控及事故预防平台”入选首批企业数字化转型技术应用类典型场景库。“大型化工园区多源智慧管控及事故预防平台”是以全三维信息化的方式，对企业安全生产关键数据进行实时监测及分析，对园区重点危险化工工艺、重点危险化学品、重大危险源以及水、气进行智慧化监管，实现园区风险定量，同时建立园区三级预警，遏制事故发生。平台提升生产效率和能源利用率，降低运营成本，实现二氧化碳的最小化排放，为公司布局碳捕集利用与封存（CCUS）核心技术、实现“双碳”目标提供信息化服务支撑。（吴佳伟）

产业平台

白马湖生态创意城

【概况】 白马湖生态创意城位于杭州高新区（滨江）南部区块，总规划面积20.5平方千米。其中核心（启动）区块8平方千米，东、南与萧山区接壤，西至时代大道，北至白马湖路（含柴家坞、章苏自然村及马湖社区）。2021年，白马湖生态创意城管委会实施新建、续建工程项目17个，完成政府项目投资9.18亿元。新签约、引进企业185家，园区企业实现营业收入81.75亿元，税收2.45亿元，分别比上年增长20%、11.3%。举办第十七届中国国际动漫节、第八届中国国际版权博览会、大学生创新创业大赛、杭州国际人才交流和项目合作大会等展会活动25场。白马湖生态创意城入选2019—2020年度浙江省重点文化产业园区。6月26日，中国动漫博物馆开馆。至年底，北京航空航天大学杭州研究生院基本建成，长河工业园区一期整治提升项目开工。山一农居SOHO提升改造项目开工，涉及孔家里、陈家村、章苏村、柴家坞4个自然村，468户房屋。白马湖嘻番里·同心联盟站揭牌。大地的塑造——最葵园五坊（画坊、织坊、筑坊、陶坊、塑坊）艺术展开展。

【白马湖生态创意城获评浙江省重点文化产业园区】 2021年1月18日，省委宣传部发布《关于认定2019—2020年度浙江省重点文化企业（含数字文化示范企业）、2019—2020年度浙江省重点文化产业园区、2020年度浙江省文化创意街区的通知》，白马湖生态创意城获评2019—2020年度浙江省重点文化产业园区。白马湖生态创意城集山水林湖于一体、文化和科技深度融合、“产城人文景”深度融合、人与自然和谐共生，是一个生态型文化产业园区，是浙江省之江文化产业带的重要增长极、杭州市建设国际文化创意中心的主平台和杭州高新区（滨江）重点建设的数字创意产业基地。

【VR数字产业园项目签约】 2021年3月4日，白马湖生态创意城与杭州锦亿和科技有限公司就VR（虚拟现实）数字产业园项目进行签约。项目位于白马湖生态创意城产业园区块，网易三期地块南部，用地面积2.33公顷，计划总投资4.2亿元。项目是杭州锦亿和科技有限公司整合旗下投资的相关VR产业、信息科技、智慧物流和文化娱乐等项目集聚到园区统一发展，结合在独立视觉特效领域的技术领先优势，建设从IP内容、全景摄像、特效制作、5G传输到终端实际应用场景的VR数字科技全产业链生态园。

【“网络文学IP直通车”一周年活动】 2021年6月8日，两岸青年网络文学大赛·未来发展高峰论坛暨“网络文学IP直通车”一周年活动在杭州白马湖建国饭店举行。活动由浙江文艺出版社、浙江网络作家协会、杭州高新区（滨江）党委宣传部及台湾旺旺中时媒体集团共同举办，白马湖生态创意城、中国网络作家村等单位承

2021年6月8日，两岸青年网络文学大赛·未来发展高峰论坛暨“网络文学IP直通车”一周年活动在杭州白马湖建国饭店举行

（区委宣传部　供图）

办。活动现场，举行重大项目签约仪式；邀请安徒生、刘阿八、喜悦娱乐等青年网络作家及企业代表，分享“网络文学IP直通车”中达成合作后的延展开发；举办“在IP时代下如何提升网络文学的品质和影响力”为主题的圆桌论坛。

【白马湖党群服务中心嘻番图书馆挂牌】 2021年6月，白马湖党群服务中心嘻番图书馆挂牌，成为杭州书房。嘻番图书馆共享空间有1700平方米，书籍3500多册，覆盖文学类、人文社科类、金融类、动漫动画类等类别的图书。图书馆配备有多功能报告厅、会议室、开放大阶梯、阅读区、咖啡吧台等功能区块，以及自助借还机等相关设备，可为周边企业、居民提供“通借通还”服务。图书馆每月举办嘻番读书会、嘻番二手书、嘻番电影、嘻番直播红色朗读者等活动。

【白马湖文化创意产业研究基地签约入驻】 2021年7月6日，白马湖文化创意产业研究基地签约仪式在杭州白马湖建国饭店举行。白马湖文化创意产业研究基地落地在白马湖生态创意城，由中国传媒大学、杭州市委宣传部、杭州高新区（滨江）、杭州师范大学4家单位共同发起。基地以建设“高水平科学研究基地、高端文化创意成果转化基地、高层次文创人才培养基地”为目标，通过组建高规格的专家委员会，开展文化产业学术研究、文创人才培训、国内外文创项目合作、文化领域行业指数研究发布等活动，立足于杭州市、杭州高新区（滨江），开展文化服务、决策咨询和优质产业资源引荐等工作，助力白马湖生态创意城文化软实力、产业竞争力和人才生态提升，加强国际国内文创交流合作。

【白马湖郎园孵化器入选市级科技企业孵化器】 2021年9月10日，白马湖郎园孵化器入选2021年杭州市级科技企业孵化器。白马湖郎园孵化器由杭州首创郎园文化发展有限公司负责运营，集股权投资、产业孵化、招商引智、文化运营为一体，于2019年4月入驻白马湖生态创意城，办公面积1.08万平方米，其中用于孵化企业面积9400平方米、公共服务面积1400平方米。至年底，白马湖郎园孵化器有在孵企业18家。

【大丰实业公司杭州文创总部结顶】 2021年9月27日，浙江大丰实业股份有限公司（简称“大丰实业公司”）杭州文创总部项目——大丰数艺科技产业化生产基地结顶。大丰数艺科技产业化生产基地于2020年开工建设，位于白马湖生态创意城，东至湖西路，西至M1-C36地块，南至沿山河绿化，北至湘滨路，用地面积1.87公顷，总投资4.2亿元，用于建设大丰数艺科技产业化系统集成产品生产、技术研发、办公及其辅助用房。

【白马湖健康状况评价报告发布】 2021年11月，白马湖健康评价报告发布。评价报告从水文、水质、形态、生物、社会服务和河湖管理 六大类展开调查。经现场观测及查阅资料，白马湖有水鸟30种，其中叉尾太阳鸟和棕背伯劳鸟为浙江省重点保护陆生野生动物；有鱼类30种，其中斑点叉尾鮰为人工引进鱼种。水质监测结果显示白马湖达到健康标准，整体水体总氮、总磷浓度偏高，湖泊水体处于轻度富营养状态，部分监测点位的蓝藻密度较高，有潜在生态风险；白马湖大型底栖动物的群落结构单一，有外来入侵物种水葫芦、福寿螺。

【长河工业园区一期整治提升项目开工建设】 2021年12月23日，长河工业园区一期整治提升项目开工建设。项目位于白马湖单元冠山东侧，东至长江南路，西至腾龙路，南至白马湖路，北临冠山路。园区占地面积（含园区道路）11公顷，总建筑面积10万平方米，计划利用原有物业空间进行改造提升，临时改造为冠山数智产业园，直至新物业新园区建成后完成过渡。改造内容包括违章危房拆除、原有结构加固、外立面改造、厂房内部水电与弱电预留、内部消防改造、电梯加装、室内管道井预留、室外管网拆除重新埋设、园区道路重建、绿化提升、配套完善等。（顾彬彬　张益苗）

智慧新天地

【概况】 智慧新天地位于杭州高新区（滨江）西侧，东至浦沿路，西至钱塘江，南至杭州高新区（滨江）界线，北至连江街，总规划面积5.6平方千米。2021年，智慧新天地重点开展产业集聚、基础建设、规划完善、征迁做地等工作。新落点（拟落点）项目7个，累计落点（拟落点）项目27个，其中启明医疗生命健康产业园2个项目、"吉利寰球互联网+新能源产品产业化基地"、杭州高新区智慧新天地创新中心（标准厂房）、税务软件产品产业化生产基地、智慧健康科技产品产业化基地、光云软件生产基地、智能轨道交通产业基地、银江生产基地、长典医药产品产业化生产基地10个项目在建。新建道路5条，竣工道路2条。南沙支堤补偿加固及绿化工程（东信大道—龙山路）完成竣工验收。全年完成政府投资9074.25万元。工业遗址公园内入驻企业11家，涵盖建筑、室内设计、智能家居设计等文创企业，2021年营业收入1.18亿元。滨江数字健康小镇纳入第七批省级特色小镇创建名单。

【7个产业项目新落点（拟落点）智慧新天地区域】 2021年，杭州泰格医药科技股份有限公司、浙江盛域医疗技术有限公司、浙江肯特科技股份有限公司、杭州中恒电气股份有限公司、鸿运华宁（杭州）生物医药有限公司、易兆微电子（杭州）股份有限公司、万里扬集团有限公司7家企业的7个项目新落点（拟落点）智慧新天地。杭州泰格医药科技股份有限公司项目位于闻涛路以东，坚塔街以南，堤东路以西，陆家潭街以北，主要为新药研发提供临床试验全过程专业服务。浙江盛域医疗技术有限公司项目位于堤东路以东，生地街以南，潮涌路以西，致力于体外诊断试剂及仪器的研发、生产和诊断服务，专注凝血管理与免疫诊断领域。浙江肯特科技股份有限公司项目位于生地街以南，浦沿路以西，专注高品质家纺产品的研发、设计、组织生产与销售。杭州中恒电气股份有限公司项目位于新浦河以东，生地街以南，专注于零碳智能社会建设和数字能源建设。鸿运华宁（杭州）生物医药有限公司项目位于堤东路以东，潮涌路以西，生地街以北，致力于心血管、代谢系统及癌症等重大疾病领域，从事GPCR（G蛋白偶联受体）抗体新药研究、开发、生产与销售。易兆微电子（杭州）股份有限公司项目位于堤东路以东，陆家潭街以南，潮涌路以西，主要从事无晶圆厂半导体的自主研发和服务。万里扬集团有限公司项目位于潮涌路以东，庙沈弄以南，潮圩巷以西，为集制造业、能源产业、科技农业于一体的综合性项目。

【启明医疗生命健康产业园开工建设】 2021年12月5日，启明医疗生命健康产业园2个项目开工建设。产业园东至西浦路，西至潮涌路，南至潘曹街，北至生地街。总用地面积4.33公顷，总建筑面积20.6

万平方米，其中地上建筑面积12.9万平方米、地下建筑面积7.7万平方米，建筑总高度79.9米，计划总投资16亿元。杭州启明医疗器械股份有限公司成立于2009年，公司为开发及商业化结构性心脏病经导管解决方案的提供商，拥有填补国内外空白的产品。

【“吉利寰球互联网+新能源产品产业化基地”完成主体结构验收】 2021年8月20日，杭州吉利寰球科技有限公司的“吉利寰球互联网+新能源产品产业化基地”项目完成主体结构验收工作，启动装饰装修、绿化等工程，全年完成投资1.07亿元。项目于2019年12月1日开工建设，是智慧新天地区域首个开工建设落点项目，经营方向为计算机网络技术、计算机系统集成、通信技术、手机软件、电子产品，车联网大数据应用、汽车零部件及配件制造。

【5条道路开工建设】 2021年，智慧新天地有5条道路开工建设。沙虞路（镇前路—浦湖街）8月1日开工建设。道路北至镇前路、南至浦湖街，长500米、宽20米，计划总投资3366万元。至年底，完成粗沥青铺设，完成投资1315.23万元。堤东路（坚塔街—东冠路）于8月29日开工建设，道路北至坚塔街、南至东冠路，长873米、宽16米，计划总投资9815万元。至年底，完成道路水稳层施工，完成投资803.32万元。慧炬街（西浦路—浦沿路）于9月1日开工建设，道路东至浦沿路、西至西浦路，长560米、宽16米，计划总投资3783万元。至年底，完成土路基及桩基工程，完成投资727.41万元。浦湖街（西浦路—浦沿路）于12月1日开工建设，道路西起西浦路、东至浦沿路，长690米、宽20米，计划总投资5630万元。至年底，进行桥梁桩基施工，完成投资155.3万元。新浦路（浦湖街—浦炬街）于12月14日开工建设，道路北至浦湖街、南至浦炬街，长380米、宽26~35米，计划总投资8106万元。

2021年8月20日，“吉利寰球互联网+新能源产品产业化基地”项目完成主体结构验收　　（智慧新天地发展服务中心　供图）

【滨江数字健康小镇纳入第七批省级特色小镇创建名单】 2021年11月4日，浙江省特色小镇第七批创建名单公布，滨江数字健康小镇入选。滨江数字健康小镇地处智慧新天地区域内，东至浦沿路，西至沿江绿道，南至规划龙山路，北至芳华弄，规划范围总面积3.55平方千米，其中核心区1.16平方千米。小镇聚焦互联网医疗、医疗大数据和医疗人工智能，形成以智慧医疗为核心，以高端医疗器械和创新药研发为特色的“1+2”产业体系，塑造智慧健康产业创新生态圈，建设医疗大数据创新之城。至年底，小镇拟落点项目28个。

【7个项目加快建设】 2021年，杭州高新区智慧新天地创新中心（标准厂房）项目B楼核心筒结顶，钢结构完成15层；A楼核心筒结顶，钢结构至11层；地下室粉刷完成，安装、消防完成80%。税友软件集团股份有限公司的税务软件产品产业化生产基地项目地下室底板土方完成80%，地下室底板浇捣完成50%，全年完成投资1.28亿元。创业慧康科技股份有限公司的智慧健康科技产品产业化基地项目地

下室结构浇筑完成，全年完成投资5749万元。杭州光云科技股份有限公司、高新兴创联科技有限公司、银江技术股份有限公司、长典医药有限公司四企联建项目支撑梁施工完成，西侧和北侧施工临时出入口完成，土方开挖完成30%，全年完成投资1.71亿元。

【2条道路竣工】 2021年，智慧新天地承前巷（连江街—芳华弄）、坚塔街（西浦路—新浦路）2条道路竣工。承前巷（连江街—芳华弄），北起连江街、南至芳华弄，道路长510米，宽16米，工程于2020年9月27日开工建设，2021年7月15日完成竣工验收，全年完成投资503.84万元，历年累计完成投资2107.9万元。坚塔街（西浦路—新浦路），西起西浦路、东至新浦路，道路长478米、宽28米，工程于2020年8月25日开工建设，2021年9月6日完成竣工验收，全年完成投资635.76万元，项目自开工累计完成投资1652.69万元。

（周盼庭）

物联网产业园

【概况】 物联网产业园位于杭州高新区（滨江）的东部区块，东至风情大道，西至江陵路，南至滨和路，北至滨盛路，总规划面积3.66平方千米。2021年，物联网产业园完成固定资产投资17.6亿元，其中特色产业投资17.57亿元，占99.83%。园区企业实现营业收入2581.7亿元，比上年增长15%；税收收入55.8亿元，增长11.6%。有上市企业16家、世界500强企业及其投资项目15个、"独角兽"企业和"准独角兽"企业12家、国家级高新技术企业180家、"瞪羚企业"31家。全年迁入企业182家，迁出企业123家，净迁入企业59家。新认定省级众创空间（优客工场、Mircle众创空间）2家，累计3家；新认定省级孵化器（正泰量测科技园）1家，累计3家；新认定市级孵化器（乐赋空间、博济·钱江汇谷、诚高科技园）3家，累计4家。"数智通关""浙里探馆"2个项目获评全省数字经济系统省级应用项目。首届全球数字贸易博览会新闻发布会在物联网产业园召开。园区获市政府2020年度扩大有效投资、推进重点项目工作集体行政嘉奖，先后被评为"'十三五'浙江高质量发展特色小镇优秀样板""杭州市最强产业小镇""浙江省最具综合活力的十大特色小镇"。

【18家企业入选贸易外汇收支便利化试点名单】 2021年，物联网产业园有18家企业入选贸易外汇收支便利化试点名单，包含杭州海康威视数字技术股份有限公司、浙江大华技术股份有限公司、浙江宇视科技有限公司、矽力杰半导体技术（杭州）有限公司、浙江正泰太阳能科技有限公司、联芸科技（杭州）有限公司、聚光科技（杭州）股份有限公司、杭州萤石网络股份有限公司、杭州集效科技有限公司、杭州初灵信息技术股份有限公司、杭州海康存储科技有限公司、杭州海康智能科技有限公司、杭州海康机器人技术有限公司、杭州鸿泉物联网技术股份有限公司、杭州比洋服饰有限公司、浙江大华科技有限公司、杭州海康威视科技有限公司、杭州海康汽车技术有限公司。入选名单后，企业向银行提出付汇申请到资金跨境付出所需时间为原来的20%，从货物售出到外汇到账所需时间为原来的80%，提高资金使用效率，为企业节省人力及物力成本。贸易外汇收支便利化试点被列入自贸区杭州片区第一批制度创新优秀案例。

【国际化数字贸易生态体系搭建】 2021年，物联网产业园以国家数字服务出口基地为载体，加强与省、市各部门的对接沟通，组织杭州海康威视数字技术股份有限公司、浙江宇视科技有限公司、杭州趣链科技有限公司等20多家数字贸易骨干企业，参加2021年中国国际数字和软件服务交易会、中国国际服务贸易交易会等展览和交易会。在2021年浙江服务贸易云展会（泰国物联网专场）期间，与泰国"数字智慧谷"联合开展云上圆桌会议、云上论坛、云上会晤等国际对接活动。展会期间，物联网产业园有11家企业线上参展，配对洽谈100多场，达成意向总成交额1300万美元，比上年增长132%。

【物联网产业园企业长效服务机制】 2021年，物联网产业园建立网格化楼宇管理机制，落地实施一园一专员、一楼一台账、一企一清单、每月一会商“四个一”企业长效服务机制，实现企业服务楼宇全覆盖。开展“企业走访月”“三服务”等活动，走访服务企业250多家，对走访中发现的问题分层级帮助企业协调解决。提出多渠道跨部门联动协同机制，通过联合区科技局、区人才办、区发改局等职能部门开展科技新政解读、科技孵化器认定、网签电子劳动合同等培训服务。加强对园区各楼宇入驻、企业注册、迁移情况等动态监管，完成年度安商稳商工作。

【园区新冠肺炎疫情防控常态化开展】 2021年，物联网产业园坚持常态化新冠肺炎疫情防控。制定物联网产业园疫情防控方案、形成园区大规模核酸检测实施方案等，落实责任到具体岗位。网格化管理，落实楼宇业主的责任主体，督促、规范、落实疫情防控各项举措，管好疫情防控“小门”。推进新冠疫苗接种工作，全年保障企业接种疫苗5.22万人次。做好园区企业外国人来华入浙“快捷通道”的服务引导，至年底，办理申请企业10家，共90人，来自22个国家。

【5座企业楼宇主体结顶】 2021年1月28日，杭州海亮教育科研有限公司大楼主体结顶，大楼于2019年10月11日开工建设，东至风情河，西至协同路，南至浙江省第一水电建设集团股份有限公司，北至联慧街，总用地面积1.67公顷，总建筑面积6.93万平方米。2021年4月9日，浙江宇视科技有限公司总部大楼主体结顶，工程于2019年1月18日开工建设，东至协同路，西至物联网感知之轴，南至月明路，北至规划支路。总用地面积3公顷，总建筑面积13.7万平方米，总投资5.62亿元。2021年6月7日，杭州纵横通信股份有限公司总部大楼主体结顶，工程于2019年10月22日开工建设，东至杭州协同220千伏输变电工程，西至协同路，南至启智街，北至杭州康奋威科技有限公司，总用地面积1公顷，总建筑面积4.4万平方米，总投资2.2亿元。2021年8月18日，杭州山科智能科技股份有限公司总部大楼主体结顶，工程于2020年4月19日开工建设工，南至规划商业用地，北至启智街，东至杭州鸿泉物联网技术股份有限公司，西至协同路。总用地面积0.71公顷，总建筑面积3.1万平方米，总投资1亿元。2021年9月19日，杭州鸿泉物联网技术股份有限公司总部大楼主体结顶，工程于2020年4月18日开工建设，东至杭州山科智能科技股份有限公司，西至风情河绿化带，南至规划商业用地，北至启智街。总用地面积0.93公顷，总建筑面积4.1万平方米，总投资2.7亿元。

【物联网产业社区挂牌启用】 2021年1月29日，浙江省首个产业社区——物联网产业社区在滨江物联网小镇挂牌启用。产业社区设置党组织、自治组织、公共服务工作站“三位一体”组织架构，拥有公共服务、生活服务与商务服务三大功能，涵盖社区公共服务站、就业创业服务中心、企业e家、创想教育四点半课堂、嵌

2021年1月29日，浙江省首个产业社区——物联网产业社区在滨江物联网小镇挂牌启用　（物联网产业园发展服务中心　供图）

入式幼儿园、心理咨询等服务内容，引入和培育常青树公益服务中心、衣来衣往生活服务中心、碧兰朵大咖俱乐部等社会组织。上线“IOT美好加”App，通过“空间共享+社群互动”，实现多场景、多应用融合，形成集公共服务、党建服务、就业创业服务、公益服务、会议室预订及小镇公共交通等一体的线上社区综合服务平台。

【医惠科技公司总部大楼投入使用】2021年4月28日，医惠科技有限公司（简称“医惠科技公司”）总部大楼投入使用。医惠科技公司总部大楼于2018年11月20日桩基先行施工，2020年6月30日大楼主体结顶，位于物联网产业园核心区，东至阡陌路，西至杭州迪普科技股份有限公司，南至杭州江南实验学校教育集团月明校区，北至月明路。用地面积1.75公顷，总建筑面积8.2万平方米，其中地上建筑面积5.23万平方米，总投资7亿元。

【安恒信息公司新一代网络安全产品产业化基地项目开工建设】2021年6月12日，杭州安恒信息技术股份有限公司（简称“安恒信息公司”）新一代网络安全产品产业化基地项目开工建设。产业基地项目东至网聚路，西至西兴路，南至安恒大厦，北至浙江星联合能源技术有限公司、杭州中胜智能科技有限公司，总用地面积1公顷，总建筑面积4.73万平方米，总投资额2.6亿元。至年底，桩基完成。

【长三角物联网产业链共同体成立仪式在杭州高新区（滨江）举行】2021年12月7日，长三角物联网产业链共同体成立仪式在滨江物联网小镇举行。市政协、市工商联，长三角区域合作办公室等单位负责人及企业代表100多人参加。会上，长三角物联网产业链共同体“杭州会客厅”揭牌并落地滨江物联网小镇，长三角物联网产业链共同体基金筹备意向单位完成合作签约。长三角物联网产业链共同体是由长三角城市经济协调会物联网专委会发起成立，共同体成员由长三角地区的国有企业资管平台公司、上市公司、拟上市公司等单位组成。

【宏杉科技公司产品获“2021信息技术优秀产品”奖】2021年7月23日，2021年第四届中国信息技术主管大会在北京召开。大会由中国信息协会主办，以“数字创新、产业升级”为主题，围绕数字化转型、信创、智慧办公等话题展开讨论。会上，杭州宏杉科技股份有限公司（简称“宏杉科技公司”）的NVMe全闪存产品MS7000G2-Mach获“2021信息技术优秀产品”奖。产品的软硬件设备均由宏杉科技公司自主研发，适用于行业用户数据中心的IO（Input/Output输入/输出）访问密集型、延时敏感型关键核心业务应用场景，可针对不同业务需求和应用场景提供解决方案，实现端到端的NVMe over Fabrics新一代网络存储架构，同时支持RoCE和FC两种传输协议。产品主要应用在金融、交通、政府、教育、医疗等领域。

【海康威视公司产品入选世界互联网领先科技成果名单】2021年9月26日，2021年“世界互联网领先科技成果发布活动”在乌镇互联网国际会展中心举行。活动由国家互联网信息办公室、浙江省政府主办，现场发布14个互联网领先科技成果和5项提名项目。杭州高新区（滨江）企业杭州海康威视数字技术股份有限公司（简称“海康威视公司”）研发的“多维感知智能融合终端”入选世界互联网领先科技成果名单。海康威视公司的多维感知智能融合终端提出基于双光融合的黑光技术，采用基于运动判别的时空域联合降噪方法，建立基于波段响应特性的自适应分层融合模型，达到极低照明度条件下彩色清晰成像目标。

【云趣数科公司项目获评国家工业应用领域区块链优秀应用案例】2021年7月20日，区块链技术与数据安全工业和信息化部重点实验室公布工业应用领域区块链优秀应用案例评选结果，杭州云链趣链数字科技有限公司（简称“云趣数科公司”)的“基于区块链的工业互联网供应链财资服务平台”案例,以技术先进性、平台安全性、应用创新性、市场推广成效等方面的优势入选全国十大优秀案例。云趣数科公司的“基于区块链的工业互联网供应链财资服务平台”是供应链金融与管理创新解决方案,从维护供应链稳定运行、保障多方协同效率与安全、助力打造产融价值互联网3个方面,实现业务与技术创新。云趣数科公司于2019年成立,是供应链金融科技与运营整合创新服务商。

【滨江物联网小镇】 2021年,滨江物联网小镇推进高质量发展省级特色小镇2.0建设。探索小镇数字驾驶舱2.0版建设,通过跨多部门协同多业务条线,消除数据壁垒,集成企业迁移和登记状况、税收趋势、人才盘点、产业项目建设情况等20多个板块,实现数据集成“一屏显”、产业布局“一图清”、高位监控“一键看”。推进小镇国家AAA级旅游景区2.0建设工作。优化提升小镇内旅游交通、游览服务、旅游安全、环境卫生、综合管理等基础设施,推动小镇产业业态、城市形态、人才生态三态融合。扩大宣传,在人民网、光明网、《浙江日报》等国家、省、市媒体报道100多次。滨江物联网小镇先后获评“十三五”浙江高质量发展特色小镇优秀样板、浙江省最具综合活力的十大特色小镇等称号,连续3年获评省级特色小镇亩均效益领跑者、省级特色小镇年度考核优秀(居第一位)。

【物联网产业园党史学习教育】 2021年,物联网产业园围绕习近平总书记“七一”重要讲话精神及其他党史学习教材,依托滨江物联网小镇微信公众号、“学习强国”、“西湖先锋”等载体进行学习,利用“云听中国、声音博物馆”数字赋能,加强党史学习教育。园区党委被授于“2020年度杭州市数字经济示范型党组织”。在区党史知识竞赛暨学习强国“学习达人”挑战赛中获“团队季军”,参与区“永远跟党走、红韵耀滨江”红色接力打卡活动,联合区委政法委举办“学习百年党史、践行法治使命”微党课竞赛获三等奖。至年底,开展“重温入党申请书、砥砺奋进新征程”主题活动,“学党史、悟思想、守初心”知识竞赛活动,送政策、送培训、送关爱“三送”服务,“党史教育学史力行,无偿献血践初心”献血活动,“激情十年、献礼百年”物联网小镇摄影大赛等40多场活动。

(宁　萍)

互联网经济产业园

【概况】 互联网经济产业园位于杭州高新区(滨江)中部区块,东至江晖路,西至南川路,南至滨康路,北至闻涛路,总规划面积6.37平方千米。2021年,互联网产业园发展服务中心完成政府投资1703万元。新工业综合体、PingPong科技产业产品化基地、游卡滨江产业基地、万朋科创中心生产基地、长川科技公司集成电路高端智能制造基地5个项目开工建设,杭州当虹科技有限公司智能视频产业基地项目主体结顶,虹软视觉人工智能产业化基地、大华智慧安防(物联网)生产基地2个项目竣工。杭州当虹科技有限公司成为“5G高新视频体育融合创新应用国家广播电视总局实验室”共建单位。互联网经济产业园连续4年在全省100个省级服务业集聚示范区综合评价中居第一位。

滨江互联网小镇建设项目19个,其中:政府投资项目6个,完成年度投资1.26亿元;产业项目13个,完成年度投资13.49亿元。10月14日,全省首个网络安全主题公园落户滨江互联网小镇。滨江智造供给小镇建设项目10个。其中:政府投资项目4个,完成年度投资5280万元;产业项目6个,完成年度投资4.35亿元。

【PingPong科技产业产品化基地项目开工建设】 2021年3月2日,PingPong科技产业产品化基地项目开工建设。项目地块位于创慧街以北,江淑

2021年3月2日，PingPong科技产业产品化基地项目开工建设
（互联网产业园发展服务中心　供图）

路以东地块内，东至众创路，西至江淑路，南至创慧街，北至众创路，用地面积1.33公顷，总建筑面积6.5万平方米，总投资3.3亿元，建设工期3年。项目用于满足PingPong新一代业务运营需要，为后期的可持续发展奠定基础，计划建成集科技多功能于一体的国际科技企业总部地标建筑。至年底，工程处于地下室结构施工阶段。

【北塘河大讲堂】 2021年4月16日，首期北塘河大讲堂开讲。北塘河大讲堂系列活动由互联网产业园发展服务中心主办，致力于建设一个多元化、多场景、多维度的互动平台和服务模式，以增强园内企业的获得感和归属感。北塘河大讲堂以“线上+线下”同步开展的模式，邀请各领域专家学者，围绕政策宣讲、前沿观点、专业技能培训、普法知识等主题进行分享。至年底，北塘河大讲堂开展宣讲活动4期，受众4.93万人次。

2021年北塘河大讲堂课程内容一览表

表20

期数	日期	讲课内容	授课单位
第1期	4月16日	“5050计划”政策宣讲及兑现流程详解	区人才办
		瞪羚政策宣讲及兑现流程详解	区经信局
		防范电信网络诈骗守住百姓钱袋子	公安滨江分局
		企业合规及《中华人民共和国生物安全法》解读	浙江京衡律师事务所
第2期	4月23日	宣贯《企业知识产权管理规范》、介绍国家知识产权局知识产权贯标认证学习平台	浙江省知识产权研究与服务中心
		解读企业知识产权融资应用	泰隆银行滨江支行
		介绍知识产权相关保险产品	太平科技保险科创中心
第3期	6月2日	直播企业和规划运营培训： （1）网络直播企业广告审查实务 （2）直播行业消费维权工作交流之《消费者权益保护法》解读 （3）《反不正当竞争法》《规范促销行为暂行规定》部分条款解读 （4）直播企业市场监管业务培训——价格法律法规 （5）网络直播营销管理办法（试行）概述	区市场监管局
		直播产业企业备案解读	区文创发展中心
第4期	10月27日	平台企业合规风险及应对	浙江金道律师事务所
		企业劳动人事法律风险和防范	

【浙江省建筑设计研究院滨江新大楼项目落地】 2021年9月16日，浙江省建筑设计研究院滨江新大楼取得国有土地使用权，落地互联网经济产业园。项目东至共享路、西至规划绿地、南至滨兴路，总用地面积1.15公顷，总建筑面积9.6万平方米，总投资5.5亿元，工期3年。项目融合办公、综合服务功能，满足建筑设计业务及辅助用房需求，解决停车难题，提供学术交流场所。浙江省建筑设计研究院为省内建筑设计行业的骨干企业，是省内具有承担全省复杂结构，超高、超限高层建筑抗震设计专项审查的2家设计单位之一，先后获600多项国家及省部级优秀设计奖和科学技术奖。在办公、宾馆、体育、交通、文化、教育和医疗等大型公共建筑的设计，复杂超限高层建筑、大跨度空间结构、岩土工程设计和建设工程标准化等方面均处于行业领先地位。

【互联网现代服务业创新发展区】 2021年10月21日，省现代服务业发展工作领导小组办公室公布首批浙江省现代服务业创新发展区名单，滨江互联网现代服务业创新发展区入选。滨江互联网现代服务业创新发展区聚焦信息技术服务、数字贸易、生命健康服务三大主导产业，打造“两高地一中心”。规划范围东至江晖路，西至南川路，南至滨康路，北至闻涛路，总规划面积6.78平方千米，包含信息技术服务区、数字贸易区、生命健康服务区、创新创业区、综合配套服务区。信息技术服务区规划面积1.82平方千米，培育形成面向未来、具有国际竞争力的信息技术服务产业集聚高地；数字贸易区规划面积1.09平方千米，建成全省新型数字贸易服务核心承载地；生命健康服务区规划面积0.78平方千米，成为以“互联网+医疗”为特色的智慧化生命健康服务集聚高地；创新创业区规划面积0.55平方千米，成为以互联网相关产业为主导优势的创新创业集聚地；综合配套服务区规划面积2.54平方千米，成为集居住、商业、办公、休闲、娱乐等为一体的综合配套服务集聚地。

资料：“两高地一中心”

全球领先的互联网经济发展高地、全国知名的生命健康创新发展高地和全省一流的新型数字服务贸易中心。

【新增2家国家级工业设计中心】 2021年11月3日，第五批国家级工业设计中心名单公布，新华三技术有限公司“云与智能”工业设计中心和浙江大华技术股份有限公司工业设计中心2家入选。新华三技术有限公司“云与智能”工业设计中心成立于2017年，承担新华三集团全部自研产品从外观、结构、包装设计到平面视觉、三维展示等全流程的创新任务，是后端供应链提供产品量产的技术保证，为用户提供ID设计、可用性设计与测试、三维建模渲染等专业服务，参与完成核心路由器、高端交换机等产品的工业设计。浙江大华技术股份有限公司工业设计中心于2011年成立，以基础研究和创新设计为核心，开展从创意调研到工程实现的全体系工业设计工作，获国际最高工业设计奖（IF与Reddot）22项，国内设计大奖14项。

【万朋科创中心生产基地开工建设】 2021年12月23日，万朋科创中心生产基地开工建设。基地由浙江万朋教育科技股份有限公司投资建设，位于江淑路以东，众创路以西，创慧路以南，滨兴路以北，总用地面积0.62公顷，总建筑面积3.88万平方米，其中地上建筑面积2.77万平方米、地下建筑面积1.11万平方米，地下室与江一江三社区留用地统筹开发项目联建互通，总投资1.76亿元，工期3年。项目建成后用于人工智能（AI）、大数据、教育大脑、智慧教育等教育新基建的研发和生产。浙江万朋教育科技股份有限公司专注教育信息化领域，提供教育大脑、课后服务、生涯规划、智慧课堂、智慧校园、新型城乡教育共同体等全场景解决方案。

【长川科技公司集成电路高端智能制造基地开工建设】 2021年12月24日，杭州长川科技有限公司（简称“长川科技公司”）集成电路高端智能制造基地开工建设。基地位于滨江智造供给小镇，东至南川路，南至创智街，北至仁荣街，总占地面积2.47公顷，总建筑面积13.7万平方米，建设高度为70米，总投资8.63亿元，工期3年。基地具备研发、生产、办公、测试、服务等功能，承接长川科技公司海外公司部分产能转移，满足公司高端装备研发及生产制造需求，实现集成电路装备的批量生产和智能制造目标，建设集成电路高端装备智能制造基地和服务平台。

【滨江互联网小镇】 滨江互联网小镇规划范围东至江晖路，西至建业路，南至滨康路，北至江南大道，规划总面积3.91平方千米，其中核心区规划面积1.51平方千米。2021年，滨江互联网小镇完成特色产业投资10.9亿元，营业收入2586亿元，税收162亿元，科技投入217.23亿元。新引进互联网科技企业237家，新增有效发明专利5557项，累计1.16万项。新增国家人才计划专家3人、省级人才计划专家5人，累计国家人才计划专家17人、省级人才计划专家32人。新增省级孵化器1家、市级孵化器5家，累计有国家级孵化器3家、省级8家、市级11家。新增国家级众创空间1家，累计有国家级众创空间1家、省级众创空间1家。新增国家级高新技术企业28家，累计281家；新增国家级科技型中小企业61家，累计235家。新增省级研发中心15家，累计48家；新增省级新型研发机构1家，累计2家；新增省级重点实验室1家，累计3家；新增省级企业研究院2家，累计8家。新增上市企业1家，累计11家。“新三板”挂牌企业4家，“科创板”企业2家。滨江互联网小镇杭州人工智能产业园获评2021年度浙江省数字化示范小微企业园。滨江互联网小镇被命名为第五批省级特色小镇，入选2020年度省级特色小镇创建对象优秀小镇名单、2020年度省级制造业亩均效益领跑者名单、2020年度省级特色小镇亩均效益领跑者名单。

【滨江智造供给小镇】 滨江智造供给小镇位于滨江区长河街道和浦沿街道交界处，小镇依照“一心两轴四区”的规划结构建设，东至时代大道，西至火炬大道，南至冠山公园，北至浙赣铁路，规划面积3.75平方千米。小镇以提供智造供给解决方案为重点产业方向，培育产品与装备智能化集成开发商、“数字化制造”技改工程承包商、多种智能产品联网使用工程承包商、多个应用系统集成工程承包商与平台服务商、工业物联网安全在线服务商六大智能制造系统解决问题供应商，构建和谐共生的产业生态，形成智造供给产业高地。2021年，滨江智造供给小镇新增服务业企业1家，累计14家；新增贸易类企业1家，累计4家；新增科技型中小企业13家，累计34家；国家级高新技术企业26家、规模以上工业企业5家、上市企业4家、市级以上孵化器1个。

【创业慧康公司项目入选国家“5G+医疗健康”应用试点项目名单】 2021年9月3日，工业和信息化部、国家卫健委公布“5G+医疗健康”应用试点项目名单，创业慧康科技股份有限公司（简称“创业慧康公司”）“基于5G的医疗设备智能物联监控平台”项目入选。项目由创业慧康公司牵头组织，采用产学研用医相结合的方式共同完成“基于5G的医疗设备智能物联监控平台”研发及应用试点，构建医院内5G医疗物联网，实现医疗设备状态监测、医院资源管理、院内急救调度、医务人员管理、门禁安防等服务，推动运用5G技术改造提升卫生健康网络基础设施，开展智慧医疗健康设备和应用创新，提升医院管理效率和患者就医体验。

（项　磊）

杭州高新区（滨江）富阳特别合作区

【概况】 2021年，杭州高新区（滨江）富阳特别合作区推进重大项目建设提速，以“总部+核心制造”发展模式促进两区产业能级提档，以“链主型企业+上下游企业”协同发展模式推动市内产业链闭环。特别合作区位于杭州富春湾新城，东南至杭新景高速，西至小源溪和杨元坎村，北至富春江，总规划面积5.8平方千米。

全年签约落地项目2个，累计8个，已供产业用地47.91公顷，总投资224亿元，列入省重大产业项目3个，省市县长工程项目3个，投产企业均为规模以上企业。全年完成工业投资32.04亿元。“建设高新区（滨江）富阳特别合作区，打造跨区域共同富裕高质量发展合作样板”获评杭州为争当浙江高质量发展建设共同富裕示范区城市范例确定的首批缩小地区差距领域试点（该领域唯一试点）。“深度融合系统整合有机聚合，全力推进跨区域共同富裕高质量发展综合试验”获评杭州市高质量发展建设共同富裕示范区典型案例。

【富芯半导体模拟芯片项目开工建设】 2021年3月17日，富芯半导体模拟芯片项目一期开工建设。项目为浙江省特别重大产业项目、省市县长工程项目，总投资400亿元，用地规模43.13公顷，分2期建设。一期投资180亿元，用地21.4公顷，总建筑面积31.7万平方米，建设年产60万片12英寸高性能模拟集成电路生产线。至年底，富芯模拟芯片产业化基地项目主体结构全线封顶。项目2次被评为浙江省扩大有效投资“红旗”项目。杭州富芯半导体有限公司成立于2019年，注册资本94.5亿元，主要从事高性能模拟芯片的生产制造。

【杭州正泰新能源智能制造项目开工建设】 2021年11月23日，杭州正泰新能源智能制造项目开工建设。项目为浙江省重大产业项目（预备类引领性项目）、富阳区的省市县长工程项目，总投资51亿元，总用地规模23.33公顷，建设5吉瓦电池及组件生产基地，其中，一期用地规模13.13公顷，投资26亿元。项目于10月24日完成土地摘牌，11月23日取得动力站单体施工许可（准许施工确认单），项目从拿地到开工仅用时29天。

【东方通信智能制造基地项目开工建设】 2021年10月27日，东方通信智能制造基地项目开工建设。项目为杭州市重点产业项目，用地规模5.28公顷，建筑面积9万平方米，年产1.2万套智能自助设备，总投资4亿元。项目计划建成集研发、生产和运营等于一体的智能制造基地，助推区域经济的发展。东方通信股份有限公司是一家集硬件设备、软件、服务为一体的整体解决方案提供商、国有控股的信息技术领域上市公司，业务包括数字集群专网通信、移动通信公网信息安全产品和解决方案，金融科技设备及运营服务，ICT服务，智能制造业务。

2021年3月17日，富芯半导体模拟芯片项目一期开工建设

（区特别合作园管理局　供图）

【杭新景灵桥互通迁改项目】 至2021年年底，杭新景灵桥互通迁改项目完成总工程量的71.6%。杭新景灵桥互通迁改项目于2020年6月开工建设，位于特别合作区灵桥镇，杭新景灵桥互通向北改移1.9千米至春永线（富春湾大道），新建匝道与G25长深（杭新景）高速公路相接，在富春湾大道两侧设置收费站，主线全长1.87千米，互通匝道全长4.35千米。项目总投资7.5亿元。

【富春湾大道（二期）项目】 至2021年年底，富春湾大道（二期）项目完成总工程量的38.2%。富春湾大道（二期）项目于2020年6月开工建设，位于富阳大桥连接线，终点至灵桥镇杭新景高速桥以东，与在建春永线衔接，二期全线总长6.98千米，以一期工程为分界线分东西两段：西段工程总长0.97千米，东段工程总长6.01千米。项目建设形式为地下快速路（双向六车道）、地面主干路（双向六车道），道路总宽55米。建设内容包括隧道工程、管廊工程、道路工程、桥涵工程、河道工程、管线工程等，总投资86.77亿元。

【王家宕路（滨富路）工程】至2021年年底，王家宕路（滨富路）完成总工程量的22%。王家宕路（滨富路）项目于2020年9月开工建设，位于特别合作区灵桥镇，总体呈南北向，北起南大道以南，向南经富春湾大道、规划道路、同登路后至亭山路以北，道路全长1681.5米，道路标准段红线宽为55米和45米。建设内容为道路工程、排水工程、综合管线工程，总投资1.63亿元。

【同登路（小源溪至灵礼路）工程】 至2021年年底，同登路（小源溪至灵礼路）工程完成总工程量的69%。同登路（小源溪至灵礼路）工程于2020年8月开工建设，位于富阳区富春湾新城范围内，东至灵礼路，西至小源溪东侧，道路全长687.08米、宽45米，两侧绿化带宽度各15米，整体工程总宽度75米，按照城市主干路标准进行设计。主要建设内容包括道路、管线、绿化、照明等，总投资5000万元。

【小源溪东侧景观带工程】 至2021年年底，小源溪东侧景观带工程完成总工程量的88%。小源溪东侧景观带工程于2020年7月开工建设，位于灵桥高速至富春湾大道之间、小源溪东侧，全长1735米，线路总宽度20米，总占地面积3.47公顷。工程包含绿化种植工程、道路工程、电气化景观工程、给排水工程、观景台等综合性景观工程，设计内容包含沥青道路、人行道及骑行道、广场铺装、生态公厕与景观绿化等，总投资2100万元。

（洪丽娜）

江北科技园

【概况】 江北科技园位于杭州市西湖区，是杭州高新技术产业开发区管理委员会的政策区域，东至莫干山路，西至丰潭路，南至天目山路（含浙江大学玉泉校区），北至余杭塘河，区域面积11.44平方千米。2021年，江北科技园3900多家企业实现税收收入29.8亿元。有营业收入1亿元以上企业4家，1000万元以上企业61家，100万元以上企业315家。年末从业人数7.5万人。“瞪羚企业”有104家，占全区“瞪羚企业”总量的25.9%；国家级高新技术企业有531家，占全区总量的25.4%，其中新认定国家高新技术企业101家。上市企业11家，占全区总量的17.2%；拟上市后备企业31家，占全区总量的33.7%。杭州品茗安控信息技术股份有限公司在“科创板”上市，杭州广立微电子股份有限公司在“创业板”过会，杭州立方控股股份有限公司被北京证券交易所受理。江北科技园发展服务中心全年走访企业268家次，协调帮助解决重点难点诉求390多条。组织企业开展培训、人才招聘、集中服务等活动62次，惠及江北企业2044家次。

【882家企业落户江北科技园】 2021年，江北科技园与高校、科研院所、省级集团、中介机构、人才团队、创新平台等创新资源对接，通过以企引企、以才引企、以友引企、以介引企、以楼引企等方式拓展招商渠道。全年引进882家企业，比上年增长18.55%，注册资本38.28亿元。其中：新设企业689家，注册资本25.99亿元；区外引进193家，注册资本12.29亿元。

【302家企业南迁】 2021年，江北科技园通过开展“高新之光、心向滨江”主题活动，宣传“天堂硅谷”，讲好“滨江故事”，通过“七个一批”分类推进企业南迁。“北企南迁”企业302家，税收8016万元，南迁员工2300多人。至年底，“北企南迁”企业有虹软科技股份有限公司、杭州鸿泉物联网技术股份有限公司、杭州山科智能科技股份有限公司、杭州当虹科技股份有限公司、银江技术股份有限公司、高新兴创联科技有限公司、杭州游卡网络技术有限公司等10家基

地在建，有8家企业落点，10家企业待落点，5家企业申请入驻工业综合体。

资料：“七个一批”

落点项目加快开工一批、规模企业新增供地一批、优质企业综合体签约一批、村级留用地集中安排一批、鼓励企业自主南迁一批、帮扶纾困引导南迁一批、招商引资落点江南一批。

【“西新会”对接交流会】 2021年6月11日，“南北桥”系列活动——“西新会”对接交流会在盛大科技园举行。对接会由江北科技园发展服务中心、西兴街道主办，江北科技园发展服务中心、西兴街道相关负责人，高新汇企业成员，西兴商会相关理事会成员，浙江海威控股有限公司项目负责人等50多人参加。各企业代表参观海威控股有限公司钢家具生产基地扩建续建项目、浙江春风集团有限公司服装设计软件开发及高端服装样衣智造基地项目、杭州萌宝科创发展有限公司凡天智能化服装生产基地项目、杭州兴耀控股集团有限公司自动化控制产业研发生产基地项目和兴耀自动化控制孵化企业园项目等所在园区。举行江北企业和江南园区座谈会，会上，西兴街道负责人介绍西兴区块的产业环境和企业经营情况；江北科技园发展服务中心负责人介绍“北企南迁”产业扶持政策，包括适用对象、享受具体工作政策和申报程序等；杭州兴耀控股集团有限公司负责人介绍南迁企业在西兴街道的发展情况；高新汇负责人表示希望政府能够加大政策支持，助力企业尽快南迁。会后，江北科技园意向南迁企业与11家西兴街道区域楼宇、园区就场地价格、面积需求、楼宇位置等相关情况进行对接交流。

【新一轮“1+X”政策专场培训会】 2021年8月5日，杭州高新区（滨江）新一轮“1+X”政策专场培训会在东部软件园举行，培训会由江北科技园发展服务中心举办，“线上+线下”同步进行，40多家企业代表参加线下培训，70多人在线观看。会上，区市场监管局工作人员介绍《关于进一步加强知识产权工作的实施意见》的内容，从修改背景、指导思想、主要思路、修改要点4个方面进行解读。区科技局工作人员介绍《关于促进科技企业创新创业的实施意见》内容，分别对申报“雏鹰企业”、浙江省科技型中小企业、国家科技型中小企业中存在的问题与困惑进行讲解。江北科技园发展服务中心工作人员解答实际操作中碰到的问题，强调网签电子劳动合同平台应用推广是加强劳动合同制度管理、提升人力社保服务水平和优化营商环境的创新举措。市地方金融监管局工作人员介绍“杭州e融”平台总体建设情况，就如何注册使用该平台、注册过程中存在的问题进行讲解。

2021年6月11日，“南北桥”系列活动——“西新会”对接交流会在盛大科技园举行　（区江北发展服务办公室　供图）

【高新技术企业申报实操培训会】 2021年12月10日，2021年度省级研发中心及国家级高新技术企业申报实操培训会在创业大厦举行。培训会由区科技局、江北科技园发展服务中心主办，杭州正策信息科技有限公司承办，有40多家企业参加。培训会围绕省级高新技术企业研发中心及国家级高新技术企业认定技术要点及注意事项、国家高新技术企业认定财务规范要求及注意事项展开。

（聂红霞）

科技创新

综　述

【概况】 2021年，杭州高新区（滨江）加强科技研发投入，全区研究与试验发展经费支出（R&D）193.5亿元，投入强度为9.57%，居全省第一位。浙江大学滨江研究院新引进人员153人，包括国家级人才5人，海外博士10人，历年累计有163人，成立联合研究中心6家，引进及孵化企业17家。北京航空航天大学杭州创新研究院新入职高端人才51人，立项国家级、省级项目35项，获评“浙江省极弱磁空间及应用技术重点实验室”。杭州海康威视数字技术股份有限公司获批建设全省首批技术创新中心。浙江鲲鹏生态中心拓展伙伴514家、达成意向385家，为206家企业提供鲲鹏云服务。加快推进杭州人工智能（昇腾）计算中心建设，首期规模40P（算力单位名称）。杭州高新区（滨江）在全省区（县、市）科技进步统计监测居第一位，获全省首批“科技创新鼎”。

新备案国家级孵化器2家、省级孵化器4家、市级孵化器15家，区级孵化器7家，拥有市级以上孵化器载体117家，孵化场地面积140万平方米，在孵企业3548家，居全省第一位。新备案省级众创空间5家。

认定国家级高新技术企业698家，其中新认定432家，有效国家级高新技术企业有1928家。新备案国家科技型中小企业1583家，比上年增长33.6%。新认定省科技型中小企业674家。新增省级重点实验室2家、省级重点企业研究院4家、省级企业研究院14家、省级研发中心56家，居全省第一位。新获国家科技进步奖二等奖1项、省科学技术奖29项。实施关键核心技术攻坚行动，构建安全可控的产业链技术体系，新立项省级重点研发项目36项，创历史新高，居全省第一位。新增国家级高层次人才4人，累计31人；新增省级人才4人，累计23人，居全省第一位；新增省级领军型创新创业团队2个，累计13个。办理外国人到华工作事项1229项，累计持证外籍人员1234人，推荐外国专家永久居住证25人，累计123人，居全市第一位。

（吴　曲）

【中国创新创业大赛浙江赛区总决赛在杭州高新区（滨江）举行】 2021年9月24日，第十届中国创新创业大赛浙江赛区总决赛在杭州白马湖建国饭店举行。大赛由科技部火炬中心、省科技厅、市政府主办，杭州高新区管委会、浙江火炬生产力促进中心承办。21支参赛队伍经初赛、行业半决赛、行业决赛等环节晋级浙江赛区总决赛。大赛采取“8+7”的竞技模式，即8分钟参赛选手项目介绍及展示，7分钟评委提问，现场打分公布成绩。在浙江省总决赛中，杭州高新区（滨江）企业杭州光粒科技有限公司获一等奖，杭州芯云半导体技术有限公司获二等奖。杭州健海科技有限公司、杭州极木科技有限公司、杭州凯保罗生物科技有限公司3家企业获大赛优胜奖。

（张连伟　户锋刚）

【产业链创新图谱上线】2021年11月12日，杭州高新区（滨江）数字化改革应用产业链创新图谱上线。产业链创新图谱涵盖“产业全景图”“产业链图谱”“产业技术协同”“优势企业培育”4个板块。至年底，上线数字安防、生命健康、智能物联产业链。各条产业链形成“1图、2库、N清单”（“1图”：产业链图谱，“2库”：滨江本地库和全国库，“N清单”：企业、专利、人才、资本等清单），精准实施强链补链、长板补短板的具体措施。图谱开放企业端和政府端，针对企业专利技术输出、技术合作、技术创业等需求，只需提交专利号、关键技术等基本信息，通过“一键智能匹配”应用，即可推荐投资技术项目的投资机构信息，帮助企业对接资本机构。（金轶城）

2021年11月12日，杭州高新区（滨江）数字化改革应用产业链创新图谱上线

（区经信局　供图）

科技企业孵化器

【概况】2021年，杭州高新区（滨江）新认定杭州金绣花边有限公司、杨林控股有限公司2家国家级科技企业孵化器；新认定正泰量测技术股份有限公司、杭州承文堂科技园有限公司、杭州龙虹汇科技有限公司、杭州青睐投资管理有限公司4家省级科技企业孵化器；新认定杭州生物医药科技创业园有限公司等15家市级科技企业孵化器。至年底，有市级以上科技企业孵化器75家，其中国家级10家、省级32家（含国家级），有孵化面积140万平方米。10家国家级孵化器通过科技部火炬中心考评，其中杭州华业高科技产业园、“5050计划”加速器2家考评结果为优秀，区科技创业服务中心、东部软件园、万轮科技园、华城和瑞科技园、高新汇·三维信息科技园、金绣国际孵化器、杨林科技创业中心7家考核结果为良好，天和高科技产业园1家考核结果为合格。

【区科创中心】至2021年年底，杭州高新技术产业开发区科技创业服务中心（简称“区科创中心”）累计孵化企业1269家，其中新入孵企业12家；培育“创业板”上市企业7家，“科创板”上市企业1家，累计有“新三板”挂牌企业6家；“独角兽”企业1家，“隐形冠军”企业1家；“瞪羚企业”45家；省科技型中小企业194家，其中新培育10家；国家级高新技术企业163家，其中新培育6家；“雏鹰计划”企业173家，其中新培育5家。引进国家级人才2人、省级人才2人。帮助140多家企业获得投融资。区科创中心位于杭州高新区（滨江）江北区块文三路199号，是杭州高新区（滨江）江北区块的核心区域，集聚以浙江大学为代表的30多所科研院所、大中专院校，突破传统孵化器在物理空间、资源聚合、服务提供方面的局限，加大对科技型团队、小微企业的招引能力，构筑创新创业新优势。

【东部软件园】至2021年年底，东部软件园累计孵化企业近400家，其中新入孵企业25家；累计有上市企业3家，“新三板”挂牌企业8家；累计有“专精特新”企业3家、高新技术企业近70家、科技型中小企业150多家，其中新培育高新技术企业3家、科技型中小企业6家。园区有技术（研发）中心30多个，各类知识产权1500多件，国家级人才7人、省级人才12人，承担国家、地方科技计划项目近200个。东部软件园位于杭州高新区（滨江）江北区块文三路90号，按照构建“孵化器+产业+资本”的价值型孵化模式，以创业、孵化、投资三维立体的联动方式，建设市场化、专业化、高效化的专业型国家级科技企业孵化器。

【万轮科技园】 至2021年年底，万轮科技园累计孵化企业337家，其中新入孵企业15家，服务企业近830家，有“新三板”挂牌企业4家，上市企业2家，其中新培育1家；有“准独角兽”企业3家，其中新培育2家；有科技型中小企业57家，其中新培育26家；有高新技术企业46家，其中新培育4家；有国家级重点软件企业2家；培育“瞪羚企业”30家。有国家级人才2人，省级人才5人。万轮科技园位于江陵路88号，具备产业研发、综合生产、商务服务及生活配套四大功能区块，形成“创业苗圃+孵化器+加速器+产业园”一站式孵化与培育的科技创新服务链和生态圈，全程免费为入孵企业提供一站式服务。

【杭州华业高科技产业园】 至2021年年底，杭州华业高科技产业园在孵企业150多家，其中新入孵企业47家；累计有上市企业4家、“新三板”挂牌企业6家；累计有国家级高新技术企业132家，其中新培育21家；有“瞪羚企业”63家，其中新培育13家。引进国家级、省级人才9人，其中新引进1人。有各类知识产权2000多件。杭州华业高科技产业园位于建业路511号，孵化面积3万平方米。采用“众创空间+孵化器+加速器+产业园”发展模式，探索“天使投资+孵化培育”产业培育模式，构建创新企业孵化基地、创新人才培养基地、创新技术研发基地的综合型国家级科技企业孵化器，为企业提供投资融资、科技服务、创业辅导、公共服务、人力资源、政策辅导等创新创业服务。

杭州华业高科技产业园　　（区科技局　供图）

【杭州天和高科技产业园】 至2021年年底，杭州天和高科技产业园累计孵化企业近270家，其中新入孵企业26家；服务企业超过1000家次；累计有浙江省科技型中小企业58家，其中新培育11家；累计有国家科技型中小企业37家，其中新培育7家；有市级高新技术企业35家；有国家级高新技术企业37家，其中新培育5家；有省级企业研发中心1家。累计引进高层次人才22人，其中新引进1人。杭州天和高科技产业园位于滨安路688号，是以体外诊断产品为特色，集众创空间、孵化器、加速器、产业园为孵化生态链的生物医药与智慧健康产业科技园。园区企业包括原料、试剂、器械、研发、营销、检测、服务等类型，覆盖生物医药整条产业链。园区拥有符合生物医药的园区绿化、生物医药污水处理池、双路供电系统、新风净化系统等专业设施，满足生物医药发展要求；提供科技咨询服务、仪器设备共享、智慧平台服务、海外高层次人才服务、产业基金投资等服务。

【华城和瑞科技园】 至2021年年底，华城和瑞科技孵化器累计孵化企业284家，其中新入孵企业66家，新毕业企业52家；累计有上市企业5家，其中新培育1家；新增“瞪羚企业”7家；累计有科技型中小企业91家，其中新培育11家；有市“雏鹰计划”企业53家，其中新培育3家；新培育国家级高新技术企业5家；培育“准独角兽”企业1家。服务企业1500多家。有国家级人才1人，省级人才2人。华城和瑞科技园位于长河路475号，重点培育智能智造、大数据、生物医药、新能源等行业企业，利用园区优势，为创业者提供低成本生产经营场所，针对初创型企业的创业实训、创业孵化、创业指导，细化规范服务流程，构建一站式阶梯创业服务体系。

【“5050计划”加速器】 至2021年年底，“5050计划”加速器累计孵化企业380多家，其中新入孵企业28家。服务企业2650家。培育“新三板”上市企业3家；投资孵化“独角兽”企业2家，其中新孵化1家；孵化“准独角兽”企业8家，其中新孵化2家；培育科技型中小企业近110家，其中新培育6家；有市级高新技术企业31家；有国家级高新技术企业42家，其中新培育4家。引进国家级人才6人、省级人才3人，培育国家级1人、省级人才2人。“5050计划”加速器位于海外高层次人才创新创业基地，采用“政策扶持+创业导引+持股孵化+创业投资”运营模式，通过建设“5050”创新创业大赛、六和桥投融资平台，为企业提供创业、投资、技术转移、市场资源配置服务。在加拿大、法国、英国、日本成立国际双子星孵化器4个。

【高新汇·三维信息科技园】 至2021年年底，高新汇·三维信息科技园孵化器累计孵化企业118家，其中新入孵企业17家。服务企业300多家。培育科技型中小企业、市级高新技术企业30多家，其中新培育10家；培育国家级高新技术企业21家，其中新培育3家；新增“瞪羚企业”1家；有“独角兽”企业1家。引进国家级人才2人、国家级企业技术中心1个。高新汇·三维信息科技园由浙江三维无线科技有限公司运营，位于火炬大道581号。园区采用“政府引导企业投资、专业科技园运营团队管理”运营模式，以信息经济为主导产业，集聚移动互联、智慧物联、智慧健康、文化创意等产业，为入孵企业提供技术、资金、平台、市场等资源和服务。

【金绣国际孵化器】 至2021年年底，金绣国际孵化器累计孵化企业196家，其中新入孵企业23家。服务企业300多家。培育科技型中小企业23家，新增17家；培育省科技型中小企业31家，新增13家；培育国家级高新技术企业23家，其中新培育6家，复评1家；培育“雏鹰计划”企业18家，新增4家；培育“瞪羚企业”2家，有市级研发中心2家、“新三板”挂牌企业3家。金绣国际孵化器由杭州金绣花边有限公司自主运营，位于聚业路26号。孵化器孵化Wi-Fi产业、物联网（IoT）、物联网+、人工智能（AI）等产业项目，聚集、培育、帮扶初创型科技企业发展，构建以空间基础服务、创业辅导、投融资、科技咨询、市场开拓、研发共享服务6个模块为一体的服务体系，为入园企业提供工商注册咨询、财税政策服务、法律咨询、创业资金筹措、项目申报培训、人才引进、市场开拓、资源共享、信息服务等全方位“一站式”的创业服务，是一家投入运营并拥有全要素的专业化创新创业综合体。

【杨林科技创业中心】 至2021年年底，杨林科技创业中心孵化器累计孵化企业130多家，其中新入孵企业8家。服务企业800多家。培育省级科技型中小企业16家，其中新培育4家；培育国家科技型中小企业12家，其中新培育4家；培育国家级高新技术企业11家，其中新培育3家；有省级研发中心2家，其中新培育1家；有市级高新技术企业5家；累计引进高层次人才9人。杨林科技创业中心是以生命健康为特色的生命智慧健康专业科技园，集孵化器、加速器、产业化为一体的新兴民营高科技园，为智慧生命健康类的初创型企业提供创业平台，为企业提供创业辅导、工商财务、融资担保、人才交流、技术培训、技术咨询、实验室共享、成果转化等“一站式”创业服务。

【新增4家省级科技企业孵化器】2021年12月14日，浙江省科技厅公布省级科技企业孵化器备案名单，正泰量测科技园、卧龙·江虹国际智汇园、金地汇孵化器、电魂智能创意孵化器4家杭州高新区（滨江）孵化器入选，入选数量居全省第一位。正泰量测科技园位于滨江物联网小镇，立足新能源、互联网+、物联网、人工智能、软件信息等项目孵化、聚集、培育，帮扶初创型科技企业发展，具有“能源互联网+智慧能源”特色，孵化企业50多家。卧龙·江虹国际智汇园位于物联网产业园，以“龙行天下、汇聚智慧”为主题，整合智慧产业，优化智慧资源配置，以“绿色、智能、互联、协同”为目标，实现智慧和知识价值最大化，孵化企业50多家。金地汇孵化器位于江晖南路7号，以电子信息、智能硬件为特色，通过智能交通技术服务平台为企业提供一站式解决方案，探索“设计+小试+测试+样品+成品”的科技产业化新路径，孵化企业100多家。电魂智能创意孵化器位于滨安路435号，专业从事数字文娱领域，包括电竞游戏、数字动漫、数字新媒体、数字信息等科技企业孵化服务，由杭州电魂网络科技股份有限公司全资子公司杭州青眎投资管理有限公司运营，为入驻企业提供资源对接、创业孵化、公共技术服务等服务，孵化企业30多家。

（洪乐颐　徐熠超）

众创空间

【概况】2021年，杭州高新区（滨江）新备案LinBox中太创业空间、H2中瑞智慧医疗创新中心、Phenix Lab、杭州智慧物联创新中心、MIRACLE众创空间5家省级众创空间。累计有市级以上众创空间42家，省级及以上39家，其中国家级17家。楼友会、招商创库·杭州、鲲AI空间、六和桥4家被认定为2020年度绩效评价优秀省级备案众创空间。

【LinBox中太创业空间】至2021年年底，LinBox中太创业空间累计孵化企业86家，其中新入孵企业15家。孵化省级科技型中小企业5家，其中新孵化3家；在孵企业知识产权拥有量25件，其中新增5件；留学归国人员创办企业3家；外资企业1家；举办路演、创业活动24场；签约创业导师18人。LinBox中太创业空间位于南环路4025号，孵化场地面积1876.9平方米，孵化产业方向为人工智能、软件研发、生物医疗。LinBox中太创业空间由杭州拎包客资产管理有限公司和投资机构联合建设，发挥“空间运营+股权投资”的优势，以投资和孵化相结合的模式，采用市场化运作方式，利用自有资金、合作基金，为在孵企业提供创业沙龙、创业路演、资本对接、政策申报等服务。2021年获评省级备案众创空间。

【H2中瑞智慧医疗创新中心】至2021年年底，H2中瑞智慧医疗创新中心引进孵化企业40家，其中新引进孵化企业22家；孵化科技型中小企业2家；在孵企业有效知识产权拥有量16件；开展海外科技项目预孵化服务，培育项目13项；举办路演、资源对接活动30多场；签约创业导师14人；拥有自有及合作投资基金4家，产业创新投资基金规模1亿余元，与早期股权投资基金、产业基金、医健产业园区、律所、财税、人才服务、政策申报等服务机构建立合作关系。H2中瑞智慧医疗创新中心由浙商总会大健康委员会旗下资产管理平台浙商健投与瑞典智慧医疗孵化器Health Hub联合成立，由跨域（杭州）科技有限公司独家运营。平台孵化方向为医疗器械、医疗服务、医疗信息、健康快消、医疗技术等，聚焦引进国际化智慧医疗创新项目和高端创新人才、项目、技术成果落地。2021年获评省级备案众创空间。

【Phenix Lab众创空间】 至2021年年底，Phenix Lab众创空间累计孵化企业15家，其中新增6家；累计举办创新创业活动20多场；签约创业导师6人。Phenix Lab众创空间位于六和路368号，由杭州若联科技有限公司、杭州枫惠六和桥创投科技有限公司联合发起，孵化场地面积363平方米。Phenix Lab众创空间通过搭建无人系统公共技术服务平台、项目服务平台，提供无人系统项目孵化、投资等服务；合作基金2.5亿元，专注培育无人系统项目，累计引进无人系统相关企业12家。2021年获评省级备案众创空间。

【杭州智慧物联创新中心】 至2021年年底，杭州智慧物联创新中心累计孵化企业30家，其中新孵化企业11家。累计举办创新创业活动40多场，签约创业导师6人。杭州智慧物联创新中心位于阡陌路459号，孵化面积622.06平方米，通过搭建集高校成果转换、产业初级孵化、龙头企业裂变孵化为一体的多资源聚合式智慧物联产业新平台，对符合国家重点支持的高新技术领域、拥有自主知识产权或符合产业发展方向，并具有较大推广应用潜力或良好市场开发前景的科技项目予以种子资金资助。2020年获评杭州市级众创空间，2021年获评省级备案众创空间。

【MIRACLE众创空间】 至2021年年底，MIRACLE众创空间累计孵化企业60多家，其中新入孵企业16家。签约创业导师8人。MIRACLE众创空间位于联慧街300号，孵化面积1176平方米，按照“场地+导师+基金”的模式运营，为入驻的创业人才提供工商注册、税务登记、战略规划、内部控制、制度设计、税务筹划等服务；为创业团队提供产品打磨、市场拓展、商业模式、团队发展、资金支持等增值服务。空间拥有自有孵化资金和合作基金，累计投资企业4家。2021年，MIRACLE众创空间获评省级备案众创空间。

【楼友会】 至2021年年底，楼友会在孵企业40家，其中大学生创办企业7家、留学人员创办企业2家、国家级高新技术企业4家、国家科技型中小企业6家、省科技型中小企业1家、其他20家。新入孵企业22家，毕业企业20家，累计毕业企业180家。楼友会在孵企业新增知识产权申请量10件、知识产权授权量15件、有效知识产权拥有量30件，其中拥有知识产权的在孵企业数占在孵企业总数的70%。在孵企业吸收就业人数240人。楼友会位于江北科技园黄姑山路29号颐高创业大厦，空间孵化面积3113.33平方米，孵化“互联网+”初创型创业项目，为创业者提供优质项目落地、高端人才引进、投资融资、行业产业交流等服务。楼友会先后被认定为国家备案众创空间、省级优秀众创空间、国家级高新技术企业、杭州市十佳创业服务机构称号、中国百家特色载体。

【招商创库·杭州】 至2021年年底，招商创库·杭州累计孵化企业100多家，其中新入孵企业13家；服务企业超过200家；有国家级高新技术企业2家，累计获创投投资企业5家，举办创新创业活动30多场，有400多家合作伙伴、120多家创投机构、20多家行业协会及产学研机构，为创新创业者提供全产业生命周期服务。招商创库·杭州位于江虹路1750号，孵化场地面积3643.84平方米，是招商局联合创新中心的主要载体，是招商蛇口旗下唯一的联合办公品牌。招商创库·杭州利用双创示范基地和招商局集团的各类资源，协同骨干企业、创新创业企业和各类协会，建设新型联合办公空间，节省企业成本，优化企业服务，满足企业空间、服务、资本、社交、数字应用等需求。招商创库·杭州于2020年备案浙江省级众创空间，2021年获评省级优秀众创空间。

【鲲AI空间】 至2021年年底，鲲AI空间累计孵化企业100多家，其中新入孵企业13家；服务企业超过250家。鲲AI空间位于东信大道66号，孵化场地面积1200平方米。由杭州鱼昆投资管理有限公司投资建立，与科大讯飞股份有限公司、杭州华为企业通信技术有限公司、东方通信股份有限公司等企业展开合作，整合国家高新区政策资源、全球创投资源、科技实业系列的上市公司资源、全球人才资源，为企业搭建公共技术服务平台，建设具备国际化合作特色的人工智能领域专业众创空间。鲲AI空间自有5000万元的项目专项基金专注互联网人工智能方向项目孵化，帮助企业获得杭州枫惠六和桥创投科技有限公司、杭州盈动投资管理有限公司、苏州启明融盈创业投资合伙企业（有限合伙）的风险投资。

【六和桥众创空间】 至2021年年底，六和桥众创空间累计孵化企业100多家，其中新入孵企业16家；服务企业1300多家；六和桥众创空间由投融资平台（路演）和开放办公区域组成，平台每周推送3～5个精选项目进行路演，累计举办310期；吸引投资机构300多家，天使投资人350多人，路演企业1350多家。117家企业通过六和桥众创空间获风险投资，融资额46亿余元。六和桥众创空间位于海外高层次人才创新创业基地，孵化面积550平方米，路演项目以早期项目为主，为机构和天使投资人寻找项目、孵化项目提供服务。（洪乐颐 徐熠超）

创新主体培育

【概况】 2021年，杭州高新区（滨江）有698家企业通过国家级高新技术企业认定，其中新认定企业432家、重新认定266家；有效国家级高新技术企业1928家。新认定省级科技型中小企业674家，市级“雏鹰计划”企业196家。给予省级科技型中小企业和市级“雏鹰计划”企业奖励资助合计2597万元。杭州高新区（滨江）编印省科技型中小企业认定指南，解析扶持政策、认定条件、认定流程、申报流程及申报材料等内容。举办省科技型中小企业申报专题培训会5场，培训650人次。

六和桥众创空间 （区科技局 供图）

【高新技术企业培育】 2021年，杭州高新区（滨江）调整高新技术企业认定工作领导小组和高新技术产业发展领导小组，增加街道平台及相关部门，强化部门协同。发挥孵化器、众创空间作用，在孵化器和众创空间宣讲孵化器绩效评价、楼宇政策、毕业房补政策和企业自身奖励、税收优惠政策等内容。编印高新技术企业申报宣传单8000份、海报300份。联合街道平台开展高新技术企业培训、企业排摸、组织推荐预申报工作。将省科技型中小企业、市“雏鹰计划”企业等纳入储备库，结合研发投入和知识产权情况，梳理形成2246家储备企业库。开展“一个问卷调查”“一期走访调查”“一轮模拟申报”“一批辅导培训”“一次专家门诊”，动员新申报企业510家，比上年增长28%。采用线上、线下相结合的培训方式，举办线上7场次、线下20场次培训，培训范围实现江北、江南、街道平台全覆盖。开展高新技术企业申报服务需求问卷调查，收集需求180个，回访指导156家次。采取专家指导、科技服务机构“一对一”“一对多”“多对一”辅导方式，实施精准化培育服务。邀请高新技术企业评审专家36人，对334家意向企业的申报材料进行把关。至年底，有698家企业通过国家级高新技术企业认定，其中新认定企业432家、重新认定266家。（李 丽）

【省创新型领军企业培育】2021年3月23日，省科技厅印发《关于公布2020年浙江省创新型领军企业名单的通知》，浙江中控技术股份有限公司被认定为第四批浙江省创新型领军企业，华信咨询设计研究院有限公司、杭州炎魂网络科技有限公司、税友软件集团股份有限公司、杭州鸿雁电器有限公司4家企业入围浙江省创新型领军企业培育库。12月29日，省科技厅印发《关于公布2021年浙江省创新型领军企业名单的通知》，浙江众合科技股份有限公司、浙江大立科技股份有限公司、杭州博日科技股份有限公司、杭州华新机电工程有限公司4家高新技术企业入围浙江省第五批创新型领军企业培育库名单。至年底，杭州高新区（滨江）有10家企业被认定为省创新型领军企业、27家高新技术企业被纳入培育库。

（李　丽）

【国家科技型中小企业培育】2021年1月11日，科技部火炬中心启动2020年科技型中小企业评价工作，杭州高新区（滨江）组织1596家企业申报，经过企业评价信息形式审查，入库科技型中小企业信息集中抽查，杭州高新区（滨江）1583家企业入库2021年科技型中小企业，比上年增长34%，登记入库企业可享受税前加计扣除175%的税收优惠政策。

【省科技型中小企业培育】2021年3月2日，杭州高新区（滨江）启动2021年省科技型中小企业认定申报工作，组织1070家企业申报，经材料审核，推荐上报674家。674家企业全部被认定为2021年度浙江省科技型中小企业。根据《关于促进科技企业创新创业的实施意见》，给予新认定的浙江省科技型中小企业每家奖励1万元。

【科技型企业研发费用补助】2021年8月9日，杭州高新区（滨江）开展“2020年度市科技型企业研发费用投入财政补助”企业佐证材料补充工作。经市科技局审核，8月20日，市科技局发布“关于2021年符合市科技型企业研发费用投入财政补助条件企业的公示”，杭州高新区（滨江）188家企业获补助资金7212.8万元，其中涉及科技型中小企业补助45家1519万元、国家级高新技术企业补助143家5693.8万元。

【“雏鹰计划”企业培育】2021年3月12日，市科技局启动市级“雏鹰计划”企业申报工作。杭州高新区（滨江）区科技局组织276家企业申报，经初审推荐上报企业272家。市科技局按照杭州市“雏鹰计划”企业培育工程的实施意见进行评审。9月10日，市科技局公布2021年杭州市“雏鹰计划”企业认定结果，杭州高新区（滨江）196家企业被认定为杭州市“雏鹰计划”企业。杭州市“雏鹰计划”企业作为国家级高新技术企业培育库，至年底，全区有144家企业被认定为国家级高新技术企业。

（全　鑫）

科技管理

【概况】2021年，杭州高新区（滨江）推荐上报国家、省、市级科技计划项目130多个，获立项81个，其中国家级3个、省级重大科技专项36个、市级科技计划项目42个，争取国家、省、市科技资金2.3亿元。

【36个项目获批省级研发攻关计划立项】2021年8月5日，杭州高新区（滨江）根据省科技厅《关于组织申报2022年度“尖兵”“领雁”研发攻关计划项目的通知》、市科技局《关于做好2022年度省“尖兵”“领雁”研发攻关计划项目申报和推荐工作的通知》要求，开展2022年度“尖兵”“领雁”研发攻关计划项目申报工作，项目分“尖兵”“领雁”“其他类”三大类。经组织申报、评审推荐、上级立项等流程，10月30日，省科技厅公布获批立项名单，全省获批项目525个，杭州高新区（滨江）获批36个，其中“尖兵”项目20个、“领雁”项目14个、其他类项目2个。

【42个项目获批国家、省重大科技专项配套项目】 2021年6月17日，杭州高新区（滨江）根据市科技局关于征集2021年度国家、省重大科技专项资助市级配套项目的通知，开展2021年度国家、省重大科技专项资助市级配套项目的征集工作。杭州高新区（滨江）推荐申报项目49个，42个项目获批立项，获市级财政资金553.86万元。

2021年杭州高新区（滨江）“尖兵”“领雁”研发攻关计划项目立项情况表

表21

序号	项目名称	项目承担单位	榜单类型
1	城市智慧交通云边端一体化管控关键技术研究及应用示范	浙江浙大中控信息技术有限公司	尖兵
2	面向飞机健康安全的智能巡检机器人及监测平台研发	浙江国自机器人技术股份有限公司	尖兵
3	超大规模预训练模型云平台	网易（杭州）网络有限公司	尖兵
4	跨境电商贸易智能多维支付风险管理决策系统研发与应用	连连银通电子支付有限公司	尖兵
5	“互联网+”智能家居系统个性化定制设计关键技术及产业化	杭州鸿雁电器有限公司	尖兵
6	基于工业互联网的大型机泵系统全生命周期智慧管控关键技术及应用示范	浙江中控技术股份有限公司	尖兵
7	面向智能制造的场景操作系统的研究	杭州沃趣科技股份有限公司	尖兵
8	用于大规模疫苗、抗体产业化的一次性生物反应器研发	浙江金仪盛世生物工程有限公司	尖兵
9	车载智能视觉图像传感器研发及应用	浙江华锐捷技术有限公司	尖兵
10	高性能射频芯片测试关键技术	杭州长川科技股份有限公司	尖兵
11	车载智能视觉图像传感器研发及应用	虹软科技股份有限公司	尖兵
12	高通量毛细管电泳分析系统	聚光科技（杭州）股份有限公司	尖兵
13	高速高精电主轴	杭州三相科技有限公司	尖兵
14	高放射酸雾环境下涉核作业机器人	杭州景业智能科技股份有限公司	尖兵
15	高精度图形感知和建模装置	杭州相芯科技有限公司	尖兵
16	面向临床精准诊断的超高效液相色谱——三重四极杆质谱联用分析仪	瑞莱谱（杭州）医疗科技有限公司	尖兵
17	新冠病毒变异株高灵敏度快速检测技术及产品	杭州博日科技股份有限公司	尖兵
18	新冠病毒变异株高灵敏度快速检测技术及产品	杭州优思达生物技术有限公司	尖兵
19	CO_2捕集与资源化利用关键技术和装备	浙江天地环保科技有限公司	尖兵
20	碳达峰碳中和先进技术与装备研发及示范应用——典型行业CCUS及多能耦合先进技术与装备研发及示范应用	中国空分工程有限公司	尖兵
21	主动脉输送及支架解决方案	杭州启明医疗器械股份有限公司	领雁
22	创新型双特异性抗体药物SMET12的临床抗肿瘤疗效研究	浙江时迈药业有限公司	领雁
23	国产自主高端防火墙产品研发	新华三技术有限公司	领雁
24	大规模知识图谱驱动的银行关联风险实时挖掘平台研发与产业化	信雅达科技股份有限公司	领雁
25	低轨通信卫星K/Ka频段多通道多波束射频微系统	杭州万高科技股份有限公司	领雁
26	面向飞机安全的精准诊断与智能分析关键技术研究	浙江中正智能科技有限公司	领雁

续表21

序号	项目名称	项目承担单位	榜单类型
27	生活垃圾填埋场存量垃圾清洁高效利用关键技术研发与示范	中国联合工程有限公司	领雁
28	应用于半导体主动制冷的高强高效热电材料及其微型器件	杭州大和热磁电子有限公司	领雁
29	全自动免疫分析系统及尘螨组分特异性抗体检测试剂（蛋白芯片法）的开发和应用	杭州浙大迪迅生物基因工程有限公司	领雁
30	恶劣工况下地铁盾构隧道施工变形安全监测与控制技术及示范应用	杭州萧宏建设环境集团有限公司	领雁
31	大数据智能交互分析平台研发与应用	税友软件集团股份有限公司	领雁
32	数字化育苗与定植成套装备研发	四维生态科技（杭州）有限公司	领雁
33	基于人工智能的泛音视频云服务平台	浙江华数广电网络股份有限公司	领雁
34	面向新一代视频监控的慧眼系统	北京航空航天大学杭州创新研究院	领雁
35	智慧医疗设备和系统研发——基于可穿戴无创ta-VNS的神经疾病诊断系统和智能调控技术研发	浙江环玛信息科技有限公司	其他类
36	“双碳”增效型光绿复合屋面（PVGR）集成技术	浙江融合环境科技有限公司	其他类

2021年杭州高新区（滨江）国家、省重大科技专项配套项目情况表

表22

序号	项目名称	承担单位
1	中国和欧盟主要婴幼儿食品安全生产监控技术研究	贝因美（杭州）食品研究院有限公司
2	融合智能移动警务关键技术研究与应用示范	东方通信股份有限公司
3	科技创新2030——“新一代人工智能”：基于混合器件的神经形态计算架构及芯片研究	杭州海康威视数字技术股份有限公司
4	可泛化的领域学习与计算引擎	杭州海康威视数字技术股份有限公司
5	物联网智能开放服务运行支撑系统	杭州海康威视数字技术股份有限公司
6	科技创新2030——“新一代人工智能”视频感知新一代人工智能开放创新平台	杭州海康威视数字技术股份有限公司
7	跨界服务融合理论与关键技术	杭州海康威视数字技术股份有限公司
8	城市智慧出行服务系统技术集成应用	杭州海康威视数字技术股份有限公司
9	智慧法院综合示范及效能评价	杭州海康威视系统技术有限公司
10	经导管介入自膨式肺动脉瓣膜置换系统研制及应用	杭州启明医疗器械股份有限公司
11	海洋物性参数监测仪课题3（2018YFF01014103）	杭州浅海科技有限责任公司
12	海洋物性参数监测仪课题1（2018YFF01014101）	杭州浅海科技有限责任公司
13	海洋物性参数监测仪课题6（2018YFF01014106）	杭州浅海科技有限责任公司
14	“以链治链”监管架构与关键技术研究	杭州趣链科技有限公司
15	宽谱段高分辨中阶梯光栅单色器的研制及应用	浙江浙大中控信息技术有限公司
16	主动脉腔内治疗新器械设计开发及临床应用	杭州唯强医疗科技有限公司
17	蒿花粉和螨虫重要过敏源组分鉴定以及检测试剂开发	杭州浙大迪迅生物基因工程有限公司

续表22

序号	项目名称	承担单位
18	面向政务领域的拟人化人机交互关键技术研究与应用项目——开放式智能客服平台研建及应用示范	杭州中软安人网络通信股份有限公司
19	中医药大数据云服务平台与应用示范	杭州中软安人网络通信股份有限公司
20	面向政务领域的拟人化人机交互关键技术研究与应用——课题2:知识驱动的拟人化多轮对话关键技术	杭州中软安人网络通信股份有限公司
21	大型室内位置服务示范应用与产业化	杭州中软安人网络通信股份有限公司
22	邮政快递业高速智能无人安检机研发试点及产业化应用	浙江啄云智能科技有限公司
23	规模化制造业多价值链协同云服务平台研发	浙江吉利控股集团有限公司
24	规模化制造业多价值链协同云服务平台研发	杭州吉利易云科技有限公司
25	面向制造业价值链的分布式数据空间构建技术与系统	杭州吉利易云科技有限公司
26	基于中国工况的插电式(含增程式)混合动力汽车动力系统优化匹配研究及验证分析	浙江吉利新能源商用车集团有限公司
27	基于自主可编程芯片的新型网络设备	新华三技术有限公司
28	规范化、全周期重大出生缺陷大数据平台建设	医惠科技有限公司
29	面向西部地区的智能化康复辅具系统研发和标准化应用	医惠科技有限公司
30	基于立体化网络建设出生缺陷综合防控应用体系	医惠科技有限公司
31	面向西部地区的智能化康复辅具系统研发和标准化应用	医惠科技有限公司
32	基于V2X的城市智能交通系统关键技术联合研发与应用	银江股份有限公司
33	海绵城市建设分析模型和实证工程研究	浙江贵仁信息科技股份有限公司
34	封闭和半开放条件下智能车路系统测试评估与示范应用—封闭条件下IVIS集成测试评估、标准化及示范应用	阿里巴巴(中国)有限公司
35	多模式多语言跨境电商平台研发与应用示范——新一代多模式一体化跨境电商模式创新与云服务平台	阿里巴巴(中国)网络技术有限公司
36	水产品危害物的非定向识别及快速检测技术与产品	杭州南开日新生物技术有限公司
37	面向城市宜居的认知计算与一体化服务平台应用	聚光科技(杭州)股份有限公司
38	村镇社区环境监测及修复关键技术研发	聚光科技(杭州)股份有限公司
39	典型石化过程安全保障关键技术及装备研发	聚光科技(杭州)股份有限公司
40	珠三角PM2.5和臭氧综合防控技术与精准施策示范	聚光科技(杭州)股份有限公司
41	面向电商的无人化柔性仓储物流机器人系统应用	浙江国自机器人技术股份有限公司
42	基于网络流量的漏洞分析与检测技术研究	杭州安恒信息技术股份有限公司

(张连伟　户锋刚)

【高新技术企业服务】2021年,杭州高新区(滨江)完成2020年认定高新技术企业工作及新引进高新技术企业的补助资金核拨工作,新认定的高新技术企业每家60万元(区级、市级各30万元)、重新认定的高新技术企业每家20万元(市级、区级各10万元)、新引进的有效高新技术企业每家30万元。做好1552家有效高新技术企业的季报、年报统计工作,组织高新技术企业填报4次季报、1次年报。开展"回头看",组织1552家企业填报"回头看"自查表,汇总后上报省高新技术企业认定办公室。抽查企业复核工作，被抽查企业4家，通过3家。受理三批次共38家高新技术企业更名申请，形式审查后上报省科技厅，全部通过。

【15家企业入选省高新技术企业技术创新能力百强榜单】 2021年12月28日，省科技信息研究院发布2021年浙江省高新技术企业技术创新能力百强企业名单，新华三技术有限公司、杭州海康威视数字技术股份有限公司、浙江大华技术股份有限公司、杭州迪普科技股份有限公司、浙江宇视科技有限公司、网易（杭州）网络有限公司、恒生电子股份有限公司、阿里巴巴（中国）有限公司、杭州海康威视系统技术有限公司、杭州萤石软件有限公司、浙江中控技术股份有限公司、聚光科技（杭州）股份有限公司、杭州海康机器人技术有限公司、矽力杰半导体技术（杭州）有限公司、浙江大立科技股份有限公司15家杭州高新区（滨江）企业入选，比上年增加3家，居全省首位，比第二名多8家。其中，细分领域的电子信息创新能力百强名单全省前10名中，有新华三技术有限公司、杭州海康威视数字技术股份有限公司、浙江大华技术股份有限公司、杭州迪普科技股份有限公司、浙江宇视科技有限公司、网易（杭州）网络有限公司、恒生电子股份有限公司、阿里巴巴（中国）有限公司、杭州海康威视系统技术有限公司9家杭州高新区（滨江）企业。浙江省高新技术企业技术创新能力百强评价榜单是根据《浙江省科学技术厅关于开展2021浙江省国家高新技术企业创新能力百强评价工作的通知》要求，受省高新技术企业协会委托，省科技信息研究院从全省2.85万家有效高新技术企业中选出，从“投入与产出”角度对企业创新能力进行考核和测算，涉及研发经费占主营业务收入比重、研发从业人员人均投入研发经费等7个核心指标。（李　丽）

科技合作与交流

【概况】 2021年，杭州高新区（滨江）继续深化产学研合作平台建设，加快科技成果转化与产业化，形成科技、人才、资本、市场等要素贯通互融的创新发展体系。在建的产学研合作平台有北京航空航天大学杭州创新研究院、浙江大学滨江研究院、杭州极弱磁场重大科技基础设施研究院、杭州中科国家技术转移中心、杭州长光产业技术研究院和杭州电子科技大学滨江创新中心6个。

【北京航空航天大学杭州创新研究院】 2021年，北京航空航天大学杭州创新研究院新增“浙江省极弱磁空间及应用技术重点实验室”1个，累计获批省重点实验室2个。研究院报送的《创新与转化双轮驱动，构建“哑铃型”新型研发机构》案例入选科技部科技体制改革案例库典型案例清单。全年举办“钱江论坛”2次，引进人才51人；获评杭州市典型博士后工作站，获批国家博士后基金资助项目6个；获批国家自然基金项目8个，立项国家级、省级项目35个；签署企业合作项目57个。新加入浙江省人工智能产业技术联盟等联盟协会6家，入选首批市科协智库研究基地，市科技局“杭州市

北京航空航天大学杭州创新研究院　（区委宣传部　供图）

科技创新示范服务站”。依托航空航天科普展厅、特色研学营等多种载体，开展“飘扬党旗下的中国航空航天梦”庆祝中国共产党成立百年系列活动，服务4000多人次，获评杭州市青少年科普教育基地、杭州市中小学生研学旅行基地。

【浙江大学滨江研究院】 2021年，浙江大学滨江研究院新引进人员153人，其中国家级人才5人、海外博士10人，累计163人，科研人员硕博占85.5%。新申请专利27项、申请标准2项。全年申报省、市级项目13个，与企业开展合作项目17个；组建和加入产业联盟6个，开展医研企产业合作5家，成立联合研究中心5家；新引进及孵化企业18家。鲲鹏生态中心拓展伙伴514家，达成意向385家，为206家企业提供鲲鹏云服务。获批成立浙江省博士后科研工作站。

【杭州极弱磁场重大科技基础设施研究院】 2021年，杭州极弱磁场重大科技基础设施研究院完成“超高灵敏极弱磁场和惯性测量装置”国家重大科技基础设施论证和申请工作，获国家发改委批复同意建设。研制完成超高灵敏极弱磁场和惯性测量尖端科学装置。研制完成国内第一代装置样机，申请进入杭州市医疗认证阶段。主持建设的国际上空间最大、指标领先的重大科技基础设施，列入国家发改委重大科技基础设施“十四五”规划。

【杭州中科国家技术转移中心】 2021年，杭州中科国家技术转移中心新引进硕博及以上高层次人才50多人，累计106人。对接先进科技成果50多项，累计对接70多项；为12个项目组织路演，累计组织路演项目27个。新引进企业11家，9家落地。获评长三角G60科创走廊科创路演中心联合体副理事长单位，参与承办“长三角研发产业论坛暨嘉定·科研院所科技成果转化研讨会”，联合主办“2021科技成果转化专项行动——科创型企业（家）培育计划”沙龙，协办“健康医疗传感技术与应用创新沙龙”等活动5场。

【杭州长光产业技术研究院】 2021年，杭州长光产业技术研究院开展项目和技术推介活动3场，走访企业40多家，获取项目合作信息5项，拟入驻企业1家。开展面向研究院内技术与本地企业间的实验项目3个。平台4家入驻企业均具备办公和研发生产条件，按照企业自定方针和计划开展经营工作。承办或参与“杭州市科技局第46期创新创业大讲堂”“杭州市经信局企业圆桌会”“生物医药产业联盟技术研讨会”等活动6场，搭建企业交流平台，掌握行业动态，明确市场定位，助力研究院和企业品牌影响力提升。

【杭州电子科技大学滨江创新中心揭牌】 2021年5月13日，杭州电子科技大学滨江创新中心开业仪式暨首期科创项目推介会在海外高层次人才创新创业基地举行。杭州电子科技大学滨江创新中心（滨江研究院）由杭州高新区（滨江）和杭州电子科技大学合作共建，位于海外高层次人才创新创业基地，面积3000平方米，建有3个实验室和1个展厅，包含技术创新与服务、产业项目孵化、技术培训教育三大平台。创新中心围绕全区经济社会发展中的技术、人才、产业等需求，遵循“产教融合、产城融合”原则，依托杭州电子科技大学在数字经济领域的学科和智力优势，重点在大数据、人工智能、网络安全、智能制造与物联网等领域，开展技术攻关、科技成果转化、产业化项目孵化、技术培训等工作，构建政校企一体的创新生态。至年底，创新中心与区内企业共建联合实验室3家，引进孵化企业和团队6家，完成知识产权转让实施9项；签订合作项目15个，涉及智慧水务、数字化改革、智慧交通、工业互联网等领域。

（章　莉）

科技研发载体

【概况】 2021年，杭州高新区（滨江）新增省级新型研发机构2家，累计3家；新增省级重点实验室2家，累计11家；新增省级重点企业研究院4家，累计44家，总数居全省区县（市）第一位。新增博世电动工具（中国）有限公司等省级企业研究院14家，累计100家。新增杭州阿姆科技有限公司等省级企业研发中心56家，累计356家；新增杭州海康机器人技术有限公司等市级企业研发中心71家，累计526家。

【市级研发中心建设】 2021年4月29日，市科技局启动2021年杭州市企业高新技术研究开发中心申报工作。杭州高新区（滨江）推荐71家企业申报。8月24日，市科技局印发《关于认定2021年杭州市企业高新技术研究开发中心的通知》，杭州高新区（滨江）有杭州海康机器人技术有限公司等71家企业被认定为杭州市企业高新技术研究开发中心。

【省级研发中心建设】 2021年11月1日，省科技厅启动2021年省高新技术企业研究开发中心申报工作。杭州高新区（滨江）推荐56家企业申报。12月29日，省科技厅印发《关于公布2021年新认定省级企业研发机构名单的通知》，杭州高新区（滨江）有杭州阿姆科技有限公司等56家企业被认定为省级高新技术企业研究开发中心。

2021年杭州高新区（滨江）新认定市级研发中心一览表

表23

序号	市级企业研发中心名称	依托单位名称
1	海康机器人智能技术市级企业高新技术研究开发中心	杭州海康机器人技术有限公司
2	海康存储闪存研发及应用市级企业高新技术研究开发中心	杭州海康存储科技有限公司
3	网易再顾电子商务市级企业高新技术研究开发中心	杭州网易再顾科技有限公司
4	杭州核新智能营销市级企业高新技术研究开发中心	杭州核新软件技术有限公司
5	恒生芸擎智慧交通市级企业高新技术研究开发中心	杭州恒生芸擎网络科技有限公司
6	炜呈智能能源互联网与人工智能运维管理技术研究开发中心	炜呈智能电力科技（杭州）有限公司
7	天阙数智社会治理市级企业高新技术研发中心	杭州天阙科技有限公司
8	舜宇智能光学感知市级企业高新技术研发中心	舜宇光学（浙江）研究院有限公司
9	舜宇机器视觉市级企业高新技术研究开发中心	浙江舜宇智能光学技术有限公司
10	杭州其乐融融电商软件市级企业高新技术研发中心	杭州其乐融融科技有限公司
11	森特农业农村大数据应用市级企业高新技术研究开发中心	浙江森特信息技术有限公司
12	行芯科技高性能芯片设计软件研发市级企业高新技术研究开发中心	杭州行芯科技有限公司
13	脉流科技心脑血管病智能诊疗市级企业高新技术研究开发中心	杭州脉流科技有限公司
14	双视红外热成像仪市级企业高新技术研究开发中心	浙江双视红外科技股份有限公司
15	慧控智能建筑节能技术市级高新技术企业研究开发中心	浙江慧控科技有限公司
16	浙江金淳智慧农业市级企业高新技术研究开发中心	浙江金淳信息技术有限公司
17	统标环境检测市级企业高新技术研究开发中心	杭州统标检测科技有限公司
18	中安云服传感AI市级研发中心	中安云服（浙江）信息技术有限公司
19	荃润信息安全市级企业高新技术研究开发中心	浙江荃润信息技术有限公司
20	逍邦网络企业数字化服务市级企业高新技术研究开发中心	杭州逍邦网络科技有限公司
21	诺益EMC测试技术市级企业高新技术研究开发中心	浙江诺益科技有限公司

续表23

序号	市级企业研发中心名称	依托单位名称
22	哈狗智能化网络大数据分析平台市级企业高新技术研究开发中心	杭州哈狗网络科技有限公司
23	浙江氮氧品牌管理有限公司NONOO潮牌创意水杯工业设计高新技术企业研发中心	浙江氮氧品牌管理有限公司
24	雅格纳智能船岸信息化市级企业高新技术研究开发中心	杭州雅格纳科技有限公司
25	诺莫检测技术市级企业高新技术研究开发中心	杭州诺莫检测技术有限公司
26	浙江科正汽车电子检测技术市级企业高新技术研究开发中心	浙江科正电子信息产品检验有限公司
27	棱镜全息市级企业高新技术研究开发中心	浙江棱镜全息科技有限公司
28	优辰基于BIM技术智慧建筑市级企业高新技术研究开发中心	杭州优辰建筑设计咨询有限公司
29	淘卡淘培训机构智慧运营市级企业高新技术研究开发中心	杭州淘卡淘科技有限公司
30	阿姆固态硬盘存储研究开发中心	杭州阿姆科技有限公司
31	纳爱斯绿色生态清洁用品市级企业高新技术研究开发中心	纳爱斯浙江科技有限公司
32	时迈药业创新抗体药物市级企业高新技术研究开发中心	浙江时迈药业有限公司
33	杭州宏景智能驾驶市级企业高新技术研究开发中心	杭州宏景智驾科技有限公司
34	康凯科技高性能Wi-Fi无线接入控制设备市级企业高新技术研究开发中心	康凯科技（杭州）股份有限公司
35	盾源聚芯集成电路用硅材料市级企业高新技术研究开发中心	杭州盾源聚芯半导体科技有限公司
36	浙江曙光大数据应用市级企业高新技术研究开发中心	浙江曙光信息技术有限公司
37	凡双无线安防市级企业高新技术研究开发中心	浙江凡双科技有限公司
38	杭州中诚塑料包装有限公司研究开发中心	杭州中诚塑料包装有限公司
39	百世伽5G智慧医院数据市级企业高新技术研究开发中心	杭州百世伽信息科技有限公司
40	得誉税宣云媒体市级企业高新技术研究开发中心	杭州得誉科技有限公司
41	图洋三维可视化地图市级企业高新技术研究开发中心	杭州图洋信息科技有限公司
42	杭州优工品工业零部件数字库平台市级企业高新技术研究开发中心	杭州优工品科技有限公司
43	国利信安安全网络控制系统市级企业高新技术研究开发中心	浙江国利信安科技有限公司
44	安卡二手车供需匹配高新技术研发中心	杭州安卡网络技术股份有限公司
45	富聊创新移动社交平台市级企业高新技术研究开发中心	杭州富聊科技有限公司
46	炎魂网络游戏市级企业高新技术研究开发中心	杭州炎魂网络科技有限公司
47	威星电子高技术服务杭州市级企业高新技术研究开发中心	浙江威星电子系统软件股份有限公司
48	弈天网络AI体验营销平台市级企业技术研究开发中心	杭州弈天网络技术有限公司
49	浅海气象海洋监测环保研发中心	杭州浅海科技有限责任公司
50	贝丰微特电机风机市级企业高新技术研究开发中心	杭州贝丰科技有限公司
51	杭州紫光通信市级企业高新技术研究开发中心	杭州紫光通信技术股份有限公司
52	汇健科技临床质谱技术市级企业高新技术研究开发中心	杭州汇健科技有限公司
53	云之盟5G通信服务数据中心智能化系统市级企业高新技术研究开发中心	杭州云之盟科技有限公司
54	羊绒世家新型羊绒产品市级企业高新技术研究开发中心	浙江羊绒世家服饰股份有限公司

续表23

序号	市级企业研发中心名称	依托单位名称
55	爱客人工智能市级企业高新技术研究开发中心	浙江爱客智能科技有限责任公司
56	百杏生物分析市级企业高新技术研究开发中心	杭州百杏生物技术有限公司
57	光芯科技网络信息安全市级企业高新技术研究开发中心	杭州光芯科技有限公司
58	普康生物市级企业高新技术研究开发中心	浙江普康生物技术股份有限公司
59	优行科技数智化出行平台市级企业高新技术研究开发中心	杭州优行科技有限公司
60	莱和生物免疫层析技术市级企业高新技术研究开发中心	杭州莱和生物技术有限公司
61	小牛医药数智化临床试验平台市级高新技术企业研究开发中心	杭州小牛医药科技有限公司
62	筹图科技无染色病理AI技术市级企业高新技术研究开发中心	杭州筹图科技有限公司
63	慧仓智能仓储及分拣市级企业高新技术研究开发中心	杭州慧仓信息科技有限公司
64	万维空间人工智能遥感大数据市级高新技术企业研发中心	浙江万维空间信息技术有限公司
65	科腾医用生物材料市级企业高新技术研究开发中心	杭州科腾生物制品有限公司
66	全世科技环境检测市级研发中心	浙江全世科技有限公司
67	瑞莱谱临床微量元素检测质谱仪市级企业高新技术研究开发中心	瑞莱谱（杭州）医疗科技有限公司
68	辉电综合IT系统集成市级企业高新技术研究开发中心	杭州辉电信息科技有限公司
69	卡艾视智能停车管理市级企业高新技术研究开发中心	杭州卡艾视科技有限公司
70	时空道宇航天信息与通信市级企业高新技术研究开发中心	浙江时空道宇科技有限公司
71	甘之草中医互联网诊疗服务技术研究开发中心	杭州甘之草科技有限公司

2021年杭州高新区（滨江）新认定省级研发中心一览表

表24

序号	研发中心名称	依托单位名称
1	阿姆固态硬盘存储省高新技术企业研究开发中心	杭州阿姆科技有限公司
2	安脉盛智能制造省高新技术企业研究开发中心	杭州安脉盛智能技术有限公司
3	百世伽5G智慧医院数据省高新技术企业研究开发中心	杭州百世伽信息科技有限公司
4	浙江省博联AI+IOT应用省高新技术企业研究中心	杭州博联智能科技股份有限公司
5	成邦新药制剂省高新技术企业研究开发中心	杭州成邦医药科技有限公司
6	创建市民卡应用省高新技术企业研究开发中心	浙江创建科技有限公司
7	东驰智慧数据运维管控省高新技术企业研究开发中心	浙江东驰科技有限公司
8	飞图智慧影像云省高新技术企业研究开发中心	浙江飞图影像科技有限公司
9	国利信安安全网络控制系统省高新技术企业研究开发中心	浙江国利信安科技有限公司
10	哈狗智能化网络大数据分析平台省高新技术企业研究开发中心	杭州哈狗网络科技有限公司
11	海康汽车软件汽车电子融合感知省高新技术企业研究开发中心	杭州海康汽车软件有限公司
12	贝丰微型高性能风机及电机省高新技术企业研究开发中心	杭州贝丰科技有限公司
13	核新智能推广省高新技术企业研究开发中心	杭州核新软件技术有限公司
14	恒生芸擎智慧交通省高新技术企业研究开发中心	杭州恒生芸擎网络科技有限公司

续表24

序号	研发中心名称	依托单位名称
15	华睿机器视觉省高新技术企业研究开发中心	浙江华睿科技股份有限公司
16	环研生态环境省高新技术企业研究开发中心	杭州环研科技有限公司
17	汇健科技临床质谱技术省高新技术企业研究开发中心	杭州汇健科技有限公司
18	慧仓智能仓储及分拣省高新技术企业研究开发中心	杭州慧仓信息科技有限公司
19	健海数字医疗人工智能省高新技术企业研究开发中心	杭州健海科技有限公司
20	金淳智慧农业省高新技术企业研究开发中心	浙江金淳信息技术有限公司
21	金惠数智公积金信息技术省高新技术企业研究开发中心	浙江金惠科技有限公司
22	康佰裕细胞精准治疗省高新技术企业研究开发中心	浙江康佰裕生物科技有限公司
23	科正汽车电子检测技术省高新技术企业研究开发中心	浙江科正电子信息产品检验有限公司
24	堃博肺部疾病微创介入诊疗器械省高新技术企业研究开发中心	杭州堃博生物科技有限公司
25	两平米儿童智慧空间省高新技术企业研究开发中心	杭州两平米智能家居科技有限公司
26	麟云数智交通省高新技术企业研究开发中心	杭州麟云科技有限公司
27	米雅聚合支付和智能营销省高新技术企业研究开发中心	杭州米雅信息科技有限公司
28	纳爱斯绿色生态清洁用品省高新技术企业研究开发中心	纳爱斯浙江科技有限公司
29	欧歌智慧城市省高新技术企业研究开发中心	浙江欧歌科技股份有限公司
30	品联智能光伏省高新技术企业研究开发中心	杭州品联科技有限公司
31	普康生物新型疫苗省高新技术企业研究开发中心	浙江普康生物技术股份有限公司
32	乐融融电商大数据处理软件省高新技术企业研究开发中心	杭州其乐融融科技有限公司
33	三维科技安全通信省高新技术企业研究开发中心	浙江三维通信科技有限公司
34	时空道宇航天信息与通信省高新技术企业研究开发中心	浙江时空道宇科技有限公司
35	舜宇机器人视觉省高新技术企业研究开发中心	浙江舜宇智能光学技术有限公司
36	四维生态数字化植物工厂省高新技术企业研究开发中心	四维生态科技（杭州）有限公司
37	糖吉医疗科技代谢疾病创新治疗省高新技术企业研究开发中心	杭州糖吉医疗科技有限公司
38	天阙数智社会治理省高新技术企业研究开发中心	杭州天阙科技有限公司
39	维空间人工智能遥感大数据省高新技术企业研究开发中心	浙江万维空间信息技术有限公司
40	网易再顾产业互联智慧电商省高新技术企业研究开发中心	杭州网易再顾科技有限公司
41	蔚复来智慧环保省高新技术企业研究开发中心	蔚复来（浙江）科技股份有限公司
42	西软智慧酒店管理省高新技术企业研究开发中心	杭州西软信息技术有限公司
43	逍邦网络企业数字化服务省高新技术企业研究开发中心	杭州逍邦网络科技有限公司
44	星软车联大数据省高新技术企业研究开发中心	星软集团有限公司
45	雅格纳智能船岸信息化省高新技术企业研究开发中心	杭州雅格纳科技有限公司
46	炎魂网络游戏省高新技术企业研究开发中心	杭州炎魂网络科技有限公司
47	翼信协同通信省高新技术企业研究开发中心	浙江翼信科技有限公司
48	优辰基于BIM技术智慧建筑省高新技术企业研究开发中心	杭州优辰建筑设计咨询有限公司

续表24

序号	研发中心名称	依托单位名称
49	思达分子POCT省高新技术企业研究开发中心	杭州优思达生物技术有限公司
50	优行科技数智化出行平台省高新技术企业研究开发中心	杭州优行科技有限公司
51	掌动手游产业省高新技术企业研究开发中心	杭州掌动科技股份有限公司
52	政安信息安全省高新技术企业研究开发中心	浙江政安信息安全研究中心有限公司
53	中材邦业工业智能化省高新技术企业研究开发中心	中材邦业（杭州）智能技术有限公司
54	中房房地产信息技术及大数据省高新技术企业研究开发中心	杭州中房信息科技有限公司
55	中一检测研究院环境检测技术省高新技术企业研究开发中心	杭州中一检测研究院有限公司
56	卓信通信省高新技术企业研究开发中心	浙江卓信信息技术有限公司

【省级企业研究院建设】 2021年11月1日，省科技厅启动2021年省企业研究院申报工作。杭州高新区（滨江）推荐15家企业申报。12月29日，省科技厅印发《关于公布2021年新认定省级企业研发机构名单的通知》，杭州高新区（滨江）有博世电动工具（中国）有限公司等14家企业被认定为省级企业研究院。

【省重点企业研究院建设】 2021年11月1日，省科技厅启动2021年省重点企业研究院申报工作。杭州高新区（滨江）推荐5家企业申报。12月29日，省科技厅印发《关于公布2021年新认定省级企业研发机构名单的通知》，杭州高新区（滨江）有矽力杰半导体技术（杭州）有限公司等4家企业被认定为省级重点企业研究院。

2021年杭州高新区（滨江）新认定省级企业研究院一览表

表25

序号	省级企业研究院名称	依托单位名称
1	浙江省博世数字化电动工具及附件企业研究院	博世电动工具（中国）有限公司
2	浙江省广立微集成电路制造类EDA技术企业研究院	杭州广立微电子股份有限公司
3	浙江省杭州大和热磁半导体新材料及关键零部件企业研究院	杭州大和热磁电子有限公司
4	浙江省杭州景业核工业装备企业研究院	杭州景业智能科技股份有限公司
5	浙江省联芸高端存储管理芯片企业研究院	联芸科技（杭州）有限公司
6	浙江省零跑科技智能纯电动汽车企业研究院	浙江零跑科技股份有限公司
7	浙江省纳晶科技量子点材料与器件企业研究院	纳晶科技股份有限公司
8	浙江省拓深科技电流 AI 技术企业研究院	杭州拓深科技有限公司
9	浙江省万高科技工业芯片技术企业研究院	杭州万高科技股份有限公司
10	浙江省沃趣数据库云技术企业研究院	杭州沃趣科技股份有限公司
11	浙江省优迈智能电梯企业研究院	杭州优迈科技有限公司
12	浙江省尚健生物创新抗体药物企业研究院	杭州尚健生物技术有限公司
13	浙江省盛立安元基于FPGA技术的金融科技平台企业研究院	盛立安元科技（杭州）股份有限公司
14	浙江省易思维工业智能视觉企业研究院	易思维（杭州）科技有限公司

2021年杭州高新区（滨江）新认定省级重点企业研究院一览表

表26

序号	省重点企业研究院名称	依托单位名称
1	浙江省高端模拟芯片重点企业研究院	矽力杰半导体技术（杭州）有限公司
2	浙江省开关电源技术重点企业研究院	英飞特电子（杭州）股份有限公司
3	浙江省当虹智能视频重点企业研究院	杭州当虹科技股份有限公司
4	浙江省鸿运华宁抗体新药重点企业研究院	鸿运华宁（杭州）生物医药有限公司

【浙江省高端模拟芯片重点企业研究院】 2021年，浙江省高端模拟芯片重点企业研究院新引进研发人才31人，累计444人；新增专利授权量116件。研究院位于联慧街6号，研发场地面积1.2万平方米，主要分隔为研发设计工作区、测试及系统设计等实验室。研究院的研发方向主要为5G基站设备电源及信号链芯片的研发及应用，汽车电子车规级车载芯片的研发及应用，服务器、数据中心芯片的研发及应用和智能家居系列芯片的研发应用。研发的产品先后获“中国芯”优秀技术创新产品奖、中国专利优秀奖、IC创新奖等奖项。

【浙江省开关电源技术重点企业研究院】 2021年，浙江省开关电源技术重点企业研究院基于对第三代半导体功率器件特性研究与应用，围绕智慧照明驱动控制技术、高功率密度的高速车用车载充电技术等核心关键技术，开展新一代智慧LED（发光二极管）驱动技术研究及新能源汽车充换电技术研究，开发完成整套输出电流电压可编程的恒功率产品、高防雷产品、超大功率（320～1200瓦）智能可编程产品等新产品。研究院新申请专利16件，其中发明专利12件、实用新型专利4件；授权专利6件，其中发明专利1件、实用新型专利5件。新引进人才6人。研究院由英飞特电子（杭州）股份有限公司主办，占地面积1.26万平方米，有专职研发人员175人，其中本科以上学历134人；研发内容为开关电源技术，包括LED驱动技术、新能源汽车充换电技术。

【浙江省当虹智能视频重点企业研究院】 2021年，浙江省当虹智能视频重点企业研究院开展下一代多场景音视频编解码算法、基于深度学习的视频画质增强算法、沉浸式汽车座舱娱乐中间件、视频云及大数据分析技术等研究。新增申请发明专利77项、发明专利授权38项，新增软件著作权67项。新参与省级项目1个，累计参与国家项目2个、省级项目4个。完成浙江省科技成果登记1项，4K超高清编转码系统经专家成果鉴定，技术水平达到行业国内领先水平，产品获2020年度浙江省科技进步奖三等奖、获评“浙江制造精品”；8K超高清双模实时硬件编码器经专家成果鉴证，达到国际领先水平。研究院由杭州当虹科技股份有限公司负责建设，位于天堂软件园内，科研场地面积3000多平方米，有研发团队200多人，其中正高级职称1人、高级职称25人；研究内容包括开展国内领先的视频算法和视频处理技术研究，面向多行业提供高质量、高性能、高安全的视频内容采集、内容生产、内容分析、内容分发及大数据应用的智能视频处理解决方案与视频云服务。

【浙江省鸿运华宁抗体新药重点企业研究院】 2021年，浙江省鸿运华宁抗体新药重点企业研究院有5个药物开发项目（包含2个孤儿药）处于不同的临床试验阶段，有6个全新的抗体分子处于临床前开发阶段，10多个全新的抗体和M-body分子处于早期研发阶段。新增专利申请或授权3项，新引进研发人才53人，累计132人。研究院位于秋溢路288号东冠高新科技园内，研发场地面积3000平方米，研发方向为抗体新药，涵盖心血管、代谢系统及癌症等重大疾病领域。

【新认定3家省级国际科技合作载体】2021年6月16日，省科技厅启动2021年度国际科技合作载体申报工作。杭州高新区（滨江）推荐5家企业申报。12月13日，省科技厅印发《关于公布2021年度国际科技合作载体认定名单的通知》，杭州高新区（滨江）有长川科技股份有限公司等3家企业被认定为2021年度省级国际科技合作载体。

【新认定11家市级企业创新联合体】2021年7月2日，市科技局启动2021年市级企业创新联合体备案（第一批）工作。杭州高新区（滨江）推荐11家企业申报。11月2日，市科技局发布2021年杭州市企业创新联合体备案的通知，杭州高新区（滨江）浙江零跑科技股份有限公司等11家企业创新联合体被认定为市级企业创新联合体。

2021年杭州高新区（滨江）新认定省级国际科技合作载体一览表

表27

序号	载体类型	省级国际科技合作载体名称	依托单位
1	国际科技合作基地	过敏诊断国际科技合作基地	杭州浙大迪迅生物基因工程有限公司
2	海外创新孵化中心	浙江瑞典斯德哥尔摩海外创新孵化中心	杭州瑞浙科技创新有限公司
3	企业海外研发机构	杭州长川科技股份有限公司日本研发中心	杭州长川科技股份有限公司

2021年杭州高新区（滨江）新增市级企业创新联合体一览表

表28

序号	创新联合体名称	牵头单位
1	杭州市智能网联汽车感知融合及决策控制技术研究企业创新联合体	浙江零跑科技股份有限公司
2	杭州市工业大型机组安全控制系统研制企业创新联合体	浙江中控技术股份有限公司
3	杭州市飞机安全巡检机器人技术企业创新联合体	浙江国自机器人技术股份有限公司
4	杭州市智慧交通企业创新联合体	浙江浙大中控信息技术有限公司
5	杭州市智能家居创新应用企业创新联合体	杭州鸿雁电器有限公司
6	杭州市自然人机交互数字智能体企业创新联合体	网易（杭州）网络有限公司
7	杭州市建筑集中供冷供热碳中和企业创新联合体	浙江陆特能源科技股份有限公司
8	杭州市数字安防产业企业创新联合体	浙江大华技术股份有限公司
9	杭州市下一代未来网络企业创新联合体	新华三技术有限公司
10	杭州市智慧政务语义理解企业创新联合体	杭州中软安人网络通信股份有限公司
11	杭州市智慧物流企业创新联合体	浙江东冠通信技术股份有限公司

【浙江省极弱磁空间及应用技术重点实验室】2021年，浙江极弱磁空间及应用技术重点实验室获批，在杭州培育实施国家“十四五”极弱磁场重大科技基础设施，牵头规划论证“量子通信与量子计算机”重大专项中量子精密测量任务，承担浙江省重点研发计划、国家自然科学基金、企业重大横向项目等11项。实验室发表SCI（科学引文索引）论文17篇，申请国家发明专利19项，授权5项。研制完成指标国际先进的高灵敏度芯片化原子磁强计，研制完成32通道极弱脑磁成像测量装置及36通道极弱心磁成像测量装置。与

国内多家医院签署战略合作协议，共建零磁医学实验室，推进极弱心脑磁成像测量装置的应用。浙江极弱磁空间及应用技术重点实验室依托北京航空航天大学杭州创新研究院，主要研究方向为极弱磁测量技术、高性能磁屏蔽技术、极弱磁测量应用技术等，实验室有研发人员182人。

【浙江省多维感知技术应用与安全重点实验室】 至2021年年底，浙江省多维感知技术与应用安全重点实验室承担国家级课题3项、省部级课题9项；获省、部级科技奖项8项；在国家核心刊物发表论文3篇，累计13篇；获软件著作权3项，累计25项；获发明专利授权6项，累计73项。浙江省多维感知技术与应用安全重点实验室依托杭州海康威视数字技术股份有限公司，主要从事多维感知智能终端关键技术、多维感知数据融合应用关键技术和多维感知网络安全关键技术等领域研究，实验室有固定研发人员38人。

（户锋刚　张连伟）

【院士专家工作站建设】 2021年，杭州高新区（滨江）新建杭州德诺睿华医疗科技有限公司、杭州富芯半导体有限公司2家企业院士工作站，新建杭州浙大迪迅生物基因工程有限公司、杭州姚生记食品有限公司和杭州缔蓝生物技术有限公司3家企业B类专家工作站。至年底，全区有院士专家工作站29家，其中院士站11家（省级2家）、专家站18家。全年兑付区级资助350万元。（李明达）

科技成果及应用

【概况】 2021年，杭州高新区（滨江）企业承担和参与的成果获国家科学技术进步二等奖1项；浙江省科学技术奖29项，其中技术发明奖一等奖1项、二等奖1项、三等奖1项，科技进步奖一等奖4项、二等奖7项、三等奖15项。技术合同登记3473项，交易额248.42亿元，占全市交易额的31.21%，比上年增长46.3%，居全省第一位。

【智能型科技情报挖掘和知识服务关键技术及其规模化应用】 2021年11月23日，智能型科技情报挖掘和知识服务关键技术及其规模化应用被国务院授予国家科学技术进步奖二等奖。项目研制智能型科技情报挖掘系统AMiner，实现规模化应用，建立超过2.7亿篇论文、1.3亿名学者、1.2亿个专利的科技知识图谱，形成智慧人才情报、学术搜索等系列产品，服务全球220个国家和1000多万用户。项目组联合微软研究院开发的世界最大的开放学术图谱Open Academic Graph（OAG），包含超过3亿篇文献、2亿名学者，数据下载230多万次。项目获授权发明专利40项，发表论文100多篇，“谷歌”引用1万余次。项目代表性成果的论文获数据挖掘国际顶级会议（KDD）的时间检验奖（Test-of-Time Award）。至年底，项目关键技术应用于30多家企事业单位，AMiner系列产品在全国企事业单位部署100多套。

【29个项目获浙江省科学技术奖】 2021年6月15日，省科技厅公布2020年度浙江省科学技术奖获奖名单，杭州高新区（滨江）有自主指令集嵌入式CPU研发与产业化等29个项目入围。

2021年杭州高新区（滨江）获省级科学技术奖励项目情况表

表29

序号	项目名称	单位名称	获奖等级
1	自主指令集嵌入式CPU研发与产业化	杭州中天微系统有限公司	技术发明奖一等奖
2	基于大数据分析的电动汽车动力电池包关键技术研究及应用	数源科技股份有限公司	科技进步一等奖

续表29

序号	项目名称	单位名称	获奖等级
3	新型冠状病毒肺炎防控关键技术研究	杭州优思达生物技术有限公司	科技进步一等奖
4	经导管心脏瓣膜病治疗新技术的创新及推广	杭州启明医疗器械股份有限公司	科技进步一等奖
5	互联网内容风控技术、平台研发及产业化	网易（杭州）网络有限公司、杭州朗和科技有限公司	科技进步一等奖
6	基于智能仓配一体化技术的智能物流关键设备及系统	浙江国自机器人技术股份有限公司	技术发明奖二等奖
7	基于中国交通环境的弱势道路使用者保护关键技术及应用	浙江吉利控股集团有限公司	科技进步二等奖
8	基于全生命周期评价的绿色建筑节能减排关键技术与应用	浙江中易慧能科技有限公司	科技进步二等奖
9	星陆双基汛情监测与防减灾辅助分析系统研究与应用	浙江成功软件开发有限公司	科技进步二等奖
10	跨越技术生命周期的企业创新体系构建及应用	杭州海康威视数字技术股份有限公司	科技进步二等奖
11	胰腺癌精准诊疗的创新研究与临床应用	杭州纽安津生物科技有限公司	科技进步二等奖
12	万吨级海水淡化节能高效技术装备及智能控制系统	杭州华辰电力控制工程有限公司	科技进步二等奖
13	大规模视频监控网络安全与隐私保护关键技术研究及产业化	浙江宇视科技有限公司	科技进步二等奖
14	应急救援高性能电动液压破拆装备关键技术与产业化	欧盾科技有限公司	技术发明奖三等奖
15	互联互通轨道交通CBTC系统	浙江众合科技股份有限公司	科技进步三等奖
16	斑马鱼模型在药物与保健食品研发中的应用	杭州环特生物科技股份有限公司	科技进步三等奖
17	天地空一体化融合专用网通信系统	东方通信股份有限公司	科技进步三等奖
18	优质FBE复合涂层涂塑钢管柔性制造关键技术及智能集成装备	中国联合工程有限公司	科技进步三等奖
19	高效节能低噪声电机系统关键技术及产业化应用	杭州易泰达科技有限公司	科技进步三等奖
20	医药化工废水高效净化关键技术创新与集成应用	浙江东天虹环保工程有限公司	科技进步三等奖
21	4K超高清编转码系统	杭州当虹科技股份有限公司	科技进步三等奖
22	城市管理“互联网+”新模式及数字治理应用	城云科技（中国）有限公司	科技进步三等奖
23	汽轮机组涉网精准调控关键技术及应用	杭州意能电力技术有限公司	科技进步三等奖
24	电动汽车智慧服务体系关键技术及应用	浙江大有实业有限公司杭州科技发展分公司	科技进步三等奖
25	核工业遥操作电随动机械手关键技术及重大工程应用	杭州景业智能科技有限公司	科技进步三等奖
26	面向三网融合的媒体云综合运营系统	华数传媒网络有限公司	科技进步三等奖
27	面向海量视频数据基于云计算和流媒体技术的视频云平台及产业化	浙江大华技术股份有限公司	科技进步三等奖

续表29

序号	项目名称	单位名称	获奖等级
28	基于云服务的智慧家庭控制系统及产品	杭州鸿雁电器有限公司	科技进步三等奖
29	基于煤种在线识别的火电机组制粉系统运行工况智能分析与优化技术	杭州量一软件科技有限公司	科技进步三等奖

（李玉龙）

科技创新产业扶持基金运营

【概况】 2021年，杭州高新科技创业服务有限公司作为科技创新产业扶持基金的运营主体，继续开展合作基金、股权投资等业务。累计参与设立子基金35支，规模270.33亿元，其中存续期子基金25支，已退出子基金10支。设立芯岚微基金、浙能基金、泰誉基金、滨盈基金、鋆昊基金、泰鲲基金、光云二期基金7支，总规模221.45亿元。合作子基金投资区内企业19家，投资金额2.9亿元。杭州高新科技创业服务有限公司投资区内企业22家，投资金额35.73亿元。

【泰鲲基金】 2021年，杭州高新科技创业服务有限公司联合杭州泰格医药科技股份有限公司、杭州市国有资本投资运营有限公司共同设立同股同权基金——泰鲲基金。泰鲲基金于8月20日备案完成，规模200亿元，其中区产业基金出资50亿元。泰鲲基金作为杭州市千亿规模创新引领母基金的重要组成部分，采用市场化运作，覆盖企业发展的各个阶段，围绕生命健康产业，重点关注创新型医疗器械、生物医药、医疗服务、医疗信息化、数字疗法、智能制造等企业。至年底，投资完成股权项目6个、子基金项目6个。

【芯岚微基金】 2021年，杭州高新科技创业服务有限公司和矽力杰半导体技术（杭州）有限公司联合设立芯岚微基金。芯岚微基金全称杭州芯岚微创业投资合伙企业（有限合伙），规模3亿元。杭州高新科技创业服务有限公司的产业基金以前三年免息后收取基准收益的方式参与基金认缴7500万元，占股25%。芯岚微基金由杭州矽芯股权投资有限公司负责管理，重点专注模拟、数模混合芯片，功率芯片等泛模拟芯片领域。至年底，投资项目11个。

【浙能基金】 2021年，杭州高新科技创业服务有限公司和浙能股权投资基金管理有限公司联合设立浙能基金。浙能基金全称浙能鑫能（杭州）创业投资基金合伙企业，规模3亿元。杭州高新科技创业服务有限公司的产业基金以同股同权方式参与，出资金额9000万元，占股30%。浙能基金由浙能股权投资基金管理有限公司负责管理，重点投向能源行业。至年底，投资项目3个。

【泰誉基金】 2021年，杭州高新科技创业服务有限公司和杭州泰格医药科技股份有限公司联合设立泰誉基金。泰誉基金全称杭州泰誉三期创业投资合伙企业，规模5.93亿元。杭州高新科技创业服务有限公司的产业基金以固定收益8%每年参与认缴3000万元，占股5.06%。泰誉基金由杭州泰煜投资咨询有限公司负责管理，主投方向为早期、成长期的医疗器械、生物制药和CRO行业项目。至年底，投资项目32个。

【滨盈基金】 2021年，杭州高新科技创业服务有限公司和杭州盈实股权投资基金管理合伙企业联合设立滨盈基金。滨盈基金全称杭州滨盈创新股权投资合伙企业，规模2.12亿元。杭州高新科技创业服务有限公司的产业基金同股同权认缴4000万元。滨盈基金由杭州盈实股权投资基金管理合伙企业负责管理，企业致力于协助地方政府设立招商产业基金，为当地引进优质项目资源，助推地方经济产业升级。滨盈基金重点投资文创产业、智能制造、高端包装、新能源等领域。至年底，未对外投资。

【鋆昊基金】 2021年，杭州高新科技创业服务有限公司和珠海通沛股权投资管理合伙企业（有限合伙）联合设立鋆昊基金。鋆昊基金全称杭州鋆昊臻芯创业投资合伙企业，规模5.8亿元。杭州高新科技创业服务有限公司的产业基金同股同权认缴9500万元，占股16.38%。鋆昊基金由珠海通沛股权投资管理合伙企业（有限合伙）负责管理，主投方向为半导体行业；基金产业投资顾问上海韦尔半导体股份有限公司为国内市值最大的半导体企业，保障基金运作。至年底，投资项目5个。

【光云二期基金】 2021年，杭州高新科技创业服务有限公司和杭州光云科技股份有限公司联合设立光云二期基金。光云二期基金全称杭州云曦二号股权投资合伙企业，规模1.6亿元，杭州高新科技创业服务有限公司的产业基金认缴4000万元，占股25%。光云二期基金由浙江蓝江投资管理有限公司负责管理，基金发起人杭州光云科技股份有限公司为区内上市企业，基金延续一期的投资策略和方向，重点投向信息技术行业领域的早中期企业。至年底，投资项目3个。 （来宁泽）

知识产权（专利）

【概况】 2021年，杭州高新区（滨江）继续实施国家知识产权战略，推进国家知识产权示范园区、国家专利导航产业发展实验区、国家专利审查员实践基地和国家知识产权服务业集聚发展示范区建设。以数字化改革为驱动，推进知识产权“一件事”改革，打造知识产权强国建设的“重要窗口”。全区专利授权量1.79万件，比上年增长34.4%，其中发明专利授权量5995件，增长48.7%，企业发明专利授权量居全省第一位。每万人发明专利拥有量479件，居全省第一位。全年专利合作协定（PCT）申请量660件，占全市申请总量的32.01%，居全省第一位。举行国家知识产权“入园惠企”活动。知识产权公共服务平台上线“AI商标注册成功率评估”服务模块。“推进知识产权集成服务改革”入选2020年浙江省改革创新优秀实践案例，获评浙江自贸区制度创新十佳案例；发布全球产业科技发现与科创服务平台并入选浙江自贸区建设新“十大成果”。“以区块链技术创新数据知识产权质押融资和证券化”获评中国（浙江）自由贸易试验区最佳制度创新案例，知识产权保护工作获浙江省政府“真抓实干”督查激励奖励。区市场监督管理局（知识产权局）获评全国知识产权系统先进集体。杭州高新区（滨江）获批建立国家物联网产业知识产权运营中心、国家知识产权服务出口基地、浙江省首批知识产权保护示范区试点。

【全球产业科技发现与科创服务平台上线运行】 2021年1月15日，杭州高新区（滨江）打造的全球产业科技发现与科创服务平台上线运行。平台以全球专利数据为纽带，关联整合产业、企业、技术、人才、资本等数据，具备全球科技发现、专利质量预审、知识产权资产盘点、专利代理评价、专利情报洞察、产业图谱查询、上市公司信息查询、创新资源匹配8个功能。平台提供IPO（首次公开募股）辅导、知识产权优税、科技金融、知识产权流转四大服务，帮助用户进行专利数据查询、统计、分析和评估，为企业知识产权资产盘点、创新规划、成果交易转化、IPO上市辅导、线上融资尽职调查等场景提供解决方案。至年底，平台收录专利、商标、标准文献、论文期刊等数据9.6亿条，包含全球1.3亿条专利数据、6亿条专利引文数据、3500万条中国商标数据、1.4亿条期刊论文数据、50万个国内外标准文献、2300万名工程师、1.2万家投资机构、1.4万家上市公司等数据资源。

【加强知识产权工作的实施意见出台】2021年6月30日，杭州高新区（滨江）修订知识产权产业扶持政策，发布《关于进一步加强知识产权工作的实施意见》（简称“意见”），自7月1日起施行。意见包括促进知识产权创造、激励知识产权运用、加强知识产权保护、提升知识产权服务四大内容，从推进专利战略、推进品牌战略、培育知识产权优势企业、鼓励专利创新、鼓励标准创新、鼓励知识产权质押融资和保险、鼓励知识产权储备运营、鼓励知识产权维权、鼓励设立知识产权联盟、培育引进知识产权服务机构、培育引进知识产权人才、鼓励开展知识产权服务12个方面加强知识产权工作。意见新增对国家政府质量奖、各级政府质量奖提名奖、金融机构、区内专利代理机构等级评价、高价值专利组合培育运营的奖励，对新获国家专利银奖、外观设计银奖的专利权人的奖励，对承接品牌指导服务站且对区内企业托管量大的机构的奖励；新增对知识产权保险资助，对产业规划类专利导航、专利产业化的资助；将资助对象扩展到事业单位，并分别给予单位和个人奖励，鼓励培育和引进人才。意见取消专利申请阶段资助，鼓励国内外知识产权创造、运用、保护和服务。至年底，兑现知识产权资助金额8260.97万元；完成专利质押金额39.49亿元，比上年增长88.77%，居全省第一位。

【知识产权转化运用】2021年，杭州高新区（滨江）推进数字安防领域产业专利导航项目，掌握数字安防产业技术发展脉络，分析全球产业细分领域，为企业提供产业发展导航。购买智慧芽专利导航数据库账号，引导企业登录专利系统4.6万次、检索19.9万次、分析5130多次，为企业开展专利分析节约成本。举办研讨、培训活动，内容涵盖国内外知识产权法律体系和运用案例等，至年底，举办29场，参训学员8600人次。

【知识产权保护】2021年，杭州高新区（滨江）继续鼓励企业开展知识产权维权，对在涉外或者具有重大影响的知识产权案件中胜诉或者和解的企事业单位，按其维权代理费的50%给予资助，最高不超过50万元，同一申请人每个年度内最高资助不超过100万元。获批建设浙江省首批知识产权保护示范区试点，协助杭州市知识产权局通过中国（杭州）知识产权保护中心验收。接听知识产权侵权、假冒举报投诉和维权援助请求来电1200多次，接待企业维权援助申请33人次，进行诉前调解500多件，调解成功130多件。加强专利、商标等知识产权执法，打击知识产权侵权及假冒行为，保护市场主体合法权益，至年底，查处知识产权违法案件13件，罚没金额18.55万元。

【43家企业入选杭州市专利示范试点企业名单】2021年8月19日，市市场监督管理局发布《关于开展2021年度杭州市专利试点企业和示范企业申报工作的通知》。杭州高新区（滨江）通过发布通知、举办培训、初步审核等流程，推荐50家企业参评。11月1日，市市场监管局公布2021年度杭州市专利试点企业和示范企业评比结果，杭州高新区（滨江）新认定专利示范企业13家、专利试点企业30家。

2021年杭州高新区（滨江）入选杭州市专利示范试点企业一览表

表30

序号	企业名称	获评类别
1	杭州博日科技有限公司	专利示范企业
2	杭州华新机电工程有限公司	专利示范企业
3	杭州大和热磁电子有限公司	专利示范企业
4	杭州趣链科技有限公司	专利示范企业

续表30

序号	企业名称	获评类别
5	杭州电魂网络科技股份有限公司	专利示范企业
6	杭州坦帕医疗科技有限公司	专利示范企业
7	浙江海拓环境技术有限公司	专利示范企业
8	杭州中威电子股份有限公司	专利示范企业
9	浙江甲骨文超级码科技股份有限公司	专利示范企业
10	杭州梅清数码科技有限公司	专利示范企业
11	杭州朗鸿科技股份有限公司	专利示范企业
12	杭州当虹科技股份有限公司	专利示范企业
13	绿城农科检测技术有限公司	专利示范企业
14	新华三信息技术有限公司	专利试点企业
15	蔚复来（浙江）科技股份有限公司	专利试点企业
16	杭州宏华数码科技股份有限公司	专利试点企业
17	杭州正银电子材料有限公司	专利试点企业
18	浙江杭欧实业股份有限公司	专利试点企业
19	杭州云毅网络科技有限公司	专利试点企业
20	杭州四叶智能设备有限公司	专利试点企业
21	创业慧康科技股份有限公司	专利试点企业
22	明度智云（浙江）科技有限公司	专利试点企业
23	杭州视芯科技有限公司	专利试点企业
24	浙江零跑科技股份有限公司	专利试点企业
25	杭州格度家具设计有限公司	专利试点企业
26	纳爱斯浙江科技有限公司	专利试点企业
27	城云科技（中国）有限公司	专利试点企业
28	浙江舜宇智能光学技术有限公司	专利试点企业
29	易思维（杭州）科技有限公司	专利试点企业
30	浙江华创视讯科技有限公司	专利试点企业
31	杭州拓深科技有限公司	专利试点企业
32	杭州乒乓智能技术有限公司	专利试点企业
33	杭州华橙网络科技有限公司	专利试点企业
34	杭州鸿泉物联网技术股份有限公司	专利试点企业
35	杭州迦智科技有限公司	专利试点企业
36	杭州天谷信息科技有限公司	专利试点企业
37	浙江贵仁信息科技股份有限公司	专利试点企业
38	纳晶科技股份有限公司	专利试点企业

续表30

序号	企业名称	获评类别
39	浙江华飞智能科技有限公司	专利试点企业
40	杭州恒生数字设备科技有限公司	专利试点企业
41	杭州久积控股有限公司	专利试点企业
42	浙江红相科技股份有限公司	专利试点企业
43	医惠科技有限公司	专利试点企业

【中国物联网产业知识产权运营中心落户杭州高新区(滨江)】 2021年3月19日,国家知识产权局批复杭州高新区(滨江)建设中国物联网产业知识产权运营中心。中心位于知识产权大厦,是长三角地区首家获批设立的国家级产业类知识产权运营中心。杭州高新区(滨江)利用在全国物联网产业的优势,发挥知识产权的市场激励机制和产权安排机制,以数据要素驱动物联网产业知识产权资本化和产业化,以数字化变革加速物联网产业知识产权要素市场化流转与价值实现,建设物联网产业专利导航服务中心、知识产权资产托管中心、知识产权金融服务中心,知识产权投资运营中心、知识产权交易中心在内的五位一体运营体系。杭州高新区(滨江)依托中国物联网产业知识产权运营中心,围绕数字经济、物联网、人工智能等重点产业,关联知识产权、人才、市场主体、产业数据,形成知识产权大数据库,分析定位区域产业优势,构建产业链全景图谱,匹配知识产权资源,以数据要素驱动物联网产业知识产权资本化和产业化,全方位服务全国物联网产业创新生态。至年底,为100多家企业提供专业辅导。

【知识产权宣传周】 2021年4月21日,杭州高新区(滨江)知识产权宣传周启动仪式在知识产权大厦举行,各相关部门负责人以及近100名企业代表参加。启动仪式上,杭州高新区(滨江)发布《杭州高新区(滨江)2020年度知识产权发展报告》《物联网产业知识产权发展白皮书》,召开涉网络红人纠纷司法保护新闻发布会;区市场监管局与区委宣传部(新闻出版局)、区法院、区检察院、公安滨江分局签订合作框架协议,与中国(杭州)知识产权保护中心签订战略合作框架协议。宣传周期间,邀请国家知识产权局调研员韩超解读《中华人民共和国专利法》第四次修改情况和知识产权典型案例;开展科创企业上市知识产权专题培训、知识产权贯标实务人才培训和知识产权高端讲座。

【27家企业入选浙江省专利创造百强企业名单】 2021年5月17日,省市场监督管理局公布浙江省专利创造百强企

2021年4月21日,杭州高新区(滨江)知识产权宣传周启动仪式在知识产权大厦举行 (区委宣传部 供图)

业名单，杭州高新区（滨江）有新华三技术有限公司、阿里巴巴（中国）有限公司、浙江宇视科技有限公司、杭州海康威视数字技术股份有限公司、网易（杭州）网络有限公司、杭州迪普科技股份有限公司、浙江大华技术股份有限公司、浙江吉利控股集团有限公司、矽力杰半导体技术（杭州）有限公司、浙江零跑科技股份有限公司、杭州安恒信息技术股份有限公司、杭州士兰微电子股份有限公司、银江股份有限公司、浙江中控技术股份有限公司、纳晶科技股份有限公司、东方通信股份有限公司、杭州宏衫科技股份有限公司、新华三信息技术有限公司、聚光科技（杭州）股份有限公司、三维通信股份有限公司、杭州华东医药集团新药研究院有限公司、杭州中天微系统有限公司、杭州启明医疗器械股份有限公司、杭州海康威视系统技术有限公司、浙江苏泊尔家电制造有限公司、杭州鸿雁电器有限公司、杭州东信北邮信息技术有限公司27家企业入选，入选数量居全省区县（市）第一位。其中，新华三技术有限公司以4784件发明专利居第一位，阿里巴巴（中国）有限公司和浙江宇视科技有限公司，分别以1411件、945件发明专利分别居第二位、第三位。名单以2020年底数据为基准，首次以企业有效发明专利存量、高价值发明专利量和近三年发明专利授权量为主要指标，构建企业创造力综合指数模型，并根据计算结果形成百强企业综合指数。

【新增5项中国专利奖】 2021年6月24日，国家知识产权局公布第二十二届中国专利奖获奖名单。杭州高新区（滨江）5家企业获中国专利奖5项，其中杭州安恒信息技术股份有限公司、浙江正泰太阳能科技有限公司的、浙江苏泊尔家电制造有限公司、浙江中控技术股份有限公司获专利优秀奖，浙江吉利控股集团有限公司获外观设计优秀奖。至年底，全区有中国专利金奖2项、银奖2项、外观设计银奖2项、专利优秀奖50项、外观设计优秀奖9项，获奖总数居全省第一位。

【全国首单基于区块链的数据知识产权质押融资签约举行】 2021年9月9日，全国首单基于区块链的数据知识产权质押融资签约在杭州高新区（滨江）“智慧e谷”举行。杭州高新区（滨江）企业浙江凡聚科技有限公司的沉浸式儿童注意力缺陷与多动障碍测评数据自行脱敏，经浙江省大数据交易中心存至浙江省知识产权区块链公共存证平台，通过杭州高新融资担保公司增信，上海银行滨江支行以数据资产质押形式，为其授信贷款100万元，成为全国首单基于区块链数据的知识产权质押融资。

【知识产权区块链公共存证平台被列入省自贸区建设“十大成果”】 2021年10月13日，省政府新闻办举行中国（浙江）自由贸易试验区建设暨第四届世界油商大会新闻发布会，杭州高新区（滨江）“全国首个知识产权区块链公共存证平台”被列入浙江省自贸区建设第六批“十大成果”之一。平台利用区块链技术分布式存储、不可篡改、安全保密及可溯源等特性，为原创设计、数据资产、商业秘密等知识产权提供高效快捷的存证服务，为符合技术规范和安全加密存储要求的存证信息颁发存证证书，并以知识产权区块链存证为基础，为用户在维权、许可、质押、交易等过程中提供相应出证服务，实现知识产权一站式服务。平台数据存储在联盟链（用于机构间的区块链），联盟链接省市场监管局、省知识产权研究与服务中心、杭州互联网法院等单位，所有存证内容自上链起同步到以上单位，对数据存证内容多方达成存证共识，解决数据公信力问题。生产数据的企业签订数据知识产权质押承诺书，将源数据或非源数据脱敏处理后上传至知识产权区块链公共存证平台进行存证。通过数据验证的企业，可获得“浙江省知识产权区块链存证平台数据资产存证证书”，该证书是数据知识产权质押贷款的官方认可证书。金融机构与企业签订质押协议，授信贷款。

（张景元）

工业·农业

工　业

【概况】2021年，杭州高新区（滨江）实现工业增加值841亿元，比上年增长12.9%。规模以上工业企业244家，实现工业增加值771.1亿元，增长16.6%，其中高新技术产业、战略性新兴产业、装备制造业产业分别占96.4%、95.36%、97.65%。规模以上工业企业实现工业总产值2924.36亿元，其中新产品产值率50.6%。全年实现出口交货值459.94亿元，增长23%；实现利润总额336.73亿元，增长9.61%；应付职工薪酬297.8亿元，增长24.8%；平均用工人数10.8万人，增长6.7%；全年工业用电量6.74亿千瓦时，增长20%；综合能源消耗量21.68万吨标准煤，增长17.3%。杭州高新区（滨江）获评浙江省创建制造业高质量发展示范区县（市）考核优秀单位和制造业高质量发展示范园区，制造业高质量发展指数居全省第一位。

（丁　柯）

2021年杭州高新区（滨江）规模以上工业主要经济指标情况表

表31

项　目	企业数（家）	主营业务收入（万元）	税金及附加（万元）	应交增值税（万元）	利润总额（万元）	本年折旧（万元）	工业总产值（万元）
总计	244	31176764	127614	714177	3367291	265714	29243641
按工业主要行业分：	—	—	—	—	—	—	—
农副食品加工业	3	93404	307	1880	2807	1797	78373
食品制造业	1	91755	1204	8129	62567	2046	103736
纺织业	8	57837	271	1338	-3229	1796	54169
纺织服装、服饰业	4	56516	511	1984	5826	1034	38844
家具制造业	1	15127	58	437	697	189	8891
印刷和记录媒介复制业	2	11542	44	289	-855	581	11488
文教、工美、体育和娱乐用品制造业	2	9691	79	559	601	231	7341
化学原料及化学制品制造业	6	53581	186	1044	6338	2412	50463
医药制造业	17	1155258	6780	23036	114517	10864	1461077
橡胶和塑料制品业	2	16174	11	46	1005	230	17284
非金属矿物制品业	1	7020	38	303	196	115	6938

续表31

项　目	企业数（家）	主营业务收入（万元）	税金及附加（万元）	应交增值税（万元）	利润总额（万元）	本年折旧（万元）	工业总产值（万元）
金属制品业	1	34264	357	1352	2601	1415	34264
通用设备制造业	26	865428	3106	21072	26760	6516	881374
专用设备制造业	24	588806	4614	21292	133114	4551	575483
汽车制造业	2	284148	395	11446	-60476	2127	252697
铁路、船舶、航空航天和其他运输设备制造业	1	12360	91	52	2485	439	13428
电气机械和器材制造业	17	1517155	5487	1590	37331	14139	1253826
计算机、通信和其他电子设备制造业	91	23054364	92886	587093	2922775	148016	21133457
仪器仪表制造业	31	1081841	8095	38437	131968	15235	1090114
电力、热力生产和供应业	1	5460	69	355	1205	463	5473
燃气生产和供应业	2	2148553	2819	-8026	-23269	49213	2148553
水的生产和供应业	1	16478	206	468	2328	2308	16370

（区统计局）

【制造业高质量发展综合指数居全省第一位】 2021年6月3日，浙江省制造业高质量发展领导小组发布《关于印发2020年浙江省高质量发展评估报告的通知》，对全省制造业高质量发展总体情况、十大重点行业、11个设区市和42个工业大县（市、区）的制造业高质量发展情况进行综合评价。评价体系主要由质量变革、效率变革和动力变革3项1级指标和20项具体指标构成。杭州高新区（滨江）制造业高质量发展综合指数92.3，居全省第一位，其中质量变革指数89.6，效率变革指数90.5，动力变革指数84.6，均居全省第一位。

【7家企业入选专精特新“小巨人”】 2021年7月19日，工业和信息化部公布第三批专精特新“小巨人”名单，浙江中控研究院有限公司、浙江国自机器人技术股份有限公司、杭州国芯科技股份有限公司、杭州瑞盟科技有限公司、杭州贝丰科技有限公司、杭州路先非织造股份有限公司、浙江明度智控科技有限公司7家杭州高新区（滨江）企业入选，占杭州市入选企业的21.9%。至年底，全区累计有专精特新“小巨人”企业11家，数量居全市第一位。

【制造业高质量发展2021年行动计划编制完成】 2021年5月7日，《滨江区制造业高质量发展2021年行动计划》（简称“行动计划”）编制完成。行动计划确定2021年滨江区制造业高质量发展的指导思想、年度绩效目标、实施项目及工作措施、资金使用计划和“一县一经验”推进计划。通过培育高新技术产业集群、建设全球创新策源地、构筑数字治理示范区，实现智能制造、科技创新、数字经济、数字改革新进步，推动杭州高新区（滨江）高质量发展，建设更高水平的“创新滨江”“数字滨江”“国际滨江”。

【智能物联产业发展规划编制完成】 2021年8月11日，杭州高新区（滨江）启动编制《杭州高新区（滨江）智能物联产业发展规划（2022—2026年）》（简称“规划”）。12月，规划编制完成。规划分析研判全区智能物联产业基础现状、存在问题和发展趋势，明确产业重点与布局，即壮大数字安防、集成电路、网络通信等优势产业，培育下一代人工智能、区块链、车联网等新兴领域产业，发展软件与信息开发、网络安全等基础领域产业，实现两园（物联网产业园、互联网产业园）引领、多园（滨江智造供给小镇、智慧新天地等）驱动的发展格局。主要任务为聚焦链群提升，建设世界级产业集群；聚焦科技创新，前瞻部署创新生态；聚焦主体培育，促进企业融通发展；聚焦招大引强，激发新旧转换活力；聚焦产业服务，夯实产业发展基础。

【2家企业入选工业和信息化部制造业单项冠军示范企业名单】 2021年11月8日，工业和信息化部公示第六批制造业单项冠军名单，共118家单项冠军示范企业和141个单项冠军产品入选，杭州中科微电子有限公司（简称“中科微电子公司”）、新华三技术有限公司（简称“新华三公司”）2家杭州高新区（滨江）企业入选。2家单项冠军示范企业主营产品分别为企业网无线设备和北斗导航芯片及模块。中科微电子公司是一家从事卫星导航定位芯片和导航模块的企业，为数百家北斗导航制造企业提供产品。中科微电子公司在国内导航芯片市场的占有率30%，用于车载设备、物联网设备的导航模块占有率为80%。新华三公司是HPE服务器、存储和技术服务的中国独家提供商，拥有芯片、计算、存储、网络、5G、安全、终端等全方位的数字化基础设施整体能力，提供云计算、大数据、人工智能、工业互联网、信息安全、智能连接、AI视觉、边缘计算等一站式数字化解决方案，以及端到端的技术服务。

【21家企业获评市级“未来工厂”培育企业】 2021年4月15日、9月8日，杭州市“新制造业计划”推进领导小组公布两批杭州市“未来工厂”体系培育企业名单，杭州高新区（滨江）有21家企业入选。其中：杭州网易严选贸易有限公司入选“聚能工厂”，杭州海康威视数字技术股份有限公司、浙江大华技术股份有限公司、新华三技术有限公司3家企业入选“链主工厂”，浙江中控技术股份有限公司、浙江国自机器人技术股份有限公司、杭州鸿雁电器有限公司3家企业入选“智能工厂”，杭州康恩贝制药有限公司、杭州大和热磁电子有限公司、杭州盾源聚芯半导体科技有限公司、东方通信股份有限公司、杭州先锋电子技术股份有限公司、杭州春来科技有限公司、杭州优迈科技有限公司、德施曼机电（中国）有限公司、杭州热威电热科技股份有限公司、纳晶科技股份有限公司、博世电动工具（中国）有限公司、浙江苏泊尔家电制造有限公司、杭州旗捷科技有限公司、浙江普康生物技术股份有限公司14家企业入选“数字化车间”。杭州市“未来工厂”旨在构建数字经济和制造业融合发展新模式、新业态和新机制，培育平台型“聚能工厂”、冠军型“链主工厂”、示范型“智能工厂”、效率型“数字化车间”、轻量化“云端工厂”5类“未来工厂”。

（丁　柯）

【中控技术公司入选省级“未来工厂”试点建设】 2021年7月2日，省经信厅确定33家企业开展“未来工厂”试点建设。杭州高新区（滨江）的浙江中控技术股份有限公司（简称“中控技术公司”）入选。中控技术公司面向以流程工业为主的工业企业，提供以自动化控制系统为核心，涵盖工业软件、自动化仪表及运维服务的智能制造产品及解决方案等，形成智能制造产品及解决方案架构体系，具备帮助以流程工业为主的工业企业实现智能制造转型升级的能力。中控技术公司承担建设的“工业控制产品全生命周期创新与服务能力”项目入选工业和信息化部制造业与互联网融合发展试点示范项目；“工业控制装备数字化智能制造应用试点”项目入选浙江省智能制造新模式应用试点。

（全轶城）

农　业

【概况】 2021年，杭州高新区（滨江）累计有市级以上农业龙头企业17家，其中国家级1家、省级4家。新增浙江浙农金泰生物科技有限公司、杭州恒太粮油贸易有限公司2家市级农业龙头企业。全年种植粮食面积214.33公顷，产量1441吨。完成区级定量抽检50个批次，农产品快速抽检500个批次，抽检合格率100%。开展政策性农业保险服务，为145.13公顷水稻、71公顷蔬菜、2.67公顷大棚进行投保，总保额367.6万元，赔付15.55万元。落实农产品质量检测和合格证制度，加强源头治理，完成50个批次的定量检测和503个批次的定性检测，合格率100%。落实非洲猪瘟、无疫区建设24小时应急值班、生物安全通道日常巡查等督促检查制度，派出186人次，巡查生物安全通道105次。

【《杭州市滨江区粮油生产补贴资金管理办法》出台】 2021年8月30日，区发改局、区财政局联合出台《杭州市滨江区粮油生产补贴资金管理办法》，明确粮油生产补贴的类型、对象、标准、申报流程和管理等方面要求，将种植油菜纳入补贴范畴，粮油规模种植补贴标准调整为每公顷7950元，其中粮油规模直接补贴每公顷2250元、生态补贴每公顷2250元、农机服务补贴每公顷2400元、统防统治补贴每公顷1050元。至年底，发放粮油补贴资金209.32万元。

【钱塘江禁渔期监督管理】 2021年，区农业农村局召开禁渔工作专题部署会，开展“发一份告知书、签一份承诺书、送一份宣传册”等禁渔宣传“三个一”活动，建立渔民自我管理机制和渔船集中停泊制度，采取“人防+技防”相结合的方式进行监管。至年底，张贴禁渔公告52份，发放宣传资料360多份，短信提醒560多条，出动巡查人员160人次，劝导人员13人次，全区未发生一起违规捕捞行为。

【渔业增殖放流】 2021年11月25日，区农业农村局联合街道和社区，邀请渔民和群众代表，在钱塘江流域和内河湖泊多个点位同步开展以“关爱水生动物、共建和谐家园”为主题的增殖放流活动，投放鱼苗68万尾，品种为鳙鱼、三角鲂和黄尾密鲴。通过对小鱼的增殖放流，促进渔业经济可持续发展，提高水域生物的多样性，提升水体净化能力，维护生态平衡，促进生态文明建设。

【动植物疫病防控】 2021年，杭州高新区（滨江）完成宠物医院许可、动物检疫证等行政许可事项146项，执业兽医备案75人，发放免疫证2512本，完成动物狂犬病免疫7615只。配合市农业综合行政执法队完成对杭州骏加马术运动管理有限公司涉嫌用于非食用性利用的动物（马匹）未附有检疫证明案的查处，完成行政检查49次，处理信访66件。举办区动物防疫和兽药经营管理工作培训班，对新修订的《中华人民共和国动物防疫法》和《浙江省动物防疫条例》进行普法宣教，

2021年11月25日，区农业农村局组织人员在钱塘江流域增殖放流
（区委宣传部　供图）

规范动物诊疗机构和兽药企业的经营管理行为。对辖区内动物诊疗机构,兽药经营企业开展“双随机”检查,完成监管事项覆盖率100%。

【新增2家市级农业龙头企业】2021年9月23日,市农业农村局公布第二十三批市级农业龙头企业名单,浙江浙农金泰生物科技有限公司和杭州恒太粮油贸易有限公司2家杭州高新区(滨江)企业入选。浙江浙农金泰生物科技有限公司是浙农集团旗下专业从事农业经营服务的子公司,由浙江省农业生产资料有限公司农药部改制而成,有注册资金6000万元,员工200多人,年经营规模14亿元。杭州恒太粮油贸易有限公司主要从事粮油、蔬菜、肉类等农副产品的批发配送,被指定为“杭州市周转粮储存”和“杭州市食用油应急定点包装加工”基地,公司自主粮油品牌有“皇饭儿”“状元宝”“厨利元”等。

【农村集体经济数字管理系统基础数据归集工作培训班】2021年9月28日,杭州高新区(滨江)农村集体经济数字管理系统基础数据归集工作培训班在海外高层次人才创新创业基地举行。3个街道办事处分管负责人,街道会计结算中心负责人、农经员,会计结算代理中心专职会计、出纳以及29个经合社董事长、报账员共95人参加培训。杭州联合银行机构负责人讲解全省“三资”数字系统基础数据标签、归集路径和保障措施。区发改局负责人传达省市农村集体经济数字管理系统基础数据归集工作会议精神,明确基础数据归集工作要求和时间节点,布置全区“三资”数字系统基础数据归集录入工作。

【动物防疫和兽药经营管理工作培训会】2021年11月19日,区动物防疫和兽药经营管理工作培训会在海外高层次人才创新创业基地举行,28家动物诊疗机构执业兽医、5家兽药企业负责人、动物防疫责任主体单位负责人和专职兽医共45人参加培训。培训邀请杭州市畜牧业执法大队负责人进行讲解和解答,围绕新修订的《中华人民共和国动物防疫法》《浙江省动物防疫条例》《浙江省兽药经营管理规范实施细则》的背景、原则、重点内容以及行业经营管理规范、典型案例分析等内容展开。

(乔伟峰)

2021年11月19日,区动物防疫和兽药经营管理工作培训会在海外高层次人才创新创业基地举行　　(区发改局　供图)

商贸服务业

进出口贸易

【概况】2021年，杭州高新区（滨江）自营进出口总额1088.57亿元，规模和增幅均居全市第一位，其中自营出口734.36亿元，比上年增长34.6%，占全市、全省、全国比重分别为16.4%、2.4%、0.33%，出口规模和出口增幅均居全市第二位。全区有出口实绩的企业1388家，省、市级出口名牌企业30家，前20名企业出口额403.24亿元，占全区出口总额的54.9%。高新技术产品出口额411亿元，占全区出口总额的55.97%。其中：音视频设备及零件出口额273.5亿元，增长30.0%；集成电路出口额27.9亿元，增长101.6%；医药材及药品出口额16.5亿元，增长326%。

2021年杭州高新区（滨江）出口前20名企业情况表

表32

序号	名称	全年出口金额（亿元）	出口金额比上年增减（%）
1	杭州海康威视科技有限公司	180.30	24.89
2	浙江大华科技有限公司	108.52	20.15
3	杭州华辰电力控制工程有限公司	31.15	367.72
4	博世电动工具（中国）有限公司	20.94	18.37
5	新华三信息技术有限公司	20.08	23.57
6	矽力杰半导体技术（杭州）有限公司	17.47	92.83
7	杭州大和热磁电子有限公司	13.79	0.15
8	杭州柏诚毛纺服饰有限公司	13.05	24.40
9	浙江正泰太阳能科技有限公司	12.99	-13.57
10	浙江苏泊尔家电制造有限公司	10.94	63.28
11	杭州希典供应链有限公司	9.86	676.38
12	杭州萤石网络股份有限公司	9.44	88.05
13	杭州热威电热科技股份有限公司	9.14	29.65
14	杭州海康存储科技有限公司	8.68	119.75
15	诺迦（杭州）生物工程有限公司	6.97	4256.25

续表32

序号	名称	全年出口金额（亿元）	出口金额比上年增减（%）
16	浙江新安进出口有限公司	6.36	148.44
17	杭州意欣时装贸易有限公司	6.25	38.89
18	浙江倍生进出口有限公司	5.73	17.66
19	浙江宇视科技有限公司	5.22	7.19
20	杭州士兰微电子股份有限公司	4.94	44.02

2021年杭州高新区（滨江）出口名牌企业一览表

表33

序号	企业名称	类型
1	杭州海康威视数字技术股份有限公司	省、市出口名牌
2	浙江大华技术股份有限公司	省、市出口名牌
3	浙江吉利控股集团有限公司	省、市出口名牌
4	浙江正泰太阳能科技有限公司	省、市出口名牌
5	英飞特电子（杭州）股份有限公司	省、市出口名牌
6	浙江富瑞浦建材进出口有限公司	省、市出口名牌
7	杭州士兰微电子股份有限公司	省、市出口名牌
8	浙江宇视科技有限公司	省、市出口名牌
9	三维通信股份有限公司	省、市出口名牌
10	杭州热威电热科技股份有限公司	省、市出口名牌
11	杭州爱科科技股份有限公司	省、市出口名牌
12	贝因美集团有限公司	市出口名牌
13	浙江中控技术股份有限公司	市出口名牌
14	杭州市粮油食品土畜产进出口有限公司	市出口名牌
15	浙江苏泊尔家电制造有限公司	市出口名牌
16	杭州久积控股有限公司	市出口名牌
17	杭州桑尼能源科技股份有限公司	市出口名牌
18	杭州庄诚进出口有限公司	市出口名牌
19	中财招商投资集团有限公司	市出口名牌
20	东方通信股份有限公司	市出口名牌
21	杭州盛宏进出口有限公司	市出口名牌
22	浙江国自机器人技术有限公司	市出口名牌
23	浙江浙大阳光科技有限公司	市出口名牌
24	杭州朗鸿科技股份有限公司	市出口名牌
25	杭州萤石网络有限公司	市出口名牌

续表33

序号	企业名称	类型
26	杭州康榕进出口有限公司	市出口名牌
27	浙江肯特科技股份有限公司	市出口名牌
28	杭州安致电子商务股份有限公司	市出口名牌
29	浙江倍生进出口有限公司	市出口名牌
30	杭州厨意科技有限公司	市出口名牌

【一达通公司被认定为省外贸综合服务示范企业】2021年7月27日，省商务厅发布《2021年浙江省外贸综合服务企业认定结果的通知》，杭州高新区（滨江）的浙江一达通企业服务有限公司（简称“一达通公司”）被认定为2021年浙江省外贸综合服务示范企业。省外贸综合服务示范企业由区商务局初审推荐，省商务厅、省税务局、省金融监管局等部门联合评选，需有包括线上下单、线上审批的一站式外贸综合服务信息平台，能够提供包括报关报检、物流、退税、结算、信保等在内的综合服务业务和协助办理融资业务的企业。

【外贸支持政策】2021年，杭州高新区（滨江）优化完善政策支持体系。专项资助年出口增量达到一定规模的企业，奖励首次突破出口增量规模的国家级高新技术企业；对高新技术企业及省市出口名牌企业给予实际支付保费最高60%的资助；对境外参展、境外注册商标、认证等企业项目给予最高70%的补助。

【国际货运专题工作会议】2021年11月11日，区商务局召开国际货运专题工作会议，邀请宁波舟山港股份有限公司、杭州港务集团、中远海运等国际货运公司，以及杭州海康威视数字技术股份有限公司、浙江大华技术股份有限公司等重点企业进行沟通对接。会上介绍外贸形势及区内企业在海运方面存在的共性问题，宁波舟山港股份有限公司介绍宁波舟山港的航线、运力、多式联运及公司合作案例、航运相关政策等情况。参会企业结合自身业务发展情况，就存在的海运问题及相关诉求进行提问。通过会议帮助企业与港口、国际货运公司等建立直接联系，为企业在河海联运、海铁联运等方面合作提供途径，助力企业通过运输方式开展外贸业务。

【RCEP线上培训】2021年12月23日，区商务局联合钱江海关萧然办事处举办《区域全面经济伙伴关系协定》（RCEP）解读线上培训。区商务局、钱江海关萧然办事处、物联网服务发展中心、互联网服务发展中心、外贸企业相关人员50多人参加。培训以线上形式授课，杭州海关萧然办事处工作人员讲解《区域全面经济伙伴关系协定》的相关内容、原产地规则等。通过培训，帮助企业了解RCEP带来的新变化，助力企业在发展中抓住新机遇。（莫　兰）

服务贸易

【概况】2021年，杭州高新区（滨江）服务贸易出口额45.81亿美元，占全市服务贸易出口总额的30.03%，其中外包离岸执行额29.76亿美元、省服务贸易直报系统16.05亿美元。全区服务外包离岸执行额1000万美元以上企业有30家，完成外包离岸执行额28.55亿美元，占服务贸易出口总额的62.32%。杭州华业高科技产业园入选杭州市服务贸易示范园区名单，虹软科技股份有限公司、连连宝（杭州）信息技术有限公司入选杭州市服务贸易示范企业名单，联芸科技（杭州）有限公司入选杭州市服务贸易成长型企业名单。

2021年杭州高新区(滨江)服务外包离岸执行额1000万美元以上企业一览表

表34　　　　单位:万美元

序号	企业名称	离岸执行金额
1	杭州海康威视数字技术股份有限公司	73286.58
2	浙江大华技术股份有限公司	31208.58
3	浙江大华科技有限公司	30632.22
4	诺基亚通信系统技术(北京)有限公司浙江分公司	26835.57
5	道富信息科技(浙江)有限公司	20817.29
6	新华三信息技术有限公司	18953.32
7	网易(杭州)网络有限公司	17843.93
8	浙江正泰太阳能科技有限公司	9025.20
9	杭州士兰微电子股份有限公司	7521.55
10	乐麦信息技术(杭州)有限公司	4812.31
11	矽力杰半导体技术(杭州)有限公司	4494.09
12	英飞特电子(杭州)股份有限公司	4321.54
13	杭州泰格医药科技股份有限公司	3914.58
14	连连宝(杭州)信息技术有限公司	3605.41
15	微策略软件(杭州)有限公司	3122.89
16	杭州睿胜软件有限公司	2912.00
17	博世电动工具(中国)有限公司	2800.99
18	浙江宇视科技有限公司	2507.07
19	虹软科技股份有限公司	1986.00
20	华信咨询设计研究院有限公司	1765.00
21	杭州热威电热科技股份有限公司	1559.57
22	三星半导体(中国)研究开发有限公司杭州分公司	1512.44
23	联芸科技(杭州)有限公司	1493.70
24	滨江兄弟信息技术(杭州)有限公司	1475.02
25	中国联合工程公司	1314.69
26	AW(苏州)汽车技术中心有限公司杭州分公司	1279.21
27	杭州易泰美数字科技有限公司	1191.14
28	杭州NTT DATA软件有限公司	1150.32
29	中地海外水务有限公司	1111.70
30	三维通信股份有限公司	1015.24

【服务贸易系统申报】 2021年，杭州高新区（滨江）组织服务外包企业登录商务部服务外包业务管理系统备案并上报数据，对离岸执行额前10名的企业建立重点联系制度，按照合同执行进度申报数据。排摸、分类服务外包以外的从事文化创意、金融、建筑等行业企业，举办服务贸易业务、政策及新系统使用培训，近60多家企业参加；发动企业上线商务部服务外包业务管理系统、浙江省国际服务贸易统计分析系统，在平台体现数据。至年底，新入库商务部服务外包业务管理系统企业和服务外包以外的企业各17家。

【服务贸易企业扶持】 2021年，杭州高新区（滨江）组织企业申报国家、省、市服务贸易专项资金，并配套区级资金，加大对技术先进型服务企业及拥有自主知识产权的服务外包企业的扶持力度，落实技术先进型服务企业税收优惠政策。至年底，从录用新人员、培训机构、国际认证、离岸执行额奖励、示范园区、成长型企业奖励等方面，给予企业资金支持，受惠企业近100家。

【38家企业入选浙江省数字贸易百强榜】 2021年9月7日，2021年中国国际服务贸易交易会在北京举行，会上发布“2020年度浙江省数字贸易百强榜”，杭州高新区（滨江）有38家企业入选。其中：华数传媒网络有限公司、浙江中南卡通股份有限公司、杭州玄机科技股份有限公司3家企业入选数字影视领域榜单；杭州网易雷火科技有限公司、杭州边峰网络技术有限公司、杭州电魂网络科技股份有限公司、杭州游卡网络技术有限公司4家入选数字游戏领域榜单；网易有道信息技术（杭州）有限公司、浙江万朋教育科技股份有限公司2家入选数字教育领域榜单；杭州海康威视数字技术股份有限公司、浙江大华技术股份有限公司、浙江宇视科技有限公司、杭州安恒信息技术股份有限公司、虹软科技股份有限公司、杭州迪普科技股份有限公司、杭州中威电子股份有限公司、杭州当虹科技股份有限公司8家入选数字识别领域榜单；恒生电子股份有限公司、道富信息科技（浙江）有限公司、信雅达科技股份有限公司、连连数字科技股份有限公司、杭州乒乓智能技术有限公司、浙江邦盛科技有限公司6家入选数字金融榜单；银江股份有限公司、新华三信息技术有限公司、浙江国自机器人技术股份有限公司、浙江浙大中控信息技术有限公司、杭州鸿泉物联网技术股份有限公司、杭州士兰微电子股份有限公司6家企业入选人工智能领域榜单；杭州区链科技有限公司入选区块链领域榜单；杭州阿里巴巴广告有限公司（全球速卖通）、考拉海购（杭州）科技有限公司2家入选电商服务领域榜单；杭州阜博科技有限公司、杭州数云信息技术有限公司、杭州联汇科技股份有限公司3家入选大数据领域榜单；杭州宏杉科技股份有限公司、杭州云徙科技有限公司、杭州绿云软件有限公司3家入选云计算领域榜单。榜单由浙江省钱塘数字贸易研究院、省国际数字贸易协会、杭州电子科技大学经济学院、杭州师范大学阿里巴巴商学院等机构联合发布，从数字贸易20多个行业中，选取数字金融、人工智能、区块链、数字影视、数字游戏、数字教育、数字识别、电商服务、大数据和云计算10个浙江特色鲜明的细分领域，每个领域选取10家企业。

（章　嬿）

批发和零售业

【概况】 2021年，杭州高新区（滨江）实现社会消费品零售总额476.72亿元，比上年增长11.2%。至年底，全区有家居市场1个，大型超市10家，商业综合体3家。有农贸市场18个，其中星级农贸市场10个，总经营面积4.6万平方米，固定摊位1133个。杭州滨康农贸市场、杭州彩虹农贸市场被认定为省星级文明规范市场。在全区农贸市场限制使用塑料购物袋，在商场、超市、药店、书店等场所推广使用环保书袋、纸袋等非塑料制品和可降解购物袋。

2021年杭州高新区(滨江)农贸市场基本情况表

表35

序号	名称	开业时间	面积(平方米)	摊位数(个)
1	杭州西兴农副产品综合市场	1993-11-01	4800	110
2	杭州市浦沿农副产品综合市场	1998-09-07	5308	80
3	杭州东冠农贸市场	2006-09-01	2040	40
4	杭州江南豪园农贸市场	2008-12-12	2200	78
5	杭州白金海岸农贸市场	2011-09-07	2215.7	76
6	杭州浦沿六和农贸市场	2012-10-25	2292	70
7	杭州长一农贸市场	2013-10-30	2634	78
8	杭州缤纷农贸市场	2013-11-29	3600	65
9	杭州长二农贸市场	2015-02-20	2410	62
10	杭州市滨江区共联农贸市场	2017-05-15	2250	36
11	杭州长河晶都农贸市场	2017-07-05	2494	84
12	杭州江二农贸市场	2018-04-01	500	20
13	杭州滨康农贸市场	2019-10-01	1600	36
14	杭州彩虹农贸市场	2019-12-31	2695	98
15	杭州长河冠山农贸市场	2020-10-29	2380	53
16	杭州白鹤苑农贸市场	2020-12-10	1600	30
17	江一农贸市场	2021-04-18	800	32
18	杭州新生农贸市场	2021-04-18	4590.34	85

【农贸市场菜价】 2021年,杭州高新区(滨江)农贸市场主营蔬菜、鲜肉、水产、副食品、海产品、豆制品、蛋类、熟食品等17个大类商品。受新冠肺炎疫情影响,猪肉价格下降10%左右,蔬菜价格总体平稳无增长,海产品和进口水产下降15%,进口水果下降20%,其他叶菜、豆制品、粮油、副食品等食品价格比较稳定,无增长。

【新增2家农贸市场】 2021年4月18日,杭州新生农贸市场、江一农贸市场开业。杭州新生农贸市场位于滨文路771号,总建筑面积4590.34平方米,分上下2层,设置摊位85个;市场设社区大食堂、文化长廊与党建联谊宣传专区,实行数字化管理,支持人脸支付、电子支付等方式;所有菜品均可追本溯源,价格公开透明;公开经营户信息、信用等级。江一农贸市场(浙农市集)位于春波路春波西苑南门东侧,江一美好生活共同体一楼,市场建筑面积800平方米,设置摊位32个;江一农贸市场运用“线上赋能、新零售、爆品供应链、活动营销、供应链金融”等新型运营手段,实现“新农贸·新生活·新发展”。

【家居市场】 至2021年年底,杭州高新区(滨江)家居市场有杭州第六空间大都会1家。第六空间大都会有国际馆、现代家具馆、8090家居生活馆、灯饰软装馆、国际建材馆、定制馆全屋体验中心、品牌大道七大独幢主题场馆,入驻国际国内品牌商位580多个,2021年实现销售额6.02亿元。开辟8261平方米的“知嘛家”商业模式，采用线上线下结合模式，利用淘宝等直播平台，实现销售额0.75亿元，营业收入比上年增长326%。杭州第六空间大都会获杭州市“平安示范单位”“四星级市场”“杭州市‘战疫情、促发展、稳就业’履行企业社会责任认定企业”等荣誉。

【大型超市】 至2021年年底，杭州高新区（滨江）有大型超市10家，其中世纪联华3家、物美2家、永辉超市3家、盒马鲜生2家。超市主要经营食品、生活必需品、家居及日用品等。2021年，10家大型超市实现销售额12.48亿元，比上年下降8.55%。

【综合商场】 至2021年年底，杭州高新区（滨江）有综合商场3家，分别为华联星光大道、滨江宝龙城市广场和龙湖滨江天街。2021年，华联星光大道实现销售额16亿元，年客流量2500万人次，提供就业岗位3000个。“杭州星光大道电影文化步行街”入选“浙江省高品质步行街（第二批）”名单。“星光大道电影文化特色街区”被评为“第一批省级夜间文化和旅游消费集聚区”。滨江宝龙城实现销售额24亿余元，客流量2700万余人次。滨江宝龙城获IF商业地产年会卓越商业运营标杆项目、中商地产节2021年度最具影响力商业地产项目。龙湖滨江天街实现主营收入25亿余元，总客流量2847万余人次，新入驻品牌118家，媒体曝光量4亿余次，有会员120万余人。龙湖滨江天街获“中国购物中心等级五星奖”“2021年度长三角商业项目TOP20”“2021年度影响力购物中心”等荣誉。

【首店经济】 2021年1月1日，“中式快餐榜首品牌”——老乡鸡杭州首家门店在龙湖滨江天街开业。门店建筑面积160平方米，餐位54个，平均每天接单超过500余单，平均每天翻桌25桌以上。5月3日，高登汽车全国首家门店在滨江宝龙城开业。高登汽车主营房车销售，单价在40万～120万元，开业第一周销售额600万元。至年底，实现营业额2400万余元。11月10日，Dior迪奥龙湖滨江天街香氛彩妆概念精品店开业，开业首日营业额36万余元。

【世纪联华滨江江晖路店获评浙江省绿色商场】 2021年12月13日，省商务厅公布2021年浙江省绿色商场名单，世纪联华滨江江晖路店获评2021年浙江省绿色商场。世纪联华滨江江晖路店召开省级绿色商场创建动员会，对标梳理绿色商场创建标准，制定年度创建计划；从宣传和培训、基础设备调整、倡导和实施无纸化办公、智慧物流、零售新技术、实施绿色服务（商品准入源头可溯、农产检测信息公开、零售购物渠道畅通、便捷支付服务高效、便民服务贴心周到）、引导绿色消费（绿色消费信息统计和减塑、绿色消费宣传与引导）、资源循环利用与环保公益（垃圾分类、餐厨废弃油脂委托专业收运、定向维修、环保公益活动）等方面开展“绿色商场”创建工作。

【3人获“2021杭州市商贸服务业技术能手”称号】 2021年7月，杭州高新区（滨江）根据《2021年杭州市商贸服务业“迎亚运·岗位大练兵、技能大比武”活动方案》要求，组织浙江大华技术股份有限公司等15家企业48人次参加互联网营销师等4个职业技能大赛。经杭州市商贸服务业职业技能竞赛工作领导小组组织专家评审、媒体公示等程序，浙江大华技术股份有限公司互联网营销师管晓敏、杭州艺福堂茶叶有限公司茶艺师张倩倩等3人获“2021杭州市商贸服务业技术能手”称号。

【吉利控股集团获评供应链创新与应用示范企业】 2021年，区商务局根据《浙江省流通与消费工作领导小组办公室关于组织申报首批浙江省供应链协同创新综合体的通知》等文件要求，组织企业申报。浙江吉利控股集团有限公司（简称“吉利控股集团”）成为首批浙江省供应链协同创新综合体承建单位、第一批全国供应链创新与应用示范企业。吉利控股集团通过实施供应链数字化协同服务中心、供应链金融协同服务中心、供应链物流协同服务中心、供应链采购协同服务中心、供应链制造协同服务中心等项目，提高供应链管理水平，强化供应链创新引领，拓展供应链专业服务，布局全球供应链，推动供应链绿色发展，加强供应链风险防范，做好全区供应链企业示范引领。（朱华萍）

【杭州首届数智消费嘉年华举行】2021年4月29日，“数智消费、乐享生活IN杭州”2021年杭州首届数智消费嘉年华在杭州高新区（滨江）射潮广场举行。现场发布杭州首届数智消费嘉年华十大精品主题活动，启动“越夜越精彩”数智夜生活节，上线“杭州数智夜生活打卡体验点”小程序，向全国发布招募杭州数智消费体验官的征集令。杭州高新区（滨江）企业杭州宇树科技有限公司的产品“机器牛”参加活动，网易（杭州）网络有限公司和杭州萤石网络股份有限公司2家企业展示数智化生活用品。

【全国消费促进月·浙江站启动仪式举行】2021年4月30日，“奋进新时代、爱尚新生活、浙里来消费”2021年全国消费促进月·浙江站启动仪式在杭州高新区（滨江）星光大道举行。现场推出“爱尚浙里”消费新时代专列主题展区；实施“春浓、春晖、春潮、春醉、春惠”系列促消费活动。杭州高新区（滨江）有浙江田螺云厨科技有限公司的炒菜机器人、杭州大希地科技股份有限公司的生鲜产品、四维生态科技（杭州）有限公司的家庭蔬果植物种植机、杭州久积控股有限公司的家纺产品参与现场展示。

2021年4月30日，“奋进新时代、爱尚新生活、浙里来消费”2021年全国消费促进月·浙江站启动仪式在杭州高新区（滨江）星光大道举行
（区委宣传部 供图）

【星光大道电影文化步行街获评浙江省高品质步行街】2021年12月22日，省商务厅等11个部门联合发文公布第二批浙江省高品质步行街名单，杭州高新区（滨江）星光大道电影文化步行街入选。星光大道电影文化步行街于2019年启动创建，对标省级高品质步行街创建标准，改造升级整体硬件设施及软件配套。2021年7月23日，经省商务厅组织专家团队实地评审并通过验收。星光大道电影文化步行街位于星光大道综合商场，南起江南大道，北至滨盛路，是全省8条高品质培育步行街中首条通过验收的步行街。（徐 萌）

住宿和餐饮业

【概况】2021年，杭州高新区（滨江）有限额以上住宿餐饮企业54家（含住宿企业经营餐饮的数据）。实现餐饮收入9.99亿元，比上年增长25.04%。银壶食府的“银壶江三鲜”菜品入选杭州2021年度食谱“杭帮新味”榜单和“最具创意奖”榜单。杭州高新区（滨江）在2021年舌尖上的杭州·厨神争霸赛上有2人获冠军、3人获优胜奖。

【3个项目入选2021年度杭州餐饮业“六名”工程】2021年11月10日，杭州高新区（滨江）根据《杭州餐饮业“六名”

工程高质量发展三年行动计划》部署要求，组织银壶食府等5家企业申报“名菜”“名街”“名礼”“名店”“名厨”5个项目。经过公开征集、资格审核、专家评审、网络投票、全网公示，银壶食府（谷丰店）获“杭帮菜特色餐厅”名店称号，祖名豆制品股份有限公司的“祖名素肉”被认定为“名美食伴手礼”，星光大道商业步行街被认定为“名美食街”。杭州餐饮业“六名”（“名厨”“名服务师”“名店”“名菜”“名礼”“名街”）工程评定工作由市商务局和市市场监管局组织实施。

【餐饮美食直播】 2021年，“舌尖上的杭州”厨神争霸赛第九季特别策划“冬暖杭城、美味过年”主题行动，通过电视大屏、抖音直播等渠道，宣传杭州高新区（滨江）特色美食。结合杭州数智消费嘉年华活动，邀请抖音、快手、小红书达人打卡竹哩、弄堂里、老头儿油爆虾、7017味道工厂、群乐饭店等10多家杭州高新区（滨江）餐饮企业，拍摄视频在各平台推送，并在抖音平台上架商户套餐链接，拉动餐饮企业线下消费。在杭州高新区（滨江）美食嗨购抖音专场直播活动中，有10多家餐饮企业参与，直播观看人数约7万人次，销售餐饮套餐1500多笔，销售额10万元。

【4人在“舌尖上的杭州”厨神争霸赛上获奖】 2021年4月2日，“舌尖上的杭州”厨神争霸赛第七季金牌笋美味争霸赛举行，江滨九号厨师薛英吉制作的“文武双笋”获冠军及比赛最佳口味奖，7017味道工厂厨师李勇元制作的“竹珍鲜笋靓汤”获优胜奖。11月10日，“舌尖上的杭州”厨神争霸赛第八季金牌“虾兵蟹将”美味争霸赛举行，银壶食府厨师董汉祥制作的“银壶飘香铁壳蟹”获冠军及本季比赛的最佳口味奖，江滨九号厨师薛英吉制作的“蟹粉千叶包”和红邦大酒店厨师石义华制作的“江鲜佛跳墙”获优胜奖。

（朱华萍）

【食品安全监管】 2021年，区市场监管局结合学校食品安全风险隐患排查、春秋季开学食品安全专项检查等工作，对全区各学校、幼儿园及周边食品经营户开展全覆盖监督检查。全年出动执法人员321人次，检查学校、幼儿园食堂205家次，周边餐饮经营户168家次，培训经营单位131家，培训人数958人次。利用“双随机”抽取41家学校和幼儿园食堂，抽检145批次，按照“抽检分离”的要求实施。保障中国杭州大学生创业大赛等10多次重大活动的餐饮食品安全，共出动保障监督人员200多人次、保障用餐2万余人次。督导餐饮单位进口冷链食品扫码1700家次、3000批次，相关人员排查和疫苗接种103家，500多人次。组织放心消费单位“三服务”活动，放心餐饮单位创建核查61家。开展年夜饭专项检查、餐饮服务环节餐饮具清洗消毒专项整治、小餐饮和网络订餐整治等专项行动，利用“简案快办”模块对小餐饮存在的卫生环境差、健康证过期、消毒不规范等问题进行处罚，总计150家次。开展“餐饮安全你我同查”活动6次，邀请人大代表、政协委员、食品安全协会会员和消费者代表对网红餐厅、学校食堂、集体用餐配送单位进行检查。

【网络餐饮服务监管】 2021年，区市场监管局完成“浙江外卖在线”网络阳光厨房建设数、在线率、商家激活数、使用数等任务指标。建成网络阳光厨房1130家，在线率92.21%；“浙江外卖在线”商户端激活使用数1638家，其中网络阳光厨房在线率居全市第一位。每月根据省市场监管局下发的风险线索现场核查网络订餐单位，每月检查网络订餐单位100家以上，并录入“浙食安”小程序。

【餐饮智慧化监管】 2021年，杭州高新区（滨江）升级餐饮智慧监管平台，实现监管“智慧化”转型。借助AI（人工智能）技术，对操作人员衣帽穿着不规范、使用手机等违规行为，进行抓拍预警，消除食品安全隐患；借助物联网技术，将冰箱储存温度、紫外线灯消毒时间、专间温度、餐饮具消毒温度及时间等关键数据实时记录上传，通过大数据筛查“异常”及时预警排查，实现关键环节数据化，提高监管效率与针对性。至年底，建成中小学幼儿园食堂“智能阳光厨房”67家，实现全覆盖；完成龙湖滨江天街“阳光餐饮街区”建设。

（丁朝辉）

电子商务

【概况】 2021年，杭州高新区（滨江）实现网络零售额1368亿元，比上年增长22.9%，居全省区县（市）第三位，全市第二位，主城区第一位。长河街道入选浙江省首批数字生活新服务特色镇（街道）名单；西兴街道和长河街道入选杭州市首批数字生活新服务特色镇（街道）创建名单。区商务局引导电商产业园提质创新，指导上峰电商产业园获评浙江省电子商务产业示范基地。根据《杭州市商务局关于开展杭州市直播电商示范企业和市级直播电商园区（基地）创建申报工作的通知》要求，区商务局推荐杭州辰范网络科技有限公司等企业参加市级直播电商示范企业创建，推荐云狐科技园、西可科技园等5个园区（基地）参加市级直播电商园区（基地）创建。

【5家企业被认定为市新零售服务（示范）企业】 2021年4月30日，区商务局根据《杭州市商务局关于开展杭州市新零售企业认定工作的通知》要求，推荐浙江永辉超市有限公司等5家企业申报。经评审，浙江永辉超市有限公司和浙江英特怡年药房连锁有限公司2家企业被认定为杭州市新零售企业；杭州米雅信息科技有限公司和浙江璟视信息科技有限公司2家企业被认定为杭州市新零售服务企业。6月21日，根据《杭州市商务局关于开展市级新零售示范企业和新零售示范街区申报工作的通知》要求，推荐5家企业申报杭州市新零售示范企业。经评审，杭州网易严选贸易有限公司和浙江永辉超市有限公司2家企业被认定为杭州市新零售示范企业。

【3家企业参加第八届中国（杭州）国际电子商务博览会】 2021年10月15—18日，第八届中国（杭州）国际电子商务博览会在武林之星博览中心举行。杭州羽嬉贸易有限公司、杭州心芽信息科技有限公司、杭州三年二班文化创意有限公司3家杭州高新区（滨江）企业参加。展览现场，杭州羽嬉贸易有限公司的咖啡品牌“隅田川”展示挂耳鲜咖啡、鲜萃胶囊咖啡液、袋泡鲜咖啡、冻干鲜咖啡等网红单品及礼盒，现场制作咖啡；杭州心芽信息科技有限公司展示婴幼儿零辅食品牌“窝小芽”主食系列、调味品系列、零食系列的主打产品，现场制作卡通馒头、营养馄饨等产品；杭州三年二班文化创意有限公司展示自有IP“麻球MQ”双生系列，包含折叠笔盒、台历、便笺纸等热门产品。

【“交个朋友”项目落户杭州高新区（滨江）】 2021年2月3日，“交个朋友”项目签约落户杭州高新区（滨江）。“交个朋友”项目所属公司是一家为电商提供以供应链为支撑的网络软件服务（SaaS）系统公司，是直播电商领域的头部服务机构之一，主营业务包括直播电商、新媒体整合营销及代运营，包括直播电商分供应链服务和多频道网络（MCN）服务。至年底，“交个朋友”直播间实际支付销售额50亿元，居抖音直播带货额第一位；全年开播天数325天，实现每日稳定开播21.5小时，销售国货品牌100多个，助力乡村振兴带货22次。

【电商平台塑料污染治理示范试点工作】 2021年，“网易严选”作为电商平台塑料污染治理示范试点平台，分别从控制用量、优化材质、智能包装系统及社会宣传4个方面开展塑料污染治理工作。至年底，“网易严选”使用塑料包装袋811万件，均做到回收利用，其中轻量化包装649万件，使用可降解包材19.3万件；节约塑料17吨，减少使用防护材料3吨；包装智能推荐系统申请项目专利3项，以数字化助力绿色包装。（徐　萌）

【“科技赋能直播”大咖沙龙】 2021年1月7日，“科技赋能直播”大咖沙龙在龙湖滨江天街假日酒店举行。活动由区文创发展中心、互联网产业园发展服务中心指导，杭州高新区（滨江）直播产业联盟等单位主办，杭州风马牛西可科技有限公司等30多家企业参加，直播产业联盟在官方抖音号同步开启直播。区文创发展中心负责人解读《关于扶持直播产业发展的实施意见》；直播栏目主理人分享直播实战案例；举行“圆桌大咖对话”，围绕互联网直播产业发展、科技赋能直播和直播电商产业发展方向等主题交流讨论；进行科技赋能直播宣讲推介，有6家企业达成合作初步意向。

【上峰电商产业园品牌指导服务站揭牌】 2021年10月21日，上峰电商产业园品牌指导服务站揭牌仪式暨培训活动在上峰电商产业园举行。省、市、区市场监督管理局，互联网产业园发展服务中心等单位负责人及企业代表60多人参加。揭牌仪式上，互联网产业园发展服务中心负责人指出设立品牌指导站能优化企业商标管理体系，赋能区域品牌经济发展，提升社会商标品牌意识。培训活动上，区市场监督管理局、中国计量大学、滨江物联网产业知识产权联盟、华进律师事务所等单位代表分别就“杭州高新区（滨江）知识产权新政策宣讲”“企业品牌价值提升策略”“互联网直播行业热点知识产权案例”等主题进行分享交流。

（项　磊）

文化创意产业

【概况】 2021年，杭州高新区（滨江）文化创意产业实现增加值433亿元，比上年增长15.8%，占全区生产总值的21.4%。107家限额以上文化创意企业实现营业收入1139.36亿元，增长20.4%，年营业收入超1亿元企业41家。限额以上动漫游戏企业实现营业收入306.97亿元，增长9.31%，占全国近10%的市场份额，继续保持全省动漫游戏产业第一区优势。全年兑现区级文创专项扶持资金3974.18万元，惠及企业96家。做好重点扶持项目推荐申报工作，2个项目获市级文创产业竞争性分配项目补助，12个项目获市级动漫游戏优质重点项目扶持，共获市级文化创意专项资金544万元；组织16家企业、33个项目申报市级动漫游戏产业专项资金补助项目。文创企业中新培育市级及以上高层次人才101人，有国家级高新技术企业15家、国家科技型中小企业53家、编制完成《杭州高新区（滨江）文化产业发展“十四五”规划》。推进国家文化产业示范园区样板区建设，启动农居SOHO创意园改造提升工程，畅唐网络新园区建成投用，中国动漫博物馆开馆；网易（杭州）网络有限公司、杭州瑞德设计股份有限公司、浙江大丰数艺科技有限公司、杭州冯锐科技有限公司等项目建设按计划推进。

【动漫作品获多个奖项】 2021年，杭州高新区（滨江）有34个优质动漫产品（项目）分别获国家级以上奖项25个，省级奖项2个；列入国家级扶持项目7个、省级扶持项目10个、市级重点扶持项目8个。杭州友诺动漫有限公司动画片《下姜村的绿水青山梦》获中国文化艺术政府奖、“金猴奖”等国家级奖项；《天行九歌第三季》等10部作品入选省广电局“十四五”重点文艺作品选题规划；杭州流彩动画有限公司原创IP《白素贞》获第九届“新光奖”国际原创动漫大赛民族动漫特别奖提名。杭州电魂网络科技股份有限公司自研游戏《梦三国2》入选2022年杭州亚运会电竞项目；杭州边锋网络技术有限公司《侠客风云传online》获“金茶奖”年度最佳出海游戏奖；杭州炎魂网络科技有限公司自研游戏《忍着必须死》获评Google Play 2021年全球“年度最具创新力游戏”和“最佳平板电脑游戏”。

【文创企业扶持】 2021年，区文创发展中心围绕“三大主题年”工作要求，建立年度重点工作任务项目化清单，每季度召开文创、直播企业招商引资服务工作联席会议，督查成员单位开展企业招商引资服务等重点工作推进情况，研究审议政策兑现、企业备案、项目落点等重点工作。全年完成3批19家文创企业和2批3家直播产业企业备案认定工作，完成4家区级直播特色产业园区（基地）认定工作。举办文创、直播产业政策宣讲解读活动12场，文创企业专场云招聘会3场，修订文创企业人才房配租管理办法，做好人才房配租工作。依托区数字文创产业联盟，为企业搭建合作交流平台，联合特色园区、重点企业，组织举办政策辅导、创业服务、产业协同等特色活动。联合相关部门开展直播企业合规培训、备案指导，参与培训企业人员超3万人次。走访江北重点文创企业，宣讲相关政策，引导企业南迁。加强与区内重点文创企业的联系对接，落实重点企业“一对一”服务专员制度和每周半天走访服务重点企业、对接重点项目制度，了解企业发展和重点项目布局情况及发展难题，做好以商引商。至年底，引进杭州掌阅动漫有限公司、熙唐思贤（浙江）科技有限公司、杭州乐曼多科技有限公司等企业落点。

【文创企业快速发展】 2021年，杭州高新区（滨江）为杭州炎魂网络科技有限公司、浙江省建筑设计研究院2家重点企业总部项目启动供地；杭州联汇科技股份有限公司、杭州若鸿文化股份有限公司、杭州玄机科技信息技术有限公司、杭州游卡网络技术有限公司、杭州量子泛娱影视文化传媒股份有限公司、浙江艺旗教育科技有限公司6家企业列入上市后备企业名单；杭州宝仑会议服务有限公司、杭州炎魂网络有限公司、杭州轻漫文化创意有限公司、杭州流彩动画有限公司、杭州通明星球数字科技有限公司、杭州飞鸟与禾文化创意有限公司6家企业获评浙江省成长型文化企业；杭州电魂网络科技股份有限公司、杭州网易雷火科技有限公司、浙江中南卡通股份有限公司3家企业获评年度国家文化出口重点企业；杭州网易雷火科技有限公司、杭州玄机科技信息技术有限公司、杭州边锋网络技术有限公司、杭州电魂网络科技股份有限公司、杭州游卡网络技术有限公司、浙江中南卡通股份有限公司6家入选“浙江省数字贸易百强榜”。网易伏羲基于智能虚拟形象的智慧旅游模式创新项目入选年度“国家文化和旅游科技创新工程项目”；杭州游卡网络技术有限公司与茅盾文学奖得主麦家达成IP场景化开发合作；杭州看潮信息咨询有限公司1.2万平方米办公场地投入使用，推出虚拟偶像“Asoul”项目；杭州若鸿文化创意有限公司获1.6亿元融资，旗下9部动画连续剧在全平台播放量150亿余次，《妖神记》项目全年营业收入1亿余元；杭州流彩动画有限公司建设动漫IP创新中心；浙江中南卡通股份有限公司“之江一号”AI表演数字动画平台入选年度国家文化出口重点项目。

【中国网络作家村获国家级称号】 2021年，杭州高新区（滨江）新引进22名网络作家，累计引进212人。持续办好“白马荟”“萌芽计划”“好故事训练营”“心源计划”等活动，做优网络文学“IP直通车”服务品牌，举办专项活动6场，服务作家220人，对接企业210多家，促成合作30项，交易金额6亿余元。鼓励中国网络作家村与杭州师范大学共建博士后工作站，筹划在保和创意园建设网络文学产业园，提供上下游联动和孵化体系的物理空间，成为中国网络作家村新发展的“3.0版本”。中国网络作家村获2021年度“全国版权示范园区（基地）”称号。

【文创产业管理服务平台升级】 2021年，杭州高新区（滨江）完善区级文化创意产业驾驶舱和文创企业大数据管理服务平台，包括企业线上备案申报审核、文创资金线上申报审核、优质文创企业遴选、文创企业发展提示及预警等功能模块开发建设，规范工作流程，提高备案及申报工作效能，解决企业发展状况洞察力不足的问题，实现精细化管理、精准化服务。用好区级文化创意产业驾驶舱，完善文创企业大数据管理服务平台中优质文创企业遴选、文创企业发展提示及预警等功能模块开发建设，按月度、季度、年度开发产业信息研判分析报告模块，结合文创企业大数据管理服务平台，梳理明确管理服务闭环流程，强化部门与街道平台之间工作联动。开展与"版权桥"线上系统的联动合作，对接杭州漫联文链科技有限公司、浙江中南卡通股份有限公司"版钉"数字文化版权保护平台，杭州阜博科技有限公司知识产权区块链保护平台，浙江数中版权管理有限公司等平台类企业，推动文化企业精品产出与保护工作。打造滨江文创"创e家"、提升改造网络文学"IP路演中心"，集中展示区域文创产业发展历程及创新成果。

【《杭州高新区（滨江）文化产业发展"十四五"规划》发布】 2021年9月30日，《杭州高新区（滨江）文化产业发展"十四五"规划》（简称"规划"）发布。规划明确杭州高新区（滨江）今后五年文化产业发展重点、目标任务和工作举措。对目标任务进行责任分解，后续计划通过每季度召开联席会议督查和年终考核相结合形式，对列入规划的重点工作任务进行常态化督查，促使规划目标按计划完成。

【游卡滨江产业基地开工建设】 2021年9月29日，游卡滨江产业项目基地开工建设。项目位于众创路以北、共享路以东地块内，东侧为北京航空航天大学杭州创新研究院、西临区体育馆、南侧为当虹科技产业园、北侧为江一公园公共文化配套服务设施，用地面积1.74公顷，总建筑面积5.1万平方米，总投资3亿元，建设工期2年。基地按功能分为核心办公区、共享空间区、产业配套区三大区块，核心办公区与共享空间区为游卡员工主要的办公区域，核心办公区以大开间为主，内部规划多功能展示区、主副办公区、多功能会议室等，满足员工多层次的办公需求；共享空间区内部规划共享会议厅，共享交流室、初创空间等，满足自身创新团队孵化和不同业务之间的融合发展；产业配套区（休闲娱乐区）主要位于产业基地的下沉广场，是游卡自身产业孵化下的商业配套，包括创新食堂、运动健身中心、文创中心、产品体验中心等。

（方管骅）

旅　游

【概况】 至2021年年底，杭州高新区（滨江）有星级饭店1家，全年接待游客2.68万人次，其中国内游客2.67万人次、入境游客91人次。实现营业收入2.39亿元。宾馆饭店的平均客房出租率29.67%，平均房价每间每天362.13元。39家旅行社接待国内游客14.63万人次。推出"城市大脑30秒入住"服务，覆盖酒店47家，平均使用率85.93%。受理旅游投诉52件，完成率100%，满意率90%以上。

【特色旅游文化项目】 2021年，杭州高新区（滨江）组织"爱上皮划艇嘉年华"第二季、酷嗨园区趣味运动巡回赛2个项目申报杭州市2021年度十大特色潜力行业资金补助项目。"爱上皮划艇嘉年华"第二季通过专家评审，获市级资金补助7万元。组织申报省级夜间文化和旅游消费集聚区项目，经省文化和旅游厅组织专家实地考察验收，确定星光大道电影文化特色街为第一批省级夜间文化和旅游消费集聚区。组织杭绣·江南传习所、网易蜗牛体验馆等4家单位申报2021年杭州亚运人文体验点。经初审、市民投票、实地考察、专家评审、公示等环节，杭绣·江南传习所、网易蜗牛体验馆、沃尔沃汽车博物馆获评杭州亚运人文体验点。

【旅游行业安全隐患排查整治】 2021年，杭州高新区（滨江）召开全区旅游大巴车租赁安全管理工作部署会议，部署小长假期间旅游安全及疫情防控工作，提升旅游企业安全意识。开展旅游消防安全隐患排查整治行动，分组对企业进行督查，督查覆盖率100%，及时消除隐患。建立旅游企业隐患动态跟踪制度，分组对监督的企业进行动态督查和回访，确保隐患整改到位。至年底，派出人员528人次，检查262家次，总体情况良好，个别场所存在口罩佩戴不规范，防疫物资储备不足，灭火器检查不及时等情况，均现场责令整改。

【文旅和体育经营场所安全生产工作会议】 2021年5月28日，杭州高新区（滨江）文旅和体育经营场所安全生产工作会议在杭州白马湖建国饭店召开，辖区内网吧、娱乐场所、电影院、旅行社、游泳场所、印刷企业、出版物等150多家经营场所负责人参加。会议总结近期全区文旅和体育市场安全生产工作，分析存在问题和安全生产形势，部署下一步安全生产工作任务，从消防安全、控烟管理等层面进行安全生产工作指导；与各文旅、体育经营场所负责人签订《安全生产、消防安全目标管理责任书》《企业经营管理责任书》；邀请区旅游协会秘书长对旅行社进行法规培训，讲解旅行社安全生产及规范化管理实操，提升旅行社规范化管理水平；邀请专家讲解消防安全知识，指导开展消防应急演练和应急救生演练。

（茅嘉铖）

【旅游行业重点乱象专项整治】 2021年4—6月，区社发局开展全区旅游行业重点乱象专项整治，检查未经许可经营旅行社业务及“不合理低价游”等违法违规经营行为，要求各旅游企业依法诚信经营，履行旅游企业法定义务，自觉维护游客合法权益。专项整治期间，派出人员62人次，检查场所35家次，未发现有违规情况。

【旅游行业规范用车专项整治】 2021年2—11月，区社发局开展旅游行业规范用车专项整治，对辖区内旅行社全覆盖巡查，检查租用旅游客运车辆是否与旅游运输公司签订旅游包车合同、旅游运输公司营运资质是否合法有效、是否落实游客实名制登记工作等，督促旅行社和客运企业落实安全生产主体责任，做好车辆的安全检查及疫情防控工作，确保旅客安全出行。整治期间，派出254人次，巡查场所126家次，未发现违规情况。

【酒店“一次性用品”监管】 2021年5月28日，区社发局召开全区住宿服务业生活垃圾管理工作培训会，宾馆、酒店、民宿共180家企业负责人参加会议。培训会解读《浙江省生活垃圾分类管理条例》相关法规，强调宾馆、酒店、民宿等住宿企业不得主动提供一次性用品，倡导企业提供循环利用并符合卫生要求的消费用品；邀请区生活垃圾分类工作领导小组办公室工作人员讲解生活垃圾管理知识，落实工作责任，明确任务和要求。区社发局通过发放宣传手册、制作宣传立牌、开展法规宣传、推送工作信息等形式开展住宿服务业不主动提供一次性用品宣传活动，发放相关资料200多份，制作发放宣传立牌1.5万多份，开展宣传活动6场。至年底，出动452人次，检查酒店、宾馆215家次，总体情况良好，个别小旅馆有一次性用品放置情况，均落实整改。

（毛　甜）

会　展

【概况】 2021年，杭州白马湖国际会展中心举办展会活动25场，其中展览11场、会议14场，展览面积20.5万平方米，收入1041.7万元。参加行业交流会5次，开展物业人员培训5次，开展党史教育培训及共青团员学习培训3次。“杭州白马湖国际会展中心”微信公众号关注人数4000多人，新增2000人次。“杭州白马湖国际会展中心”官方网站日平均点击量60人次。

【2021年智涌钱塘大会】 2021年3月30日，2021年智涌钱塘大会在杭州白马湖国际会展中心举行。大会由市政府主办，市经信局、市商务局、杭州高新区（滨江）、杭州海康威视数字技术股份有限公司（简称“海康威视公司”）承办，5000多名行业专家、产业界人士参加。大会以“共筑智慧城市、赋能数字企业”为主题，重点介绍新技术、产品应用于智慧

城市、企业数字化转型升级方面的思路和成果，展示数字产业化、产业数字化和城市数字化协同融合发展的经验和做法。会上，工业和信息化部、省经信厅、市政府相关负责人共同为杭州国家人工智能创新应用先导区揭牌；海康威视公司发布智慧城市数智底座；举行智涌钱塘大会“智谷”建设高峰论坛，围绕杭州高新区（滨江）如何高水平谋划建设“中国智谷”进行探讨。

【第九届中国（杭州）国际汽车博览会】 2021年4月16—19日，第九届中国（杭州）国际汽车博览会在杭州白马湖国际会展中心举办。博览会由杭州日报社、杭州交通FM91.8电台、浙江电视台民生休闲频道主办，展览面积3.6万平方米，其中室内3万平方米、室外6000平方米。博览会展出各汽车厂家最新车型、汽车产品，参展品牌50多个，展出车型300多款，活动现场有3万余人观展，成交2000台，成交额2亿元。

【智能楼宇技术与智能产品展览会】 2021年6月3—5日，第六届浙江智慧城市与智能建筑产品博览会与第二十一届浙江国际智能楼宇技术与安防产品展览会在杭州白马湖国际会展中心举办。展会由省土木建筑学会主办、省住房和城乡建设厅支持，以“建筑与智能、智慧及未来”为主题，展览范围涉及智慧城市、公共安全、会议广播视讯、智慧未来社区与智能家居、智慧LED屏显、信息安全、数据中心与通信、人工智能八大模块，展览面积1万平方米，参展企业100家。展会期间，举行2021年浙江智慧园区及未来社区创新应用高峰论坛。浙江国际智能楼宇技术与安防产品展览会作为浙江省内专业品牌展会，首次落户杭州白马湖国际会展中心，现场成交额3800万元。

【第七届中国杭州大学生创业大赛】 2021年6月8日，第七届中国杭州大学生创业大赛总决赛在杭州白马湖国际会展中心举行。大赛由市政府主办，市人力社保局、区政府承办。大赛收到全国及海外461所高校的3743个项目团队报名参赛，参赛选手围绕项目的团队建设、核心技术、市场定位、商业模式等内容进行重点阐述。经角逐，清华大学“工业设备智能预测性维护平台”项目团队、香港中文大学“巨岩体育场馆智慧化综合管理云系统的研发与推广”项目团队获大赛总决赛特等奖。中国杭州大学生创业大赛是面向全国及海外高校的全国性大学生创业赛事，自2008年起每2年举办1届，已举办6届，有1.45万个大学生创业项目参赛，462个优秀项目在杭州落地转化。

【国际动漫游戏商务大会】 2021年9月27—28日，第十七届中国国际动漫节国际动漫游戏商务大会在白马湖动漫广场举行。大会由中国国际动漫节执委会主办、杭州市动漫游戏产业发展中心承办、北京灵栖垣文化传媒有限公司等单位协办。大会期间，举行专业活动16场，227家动漫游戏企业、院校、社会组织参与；举行“一对一”商务洽谈活动1646场，有38家买家代表、29家文娱行业资方代表共679人次参与，其中美国、加拿大、德国、法国、芬兰、韩国6个国家的企业派出驻华机构代表到现场洽谈。

【第十七届中国国际动漫节】 2021年9月29日至10月4日，第十七届中国国际动漫节在杭州白马湖国际会展中心举行。动漫节由国家广播电视总局、中央广播电视总台、省政府主办，市政府、省广播电视局、浙江广播电视集团承办。动漫节设1个主会场、10个分会场，主会场设在杭州白马湖国际会展中心。展览使用会展中心全馆，面积6.5万平方米。动漫节围绕“动漫之都，智享未来”主题，突出“国漫、国风、国潮、国创”，采取线上、线下相结合模式，有56个国家和地区、335家中外企业机构、4031名展商客商和专业人员线下参与，1300万余人次通过“云上国漫”平台参与动漫节互动。展会期间，开展“一对一”洽谈1646场，现场签约金额4.8亿元；举行动漫产业高峰

2021年9月29日至10月4日，第十七届中国国际动漫节在杭州白马湖国际会展中心举行　　（区委宣传部　供图）

论坛主论坛，围绕“推动新时代动漫产业高质量发展、助力精神富有文化先行”进行交流探讨；举行由中央广播电视总台主办的中国国际动漫节“金猴奖”大赛，收到16个国家和地区的1176部原创动漫参赛作品，经评选，有31个作品获奖，其中红色动漫特别奖1个。

【第十届中国创新创业大赛生物医药全国赛】2021年10月12日，第十届中国创新创业大赛生物医药全国赛在杭州白马湖国际会展中心举行。科技部火炬中心、省科技厅、市政府、市科技局、杭州高新区（滨江）等单位负责人、投资人、企业家、媒体记者及参赛企业代表400多人参加开幕式。有340家生物医药企业入围全国赛，其中初创企业84家、成长企业256家，入围项目涵盖肿瘤新疗法、抗癌新药、精准医疗等生物医药行业重要领域，有21家企业获奖。大赛期间，西湖大学、中国生物技术股份有限公司、贝达药业股份有限公司等负责人分别从医药创新、疫苗产业创新、企业创新创业发展思考等方面进行分享；举行大企业融通对接会、参赛企业风采展、赛前培训等活动，助力参赛企业发展。

【第八届中国国际版权博览会】2021年10月16—18日，第八届中国国际版权博览会（简称“版博会”）在杭州白马湖国际会展中心举行。版博会由国家版权局主办，浙江省版权局、杭州市政府承办。版博会展览面积3万平方米，设有国内展区、国际展区、版权产业展区、浙江展区和版权项目路演等展区，展示图书音像、影视音乐、动漫游戏、计算机软件、工艺美术等优秀版权作品，300多家单位、机构和企业参展。开幕式上，世界知识产权组织与国家版权局联合举行“2020年中国版权金奖”颁奖仪式。版博会期间，举行“著作权法实施30周年成就展”、版权保护促进电影产业发展论坛、版权助力民营经济发展论坛、版权护航文化娱乐产业高质量发展论坛、第二届中国国际著作权集体管理高峰论坛、短视频版权保护研讨会等10多项活动。中国网络作家村代表杭州高新区（滨江）在版博会设立唯一的网络文学展区，展示网络文学在版权保护中的重要内容。

【2021年杭州国际人才交流与项目合作大会】2021年11月7日，杭州国际人才交流与项目合作大会在杭州白马湖国际会展中心举行。大会由省委、省政府、欧美同学会（中国留学生人员联谊会）主办，省委组织部、省人力社保厅、市委、市政府承办。开幕式现场发布“建设人才生态最优城市、打造人才创新高地行动方案”、“西湖对话”高端国际人才对话品牌；西湖大学校长施一公代表100名院士现场宣读“弘扬科学家精神、推动高质量发展、建设共同富裕示范区”倡议。大会聚焦人才引领高质量发展战略，推进共同富裕示范区建设，构建汇集国内外智力资源的长三角人才开放平台。大会期间，举行中国留学生论坛等40多场系列活动。

2021年杭州白马湖国际会展中心会展（部分）情况表

表36

序号	会展时间	会展名称	主办/承办方	规模（平方米）	收入（万元）
1	1月21日	杭州市滨江区第五届人民代表大会第五次会议	杭州市滨江区人大常委会	650	1
2	3月28—31日	网络作家党史学习教育暨主题创作改稿培训班	杭州白马湖建国饭店	650	2.7
3	3月30日	2021年智涌钱塘大会	杭州海康威视数字技术股份有限公司	20000	65.52
4	4月16—19日	2021年第九届杭州白马湖车展	杭州有道文化创意有限公司	36000	160
5	5月28—30日	第十届钱江青春期医学高峰论坛暨第十四届儿科内分泌国家级继续教育学习班暨2021年儿童肥胖糖尿病精准诊治学术会议	浙江大学医学院附属儿童医院	650	5.25
6	6月3—5日	第六届浙江智慧城市与智能建筑产品博览会与第二十一届浙江国际智能楼宇技术与安防产品展览会	杭州华展展览有限公司	10000	52.63
7	6月8日	第七届中国杭州大学生创业大赛	杭州市滨江区政府	7000	21.6
8	6月26日	“致初心赞百年”滨江支行第九届青歌赛暨第五届“员工礼”表彰会	中国农业银行股份有限公司杭州滨江支行工会委员会	650	1.2
9	7月23—25日	宇视科技国际市场部2021年中会议	浙江宇视科技有限公司	650	3.38
10	9月29日至10月4日	第十七届中国国际动漫节	杭州市文化创意产业发展中心	65000	440.8
11	10月11—12日	中国创新创业大赛全国总决赛	科技部火炬中心	7000	24.31
12	10月16—18日	第八届中国国际版权博览会	国家版权局	30000	160.5
13	10月19日	2021年侨界创新创业峰会	中共滨江区委统战部	65000	2.3
14	10月29日	杭州高新区（滨江）新生代企业家联谊会第二次会员代表大会暨青年商会成立大会	杭州市滨江区工商联	650	1.75
15	11月7日	2021年杭州国际人才交流与项目合作大会	杭州国际交流服务中心有限公司	13000	44.1
16	12月29—30日	中国共产党杭州市滨江区第六次代表大会	中共杭州市滨江区委	650	3.08

（宋琦麒）

投资促进与区域合作

境外投资

【概况】 2021年，杭州高新区（滨江）将国际化与高科技相结合，推进企业境外发展，全年境外投资中方投资额15.21亿美元。完成投资备案项目76个，其中新设项目60个、增资项目16个。境外投资中方投资额在1000万美元以上项目8个。新批境外投资项目涉及数字金融、智慧医疗、智能制造等产业，占全部境外投资总额的98%，涉及研发类项目44个。企业对外投资覆盖31个国家和地区，主要分布于美国等国家和地区，其中新增匈牙利、沙特阿拉伯、秘鲁等国家，累计覆盖54个国家和地区。

2021年杭州高新区（滨江）境外中方投资额1000万美元以上项目一览表

表37　　单位：万美元

投资主体	投资类型	投资地	注册公司名称	投资总额	中方投资额
浙江吉利控股集团有限公司	并购	新加坡	智马达移动出行有限公司	85119.08	38303.58
浙江吉利控股集团有限公司、宁波吉控吉聚企业管理合伙企业（有限合伙）、宁波吉汽吉创企业管理合伙企业（有限合伙）	新设	开曼群岛	极氪智能科技控股有限公司	31746.03	15555.56
浙江吉利控股集团有限公司、宁波和利引擎企业管理咨询合伙企业（有限合伙）、宁波吉控吉聚伍号企业管理合伙企业（有限合伙）	新设	开曼群岛	路特斯科技有限公司	30004.63	9334.77
杭州启明医疗器械有限公司	并购	以色列	米特拉尔技术控股有限公司	29500	29500
杭州长奕股权投资有限公司	并购	马来西亚	马来西亚利益高科技有限公司	3000	2400
杭州德诺脑神经医疗科技有限公司	并购	以色列	安德维有限公司	1000	254.09

【启明医疗公司并购以色列公司】 2021年12月21日，杭州启明医疗器械股份有限公司（简称“启明医疗公司”）通过启明医疗（香港）有限公司并购米特拉尔技术控股有限公司。米特拉尔技术控股有限公司于2016年在以色列耶胡达市成立，主要从事心脏瓣膜二尖瓣、三尖瓣置换治疗产品研究。米特拉尔技术控股有限公司于2020年1月获美国食品药品监督管理局突破性设备认证，产品申报专利215项，其中授权专利83项。并购后，启明医疗公司成为中国二尖瓣反流和三尖瓣反流治疗领域最完善的平台公司之一。

【吉利控股集团联合4家企业在开曼群岛新设公司】 2021年7月15日，浙江吉利控股集团有限公司（简称“吉利控股集团”）联合宁波吉控吉聚企业管理合伙企业（有限合伙）、宁波吉汽吉创企业管理合伙企业（有限合伙）在开曼群岛新设立极氪智能科技控股有限公司。公司计划在境外上市融资，整合研发、采购及销售电动汽车所需要的资产及技术，用于建设极氪智能汽车生态圈。9月29日，吉利控股集团联合宁波和利引擎企业管理咨询合伙企业（有限合伙）、宁波吉控吉聚伍号企业管理合伙企业（有限合伙）在开曼群岛新设立路特斯科技有限公司。公司计划在境外上市融资，整合研发、采购及销售电动汽车所需要的资产及技术，实现供应链体系建设和研发全球化建设等所需的资产，在全球拓展路特斯品牌新能源纯电动车业务。至年底，2家新设公司均完成境外投资备案、资金及股权交割。（章　嫣）

招商引资

【概况】 2021年，杭州高新区（滨江）新引进外资及中国港澳台资企业173家，投资总额1000万美元以上项目28个；实际利用外资9.1亿美元，实际到位外资1000万美元以上项目7个，实际到位外资8.38亿美元，占实际利用外资总额的92.07%。至年底，杭州高新区（滨江）有外资及中国港澳台资企业1073家，世界500强投资项目39个。历年累计投资总额512.02亿美元，实际利用外资累计111.77亿美元。外商投资企业初始、变更、注销信息报告750条，外商投资企业年度报告809家，外商投资企业信息报告“双随机”实地联合检查、书面检查企业共38家。

2021年杭州高新区（滨江）新引进中国香港、澳门、台湾地区投资企业情况表

表38　　单位：万美元

序号	企业名称	投资总额	注册资本	合同金额	备案日期
1	杭州高仁企业管理合伙企业（有限合伙）	2	2	2	2021-01-09
2	杭州贝咖实业有限公司	346	346	5845	2021-01-16
3	杭州直品科技有限公司	2000	2000	2000	2021-01-23
4	杭州熔断信息咨询有限公司	15	15	15	2021-01-23
5	杭州金豪电子商务有限公司	15	15	15	2021-01-29
6	杭州雨辰教育科技有限公司	11	8	8	2021-01-31
7	杭州拓蜂信息技术有限公司	48	48	7	2021-02-03
8	杭州风日合能源技术有限公司	15	15	15	2021-02-23
9	杭州蒂梵铎科技有限公司	15	15	15	2021-02-25
10	杭州叁点空间设计有限公司	46	46	44	2021-02-26
11	杭州辰焌科技有限公司	46	46	46	2021-02-26
12	浙江道晟旅游开发有限公司	773	773	155	2021-03-17

续表38

序号	企业名称	投资总额	注册资本	合同金额	备案日期
13	杭州赋客科技有限公司	1000	1000	1000	2021-03-23
14	杭州蒙氏奶奶教育科技有限公司	2	2	2	2021-03-23
15	杭州彩连科技有限公司	222	222	932	2021-03-30
16	杭州昇茂科技有限公司	15	15	15	2021-03-31
17	杭州易尚企业管理有限公司	38	38	61	2021-04-01
18	杭州洪氏品牌管理有限公司	76	76	27	2021-04-17
19	杭州奕旻信息科技有限公司	15	15	15	2021-04-19
20	近朱者赤（杭州）文化传媒有限公司	2	2	1	2021-04-27
21	杭州洛颜生物科技有限公司	76	76	71	2021-04-29
22	杭州杭鹰企业管理有限公司	10	10	10	2021-05-12
23	百世驰橙（杭州）物流服务有限公司	8968	3093	3093	2021-05-14
24	杭州旸顺医疗科技有限公司	155	155	58	2021-05-14
25	杭州维闰餐饮管理有限公司	15	15	15	2021-05-27
26	杭州梅斯茜诺科技有限责任公司	2	2	2	2021-06-04
27	杭州福贸科技有限公司	90000	30000	30000	2021-06-16
28	杭州中跆联文化有限公司	2	2	1	2021-06-16
29	杭州富氚企业管理合伙企业（有限合伙）	16	16	5	2021-06-22
30	杭州箭越服饰有限公司	8	8	1	2021-06-22
31	杭州网易智企科技有限公司	1084	1084	1084	2021-06-30
32	杭州梵桦商务咨询有限公司	16	16	8	2021-06-22
33	杭州浙可是家大文化传媒有限公司	15	15	7	2021-06-30
34	杭州盈泉云科技有限公司	15	15	15	2021-07-02
35	杭州鸿荣源科技有限公司	77	77	62	2021-07-06
36	为得食品（杭州）有限公司	285	200	200	2021-07-08
37	杭州范思泉科技有限公司	15	15	15	2021-07-26
38	检达（杭州）安全检测技术有限公司	1250	500	200	2021-07-29
39	杭州智汇互动信息科技有限公司	8	8	8	2021-07-29
40	杭州德诺脑神经医疗科技有限公司	59	41	31	2021-07-31
41	杭州玉厨餐饮管理有限公司	8	8	5	2021-07-31
42	杭州九奈文化传媒有限公司	15	15	15	2021-08-04
43	杭州诗迪顿饰品有限公司	15	15	8	2021-08-09
44	杭州奥尼迪健康发展有限公司	3018	3018	3018	2021-08-11
45	杭州禾迪网络科技有限公司	155	155	155	2021-08-11

续表38

序号	企业名称	投资总额	注册资本	合同金额	备案日期
46	杭州澄钛文化传媒有限公司	15	15	15	2021-08-11
47	浙江咨乎科技有限公司	2000	2000	2000	2021-08-12
48	杭州火球上祝融科技有限公司	600	600	600	2021-08-18
49	杭州玄宫生物医药科技有限公司	8	8	8	2021-08-18
50	杭州艾鑫餐饮管理有限公司	77	77	77	2021-08-20
51	杭州爱福及康管理咨询合伙企业（有限合伙）	15	15	15	2021-08-31
52	杭州益宝材料科技有限公司	15	15	15	2021-09-03
53	浙江馥碧诗生物科技有限公司	155	155	155	2021-09-09
54	杭州吉量商业服务有限公司	77	77	77	2021-09-09
55	杭州你飘了传媒有限公司	2	2	0	2021-09-16
56	杭州梵聚企业管理有限公司	15	15	15	2021-09-15
57	杭州心芽信息科技有限公司	141	141	4	2021-09-24
58	易匠未来科技（杭州）有限公司	617	308	308	2021-09-30
59	杭州名日之梦科技有限公司	100	100	100	2021-10-13
60	杭州傲鑫企业管理合伙企业（有限合伙）	8	8	1	2021-10-16
61	杭州希康控股集团有限公司	308	308	93	2021-10-20
62	杭州泛素生物科技有限公司	155	155	155	2021-10-20
63	杭州杭生企业管理咨询合伙企业（有限合伙）	3	3	1	2021-10-22
64	杭州浩博医药有限公司	985	985	177	2021-10-23
65	中科国生（杭州）科技有限公司	19	19	2	2021-10-30
66	杭州演进科技有限责任公司	469	469	469	2021-10-31
67	杭州德诺博光医疗器械有限公司	2	2	2	2021-10-31
68	荷奇娜（杭州）科技有限公司	100	100	100	2021-11-03
69	杭州诺驰生命科学有限公司	170	170	70	2021-11-06
70	杭州悦泰健康科技有限公司	156	156	156	2021-11-06
71	杭州德诺瞬糖医疗器械有限公司	2	2	2	2021-11-10
72	杭州沐艺电子商务有限公司	78	78	78	2021-11-16
73	网易有道（杭州）智能科技有限公司	142	100	100	2021-11-27
74	杭州橙色星球科技有限公司	20	20	1	2021-11-27
75	素心谷（浙江）商业运营管理有限公司	157	157	31	2021-12-03
76	杭州乘帆科技有限公司	600	600	600	2021-12-07
77	思汗科技（浙江）有限公司	282	282	110	2021-12-14
78	杭州碳氢氧科技有限公司	36	25	4	2021-12-16

续表38

序号	企业名称	投资总额	注册资本	合同金额	备案日期
79	杭州正达海企业管理有限公司	157	157	149	2021-12-22
80	杭州锐磁科技合伙企业（有限合伙）	31	31	16	2021-12-22
81	杭州芯化医药科技有限公司	157	157	125	2021-12-28
82	杭州艺旗音美科技有限公司	500	500	500	2021-12-30
83	杭州芯仞企业管理合伙企业（有限合伙）	2	2	2	2021-12-30

2021年杭州高新区（滨江）新引进外商投资企业情况表

表39 单位：万美元

序号	企业名称	投资总额	注册资本	合同外资	备案日期
1	杭州汉募森科技有限公司	123	86	86	2021-01-05
2	杭州芯聚投资管理合伙企业（有限合伙）	31	31	0	2021-01-05
3	格锐卡（杭州）汽车技术服务有限公司	77	77	39	2021-01-09
4	和己建筑室内设计（杭州）有限公司	15	15	15	2021-01-12
5	巧易（杭州）跨境电子商务有限责任公司	2	2	2	2021-01-14
6	杭州芯联管理咨询合伙企业（有限合伙）	192	192	1	2021-01-14
7	杭州滨芯企业管理合伙企业（有限合伙）	153	153	0	2021-01-23
8	杭州狮心电子商务有限公司	15	15	15	2021-01-23
9	杭州耀芯企业管理合伙企业（有限合伙）	2	2	2	2021-01-23
10	杭州里通企业管理合伙企业（有限合伙）	2	2	2	2021-01-23
11	杭州准芯拼搏者企业管理合伙企业（有限合伙）	2	2	2	2021-01-23
12	杭州恒迪科思贸易有限公司	6	6	6	2021-01-29
13	杭州怡生企业管理合伙企业（有限合伙）	3	3	2	2021-01-31
14	浙江智易物联科技有限公司	155	155	155	2021-02-03
15	杭州罗金电子商务有限公司	2	2	2	2021-02-03
16	杭州达森商务咨询有限公司	5	5	5	2021-02-23
17	杭州鑫杉贸易有限公司	8	8	8	2021-02-23
18	杭州涛瀚至一互联网科技有限公司	11	11	3	2021-02-23
19	杭州菲界面文化有限公司	15	15	15	2021-02-23
20	杭州天数兆科技文化有限公司	8	8	8	2021-02-24
21	麦客群恁（杭州）网络技术有限公司	3	3	3	2021-02-25
22	杭州脉准企业管理合伙企业（有限合伙）	170	170	68	2021-02-28
23	杭州浙达进出口有限公司	15	15	15	2021-03-03
24	杭州繁耀生物医药有限公司	46	46	16	2021-03-11

续表39

序号	企业名称	投资总额	注册资本	合同外资	备案日期
25	杭州连简广告咨询有限公司	77	77	77	2021-03-17
26	杭州马尔纹生物科技合伙企业（有限合伙）	15	15	5	2021-03-22
27	杭州新聚医疗科技有限公司	155	155	77	2021-03-22
28	杭州纽槟生物科技合伙企业（有限合伙）	15	15	13	2021-03-22
29	本特谱澜尼特（杭州）人工智能技术有限公司	10	10	9.2	2021-03-23
30	宇鸿国际物流有限公司	773	773	7	2021-03-31
31	杭州辰砂科技有限公司	19	19	3	2021-03-31
32	杭州日耳曼科技咨询服务有限公司	15	15	8	2021-04-07
33	拉希米德（杭州）通讯有限公司	15	15	15	2021-04-09
34	杭州赞迪克网络科技有限公司	46	46	32	2021-04-10
35	艾柯环保技术（杭州）有限公司	10	8	8	2021-04-14
36	杭州快爬贸易有限公司	15	15	15	2021-04-27
37	杭州澳勒格商务咨询有限公司	10	10	10	2021-04-29
38	突破（杭州）商务咨询有限公司	2	2	2	2021-05-12
39	杭州福爱林美文化传媒有限公司	15	15	15	2021-05-21
40	朴如教育科技（杭州）有限公司	61	61	61	2021-05-25
41	由莱（中国）科技有限公司	850	800	800	2021-05-27
42	纽特里森（杭州）贸易有限公司	773	773	773	2021-05-27
43	周永（杭州）餐饮管理有限公司	3	3	3	2021-05-31
44	赫图（杭州）建筑设计有限公司	16	16	14	2021-06-03
45	杭州妙宝包装材料有限公司	2	2	2	2021-06-18
46	杭州定量科技有限公司	5	5	4	2021-06-22
47	杭州雷当鑫贸易有限公司	16	16	16	2021-06-30
48	赫玛进出口（杭州）有限公司	25	25	25	2021-06-30
49	杭州宝昱传媒有限公司	11	11	6	2021-07-06
50	杭州芍苓电子商务有限公司	2	2	2	2021-07-10
51	喜乐达花卉科技（杭州）有限公司	3	3	3	2021-07-14
52	杭州阿帕基科技文化有限公司	8	8	8	2021-07-14
53	始途科技（杭州）有限公司	16	16	0	2021-07-17
54	思创牛顿动力科技（杭州）有限公司	19	19	16	2021-07-26
55	杭州瀚理企业管理合伙企业（有限合伙）	2	2	2	2021-07-26
56	杭州萨利木科技有限公司	8	8	8	2021-07-29
57	杭州智安答科技发展有限公司	310	310	93	2021-07-31

续表39

序号	企业名称	投资总额	注册资本	合同外资	备案日期
58	杭州凌虹文化科技有限公司	15	15	15	2021-08-04
59	杭州玉泽颜文化传播有限责任公司	2	2	1	2021-08-10
60	杭州安湃声助听器材有限公司	46	46	640	2021-08-20
61	福林天下（杭州）健康咨询合伙企业（有限合伙）	15	15	5	2021-08-24
62	杭州力轩科技有限公司	15	15	15	2021-08-31
63	杭州旸利企业管理咨询合伙企业（有限合伙）	34	34	34	2021-09-03
64	杭州美院堡文化艺术培训有限公司	8	8	1	2021-09-05
65	杭州追美贸易有限公司	15	15	15	2021-09-09
66	英赛翰（杭州）科技有限公司	100	10	10	2021-09-09
67	杭州权球电子商务有限公司	3	3	3	2021-09-15
68	杭州詹恒科技服务有限公司	15	15	15	2021-09-16
69	杭州格墨菲传媒科技有限公司	2	2	2	2021-09-18
70	杭州百路信息咨询服务有限公司	15	15	15	2021-09-18
71	浙江中荷新能源科技有限公司	155	155	93	2021-09-27
72	杭州福福宠物用品合伙企业（有限合伙）	15	15	15	2021-09-28
73	杭州诺新心游戏科技有限公司	15	15	15	2021-10-08
74	杭州拉斐尔餐饮文化管理有限公司	3	3	3	2021-10-13
75	杭州天瑀科技有限公司	19	15	5	2021-10-13
76	杭州广达同芯企业管理合伙企业（有限合伙）	7	77	54	2021-10-13
77	杭州红展企业管理合伙企业（有限合伙）	12	12	1	2021-11-10
78	奇而灵医药科技（杭州）合伙企业（有限合伙）	31	31	31	2021-11-16
79	优济普世医药科技（杭州）有限公司	31	31	13	2021-11-19
80	嘉译生物医药（杭州）有限公司	28	20	14	2021-11-25
81	杭州泊律诗生物科技有限公司	313	313	239	2021-11-26
82	杭州文阖企业管理咨询合伙企业（有限合伙）	157	157	77	2021-12-06
83	杭州尽物科技有限公司	97	97	13	2021-12-08
84	杭州硕利高科技有限公司	200	200	200	2021-12-10
85	杭州浩强电子商务有限公司	78	78	78	2021-12-14
86	嘉译康业企业管理（杭州）合伙企业（有限合伙）	1	1	1	2021-12-14
87	杭州久积文化发展有限公司	16	16	16	2021-12-14
88	杭州林同至和企业管理咨询合伙企业（有限合伙）	16	16	16	2021-12-22
89	杭州华芯智合企业管理合伙企业（有限合伙）	86	86	85	2021-12-30
90	杭州东忠劲风技术有限公司	94	94	5	2021-12-30

2021年杭州高新区（滨江）投资总额1000万美元以上中国香港投资企业情况表

表40 单位：万美元

序号	企业名称	投资总额	注册资本	合同金额	备案日期
1	杭州直品科技有限公司	2000	2000	2000	2021-01-23
2	杭州泰格医药科技股份有限公司	1886	1887	1887	2021-01-23
3	杭州赋客科技有限公司	1000	1000	1000	2021-03-23
4	乐麦信息技术（杭州）有限公司	2000	2000	2000	2021-04-23
5	UT斯达康通讯有限公司	2000	2000	2000	2021-05-12
6	百世驰橙（杭州）物流服务有限公司	8968	3093	3093	2021-05-14
7	杭州德晋医疗科技有限公司	2432	2432	2432	2021-05-14
8	杭州德诺睿华医疗科技有限公司	1674	7854	7854	2021-06-16
9	杭州福贸科技有限公司	90000	30000	30000	2021-06-16
10	杭州白桃说网络科技有限公司	1800	1800	1800	2021-06-16
11	鸿运华宁（杭州）生物医药有限公司	18325	5520	5520	2021-06-22
12	网易有道信息技术（杭州）有限公司	17000	0	0	2021-06-30
13	杭州网易智企科技有限公司	1084	1084	1084	2021-06-30
14	百世物流科技（中国）有限公司	5999	0	0	2021-07-29
15	杭州奥尼迪健康发展有限公司	3018	3018	3018	2021-08-11
16	浙江咨乎科技有限公司	2000	2000	2000	2021-08-12
17	杭州堃博生物科技有限公司	1548	1548	1548	2021-08-26
18	新华三信息技术有限公司	20220	20220	20220	2021-10-22
19	维仕融资担保有限公司	2900	2900	2900	2021-11-25
20	杭州唯强医疗科技有限公司	1568	1568	1568	2021-12-08
21	杭州拉扎斯信息科技有限公司	198726	49575	49575	2021-12-30

2021年杭州高新区（滨江）投资总额1000万美元以上外资项目一览表

表41 单位：万美元

序号	企业名称	投资总额	注册资本	合同外资	备案日期
1	连通（杭州）技术服务有限公司	41380	41380	20690	2021-01-14
2	浙江零跑科技有限公司	3197	3197	1	2021-01-29
3	宝爱捷（中国）汽车投资有限公司	124338	4658	4658	2021-05-25
4	检达（杭州）安全检测技术有限公司	1250	500	200	2021-07-29
5	杭州优行科技有限公司	1569	1569	0	2021-08-06
6	浙江智易物联科技有限公司	1391	1391	77	2021-09-09
7	英飞特电子（杭州）股份有限公司	1453	1528	0	2021-09-18
8	杭州河合电器股份有限公司	1629	0	0	2021-12-30

【产业链项目】 2021年，杭州高新区（滨江）引进优质产业链项目41个，其中总投资1亿元以上项目21个，5亿元以上项目9个。新引进中科曙光高端芯片研发项目；新设海光微电子科技（杭州）有限公司、宁畅信息技术（杭州）有限公司，注册资本分别为3亿元、2亿元。新引进中国自动化集团投资的工业自动化研发生产项目，旗下杭州康吉森自动化科技有限公司、杭州康吉森自动化工程技术有限公司落户杭州高新区（滨江），注册资本均为1亿元。新引进启明星辰（浙江）信息安全技术有限公司数据安全（DT）总部基地项目，注册资本5.2亿元；浙江智易物联科技有限公司阳光照明总部项目，注册资本1亿元；科睿微（杭州）电子技术有限责任公司、杭州研极微电子有限公司等芯片设计研发项目；浙江金仪盛世生物工程有限公司、杭州海莱新创医疗科技有限公司、杭州浚惠生物科技有限公司等生命健康产业项目；杭州直品科技有限公司（BOSS直聘）、杭州尽微供应链信息服务有限公司（“交个朋友”）、杭州岳麓传媒有限公司等互联网、直播电商项目。

（来笑艳）

【中科曙光公司高端芯片研发项目】 2021年，杭州高新区（滨江）引进中科曙光高端芯片研发项目，主要攻关高端芯片技术，覆盖网卡芯片中高端全品类，项目总投资10亿元。新设立的海光微电子科技（杭州）有限公司、宁畅信息技术（杭州）有限公司负责项目的日常运营。曙光信息产业股份有限公司（简称“中科曙光公司”）是中科院下属的国家级高新技术企业，是国内自主安全可控信息产业和全球IT基础架构系统解决方案领军企业；围绕先进计算产业，加大在杭州投资，落地国家先进计算产业（杭州）创新中心，建设先进计算产业生态，汇聚半导体及信息产业人才。

【启明星辰公司信息安全总部项目】 2021年11月10日，启明星辰信息技术集团股份有限公司旗下北京启明星辰信息安全技术有限公司在杭州高新区（滨江）投资设立全资子公司启明星辰（浙江）信息安全技术有限公司（简称“启明星辰公司”），公司注册资本5.2亿元。启明星辰公司计划在杭州高新区（滨江）建设辐射全国的信息安全总部基地。启明星辰信息技术集团股份有限公司是拥有完全自主知识产权的网络安全供应商，提供拥有完全自主知识产权的网络安全产品、安全管理平台、安全服务与解决方案，实现对网络安全、数据安全、应用业务安全等多领域的覆盖，形成信息安全产业生态圈。

（娄红芬）

对口帮扶（合作）和山海协作

【概况】 2021年，杭州高新区（滨江）东西部协作结对地区为四川省广元市朝天区，山海协作结对地区为浙江省温州市泰顺县，对口合作结对地区为吉林省长春市长春新区，战略合作地区为河北省保定市阜平县。杭州高新区（滨江）与结对地区在产业合作、消费帮扶、劳务协作等领域展开合作。国家机关事务管理局定点帮扶办与杭州高新区（滨江）、阜平县签订战略合作协议，杭州高新区（滨江）和阜平县在产业协作、乡村振兴、人才培训、文旅互动、协同发展、共建数智城市等领域开展合作交流。

【就业帮扶和干部人才交流】 2021年，杭州高新区（滨江）选派2名干部、12名专业技术业务骨干到四川省广元市朝天区挂职交流；朝天区选派6名专业技术人员到杭州高新区（滨江）交流学习。杭州高新区（滨江）开展乡村振兴培训班14期，培训干部1008人次、专业技术人才（含教师、医生）918人次；开展订单、定向式培训，累计举办技能培训班30期，培训农村劳动力596人次（其中脱贫人口262人）。杭州高新区（滨江）与泰顺县组织部联合举办高层次人才素质提升培训班，来自泰顺县两地教育、卫生、农业、文化、旅游等行业的48名人才参加。

【资金帮扶和消费协作】 2021年，杭州高新区（滨江）落实东西部协作帮扶资金。拨付财政帮扶资金8320万元，筹措社会力量捐资捐物829.64万元，引导新落地东部企业9家，实际到位投资22.2亿元，实施帮扶项目9个，援建就业帮扶车间8个。落实山海协作乡村振兴示范点建设援建资金330万元，其中支援温州市泰顺县165万元、淳安县金峰乡景源村82.5万元、淳安县左口乡桥西村82.5万元。支援泰顺县司前畲族镇乡村振兴重点帮促村级项目等资金110万元。建立村级消费协作农产品收购点5个，通过线上线下共推共销方式，帮助朝天区销售农产品金额7967.3万元。帮助销售泰顺县农特产品，完成消费帮扶559万元。将泰顺县纳入区干部职工疗休养目的地，引导干部职工到泰顺县开展工会疗休养活动，至年底，组织7批近200人到泰顺县旅游，助力泰顺县全域生态旅游健康发展。 （杨　咪）

【劳务协作】 2021年6月22—24日，区人力社保局组织杭州士兰微电子股份有限公司等9家企业，到四川省广元市开展劳务协作招聘活动，推出1154个优质岗位，涉及机械制造、后勤服务、美容美发等行业。招聘会有158人填写求职登记表，达成意向59人。其间，杭州高新区（滨江）和广元市朝天区作为新一轮东西部劳务协作对口帮扶区，组织召开第一次联席会议，介绍各自情况并交流工作。杭州宇视科技有限公司和广元市朝天职业中学达成合作意向，进行校企合作签约，4家企业和4所职业院校签订初步合作协议。9月16日，滨江—朝天东西部劳务协作工作站和广元市朝天区驻杭州农民工工作站成立，两块牌子、联合运作，为朝天籍在滨江区务工人员提供就业创业、关心帮扶、权益维护等一条龙服务。 （周　芳）

2021年12月4日，杭州高新区（滨江）与四川省广元市朝天区东西部协作联席会议在杭州高新区（滨江）召开 （区委宣传部　供图）

【杭州高新区（滨江）与朝天区签订东西部协作协议】 2021年7月16日，杭州高新区（滨江）与四川省广元市朝天区东西部协作联席会议在朝天区召开。滨江区委副书记、区长李志龙，广元市委常委、朝天区委书记蔡邦银出席联席会议并讲话。会上，双方签订《深化东西部协作和合作交流框架协议》，就劳务协作、消费协作、卫生健康、教育合作、商事制度改革、政务服务、数字农业、文化旅游等事项签订10个专项协议，举行帮扶资金捐赠仪式。12月4日，杭州高新区（滨江）与四川省广元市朝天区东西部协作联席会议在杭州高新区（滨江）召开。滨江区委书记章登峰，朝天区委书记余飞宇出席并讲话。会上，两地就社会治理领域合作和干部人才交流合作签订框架协议。至年底，实现两地乡镇（街道）结对3个、学校结对9个、医院结对1个、村企结对20个、村社结对3个。

【杭州高新区（滨江）与泰顺县签订山海协作协议】 2021年10月15日，杭州高新区（滨江）与温州市泰顺县山海协作联席会议在杭州高新区（滨江）召开。区委书记王敏、泰顺县委书记林万乐出席并讲话。会上，签订《2021年度滨江—泰顺山海协作工程合作框架协议》；西兴街道、长河街道、浦沿街道分别与泰顺县生态产业园发展中心、柳峰乡、仕阳镇签订结对帮扶协议。 （杨　咪）

城区建设与管理

综　述

【概况】2021年，杭州高新区（滨江）编制的《杭州市滨江区总体城市设计》获市政府批复。政府投资计划安排项目485个，计划投资141亿元。绿化、亮化、道路清扫保洁工作继续实行市场化运作，公共绿地养护面积为592.17万平方米，路灯亮灯率99%以上，故障路灯7天内及时修复率99.7%以上。全区垃圾分类工作全覆盖，所有小区全部推行"定时定点"投放管理，清运生活垃圾28.1万吨，日均769.92吨。拆除违法建筑486处8.85万平方米，完成市定目标任务。全年查处交通违法行为96.36万起；共接交通事故警情3.97万起，比上年下降9.9%；整体道路高峰延误指数下降5%，道路一般程序事故下降6.41%、逃逸事故查获量增长33.33%。新增公交与地铁接驳线路12条，优化公交线路5条，新建智能停车泊位2311个，江南大道沿线公交站点推广智能电子站牌应用。排灌站引配水1.87亿立方米，排水4.28亿立方米，全年调配水总量6.15亿立方米，保障城市排涝、剿劣工作推进和河道水环境改善。自来水销售总量6362.2万吨，增长0.02%；出厂水质水压合格率100%；排放污水总量5746.37万吨；供排水安全平稳运行。天然气供气量7567.97万立方米，其中液化天然气11.11万立方米。全社会用电量39.86亿千瓦时，增长14.3%。

【城区环境整治】2021年，杭州高新区（滨江）实施迎亚运行动计划，高标准建设沿江景观带、北塘河畔游步道、江南大道景观带，推动滨水绿道互联互通。江南大道景观带绿化初步完成。全年新增绿化面积32.92万平方米。实施5条（段）河道清淤工程，8条河道综保工程，18条河道景观提升改造项目。9条市级"美丽河道"、北塘河以北片区省级"美丽河湖"创建完成。建成10个交通方便、免费开放、提供游憩的口袋公园。开展"七一"主题花园、一桥公园提升改造项目。

（区志编研室）

【道路基础设施建设】2021年，杭州高新区（滨江）统筹推进道路基础设施建设。安排道路基础设施项目60个，计划安排投资15.54亿元，占全年政府投资计划11%。其中：新建项目30个，计划投资2.13亿元；续建项目30个，计划投资13.41亿元。白马湖中学规划道路和共联路完工，诚业南路、浦乐单元学校南侧及北侧规划支路、联庄路、东冠路、规划支路2号路、浦西路、慧炬街、滨兴路有序施工中。续建道路滨盛路—钱江二路（七甲路—之江西路）、立业路北延伸段、冠山路（时代大道—江陵路）、规划支路5号路（规划1号路—规划支路3号路）、时代大道高架（冠山隧道—萧山界）工程、乳泉路、冠塘路、冠业巷、映翠路东延伸段、北航北侧支路（时代大道—冠塘路）完工并通车，江南大道改造提升工程完

2021年5月9日，时代大道高架（冠山隧道—萧山界）通车
（区委宣传部　供图）

工。实施亚运道路优化改造，庙后王路基本完工，新和路六和路以东段改造完成，火炬大道完成总工程量的55%，西兴路完成总工程量的48%，滨康路完成总工程量的45%，滨盛路完成总工程量的40%，江陵路（滨盛路—南环路）完成总工程量的40%。（陶佳丽）

【城区基础设施养护管理体制改革】 2021年，杭州高新区（滨江）推进“三大主题年”改革攻坚暨城市管理基础设施养护管理体制改革。通过开展管养知识培训、整理相关资料、召开协调座谈会，道路保洁及公厕管养服务重新招标等方式，推进管养体制下沉。至年底，完成管理体制改革，由区城管局负责江南大道、火炬大道、西兴路、浦沿路等“六纵六横”主要道路保洁及沿线公厕的养护管理，区级道路、公厕等由3个街道落实主体责任进行养护管理；工作成果由市、区、街三级联合检查进行考核。（来莉敏）

规划管理

【概况】 2021年，杭州高新区（滨江）编制的《杭州市滨江区总体城市设计》经市政府批复，获杭州市2021年度优秀国土空间规划设计奖一等奖、浙江省国土空间规划优秀项目城市设计组一等奖，入选自然资源部国土空间规划优秀案例。中心单元、江南单元、浦沿单元、浦乐单元、白马湖单元控制性规划修编形成市级报批成果；中兴单元控制性规划取得市政府批复，实现滨江区单元控制性规划全域覆盖。会同市规划资源局完成滨江区生态保护红线与城镇开发边界优化调整研究，完成《杭州市基础教育专项规划》《杭州市公共交通规划》《明清杭州海塘和萧绍海塘沿线用地控制规划》《杭州市大运河核心监控区国土空间管控细则》等专项规划研究。会同市钱江新城管委会研究制定《杭州市2021年度拥江发展行动重点任务》《杭州市拥江发展行动“十四五”规划》等工作，为18个房建项目开展用地管控论证及备案。

【规划项目审批】 2021年，杭州高新区（滨江）核发建设项目用地预审与选址意见书147份，规划条件61份，建设用地规划许可证（含划拨用地）172份，总用地面积1215.8万平方米。核发建设工程规划许可证（含市政类）79份，总建筑面积630万平方米（不含围墙、调整项目）。完成城市道路用地、公园绿地、中小学幼儿园用地、行政办公用地等划拨供地审批76宗327.51公顷（含消化“批而未供”90.02公顷）；组织召开32个项目的方案联合技术指导评审会，批前公示项目81个。加强临时用地排查，提前书面函告用地单位期满自行拆除清退并归还土地，抄报地块管理单位，对逾期未拆除的，移交区城管局予以查处，全年向区城管局抄告逾期未清退违法占地项目36宗。发放建设工程规划核实确认意见书33份，总建筑面积310.4平方米。发放土地使用情况复核验收合格通知书34份，总建筑面积220.7万平方米。（柴抒韬　赵佳莉）

【《杭州市滨江区总体城市设计》获市政府批复】 2021年7月26日,《杭州市滨江区总体城市设计》获市政府批复,为杭州市首个分区总体城市设计。《杭州市滨江区总体城市设计》围绕建设“快乐创业、幸福生活的世界一流高科技园区”总体目标,坚持世界眼光、国际标准、滨江特色、高新定位,以“未来风、国际范、江南韵”为总体风貌定位,突出生态骨架网络化、功能片区组群化、产城体系智慧化、活力网络人文化,构建“C形山水融城、一环三区协同、一核两心引领”空间格局,细化奥体、智慧新天地及紫红岭、白马湖等重点片区城市设计,形成用地管控图则,塑造开放包容的城市形态。

资料:“C形山水融城、一环三区协同、一核两心引领”

“C”形格局:依托“一江三山生态骨架”(“一江”即钱塘江,“三山”即冠山、回龙庵山、紫红岭),强化滨江景观带与山体生态景观的连接,构建“C”形生态格局。“一环三区”:“一环”即由江南大道、浦沿路、冠山路、江陵路组成,依托城市重要功能性干路及轨道交通布局,协同三大功能板块,串联重要城市功能与景观节点的城市共享环路;“三区”即锦绣滨江带、智慧创新园、山水科创谷三大功能区块。“一核两心”:“一核”即由奥体门户区与滨江科技城共同构成的滨江公共服务核;“两心”即智慧新天地次中心和白马湖次中心。

(许露尤)

建设投资

【概况】 2021年,杭州高新区(滨江)政府投资计划安排项目485个,计划投资141亿元。其中:区财政预算保障资金94亿元,占66.7%;区国资公司自筹资金47亿元,占33.3%。道路基础设施项目60个,计划安排投资15.54亿元,占计划投资总额的11%。水利环境整治项目19个,计划安排投资2.88亿元,占2%。其中:新建项目5个,计划投资7600万元;续建项目14个,计划投资2.12亿元。教育设施项目24个,计划安排投资14.85亿元,占10.5%。其中:新建项目14个,计划投资3.95亿元;续建项目10个,计划投资10.9亿元。公共服务设施项目37个,计划安排投资13.91亿元,占9.9%。其中:新建项目13个,计划投资1.08亿元;续建项目24个,计划投资12.83亿元。安置房项目39个,计划安排投资57.02亿元,占40.4%。其中:新建项目2个,计划投资1.1亿元;续建项目37个,计划投资55.92亿元。产业配套项目19个,计划安排投资15.51亿元,占11%。其中:新建项目13个,计划投资4.27亿元;续建项目6个,计划投资11.24亿元。安排竣工决算项目201个,计划投资7.8亿元,占5.5%;市级项目计划投资13亿元,占9.2%。政府投资技术前期项目70个、做地前期项目14个、其他项目2个,计划投资0.5亿元,占0.4%。

【中兴单元小学及幼儿园项目推进】 2021年,杭州高新区(滨江)持续推进中兴单元小学及幼儿园项目。项目于2019年12月30日开工建设,位于江汉路以南,江晖路以东,北塘河以北,中赢康康谷以西,新建小学30个班、幼儿园15个班,总用地面积3.77公顷,总建筑面积5.63万平方米,其中地上建筑面积2.99万平方米、地下建筑面积2.64万平方米。项目总投资5.94亿元。至年底,工程实付2.51亿元(不包含土地款);景观市政及运动场地工程完成90%,幼儿园室内装修工程全部完成,小学部分完成85%,安装工程完成95%,进入调试阶段。

【白马湖单元中学项目开工建设】 2021年4月6日,白马湖单元中学项目开工建设。项目位于白马湖路以北,沿山河绿化带以西,新建30个班,总用地面积3.5公顷,总建筑面积6.04万平方米,其中地上建筑面积3.37万平方米、地下建筑面积2.67万平方米。项目总投资5.48亿元。至年底,3号、4号楼、报告厅、食堂、体艺楼结构封顶;全年完成投资

1.22亿元，实际支付9740.8万元。

【冠塘路（湖西路西侧支路—南川路）工程】 2021年6月24日，冠塘路（湖西路西侧支路—南川路）工程开工建设。工程位于白马湖生态创意城西端，整体呈南北走向，北起湖西路西侧规划支路，南至南川路。项目建设内容包括道路工程、桥梁工程、道路管线工程、道路附属工程等。道路全长512米，沿途与向南路及北侧规划支路2条道路相交，为南北向城市支路。项目总投资7988万元，其中工程建设费用1703万元，实际支付1561万元。至年底，完成工程建设任务。

【彩虹—江一110千伏线路土建工程】 2021年10月9日，彩虹—江一110千伏线路土建工程开工建设。工程线路沿南环路（诚业路口至江虹路）敷设，建设内容为新建电缆路径长度3.9千米，按照四回路建设，本期敷设一回，预留三回；改接部分电缆，新建0.6千米电缆与彩虹侧、江虹侧电缆对接，以及管道疏通等建设内容。项目总投资4255万元，其中工程建设费用3751万元。至年底，工程处于沟体施工阶段。

【冠业巷（东冠路—冠新路）工程】 2021年10月，冠业巷（东冠路—冠新路）工程完成建设任务。工程于2020年6月开工建设，位于浦沿街道东冠单元内，南起东冠路，北至冠新路。项目建设内容包括道路工程、桥梁工程、雨污水工程、给水工程、电力、通信、燃气等管线工程及绿化、城市家具等。道路全长263米、宽12米，道路等级为城市支路。项目总投资3843万元，其中工程建设费用930万元。实付项目投资额790万元。

【冠新路（火炬大道—向南路）工程】 2021年11月，冠新路（火炬大道—向南路）工程完成建设任务。工程于2020年6月开工建设，西起火炬大道，东至向南路。项目建设内容包括道路工程、给排水工程（雨污水管、给水管），电力、通信、燃气等市政配套管线工程，桥梁工程，照明及绿化景观工程，交通设施等附属设施工程。道路全长1082米、宽20米，道路跨越许家河，设单跨为20米的简支梁桥1座，道路等级为城市支路。项目总投资1.32亿元，其中工程建设费用3937.98万元。实付项目投资额2390万元。

【向南路（彩霞路—滨文路）工程】 至2021年年底，向南路（彩霞路—滨文路）工程基本建成。工程于2020年10月开工建设，工程南起彩霞路，北至滨文路，自南向北依次与彩霞路、东冠路、冠新路和滨文路4条道路平交。项目建设内容包括道路、排水、给水、照明、交通设施、景观绿化等。道路全长791.49米，宽20米，为城市支路。项目总投资5911万元，实付项目投资额1090万元。至年底，完成建设任务。 （骆佳佳）

道路建设

【概况】 2021年，杭州滨江城建发展公司承接建设任务14个，完成投资11.65亿元，完成率101%。至年底，江南大道隧道、江南大道（东信大道—中兴立交）地面道路拓宽改造工程建成，彩虹快速路滨江段与萧山建成段连通，冠山路（长江路—江陵路）竣工，映翠路东延段（井山坞路—萧山界）、共联路（滨和路—月明路）、信诚路铁路以南段（东冠路—火炬大道）、向南路北伸（滨文路—彩霞路）、冠新路（向南路—火炬大道）、冠业巷（东冠路—冠新路）6条（段）配套道路完工，太庙桥河（畈里孙河—庙后王河）建成通水。杭州高新开发建设管理运营有限公司道路建设任务包括承接的长河路（闻涛路—滨康路）整治提升工程、滨康路（江淑路—风情大道）整治提升工程、东冠路（浦沿路—火炬大道）整治工程、滨盛路（时代大道—风情大道）整治工程、西兴路（江南大道—滨康路）整治工程、江陵路（滨盛路—南环路）整治工程、滨康路（伟业路—时代大道）整治工程开工建设。

【江南大道(中兴立交—西兴立交)改造提升工程建成】 2021年4月19日,江南大道隧道北线贯通,5月4日南线贯通;至年底,隧道机电安装、装饰装修、路面施工、沥青摊铺、智能交通和交通设施安装及西兴立交上下匝道改造等分项工程完成,管理用房建成,项目具备开通条件。北线隧道全长3185米(含盾构段2236米),南线隧道全长3168米(含盾构段2235米),隧道按城市主干道标准设计,双向四车道。全年完成投资6.31亿元,累计完成投资20.43亿元。江南大道(中兴立交—西兴立交)改造提升工程为2022年杭州亚运会重点保障道路建设项目。

【冠山路(长江南路—江陵路)工程竣工】 2021年5月2日,冠山路(长江南路—江陵路)竣工。项目于2020年6月18日开工建设,全长1.5千米,宽42米,双向六车道。项目由西向东依次与长江南路、江虹路、江晖路等南北向骨干道路连通,新建跨长河、长二河、张家西直河3座桥梁。全年完成投资0.71亿元,累计完成投资1.54亿元(不含征迁费用)。道路开通后,冠山路开通里程达7千米,串联冠山、长河老街、白马湖等自然人文景观,加速资源要素向滨江智造供给小镇等新兴产业园区聚集。

【共联路(滨和路—月明路)工程竣工】 2021年7月1日,共联路(滨和路—月明路)工程开工建设,位于滨江区西兴北单元,南起滨和路,北至月明路,全长585米、宽26米,双向四车道,为城市支路。11月1日,工程竣工。道路建成后,共联路(物联网街—江汉路)全线贯通。

【滨兴路跨风情河桥梁工程竣工】 2021年7月15日,风情河(建设河—北塘河)河道综合整治工程滨兴路跨风情河桥梁工程竣工。工程于2020年10月5日开工,位于滨兴路与风情河交会点,西接滨兴路,东连风情大道,全长294米、宽57米,双向六车道。桥梁建成后,改善交通节点,提升风情河的过水行洪能力,完善区域交通网络。

2021年5月2日,冠山路(长江南路—江陵路)竣工
(杭州滨江城建发展公司 供图)

【太庙桥河(庙后王河—畈里孙河)工程竣工】 2021年8月15日,太庙桥河(庙后王河—畈里孙河)工程竣工。工程于2020年8月3日开工建设,西起庙后王河,东至畈里孙河,全长543米,河道宽15米,新增绿化1.15万平方米,新建游步道1168米,北侧游步道与庙后王河游步道相连。河道建成后,连通白马湖北部流域的庙后王河、太庙桥河、铁路河等河道,疏通断头河。

【映翠路(井山坞路—萧山界)建成】 2021年11月10日,映翠路(井山坞路—萧山界)建成。工程于2020年7月22日开工建设,位于白马湖单元内,西起井山坞路,东至萧山界,为城市支路,全长1728千米、宽22米,双向四车道。新建3座拱桥,1号桥为单孔拱桥,2号桥为3孔连续拱桥,3号桥为5孔连续拱桥。全年完成投资0.45亿元,累计完成1.59亿元。

【建业路跨铁立交工程】 至2021年年底,建业路跨铁立交工程桥梁桩基、下部结构

2021年11月10日，映翠路（井山坞路—萧山界）建成

（杭州滨江城建发展公司　供图）

和两联箱梁施工完成，超额50%完成年度目标。工程于2020年11月26日开工，位于长河街道，北起滨康路，南至滨文路，上跨沪昆铁路杭州绕行线；道路长880米、宽40米，其中桥梁长513米、宽21米，跨铁路上方桥宽局部拓宽至26米。建成后，增强铁路南北交通衔接，提升区域道路通行能力，完善区域交通路网。

【信诚路铁路以南段（东冠路—火炬大道）工程完工】 至2021年年底，信诚路铁路以南段（东冠路—火炬大道）工程完工。工程于2020年10月23日开工建设，北起东冠路，南至火炬大道，全长1728米、宽30米，为城市次干道。道路建成后，信诚路铁路以南段（滨文路—火炬大道）全线贯通，方便周边企业及居民出行。　（郝富强）

【长河路（闻涛路—滨康路）整治工程】 2021年6月15日，长河路（闻涛路—滨康路）整治工程开工建设。工程北起闻涛路，南至滨康路，长2.7千米，宽30～44米，总用地面积11.87公顷。主要建设内容包括道路、桥梁和交通设施提升改造，排水、照明、景观绿化等道路附属工程及部分道路重建，总投资9806万元。至年底，完成投资5709万元，占主体工程量的94.7%。

【滨康路（江淑路—风情大道）整治工程】 2021年6月18日，滨康路（江淑路—风情大道）整治工程开工建设。工程西起江淑路，东至风情大道，全长2.6千米、宽55米，总用地面积16.68公顷。主要建设内容包括道路、桥梁和交通设施提升改造，排水、照明、景观绿化等道路附属工程及部分道路重建，总投资1.76亿元。至年底，完成投资1亿元，占主体工程量的96.4%。

【东冠路（浦沿路—火炬大道）整治工程】 2021年8月15日，东冠路（浦沿路—火炬大道）整治工程开工建设。工程西起浦沿路，东至火炬大道，全长1.6千米、宽28米，总用地面积4.8公顷。主要建设内容包括道路、给排水、电力、通信等市政管线工程，以及景观照明、智能交通、绿化、城市家具等道路附属工程，总投资1.2亿元。至年底，完成投资2893万元，占主体工程量的50.3%。

【滨盛路（时代大道—风情大道）整治工程】 2021年8月18日，滨盛路（时代大道—风情大道）整治工程开工建设。工程西起时代大道，东至风情大道，全长3.8千米，宽39～55米，总用地面积20.75公顷。主要建设内容包括道路、桥梁、智能交通、景观绿化、市政管线及道路附属工程等，总投资1.7亿元。至年底，完成投资4645万元，占主体工程量的44%。

【西兴路（江南大道—滨康路）整治工程】 2021年8月26日，西兴路（江南大道—滨康路）整治工程开工建设。工程南起滨康路，北至江南大道，全长3.6千米，宽44～50米，道路等级为城市次干道。整治内容包括道路横断面双向五车道改为双向六车道、沥青路面结构修复、地下管线修复和翻建、人行道按海绵城市要求设计及修复和翻建、桥梁工程、道路附属工程等，总投资2.8亿元。至年底，完成东半幅雨水、污水管道整治和路基加固、路面中粗沥青铺设。

【江陵路（滨盛路—南环路）整治工程】 2021年8月27日，江陵路（滨盛路—南环路）整治工程开工建设。工程北起滨盛路，南至南环路，总用地面积19.96公顷，全长4.2千米、宽44米，道路等级为城市次干路。建设内容包括道路路面整治和新建、人行道翻新、桥梁构件养护、排水管线挖除及新建、管线检查井提升改造、沿线道路绿化提升等，总投资2.4亿元。至年底，完成投资6567万元，占主体工程量的53%。

【滨康路（伟业路—时代大道）整治工程】 2021年8月28日，滨康路（伟业路—时代大道）整治工程开工建设。工程西起伟业路，东至时代大道，全长2.8千米，为城市主干路。其中：伟业路至火炬大道段宽23米，为双向二车道，设计车速每小时40千米，无中央绿化带；火炬大道至信诚路段宽32米，双向四车道，设计车速每小时60千米，设有5米宽中央绿化带；信诚路至时代大道段宽36米，双向四车道，设计车速每小时60千米，设有5米宽中央绿化带。整治内容包括交叉口渠化、路面及道路平侧石更换、人行道翻建等，计划总投资2.99亿元。至年底，全线雨水、污水管道整治完成，路面沥青摊铺至中粒式沥青。

（王知琪）

公共设施

【概况】 2021年，杭州滨江水务有限公司（简称“区水务公司”）年售水总量6362.2万吨，比上年增长0.02%，出厂水质水压合格率100%；新增自来水用户4380户，供水总用户6.99万户；排放污水总量5746.37万吨，其中东输萧山污水5193.76万吨，下降4.15%，最高日污水输送量19.6万立方米。供排水运行安全稳定。推进小区二次供水改造项目，完成11个小区的二次供水改造，27个小区的施工图设计。“滨水店小二”服务队对25家区发改局立项企业上门服务，跟踪5家意向装表企业项目建设进度并提前完成装表通水。依据政府减负强企激发企业发展活力政策，减免1354家企业水费200.9万元。建立三级管控组织架构，确定新组织架构，完成102项制度体系建设工作。

【供水管网综合漏损率降低】 2021年，区水务公司启用滨江水厂出厂（向南路）两路DN1400给水管，自来水出厂平均压力下降17.5%。对石塘河、汤家井、楼下虞、新生、杨家墩等拆迁区块实施切割封堵和临时管线敷设等工作，切割37处，建设临时供水管8967.8米，保障居民用水的同时控制拆迁区块管道漏损；开展全区管网探漏行动，检测、修复漏点564处，查处违章用水220件，结算违章用水量15万吨，收回金额70万元；改造滨康二苑老旧管线3.4千米。全年供水管网漏损率14.96%。

（赵 艳）

【区水务公司“十四五”发展规划编制完成】 2021年2月5日，区水务公司编制完成《杭州滨江水务有限公司“十四五”发展规划》，确定“12345”发展目标体系，即实现“打造以水务一体化融合为推手的智慧水务滨江样板”的愿景；完成经济发展与社会效益2个目标任务；围绕做精做细供水业务、做优做实排水业务、做大做强市政工程业务的思路，构建“三大板块”的产业格局；实施管理智慧化、服务标准化、生产精细化、队伍专业化四大发展核心举措；健全党建引领、管理创新、人才管理、文化建设、安全保障五大支撑保障体系。

【区政府与市水务集团签订合作协议】 2021年9月17日，区政府与杭州市水务集团签订合作协议，分别由区水务公司和区城管局牵头落实合作事项。双方在雨水泵站及排灌站一体化集中运维管理、水环境治理、涉水智慧管控、数字赋能社会治理、部分城市管理维护、整治及公共资源配置等领域进行合作，在滨江区域基本建成供水、排水、市政工程及城市发展服务等领域的战略合作体系。（程 珉）

【制水保障】 2021年，区水务公司完成浊度仪、余氯仪等水质在线仪表维护清洗5100多次；阀门、定位器、液位计等设备维修维护100多次；自控系统维护60多次；配电箱整改108处；维护低压变频软启动55次，各段工艺参数测定200多次，出水泵高压变频均保养1次。大修计划完成率100%，设备总完好率98%以上。接待上级部门检查指导15次，安全专项检查8次。全年水厂电耗下降12%，明矾消耗量下降8.6%，次氯酸钠消耗量下降17.7%，年度制水成本下降8.9%。

【水质监测】 2021年，区水务公司坚持水质三级检测机制，实时关注钱塘江原水、出厂水水质变化情况。在新冠肺炎疫情防控期间，加密水质检测频次，对关键性指标实行每小时检测，发现异常及时调整制水处理工艺，确保供水安全。完成钱塘江源水、白马湖备用源水、出厂水及管网末梢水全分析检测12次，滨江水厂原水和出厂水17项指标二级检测各400频次，厂内水质指标检测2.38万频次，22个供水管网检测点检测62批次，出厂水与管网水合格率100%。（陈 玲）

【排水保障】 2021年，杭州高新区（滨江）东输萧山污水容量权每天18万吨，新接收污水管线11.4千米。清淤和检测2个雨污水泵站及江南大道、江晖路等46条道路50.4千米污水管网。完成铁路下穿8座排水泵站、钱塘江南岸3座排水泵站等设施设备的日常管养和汛期排涝应急抢险，维修泵站变频器、潜污泵等101台次，设备总完好率95%以上。实施完成阡陌路、聚工路、长江路、江晖路、长河路等5个雨水泵站自控系统改造。（汪高武）

【供排水管线建设】 2021年，区水务公司出厂管线工程（两根DN1400管线）完成建设并开通运行。工程通水后，滨江水厂出厂水的过水量比原来增大3倍，出厂压力从原来最高0.45兆帕降低到0.37兆帕，提高水厂的运行效率。自来水输送管线更新改造工程完成南环路、滨康路、天官路等新老管线的替换更新，改善周边水质与水压。完成江南大道DN800污水压力管工程2500米管线施工，配合江南大道整治提升工程的推进。（徐 草）

【智慧水务建设】 2021年，杭州高新区（滨江）水务一体化营收系统投入试运行，与市水务集团OA系统等实现联通，网站、营收、网厅通过等级保护认证，实现业务系统和网络零事故。参与研发的涉水安全微服务“E水空间”运用在全区10个重点保障区域，识别风险隐患数据8205条，模拟运行推演和应急预案，实现对重点园区的涉水安全管控，保障重大赛事的用水安全。“E水空间”在杭州水务第一届数智水务数据创新应用决赛中获二等奖。（冯 炳）

【供水服务】 2021年，区水务公司受理用户来信、来电、来访求助及咨询2.7万件，其中24小时服务热线2.57万件、市长公开电话463件、数字城管727件、公安“110”应急联动120件，办结率100%，用户满意率99%；受理并回访供排水业务4197件，用户满意率99%，无用户重大投诉；完成二供移交小区泵房应急抢修105起，协助街道做好拆迁区块自来水拆表销户1418户、电梯加装涉及给排水管线迁改设计500台、迁改486台。新接收安置小区用水户4147户。

【水务安全生产管理】 2021年，区水务公司继续实行安全生产（消防）工作月度、季度例会制度。开展安全检查68次，组织162人次观看安全事故警示教育主题短片，组织防汛抗台、网络信息安全、应急逃生、原水药剂应急投加、液氧泄漏、次氯酸钠应急处置、消防灭火、污水应急抢修、有限空间作业、抗雪防冻等10个类别应急演练10次，参与演练人员295人次。至年底，未发生安全生产责任事故，通过安全生产标准化三级创建评审。

【防汛排水保障】 2021年4月15日至10月31日汛期与台风期间，区水务公司实行24小时应急值班值守，建立应急抢险队伍25支、人员85人，配备应急车辆23辆，防汛隐患排查出动476人次、检查392处、发现并整改14处；应对较集中强降雨天气防汛37次，落实民生防汛抗台责任，确保汛期排水管线运行正常。

（林作贤）

【供气服务】 2021年，杭州高新区（滨江）天然气供气量7567.97万立方米，其中液化天然气（LNG）11.11万立方米。实施十区块北扩六期二期、九区块扩面（耀洋地块一期）、省属留用地块、中海云宸、长虹苑、保利天汇、十三区块二期7个小区天然气接入工程，竣工验收居民用户6472户。星耀城、星耀中心等162家大小非居民用户（包括工商、工业用户）、华洲商务中心等21.35吨锅炉实现点火使用。至年底，天然气居民用户13.2万户，非居民用户1502家，包括工业用户10家。投运的燃气管线长822.81千米，其中中压316.89千米、低压505.92千米。楼栋调压箱360台，调压柜360座，实现居民、工商用户燃气全覆盖，主干管网燃气全敷设并成环供应。完成星耀城、新生农贸市场、康康谷、星耀中心、上峰产业园等商贸街区燃气“瓶改管”项目71个。

【安全用气保障】 2021年，杭州高新区（滨江）深化“330”（3分钟出车，30分钟到达）燃气抢修保障服务，优化人员力量，创新服务举措，接单后第一时间联络用户告知拟到达时间，服务长效常态。受理抢维修任务5018起，实现抢修报修3分钟出车率100%，“110”“119”燃爆抢修30分钟内到达率100%。提前对区域内240台调压器进行防冻保暖，维护保养调压器928台，维护阀门井300个，修复破损点30处。对935户居民用户进行灶前压力检测，确保高峰期间正常运行。

【燃气管线拆改工程】 2021年，杭州天然气有限公司滨江分公司保障重点民生项目推进，结合市政道路配套施工，推动江南大道、时代大道等燃气主干线提升改造，完成江南大道总长8390米管线扩容改造，实现燃气运行管线东信大道至风情大道全线贯穿，全年完成改造工程19.17千米。完成之江花园老旧小区庭院燃气管线改造；配合完成滨安小区、春波南苑、冠山小区、缤纷北苑等23个住宅小区344个单元加梯迁改工程，确保燃气管线安全运行。

【燃气服务数字化】 2021年，杭州高新区（滨江）推行燃气安全预警自动控制数字管理系统，在奥体场馆周边、江南大道北面等地下中压燃气主干线安装远程控制阀12个，实现24小时不间断远程诊断和控制，提升地下管网的动态预警、远程控制等功能。持续推行“杭燃码”，用户使用智能手机扫描二维码，即可了解燃气信息、办理28项燃气业务。至年底，“杭燃码”关联用户10.96万户，账单查询5.49万次，安检隐患查询0.37万次，短信查询17.39万次，修改电话185次，自助抄表3.34万次，生活缴费3.22万次，跳转网上营业厅0.43万次。

【假期校园拆改“017”承诺服务】 2021年，杭州天然气有限公司滨江分公司推出校园拆改“017”承诺服务活动。通过开通学校用气服务专线，成立“寒暑假校园燃气拆改专班”，为学校提供绿色服务；开展容缺受理、预约服务，实现假期“017”承诺服务，即校园燃气拆改工程零上门、1个电话全流程服务对接、7天完成所有拆改工程。暑假期间完成17所院校拆改任务，寒假期间完成1所学校拆改任务，学前专项燃气安检实现全覆盖。

【“三社联动”服务持续开展】 2021年，杭州天然气有限公司滨江分公司深化“社区、社会组织、社会企业”等“三社联动”服务载体。组织党团员志愿者利用周末假期时间联合各单位598名志愿者走进仁苑小区、之江公寓等16个小区开展燃气安全“零隐患”现场服务活动，通过咨询解答、安全隐患知识普及、燃气隐患宣传等措施，提升市民安全用气的意识，主动协助配合隐患整改，加快燃气安全隐患整治速度。至年底，入户6085户，完成1561处隐患整改，更换胶管7502根，74个小区实现胶管清零。（杨文君）

【供电保障】 2021年，杭州高新区（滨江）电网有220千伏变电所2座（变电容量108万千伏安），110千伏变电所11座（变电容量128万千伏安），变电总容量236万千伏安。10千伏配电线路237条，专用线路61条，所供配电变压器3924台。有电力用户18.14万户，其中高压用户0.12万户、低压居民用户16.84万户、低压非居民用户1.18万户。全年全社会用电量39.86亿千瓦时，比上年增长14.3%。日电力负荷最高86.47万千瓦（出现在7月14日），增长6.73%。全口径供电可靠率99.99%，居杭州主城区第一位，综合电压合格率100%。推进重点项目电力设施迁建，完成农居安置房按期通电工作。配合区政府完成省级未来社区试点建设工作，做好电力数据需求对接及开发。开展区内优质光伏资源摸排，筛选出潜力资源1.5万千瓦，年度目标完成率101%。促成西兴街道与国网浙江电动汽车服务有限公司达成合作。启动科技项目2项、群创项目1项、双创项目1项，完成EI（工程索引）论文2篇，申报专利8项，2篇论文获2021年浙江电力优秀青工论文。《面向多种类型的转供电用户公摊损耗计算分析及建模》课题获国网浙江省电力公司二等奖。《新设10千伏中云环网室及配套进出线工程》获国网浙江省电力有限公司二十佳优质工程。

【电力主配网建设】 2021年，杭州高新区（滨江）电网根据主网建设规划，推进电网项目的配网完善，完成负荷分流工程12个，完成亚运保障工程6个，完成业扩类工程29个，实现分流负荷13兆瓦，新建开闭所56座。全年投入配网建设改造资金9510万元。通过网架局部优化等措施平衡重、轻载线路负荷，降低重载主变负载率，综合运用城网、迁改、大修等工程提升辖区配网负荷转供与抵御风险的能力，在全区实现用电量最高负荷下电网安全平稳运行。

【省地下空间电力设施防涝整治技术在杭州高新区（滨江）试点】 2021年，浙江省地下空间电力设施防涝整治技术在杭州高新区（滨江）进行试点。试点选取极端天气下出现水浸情况的地下配电房“观创一站”“观创六站”，进行配电站房智能辅助与人工智能可视化防汛改造，通过深化应用配电自动化，探索配电站房防汛防涝补强先进手段，使水浸中的地下配电房具备水位预警、视频上传、报警、触发排水泵、配电远程拉停等功能。11月2日，地下空间电力设施防涝整治标准——国网浙江省电力公司杭州供电公司站房智能辅助与人工智能可视化典型技术方案出台。

【电力业务营销环境优化】 2021年，滨江供电分公司实现复杂业务“最多跑一次”，简单业务“一次都不跑”，对接政府工程建设项目审批平台，提前做好业扩报装项目储备管理，实施低压小微企业“三零”服务（零上门、零审批、零投资）和大中型企业“三省”服务（省力、省时、省钱），分别精简办电环节至2个和2～3个，压缩接电时长至7天和27天以内。推行低压联合查勘、高压联合服务模式，落实电网投资界面延伸要求，低压非居延伸投资界面至表箱，接入容量开放至200千瓦。优化高压业扩全流程，业扩报装项目量比上年增长54.57%，其中电动汽车充电桩、老旧小区加梯改造等表计新装增长100%。配合市场监管部门依法查处转供电加价行为，推广转供电费码4893户，清理转供电加价3685.53万元，助力电费减免的政策红利及时、足额落实到每个电力客户。与区加梯办、社区物业及各管线单位合作，为13个小区制定迁改方案586个，敷设专用电力线路139.2千米，配套地下管线设施30.2千米，升级改造小区配电设施181处，新增变电容量6516千伏安。

【人工智能产业园数智化低碳改造】 2021年，国网杭州供电公司推出的基于“云网结合、系统集成、策略共生、多端联动、全息感知”技术的绿色智慧低碳楼宇轻量级改造方案，在杭州高新区（滨江）人工智能产业园完成首个试点节能改造。项目以物联网、大数据、云计算等技术为核心，集成“一键响应”用能控制策略，在满足不同空间用能基础上降低建筑整体能耗、实时响应电网调峰需求，年节能降碳效果20%以上，负荷自动响应能力提升至30%以上。至年底，人工智能产业园节能改造达到预期效果。

【能源双控工作推进】 2021年，滨江供电分公司推进能源双控工作。建立能源双控应急保供机制，编制《高能耗重点企业用能预算管理清单》，限制高耗能企业用电量，确定企业年度、月度用电量，强化用能监测预警，执行相应等级的有序用电，每日向区发改局报送高耗能重点关注企业的用电情况，构建日前、小时级、分钟级、营销秒级4种类型的电力需求响应资源池，深挖数据中心自备柴油发电机潜力，储备机动负荷3万余千瓦。

（赵　强）

【水利工程】 至2021年年底，杭州高新区（滨江）有华家、浦沿、江三、铁岭、建设河5个排灌站。2021年，排灌站引配水1.87亿立方米，排水4.28亿立方米，全年调配水总量6.15亿立方米，保障城市排涝、剿劣工作推进和河道水环境改善。杭州滨江水务有限公司把建设河排灌站、风情河闸站、十甲河闸站、解放河闸站、东信雨水泵站、滨盛雨水泵站移交至区城管局，由水设施运行保障中心负责运行管理。西兴闸保护工程通过项目竣工验收，海塘安澜工程完成沿江挡浪墙栏杆改造。

【华家排灌站工程获国家级水利工程优质奖——大禹奖】 2021年12月27日，华家排灌站工程获中国水利工程协会颁发的中国水利工程优质奖——大禹奖，是杭州高新区（滨江）首次获国家级水利工程奖项。华家排灌站工程位于浦沿街道浦联社区，东至西浦路、西至闻涛路、南至龙山路、北至浦联路，主体标段于2014年5月开工建设，2015年12月投入试运行。

（孙丹洁）

【水文防汛“5+1”工程建设项目】 2021年10月22日，水文防汛“5+1”（预报双提升工程、通信双保障工程、站网优化工程、直属站示范工程、综合平台工程和水文补短板工程）工程建设项目开工建设。工程位于浦沿街道永久河及福源河，工程主要在永久河及福源河分别建设浦沿水文测站和华家水文测站，包括新建时差法流量自动监测站、流量比测及报告编制、雷达水位（含北斗通信建设）。建成浦沿泵站和华家泵站流量、水位、雨量水文测报系统，采用GPRS与北斗通讯双通道，保障防汛测报；形成水文统一标识，提升水文形象。通过对水位、流

华家排灌站　（区治水办　供图）

量、降水量等水文要素的监测和分析，实现水文数据向省平台实时传输。项目于11月26日完工，12月7日通过完工验收，完成投资155.2万元。

（陆　剑）

通　信

【概况】 2021年，中国电信滨江分局（简称“滨江电信”）核心网点有36家，其中核心厅1家、支局厅及社区网格厅13家、全网通卖场3家、电信（快递）驿站11家、代理店8家。宽带用户总数14.9万户，移动出账用户总数31万户。至年底，累计光小区702个，新建5G基站196个、5G室分商务楼宇29个点位。

2021年，中国移动滨江分公司（简称“滨江移动”）开通5G基站769个。累计有移动通话用户数44.2万户，5G终端用户19.5万户，移动家庭宽带用户8.2万户。推动亚运场馆信号建设，建成机房5个。完成大型晚会、亚运会倒计时一周年纪念活动、杭州田径邀请赛、第十七届中国国际动漫节等大型活动赛事通信保障，现场零投诉零故障。滨江移动促成中国移动杭州分公司与浙江机电职业技术学院智慧校园战略协议签约。

至2021年年底，中国联通杭州市滨江区分公司（简称“滨江联通”）有营业厅、服务渠道及网点近100家，其中营业厅3家。手机用户、固定电话、家庭宽带及企业宽带15.5万户。移动网络用户数11万户，新增4.7万户。光纤宽带覆盖113个小区，宽带总端口数5万个，宽带用户1.2万户。有4G基站1046个，其中宏站412个、室内分布系统634个。有5G基站482个，其中宏站327个、室内分布系统155个，基本实现区域内的信号全覆盖。滨江联通与区内2家单位签订合同，为其提供大数据精准信息服务。

华数传媒滨江分公司（简称“滨江分公司”）是华数传媒网络有限公司在滨江的分支机构。至2021年年底，滨江分公司在杭州高新区（滨江）设营业厅2个，有员工90人，配备服务车12辆，建有春波、联庄、长江、同人春江、铂金名筑5大核心机房及3个基站机房，数字电视、个人宽带、企事业电视宽带业务11万余户，网络、电视信号全覆盖。完成全区所有小区光纤覆盖工作。滨江分公司实现经营收入2.58亿元。

（翁徐　吴阮）

【滨江电信助力数字化改革】 2021年，滨江电信推进滨江区党政机关整体智治平台建设，持续夯实滨江区“数字底座”。全年新建170个5G宏站、35个室分，全区74个OLT（光线路终端）实现物理双路由保护，建设1656个XGPON（光无源）端口，覆盖326个网格，基本完成亚运会主体育馆和网球中心的通信线路建设。为国际动漫节等10个重大活动提供通信保障。推进“明厨亮灶”，超进度完成1039个监控点位安装，为市民食品安全保驾护航。助力滨江区全域未来社区建设，签订战略合作协议，摸排走访15个社区，签约竹山社区和江汉社区，提供梯阻监控、安防联动、网络升级改造等生活场景。

（翁兰鹰）

【滨江移动参与亚运主场馆智慧化建设】 2021年，滨江移动依托公司5G、云、物联网技术优势，签约亚运主场馆智慧化建设项目。项目主要对亚运会主场馆（“大小莲花”体育场馆）进行智能化改造，建设内容涵盖智慧场馆平台、驾驶舱、物联网平台、硬件改造、调试对接等。场馆的整套数字系统定位为可视化呈现层，整合对接子系统，通过三维手段动态呈现及反向操控资产系统、监控系统、运维系统、业务系统等数据。（徐　莉）

【滨江联通中标跨国企业IDC业务及组网业务】 2021年5月5日，滨江联通中标跨国企业IDC（互联网数据中心）及组网业务。滨江联通为公司提供国内长途电路、省内组网电路、本地电路共19条，提供机柜进行服务器托管服务，保障其业务开展。合同期3年，合同金额124万元。

【滨江联通中标杭州医学院5G云大学项目】 2021年8月20日，滨江联通中标杭州医学院5G云大学项目。滨江联通以杭州医学院临安校区为中心，基于分组传送网，为杭州医学院实现滨江校区、滨康中心、黄龙中心、青山湖中心、省人民医院的大带宽组网。在杭州医学院临安校区建设基于5G边缘云，提供基于5G技术的网络通信备份链路。项目计划实现滨江校区和3个科教中心（青山湖、黄龙、滨康）Wi-Fi室内全覆盖，与有线网络实现融合通讯。至年底，项目建成“杭医云大学”基础设备“融合网络”和“混合云”。

（吴远韬）

【滨江华数“智慧”服务项目】 2021年，滨江华数继续参与建设“杭州城市大脑滨江平台项目”“全域智慧交通综合治理项目”“全区智安小区项目”等项目，新签约“雪亮工程”、西兴安置房安防系统、全区智安校园、智能绿色停车位等项目。参与“智安小区项目”，建成视频监控系统、人脸识别系统、车辆道闸系统、物联网消防感知等，完成华数智慧小区平台2.0升级工作。参与“雪亮工程”项目，新建、改建点位，做好社会面建设监控的运维工作。参与“杭州城市大脑滨江平台”项目，构建杭州高新区（滨江）数据中台，依托城市大脑数字系统平台提供的数据和算力，建设集数据化、在线化、智能化为一体的城市运营管理平台，汇聚全区各局委办数据，建设以研判、决策、指挥为一体的数字化治理实体指挥中心，建成16个部门级特色应用场景。

【滨江华数通信保障】 2021年，滨江华数巡检“杭州办事自助服务终端”自助机350多次，助力“最多跑一次”慧民服务开展。保障重大活动安全播出，完成机房、光交、重要客户的巡检和改造工作，实现播出保障零投诉。安全巡检户外大屏56次，重要保障活动2次。完成交警治堵项目建设工作，接入线路82条。日常维护滨江公安智慧安防系统运行，巡检维修监控点位2.89万次，监控平均在线率99%，全市排名第四位；全年人脸、车辆活跃度考核率99.57%，全市排名第一位。完成前端监控巡检日报365份，平台巡检387次。

（阮小杰）

公共交通

【概况】 至2021年年底，杭州高新区（滨江）有钱江湾花园、南环、滨文、东冠、长河、长河湘滨、滨盛、江汉、地铁江陵路、地铁西兴、物联网11座公交首末站。常规公交线路68条，与地铁接驳线路35条，区内公交线路20条，总配车辆506辆，日均客运量12.1万人。地铁6号线涉及江南大道南侧出入口完成施工并开通，全区5条地铁线路正常运营。全区在运营公共自行车服务点343座，营运锁止器9311个，在运营自行车5832辆，日均租用量1.4万人次。新增（扩容）公共自行车服务点12个，新增（更新）亲子座公共自行车500辆。

2021年杭州高新区（滨江）区内公交线路一览表

表42

序号	线路	起终点	首末站时间	线路走向
1	137	地铁江陵路站—长河湘滨路公交站	6:45—22:00	缤纷路—江陵路—通和路—春晓路—月明路—新联路—江汉东路—西兴路—滨康路—江晖路—白马湖路—腾龙路—天马路—湖西路—湘滨路
		长河湘滨路公交站—地铁江陵路站	6:00—21:15	湘滨路—时代大道—天马路—腾龙路—白马湖路—江晖路—滨康西兴路—江汉东路—新联路—月明路—春晓路—江南大道—江陵路—缤纷路

续表42

序号	线路	起终点	首末站时间	线路走向
2	138	地铁江陵路站A口—钱江湾花园	6:30—22:00	地铁江陵路站A口—滨盛路—泰安路—科技馆街—江汉路—滨盛路—南环路—东信大道—六和路—新和路—西浦路—东信大道—钱江湾花园
		钱江湾花园—地铁江陵路站A口	6:00—21:15、6:00—21:20（节假日）	钱江湾花园—西浦路—新和路—六和路—东信大道—南环路—滨盛路—江汉路—科技馆街—泰安路—滨盛路—地铁江陵路站A口
3	7139	地铁滨康路站A口—钱江大桥换乘站	6:30—9:00 16:30–19:30	地铁滨康路站—江南大道—信诚路—滨安路—振业路—滨康路—伟业路—钱江大桥换乘站
		钱江大桥换乘站—地铁滨康路站A口	7:00—9:00 17:15—20:15	钱江大桥换乘站—江南大道—伟业路—滨康路—振业路—滨安路—信诚路—江南大道—建业路—滨兴路—江虹路—地铁滨康路站
4	172M	江汉路—滨江海创园	6:35—23:25	江汉路—新联路—滨和路—江陵路—江南大道—江虹路—滨盛路—南环路—东信大道—六和路—滨江海创园
		滨江海创园—江汉路	6:00—22:30	滨江海创园—六和路—东信大道—南环路—江南大道—东信大道—滨盛路—江虹路—江南大道—江陵路—滨和路—新联路—江汉路
5	175	江汉路—陆家潭	6:35—21:05	江汉路—江陵路—滨和路—春晓路—滨兴路—江虹路—滨安路—时代大道—滨康路—伟业路—南环路—东信大道—浦沿路—坚塔路
		陆家潭—江汉路	6:00—20:30	坚塔路—新浦路—滨文路—浦沿路—东信大道—南环路—伟业路—滨康路—时代大道—滨安路—江虹路—滨兴路—春晓路—滨和路—江陵路—江汉路
6	177M	地铁滨康路站A口—外蒋家	6:30—20:15	滨安路—江陵路—聚园路—江晖路—滨文路—乳泉路—长江路—白马湖路—火炬大道—东冠路—新浦路—坚塔路
		外蒋家—地铁滨康路站A口	6:30—20:15	坚塔路—浦沿路—东冠路—火炬大道—白马湖路—江虹路—滨文路—江晖路—聚园路—江陵路—滨安路
7	112M	横街埠西—钱江湾花园	7:20—22:00	滨盛路—信诚路—江南大道—火炬大道—滨盛路—东信大道—浦沿路—滨文路—西浦路—东信大道
		钱江湾花园—横街埠西	7:00—22:00	西浦路—滨文路—浦沿路—东信大道—滨盛路
8	1503M	地铁西兴站D口—塘子堰路天马路口	7:10—20:30	滨安路—江晖路—东流路—西陵路—滨康路—西兴路—滨文路—光裕路—乳泉路—长江路—塘子堰路
		塘子堰路天马路口—地铁西兴站D口	7:00—21:00	塘子堰路—天马路—长江路—乳泉路—光裕路—滨文路—西兴路—滨康路—固陵路—滨安路
9	1504M	地铁江陵路站A口—省儿保滨江院区	7:00—21:00	缤纷街—江陵路—滨盛路—江晖路—新月路—江汉路—滨盛路—江虹路—红门巷—康顺路—滨盛路—水印巷—闻涛路—信诚路—滨盛路
		省儿保滨江院区—地铁江陵路站A口	7:00—20:30	滨盛路—时代大道—同人巷—咏渡巷—金田弄—长河路—滨盛路—康顺路—红门巷—江虹路—滨盛路—江汉路—江南大道—泰安路—滨盛路—江陵路—丹枫路—星泽路—缤纷街

续表42

序号	线路	起终点	首末站时间	线路走向
10	1505M	江汉路公交站—科技馆街飞虹路口	6:30—19:30	江汉路—春晓路—滨和路—阡陌路—启智街—新联路—月明路—阡陌路—物联网街—江陵路—缤纷街—星泽路—丹枫路—扬帆路—奥体街—飞虹路—闻涛路—扬帆路—科技馆街
		科技馆街飞虹路口—江汉路公交站	6:30—19:30	科技馆街—飞虹路—奥体街—扬帆路—丹枫路—规划支路—缤纷街—西兴路—物联网街—阡陌路—月明路—新联路—启智街—阡陌路—滨和路—春晓路—江汉路
11	1507M	地铁联庄站(C、D)—长河公交站	7:10—19:10	东信大道—滨盛路—伟业路—江南大道—火炬大道—时代大道—天马路—腾龙路—白马湖路—长江路—塘子堰路
		塘子堰村—地铁联庄站(C、D)	6:30—18:30	长江路—白马湖路—腾龙路—天马路—时代大道—火炬大道—江南大道—东信大道
12	1508M	地铁滨康路站A口—网商路滨康路口	7:00—20:00	滨安路—西兴路—滨康路—江陵路—聚园路—江晖路—滨安路—江淑路—秋溢路—江虹路—江二路—聚才路—绿香街—网商路
		网商路滨康路口—地铁滨康路站A口	6:30—19:30	网商路—滨康路—聚才路—滨安路—江虹路—秋溢路—江淑路—滨安路—江晖路—聚园路—江陵路—滨安路
13	1509M	地铁长河站C口—地铁长河站C口	6:30—19:30	地铁长河站C口—江南大道—老03省道—时代大道—同人街—咏渡巷—金河弄—长河路—江南大道—地铁长河站C口
14	1510M	滨盛路火炬大道口—地铁长河站C口	7:00—20:00	滨盛路火炬大道口—滨盛路—长河路—江南大道—地铁长河站C口
		地铁长河站C口—滨盛路火炬大道口	7:15—20:15	地铁长河站C口—江南大道—建业路—滨盛路—火炬大道—惠商街—聚鸿巷—滨盛路—滨盛路火炬大道口
15	1511M	地铁长河站B口—地铁长河站B口	7:00—18:00	地铁长河站B口—长河路—滨盛路—江虹路—江南大道—长河路—地铁长河站B口
16	522M	塘子堰—滨江区文化中心	6:00—18:30	塘子堰—长江路—白马湖路—江虹南路—江虹路—滨康路—聚才路—江二路—长河路—滨安路—网商路—滨和路—江南大道—泰安路—丹枫路
		滨江区文化中心—塘子堰	6:40—19:10	丹枫路—通和路—江南大道—长河路—滨康路—江虹路—白马湖路—塘子堰
17	171	钱江湾花园—诚品路闻涛路口	6:30—19:30	钱江湾花园—新和路—闻涛路—东信大道—西浦路—滨文路—火炬大道—滨盛路—诚品路
		诚品路闻涛路口—钱江湾花园	6:45—20:00	诚品路—闻涛路—建业路—滨盛路—火炬大道—滨文路—西浦路—新和路—闻涛路—东信大道
18	1512	地铁诚业路站-网商路滨康路口	6:50—9:00 16:30—19:00	诚业路—滨盛路—信诚路—滨安路—南川路—怀德街—立业路—南环路—网商路
		网商路滨康路口—地铁诚业路站	6:30—9:00 16:50—18:40	网商路—平达弄—长江路—南环路—立业路—怀德街—南川路—滨安路—信诚路—江南大道—诚业路
19	1513	钱王射潮—江汉路公交站	6:30—18:30	闻涛路—安业路—滨盛路—江汉路—滨和路—春晓路—江汉路公交站
		江汉路公交站—钱王射潮	6:45—18:45	江汉路公交站—春晓路—滨和路—江汉路—滨盛路—安业路—科技馆街—江虹路—闻涛路

续表42

序号	线路	起终点	首末站时间	线路走向
20	1514	地铁长河站—地铁诚业路站	7:00—19:30	江南大道—建业路—滨盛路—儿康路—闻涛路—信诚路—江南大道
		地铁诚业路站—地铁长河站	6:45—19:15	诚业路—滨盛路—信诚路—国慷街—建业路—江南大道

【12条公交线路开通】 2021年，杭州高新区（滨江）新增公交线路12条。其中：连接地铁6号线6条：1512M路（地铁诚业路站—网商路滨康路口）、1513M路（钱王射潮—江汉路公交站）、1514M路（地铁长河站—诚业路南环路口）、1515M路（地铁江陵路站—信息港公交站）、531M路（科技馆街飞虹路口—盈一佳苑）、171路（钱江湾花园—诚品路闻涛路口）；公交快线1条：7701快线（义桥—地铁滨和路站—物联网）；定制公交5条：物联网小镇专线（江陵路地铁站—物联网园区）、中医药大学站接驳专线（地铁中医药大学站—海创园）、冠山禅寺专线〔地铁江陵路站—冠山公园（冠山禅寺）〕、冠山小区地铁接驳线（冠山小区—地铁聚才路站）、缤纷星耀城专线（缤纷东苑—丹枫实验小学）。

【5条公交线路优化】 2021年，杭州高新区（滨江）优化公交线路5条。其中：7139路（地铁滨康路站A口—钱江大桥换乘站）新增地铁6号线建业路、伟业路停靠站，线路调整为高峰线；1505M路（科技馆街飞虹路口—江汉路公交站）新增地铁6号线星民停靠站，增加平峰时段运营；138路（地铁江陵路站A口—钱江湾花园）撤销滨盛路诚宜巷口（上行）单向停靠站及南环路公交站始发站，增设科技馆街星飞路口、低碳科技馆（上行）、江汉路科技馆街口、南环路伟业路口、南环路公交站、地铁中医药大学站B口、高家圩、西浦路新和路口8对停靠站及钱江湾花园始发站；1509M路（地铁长河站C口环线）由高峰线调整增加平峰时段运营；1508M路（网商路滨康路口—地铁滨康路站A口）与1502M优化整合，优化线路走向，撤销江陵路南环路口始发站，增设花园徐、西兴叉口、西兴3对双向停靠站及地铁滨康路站A口始发站。

（凌建强）

【5条地铁线路正常运营】 2021年，杭州高新区（滨江）加强统筹协调，推进地铁6号线站点与江南大道、长河路等道路拓宽改造工程有机衔接，江晖路站、奥体中心站剩余出入口实施机电安装，江汉路站、星民站等站点江南大道南侧出入口完成施工并开通。至年底，杭州市城市轨道交通一至三期建设涉及全区范围有1号、4号、5号、6号、7号 计5条地铁线路，总长33.2千米，设18个地铁车站，其中5个换乘站，全部正常运营。

（戴　毅）

城区环境管理

【概况】 2021年，区城管局办理一般程序案件1021起，办理行政审批1579件。查处无证经营案件612起。查处人行道违停车辆1.7万辆。违规停车现场教育劝导534件，缴款结案总数1.06万件。立案查处餐饮油烟案件21件。拆除违建486处，面积8.8万平方米。受理处理“96310”热线、来信来访1.78万件，反馈率、办结率均为100%。发生27起第三方燃气设施破坏事故，立案查处11起，结案1起，处罚金额7.5万元。组织全体协管队员分期开展全员封闭式集训活动，提升整体素质和专业技能水平。完成重大活动保障任务135件。全区垃圾分类工作全覆盖，所有小区全部推行“定时定点”投放管理，清运生活垃圾28.1万吨，日均769.92吨。开展生活垃圾分类示范创建工作，创建省级生活垃圾分类示范片区1个、市级生活垃圾治理工作优胜单位1家。

（范莹莹　童佳乐）

【餐饮油烟整治】2021年，区城管局做好第一轮、第二轮中央生态环境保护督察问题和省级生态环境保护督查问题整改回头看整治工作，落实“美丽杭州”建设环境大整治工作要求，开展餐饮油烟类专项整治行动。制定“一点一策”整改方案，对油烟扰民信访件，开展油烟排放和清洗记录回头看行动。联合属地街道、环保、市场监管、公安消防等部门联合执法。排查摸底餐饮店1849家，检查发现餐饮油烟问题244件，其中无油烟清洗记录79家、油烟净化器未及时清洗165家，均整改完成。开具责任整改文书16家，立案查处餐饮油烟案件21件，结案5件，罚款金额9.42万元。

【无照经营整治】2021年，区城管局分阶段开展无照经营专项整治周、无照经营攻坚月及无照经营专项整治活动。整治期间每周出动200人次，在早、晚重点时段，以区内主要道路、窗口地段、重点商圈、学校周边等为重点整治区域，整治机动车贩卖水果、简易早点摊、夜间大排档等无照流动摊贩。至年底，教育劝导无照摊贩8000多起，查处无证经营案件612起，罚款6.23万元。

【垃圾分类专项执法】2021年，区城管局推进全区生活垃圾分类及治理工作。对未监督生活垃圾分类投放、未按规定分类、未按要求设置生活垃圾收集容器等单位和个人进行检查。至年底，根据《杭州市生活垃圾管理条例》，查处垃圾分类案件343件，其中个人案件279件，罚款2.58万元；单位案件64件，罚款13.15万元。（范莹莹）

【燃气安全隐患专项整治】2021年，区城管局根据杭州市《关于印发〈瓶装液化石油气治理专项行动方案〉的通知》《关于印发燃气安全大排查大整治大执法专项活动整治任务清单的通知》等要求，开展跨区经营、无证经营及餐饮场所燃气安全隐患专项整治行动。至年底，组织人员1474人次，排查商铺1494家，排查并整改隐患63处，收缴煤气瓶100个。排查的同时做好燃气安全知识的宣传工作，提高市民燃气安全防范意识和能力，避免安全隐患。

【迎亚运入城口改造】2021年5—12月，区城管局对区内滨兴路、滨康路、浦沿路、之江大桥4处主要入城口和时代高架、彩虹高架2条入城高架进行市容市貌整治和景观提升改造，迎接2022年亚运会。提升改造地块多为待出让地块，根据节约成本、经济合理的原则，提升改造主要以提升绿化景观为主。运用不同的景观元素，营造出“一年四季景色分明、有花可赏，有景可观”的景观效果。

【洗车行业执法整治】2021年，区城管局根据“美丽杭州”创建暨“‘迎亚运’城市环境大整治、城市面貌大提升”工作推进要求，规范全区洗车行业乱象行为，开展洗车店专项整治行动。通过排摸登记，对辖区内修洗车店铺的违规行为进行教育整改，督促各洗车点位遵照洗车业管理标准，规范运用排水沟、沉淀池等设施，保持门前路面整洁。整治行动发现违规店铺39家，违规情况64起，后期复核违规洗车经营单位落实完成整改，并进行不定时巡查，确保经营单位按照规范洗车。

（童佳乐）

【市容环境整治】2021年，区城管局承担242条区级道路清扫保洁工作，总面积914.91万平方米。其中：一类道路66条，面积598.8万平方米；二类道路56条，面积177.34万平方米；三类道路120条，面积138.77万平方米。道路清扫保洁工作实行市场化运作。管理公共厕所55座，其中一星级1座、二星级6座、三星级41座、四星级6座、五星级1座，总厕位1055个。在公交站点、地铁出入口、主要商圈周边、公园等重点区域添设新型果壳箱1000多个。长河街道创建成为省级生活垃圾分类示范片区，西兴街道获市级生活垃圾治理工作优胜街道；创建市级生活垃圾分类示范机关（含学校）48家、示范国有企业6家；缤纷东苑、瑞立中央花城、白马湖和院、观邸国际、景江苑5个小区为省级高标准示范小区，康悦香庄、国美家园、六合天寓等19个小区为省级示范预备小区。

【装修垃圾（大件垃圾）清运处置】 2021年，杭州高新区（滨江）长河街道山一社区原地矿厅机械厂区北侧宕口作为全区装修垃圾（大件垃圾）消纳及资源化利用处置场，继续接收全区生活小区等装修垃圾（大件垃圾），由杭州同盛环境科技有限公司实施资源化处置。至年底，收运量2.85万吨，处置2.95万吨（含余量），其中分拣出木材、废铁、塑料、石粉等可利用量2.55万吨，不可利用的其他垃圾4015.09吨实施焚烧处理，综合利用率86.38%。（来莉敏）

【垃圾分类示范创建】 2021年，杭州高新区（滨江）推进垃圾分类十佳社区、示范点、星级点位创建工作。推进社区、物业企业垃圾分类主体责任落实，完成所有小区的入户宣传工作及“一小区一方案”制定，提升投放点、垃圾房等分类设施。制定《2021年滨江区生活垃圾分类十佳社区、高标准示范点创建方案（试行）》，对各社区范围内生活垃圾分类工作开展检查，根据日常检查成绩及年终考核成绩，经综合评比，竹山社区、东信社区、七甲闸社区等10个社区为生活垃圾分类十佳社区；杭州滨康农贸市场、杭州市滨江区月亮湾幼儿园、杭州高新技术产业开发区资产经营公司等135个单位为高标准示范点。制定《2021年滨江区生活居住区垃圾集置点、投放点及再生资源回收站星级评定方案（试行）》，通过宣传发动、各街道筛选拟创建名单、区分类办定期专项检查指导、年底专项验收的方式，综合评定出官河景庭、南岸晶都、超级星期天等83个星级集置点，官河景庭、风雅钱塘、贺田尚城等368个投放点，玲珑府、盛庐小区、国美小区等81个再生资源回收站点。制定《关于进一步深化滨江区垃圾分类工作开展的方案》等12个针对性文件。至年底，检查小区（含过渡房）4512家次、企业948家次、公共机构459家次，发布红黑榜12期，工作专报27期，发放抄告单254份。

【低价值可回收物清运专线】 2021年，区城管局制定低价值可回收物清运专线回收方案，对快餐盒、奶茶杯、塑料袋等低价值可回收物开展回收工作。设置专线车辆免费收运，自5月起，设立收集点位，试点开展收集工作，并逐步宣传推广。至年底，开设生活小区、综合体、高校、大型企业园区等点位54个，清运低价值可回收物121.06吨。

【垃圾分类宣传活动】 2021年，区城管局印发《关于〈浙江省生活垃圾管理条例〉宣贯工作方案的通知》（简称“条例”），召开条例专题培训会议95次、发放条例宣传贯彻手册2.5万册、播放条例宣传视频。开展垃圾分类专题宣讲、主题培训会423场，“进机关”40多次，“进学校”217次，“进企业”1374次，“进村社”170多次，“进家庭”15万余次，“进商场”121次，“进宾馆”166次，“进窗口”12次，发放垃圾分类指导手册5.5万册。（钱叶明）

【再生资源回收】 2021年，杭州高新区（滨江）推进低价值再生资源特色回收服务工作，年度低价值再生资源回收量占回收总量40%以上；推进公共服务机构再生资源回收服务工作，与25家学校、卫生服务中心、政府机构等公共服务机构建立再生资源回收服务体系；推进标准化再生资源回收网点星级建设工作，7家网点获评五星级网点，18家网点获评四星级网点，47家网点获评三星级网点。杭州西陵废旧金属回收连锁有限公司获评2021年杭州再生资源回收龙头骨干企业、2021年可推广“互联网+再生资源回收”企业。（朱华萍）

【亮化养护】 2021年，杭州高新区（滨江）亮灯工程实施市场化养护管理，包含全区163条道路1.39万杆路灯、2.07万个光源、205个路灯控制柜、

164台10千伏路灯专用变电站。全区路灯亮灯率99%以上，故障路灯7天内及时修复率99.7%以上，30天内及时修复率100%；景观灯设施质保期内总体亮灯率99.8%以上，断亮、失控问题3天内及时修复率100%；户外广告、商店招牌断字缺亮问题月及时整改率100%。实现路灯节电1610.62万千瓦时，节约电费1224.37万元，平均综合节电率71.1%。解决路灯缺亮问题1246处，设施缺损问题85处，检修盖缺失问题76处，灯杆保洁问题32处，清理排查照明设施1.56万处。做好钱塘江南岸全线长12千米的堤岸和沿线60组200栋建筑楼宇、江南大道沿线9.7千米35组52幢建筑楼宇、时代高架4.5千米、西兴立交7千米及彩虹快速路滨江段、江虹路江虹桥、白马湖路白马湖桥、滨盛路闸站河桥等夜景亮灯项目的日常养护工作。

【照明设施提升工程】 2021年11月，区城管局投入180万元，对火炬大道（滨盛路—闻涛路段）450米道路和伟业路（南环路—闻涛路段）1550米道路的路灯进行整体提升增亮，更换84根灯杆，168个灯头。整体改造江晖南路及腾龙路的电缆，更换电缆6000米，更换20个路灯控制柜。

【路面盲区暗点消除行动】 2021年3—11月，区城管局投入34.23万元，联合滨江交警大队开展消除盲区暗点行动。改造提升未设置路灯的小路、因绿化遮挡存在照度较低的路口、道路交叉口的照明度，在丹枫路增设路灯及在睿祥巷、白马路南路、长江南路、天马路塘子堰路口、滨怡路（江南大道—第六空间段）、滨安路立业路口、长江路华数公司东门、滨安路和固陵路交叉口安装路灯共26杆。（许安安）

【绿化养护】 2021年，杭州高新区（滨江）绿化工程实施市场化养护管理，分27个养护标段，由17家养护单位负责道路绿地、滨水绿地、公园绿地、高架绿化和时花等公共绿地养护工作。公共绿地养护面积592.17万平方米，包含150多条道路、7个公园、37条滨水绿地、4万余个高架挂箱。全年种植金桂250株，更换及补植月季5000多株、地被1.5万余平方米；增设铁艺护栏1825米、更换园路铺装290平方米；采购并安装樱花支撑钢管2500多套；全年施肥150吨，冬春2次修剪香樟1.3万棵。

【绿化整治】 2021年1月，区城管局针对安置房小区围墙外围绿化存在裸露、绿地杂乱、毁绿种菜等环境脏乱差问题，平整场地后填土1432立方米，补植麦冬7714平方米、花灌木66平方米、“马尼拉”草坪1159平方米。3月，根据市交警高架大队意见，为符合高架安全视距要求，搬除时代大道主线合流段110米花箱、上匝道左侧75米花箱，彩虹立交匝道与主线及匝道与匝道合流处940米花箱，共计1584盆，切割拆除不锈钢花箱支架及固定膨胀螺栓。3—4月，在滨兴幼儿园围墙外加装侧石140米，平整场地后种植140平方米时花。4月，针对冠一河滨水绿地沿岸黄土裸露、缺株死株、乔木未修剪等绿化问题，平整场地后，回填种植土202立方米，补植吉祥草52.5平方米、杜鹃63平方米、白三叶草157.5平方米、红叶石楠315平方米、“马尼拉”草坪52.5平方米、麦冬52.5平方米。5—6月，拆除东信大道与南环路交叉口西侧破损严重的花箱530米及花岗岩底座106平方米；在江汉路（江南大道—月明路）中央护栏中种植花叶络石，铺设白色卵石；10—12月，提升高教公园景观，清除部分老旧设施，更换公园内廊架、坐凳，美化彩化公园内水池周边；更换江一公园足球场假草坪1038平方米。

【行道树整治】 2021年1—2月，区城管局根据市园文局印发的《杭州市行道树专项整治行动方案》，对全区行道树缺株、长势不良等问题开展系统排查梳理，发现17处行道树点位缺株，其中南环路8处、滨安路2处、江晖路3处、滨和路4处。通过拆除人行道板，挖除塘渣垫层基础，栽植胸径25厘米香樟，砌芝麻灰花岗岩树池侧石等方式，完成整治。

【植树节认养活动】 2021年3月，区城管局在植树节期间策划樱花树认养活动。吸引30组认养方参与活动，认养日本晚樱43株、染井吉野樱24株。认养期间，认养方需参与认养樱花树的日常养护，巡查监督樱花所在公园绿地。活动增强市民对美好环境参与感，提高公众绿化意识，构建绿地管养新格局。

【口袋公园提升改造】 2021年3—11月，区城管局投资1200万元，建设10个方便到达、向公众开放、兼具游憩功能的口袋公园，分别为滨康路江陵路公园、滨安路建业路口袋公园、滨安路长河路公园、六和路公园、长江路长河商厦北侧口袋公园、天马路湖西路交叉口西南侧口袋公园、钱塘实验幼儿园南门口口袋公园、滨康路聚工路东南角口袋公园、滨盛路火炬大道西南角口袋公园、映翠路汤堰路交叉口西南侧口袋公园。项目总改造面积5万平方米，针对原绿地植被层次杂乱、硬质铺装破损、绿地可达性较差、园林设施缺失、景观效果不佳等问题，从提升功能性的角度进行改造，增添开花植物，修整园路铺装，增设园椅、廊架等设施，适当融入文化元素，实现“一园一特色”，为市民群众提供方便、安全的游憩空间。

【主题花园建设和一桥公园改造】 2021年5月，区城管局根据市园文局下达的花事花展活动任务，投资37.24万元，开展“七一”主题花园营建工作。对区内万国花园地形进行修整，营造自然式花镜877平方米、花坛196平方米、草坪300平方米、园路200平方米。6—8月，区城管局根据《杭州市“迎亚运”园林绿化行动计划（2020—2022）》要求，投资12万元，针对一桥公园部分苗木老化严重、开花植物较少、缺乏景观特色、设施破旧等问题，进行美化彩化，种植月季仙境203.1平方米、月季“莺歌燕舞”13.5平方米、无尽夏264株、麦冬132平方米、石蒜500平方米，更换水池边破旧花箱。

【滨安路（时代大道—江晖路）绿化整治项目】 2021年7—12月，区城管局投资270万元，对滨安路（时代大道—江晖路）段中分带及机非带下层灌木老化，道路整体景观效果较差等问题，进行提升改造，种植大寒樱170株、紫薇35株、细叶麦冬4300平方米，南天竹2000平方米，花叶栀子1858平方米，“小桃红”“安吉拉”月季545平方米，“红阳”杜鹃4170平方米，提升改造路段2.1千米。 （王姣娇）

【公厕改造】 2021年，区城管局推进公厕提升改造工程。改造列入区民生工程的西兴互通、闻涛扬帆、长河公交车站3座公厕无障碍环境，按照市无障碍设施设置标准提升改造39座公厕无障碍设施。沿江景观公厕增加厕位、智慧系统等，提升5座公厕服务功能，增加小厨宝、手机充电等设备。区城管局与社会单位签订45座对外开放公厕协议，对12座社会产权单位公厕实施环境整改。

（来莉敏）

【无障碍设施改造】 2021年，区城管局专项整治城市道路无障碍设施。改造公交站台67个，改造面积1439.19平方米；改造道路盲道、缘石坡道813处，面积1.06万平方米；结合日常养护改造道路无障碍595处，面积5948.81平方米。区行政服务中心完成硬件无障碍和信息无障碍双重改造，成为全区首个无障碍设施建设亮点工程；华美达酒店完成无障碍电梯、无障碍卫生间、无障碍客房和无障碍停车位的改造工作；街道卫生服务中心及党群服务中心均完成无障碍设施的整改工作。全区无障碍环境建设改造覆盖区、街道、社区三级党群服务中心、行政（便民）服务中心、养老机构、金融机构、商场超市、景点公园、公共厕所、图书馆等重要公共服务生活场所。

（郑　非）

【雨水管网养护】 2021年，区城管局投资1159.71万元，完成1349.06千米雨水主管及支管疏通、3.29万座次检查井、5.81万座边井清掏的养护工作；完成24条道路、99千米雨水主管网的检测疏通，保证管网正常运行，提升雨水管网安全系数。组织养护人员1750人次，完成因市政雨水管网破损造成道路沉降、塌陷的抢险问题51处，排查异常排河口18处，确保人车安全和雨水管网运行安全。

（占建良　方姣燕）

【零星积水点整治】 2021年，区城管局投资192万元，改造47个积水点。积水点分别位于滨兴路江陵路公交车站、滨康路长河路交叉口等47个点位，改造内容为增设D300球墨铸铁管850米，单箅改双箅雨水口65套，增设双箅雨水口60套，路面开挖及修复800平方米，路面铣刨找平修复1120平方米。至年底，全面完成改造工作。

（汤关忠　王　鹏）

【河道养护】 2021年，区城管局实施5条（段）河道清淤工程、18条河道景观提升改造项目。继续对9套分散式就地污水处理设施进行运行维护及污泥处置，运行维护管理3.23万平方米水生植物、6套引水预处理设施、永久河铁路箱涵闸、滨江治水云平台，分季节性对河道绿化开展病虫害防治工作及抗旱防冻工作。对太庙桥河（综保）、七甲直河、畈里孙河、官河、十甲河（桥下）5条（段）河道实施清淤，清除淤泥10.7万立方米。

【7条河道综保工程】 2021年，区城管局牵头组织杭州高新开发建设管理运营有限公司、杭州滨江城建发展公司，开展太庙桥河（庙后王河—畈里孙河）、冠山河（陈家河—冠一河）、许家河（东冠路—龙塘河）、善庆庄横河（西兴路—萧山界）、石荡河（许家河—萧山界）、冠山河（新冠一河—许家河）、陆家潭河（二期）（东冠路—新浦路）7条河道综保工程，进行河道开挖、驳坎建设、河岸综合整治等工程。至年底，石荡河（许家河—萧山界）、陆家潭河二期（东冠路—新浦路）处于工程前期准备阶段，太庙桥河（庙后王河—畈里孙河）、冠山河（陈家河—冠一河）完工，许家河（东冠路—龙塘河）、善庆庄横河（西兴路—萧山界）、冠山河（新冠一河—许家河）开工。

【河道设施整治】 2021年2月，区城管局投资28万元，开展滨江区河道廊亭楹联制作服务项目，为北塘河、十甲河、刺棱河、建设河、庙后王河、善庆庄横河、太庙桥河、小砾山输水河、张家西直河14座廊亭安装牌匾13块、楹联13对。4月，区城管局投资47万元，拆除善庆庄横河（老西陵桥）阻水点341立方米。8月，投资83万元，开展西兴后河（龙图庙桥）引配水提升工程，安装水泵2台、控制系统1台、电力电缆敷设560米。

【省、市级“美丽河道”创建】 2021年3—11月，杭州高新区（滨江）实施18条河道景观提升改造项目。其中北塘河、闸站河、十甲河、解放河、西兴后河、四季河、汤家桥河、汤家河、冠一河9条河道创建为市级“美丽河道”，由北塘河、闸站河、解放河、十甲河、建设河组成的北塘河以北片区创建为省级“美丽河湖”。

完成整治后的塘子堰河及两侧绿化景观　　（区治水办　供图）

2021年杭州高新区（滨江）省、市级"美丽河道"创建情况表

表43　　　　单位：万元

河道名称	投资金额	建设提升内容
汤家桥河	248.68	新建、改造游步道0.83千米，新建、改造绿化8300平方米，新建公园节点4处、凉亭1处、廊架1处、亲水平台1处、景观栏杆70米、健身设施4处
冠一河	171.01	新建、改造游步道0.85千米，新建、改造绿化4462平方米，新建公园节点1处、凉亭1处、亲水平台4处、景观栏杆80米、运动场所1处、无障碍坡道1处
西兴后河	162.64	新建、改造游步道2.4千米，新建、改造绿化1.66万平方米，新建公园节点4处、凉亭2处、廊架2处、亲水平台1处、景观栏杆146米
陈家河	143.12	新建、改造游步道1.1千米，新建、改造绿化2.52万平方米，新建凉亭2处、廊架3处、亲水平台5处、景观栏杆15米、健身设施1处
冠山河	116.49	新建、改造游步道1.2千米，新建、改造绿化1.58万平方米，新建公厕驿站1处、公园节点1处
槐　河	463.11	新建、改造游步道1.18千米，新建、改造绿化3万平方米，新建公园节点1处、桥下栈道2处、景观栈道3处、亲水平台3处、景观栏杆514米、无障碍坡道7处
许家河	449.97	新建、改造游步道2.67千米，新建、改造绿化2.52万平方米，新建公园节点1处、桥下栈道2处、凉亭1处、廊架1处、亲水平台3处、景观栏杆153米、无障碍坡道2处
龙塘河	329.58	新建、改造游步道1.2千米，新建、改造绿化5879平方米，新建公园节点1处、桥下栈道2处、亲水平台1处、景观栏杆150米
新浦河	576.06	新建、改造游步道4.1千米，新建、改造绿化6.45万平方米，新建公厕驿站1处、公园节点2处、桥下栈道1处、廊架3处、亲水平台3处、景观栏杆350米、健身设施1处、无障碍坡道6处
山北河	404.53	新建、改造游步道3.3千米，新建、改造绿化5.63万平方米，新建公厕驿站1处、公园节点1处、景观栈道1处、凉亭1处、廊架3处、亲水平台4处、景观栏杆340米、无障碍坡道9处
汤家河	634.98	新建、改造游步道1.76千米，新建、改造绿化9483平方米，新建公园节点1处、景观栈道1处、凉亭2处、廊架1处、亲水平台5处、景观栏杆1635米、健身设施1处、无障碍坡道1处
时代河	1321.14	新建、改造游步道3.95千米，新建、改造绿化3.69万平方米，新建公园节点3处、景观栈道5处、凉亭2处、亲水平台6处、景观栏杆1067米、健身设施1处
永久河	1124.73	新建、改造游步道1.95千米，新建、改造绿化4.13万平方米，新建公厕驿站1处、公园节点4处、景观栈道4处、凉亭1处、廊架2处、亲水平台3处、景观栏杆720米、健身设施1处、无障碍坡道2处
四季河	672.82	新建、改造游步道1.8千米，新建、改造绿化4.09万平方米，新建公园节点2处、桥下栈道1处、亲水平台3处、景观栏杆285米
十甲河	967.75	新建、改造游步道3.85千米，新建、改造绿化3.58万平方米，新建公园节点4处、桥下栈道5处、凉亭3处、景观栏杆3200米、运动场所1处、无障碍坡道4处
北塘河 闸站河	23000	新建、改造游步道11.7千米，新建、改造绿化35.09万平方米，新建公厕驿站8处、公园节点3处、桥下栈道18处、景观栈道1处、凉亭6处、廊架12处、亲水平台26处、景观栏杆3923米、健身设施4处、运动场所6处、无障碍坡道10处
解放河	965.75	新建、改造游步道0.98千米，新建、改造绿化2.79万平方米，新建桥下栈道1处、亲水平台4处、景观栏杆500米、无障碍坡道5处

（谢涵聪）

【"三改一拆"工作推进】 2021年，杭州高新区（滨江）拆除违法建筑486处8.85万平方米，完成市定目标任务。完成市专班下发的铁路问题点位系统销号26处，整改自查点位416处，均完成复核，完成率100%；整改普通铁路沿线外部环境安全隐患26处，完成率100%；清理铁路沿线垃圾100多吨。至年底，基本完成全区整村拆迁工作。

【新违建处置率100%】 2021年，区“三改一拆”办经物业服务企业上报拆除新违建17处，面积287平方米，处置率100%。加强与各部门信息共享和工作联动，在全区51个社区143个物业小区落实住宅小区违建信息登记报告制度。通过“第一时间发现、登记、报告、制止、查处”等措施，将管控前移，控制住宅小区新违建零增长。

【西兴铁路工匠公园竣工】 2021年12月22日，西兴铁路工匠公园竣工。公园位于铁路沿线庙后王路段，东起马湖箱涵、西至庙后王河。区城管局投入800多万元，拆除围墙2400平方米，清理垃圾9800立方米，清理枯枝杂草3600多立方米，平整场地及复绿8.5万平方米，将铁路沿线及附近空地15万平方米规划为绿地公园，植入西兴工匠文化，建成首个铁路工匠公园。杭州电视台、浙江经视、浙江新闻、钱江都市频道、《都市快报》、《杭州日报》、《交通旅游导报》等8家媒体均作宣传报道。

（潘雪唯）

【北塘河畔双核心公园试开放】 2021年5月1日，北塘河畔双核心公园试开放。北塘河畔双核心公园是北塘河畔及周边区域（二期、三期）提升改造工程的重要组成部分，由杭州高新开发建设管理运营有限公司建设。北塘河畔及周边区域（二期、三期）提升改造工程西起时代大道，东至风情大道，总用地35.08公顷，建设内容包括绿道、河道驳岸、生态景观、给排水、照明及配套服务设施等，引入“西兴古韵、智趣水漾、北塘新诗卷”三大文化主题，7座桥梁均设置“一桥一文化”专题空间，建有儿童广场、爱心长廊、沙滩排球、心形草坪等景观设施及服务驿站。工程总投资3.33亿元，于2020年6月30日开工，2021年6月30日竣工。

（王知琪）

交通运输管理

【概况】 至2021年年底，杭州高新区（滨江）有客运企业2家，备案车辆91辆。货运企业119家，货运车辆982辆，其中危化品运输企业5家，危化品运输车辆187辆。有备案汽车租赁企业80家，备案车辆355辆。有注册驾培企业4家，训练场地12处，面积9.44万平方米。有一、二类汽车维修及配件企业59家。

2021年，杭州市公安局交警支队滨江大队（简称“滨江交警大队”）围绕“安全、畅通、便民”的总目标和“事故下降、畅通提升”的第一目标，开展稳定队伍、预防事故、规范执法、创新管理等工作，全区道路交通安全、畅通、有序。助力新冠肺炎疫情防控，服务保障全区防疫车辆；开展全市试点的全域智慧交通综合治理工作；建成3家交通治理中心和57座社区交通治理工作站。全年共接交通事故警情3.97万起，比上年下降9.9%。整体道路高峰延误指数下降5%，道路一般程序事故下降6.41%、逃逸事故查获量增长33.33%。完成建筑方案审查意见82个，其中道路施工图审查意见25个、道路方案审查意

2021年7月24日，滨江交警大队工作人员清理被台风刮倒在道路上的树枝

（滨江交警大队 供图）

见26个、其他31个。完成建筑工程竣工验收26项。执行交通警（保）卫任务111批次，其中内外宾一级任务1批次、二级任务6批次、三级任务12批次、照顾任务615批次。完成大中型群众文体活动交通安保任务22场。1人获个人二等功，2人获个人三等功，10人获个人嘉奖，62人获上级部门即时表扬令，接到群众锦旗2面、感谢信2封。全年受理信访4129件，下降14.7%；支队信访3005件，下降13%；政务信访739件，下降21.9%。滨江全域智慧交通综合治理工作在2021年中国道路交通安全峰会上作为成功经验分享交流，被新华社、《人民日报》、《人民公安报》报道。出动警力403人次，拖车16辆，17辆设施抢修车，参与防汛抗台工作；处置涉及积水、车辆熄火和因积水导致的交通拥堵警情101起；发布积水信息165条，处理抛锚车84辆，消除道路隐患155处。

（胡　颖　陆　琦）

【“两客一危”专项整治】2021年，滨江交通执法大队开展挂靠车辆清理、异地经营整治等“两客一危”企业专项整治行动。对危化品运输车辆安全性能、车辆是否落实二级维护、日常保养等内容进行现场核查，检查企业停车场地设施设备及日常管理情况，客运企业安全生产制度、动态监控落实情况，车辆技术状况等。至年底，出动执法人员261人次，检查企业87家次，查处“两客一危”企业违规违法行为29起，罚款2.99万元。

【机动车维修市场监管】2021年，滨江交通执法大队加大对无证经营户的排查清理力度，联合环保部门和区市场监管局开展维修行业联合检查，对维修行业非法改装机动车现象进行专项整治。至年底，出动执法人员280人次，检查企业96家次，发现问题55个，发放整改通知书11份，行政处罚44起，罚款5.43万元。

【驾培市场监管】2021年，滨江交通执法大队开展驾培市场监督检查行动，检查训练场地安全防护设施、车载灭火器配备情况、安全员到岗履职情况、教学期间教练在岗情况和是否存在学时弄虚作假情况等内容。现场检查驾培场地21次，取缔非法训练场地3处。通过工单追溯教学违规行为51起，非现场执法案源比例占驾培案源总数的56%。整治驾培市场“异地班”行为，做出涉及异地违规培训的行政处罚19起，罚款1.81万元。

【出租车企业和汽车租赁企业管理】2021年，滨江交通执法大队对出租车企业和汽车租赁企业进行安全监督检查，主要检查企业安全生产制度是否落实、安全管理台账是否齐全等内容。至年底，出动执法人员36人次，检查汽车租赁企业12家次、出租车企业3家次。

【出租车和网约车管理】2021年，滨江交通执法大队依托数字执法室，实现对网约车、出租车违法行为精准查处。加强对浙江大学医学院附属第二医院滨江院区、浙江大学医学院附属儿童医院等周边道路区域的查处力度。至年底，出动执法人员1227人次，查处网约车违法违规行为105起，查处出租车违法违规行为61起。

（胡　颖）

【道路安全隐患点整治】2021年，滨江交警大队开展路面隐患排查和整改专项行动。采取“边排、边报、边治理”模式和“地毯式”排查方式，重点开展缺口封闭、视距遮挡、路段斑马线、施工道路、照明隐患等8个大类39个小类的道路隐患排查治理。排查安全隐患2768处，其中主动排查1992处。发现隐患1504处，治理1502处，治理率99.87%。

【运输企业安全整治】2021年，滨江交警大队将辖区内的81家重点货运企业、4370辆车、2500名驾驶员全部录入企业“智安通”平台建档。针对发生黄牌货车事故企业开展镇街村社、运输企业、驾校、道路、生产销售五大源头溯源工作，建立日清溯源机制，倒查落实企业责任。至年底，有责事故违法查处率95.03%，追溯历史违法14起，上门检查企业387家，约谈376次，发放整改通知书278张，开展生产源头联合执法76次。处罚运输企业88

家次，处罚金额34.54万元，平均每家处罚金额0.39万元。

【事故源头宣传教育】 2021年，滨江交警大队开展事故源头治理工作。通过理论考试和实操考试，筛选建成一支有136名交通治理员的交通治理队伍，成立3家交通治理中心、57座村社交通治理工作站、43家企业交通治理工作站作为交通安全治理站点，利用交通安全"一码一图"进行交通安全精准治理。至年底，累计安全宣教65.09万人次，占全区人口99.17%，实现全员宣传教育。通过宣传教育使1134名重点红黄码人员、1134名非机动车车主实现降色，从源头上降低事故发生率。

资料："一码一图"

"一码"即交通安全"三色码"，从事故、违法、职业特点3个维度，数字化评价交通参与者交通安全行为，以"红码、黄码、绿码"形成直观管理评价体系。"一图"即基于"三色码"生成的交通安全"五色图"，通过"三色码"数据与实有人口、企业从业人员、驾校学习考试等数据对接，按照一定的规则计算产生不同分值，对镇街村社、运输企业、外卖网约车平台、驾校等赋以黑、红、橙、黄、绿五色，分级分类采取相应的管理措施，压实主体责任，消除源头隐患。

【交通违法行为查处】 2021年，滨江交警大队开展"千警强整治"、"一盔一带"（佩戴安全头盔、使用安全带）、"一大一小"（"一大"是工程车、黄牌货车，"一小"是电动自行车）等行动，整治交通违法行为。至年底，查处交通违法行为96.36万起，其中查处酒驾、醉驾违法行为630起，工程车重点违法行为1839起，非机动车闯红灯行为17.68万起，开车使用手机行为4.83万起，未礼让行人行为1.86万起，其他71万余起。

【路面交通设施设置及优化】 至2021年年底，滨江交警大队完成交通设施维护漆画热熔标线7.24万平方米，常温标线5576平方米，除水线9541平方米，震荡标线356平方米；安装栏板式护栏8001片，示警柱8612根，设置标志牌1085块，清除标线9541平方米，标志杆油漆302平方米；智能交通设施中更换机动车信号灯55个路口、启用灯控路口2个、加装换非机动车灯125组。更换电缆18.66千米、电源线2073米、光纤3509米、网线5939米；完善全区卡口设备，对重要道路进行执法补盲，新建卡口电警2个路口，提升优化15个路口的卡口设备。

【道路交通组织优化】 2021年，杭州高新区（滨江）通过清理停车泊位，园区出入口高峰双进、人车分离等措施，发挥内外部道路的分流作用。拓宽改造17个路口，增设242个可根据路口转向流量更改指示方向的可变车道，设置6条可根据时段交通流量不同情况改变通行方向的潮汐车道，高峰D级以上路口从治理前的39个下降为21个。开展提速工程，新增单行线4条和时段单行线3条，在网商路、江淑路设置3对全可变数字潮汐车道，延误指数下降11%。打通6条断头路，加强微循环，缓解区域交通拥堵。

【交通感知设备提质升级】 至2021年年底，杭州高新区（滨江）道路新建信号控制路口38个，非现场执法设备211台，监视设备138台，可变情报板10个；新建37个重点路口152台雷达交通流检测系统，建成4条全息道路；新建卡口、电警设备236台，非机动车RFID（射频识别）20套，全彩诱导屏10套。新建24个路口45个方向的ETC设备，实现进出滨江区OD（交通出行量）分析；在各路口全天多时段精细划分8套以上配时方案，开展路口打标和信号降周期工作，落实优化"海淞红"（交通信号控制路口，在相位绿间隔设置全红时间），拥堵点5分钟到警率75%以上，优化干线24条、路口219个，部署算法子区8个，单点自适应信号灯路口11个。实现主、次干道及重要支路口感知设备全覆盖，为信号配时优化、拥堵预警、非现场执法提供支撑。

【热点区域交通治理】 2021年，滨江交警大队开展医院、学校、商业综合体，产业园、地铁站热点区域交通综合治理。根据医院、学校周边停车资源紧张的情况，通过增设普通泊位、路侧泊位、绿色停车位、临时落客区满足需求，设计“求医专线”“求知专线”削减机动车出行总量。通过挖掘停车泊位1080个、增设绿色停车位、临时落客区和路侧泊位，在线预约停车等方式，优化儿康路和平乐街交通，医院、学校周边热点区域工作日高峰延误指数降至1.25（畅通），关键路口延误指数降至3.52，排队现象基本消除。通过道路资源利用最大化、公交线路优化、动静态交通协同治理及“一园一方案”个性化治理等措施，互联网产业园区域整体高峰延误指数下降11%，公交客流提升增加13.7%，违停车辆从每天最多1000辆下降至最低18辆。通过增设可变车道、潮汐车道、单行组织、停车诱导和优化信号灯配时，以及明晰路权等方式，江汉路、月明路延误指数均降至1.35以下，龙湖滨江天街区域拥堵指数下降11%，拥堵持续时间（日均）下降44.2%。

【未来社区交通场景创建】 2021年，滨江交警大队根据区委、区政府关于未来社区建设总体要求，开展创建未来交通场景工作。按照最新交通设施设置标准，排查未来社区街区内所有道路，优化提升改造丹枫路、瑞祥巷、缤纷街、九甲巷4条道路，共1500平方米标线。根据整体美观、易懂要求，调整街区内3组交通杆件设施；根据民众出行需求，施划9处出入口斑马线，优化设置3条交叉口进口车道。优化调整丹枫路与西兴路、丹枫路与机场城市大道、丹枫路与瑞祥巷、缤纷路与西兴路3个交叉口6套电子警察及卡口设备。在丹枫路与九甲巷、丹枫路与瑞祥巷、瑞祥巷与缤纷街、缤纷街与九甲巷4个交叉口新增监控系统4套，实现区域监控全覆盖。在短时停车需求大的区域，增设2组共4个20分钟绿色停车位。将未来社区周边8个停车场的车位数据接入“爱泊车”系统，链接到社会智慧平台和智慧停车系统，优化停车共享模式。（陆　琦）

【交通设施养护】 2021年，杭州高新区（滨江）有道路176条，长度249.4千米，面积856.7万平方米，隧道2座，高架桥2座，随路桥梁138座，穿铁桥涵11座，人行下穿3座。日常养护道路、桥隧，完成人行道板有机更新、无障碍设施改造等。完成45条新建道路雨水管网介入管理及移交工作。

（全　蓉　占来波）

【市政道路养护】 2021年，区城管局对全区道路进行日常养护维修，修复沥青路面21万平方米、人行道2.3万平方米、平侧石2800多米，井圈井盖716个。对滨和路（江晖路—风情大道）、春晓路（江南大道—江汉东路）、闻涛路（江陵路—机场城市大道）、滨康路（时代大道—江淑路）、滨文路（火炬大道—新浦路）5条道路人行道板进行大面积集中修缮，更新1.45万平方米。

（占来波　张　靓）

【高架养护】 2021年，区城管局对管理的彩虹高架、时代高架桥面设施、上部结构、下部结构及附属构造物定期巡查，确保通行车辆安全。更换破损隔音屏玻璃41块，更换破损排水管47处、维修48处，疏通排水管61处；维修破损沥青636平方米，补充更换中央防撞墙防眩板79块，修剪超出高架两侧爬山虎900米，维修及更换高架路灯检修板26块；高架互通立交匝道防撞墙顶部加高钢管护栏2400米，更换隔音屏1020平方米，高架挡墙美化6554平方米。

【桥梁涵洞养护】 2021年，区城管局加强对全区138座桥梁、11座涵洞、3座人行下穿通道管理养护。修复桥面沥青4500平方米，修复人行道板1200平方米；根据城市桥梁护栏防撞评估结果，对东信大道新浦河桥、胜利桥、庙后王路铁路河桥、畈里孙桥、滨安路后河桥5座存在安全隐患的石材护栏整体更换成符合防撞要求的钢制护栏，共计286米；更换江虹桥、滨和桥等破损石材护栏40多米，更换破损老化止水带230多米，修复伸缩缝装置90多米，更换破损隔音屏5块，下穿涵洞墙面刷漆美化

4600平方米，更换缺亮照明设备35处，更换破损排水管15处，安装集水装置7处，铁制护栏除锈防腐刷漆1900多米，补装缺失限载牌16块，更换闻涛路湖心桥破损干挂230平方米，及时消除安全隐患。组织936人次对江晖路、阡陌路人行下穿通道进行安全巡查，检查点位156处，消防安全检查4320多次。对电梯、扶梯高频次接触的部位，日消毒4次，确保行人使用安全。对通道内8部扶梯、6部垂直电梯进行安全年检，年检全部合格，确保正常安全运行。

【隧道养护】 2021年，区城管局加强对彩虹快速路隧道、冠山隧道管理养护，对隧道土建、通风、照明等系统设施进行安全检查，定期召开安全生产教育和培训工作，对隧道内设施设备进行安全检查，落实隐患整改，避免安全事故发生。其中彩虹隧道全年维修、更换照明灯具826盏，线路42处，更换失效灭火器100个，对隧道内22条横截沟进行逐条改造；隧道沥青路面修补700平方米；冠山隧道全年维修、更换窨井盖35个，疏通管道2400米，修补沥青路面427平方米，隧道内陶瓷钢板36块。（马立斌）

【工程运输车辆规范整治】 2021年，区城管局联合滨江交警大队、交通执法大队等部门开展工程渣土车辆专项整治活动。排查工程渣土车辆带泥行驶、密闭不严、抛洒滴漏、无证运输及不按规定路线行驶等影响市容环境和秩序的现象。至年底，开展整治活动10多次，立案查处渣土运输车辆违法行为22起，责令整改渣土运输车辆违法行为86起，罚款14.12万元。（金世胜）

邮 政

【概况】 至2021年年底，中国邮政集团有限公司杭州市分公司滨江区分公司（简称“滨江邮政”）有从业人员225人，实现业务收入7514.1万元，其中函件业务收入3697.78万元、包裹快递业务收入3358.3万元、报刊业务收入299.41万元、集邮业务收入158.61万元。蚂蚁催款函寄递项目，全年实际发寄挂号信774万件，平信185万件，完成函件收入3456万元。

【滨江邮政新媒体业务】 2021年，滨江邮政与区委宣传部、公安滨江分局、区行政服务中心、缤纷未来社区、浙江省血液中心等12个单位合作，提供线上媒体推广、线下媒体制作安装、主题活动参与、慰问礼品定制等服务，将新媒体业务从线上新媒体关键词投放、白名单投放整合到线下海报广告、KT展板广告、桌贴广告等其他宣传载体，满足宣传新需求。至年底，实现政府投放媒体广告收入75万元、封片收入1万元、文创收入12万元，总计实现业务收入88万元。

【滨江邮政寄递业务】 2021年，滨江邮政新增东信大道特快揽投部及高教特快揽投部2个特快揽投部。完成特快业务收入1976.6万元，比上年增长28.4%，居杭州市第三位。启动吉利集团小邮局驻点项目，月新增业务收入15万元。成立浙江零跑科技股份有限公司展宏处理中心仓储项目组，提供供应链管理服务，月增收8万元。散户现费业务日均超300件，创历史新高。电商特快11月业务收入20万余元。完成快递包裹业务量511.6万件，业务收入1194.2万元，增长16.5%。“双十一”购物节期间，实现业务量45万件。轻小件（2千克以下）占比提升19.6个百分点。进口特快投递24小时及时妥投率91.93%，比上年提升11个百分点；快递包裹24小时及时妥投率97.57%，提升2.8个百分点。

【滨江邮政降本增效持续推进】 2021年，滨江邮政推进循环邮袋使用。进出口使用可循环邮袋，使用率99.8%；停止使用一次性集包袋，全年未采购编织袋，节约14.98万元。提升快递包裹自提占比率，快递包裹自提占比率由1月的42.1%提升至12月的69.88%，所有揽投部均达到指标要求，节约98.46万元。进口快递在未增加投递人员的前提下，日均增加2万件，节约成本298万元。（陈明琪）

建筑业和房地产业管理

综　述

【概况】 2021年，杭州高新区（滨江）推进建筑行业管理、建筑工程质量管理工作。建筑业总产值740.1亿元，实现增加值18.07亿元，比上年增长12.9%。有建筑工程项目133个，总建筑面积1244.3万平方米。开展施工现场质量安全隐患大排查大整治、安全生产文明施工大检查、消防安全检查等专项行动18次。做好住房租赁市场高风险企业整改工作，约谈住房租赁企业60多家，列入异常警示3家，联合审查变更租赁企业21家。推进物业提档升级，完成物业协会党委规范化运行机制。完成4个季度商品房和安置房小区物业服务企业考核、2021年度安置房小区物业服务企业综合考核。培训7次，参会900多人次。"和滨江"物业纠纷调解服务中心接收转交案件597件，双方愿意接受调解385件，调解成功378件，调解成功率98%。创建2021年市级"美好家园"住宅小区12个。西兴街道马湖和七甲闸社区留用地统筹开发项目、长河街道江三社区留用地统筹开发项目、整村拆迁奖励项目、山二社区留用地统筹开发项目5个整村拆迁奖励指标开发建设项目开工。

【人才房配租和租（购）房补贴】 2021年，杭州高新区（滨江）新增人才房2008套，推进"人才公寓"向"人才社区"升级，扩大人才房公开摇号房源。完成三轮人才房公开摇号（共计550间）配租工作。完成突出贡献企业240间人才房入住，钱塘·滨和花园办理入住850间，创业人才公寓等完成配租653间，新配租人才房2143间。市级新引进大学生租房补贴4.28万人申领42794.5万元，兑现金额居全市第一位；区级新引进人才租房补贴112万人次申领3881.6万元；高层次人才购房、租赁补贴发放5521人次5128.66万元。

【老旧小区改造】 2021年，杭州高新区（滨江）改造完成缤纷北苑、白马湖小区白鹤苑、滨康小区、长江小区、春波南苑、浙新小区6个小区，涉及215幢楼、8280套，改造面积119.51万平方米。创建完成绿色社区30个。签订528个单元加梯协议，既有住宅加装电梯开工486处，完工414处。西兴街道缤纷小区、缤纷西苑、缤纷北苑、滨安小区和长河街道江虹小区实现加梯全覆盖。　（陶佳丽）

【建筑工地可视化管理】 2021年，区住建局继续推进物联网平台的技防手段应用，加强工地可视化管理系统的安装、日常维护和平台接入实时管理，破解现场动态变化带来的监管盲区。至年底，全区95家企业、107个项目部均接入可视化管理系统。引导一线监督人员和项目应用"平安工地一码通"管理系统、"滨江区工程智慧监管全时线上执法检查平台"，实时掌握项目现场大型机械管理情况、高大支模架管理情况、安全防护设施设置情况、消防设施设置情况等危险源动态，会同责任主体协同管控现场安全生产。至年底，在全区建筑工地设置519台监测系统，实现在线巡查工地1653次，提出整改意见796条，工作效率为传统现场走访检查的近6倍。（吴毅玲）

建筑业行业管理

【概况】 2021年，杭州高新区（滨江）有建筑业企业402家，其中特级资质3家、一级资质55家、二级资质142家、三级及劳务202家。监理企业6家。建筑业总产值740.1亿元；实现增加值18.07亿元，比上年增长12.9%；税收收入12.45亿元，增长59.82%；省内产值557.6亿元，增长20.8%。走访企业69家。按照杭州市扶持建筑业发展相关意见要求，鼓励企业"走出去"，服务企业开具外出施工诚信证明60次。推进建筑业企业资质"双随机、一公开"监管，完成市建委建筑业企业资质重点核查任务，对30家企业进行资质核查，核查结果均符合要求。处理信访56件，其中市长热线30件、网上信访24件、来电来访1件、来信来访1件，办结率100%。

【信用网信息审核】 2021年，杭州高新区（滨江）做好企业和人员的审核备案。企业备案199家，企业变更备案265家，人员备案审核3516人，人员变更备案3168人，预注册人员入库1352人。浙江省政务服务网企业审核79家。杭州市建筑企业资质平台企业资质申报129家。规范企业资质审核，其中重组分立27家、三级资质初审13家、劳务资质初审51家。做好区建筑工程中、高级职称评审工作，完成职称人员初审749人，其中中级职称490人、高级职称251人、教授级高级工程师8人。

【新型建筑工业化成果及应用】 2021年，杭州高新区（滨江）新开工装配式项目22个，建筑面积231万平方米。新开工钢结构装配式住宅项目1个，建筑面积5万平方米，钢结构装配式住宅完成率居全市第一位。新开工的智造谷产业服务综合体项目（建筑面积57.13万平方米）是全市单个建筑面积最大的装配式建筑项目。浙江中南控股集团有限公司主编的"高层建筑波形钢板组合结构体系研究"获2020年度杭州市新型建筑工业化技术创新示范项目。中国联合工程有限公司参与编写的行业标准《光伏组件屋面工程技术规程》发布。中国联合工程公司获评第二批浙江省建筑工业化示范产业基地。在杭州奥体中心主体育场和网球中心工程上应用的"现代空间结构体系创新、关键技术与工程应用"技术项目获国家科学技术进步奖一等奖。

【建设工程劳务综合管理】 2021年，杭州高新区（滨江）129个在建施工工程项目全部录入杭州市智慧工地实名制管理应用系统。至年底，全区建筑工地实名制考勤更新率95.76%，居杭州市第八位；建筑工地项目周综合考勤率65.14%，居杭州市第七位；管理人员综合到岗率60.71%。区矛盾调解中心处理建设工地劳资纠纷140起，涉及459人，合计金额694万元；建设工程人工费与工程款分账管理协议备案58次，农民工工资专户注销52次。

【建筑工程防欠薪监督管理】 2021年6月起，区住建局对40个新开工项目进行建设工程无欠薪及市场行为交底，主要包括建设工程人工费与工程款分账管理、民工工资银行卡代发、项目现场人员实名制管理等内容，全年对55个项目交底。开展春节前防欠薪专项检查、根治欠薪夏季专项行动、工资支付专项检查、"浙江安薪"专项行动等专项检查，检查项目122个，对35个项目发放整改单，均按要求整改完成。在春季、秋季开展全区建筑市场行为及建筑劳务相关台账集中检查2次，检查项目53个，对15个项目发放整改单，均按要求整改完成。至年底，建设工程防欠薪专项行动共检查企业425家次，提出整改意见1020条，企业信用扣分4次。

【"无废工地"创建】 2021年，区住建局根据《滨江区2021

年"无废城市细胞"建设计划》要求，围绕"无废城市细胞"建设总体目标，开展建筑领域"无废工地"创建工作。通过项目进场选用周转率高、可拆装的装配式临时用房，现场临边采用周转率高、可重复利用的安全防护设施，从源头上减少建筑垃圾的产生；项目现场支撑梁采用静力切割，切割成块后吊运至场外，实现支撑梁垃圾100%回收利用；项目现场安装扬尘在线监测系统，设置围挡喷淋、道路喷淋、外架喷淋系统，专人负责对施工现场进行不间断地洒水等措施，减少土方开挖阶段对环境造成的污染等措施。至年底，全区创建完成"无废工地"50个。

【医惠智慧医疗产品产业化基地项目获评省级标准化示范项目】2021年9月22日，省建设厅印发《关于公布2021年度浙江省建筑施工安全生产标准化管理优良工地考评结果的通知》，杭州高新区（滨江）医惠智慧医疗产品产业化基地项目获评省级质量安全标准化示范项目。项目位于月明路以南、启智街以北，建筑整体由2个高层主楼和2个裙房组成，总建筑面积8.19万平方米。项目开工后即成立创建省级质量安全标准化工作领导小组，对工程工作人员进行岗前培训，开展安全技术交底，细化、量化项目安全管理责任。利用"平安工地通"平台建立企业履职报告登记制度，明确平安工地通"两报告一登记"（每日安全生产报告，每日文明施工报告，每日职工晨会登记）长效工作机制，促进各参建单位履行安全生产和文明施工主体责任。重视升降机风险控制，应用智能感知设备对施工升降机防坠安全装置、超载保护装置、控制和限位装置的安全状态进行自动识别预警。利用AI技术对操作人员"持证上岗"、乘载人员数进行管控，防范控制安全风险。（沈　君）

工程质量安全监督

【概况】2021年，杭州高新区（滨江）有建筑工程项目133个，总建筑面积1244.3万平方米。河道、道路等市政项目48个，线性长度62.7千米。新开工项目54个。其中：房屋建筑项目34个，总建筑面积155.07万平方米；市政工程20个，总造价10.21亿元。竣工工程56个。其中：房屋建筑项目31个，总建筑面积240.9万平方米；市政工程25个，总造价9.62亿元。召开全区建设系统安全生产工作会议4次，开展平安宣传活动16场；微信推送平安建设宣传信息206条，覆盖群众9600人次；组织安全讲座24场，开展消防、防汛应急预案演练106次。开展施工现场质量安全隐患大排查大整治、安全生产文明施工大检查、消防安全检查等专项行动18次。落实起重机械安装、拆卸告知和使用登记制度。建立工程管理"星期天"互查互比工作制度，开展"星期天"互查互比活动39期。实行建筑工地"每日宣讲、每日晨会"制度，落实企业主体责任。至年底，在建工地有塔吊212台，人货梯248台，井架10台。

2021年，全区在建项目中，申报考评省、市级标化工地项目23个，获鲁班奖1个，国家优质工程1个，省级标化工地3个，市级标化工地16个，市结构优质奖12个，省级"钱江杯"5个，市级"西湖杯"4个。

【建筑工地文明施工管理】2021年，区住建局按照"美丽杭州"城市环境大整治、城市面貌大提升工作要求，规范建设工地（含市政道路），做好建筑物密目式安全网、围挡美化、土方覆盖、道路硬化、道路喷淋，以及土石方车辆的冲洗及覆盖管理，确保施工现场及周边环境整洁、美观、卫生，巩固百日攻坚及文明指数测评建筑工地环境整治成果。制定《滨江区建设工地文明施工标准化图册》，出台扬尘源控制措施工作标准；要求工地对照落实喷洒水降尘措施工作标准、外脚手架防尘措施标准、砂浆桶、水泥桶防尘措施标准等。组织召开建设系统安全生产、文明施工大会4次，通过线上线下联动检查的方式每日组织检查小组对全区工地环境进行不间断检查。至年底，因施工环境问题开展一般行政处罚2起，罚金6万元；简易行政处罚342起，罚金34.2万元；因施工环境问题实施信用惩戒37起，其中施工企业扣分21起21分、监理企业16起16分；通报批评35次。

【民工安全培训】2021年，杭州高新区（滨江）在符合办学条件的78个建设工地均开办民工学校，制订有针对性的教学计划，开展正常的教学活动。要求各建设工地每月至少开展一次安全教育培训；将职工是否进行安全教育培训作为参加安全标化工地评选的申报条件，推动安全教育落实到位。至年底，全区工地民工学校开课79次，培训民工1.15万人次。

【全时线上执法检查】2021年，区住建局利用“滨江区工程智慧监管全时线上执法检查平台”，推进全时线上执法检查。通过监督人员在平台创建“检查工作计划”，在既定时间，既定的配合检查人员到达具体点位后开启动态追踪，监督人员通过平台视频连线企业人员实施检查。至年底，开展全时线上执法检查305家次。

【建筑工地地下安全隐患排查整治行动】2021年3月10日至4月10日，区住建局联合第三方监理巡查服务机构对全区33个深基坑工地进行全覆盖检查，发现施工安全隐患55处，均签发整改通知单，全部整改到位。督促33个深基坑工地委托第三方检测单位，对围墙与基坑间通道坑洞进行检测，出具纸质地质雷达检测报告，掌握在建项目基坑周边围墙以内可能存在的土层松散、脱空及空洞的分布情况，防范周边路面塌陷。检测显示，工地均未发现明显脱空、空洞异常。

【建筑起重机械安全管理】2021年3月15—31日，区住建局委托专业检测单位，对全区81个房建项目的400台建筑起重机械进行安全使用性能评估，并出具检测报告。检测塔机237台，合格225台，合格率94.9%；检测施工升降机146台，合格140台，合格率95.9%；检测物料提升机17台，合格15台，合格率88.2%。至年底，开展检测行动4次，合格率分别为95%、96%、94%、96%，实现全区建筑起重机械检测率100%。劝退8家起重机械维保单位，责令在区内停止开展业务6个月。对44家合格率较低的维保单位进行行政约谈及信用惩戒，对50个工地项目进行通报批评，督促各方主体履行起重机械管理责任，落实起重机械“一月两检”，确保安全。

【建筑施工特种作业人员持证上岗专项检查】2021年3月19—25日，区住建局通过监督组随机抽查与第三方监理巡查相结合的方式对全区159个在建项目进行特种作业人员持证上岗专项检查。重点对施工现场特种作业人员数量是否满足实际施工需要情况、特种作业人员人证是否一致情况、特种作业人员是否通过云平台进行上报等情况进行专项检查。检查发现问题21个，发放整改通知单12张，整改完成率100%，信用扣分单位2家，全区通报批评项目10个。

【建筑工地钢筋专项检查】2021年4月14—15日，区住建局通过“双随机、一公开”检查方式，在企业自查的基础上随机抽取50个工地的197个批次钢筋进行专项检查，主要对质量偏差、抗拉强度、伸长率、最大力总伸长值、弯曲性能等技术指标进行检测。检测结果显示，钢筋超屈比不合格工地1个，其余均合格，合格率99.49%。针对检查中发现超屈比检测不合格的问题，责令相关企业进行整改，并通报批评处理。

【建设工程安全生产专项整治行动】2021年9月14日至10月8日，区住建局成立9个检查组共计41人，对全区159个在建工地进行全覆盖检查，检查各项目企业主体责任落实情况、地下管线保护、危险性较大分部分项工程管理、高处作业、消防安全、疫情防控等管控情况。专项整治发现安全隐患类问题798处，签发责令改正通知书126份，责令暂时停工通知书9份。至年底，开展安全生产、文明施工排查检查活动7次，日常监督检查工地1568次；发放整改通知书746张，其中停工整改通知书105张；提出整改意见5367条，整改率100%；简易行政处罚507起，处罚金92.7万元；一般行政处罚4起，罚款8万元；信用扣分214家次，扣373分。

【工地消防安全排查整治】 2021年11月22—26日，区住建局组织检查组5个，对全区26个建设工地冬季消防安全管理工作开展检查，发现存在消防安全隐患单位3家，罚款6000元。全年出动52人次，开展全区建设工地消防安全专项检查活动3次。专项排查整治临时工棚材料、电动车集中充电管理、生活区小型电动工具充电柜设置、燃气瓶使用、动火审批制度、消防安全管理台账等，引导工地临时工棚安装智慧用电系统，要求施工单位对处于闲置状态的临时工棚进行提前拆除，消除隐患，确保安全。发现问题602个，提出整改意见753条，整改率100%。（吴毅玲）

房产管理

【概况】 2021年，杭州高新区（滨江）发放预售证18本，预售面积69.26万平方米。其中：住宅4423套，建筑面积57.23万平方米；办公用房378套，建筑面积9.29万平方米；商贸用房211套，建筑面积2.74万平方米。商品房成交6024套，比上年增长107.65%；成交面积83.76万平方米，增长127.15%。商品房住宅成交3973套，增长194.73%；成交面积53.1万平方米，增长126%。商业地产成交2039套，增长39.95%；成交面积30.54万平方米，增长142.46%。房地产企业开户4家、变更4家，摇号购房弃购弃选20户，摇号数据更正29户，摇号数据备案13家，房产开发建设单位从业人员备案（CA卡）增加27人，交接书变更4户。受理房地产开发企业四级和暂定级资质审批业务15件。收到信访件607件，其中租赁问题321件、房屋买卖交易纠纷283件、其他3件。

【在售商品房预售资金监管】 2021年，杭州高新区（滨江）在售商品房预售资金监管项目12个，总面积139.49万平方米，预售面积119.19万平方米。涉及预售资金监管账户25个，涉及资金监管银行16家，监管账户总余额45.63亿元。通过从严把控分类管理，定期召开监管例会以及常态化监测，确保项目建设进度并平稳交付。

【住房租赁市场整顿】 2021年，区住建局做好住房租赁市场高风险企业整改工作。约谈住房租赁企业60多家，列入异常警示3家，联合审查变更租赁企业21家。发布租赁风险文字、视频警示提醒10多次，发放租赁风险警示宣传资料500多份。公布租赁企业白名单信息，帮助市民防范租赁陷阱，选择规范企业。通过“和滨江”物业纠纷调解服务中心及3个街道矛盾调处中心进行现场调解，蛋壳（杭州）公寓管理有限公司等2家企业经营异常，涉及区内房源2212套和899套，各级矛盾调解中心联系房东、租客进行调解，妥善化解矛盾。长租公寓纠纷信访件291件，比上年下降94%。房产经纪机构平台开户、变更、注销126次，审核挂牌房源7072套（间）。

【直管公房管理】 2021年，杭州高新区（滨江）有直管公房住宅276户，建筑面积1.34万平方米。租金收缴率100%，上缴财政专户，确保国有资金安全。入户巡查走访6109户次，维修179户次，维修面积1万余平方米。配合完成街道国有土地征收工作，涉及直管公房浦沿街道3户、西兴街道1户，承租户均完成签约、腾房及收益金缴纳步骤，确保征收工作推进。

【白蚁防治】 2021年，杭州高新区（滨江）受理新建房屋白蚁预防公共服务项目43个，面积342.72万平方米；31个在建项目埋设监控盒2613个，防火门喷药3760平方米，预防面积157.52万平方米；每半年对已埋设监控盒进行检查，维护7000多个，更换补料1245个。完成旧房白蚁灭治服务103处，面积近4万平方米。白蚁防治竣工验收项目14个，竣工面积172万平方米。完成白蚁防治施工单位备案申请、变更3件。

（陈晓雷）

住房保障和管理

【概况】 2021年，杭州高新区（滨江）受理市级保障性住房业务1.63万件，公共租赁住房资格审核、货币补贴、年检年审、注销业务1.62万件。完成廉租房资格审核、货币补贴、年检年审、注销业务82件。浦乐单元公共租赁房二、三期进行室内外及地下室装修。

2021年，杭州高新区（滨江）安置房交付63.08万平方米、房源3401套，投入征迁建设资金48.14亿元。安置3008户次、安置面积28.6万平方米，完成5年以上（含）过渡户233户、633人，消化存量房源1445套。完成7.44万平方米空置商铺招租和使用。完成10个小区初始登记（大证）办理，受理群众1218套安置房屋不动产证办理和1254本产证发放。（徐珊珊 刘晓娟）

【高层次人才住房补贴】 2021年，区住建局根据《关于服务保障“抓防控促发展”落实“人才生态37条”的补充意见》文件精神，购房补贴发放标准为经认定的A类人才购房补贴最高给予800万元，B、C、D类人才购房补贴分别给予200万元、150万元、100万元。补贴发放实行线上人才码及线下人工审核同步发放。至年底，线下发放补贴108人次3775.41万元，线上发放补贴5413人次1353.25万元。

【新引进大学生、研究生租房补贴】 2021年，区住建局继续根据《关于服务保障“抓防控促发展”落实“人才生态37条”的补充意见》，开展对在杭州市无房且未享受公共租赁房、人才租赁房等住房优惠政策，新引进的应届全日制本科（含）以上大学毕业生租房补贴发放工作。至年底，有4.28万人领取补贴4.28亿元，兑现金额居全市第一位。根据《杭州高新区（滨江）人才安居货币补贴操作细则（试行）》，开展针对新引进的应届全日制硕士研究生租房补贴发放工作。至年底，人工审核2455件，1.12万人次领取补贴3881.6万元。（徐珊珊）

【人才房公开摇号配租】 2021年，区住建局梳理统计分配后3个月未安排入住的人才房，收回后通过公开摇号重新分配。全年公开摇号3轮，第1、第2轮面向全区个人公开摇号，第3轮首次面向企业公开摇号。在创业人才公寓、钱塘·滨和花园共筹措550套（间）人才房，有5000多名人才报名参加。面向个人公开摇号推出房源位于江汉东路201号，租赁价格为每月1430～1550元，均为拎包入住标准；面对企业公开摇号推出房源位于江汉东路202号，面积94～132平方米不等，房源租赁价格为每月每平方米40元，押金每套3000元，均为拎包入住标准。意向人才和企业可通过“美好e达”微信小程序进行申请。申请条件为具有全日制本科及以上学历；与企业签订1年（含）以上正式劳动合同，合同剩余期限半年及以上，在区内企业缴纳社会保险金；人才及其配偶在杭州市区（不含富阳、临安）无住房；未享受过任何政府人才安居货币补贴政策，包括购房补贴、租房补贴、公租房补贴等，以及其他保障性住房政策，包括经济适用房、公租房、廉租房、蓝领公寓、人才（租赁）房等。

（陶佳丽）

【6个安置房项目工作专班成立】 2021年2月2日，区农业农村局（建管中心）印发《关于成立农业农村局2021年度重点工作专班的通知》，成立安置房小区加快交付项目建设、房源移交、回迁安置、验收办证、配套用房移交、商业用房租赁管理6个工作专班，推进项目建设、安置管理等工作。至年底，6个专班均完成年度目标任务，完成6个小区专项验收和移交，3008户次回迁安置，10个小区初始登记办理，完

成46个、43万平方米安置房小区公建配套用房（含商业）移交，全年出租商业用房9.4万平方米，年租金收入8900万元。

【安置房项目管理】 2021年，杭州高新区（滨江）有安置房交付项目6个，总建筑面积63.08万平方米、房源3401套。分别是九区块耀洋一期（观潮华庭）11.53万平方米、房源561套；长虹苑扩点二期（长虹南苑）13.39万平方米、房源752套；十三区块二期（浦联名府）11.59万平方米、房源655套；八区块五期（明德明理府）18.77万平方米、房源1096套；十五区块四期（冠山小区）3.95万平方米、房源180套；八区块三期二期（杨家墩悦府二期）3.84万平方米、房源157套。区建管中心加快项目建设，工作专班每周组织代建单位开展"安全护航"自查，组织分管工程师定期及不定期开展质量、安全、文明施工检查86次。台风影响期间，各项目转移人员1.3万人次，出动巡查人员151人次，发现风险隐患64处。常态化开展新冠肺炎疫情防控，每日开展检查7729人次，落实每日人员信息排查、出入口查验、防疫物资储备、信息报送等防疫要求。

【房源回迁安置和调整】 2021年，杭州高新区（滨江）全年完成回迁安置3008户次、28.6万平方米。其中：西兴街道安置505户次，4.6万平方米；长河街道安置1069户次，9.61万平方米；浦沿街道安置1434户次，14.39万平方米。区建管中心针对5年以上过渡户233户安置要求，采取以现房安置为主、期房安置为辅、全区调剂安置模式，会同街道编制一户一安置方案，188户完成回迁，45户签订期房意向书。针对1445套待安置房源消化要求，区建管中心会同3个街道加快房源消化力度，分别在"滨江发布"等公众号上发布3批、545套房源信息公告。至年底，消化房源1445套，其中874套回迁安置、152套街道拔钉清零周转及全域拆迁清零预留、42套移交国有土地收购调产安置、377套移交安居办调整为政策性用房。

【安置房建设安置全流程智慧监管平台建设】 2021年，区建管中心配合"数字滨江"建设，对安置房建设管理主要业务进行需求调研和分析，形成数字化平台整体框架及核心业务功能模块搭建。组织各业务科室按照区年度"重大改革攻坚年"量化指标任务要求，围绕人员（过渡拆迁户）、家底（安置房）、资产（商业用房）3个维度，实现数字化回迁安置、安置房信息管理、商铺资产信息服务等实践应用。至年底，平台试运行，录入区块项目指标信息，工程建设实现合同流程和审批的线上服务，实现安置房安置信息可视化和安置房款的自动计算，小区设施设备管理实现运营的可视化，公建配套和商业用房实现房租收缴信息管控。

（刘晓娟）

物业管理

【概况】 2021年，杭州高新区（滨江）备案登记物业管理项目222个，其中住宅项目140个（商品房95个、安置房45个）、非住宅项目82个，管理面积4000多万平方米。登记备案的业主委员会109个。收缴6个项目的物业保修金3996万元、5个项目的物业维修基金5732万元。审核同意103个项目（批）使用维修资金1557万元。6个项目退还物业保修金3416万元。物业管理区域划分8个。前期物业招投标2件。组织线上培训1次，线下培训6次，900多人次参加。党建引领物业提档升级，39个安置房小区成立物管会党组织，成立中共杭州市滨江区物业管理协会委员会。"和滨江"物业纠纷调解服务中心受理转交案件623件，调解成功率98%。受理并处理信访2199件，比上年增长17.2%。物业项目获国家级示范项目4个、省级示范项目9个、市级优秀项目39个，创建杭州市美好家园小区32个。

【物业服务企业考核】 2021年，杭州高新区（滨江）委托第三方和物业专家考核物业管理项目。考核涉及商品住宅小区93个、安置房小区39个，非住宅小区82个。通过考评小区的综合管理服务、公用设施设备维护，公共秩序维护，履行安全职责，物业服务企业的服务意识和服务态度等方面内容，结合相关部门及街道评分进行综合评定。至年底，完成第4个季度农转居安置房小区、商品房小区物业服务企业考核工作。考核结果在“滨江发布”微信公众号上公布。经过考核评定，物业企业管理的项目合同期满后，根据优劣通过市场公开招投标的方式选聘物业。

【12个小区获评市“美好家园”住宅小区】2021年3月29日，区住建局根据《关于印发2021年杭州市“美好家园”住宅示范小区建设实施方案的通知》等文件要求，按照商品房小区、老旧小区、保障房小区3种住宅小区类型，围绕“美丽小区、平安小区、有序小区、和谐小区”4个标准，30项验收指标进行评定。产生候选小区15个，完成106项整改提升任务和满意度调查。11月29日，市房管局公布市“美好家园”住宅小区名单，杭州高新区（滨江）有12个小区入选。

【商品（安置）房小区经营性收入审计工作】2021年，区住建局根据2021年政府民生实事项目实施方案要求，完成对安置房小区物业服务企业、商品房小区业委会经营性收入普遍性审计工作。区住建局通过函告各街道督促商品房小区加快完成业委会经营性收入审计。至年底，有61个小区开展审计工作，其中已完成51个、未完成10个；其他小区因业委会未成立、换届中、没有经营性收入等问题，未开展审计。

【住宅小区环境整治】2021年，区住建局根据《滨江区“美丽杭州”创建暨“城市环境大整治、城市面貌大提升”百日集中攻坚行动工作方案》《“美丽杭州”创建暨“‘迎亚运’城市环境大整治、城市面貌大提升”住宅小区环境秩序长效管理工作方案要求》等文件要求，继续推进住宅小区环境治理工作。通过召开全区物业会议，传达文件精神及工作要求，督促物业公司开展环境整治工作，不定期地进行督查；对“美丽滨江”建设环境大整治领导小组办公室下发的问题在规定时间内完成整改；将“美丽杭州”环境大整治相关要求纳入每季度项目主任考核。落实全区每个小区2名监督员开展环境秩序监督工作，将查到的问题通过市房管环境治理小程序上报，要求物业公司每日开展环境秩序自查自纠工作。至年底，通报成绩48次，区住建局负责牵头的住宅小区环境秩序25次进入主城区排名前三名，其中9次第一名。

【既有房屋建筑自然灾害综合风险普查】2021年，区住建局根据《浙江省推进城镇危房解危三年行动方案》等文件精神，对所有城镇既有房屋建筑（包括住宅和非住宅房屋）进行排查。排查既有房屋建筑类承灾体用途、建筑面积、结构类型、层数、设防情况等信息，消除风险普查中发现的房屋重大风险隐患。至年底，全区有8694幢建筑完成区级质检，上传质检报告。其中城镇住宅4362幢、城镇非住宅3269幢、农村住宅844幢、农村住宅辅房92幢、农村非住宅127幢。（王少梦）

环境资源

综　述

【概况】 2021年，杭州高新区（滨江）创建完成浙江省生态文明建设示范区，获全省“五水共治”工作“大禹鼎”；空气质量达到二类环境空气功能区标准，优良率87.2%，PM2.5年平均浓度每立方米28.4微克，PM10年平均浓度每立方米55微克；交接断面和省控、市控断面平均水质均为Ⅲ类水质，达到考核目标要求。深化改革创新，落细落实“最多跑一次”、辐射许可联审联办、“区域环评+环境标准”等改革举措，试点“环保智管服‘滨江精细化服务’”数字化改革项目，助力经济社会高质量发展。以精准治污、科学治污、依法治污为工作方针，打好污染防治攻坚战，强化执法监管，提升应急处置能力，签订首份生态损害赔偿磋商协议，推动生态环境高水平保护。继续强化考核，将生态文明建设工作作为区综合考评重要内容；推行自然资源资产审计制度，审计相关单位自然资源资产管理和生态环境保护责任履行情况。

【《新时代美丽滨江建设三年行动计划》出台】 2021年3月10日，《新时代美丽滨江建设三年行动计划》出台。行动计划提出美丽滨江建设行动目标，明确生态安全守护、环境质量改善、绿色经济发展、人居环境提升、生态生活提质、美丽制度完善、生态人文营造7个方面的主要工作任务以及保障措施。

【环境空气质量巩固提升实施计划出台】 2021年6月7日，《杭州高新区（滨江）2021年环境空气质量巩固提升实施计划》出台。计划明确2021年环境空气质量巩固提升工作总体目标、具体任务和保障措施。工作任务包括加快“车船尾气”治理步伐，实现移动源排放清洁化；提高“工业废气”治理成效，推动产业发展清洁化；突出“扬尘灰气”治理攻坚，实现扬尘管控精细化；严禁“燃煤烟气”项目进入，推动能源结构清洁化；统筹“城乡排气”治理机制，推进居民生活清洁化；完善治理体系，提升治理能力；提前谋划，聚焦落实会前空气质量保障专项工作。

【水生态环境保护“十四五”规划出台】 2021年9月28日，《杭州高新区（滨江）流域水生态环境保护“十四五”规划》出台。规划分析“十三五”水生态保护成效、面临形势和存在主要问题，明确“十四五”水生态环境保护工作指导思想、规划原则、规划目标、规划任务和保障措施。规划任务包括改善水环境，保护修复水生态，合理利用水资源，切实防范水风险，弘扬传承水文化，深化共保共享机制，提升环境保护能力。

【生态环境保护“十四五”规划出台】 2021年12月13日，《杭州高新区（滨江）生态环境保护“十四五”规划》出台。规划回顾“十三五”工作情况，分析当前存在主要问题和“十四五”工作形势，明确

"十四五"生态环境保护工作指导思想、基本原则、规划目标、保障措施和重点工程等。规划提出"十四五"期间调整结构促进绿色低碳发展，推进二氧化碳排放达峰应对气候变化，改善环境空气质量，"五水统筹"保证水环境质量持续改善，推进土壤污染防治，保证土壤环境安全，高质量完成"无废城市"创建，开展生态系统保护与修复，加强环境风险防范，加强生态环境治理体系和治理能力现代化建设，联防联控推进区域一体化发展。

（蒋　雯）

环境管理

【概况】 2021年，杭州高新区（滨江）成功创建省级生态文明建设示范区。推进"五气共治""五水统筹"工作，助力空气质量、水环境质量提升，强化土壤污染防治，确保土壤环境安全。开展"无废城市"创建工作，规范危险废物收集处置，加强医疗废物监督管理，实现固体废物上网管理，建成无废工地50个、无废学校5个、无废医院2个、无废工厂3个。

【杭州高新区（滨江）成功创建省级生态文明建设示范区】 2021年7月21日，杭州高新区（滨江）被省政府命名为省级生态文明建设示范区。7月23日，区"五水共治"及暨生态文明建设大会召开，落实"五水共治"和生态文明建设工作，表彰2020年度"污水零直排"建设等工作先进集体和个人。杭州高新区（滨江）先后编制实施《新时代美丽滨江实施纲要》《新时代美丽滨江建设三年行动计划》，出台《杭州高新区（滨江）生态环境保护"十四五"规划》《高新区（滨江）流域水生态环境保护"十四五"规划》等生态文明建设指导性文件，把生态文明建设内容纳入区政府常务会议专题研究议题，并纳入区综合目标考评体系，明确各部门、街道责任并落实。推进中央、省级生态环境保护督察整改，开展印刷、汽修等行业专项整治行动，21家汽车修理企业完成水性油漆替代。对重点企业周边环境进行空气采样分析，开展现场调查958家次。"无废城市"创建任务及责任清单完成率100%，项目清单完成率100%。深化"环保智管服"系统运用，整合企业日常需要填报的环保业务系统，把年度生态文明、水、气、土各目标任务通过"环保智管服"系统落到具体企业。建成"滨江数字治水云平台"，实现治水数据整合。

【大气环境治理】 2021年，杭州高新区（滨江）编制《滨江区2021年环境空气质量巩固提升实施计划》；落实细颗粒物和臭氧"双控双减"措施；推进扬尘污染防治，应用"物联网+工地"创新技术，建设"智慧监管云平台"，实现政府内部管理信息化，日常监管在线化，开展扬尘专项巡查检查682次，督促整改及复核扬尘问题702个；改造民用燃气锅炉低氮22台；重点行业企业VOCs（挥发性有机物）源头替代1家，改造VOCs无组织排放项目2个；开展油烟专项整治，检查非经营性食堂25家，发现问题7个，均完成整改；开展机动车维修行业挥发性有机物污染整治，一类机动车

2021年7月23日，杭州高新区（滨江）召开"五水共治"暨生态文明建设大会

（区委宣传部　供图）

维修企业全部改用水性环保型涂料；落实非道路移动机械监管，检测尾气排放140台，均符合排放标准；开展异味溯源，建立异味清单库4个，开展异味走航监测13次，建立空气质量监测小微站2座。

【水环境治理】 2021年，杭州高新区（滨江）编制《杭州高新区（滨江）流域水生态环境保护“十四五”规划》；落实饮用水源保护，完成白马湖备用饮用水水源保护区“划、立、治”工作；开展工业园区“污水零直排区”创建“回头看”工作，检查重点涉水企业16家，发现上报问题105个，均完成整改；推进断面水质监测能力建设，完成北塘河风情大桥（省控）、新浦河华家闸（市控）断面水质自动监测站设备提升改造工作；完成永久河海创园（市控）断面小微站点建设及验收工作；建设完成刺棱河1千米长度生态缓冲带。

【土壤环境治理】 2021年，杭州高新区（滨江）推进土壤污染地块修复。浦沿单元BJ0603-09及BJ0603-06地块修复通过省生态环境厅验收。浦沿单元BJ0602-49地块修复开工。变更为敏感用途的10个地块，均开展土壤污染初步调查并通过专家评审，安全利用率100%。

【“无废城市”建设】 2021年，杭州高新区（滨江）推进“无废城市”建设，依托省固体废物管理平台，339家企事业单位实现固体废物上网管理，上网管理率100%；规范危险废物收集处置，收集危险废物4760吨，安全处置率100%；加强医疗废物监督管理，18家医疗卫生机构纳入智慧监管平台；开展“无废细胞”建设，建成无废工地50个、无废学校5个、无废医院2个、无废工厂3个，实现3年建设任务1年完成。

【生态环境行政许可服务】 2021年，杭州高新区（滨江）持续推进“规划环评+环境标准”清单式管理改革试点，完成改革试点备案项目48个，登记表备案项目94个，报告表审批项目1个，核发辐射安全许可证10张，审批夜间施工1476个。

（蒋　雯）

环境执法

【概况】 2021年，杭州高新区（滨江）开展生态环境日常执法和专项检查，出动执法人员829人次，立案查处生态环境违法案件12件，处罚金额69.61万元，办理涉嫌刑事犯罪案件1件。指导25家企业完成应急预案修编备案，开展应急预案演习28家。加强污染源监测，污染源自动监控设施联网率99.95%，完成重点管理单位监督性监测19次。

【生态环境执法检查】 2021年，生态环境滨江分局组织开展“双随机、一公开”日常执法监管以及夏季错时执法、秋冬季错峰检查、危险废物专项执法、油烟专项整治、排污许可证检查、百日攻坚等专项执法检查，检查企业333家次，发现问题126处，均完成整改。加强新冠肺炎疫情防控期间执法监管，针对污水余氯情况及医疗废物存储情况开展涉疫单位和隔离点专项检查，检查点位42个次，发现部分隔离点存在涉疫垃圾存储不规范等问题，均完成整改。

【生态环境保护督察问题整改】 2021年，杭州高新区（滨江）编制《滨江区贯彻落实第二轮中央生态环境保护督察报告反馈问题整改方案》，明确整改工作的指导思想、基本原则、工作目标、主要措施和保障措施五大内容。完成第二轮中央生态环境保护督察的22件信访件的整改并销号。省委生态环境保护督察3件信访件中，1件完成整改并销号，2件办结并公开。

【“环保智管服”生态环境管理平台】 2021年，杭州高新区（滨江）探索试点“环保智管服”生态环境管理平台。在服务端为企业提供事前服务和事中事后实时提醒，通过学法积分、企业档案、自查体检、预警提醒、环境医生、中介超市、多表合一等举措，提供全方位环保指导与服务；在监管端对企业实施分色管控，绿码无事不扰，黄码加强监管，红码重点管控，助力精准执法。至年底，83家赋码企业查看企业档案3529次，预警提醒1606次，自我整改1329次，参与线上普法1226次，学法积分2622家次。通过多表合一模块帮助21家企业完成信息公开、大气污染源调度清单等系统的填报。（蒋 雯）

五水共治

【概况】 2021年，杭州高新区（滨江）推进“一区一鼎”创建工作，以水环境质量和水生态健康为重点，推进碧水保卫战、节能减排、数字治水、精准截污、源头治理、水源管理、风险防范等治水工作。全年建设雨水管网6.84千米、新建改造污水管网5.26千米、完成雨水管网清淤1349千米。全区交接断面水质均保持在Ⅲ类以上，“水十条”地表水考核断面水质100%达标，河湖水质Ⅳ类及以上占87.1%，Ⅲ类水及以上占52.6%。解放河、西兴后河、四季河、七甲河、汤家桥河、闸站河、汤家河、冠一河、北塘河9条河被评选为市级“美丽河道”，累计16条河道被评选为市级“美丽河道”。北塘河以北片区被评为省级“美丽河湖”。杭州高新区（滨江）成功创建“省级生态文明示范区”，在全省率先初步完成区县级“污水零直排”创建工作“全覆盖”，获“五水共治”（河长制）工作“大禹鼎”。长河街道入选2020年全省“五水共治”（河长制）工作考核优秀乡镇（街道），获杭州市“水美乡镇”称号。银杏汇小区、钱塘春晓花园小区入选浙江省节水型单位。举办“五水共治·旗聚滨江”旗袍秀活动、“五水共治”亲水皮划艇嘉年华活动。《杭州高新区（滨江）：数字赋能，“云”端治水》获“浙江治水好新闻”二等奖。

【智慧管网数字化建设升级】 2021年，杭州高新区（滨江）围绕河道管网的水安全、水环境、水平衡等主题，融合大数据分析、AI（人工智能）自动识别告警、治水模型云等技术，推进智慧管网数字化建设再升级。在江南大道区域4平方千米范围内搭建江南大道以北区域智慧管网建设。区域涉及钱潮社区、闻涛社区、观潮社区和中兴社区4个社区范围内的小区、学校、医院、大厦、商业综合体等62个排水单元。系统以排水单元为最小单位，梳理出二级支管网主要节点区域排水情况，按“区块链”理念划分后，以雨污水管网的标高、流向、管径、管材、位置等数据为基础，铺设底层管网图，形成静态数据；以流量计、液位计等前端感知设备，安装在管网节点位置，形成动态数据；依托静态数据和动态数据，通过区域供排水平衡和管网溯源模型，实现污染溯源，对管网淤堵、变形、断裂等情况提前预判，为管网的全生命周期健康状况、监测告警、漏损压力分析、“水平衡”提供依据。

【第二届“五水共治”暨迎亚运摄影大赛活动】 2021年4月17日至9月30日，“国际滨·水世界”杭州高新区（滨江）第二届“五水共治”暨迎亚运摄影大赛活动举行。摄影大赛由省记协新闻摄影工作委员会、市摄影家协会、区委宣传部、区“五水共治”办公室主办。摄影大赛以“国际滨·水世界”为主题，面向国内外摄影爱好者征集，参赛作品要求围绕以滨江区河、湖为主体的水岸自然风光和人文景观，市民在美丽河湖边安居乐业、人与水和谐相处的美好景象，社会各界群体参与“五水共治”、共建美丽滨江的场景3个主题进行拍摄。摄影大赛有200多人的700多幅单图、100多幅组图参赛。11月11日，区“五水共治”办公室公布摄影大赛获奖作品名单，有100幅图获奖，其中相机组70幅、手机组30幅。摄影大赛活动期间，区“五水共治”办公室与《中国摄影报》联合开展“五水共治”摄影大讲堂。

【中国水科学数学模型发展趋势研讨沙龙】 2021年7月17日，中国水科学数学模型发展趋势研讨沙龙在滨江物联网小镇召开。沙龙围绕数字赋能“五水共治”展开讨论，邀请应急管理部、中国水利学会、水科学数学领域专家，杭州高新区（滨江）各部门负责人等76人参加。会上，副区长、区"五水办"主任周力军阐释沙龙的举办意义；中国水利学会相关负责人从水利的角度解读中国水科学数字模式未来发展趋势；应急管理部国家自然灾害防治研究院、长江电力水资源研究中心等参会单位代表就模型的趋势和实际应用案例，从政府、企业、高校不同角度进行分享交流。

【5G智能河长机器人上线】2021年7月27日，5G智能河长机器人上线。该机器人由太阳能光伏板、球机、电源、浮体、传感器5个部分组成，可接收4G、5G信号，球机携带的摄像头，具备30倍变焦、自动对焦、360度旋转等功能，可实时高清观察水体，水下的高精度传感器能实时监测水质pH值酸碱度、溶解氧、氨氮、浊度等数据，并上传至电脑、手机平台，实现与智慧排水系统对接。至年底，5G智能河长机器人被投放至解放河、善庆庄横河、北塘河3条河道。

【数智治水系统通过验收】2021年11月1日，杭州高新区（滨江）数智治水系统搭建完成，12月9日，通过验收。系统完成全区总长77.95千米的41条河道、1个湖泊、若干个小微水体，所有雨水管网，5个排灌站，19个闸站，2个雨水泵站，河道流量监测点、水位监测点、管网液位监测点及易积水点的数据上传。系统融合大数据分析、AI自动识别告警等技术，集成治水相关数据，具备对突发事件感知、预警、溯源、事件自动派发、闭环处理等功能，对全区河道管网水质、水环境提前预警、实时监测实现"一网统管"的目标。

【河湖水环境生态修复研讨会】2021年11月30日，2021年河湖水环境生态修复研讨会在杭州白马湖建国饭店举行。研讨会由杭州高新区（滨江）举办，省生态环境厅、市治水办、区城管局、区水务公司等部门负责人60多人参加会议。会议以"修复河湖水生态、保障亚运水环境"为主题，围绕高质量建设幸福河湖、推进水环境污染防治技术创新和科技成果转化、强化河湖治理体系和治理能力建设、助力打好污染防治攻坚战展开探讨和交流。杭州西溪院士工作站总工程师王红晓、西湖大学研究员孔令为，浙江贵仁信息科技股份有限公司、浙江华仕管道科技有限公司等企业代表做现场交流发言。（洪铁军）

土地资源管理

【概况】2021年，杭州高新区（滨江）获批新增建设用地项目15个，总面积58.73公顷，其中新增建设用地面积24.33公顷。完成4个征地项目报批组件，涉及集体土地0.22公顷，均按要求实施征地报批前告知、征地批准后公告等程序，确保征地项目依法实施。核查宅基地权属档案82户；参加拆迁个案协调会议15次，处理解决分户安置个案36户。完成遗留户处置23户，全域交地面积402.39公顷，保障道路、重点产业、经营性用地的开工建设及出让工作。

【土地使用管理】2021年，规划资源滨江分局报批1个批次4个农转用组件项目，总面积0.22公顷，其中新增建设用地0.2公顷。8宗用地协议出让。其中：村级留用地5宗，面积12.32万平方米，出让金额1.93亿元；零星工业用地协议出让3宗，面积1968平方米，出让金额257.56万元。"批而未供"土地利用88.93公顷、消化"供而未用"土地264.27公顷、"低效用地"再开发125.33公顷。出让经营性用地4宗，面积23.53公顷，出让金额163.7亿元。经营性住宅、商服用地收储任务30.5公顷，实际完成31.3公顷，工业用地收储任务16.5公顷，实际完成26.1公顷，超额完成市对区年度出让、收储和做地计划的考核任务，促进全区财政资金平衡，保障重点工程项目落地。

【"土地码"协同服务平台上线】2021年1月27日，杭州高新区（滨江）"土地码"协同服务平台上线运行。平台基于“土地码”，构建“一块地”从规划、策划、供地、审批、验收、登记到监管的全过程协同服务平台，形成“规划编码、赋码上云、按码供地、码上服务、见码发证”的应用框架，依托“多规合一”、“政务服务3.0”、“亲清在线”、全市“一证通办”等在线审批平台，打通部门“数据壁垒”，扩大审批数据共享范围，实现“码”在跨部门之间的互信互认和工业用地“零材料、零等待、零跑次”发证，确保高效率审批服务、高质量登记。至年底，完成全区449宗已出让工业用地及规划工业用地“土地码”编码工作，42宗工业用地“赋码上云”，编码率和赋码率均为100%。有22宗完成出让的工业用地项目在“土地码”协同服务平台上带码运行，带码运行率100%。（赵佳莉）

【土地执法监察】 2021年，规划资源滨江分局开展土地执法日常巡查179人次，对巡查发现的问题，发送涉嫌违法违规建设情况移送函件17份，协助城管综合执法部门开展违法建设行为核查28次，为拟上市企业出具无违法违规证明材料25份。卫星图片遥感执法检查发放图斑140宗，对发现的4宗占用耕地问题，督促责任单位全部整改到位，实现卫星图片遥感执法监督检查违法用地耕占比连续6年为零。对地质灾害易发区落实防灾责任人和巡查员，落实人员28人；在台风以及强降雨等重点时段，出动巡查队伍215组265人次，排查和巡查全区地质灾害易发区，发出地质灾害气象预警59次；新建杭州兴达保温材料厂地质灾害自动化专业监测点，对点位边坡位移变形、降雨、实时影像等数据实现“全时段”监测，提升全区地质灾害自动化专业监测水平。推进“迎亚运”山体修复景观提升行动，完成5处山体裸露点位景观提升任务，通过市级验收检查。完成全区47.5平方千米区域地质数据收集及建模工作，接入市级地下隐患智防体系，提升城市地质安全“数字化”监测水平。（许海峰）

【林业管理】 2021年，规划资源滨江分局落实森林防火责任制，开展野外火源排查及治理，共巡护600多千米，出动400多人次。补充街道社区森林消防配套设备，包括水基灭火器100个、消防背包10个、消防灭火弹50个。开展野生动物救护，接收“110”联动20多起，救护重点保护野生动物20多次。造林50.07公顷，超额完成年度计划，完成2020—2024年绿化任务的63%，助推绿色低碳发展。

【不动产登记业务】 2021年5月起，杭州高新区（滨江）在24小时自助服务区增设不动产证书（证明）打印机，实现不动产证书（证明）全天自助打印。7月1日起，启用不动产登记电子证书（证明）。8月2日起，预购商品房预告登记、预购商品房抵押预告登记、不动产抵押权注销登记事项办理时限由60分钟缩短至45分钟办结。8月16日起，合作银行不动产抵押登记业务实行“全程网办”。11月1日起，不动产抵押登记业务实行一般抵押登记1个工作日办结。11月30日起，房地变更登记、转移登记中涉及划拨补办出让的业务，司法拍卖转移登记的业务承诺办结时限由2小时缩短至60分钟。至年底，不动产登记窗口办理不动产登记业务2.03万件，发放不动产权证书1.16万本、发放不动产登记证明7696份；升级查档系统后，出具查档件6179件，不动产登记窗口办理业务总量居杭州市主城区各区级办理点首位。（杨　琪）

教育

综述

【概况】 2021年，滨江区有幼儿园36所（67个园区），义务教育阶段学校有29所（31个校区），其中公办初中6所、公办小学16所（17个校区）、公办九年一贯制学校4所（5个校区）、民办九年一贯制学校3所。市属普通高中2所，职业高中2所，省属高校6所。区教育研究院1所，社区学院1所，社区学院街道分院3所。全区中小学、幼儿园及进修学校、社区学院、街道分院等有教职工6203人，包括幼儿园专任教师1831人、小学（含民办学校）专任教师1661人、中学（含民办学校）专任教师969人，专任教师中具有研究生学历721人、本科学历3912人、专科学历234人。滨江区地方教育经费总收入32.29亿元，公共财政教育支出29.38亿元，其中：教育事业费19.22亿元，占总支出的65.42%；教育税费7.11亿元；其他公共财政安排的教育经费3.05亿元。投用4个项目（3所幼儿园、1所小学）、完工5个项目、开工建设中小学16个项目。

（陈　艳）

【青少年校园足球特色学校和特色幼儿园】 2021年，杭州高新实验学校获评全国青少年校园足球特色学校，长河幼儿园获评全国足球特色幼儿园。杭州博文小学获评浙江省青少年校园足球特色学校，白金海岸幼儿园获评浙江省青少年校园足球特色幼儿园。至年底，滨江区获评2021年杭州市校园足球工作先进区，累计有全国青少年校园足球特色学校5所，省级4所，市级21所；全国足球特色幼儿园3所，省级4所，市级5所。

【“未来教育之春”三地论坛举行】 2021年4月11日，杭州市滨江区、深圳市南山区和重庆市江北区“未来教育之春”三地论坛在杭州闻涛中学举行。省教育厅、深圳市南山区教育局、重庆市江北区教育委员会、区教育局有关负责人，深圳市南山区及重庆市江北区的校（园）长代表，区内各校（园）长、后备干部及家长代表等120人参加。“未来区域教

2021年4月11日，杭州市滨江区、深圳市南山区和重庆市江北区“未来教育之春”三地论坛在杭州闻涛中学举行（区教育局　供图）

育”论坛分设1个主论坛和3个分论坛。主论坛以“教育的新视野和新格局”为主题，分论坛分别以“滨江·2038年的教育和学习”“南山·为每个不可预知的生命赋能”“江北·未来教育生态与育人模式创新”为主题，探讨未来教育。4场论坛全部采取线上线下相结合方式，共有近20万人线上线下同时观摩、互动、学习。

【校外培训机构管理政策出台】 2021年6月7日，区教育局出台《杭州市滨江区校外培训机构“五规范五发展”行动》，加强对全区校外培训机构的管理。“五规范”指督查校外培训机构合规教学、清查校外培训机构教师资质、严查校外培训机构虚假宣传夸大宣传、规范校外培训机构收费退费、提升校外培训机构教室（教学场所）采光照明。“五发展”指加速校外培训机构党建工作、探索建立中小学生每周培训科目和课时控制量、完善校外培训机构自律机制、加速校外培训机构数字化管理、落实校外培训机构协同育人机制。86家校外培训机构签署《滨江区校外培训机构规范办学承诺书》。

【校外培训机构排查治理专项行动】 2021年9月4日，区教育局组织全区中小学、幼儿园责任督学（网格员）对区内93家区教育局审批的学科类校外培训机构开展排查治理专项行动。检查学科类培训机构在双休日停止营业，艺术类培训按照审批项目开展纯艺术培训等“双减”政策。检查发现，大部分学科类校外培训机构能够贯彻落实，6家校外培训机构存在问题，检查组督促其立即进行整改并跟踪，全部完成整改。对拒不整改或逾期整改不到位的，按照《中华人民共和国民办教育促进法》进行处理。

【师生运动码首推】 2021年9月24日，之江汇智慧教育论坛之区域教育活动云管理暨教育数字化改革研讨会在杭州市春晖小学召开。省、市教育技术中心，省教育学会教育技术分会，省教育信息化研究院，省内其他市、区县（市）教育局，区教育局相关负责人，区教研员、各中小学校校长等100多人参加。会上，区教育局启用滨江区师生运动码（运动银行）暨滨江区活动云管理智慧大屏。师生运动码作为强化学生体质管理的数字化工具，以局、校、家三级协同的方式，记录全区学生的运动数据，为教育数字化改革提供实践。

【营利性学科类校外培训机构转登】 2021年10月19日，滨江区召开全区校外培训机构转登工作专题培训会。区教育局、区市场监管局、区民政局负责人出席会议。转登工作的主要对象为全市教育行政部门审批的面向义务教育阶段学生、符合“双减”政策要求、办学规范的营利性学科类线下校外培训机构，主要类型为非营利性学科类校外培训机构、非学科类校外培训机构和注销机构。区教育局对不同培训机构通过网上调查、实地走访、部门约谈、问题梳理等方式进行多轮摸排。滨江区在区行政服务中心建立转登、变更和注销“专窗受理”模式，区教育局、区市场监管局和区民政局三部门联动，做好材料审理、工作流转等业务，提升办理的便利度。对同步办理业务的，做好材料的整合，方便申请机构和办理人，提升办理的效率和质量。至年底，营利性学科类校外培训机构压减率达到100%。

【“红色智联汇——数智新课堂”启动】 2021年10月22日，“红色智联汇——数智新课堂”启动仪式在杭州市长河小学举行，活动由长河街道党群服务中心、杭州市长河小学联合举办。长河街道、区教育局负责人，首批12家新课堂联盟单位的代表和杭州市长河小学师生共400人参加。学生接受北京航空航天大学副教授郭开信现场授课，到浙江中南卡通股份有限公司进行卡通数字课堂体验。项目借助区内高新企业数智科技的优势拓展学校教育、课程资源，搭建高新企业和中小学校的交流平台，以实地见学、讲座授课、实操培训等方式让学生接触前沿科技，从小学习、体验、享受数字化智能化的便捷，促进

2021年10月22日，"红色智联汇——数智新课堂"启动仪式在杭州市长河小学举行　（区教育局　供图）

数智科技素养的全面提升，助力实现青少年全面发展。

【滨江区教育现代化发展水平居全省第一位】 2021年11月，省教育厅公布2020年度教育现代化发展水平监测结果。滨江区2020年度教育现代化发展水平总得分87.94分，居全省第一位。教育现代化发展水平监测是由省教育厅督导委发起，通过动态跟踪区县（市）教育现代化各项指标数据变化情况，引导全省各地重视和解决教育发展中不平衡不充分问题，促进各地不断提升教育现代化水平。监测结果显示，滨江区在财政依法投入、教师队伍结构、教师待遇、教师培训、教师国际交流、资源均衡、师资均衡、学前教育、成人教育等11项三级指标、35个监测点全部达标。

【《滨江区中小学、幼儿园家委会公约（试行稿）》发布】 2021年12月31日，区教育局发布《滨江区中小学、幼儿园家委会公约（试行稿）》，对家长志愿者岗位设置、参与次数和职责进行明确。该公约明确家委会应在学校指导下履行职责，主要为：提供学校管理建议、协助参与育人管理、畅通家校沟通渠道、助力保障家校活动，配合管理对学校工作计划和重要决策、对有关学生和家长切身利益的事项提出合理意见和建议，对学校教育教学和管理工作予以支持并配合。支持学校和教师依法履行教育管理职责，不越界干涉学校、班级和教师正常的教育教学活动和学校内部管理。同时在家委会参与班级建设、配合学校做好后勤管理保障、遵守相关群公约等方面进行要求。公约从2022年1月起试行。　（于都敬文）

学前教育

【概况】 2021年，滨江区有幼儿园36所、67个园区，在园幼儿20469人。其中：公办园30所61个园区，在园幼儿18772人，占91.7%；民办幼儿园6所，在园幼儿1697人，占8.3%。等级幼儿园占100%，优质学前教育覆盖率94.9%。全区幼儿园有教职工3104人，其中教师1831人，在编教师1137人，占62.1%；公办园教师1642人，在编教师占69.2%。教师资格证持有率100%，园长持证上岗率100%。

【专任教师心理健康教育C级证书培训】 2021年，区教育局首次将浙江省中小学心理健康教育教师上岗资格证书C级纳入培训，从心理学角度出发帮助一线幼儿园教师做好压力与情绪管理，了解儿童多样的心理状态和可能产生的原因及有效应对方式，学习如何"以读懂儿童"为基础，"以站在儿童的角度"为立场开展良性家园共育。至年底，共组织10次培训，协助304名幼儿园一线教师完成心理健康教育C级证书的学习并考取C级证书。

【男幼儿教师风采展示活动】 2021年4月29日，区教育局开展以"崇德·研学·创新"为主题的滨江区男教师风采展示活动，42名男教师通过教师抽签分组、自行分工、合作竞赛的方式完成上课、说课、评课、观察阐述、通讯稿撰写、摄影、视频拍摄和制作共7个项目。活动通过小组合作竞赛的形式，为男教师提供交流研讨、资源共享、展示成果的平台。通过多样化培养路径，培养男幼儿教师创新思维、全面发展的能力。

【幼儿教师区域研修】 2021年9—12月，区教育局借助教师短期培训项目（12学时培训），组织幼儿园教师聚焦“主题背景下区域活动观察评价”开展研修，鉴于不同教龄的教师有着不同的学习能力和需求，将专任教师按教龄（1～3年、4～6年、7～14年、14年以上）进行分班，通过发放问卷、访谈调研等方式，了解不同班级教师的培训需求，设计针对性理论和实践培训课程，帮助新教师快速上岗、青年教师增强实践经验、老教师提升专业理论素养。研修期间，共开班15个，举行理论及实践培训30多次，28所幼儿园1831人次教师参与“走园体验”学习。研修协助幼儿园建构园本化的区域活动评价体系，使参训教师掌握多种评价理念及工具，帮助一线教师合理设置区域并观察儿童学习行为，助推儿童发展。

【新一轮滨江区和富阳区幼儿园城乡互助共同体结对】 2021年9月14日，滨江区和富阳区共同承办“杭州市幼儿园城乡互助共同体研讨活动”，两区回顾2013—2021年开展城乡互助共同体的情况，签署新一轮的城乡互助共同体结对协议。滨江区65个幼儿园园区作为核心园和富阳区幼儿园结对，

2021年9月14日，新一轮滨江区和富阳区幼儿园城乡互助共同体结对签约 （区教育局 供图）

两区围绕学前教育质量提升、幼儿园园所规范管理、学前教育课程改革、幼儿园园长和教师培养、城乡教育创新等方面开展教育交流、对话，开发、利用、共享两区学前教育优质资源。两区创新地采用结盟结对的方式，以“多一双眼看问题，多一双手勤帮扶”管理理念，解决“责任督学一双眼看不全面，服务中心一双腿走不遍全园”的问题。至年底，两区已形成6个互助共同体联盟。

（陈文君）

义务教育

【概 况】 2021年，滨江区义务教育阶段学校有29所（31个校区），其中公办初中6所、公办小学16（17个校区）、公办九年一贯制学校4所（5个校区），民办九年一贯制学校3所。在校学生41179人，其中，初中274个班、学生9821人，小学755个班、学生31358人。外籍学生有小学50人、初中2人。随迁人员子女在校人数有小学6339人、初中2727人。初中毕业生2743人，普高录取1766人，中等职业类学校录取970人，总录取率99.7%。

【14所学校上榜“杭州市文明校园”“美丽学校”】 2021年1月，杭州市教育局公布2020年“杭州市文明校园”、杭州新一批“美丽学校”和“美丽学校”重点项目名单。杭州市闻涛小学、杭州市滨文小学、杭州长河中学、杭州滨和中学、杭州市东冠小学、杭州市滨和小学、杭州市春晖小学、杭州市滨江实验小学8所学校上榜“杭州市文明校园”名单，杭州市闻涛小学、杭州市滨文小学、杭州滨和中学、杭州市滨和小学、杭州市春晖小学、杭州市滨江实验小学6所学校上

榜“美丽学校”和“美丽学校”重点项目名单。

【4所学校通过省中小学心理健康示范点验收】 2021年2月4日，2020年浙江省中小学心理健康教育示范点验收结果公布。经过前期浙江省中小学心理健康教育指导中心对滨江区各校心理辅导站功能室建设和相关台账的实地考察、查阅，杭州长河中学、杭州滨和中学、杭州二中白马湖学校和杭州市钱塘实验小学4所学校通过验收。至年底，滨江区共有7所省中小学心理健康示范点学校。

【“名师丹寨行”第五期行动】 2021年3月15日，区教育局组织的“张翼文特级教师名师丹寨行”第五期活动在贵州省黔东南苗族侗族自治州丹寨县举行。张翼文名师工作站13名数学名师为丹寨县170名小学数学教师展示观摩课8节、观点报告3个。团队根据数学学科特点，以多种课型为切入口，通过课堂展示、要素分析、理论诠释、专家点评、学术报告的形式，展现“尊重经验，立足发展”的新课堂。送教丹寨行动为西部乡村地区展示先进的教育理念和教学经验，助力打造乡村最美学校和西部山区教师队伍素质整体提升。

【首批区教育评价种子学校揭晓】 2021年3月15日，区中小学教育评价工作负责人会议召开。区教育研究院教育评估中心为首批“滨江区中小学教育评价种子学校”进行授牌，杭州江南实验学校、杭州闻涛中学、杭州高新实验学校、杭州二中白马湖学校（初中部）、杭州市滨和小学、杭州市春晖小学、杭州市博文小学、杭州市滨江实验小学、杭州市东冠小学、杭州市钱塘实验小学10所学校获评。杭州市基础教育研究室评价部朱秋蓉从评价研究工作转型、团队建设、工作开展、工作深入4个方面做主题为“教育评价改革的实践思考”的专题讲座。

【“白马湖之春”暨首届“蔚蓝教育”国际高峰论坛】 2021年4月16日，第七届“白马湖之春”暨首届“蔚蓝教育”国际高峰论坛在杭州市滨江实验小学开幕。“蔚蓝教育”国际高峰论坛是第七届“白马湖之春”教育论坛系列活动之一，由中国教师报社、浙江中小学名师名校长工作站、浙江教学月刊社、浙江省外国语学院德国研究中心、区教育局共同主办，由区教育研究院、杭州市滨江实验小学教育集团承办。全国500多名领导专家、知名校长、名优教师、企业家代表、外籍学生及部分家长参加。会上，“蔚蓝众创学院”揭牌，以学院为学习变革共同体，开放创新办学，吸纳并培养创新型、特色型教师人才，以合伙人的角色参与教育众创、智慧众筹、开放办学、合作学习。滨江实验小学教育集团校长张翼文和中国教育科学研究院国际与比较教育研究所所长王素作“未来学习场景的重构与赋能”的专题报告。中国教师研修网、优酷网等全程参与直播，德国、美国等部分学校与教育研究机构，以及贵州省黔东南苗族侗族自治州教育系统，以线上或分会场的形式参与论坛活动，共30多万人观看直播。

【区中小学校党史教育基地揭牌】 2021年5月20日，“同心向党、共筑中国梦”滨江区中小学校党史教育基地揭牌暨党史学习教育十大系列活动启动仪式在浙大教育学院附属学校举行。《杭州日报》报业集团，市、区教育局，区委组织部，区委宣传部有关人员；各中小学校党组织的组织委员、师生、家长代表共280人参加。仪式上，区教育局联合《杭州日报》推出“秀出红色传家宝，讲讲你的家风故事”征集活动，现场举行党史宣讲团聘任仪式，老师代表、家长代表、学生代表分别组成党史学习教育青年教师宣讲团、家长志愿者宣讲团和红领巾宣讲团。党史学习教育十大系列活动在现场启动。滨江区中小学校党史教育基地设在浙大教育学院附属学校，是全市首个专门面向中小学生的党史教育基地。基地面积300平方米，以“回首过去的道路·远眺未来的征程”为主题，展示中国共产党史、杭州党史、滨江党史缩影。同时党史基地通过“线

2021年5月20日，滨江区中小学校党史教育基地揭牌暨党史学习教育十大系列活动启动仪式在浙大教育学院附属学校举行

（区教育局　供图）

上VR+线下场馆”相结合的形式展出，打破校际围墙。

【区教育“三中心”成立】 2021年7月12日，杭州高新区（滨江）人工智能教育中心、家校社协同育人中心和学生身心健康数据支持中心“三中心”成立仪式在杭州市滨江实验小学举行。区人大、区政协、区教育局、街道有关负责人以及中小学校长、教师、企业代表共100多人参加。现场发布《暖心立交桥——滨江区心理健康教育家长72课》新书；成立家校社协同育人特聘专家组；人工智能教育中心与大华AI教研签约战略合作；设立7所人工智能教育基地学校和7个人工智能教育中心体验基地；上线滨江区心理健康测试平台。“三中心”建设是2021年滨江区民生实事项目之一，以“三中心”平台为载体，发挥区域经济资源和优势，推动全区人工智能教育、协同育人工作和心理健康教育工作。

【暑期托管服务】 2021年9月3日，“民呼我为”暑期托管服务工作汇报会在杭州市春晖小学教育集团举行。市委党史学习教育第八巡回指导组，市、区教育局有关负责人参加。滨江区针对暑期托管服务提前做好方案，以普惠公益、以人为本为原则，统筹全区，科学安排，全面覆盖，设立7个暑期托管点，两期共为1858人次提供暑期托管服务。建立专班推进暑期托管工作，实行一校一案的管理制度；强化机制保障，提前开展专项培训，落实防疫部署和安全教育；发挥“数字滨江”的技术优势，利用企业微信和公众号平台，广泛宣传。优化暑期托管服务，设立多样的托管内容，打造暑假作业和文体实践相结合的“1+X”体系，满足学生的多样化需求。暑期托管工作人员征集以自愿为主，招募教师提供专业服务，引进志愿者提供补充服务，实现资源有效统筹。暑期托管服务工作获市委党史学习教育第八巡回指导组的肯定。

【滨江区教师在省班主任基本功大赛中获一等奖】 2021年10月19日，在省教育厅、浙江省中小学班主任基本功大赛组委会主办的第十届浙江省中小学班主任基本功大赛中，杭州市滨和小学教师杨阳获小学组一等奖，是滨江区连续第四年在此项比赛中获一等奖。滨江区注重培训发展班主任团队，参赛过程中以区赛培训普及全员、市赛培训在各校开设讲座，以赛促训，以研促赛。组建班主任资源库，将历年获奖教师纳入专家库。至年底，全区有5个杭州市班主任工作室，建有全市唯一的班主任研究院，通过德育理论学习、教育故事分享、教育案例打磨等途径，提炼梳理滨江特色的带班方略，培养班主任专业技能和素质提升，提升滨江学生的教育幸福度。

【区第二十四届中小学生田径运动会】 2021年10月29—30日，滨江区第二十四届中小学生田径运动会在杭州江南实验学校举行，全区中小学校560名运动员参赛。大会组委会专题召开参赛单位领队、教练、裁判会议，落实比赛期间疫情防控工作。运动会设中

2021年10月29—30日，滨江区第二十四届中小学生田径运动会在杭州江南实验学校举行　（区教育局　供图）

学组和小学组，中学组设14个比赛项目，小学组设10个比赛项目，竞赛项目首次采用电子计时设备，起点发令、终点计时。运动会共有3个项目打破区中小学生最高纪录，13人次打破大会纪录。

【滨江区居全市中小学生体能素质检测第二位】2021年11月，市教育局公布2021年杭州市中小学生体能素质检测结果，滨江区总平均分居第二位，杭州市长河小学在小学总平均分中居第一位，杭州长河中学在初中总平均分中居第六位。滨江区自2020年出台《关于切实保证中小学生每天一节体育课等要求的若干意见》后，每一所学校实施"每天一节体育课""每天体育锻炼1.5小时左右""家校联动每天平均运动2小时"。区内各中小学推进落实，全部做到每天开设一节体育课。各中小学从课程着手，实施基础课程和拓展课程相结合，组织学生更多参与体育运动、户外运动，掌握运动技能，提高身体素质。

【43条"求知专线"保障学生安全出行】至2021年年底，区教育局会同各单位开通43条"求知专线"，为11所中小学、3800多名学生提供上下学接送服务。"求知专线"覆盖上学、放学及课后服务时间段，班车间隔时间根据各校错时放学时差调整，采用"点接线送"模式。小学放学段的班车时间为16时35分至17时40分，中学为19时55分至20时30分。上学各小区独立设置直达"求知专线"，学生较少或设置条件不足的小区则合并设置直达"求知专线"接送。放学"求知专线"以单条线路串联各个小区，合并接送居住各地的学生，采用"坐满即走"的方式进行发车。公交公司根据每个月各条线路的报名人数情况，在确保"一人一座"的前提下进行派车。学校家委会安排站点服务志愿者和随车志愿者，保障学生上下车安全。　（于都敬文）

成人教育

【概况】2021年，区社区教育机构有区社区学院1所、区社区学院街道分院3所、社区市民学校62所，有公办教职工20人，专任教师19人，聘请校外兼职教师511人，志愿者756人。全区社区教育机构完成非学历培训21.4万人次。其中：家政培训0.14万人次，企业职工培训2.85万人次，家庭教育培训6.35万人次，老年教育培训1.43万人次，青少年校外培训0.56万人次，线上培训6.8万人次，其他培训3.27万人次。区社区学院获评2021年杭州市社区教育数字治理示范社区学院。区社区学院长河分院获评省现代化社区学校。滨江区彩虹老年学堂获评省老年教育优质（示范）学校。"滨江区应急救护培训"获评市终身学习品牌项目，长河街道汤家桥社区孙胜利获评杭州市"百姓学习之星"。浦沿街道江南社区"江南爱乐合唱团"等3个社团获评市示范社区学习型共同体。长河街道晶都社区"靓晶晶形体社团"等9个社团获评杭州市终身学习"杭学通"应用优秀社团。网易蜗牛读书馆等7家单位被认定为区首批“市民终身学习体验基地”。西兴街道金东方社区方水娟等15人获评区第七届“百姓学习之星”。西兴街道滨和社区杨羽佳等14名社区教育联络员获评2021年区优秀社区教育联络员。社区学院编印完成《滨江区家校共育成果汇编》。

【长河街道成人文化技术学校入选省现代化社区学校名单】 2021年1月26日，省政府教育督导委员会公布《2020年浙江省现代化学校名单》，长河街道成人文化技术学校（区社区学院长河分院）被确定为2020年现代化学校（社区学校）。学校以“拓展社教阵地，丰富办学内容，延伸服务对象”为办学理念，为长河街道居民开展职业技能培训，开设电脑、健身操、文化提高班、太极拳、太极刀、书画等老年教育培训班，举办老年防诈骗、老人学法律、低碳生活、文明礼仪、老年常见病预防等讲座。开展的实验项目“开启长河农民家庭理财百宝箱”获评杭州市重点实验项目。编写农家理财十八招、理财——让家庭更富裕、理财大赢家、做个新时代的好女性、长河街道撤村建居老年文化提升读本等特色课程。学校是全国成人教育数字化学习资源共建共享实验基地。

【2所老年学堂新建】 2021年4月，区社区学院与长河街道晶都社区商定在晶都社区居家养老服务中心设立杭州市滨江区晶都老年学堂。5月10日，区教育局印发《关于成立杭州市滨江区晶都老年学堂的通知》，明确领导班子，办学规模，经费保障，业务指导等事项。学堂共开设葫芦丝、剑扇健身、交谊舞、可乐球、太极队、歌咏、形体课、鼓乐电声、声乐等14个专业的老年教育班，有学员356人。6月17日，区教育局在冠山社区成立冠山老年学堂，老年学堂设在社区党群服务中心，开设老年文化提升班、智能手机、书法、太极拳等专业班，有学员120人。2所老年学堂由区社区学院和区社区学院长河街道分院负责业务指导，并给予办学经费支持。老年学堂项目是2021年市教育民生实事项目。

【第三批“社区好老师”评选】 2021年10月，区第三批“社区好老师”评选活动结束，历时6个月，评选通过老师自愿报名，社区、街道推荐，区社区教育工作委员会办公室组织网上投票、现场考核，评出10名“社区好老师”，戴月娥、吴宇萍、包淑琼、沈锦杭、苏雪峰、佟桂华、苑保健、沈烈全、毕华文、康春花10名来自剪纸、书法、舞蹈、太极、心理、家庭教育等领域的市民获评第三批社区好老师，高条娥、喻林木、马维熙、戚奇、李小菡5人入围“社区好老师”评选优胜奖。社区好老师是具有专业特长和教学能力的民间人士。

【市老年智能技术应用评比获奖5项】 2021年10月22日，市教育局公布杭州市老年人智能技术应用视频、纸媒教材及优秀案例征集评选结果，滨江区有5项获奖。其中，区社区学院浦沿分院的《中老年人学用智能手机》获纸媒教材一等奖，区社区学院西兴分院的《手机摄影》获纸媒教材三等奖，区社区学院的《老年人手机挂号指南》获视频二等奖，区社区学院西兴分院的《让智能手机融入老年人的生活》获优秀案例一等奖，区社区学院的《长短结合、深度混合、数智赋能、学以致用——滨江区老年人智能技术应用案例》获优秀案例二等奖，获奖比例居全市前列。

【全民终身学习活动周】 2021年11月2日，2021年杭州高新区（滨江）暨西兴街道全民终身学习活动周在杭州市奥体实验小学举行，活动周由区委宣传部、区教育局、区妇联、西兴街道主办，区社区学院和区社区学院西兴街道分院承办，活动周主题为“庆建党百年华诞，谱终身学习新篇”。启动仪式上，举行“滨江区‘同心向党’中老年书画展”、各类先进个人事迹展和西兴街道老年教育成果表演，发布心理健康教育家长微课程，表彰7个市民终身学习体验基地、4个社区教育进文化家园学习品牌项目、15名百姓学习之星、15名社区好老师和优胜奖、14名优秀社区教育联络员。启动仪式结束后，组织开展“迎亚运，讲礼仪”专题知识讲座。活动周期间，全区参与学习活动的市民2.33万人次，发放学习宣传资料5300份。

【彩虹老年学堂获评省老年教育优质（示范）学校】2021年12月，浦沿街道彩虹老年学堂获评2021年浙江省老年教育优质（示范）学校。2018年3月，彩虹社区成为社区学院老年教学点，开设书法、绘画、京剧、越剧老年教学班。2020年6月，经区教育局批准，依托社区文化家园成立杭州市滨江区彩虹老年学堂。彩虹老年学堂从老年居民的实际需求出发，开设合唱、舞蹈、京剧、越剧、书法、国画、朗诵、葫芦丝、走秀、太极拳、柔力球等内容的课程。每学年开设10多个学习班，800人次参加。彩虹书画协会、柔力球班、钱江潮艺术团、彩虹摄影协会等成为区学习型社团。彩虹太极拳剑队、舞蹈队、京剧队、葫芦丝社团获评杭州市终身学习“杭学通”应用优秀社团。

【学习型城市发展指数居全省第五位】2021年12月24日，首届终身教育西湖国际论坛在杭州召开。会上，浙江省终身教育研究与评价中心、浙江开放大学终身教育研究院发布浙江省县级学习型城市发展指数，该发展指数是国内公开发布的第一个县级学习型城市发展指数。滨江区学习型城市发展指数居全省第五位，其中学习参与力居全省第一位、城市学习活力居全省第二位。（赵国祥）

特殊教育

【概况】2021学年，滨江区3～18岁持证残疾儿童有141人。其中：义务教育段持证学生97人，安置率97%；学前段持证学生21人，安置率95%；高中段持证学生25人，安置率96%。普通学校随班就读、送教上门生均公用经费按普通同级学生生均公用经费基准定额的10倍拨付，小学每生1.14万元，初中每生1.27万元，特殊教育专项经费投入200万余元，特殊教育学校委托培养经费每年每生4.6万元，第三方服务费用13万元。至年底，滨江区建成特殊教育杭州市示范性资源教室2所、杭州市合格资源教室8所、申报评估2所，建成和使用的资源教室占全区学校总数33%以上。

【医教结合】2021年，区教育局建立医教结合协同服务特殊儿童的“医教协同深度融合服务”模式。区内所有的小学、幼儿园联合浙江大学医学院附属儿童医院、杭州和平鸽潜能发展中心（康复机构）协同实施医教结合，全覆盖服务区内特殊儿童和残障儿童，对幼儿园和小学阶段的问题儿童集中开展言语、语言、认知、心理、行为的筛查和评估，根据评估结果进行有效的医疗、康复与教育安置。自2018年项目实施至2021年年底，通过精准有效的医教结合协同模式，为21所学校的168名特殊儿童提供服务。

【普通教育特殊教育融合】2021年，区教育局以资源教室为重点推进普通教育与特殊教育融合。聘请专业的第三方服务机构开展教师培训、建设指导、个案训练等服务，保证资源教室每生每周至少一课时的训练。鼓励各学校结合本校办学理念，开展特色融合活动，杭州市创意城小学实施“三位一体”天使成长项目、杭州市丹枫实验小学强化课程建设、杭州市滨江实验小学依托“小桔灯工作坊”打造美好教育。通过各学校多样化、个性化的普特融合活动满足特殊孩子的需求。（罗钊雅）

智慧教育

【概况】2021年，区教育局推动教育领域数字化改革，成立区教育局数字化改革专班，总结提炼出“一库、一平台、多屏、N应用”的数字化改革建设思路，完成“滨江教育一体化系统”的建设工作。至年底，全区有26所中小学及幼儿园被授予“杭州市智慧教育示范校（园）”称号；申报的“区域和学校整体推进智慧教育综合试点”通过省教育厅验收；浙江大学教育学院附属学校、杭州市春晖小学获评杭州市第一批数字教育标杆创建学校。

【智慧校园新型基础设施建设】2021年，滨江区生均教育技术装备资产值5760.75元，当年生均投入814.35元，分别高于区域教育信息化综合发展指数指标47.7%和103.5%。至年底，滨江区有25所中小学自主探索创建49个不同类型的创新实验室，占全区中小学数量的86%。义务教育阶段学校多媒体教室比例100%；中小学校均建有录播教室，85%以上建有校园电视台。中小学校校园网实现万兆互联且无线网络全覆盖；全区中小学计算机装备（含多媒体内计算机）比上年增加1153台，普通中小学生人机比为4.10∶1。

【“滨江教育一体化管理系统”建设】2021年，区教育局在“滨江教育数据融通平台”的基础上，整合区级教育业务系统及系统数据，建成“滨江教育一体化系统”。将分散、异构的应用和信息资源进行聚合，底层数据互通，解决不同业务系统和新老平台对接问题。建设滨江教育综合应用集成入口（滨江教育一码通平台），将所有涉及学校教学与管理的单位纳入业务系统，实现统一流程管理、统一界面展示、统一跟踪评价。至年底，实现以统一身份认证码登录校园开放、智慧教育、智慧食堂、“翼学云”、成长档案、通学路、精准化作业系统、平板课堂、数字化研修平台等系统。

【“校园开放”应用登录“浙里办”】2021年5月，滨江区“校园开放”场景建设完成，为市民提供图书借阅、临时停车、体育场馆预约等多项服务。“校园开放”应用于8月上架“浙里办”，市民通过“浙里办”登录“校园开放”模块预约学校运动场馆。至年底，图书借阅总量10万册，其中室外图书亭月均借阅量800多册；6所新建学校共提供3908个停车位，日均车位使用量1800个；26所学校上线共31个场馆信息，共有179家单位注册登记，50家单位成功预约，22处场馆被预约，共计服务3000多人次。

【滨江教育数字化研修平台】2021年12月，滨江教育数字化研修平台建设完成，平台以滨江区各学校原有的录播教室和新建的AI智慧录播教室为硬件基础，自动采集生成课程资源，提取教师图像、学生图像、音频等关键信息。提供直播课系统，方便教师还原真实课堂，满足教师的区域教学、教研需求。投用后，共开展在线教研活动60多次，积累各类公开课、学科优课资源近800节，涵盖中小学各学科，为教师教学行为分析提供资源。

（周雨辰）

教师队伍建设

【概况】2021年，滨江区招聘教师287人，其中：特级教师3人、正高级教师1人；研究生占51.9%，“双一流”高校毕业生占34%；区级及以上综合性荣誉教师占77%。推进雁阵工程，组织50名后备干部、13名青年参加干部培训班，44个导航站363名学员开展线上线下培训。落实“中小学教师平均工资收入水平不低于或高于当地公务员平均工资收入水平”的法定要求，按照同步、同时、同幅度统筹考虑公务员和教师2个群体平均工资的平衡，实现教师平均工资收入高于公务员平均工资收入水平。

【头雁班学科名师培养】2021年，滨江区初中历史与社会、道德与法治以及音乐头雁班开班。历史与社会、道德与法治头雁班与杭州师范大学继续教育学院合作，合作时间为2021年11月　至2023年5月，30名区级及以上教坛新秀的学科优秀教师，通过追踪人文社科的教学改革前沿，完善知识结构，探索自身教学风格与特色，提升教学研究能力、课程建设能力和教学引领能力。音乐头雁班与浙江音乐学院合作，合作时间为2021年5月至2022年10月，30名区内优秀音乐教师参加，设置西方音乐鉴赏、中国传统音乐鉴赏、钢琴的多层面运用、作曲、奥尔夫乐器的配器及使用、论文及课题、外出学习交流七大模块教学内容。小学数学、初中语文2个学科骨干教师头雁班结业。通过线上线下教研合力，提高滨江区骨干教师的学科综合素养。

【校本研修信息化】 2021年6月10日，省中小学教师培训中心、省教育行政干部培训中心、省教育技术中心到滨江区调研校本研修信息化试点工作并给予肯定。滨江区作为校本研修信息化试点区，采用常规的全员研训模式和个性化的学科组研修模式，实现校本研修平台上活动发起、活动组织、电子签到、成果展示、统计与分析各个学校的校本研修等情况，通过网络平台监控与实地考察共同进行，实现学校校本研修的学情监控。至年底，完成全区中小学、幼儿园2020学年校（园）本研修项目考核评估、校本研修项目书评优、校本教研优秀成果展示交流等工作。

【首批青年德育教师学堂学员结业】 2021年6月30日，首届滨江区“青年马克思主义者学堂”结业典礼暨区青年教师历史剧展演活动在浙江大学教育学院附属学校举行。“青年马克思主义者”学堂为期1年，首批学员36人，由各中小学团组织书记、大队辅导员、入党积极分子、思政教师等组成。课程采用线上学习加线下活动实践的方式，围绕“马克思主义基本原理概论导论”“中国特色社会主义发展”等专题，听取高校思政课专家讲座，同时组织青年教师分组合作学习，以线上小讲座形式分享交流学习体会，线下参加学校组织的党员学习活动，帮助青年教师提高政治觉悟和自身修养。

【鸣雁班新教师培养】 2021年9月19日，滨江区2021学年鸣雁班新教师培训举行开班仪式，286名中小学、幼儿园新教师开展180学分的理论和实践学习。培训形式为集中培训和分散培训相结合，其中集中培训100课时，分散培训80课时，培训内容包括师德修养、教育理论、教学常规、教学技能、名师引领实践等。至年底，共开展班主任管理、心理健康教育、课堂教学常规技能、师德师风建设、科研素养培植等10多个主题集中研训。

【领雁班后备干部培养】 2021年10月22日，2018级滨江区领雁班后备干部结业典礼暨2021级后备干部开班典礼在杭州市钱塘实验小学举行。区教育局、区教育研究院相关负责人，2018级、2021级后备干部培训班学员参加。2021级后备干部培训班有学员50人，围绕理论素养、专业素养和道德素养3个方面进行为期2年的培训。学员们通过集中培训和分散学习相结合、理论学习与实践锻炼相结合、专家引领与同伴研讨相结合等方式，提高专业素养和引领能力。

2021年10月22日，滨江区教育系统2018级后备干部结业典礼暨2021级后备干部开班典礼在杭州市钱塘实验小学举行

（区教育局　供图）

【教师信息应用技术能力提升】 2021年10月22日，浙江省教育技术中心完成第一期全省中小学教师信息技术应用能力提升工程2.0整校推进绩效评价考核。滨江区第一期参与的18所学校平均83.19分，超全省学校平均分。第二期39所学校在9月完成区级培训机构遴选、管理团队培训工作，经专家团队的指导，11月，完成整校推进方案的制定，开展整校推进教师研训活动。信息提升工程2.0培训采取“以点带面、分类实施、整校推进、学用融合”的推进策略，实现校长和管理团队信息化领导力、教师信息化教学能力和培训指导团队信息化指导力提升，促进信息技术与教育教学的融合创新发展。

【白马湖之秋“劳动教育+”创新峰会暨省名师新课堂教学研训】 2021年10月22日至11月6日，白马湖之秋“劳动教育+”创新峰会暨省名师新课堂教学研训活动在滨江区举行。活动由省中小学教师培训中心、浙江外国语学院德国研究中心、区教育局主办，分省名师新课堂教学研训活动和“劳动教育+”创新峰会两个阶段。峰会论坛及教学研训活动邀请国内外教育知名学者、著名校长、特级教师、学科名师以讲座指导、观点分享、教学观摩、现场考察等多种样态，立足“融合”，深入探讨、展示高质量推进“五育并举”的地方经验、学校行动及学科路径。教学研训活动举办小学语文、小学数学、小学综合实践活动、中学语文、中学道德与法治等5门学科6场活动，滨江区12位教师分别展示。“劳动教育+”创新峰会以融合视野下的城市中小学劳动教育为主题。两个阶段活动以“打造展示浙江教育优势的平台、辐射中西部教育的窗口、培育全国教师培训的样板”为目标，线上线下共190万余人次参与。

2021年10月22日至11月6日，白马湖之秋“劳动教育+”创新峰会暨省名师新课堂教学研训活动在滨江区举行（区教育局 供图）

【青年干部训练营】 2021年12月8日，区教育研究院组织开展青年干部训练营学员的选拔工作，全区中小幼共29名副校（园）级干部参与，13人入围，其中中学4人、小学5人、学前教育4人。项目培训期2年，根据培训方案，实施管理性专业知识、专业能力及专业态度3个模块共360学分培训，培养视野开阔、业务精良的专家型教育管理人才。

（陈建刚）

驻地学校

【概况】 至2021年年底，滨江区有省、市属高校6所，市属高中4所，国际学校1所。6所高校位于滨江高教园区。滨江高教园区于1998年建立，位于浦沿街道滨文路两侧，用地规模134公顷，总建筑面积82.6万平方米，是浙江省最早建立的省级高教园区。

【浙江中医药大学】 至2021年年底，浙江中医药大学有滨文、滨文南和富春3个校区，设有16个学院、1个独立学院（滨江学院），有3所直属附属医院、1所同质化管理附属医院和22所非直属附属医院。学校有在职教职工1400多人，包括正高级专业技术人员330人（含直属附属医院）；全日制在校生1.9万人（含独立学院），包括硕博士研究生3700

多人、学历留学生800多人。开设本科专业32个,有8个专业入选国家一流建设专业建设点,3个专业通过教育部专业认证。中医学、中药学入选浙江省第二批重点建设高校优势特色学科,临床医学、药理学与毒理学进入学科领域ESI全球排名前1%。学校有3个一级学科博士学位授权点以及中医博士专业学位授权点、10个一级学科硕士学位授权点以及9个硕士专业学位授权点、3个博士后科研流动站。建有2个国家中医临床研究基地以及国家中医药科研重点实验室、省"2011协同创新中心"、省重点实验室、省工程研究中心、省国际科技合作基地等科创平台。主办《浙江中医药大学学报》、《浙江临床医学》、*Clinical Complementary Medicine and Pharmacology* 3种学术期刊。学校2次获教育部本科教学工作水平评估优秀,通过教育部本科教学工作审核评估。累计获国家科技进步奖、国家技术发明奖5项,浙江省科学技术一等奖12项。

学校推进治理水平提升,完成学校《浙江中医药大学章程》《浙江中医药大学学术委员会章程》修订,《中华人民共和国中医药法》贯彻实施情况获全国人大常委会执法检查组肯定。实施数字化改革,推进"校园大脑"工程建设,获批"省高校网络信息化建设先进单位"。提高服务保障水平,医学实训楼竣工投入使用,亚运会曲棍球训练场馆建设有序推进。提高文化软实力,成立中医药文化研究院,获第三届全国大学生艺术展演活动"优秀组织奖"和二等奖1项。实施教育教学改革,新增4个国家级一流本科专业建设点。医学执业医师资格考试通过率稳居全国前列,其中中医医师资格考试综合通过率连续4年居全国第一位。学生获A类国家级学科竞赛19项。入选国家级人才1人、省部级人才8人,引进国家优秀青年基金获得者1人、学科(学科方向)带头人7人。柔性引进工程院院士等海内外专家学者16人。

学校学科综合竞争力提升。2021年软科排名中医学、中药学均居第7位,保持全国前20%;中西医结合进入全国前30%。ESI(基本科学指标数据库)学科全球绝对排名稳步前移,保持中医药院校第5位。临床医学比上年前移249位(提升10.5%),药理学与毒理学进入全球前千分之五,前移95位(提升17.8%)。成立浙江省中医理论现代化研究所,获批省重点实验室1个、省工程研究中心2个、省临床医学研究中心1个、省国际科技合作载体2个,省软科学基地3个入库备案。科技创新能力水平提高。国家自然科学基金立项72项,其中区域创新发展联合基金重点支持项目2项。获科技部科技创新2030重大专项课题1项、省部级重大重点项目11项,其中省重点研发计划4项。获省科学技术奖5项,其中一等奖1项。获全国性学会科技奖5项,其中一等奖1项。获授权国内发明专利44项、美国等国际发明专利3项。

学校与第19届亚运会组委会签订合作协议,配合做好亚运会筹办工作。与丽水市签订"两院一体"合作协议。与通用环球医疗、海尔集团等企业签署合作协议,与80多家单位开展合作和科技服务。牵头成立浙江中医药科技成果转化中心,被纳入中国(浙江)卫生健康科技研发与转化平台。新增中国—新西兰中医药中心,海外中医药中心增至4个。学校和附属一院中医药服务出口基地获批省政府服务贸易示范型基地,学校获批国家中医药服务出口基地。

2021年,省委书记袁家军到校调研座谈,支持学校创建一流中医药大学。学校成立创建工作领导小组和发展战略咨询委员会,制定《关于深入贯彻习近平总书记对学校重要指示批示精神、加快创建一流中医药大学步伐的实施意见》,拟订创建目标任务清单、战略实施路径图表,推进创建一流中医药大学"八个一流"工程。学校开展党史学习教育和"四史"宣传教育。支持、配合省委巡视工作,推进巡视整改落实。加强干部队伍建设,完成干部换届聘任。平安校园创建取得成效,获评省AAAA级平安校园。

(朱宇峰)

【浙江警察学院】 至2021年年底，浙江警察学院有全日制在校学生3623人，有教职工473人(专任教师249人)，包括正高职称38人、副高职称102人，博士学位91人。2021年，教授韦益毅获评“全国公安系统二级英雄模范”，7人入选第二批浙江省高校领军人才培养对象，3人获评全国公安系统优秀教师。教师获省首届教学创新大赛一等奖1项、三等奖2项、优胜奖2项，获第十二届高校青年教师教学竞赛一等奖1项。学校被国务院学术委员会批准为硕士学位授予单位，取得警务专业硕士学位授权资格。涉外警务、网络安全与执法、治安学、交通管理工程4个专业为国家级一流本科专业建设点，侦查学、刑事科学技术、经济犯罪侦查、警务指挥与战术4个专业为省级一流本科专业建设点。

2021年，学校招收全日制普通本科学生949人，毕业学生841人，839人获得学士学位证书。学生公开发表论文9篇，获省级以上课题立项46项，国家级创新创业结题17项。在省部级以上竞赛获奖158项，其中国家级竞赛获奖2项；在国际、国内体育竞技比赛中获1块金牌、2块银牌、4块铜牌。有老挝、刚果(金)、莫桑比克、肯尼亚、安哥拉、沙特等国的47名在籍留学生。

学校以应用型、复合型公安人才培养为目标，探索构建以创新融合的公安学、公安技术学学科专业体系为基础，以网络安全与执法、涉外警务、治安学、侦查学等国家级、省级一流专业为主干的新专业平台，引导优质教学资源集聚到4个国家级和4个省级一流本科专业建设点。《面向社会数字化转型的“1+2+3”新公安人才培养模式的探索与实践》《涉外警务专业国际化人才培养“内外协同三措并举”模式的探索与实践》《〈思想政治理论综合实训〉课程“两融三全”教学模式改革与实践》3项成果获2021年浙江省教学成果奖。强化思政课程、课程思政和专业思政建设，获批省级课程思政示范基层教学组织1个、示范课程4门、教学研究项目4个，获省级课程思政优秀教学案例特等奖1个、二等奖1个，省级课程思政优秀教学微课3门。新增35门省级一流课程，智慧治安防控专业建设虚拟教研室获首批省级虚拟教研室试点建设立项。推进实战化教学改革，新增4个省部级产学合作协同育人项目、10个省级虚拟仿真实验教学建设项目。围绕“团队共建、资源共享、课题共研、人才共育、成果共创”的目标，与杭州市公安局共建“同城一体”公安实战化教学科研基地。

学校围绕现代警务模式、大数据战略、新时代“枫桥经验”、立体化信息化治安防控体系、刑事犯罪现场勘查、涉网新型犯罪治理、毒品防控技术、政治安全风险评估、公安队伍建设研究、出入境和移民问题等特色优势领域，开展警务理论与实战研究。重大风险防控智库团队完成省委办公厅交付的专项研究任务，撰写专题风险评估报告10份。科研项目获国家级项目立项3项、省部级项目立项11项，完成国家级项目结题3项、省部级项目结题9项，与校局合作单位开展科研服务实战项目6项。教师发表论文156篇(其中核心A以上54篇)，出版专著8部，获国家发明专利授权5项。《以全周期管理纵深推进矛盾纠纷化解“最多跑一地”》研究成果获第21届哲学社会科学优秀成果奖二等奖，“基于严格物理隔离条件下数据交换设备的研究与应用”和“《公安民警手枪射击训练指导规程》行业标准的研究与应用”2项成果获2021年度公安部科学技术奖三等奖。牵头编制的《枫桥式警务管理规范》(DB33/T 2418—2021)和《基于安全检测插件的Web应用系统安全检测技术规范》(DB33/T 2419—2021)2项省级地方标准获批发布。

学校承办省内外培训、比武125期9403人次。推进全省优秀年轻干部培训、警衔晋升训练、选调生入警训练、教官能力提升训练等主体班次建设，学员满意度96%以上。围绕“数字浙警”建设，统筹运用数字化技术、数字化思维、数字化认知，以大数据、云计算、人工智能等新一代数字技术为支撑，构建数字化改革工作体系。立足全员全息、实时实况，建成“教师绩效码”和“学生成长码”。学校获评2021年度浙江省高校网络信息化建设数字化改革方向先进单位。

2021年，面对疫情防控常态化压力，学校围绕“外防输入、内控集聚，个人防护到位、校园守护到位”目标，周密组织春季、秋季师生返校开学，做到疫情动态明、涉疫底数清、人员流动静、校园环境净。组织全校师生接种新冠疫苗及加强针，接种率居高校前列。（叶慧涵）

【浙江商业职业技术学院】 至2021年年底，浙江商业职业技术学院有6个专业二级学院、6个其他教学单位，共设置34个专业及方向。有2个中央财政支持重点建设专业、7个国家级骨干专业、2个国家级现代学徒制试点专业、2个省级重点专业、5个省级示范院校重点专业、5个省级优势专业、6个省级特色专业。主持国家教学资源库1个，获国家级教学成果奖4项，省级教学成果奖14项。有国家“十二五”规划教材41本，国家“十三五”规划教材20本。国家精品在线开放课程等国家级教学建设项目9个，中央财政支持实训基地、国家级生产性实训基地等5个，国家级师资培训基地1个，国家级协同创新中心1个，省级示范性实训基地11个，省级非物质文化遗产传承教学基地2个。

2021年，学校有全日制在校生14080人，成人业余专科学生5372人，留学生100人。教职工636人，二级教授4人，专任教师530人，正高职称48人，副高职称158人。有国家级教学团队3个，国家级优秀教师、模范教师3人，享受国务院政府特殊津贴专家2人；有省级教学团队12个，省级及以上有突出贡献中青年专家、教学名师、优秀教师25人，省专业带头人、省“151”人才35人，省高校思政名师工作室、省级技能大师工作室2个，浙江教育十大年度新闻人物、浙江教育十大年度影响力人物2人，浙江省“最美教师”提名奖1人。

学校入选国家级职业教育教师教学创新团队立项建设单位，列全国“双高”高职院校教师教学发展指数50强，教师获第二届全国高校思想政治理论课教学展示暨优秀课程观摩活动二等奖。1本教材获全国优秀教材职业教育与继续教育类二等奖，20本教材入选“十三五”职业教育国家规划教材。国际化办学成果案例入围国家提质培优增值赋能典型案例。“浙商文化”获教育部首批课程思政示范课程、教学名师和团队；获批省级课程思政示范课程9门、课程思政教学研究项目6个、课程思政示范基层教学组织2个。“‘汉语桥’上的电商文化体验之旅”等3个项目获教育部中外语言交流合作中心2021年“汉语桥”线上团组交流项目立项。学生蔡圣孟获评2020年度“中国大学生自强之星”。小而美零售社团入选全国高校百强学生社团。校国旗护卫队获2021年中国大学生国旗护卫队展示赛第三名。

学校举办高质量发展服务共同富裕示范区建设暨庆祝建校110周年大会、“商通天下、文传古今”校庆文艺晚会。与桐庐县、武义县、杭州商贸旅游集团有限公司、韵达集团、杭州海康威视数字技术股份有限公司等分别签订校地校企合作协议。通过省教育厅高校等级平安校园复核，新校史馆、科技服务展示馆等建成投入使用。学校文化育人成果《商通天下、诚朴育人》编纂出版。编制完成《浙江商业职业技术学院“十四五”事业发展规划（2021—2025年）》，明确未来五年学校发展的总体目标、主要任务和十大举措。学校当选浙江省商业教育研究会、浙江省商业经济学会会长单位及中国职业技术教育学会数字商务专业委员会执行主任单位，入选工业和信息化部全国首批100个“校企协同就业创业创新示范实践基地”建设单位，获批7个省级产教融合项目、2个省级产学合作协同育人项目。

2021年，学校在全校党员中开展党史学习教育；成立党史学习教育宣讲团，1人入选党史学习教育省委宣讲团，2人入选省党史学习教育高校专家宣讲团。举办庆祝中国共产党成立100周年系列活动。实施“抓院促系、整校建强”党建铸魂深化年活动，获全省高校党建工作标杆院系1个、样板支部2个。（李　薇）

【浙江机电职业技术学院】 至2021年年底，浙江机电职业技术学院有专任教师500多人，双师型教师占90.55%，有全日制在校生10991人。2021年，学校编制发布“十四五”事业发展规划，确立学校未来五年发展的总体目标与重点任务。成立海宁校区二期建设校地工作专班，推进海宁校区二期建设，土地征用被列入属地政府日程并划定用地红线，获准省发改委赋码立项。深化“两级管理”运行机制，明确二级学院办学主体地位。推进数字化改革，营造契合“数字浙江”发展需求的教育数字化新生态。以“人工智能+、信息技术+”升级专业，开设与数字化相关新专业10个；“轨道交通智能运维虚拟仿真实训基地”入选国家职业教育示范性虚拟仿真实训基地。学校“双高计划”建设稳步推进，开展2020—2021年度“双高”建设绩效自评，完成教育部“双高计划监测平台”十大任务建设进展填报，选送案例17个。学校获浙江省职业教育教学成果特等奖2项、一等奖2项。学生竞赛获奖70多项，包括国家级一等奖4项、省级一等奖（金奖）14项；获“卡尔·马克思杯”浙江省大学生理论知识竞赛一等奖；1名学生被授予“浙江省青年岗位能手”称号。

学校师资队伍力量提升。新增全国高校黄大年式教师团队1个，国家级职业教育教师教学创新基地1个、团队1个，国家级课程思政教学团队1个、名师5人，新增“全国技术能手”1人，培养省级人才计划教学名师1人，获省黄炎培职业教育杰出教师奖1人，引进高层次人才25人，培养省级人才计划教学名师1人。硕士及博士研究生占专任教师的90.1%，具有副高职称以上占专任教师的34.7%。科研项目立项108项，总到款2431.6万元；立项省“尖兵”“领雁”研发计划项目8项；核心期刊论文发表、发明专利授权共104篇（件）；克服疫情影响，举办培训班245期、培训2.2万人次，实现创收4600万余元。启动“中德工业4.0产教融合项目”、共建“伦敦南岸大学中英数字化技术联合学院”，获首批“浙江省国际化特色高校”。

2021年，学校承办全省高职院校马克思主义中国化研究中心2021年年会暨“中国共产党100年与马克思主义中国化”理论研讨会。主办“百名青年学子展示百年党史伟大历程”优秀作品展、“四史”系列图片展。编印党史学习教育简报15期、2条信息被省教育系统录用、23条信息被“教育之江”录转。学校对疫情快速响应，完善“校、院、班级、寝室”四级联动防控，阻断疫情向校园蔓延，全校师生员工无确诊病例或疑似病例，师生疫苗接种率98.16%。学校接受省政府教育督导组全面性、专业性评估，获督导评估全省第一位。中央电视台《新闻联播》特别报道学校办学成果及办学特色，中央电视台《朝闻天下》《共同关注》栏目专题报道学校产教融合和人才培养工作，学校社会影响力提升。（陈　宇）

【浙江艺术职业学院】 至2021年年底，浙江艺术职业学院占地16公顷，建筑面积11万余平方米。设有戏曲、音乐、舞蹈、设计、戏剧影视、手工艺、文化管理与教育等七大二级学院和附属中专（浙江艺术学校）、基础教学部（公共体育部）、马克思主义学院、教学实践中心、继续教育学院，共开设29个专业，全日制在校生近4500人。内设机构27个，教职工530人，具有高级职称147人。

学校深化戏曲表演专业群产教融合，加强院团合作订单培养，开办3个订单班。成立“梅花奖”教学工作室。《戏曲身段》8堂网络直播课上线2天计200多万人次收看。舞蹈表演专业群完成《舞蹈系实训室及教学环境改造》《舞蹈实训室多媒体（二期）》重大教学项目，开发浙江本土特色舞蹈新形态教材。学校承办2021年全国职业院校技能大赛高职组艺术专业技能（声乐表演）赛项，连续9年承办全省中职学校职业能力大赛。

通过教育部第三批现代学徒制试点验收，是全国唯一入选的高职艺术院校。学校牵头修（制）订《高等职业学校表演艺术类专业教学标准》，领衔全国各艺术类职业院校进行表演艺术类和文化服务类42个专业简介和标准的修制订工作。2021届毕业生中职学生升学率100%，高职毕业生初次就业率98.82%（其中专升本录取239人）。连续5年开展乡镇文化员定向培养工作，其中2届共98名学生已毕业。

学校加强人才队伍建设。引进“文华奖”获得者、中国歌剧舞剧院音乐剧专业人才1人。教师周正平获省特级专家、最美文旅人，黄杭娟获第三届浙江省黄炎培职业教育奖“杰出校长奖”，杨小青、支涛、周伟君入选文化和旅游部“百名优秀戏曲专业专兼职教师”。开展首届教师专业技能考核，结果纳入教师年度教学业绩考核，归入教师业务档案。科研创作全面提升。1个项目获浙江省人文社科重大攻关项目立项，4个项目申报国家社科艺术学项目。23个项目获立项，其中省级1项、厅级10项。培训实践案例《唤醒乡村振兴原力，打造乡村文旅队伍的“浙江样本”》获文化和旅游部2021年优秀科研实践案例，是唯一一个以学校内设科研机构申报的案例。浙江文化艺术基金入选项目、省舞台艺术重点题材扶持项目民族管弦乐《听见江南》正式演出。2个节目获第六届全国大学生艺术节展演一等奖，2名学生入围“中国文化艺术政府奖”子项之一的第七届全国青少年民族器乐教育教学成果展示活动。学生获省大学生艺术节一等奖6个、省第十七届“挑战杯”大学生课外学术科技作品竞赛三等奖2个。

学校与七大院团签订战略合作协议，开展产教融合、人才培养等方面合作。举办第14届综合展演季，推出26台专场展演，其中舞台表演类19台、展览展映策划类7台，展演场次70多场，覆盖观众100多万人次（含数字平台观展观演人数）。学校全年举办培训83期，共9985人次参加；浙江文化干部网络学院更新课程205个，共11万人次参加文化干部网络学院在线学习，完成30万学时。

第四届浙艺金鹄电影节上升为中国艺术职业教育学会主办。成立长三角戏曲产教联盟。学校制定“十四五”事业发展规划，优化专业群构架，组建新的二级学院。新修订学校章程。学校新教学综合楼及学生宿舍楼建设项目开工。

2021年，学校举办“艺心向党”专场演出、主题党日等庆祝中国共产党成立100周年系列活动。100多名学生参加文化和旅游部“伟大征程”、省委省政府举办的“百年红船、扬帆远航”等重大主题庆祝活动。创建“初心讲堂”，开展6期18个教学单位和职能部门的工作亮晒，共推出30多项重点工作排行榜。3个项目入选全国课程思政展示优秀案例，2个项目入选线上思政教育典型案例。（汪仕龙）

【杭州医学院】 至2021年年底，杭州医学院有临安、滨江、黄龙3个校区和青山湖科创中心，有直属附属医院1家（浙江省人民医院），非直属附属医院13家，校外实践教学基地近200家。学校占地50.3公顷，校舍建筑面积39万平方米，是省内开设基层医疗卫生服务及健康产业相关专业最多的医学院校之一。有全日制在校专科生、本科生、研究生共9948人，在职教职员工1000多人。2021年，学校面向全国14个省（自治区）招生，其中精神医学、智能医学工程和生物技术为首次招生专业，共招收新生3228人。2021届本专科毕业生就业率为95.49%，入选西部计划1人，西藏专项招录1人，参军入伍2人。研究生招生150人，学校增列3个专业学位硕士点，2021届研究生毕业生就业率为93.3%。

2021年，学校强化师资队伍建设，实施“青年学者攀登计划”，鼓励青年教师攻读博士，修订“求真人才工程”实施办法，加大人才招引力度，建立人才引育工作联动机制。教师获省第十二届高校青年教师教学竞赛特等奖1项、一等奖3项。学校有博士生导师

19人，硕士生导师298人。教育教学改革深化，推进专业综合改革和特色专业培育。新增国家、省级一流专业建设点各1个，新增本科专业3个。新增38门省级一流课程和10个省级虚拟仿真实验教学项目。入选首批省级课程思政示范课程6门、课程思政教学研究项目4项、课程思政示范基层教学组织1个。医学检验技术专业虚拟教研室入选浙江省本科高校省级名师网络工作室（虚拟教研室）试点建设单位。学校在全国率先实施全科医学素养教育教学改革，面向2020级3005名学生开设“全科医学Ⅰ”，暑期分批实施1600名学生为期2周的全科医学素养见习。

学校全年获纵向经费5721万元，获厅局级及以上科研项目立项459项，其中国家自然科学基金立项资助26项；公开发表SCI（科学引文索引）论文513篇，出版专著译著9本；实现成果转化2项，授权专利合计322项，全年横向总收入1.8亿元。学生作为第一作者发表论文39篇，授权国家专利7项。新冠专项“新型冠状病毒快速诊断技术及试剂研发”完成验收，相关检测试剂已经在中国和世界使用6.5亿人份以上，教授吕建新获2021年全国科技系统抗击新冠肺炎疫情先进个人。学校动物P3实验室列入国家“十四五”高级别生物安全实验室建设项目规划，通过科技部技术审查。12月29日，省委书记袁家军到校考察生物安全三级动物实验室和疫苗研发情况。

学校制定党史学习教育实施方案，举行党史学习教育动员部署会，打造“三个100”党史学习教育“红色品牌”，强化党史学习教育成效。省委第八巡视组对杭州医学院党委进行巡视，学校成立巡视工作领导小组和工作专班，配合巡视组开展工作。（郑淑敏）

【浙江省杭州第二中学】至2021年年底，浙江省杭州第二中学内设办公室、教学处、学生处、总务处、教科室五大部门。学校编制数为338人，在编人员323人，编外人员5人。滨江、东河两校区占地面积11.12万平方米，校舍建筑面积8.16万平方米，教学及辅助用房4.14万平方米，行政办公用房1.01万平方米，教室104个，学生3224人。学校为市教育局直属公办高中，公益二类事业单位，经费来源为财政补助。学校办学宗旨为实施高中学历教育，促进基础教育发展。

2021年，高考成绩全省排名前十名有3人、前二十名有6人。北京大学、清华大学录取48人，复旦大学、上海交通大学录取76人，浙江大学录取149人，中国科技大学录取10人，香港大学录取5人，传统C9高校录取近300人，浙江大学投档线上高校录取近400人。

学校师生获多项成绩。教师汤金萍、谢丽丽、赵薇、周叶菲、朱婷、尤艳平、谭国锋、蒋晓乾、金燕、边玉臣、张妮、蒋晓为、郦勇被市教育局评为市新锐教师（培养人选）；教师陈欢、赖朝晖、史宗翔入选市中小学名师培养工程第一期培养人选；教师蒋晓乾被省人民教育基金会、省特级教师协会评为省教坛新秀；教师李建、卢晓红、李莳春被市人民教育基金会、市教育局评为2021年市优秀教师；蔡小雄、尚可2位校长被省人民政府教育监督委员会聘请为第十二届省督学；教师方文斌、冯金希、谢辰婧、沈一频被市教育局评为市第18届中小幼、中职教坛新秀。校长蔡小雄负责的课题“自主发展3.0：指向深度学习的杭二中智学模式研究”进入省规划课题名单；教师林肃浩的科研成果“指向关键能力的高中化学课堂教学”被选送参评“2021年省级教学成果奖”。学生的辩论社、步天工程社、HII机器人社等社团在国内重大赛事上创佳绩；校运会刷新多项纪录、获围棋赛男女市冠军、篮球赛大市冠军、足球赛首次进入市长杯决赛；交响乐团连续七次获省中小学艺术节合奏类一等奖等。学科竞赛成绩居全省前列。简铭获国际物理奥赛金牌。五大学科竞赛19人获全国决赛金牌，获奖数居全国前5位。其中，物理团队5人进入国家集训队，人数居全国第一位。全年有11人进入国家集训队，其中2人进入生物国家队。学生谈夏羽获首届丘成桐女子中学生数学竞赛银奖（全国第三名），被清华大学免试录取。科技创新比赛成绩优异，在市创新大赛中获一等奖1个、二等奖1个；无人机队在市无人机编程大赛中获团体一等奖；在2021年全国VEX机器人精英赛获最高奖项“全能奖”；在2021年全球未来太空学者大会全国决赛中获团体亚军和多项个人奖项；在第二届上海“交大荣昶杯”人工智能大赛获特等奖。

学校被中国科协、教育部办公厅评为2020年中学生创新后备人才培养计划优秀组织实施单位；作品《我最喜爱的习总书记的一句话》被中国教育电视台评选为2021年教师风采段视频入围作品；学校选送的《守望相助、携手战疫》被中共杭州市教育局委员会评为杭州市教育系统党建工作十佳案例；《“党建+团建”党史育人主题活动》案例被中共杭州市教育局委员会评为杭州教育系统党史学习教育优秀案例；学校与G20青年企业家联盟中国理事会携手成立G20青年企业家联盟未来领袖培养基地。 （边玉臣）

【杭州市长河高级中学】 至2021年年底，杭州市长河高级中学有教职工175人，其中男性教工71人、女性教工104人；专任教师159人，高级教师86人。学校共有38个班级，在校学生1785人。学校占地面积8.23万平方米，校园建筑面积7.69万平方米，绿化用地面积2.95万平方米。杭州市长河高级中学是市教育局直属公办高中。

2021年，学生在各级各类学科竞赛中共获国际奖项5人次、国家级奖项159人次、省级奖项258人次、市级奖项15人次。学校承办杭州市第二届中学生校园心理剧决赛，心理社节目《南归》获心理剧大赛第四名。在2021年市中小学棋类锦标赛中，学校获象棋比赛团体第一名。在市第十七届中小学生“品味书香，诵读经典”读书征文活动中，学校选送的10篇文章全部获奖，获奖总人数居全市高中第一位。高三年级在市中小学生体能素质检测中获第四名，在市2021年阳光体育田径运动会上，学校获团体总分第二名，连续8年进市前三名。在2021年省第六届青少年学生阳光体育运动会中学生田径比赛中，学校获团体总分第八名。学校女子排球队参加市中学生三大球比赛，获第五名。教师在各级各类评选奖项评选中获得重要奖项：韩焱获评省教育系统“最美志愿者”；余曙辉获评首批市杰出教育工作者；蔡叶桢获评杭州教育工匠暨最美班主任；杨春林获评市中小学名师培养工程首批人选、市第七届“最美杭州人——感动杭城十佳教师”；章艳等13名教师在“四优一突出”的评选中获先进表彰；周玥、徐浪获市第18届教坛新秀，姜华伟等7名教师获系统级教坛新秀；7名教师获评市“20年班主任荣誉证书”认定，人数和比例均为全市最高。

学校推进教学管理改革，提升教学管理服务的质量水平。继续推进信息化以助力精准教学，“基于大数据系统的‘互联网+’精准教学”试点方案入围全省100个区域和学校整体推进智慧教育综合试点，经省教育厅验收合格。学校推进校级课题立项申报工作，确立“深度学习视域下的普通高中课堂教学变革研究”校本研究主课题。教科研成果丰富，有8人次课题获立项，20多人次论文获奖或发表，其中在杭州市中小幼教学论文（课题）评比中，雷道忠获一等奖，沈彩娣、徐建刚、沈德助获二等奖。

2021年，学校举行庆祝中国共产党成立100周年暨2020年度优秀共产党员表彰大会。开展“赓续红色血脉，践行初心使命”红色教育培训活动，组织党员教工到井冈山考察。组织全体党员开展党史学习教育读书心得评比活动，抓好青年党员、团员党史学习教育。在杭州市教育局组织的百年党史暨十九届六中全会知识竞赛中，学校代表队获二等奖。学校选送的《“推优育苗”组织发展卓有成效》被评为市教育局党建工作优秀案例。在疫情防控常态化背景下，统筹做好疫情防控和教育教学工作。学校成立学校疫情防控工作领导小组，制定工作方案，明确责任分解、任务落实和督促检查。做好全校教工和学生疫苗的接种工作、实时摸排全体师生疫苗接种情况。优化服务创建“美丽校园”,实施食堂后厨改造,售卖窗口改造成明档,采用智能结算系统,原教学楼部分办公室改造成教师休息处,提升办学品质。（方乃锋）

【杭州市旅游职业学校】 至2021年年底,杭州市旅游职业学校设有旅游服务与管理、茶艺与茶营销、高星级饭店运营与管理、航空服务、园林技术、金融事务、商务助理七大专业。学校有全日制在校生2284人。2021年,招生722人,学生年入学巩固率100%；毕业生658人,其中五年一贯制、“3+2”大专班306人,三年制中职普通班352人,毕业率为100%。

2021年,学校有教职工212人,其中专任教师183人,生师比为10.8∶1。专任教师100%具有本科及以上学历,具有硕士及以上学历65人,占专任教师数的35.5%；中级职称及以上教师168人,占专任教师数的91.8%；高级职称教师91人,占专任教师数的49.7%；专业课教师94人,占专任教师数的51.4%；学校有“双师型”教师86人,其中技师及以上职业资格教师53人,占“双师型”教师的61.6%。4名教师担任国家和省级专业指导委员会、行业指导委员会及行业协会会长、副会长和常务理事等。学校有正高级讲师1人、省劳模1人、省教坛新秀3人、省师德楷模1人、省教科研先进个人1人、省学科带头人4人,市学科带头人16人,市级以上名师7人,市级以上名大师工作室6个,市级优秀教师团队3个。教师中市C类高层次人才3人,D类10人,E类53人。

学校聚焦复合型人才培养,引入非遗文化,建设杭旅非遗学院,融世遗、国遗等6项非遗创新应用到人才培养,构建复合人才培养的“新六艺”。学生获“全国最美中职生”、省“美德学子”等荣誉,获技能国家级竞赛1块金牌、4块银牌,获行业国家级竞赛16块金牌、19块银牌、6块铜牌,导游证通过率高出省市平均水平3倍,中高职一体化人才培养企业满意率98.44%。

学校利用占地4.3公顷的国家级实训基地与省级实训基地,引入省旅游协会入校,联合69家合作企业与5家高职本科院校,建立杭旅职业教育联盟,推进产教融合,创新校企合作,首创“新洛桑模式”“四真实训模式”“田野大教室”。首创杭旅发展咨询委员会,建设“政行企校”一体新型智库,实现办学智治。首创杭旅会客厅,聚焦杭旅发展的热点、重点、难点问题,建立政府、行业、企业各界专家开展对话的平台,借力专家为学校发展精准问诊,献计献策,实现学校高水平发展。

自2011年起,学校连续10年承担新疆班的办学,培养新疆班学生共410人,升入高校96人,考取导游证37人,助推新疆旅游人才迭代。孵化“和田骏枣”等27个农业合作社与企业,创业率27.6%,带动新疆2000多个家庭脱贫。脱贫攻坚成果在全国范围专题推介13次,得到《人民日报》等36家主流媒体宣传,获全国中华职教社温暖工程奖。（李　越）

【杭州市财经职业学校】 至2021年年底,杭州市财经职业学校有42个班级,其中41个在校班级、1个实习班级。有在校学生1695人。五年制中高职一体化班21个,比上年增加1个,占在校班级数的51.2%。

2021年,学校招收新生529人。毕业生492人,其中473人通过单独考试、高职自主招生或五年制中高职一体化升入高职院校继续深造,升入高一级学校学生人数占毕业人数为96.1%。学校在编教职员工149人,其中专任教师127人,硕士研究生27人,高级职称61人,中级以上职称105人,专业课教师47人,“双师型”教师41人,高层次人才35人。新进教职工5人,外聘教师5人,其中外教2人,担任足球与音乐课程的教学。

学校德育工作围绕《杭州市中小学“美好成长”计划实施方案》,开展学生体能训练、“三人制”篮球赛、排球联赛、羽毛联赛球、乒乓球联赛,首届寝室文化节、市高中生运动会、市健美操比赛,举办市大课间展评活动、富阳龙门研学旅行活动、动漫节COS表演、“红心向党、唱响新时代”大合唱、三好表彰、应急救护技能培训和救护员证培训、“青春向党、逐梦前行”毕业典礼等；以科技节和运动会为平台，开展体检和素质运动会，市大球比赛，田径运动会，毅行，“学百年党史、续红色基因”演讲比赛，“成人节”等活动。以中国共产党成立100周年为主线，开展党建知识进班级等活动。全年资助学生221人，资助金额22.3万元，奖励88人，奖励金额10.3万元（其中政府奖学金8.5万元），做好心理帮扶，做到应助尽助。以动漫专业部的省重点规划课题“基于‘全产业链’教学模式下的中职动漫专业创—产—销一体化综合实训课程的探索与实践”及物流的市级课题“重构‘镖艺’：中职物流‘钱塘镖局’人才模式的研究与实践”为核心，协助推进相关课题及相关子课题、论文等的撰写，聘请专家对课题的前期工作开展指导。以“智能财税”实训基地为中心，形成“1+N”型校企合作共同体。发挥产学研中心的作用，投资72万升级改造原“证券保险实训室”为“智能财税实训室”。

2021年，学校获评市直属学校AAAAA级平安校园；被中央电化教育馆评为“职业院校数字校园建设样板校”；通过杭州市文明校园验收；学校党总支获评2020学年市教育系统优秀基层党组织；金融事务、物流服务与管理两大专业获评省中职高水平建设专业（群）；物流服务与管理专业获全国职业院校技能大赛“现代物流综合作业”赛项（中职组）金牌；在2021年市中职技能大赛中，获8块金牌、11块银牌、16块铜牌；连续10年参展国际动漫节，并首次举办校园“嗨，SEE!”校园动漫节；学生活动中，取得市高中生运动会入场式一等奖、广播操三等奖，市健美操比赛三等奖，杭州市大课间展评一等奖与优秀组织奖；市“三大球”比赛女篮季军、男篮第八名、女排第11名。（王春英）

【杭州国际学校】 至2021年年底，杭州国际学校有43个班级，学生735人，来自34个国家和地区，其中幼儿园部85人、小学部318人、初中部202人、高中部130人。2021年，高中毕业14人，分别进入8个不同国家和地区的高校继续学习。学校有教师97人，其中外籍校长及外籍教师75人，中国籍教师22人。另有中国籍教师助理18人。杭州国际学校采用国际化课程（IB），设置小学项目（PYP）、中学项目（MYP）及大学预科项目（DP）课程，综合性教学项目包括学术、社交、情感和道德教育，注重责任感和自信心教育。学校配合防疫工作，保护学生的公共安全，全年无停课。开展各项活动，最大程度保证学生的教育教学工作。白马湖区域的新校区建设持续推进，主体工程完工。新校区占地5万平方米，配套大型的餐厅和分学部配置的图书馆，2个室内体育馆，1个24小时的恒温国际标准泳池，2个剧院。

杭州国际学校于2002年8月成立，位于东信大道80号，是一所以英语为主要教学语言，中文、西班牙语、法语等为第二教学语言的国际学校。学校有国外教育团队统一管理，开设有从幼儿园到高中的课程。学校招收在中国境内合法居留的外籍人员子女。经省教育厅批准，可适当招收在省内合法居留的香港、澳门特别行政区和台湾地区居民以及在境外依法定居的中国公民的子女。（潘　琦）

文化·体育

综　述

【公共文化服务】 2021年，区社发局推进公共文化服务政策保障，起草的《社区公共文化服务规范》被列入杭州市地方标准。出台《杭州高新区（滨江）社会文化团队扶持补助办法》，鼓励和扶持辖区社会文化团队的建设和发展。拓展文化空间，完成吴牧野音乐工作室选址，新建滨江区图书馆武警医院分馆、风入松茶书院2家图书馆分馆，与高新企业联合建设书房2家，隐士精舍音乐书房、嘻番图书馆、缤纷书房、滨和书房获“杭州书房”称号。滨江区图书馆获2021年长三角地区公共图书馆阅读马拉松大赛优秀组织奖，获评浙江省第一批“满意图书馆”。区社发局全年接待群众1024人次，接受电话咨询980件。窗口行政许可事项收件102件，企业信用联动平台接收、反馈248家，完成150家企业2021年度年报统计工作。

【文化推广】 2021年，区社发局推进文化示范户、乡村文化能人培育，滨江区2户1人获省级文化示范户、乡村文化能人称号，5户24人入选市级文化示范户和乡村文化能人名单，培育区级文化示范户20户、乡村文化能人59人。沃尔沃汽车博物馆、杭绣——江南传习所、网易蜗牛读书馆入选“杭州亚运人文体验点”，网易蜗牛读书馆非遗体验点入选第二批杭州市非物质文化遗产体验点培育名单。新评选出非物质文化遗产项目1项、传承人3人、传承教学基地2个、体验点2个。蓝印花布文创产品被评为省第三批非遗旅游商品。非遗旅游线路——华彩滨江一日游获评杭州市首批非遗旅游线路。打造“WA!滨江味道”美食IP，形成美食图书、美食歌曲、美食地图等一系列产品。成立滨江区“文化基因解码工程”工作小组，开展文化基因普查，完成150条基本元素梳理和15项重点元素解码报告，并出具2项文化元素转化利用规划方案，制定“西陵津渡”文化标识任务书。编印完成《诗韵滨江》钱塘江诗词选集。

（来佳萍）

【体育比赛和建设】 2021年，滨江区举办“红动浙江·浙江省马拉松接力赛”、2021年舞动中国——排舞联赛线上总决赛、“8·8”全民健身日活动——趣味挑战赛、“白马湖杯”校园足球联赛、滨江区“迎新杯”小学生棋类比赛等系列活动120场、5万余人次参加。全年完成三级社会体育指导员培训1000多人、社会指导员网上注册激活1000多人次，国民体质测试2000多人，按计划完成三级社会体育指导、国民体质监测系统更新和人员录入工作；完成2021年度青少年运动员省注册311人次，市注册450人次，向国家和省、市输送运动员10多人次。杭州中天模型有限公司、杭州菲练健身管理有限公司2家企业获2021年度浙江省体育产业发展资金资助。完成2021年省级民生实事项目——“百姓健身房”建设，西兴、长河、浦沿3个街道4个百姓健身房项目有序推进，完成4个社区综合运动场建设（省级2个、市级2个）。

（徐樱桃）

群众文化

【概况】 2021年，滨江区文化馆结合省、市公共文化服务构建方针，围绕“全民艺术普及”的宗旨，指导社会文化团队建设和群众文化艺术作品创作，向公众提供文艺演出、公益培训、展览活动等文化服务，发挥区文化馆在全区公共文化领域的引领带头作用。区文化馆开展“千堂万艺”公益培训、非遗培训等3000多课时，送戏下乡56场，文化走亲活动13场，公益性展览14场，培训基层文化骨干2万余人次，“三团三社”共9家，包括合唱团1家、艺术团2家、民乐团1家，书画社2家、摄影社2家、文学社1家。在杭州市第26届三江歌手选拔赛中，滨江区选手获1块金牌、3块银牌、3块铜牌，区文化馆获优秀组织奖。舞蹈《盛世秧歌》获2021年杭州市大众艺术健身大赛银奖。培育“滨江四季”等文化品牌，组织大型红色舞台剧《红船·追梦》展演、“歌百年奋斗颂世纪辉煌”庆祝中国共产党成立100周年音乐会等活动。区文化馆以展览和演出的形式到淳安县、临平区、上城区、钱塘区等开展文化走亲活动13场。

【文艺公益培训】 2021年，杭州市文化馆滨江分校春季、秋季班按期开课，共开设国画、声乐、视唱练耳、舞蹈4门课程，共200课时，培训学员400多人。继续开展“千堂万艺”艺术公共课程培训，坚持以需求为导向，采取“艺术普及、基层团队选题、文化部门点题、专业机构答题”的形式，将优质文化艺术课程免费送到基层，送出2250课时，覆盖全区38个社区。开展老年电大滨江分校春季、秋季课程，其中参加电视课程学员共2500人；兴趣班设有剪纸、国画、书法、摄影、葫芦丝、广场舞6门课程，共开课200多课时、学员300多人。

【“携手同心、文化惠民”送戏下乡服务】 2021年，区文化馆继续开展“携手同心、文化惠民”送戏、送演出进基层活动，通过歌舞、曲艺、魔术、杂技等不同的艺术表现形式，将文艺作品配送到3个街道的各个社区、区内部分高新技术企业。至年底，送出文艺演出56场。

【公益性文艺展览服务】 2021年，滨江区文化馆开展不同题材的文化艺术展览活动，举办“才情书画展、亚运童心迎”主题书画展、“新时代文明实践中心”主题展览、“传承红色基因，坚守红色根脉”——礼赞建党百年非遗剪纸艺术展、“迎建党百年·享美好生活”浙江省第七届群星视觉艺术综合大展——优秀书法作品展等活动。至年底，区文化馆共举办展览14场，参展观众5万余人次。

【群众文化团队扶持】 2021年，区文化馆对全区基层文化团队进行摸底排查，完善群众文化团队的档案资料和工作台账，建立基层文化人才库。出台《杭州高新区（滨江）社会文化团队扶持补助办法》，通过团队考评、认证及补贴发放，培养激励文化团队的完善与发展。至年底，全区群众文化团队共139支，队员8000多人，开展活动2000多场。

（王朝闻）

文物保护

【概括】 至2021年年底，杭州高新区（滨江）有世界文化遗产重要遗产点1个，全国重点文物保护单位1个，省级文物保护单位1个，市级文物保护单位2个，文物保护点7个，历史建筑43个，省级历史文化街区2个。

【大运河遗产区（西兴老街）消防建设】 2021年，根据杭州市园文局关于《杭州市文物保护单位和历史建筑“智慧消防”建设工作方案》的要求，在大运河遗产区推进实施智慧消防、安防提升改造运营服务工程。项目以数字化改革为着力点，搭建消防物联网综合管理平台，建设物联网智能烟感预警系统、智慧用电系统、智慧用气系统，建设符合老街特点的智慧消防应用场景，共安装电气火灾监测设备727户、可燃气体监测设备269个、智能无线烟感371个，提升遗产区消防管理能力和水平。针对老街建筑密度大、道路狭窄的情况，在原有的社区消防站基础上，增设老街微型消防站，配备拥有专业技能的消防工作人员，负责对物联网综合管理平台24小时消防安全监控，遗产区（西兴老街）范围内日常巡逻，实现机防和人防无缝衔接，提升火灾预警防控能力及火灾处置能力。

【历史建筑测绘建档】 2021年，杭州高新区（滨江）根据住房和城乡建设部、省建设厅“完成所有已公布历史建筑的挂牌和测绘建档工作”的要求，开展历史建筑测绘建档工作专项行动，梳理全区历史建筑资源，形成“一幢一册”的历史建筑档案表。测绘委托编制单位，采用“数字测绘+人工测绘”的方式，采取空天地室内外一体化采集技术，利用无人机倾斜摄影测量技术、地面三维激光扫描技术和全景技术等先进技术，实现对历史建筑的全面可视化体验，全方位有效获取历史建筑的数据，为绘图和建档提供资料，为后续的修缮保护提供全方位的影像参考资料。至年底，36处历史建筑完成测绘建档。

【杭州市第八批历史建筑】 2021年11月23日，市政府公布第八批历史建筑保护名录，34处历史建筑被列为市第八批历史建筑进行保护，其中滨江区新增7处，分别为西兴街四美堂，西兴街403号、405号、407号建筑，西兴街409号建筑，小桥弄6号、7号建筑群，山下里64号建筑群，山下里62号、63号建筑群，长河盛家墙门。入选的建筑都具有一定的历史、科学、艺术等价值。

（沈蕾鸣）

非物质文化遗产

【概况】 2021年，区非物质文化遗产（简称“非遗”）中心开展新一轮非物质文化遗产项目、基地评选工作，新评选出非遗项目1项，传承人3人，传承教学基地2个，非遗体验点2个。至年底，滨江区共有非物质文化遗产保护项目49项。其中：省级项目3项，分别是西兴竹编灯笼、西兴祝福、蓝印花布印染技艺；市级项目8项；区级项目38项。有区级传承人12人。开展非物质文化遗产进校园活动，丰富中小学兴趣班内容，分别在杭州市创意城小学、杭州闻涛小学、杭州丹枫小学等6所学校开展11门非遗课程，课程内容涵盖蓝印花布印染技艺、西兴竹编灯笼、剪纸、丝绸画缋等，共开课100多课时、学员300多人。

【剪纸艺术展】 2021年5月10—21日，由区社发局、杭州市文化馆（杭州市非遗中心）、浙江外国语学院联合主办，区文

2021年6月10—12日，“文化和自然遗产日”暨“红色非遗走进高新企业”宣传展示活动在聚光中心广场举行（区文广旅体局 供图）

化馆、杭州壹群公益发展中心承办，浙江省民间文艺家协会剪纸艺术专业委员会指导的“传承红色基因、坚守红色根脉”——礼赞建党百年非遗剪纸艺术展在区文化中心举办。艺术展通过100幅非遗剪纸作品回溯红色记忆，体悟红色文化，坚守红色根脉，吸引1万余人次参观。

【文化和自然遗产日活动】 2021年6月10—12日，滨江区围绕中国共产党成立100周年，开展“文化和自然遗产日”暨“红色非遗走进高新企业”宣传展示活动，活动由区社发局主办，区文化馆（非遗中心）、滨江物联网小镇、聚光中心广场承办，以“红色非遗、传承共享”为主题，在滨江物联网小镇聚光中心广场开展非遗技艺和文创产品展览、体验、售卖活动，展示滨江区非遗产品和滨江对口扶贫地区贵州省黔东南苗族侗族自治州麻江县的非遗文创产品等，包括蓝印花布印染技艺、西兴盘扣、滨江剪纸、杭州刺绣等，体验传统养生香制作技艺、丝绸画缋等。《都市快报》等媒体对活动进行报道。

【蓝印花布包入选省优秀非遗旅游商品名单】 2021年6月16日，省文化和旅游厅公布“第三批浙江省优秀非遗旅游商品名单”，滨江区申报的省级非遗蓝印花布文创产品入选。入选旅游商品的产品名称为“星星之火”建党百年蓝印花布包，以中国共产党成立100周年为主题，由非遗文创企业——杭州象限文化创意产业有限公司设计制作。

【杭绣·江南传习所入选“杭州亚运人文体验点”】 2021年6月23日，杭州市文化旅游广电局公布2021年“杭州亚运人文体验点”名单，评审经初审、市民投票、实地考察、专家评审、公示等环节，杭绣·江南传习所入选。杭绣·江南传习所位于滨江区滨和路958号杭州江南实验学校内，室内外面积共880平方米，常年开展省级非遗项目——杭州刺绣课程的教学、展示、体验活动，接受刺绣体验课预约、旅行社游学预约、公司团建预约等体验课程，多方面打造和宣传杭州刺绣。

【新一轮非物质文化遗产项目】 2021年9月，经过项目申报、专家评审、公示等流程，区非物质文化遗产中心公布新一轮非遗项目并授牌。新评选的滨江区第六批非遗代表项目为浙派古琴，第三批非遗代表性项目代表性传承人为朱红芳（蓝印花布印染技艺）、戴月娥（西兴剪纸）、李康（宋式文人香制作技艺），第一批区级非遗体验点为杭绣·江南传习所、月绣互联体验点，第二批非遗教学传承基地为杭州市闻涛小学（宋式文人香制作技艺）、杭州江南实验学校（西兴竹编灯笼）。 （王朝闻）

文体市场管理

【概况】 2021年，滨江区有文化、广电、旅游、体育生产经营单位（户）共729家，其中网吧64家、歌舞娱乐场所23家、游艺娱乐场所10家、文艺表演团体9个、演出经济机构42个、演出场所2家、广播电视单位228家、境外卫星12家、互联网视听单位3家、网络文化单位238家、旅行社43家、星级酒店1家、游泳场所54家；受委托执法电影、出版、网络游戏经营单位（户）共643家，其中电影放映单位13家、出版物企业392家、印刷企业50家、网络游戏单位188家；新增的酒店“一次性用品”执法职能涉及执法酒店180家，合计监管场所1552家、从业人员2万余人。全年出动检查1934次，出动执法人员3898人次，检查10527家次，行政处罚案件7件，罚款2万元，没收违法所得4055元，受理举报投诉4359件，查处率和回复率100%，约谈场所84家，停业整改37家。

梳理岗位职责，参加业务培训、交流协作，通过“定人、定责、定任务、定标准”建设执法队伍。督促企业落实安全生产主体责任，召开文广旅体经营场所安全生产工作会议，组织法规培训、消防安全培训及应急演练并签订责任书，开展各类法规宣传活动，文旅体市场未发生一起安全生产事故。开展人员密集公共场所安全防控、营业性演出经营活动、旅游乱象整治、网络游戏整治、非法出版物整治、非法地面卫星接收设施、夏季游泳安全检查、“护校安园”、“扫黄打非”等专项整治行动。对音乐节、动漫节、版权博览会、脱口秀等临时性演出任务进行现场执法保障，进行元旦、春节、“五一”国际劳动节、国庆等节假日执法巡查，及时接收通知并处理突发事件，按照“执行、督查、反馈、改进”闭环管理要求，将安全责任落实到预警提示、隐患排查、应急处置等环节。开展文旅体市场新冠肺炎疫情防控工作，督促场所做好防疫措施，要求场所开展防疫知识宣导，组织辖区内网吧、KTV等服务场所工作人员进行新冠疫苗接种，进行接种工作宣传和指导。

全年报送动态简讯45篇、综合信息68篇、调查思考6篇。调研文章《滨江区网络游戏举报的分析思考》获2021年全市信访系统调研文章三等奖。

【文体市场疫情防控】 2021年，根据疫情形势及相关防疫政策，区社发局开展常态化和应急化疫情防控工作。组织网吧、娱乐场所负责人召开疫情防控工作会议，对疫情防控知识进行培训，对防疫工作做出要求和部署。分工包干，责任到人，分组分片区对网吧、娱乐场所、公共场馆、旅行社、准星级酒店、泳池等经营场所开展疫情防控检查，实行日巡查、日报送机制，通过“现场巡查+视频监控”监管模式，督促场所落实疫情防控主体责任，做好“亮码、测温、登记、戴口罩、消毒、疫苗接种”等防疫工作。对检查中发现的问题及时落实整改，指导场所细化各项防疫措施，对部分疫情防控落实不到位的场所进行约谈，对整改不到位的进行关停，直至整改完成后才可重新开业，并进行复查。开展防疫知识宣传培训和指导，确保员工熟悉掌握，组织辖区内网吧、KTV等服务场所工作人员进行新冠疫苗接种工作。

【网络文化监管】 2021年，区社发局对全区网络文化及网络游戏经营单位进行实地勘查、网上巡查共4752家次，处理涉网络文化举报投诉4309件，对未成年人充值举报进行专题调研。约谈问题企业23次，走访调研网易（杭州）网络有限公司、杭州炎魂网络科技有限公司、杭州电魂网络科技股份有限公司等网络游戏重点企业，交流探索网络企业管理新方式。要求网络文化企业定期开展网络游戏自查，规范经营行为。开展网络游戏执法巡查和专项整治行动，重点检查网络游戏产品版号和内容、实名注册制度、防沉迷系统落实情况等，邀请专业师资力量入校开展防沉迷防网瘾讲座。1—6月，开展网络游戏专项整治，共出动528人次检查网络文化企业879家次，总体情况良好。6月16日，联合浙江省游戏协会对辖区内网络文化企业进行检查。7月7日，邀请网竞教育防沉迷课程研发项目组专业老师走进晶都社区，开展主题为“护苗2021·青少年网络防沉迷之正确对待网络游戏”的讲座。

【文体场所“双随机”抽查监督】 2021年，区社发局安排“双随机”抽查56次，开展跨部门联合抽查8次，共抽查文广旅体经营场所624家。其中，网络文化场所134家，歌舞娱乐场所81家，网吧160家，体育场所68家，旅行社134家，电影院12家，游艺场所15家，印刷场所14家，艺术场所1家，其他5家。经查，3家企业疑似僵尸企业，27家企业已停业，14家企业通过注册地址无法找到，23家企业迁出，1家企业注销。针对“双随机”检查的情况，区社发局要求存在问题单位进行整改，到审批窗口进行信息更新，并对抽查到的单位进行跟踪回查，确保问题整改到位。

【举报投诉受理】 2021年，区社发局共受理文化类投诉4307件，包括未成年人充值类投诉2478件，占57.5%；游戏账号处罚类投诉1384件，占32.13%；游戏内容类投诉329件，占7.64%；未成年人防沉迷设置类45件，占1.04%；充值未到账或者误充值类40件，占0.93%；其他如游戏版号、游戏内违规交易处罚、游戏论坛禁言处罚以及传统文体经营单位中出现的网吧KTV内抽烟消费和游戏、体育活动安全等问题投诉31件，占0.72%。执法人员针对举报内容，进行电话沟通或实地调查，对违规单位发出责令整改通知书并进行约谈，处理结果及时告知举报人和相关部门，举报查处率和办结率均为100%。

【文化经营法规宣传】 2021年，区社发局坚持法制宣传教育与依法行政实践相结合，通过各种形式、各类途径创新宣传载体，开展法规宣传活动。结合"3·15"国际消费者权益日、"4·26"知识产权宣传周、"文化市场安全生产月"、"12·4"全国法制宣传日等主题活动，开展文化阵地相关法律法规宣传活动；结合文化安全进学校、进社区、进商场、进企业活动，提高市民群众守法意识；结合"扫黄打非"专项行动，在校园、社区、商场等地举行普法宣传活动；结合文化经营单位日常检查，向文化经营业主宣传文化市场管理法律法规，提高经营者的法治意识和社会责任感。至年底，开展法规宣传活动12场，其他形式宣传活动2000多次，发放法规宣传品3万余份，受教育5万余人次。

【文化领域执法信息化建设】 2021年，区社发局在传统检查执法的基础上，推广应用智慧平台，运行全省统一的文化市场数字化网络监管系统，推行"互联网+监管"工作，现场检查全面使用"浙政钉·掌上执法"系统，检查过程和检查结果当场录入，对检查出的相关问题要求场所及时落实整改并对整改情况进行监督。在网吧、娱乐场所、游泳场所接入视频监控，通过文体市场数字化监管平台实时线上巡查。完善监控模块，实现隔空喊话、实时纠正、远程普法等功能。探索监控系统与"城市大脑"连接，实现"视频—排查—上传—处理—反馈—核查—存档"的一体化监管链，通过"人防+物防+技防"全面提升安全隐患防控能力，提升监管工作效率。

【"护校安园"行动】 2021年，区社发局按照"护校安园"专项行动要求，整治校园周边出版物及文化、网络市场。开展"护苗"行动，在学校、书店、图书馆、社区等场所，摆放"拒绝有害出版物、抵制不良网络信息"等法规宣传展板，开展远离"有害出版物、争做绿色小卫士"的绿书签活动，播放"扫黄打非""护苗就找12390"等动漫短视频，发放《绿色阅读，文明上网》倡议书以及书刊、绿书签、笔记本、"保护知识产权"手环等宣传品5000多件。沿用"暑期护苗夏令营"活动，通过"护苗"主题征文比赛、支持正版书画创作、故事演讲等活动，增强对"保护知识产权，拒绝非法出版物，抵制有害信息"的认识和理解。开展"防沉迷"教育，利用"预防网络沉迷"宣教站、"扫黄打非"联络点、学校、社区、培训机构等场所，推出"防沉迷"教育系列精品课程。邀请游戏企业和防沉迷教育专家进行座谈和交流，督促各大网络游戏企业公布游戏防沉迷公告，推送"防沉迷"提醒和家长监护提醒系统邮件等，实现对青少年游戏时间、充值金额等全方位的知情和管理。开展未成年人保护专项检查，围绕互联网上网服务营业场所应对上网消费者的有效身份证件进行核对、登记，并记录有关上网信息；不得接纳未成年人进入营业场所、在营业场所入口处悬挂未成年人禁入标志；网络游戏经营单位要建立网络游戏防沉迷系统、落实网络游戏用户实名注册制度和未成年人限时上网等影响未成年人健康成长等问题。开展网络游戏企业和互联网上网服务营业场所的专项检查，从源头上预防和制止未成年人进入网吧、沉迷游戏等不良现象。对2478件未成年人游戏充值举报进行梳理分析，优化举报处理模式。至年底，开展检查1356次，包括专项检查6次、联合检查12次，检查校园周边场所5352家次，整改隐患12处。

【文化"扫黄打非"】 2021年，区社发局加强"扫黄打非"巡查，开展专项行动，特别是护航建党百年等重点时段巡查。落实日常检查制度和"一长一员一场所"巡查机制，落实

"一店一册"检查登记，利用基层网格员力量开展网格巡查。加强线上巡查，利用现有文体市场智能化监管巡查系统，对文化场所实施全时段监控，并对各网络文化企业网站进行巡查。开展"扫黄打非"专项整治，开展网络游戏专项整治、出版物市场专项整治、非法地面卫星接收设施整治、中小学教科书发行专项整治、护校安园等专项行动，拆除非法地面卫星接收设施134个，对1家无证书摊进行调查。联动行业协会、社区网格员、义务监督员等力量，进行信息传递，共同开展日常巡查监督。开展多部门联合执法行动，与区新闻出版局、街道、社区等部门开展联合检查，重点对校园周边的文具店、出版物场所、娱乐场所、网吧进行检查，做好逐一登记，逐个排查，对版权问题投诉企业进行现场调查。对5家网络游戏企业和2家版权类问题企业进行约谈，要求企业依据相关法规经营。畅通举报渠道，由专人负责举报受理，打击非法书摊、非法地面卫星接收设施，整治网络游戏、版权侵权等问题，从严查处、打击传播淫秽色情视频的企业，推进防沉迷培训教育活动，全力保障文化、网络、演出及出版物市场健康平安。

【文体市场安全生产监管】 2021年5月28日，滨江区召开文旅、体育经营场所安全生产工作会议，与网吧、娱乐场所、旅行社、游泳场所、网络文化企业等签订《安全生产、消防安全综合目标管理责任书》《经营管理责任书》1428份，并进行消防安全知识、游泳安全知识培训，开展心肺复苏、应急救生演练。要求各场所进行内部培训演练和教育宣传，加强自查整改，对消防安全管理、防火巡查、火灾隐患整改、灭火和应急疏散预案编制和演练、消防宣传教育等做出相关要求。区社发局加强日常巡查、集中检查、双随机抽查与视频监控线上监管相结合，开展各类专项整治行动，通过"人防+物防+技防"全面监管，重点做好"消防安全"和"防疫安全"。利用第三方安全生产检测机构对区内50家网吧、娱乐企业开展安全隐患排查。通过多种形式开展法规宣传活动12场，发放法规宣传品2.5万份，受教育近2000人次。至年底，全区文化、广电、体育经营场所未发生一起安全生产事故、火灾事故和产生影响的事件。

【游泳场所监管】 2021年5月28日，滨江区召开游泳场所安全管理工作会议，培训消防安全知识和游泳安全知识，对救生员"心肺复苏""抛救生绳""水上救生"等业务能力进行实地演练。区社发局做好日常巡查和游泳安全知识宣传，重点对救生员配备到岗、救生设施设备、救护设施齐全以及疫情防控措施是否落实到位等情况进行监督检查。增加日常巡查频率，实现视频监控系统场所全覆盖。至年底，出动检查312次，检查高危险性体育场所3510家次，发现隐患25处，整改到位25处，约谈场所10家，因救生员不到位问题立案查处5家，因疫情防控不到位关停整改1家。

【艺术考级专项整治】 2021年7—8月，区社发局在全区范围内开展艺术考级专项整治工作，按照属地管理的原则，规范各类艺术考级活动，加强社会艺术考级的监督和管理。对艺术考级机构进行逐个排查，摸清艺术考级底数，重点检查艺术考级机构是否具备相关考级资质，履行考前备案手续；现场是否做好新冠肺炎疫情防控措施和相关安全防范工作；考场内有无相关专业的考官且佩戴考官证。对艺术考级活动进行现场实地监管和微信工作群网络监管，实施事前要求、事中监管，事后汇总。专项整治期间，区文化执法大队出动58人次，检查艺术考级机构27家次，检查情况良好，机构均按要求承办艺术考级活动。 （毛　甜）

公共图书管理

【概况】 2021年，滨江区图书馆——杭州图书馆科技分馆（简称"区图书馆"）文献总量64.9万册（件），外借文献88.6

万册，全年流通138.3万人次，组织策划活动1044场，参加人员400万余人次。设立浦沿、西兴、长河3个街道分馆，31家社区图书室；组织送书下乡配送文献22.35万册（件）。志愿者到馆服务861人次，服务时长5604.56小时，志愿者队伍成员总计1431人。区图书馆获2021年长三角地区公共图书馆阅读马拉松大赛优秀组织奖，获评浙江省第一批“满意图书馆”。

【公共场所服务】 2021年，区图书馆加快落实公共图书馆服务大提升工作。在服务体系建设上强化总馆职能，整合社会力量，构建“15分钟阅读圈”；新建嘻番图书馆、隐士精舍音乐书房、缤纷书房、滨和书房4家杭州书房以及风入松茶书院、滨江区图书馆武警医院分馆2家主题分馆；新增及提升改造社区图书室等4个基层服务点；新建浙江中控信息股份有限公司、聚光科技（杭州）股份有限公司2家企业书房。在基础设施建设上调整优化馆舍空间布局，新增阅读桌22张，阅读座椅88个，儿童座椅116个；对报刊架进行升级，方便读者取阅；根据各楼层的闭馆时间实行分楼层广播提示，减少对读者的干扰，提升阅读体验感；提供行李寄存、母婴室、雨伞、开水、轮椅等便民服务。在特殊群体服务方面，按照《杭州市“迎亚（残）运”无障碍环境建设行动计划（2020—2022年）》要求，推动无障碍设施标准化建设；完成改造无障碍通道、无障碍电梯、无障碍卫生间、无障碍车位、低位服务台等；和区残联共建“视障阅览区”，馆藏盲文图书100余册，推出《听世界的心跳》有声听书墙，听书墙内容超55万集10万余小时，月均更新2000集，累计服务特殊人群200多人次。

【科普阅读推广】 2021年，区图书馆在做好疫情防控工作的同时，发挥“科普+阅读推广”理念，以书为媒介，通过机器人、无人机、天文等主题向青少年、市民及科技企业人员开展自然科学类科普活动。以总馆为主阵地，街道社区分馆及杭州书房为辅助，通过“线上+线下”的形式，开展讲座、培训、展览等阅读推广活动。至年底，共组织活动1044场，参加人数400万余人次，助力滨江“书香科技城”建设。

【第五季“为地球朗读”全民阅读公益活动】 2021年4月23日，由区社发局主办的“2021年度滨江区全民阅读公益行动暨2021书香科技城全民读书节启动仪式”在区图书馆举行。活动由区社发局、区社科联、杭州图书馆、浙江电视台新闻频道、“绿色浙江”联合主办，区图书馆承办。主办方负责人、区图书馆各基层主题分馆、滨江区民间阅读联盟、各街道社区代表等100多人参加。该届“为地球朗读”活动围绕建党百年、乡村振兴、诗路文化带和美丽浙江建设的要求，通过朗读的形式展现区域文化和科技特色，体现书香科技城历史底蕴和文化韵味。以“水边的古城镇”为主题，以费孝通的《乡土中国》为朗读书目，吸引民警交警、消防战士、环卫工人、医护工作者等行业的朗读爱好者们共同参与。该活动是区图书馆重

2021年4月23日，第五季“为地球朗读”活动启动仪式在区图书馆举行　　（区文广旅体局　供图）

要品牌活动之一并通过浙江电视台公共新闻频道、浙江新闻频道微信、微博、抖音、“中国蓝”新闻实现全媒体24小时滚动直播。

【第五届杭州市创客节】 2021年12月4—5日，以“大手拉小手——科学创新精神的传承与发展”为主题的第五届杭州创客节在区图书馆举行。创客节由市文化广电旅游局、市科技局、市科学技术协会、滨江区政府主办，区社发局、杭州图书馆，区科技局、区科协承办，区图书馆、市科技创新创业协会、市青少年科技辅导员协会执行。活动以“智慧、融合、创新：疫情下的创客生活依然丰富”为主题，采用“线下+线上”相结合的形式开展，通过线下线上的互动，展示创新实践成果，营造创新实践氛围。联合各主流媒体，通过直播、网页新闻、公众号等方式对活动和赛事进行宣传报道。活动吸引线下2000多人参与，线上3.6万人通过浙江新闻观看开幕式直播，4场直播观看40.5万人次，图片直播观看27.59万人次。（祁妙妙）

地方志事业

【概况】 2021年，杭州高新技术产业开发区（滨江）地方志编纂研究室（简称“区志编研室”）发挥“存史、资政、育人”职能，引进专业的机构和地方志人才，做好地方志的编研、编纂、开发利用等工作。《杭州市滨江区志》出版并举行首发式。《滨江年鉴（2021）》编纂完成、定稿出版，连续5年实现“一年一鉴、公开出版”。推动地方志成果开发利用，立项编纂《滨江精览》《滨江微村志》。2篇论文入选全国地方志理论研究论坛并交流发言。地情文章《国际滨江、亚运核心——杭州高新区（滨江）》被“学习强国”浙江学习平台录用，《浙东运河源头之西兴》被《杭州史志》期刊录用。信息专报《勇于担当、开拓创新——我区地方志工作实现零的突破》入选杭州高新区（滨江）信息专报，获区长批示肯定。制作《杭州市滨江区志》首发式小视频，首发式信息在“方志浙江”“杭州党史方志”“滨江发布”微信公众号、浙江新闻客户端、《杭州史志》期刊、《天堂硅谷》报等媒体报道。

【《滨江年鉴》编纂出版服务项目化管理】 2021年，《滨江年鉴》的出版和编纂服务合同项目分别到期，根据1月14日浙江省财政厅《关于进一步规范政府购买服务采购管理》的通知精神，经3月22日和5月24日区党委办公室班子会议研究，同意启动2个项目新一轮政府采购。通过公开招标、确定合作单位，《滨江年鉴》出版、编纂服务合同均于6月签订，服务期3年（2021—2023年），合同一年一签，约定每年服务期满并通过考核验收后续签下年合同，从项目申请到项目结项实行全过程闭环管理。滨江区年鉴编纂工作于2017年启动，年鉴编纂和出版服务项目于2018年经区办公室班子会议审议通过后实行政府采购，通过项目化管理，完成《滨江年鉴》逐年连续出版，其中2019年完成《滨江年鉴（2018）》《滨江年鉴（2019）》公开出版，提前实现国务院“一年一鉴、当年出版”目标。

【地方志成果数字化应用】 2021年，区志编研室委托第三方公司开发微信小程序，结合数字技术，开发编研成果数据处理系统。“滨江方志”微信小程序设置志书馆和年鉴馆，植入《杭州市滨江区志》《滨江年鉴（2017）》《滨江年鉴（2018）》《滨江年鉴（2019）》《滨江年鉴（2020）》《滨江年鉴（2021）》电子稿，推出微信小程序码，移动端扫描小程序码即可电子阅读、查询、复制。在《杭州市滨江区志》《滨江年鉴》的封三、书袋及其他宣传品上印制小程序码，通过杭州高新区（滨江）政府门户网站、“滨江发布”微信公众号的“滨滨矩阵”链接小程序码，推广电子阅读，实现信息化传播应用。

【《滨江精览》《滨江微村志》编纂项目启动】 2021年8月，区志编研室立项编纂《滨江精览》《滨江微村志》。《滨江精览》是精缩版滨江地情百科全书，记述上溯滨江历史发展源头，下讫2020年，设地理、历史、产业、城市建设、文化建设、人民生活、风土人情等篇章，图文结合，约20万字。《滨江微村志》参照地方综合志书体例，全面记述原29个行政村（原居民村设附录）的基本村情、新农村建设、村域经济、特色文化、风土民情等，上溯历史发展源头，下讫撤村建居之时。全书分西兴、长河、浦沿3卷，一村设为一编，约90万字。两书由中共杭州市滨江区委办公室主办，区地方志编纂研究室主编。至年底，完成项目立项、报价专家论证、公开招标等工作，计划2024年公开出版。

【《杭州市滨江区志》首发】 2021年10月22日，《杭州市滨江区志》首发式在区文化中心举行。《杭州市滨江区志》编纂工作历时5年多，由杭州市滨江区地方志编纂委员会编纂、方志出版社出版，是一部地方通志，记事上溯事物发端，下讫2015年。全书采用小编体章节目体式，暗隐自然、经济、政治、文化、社会5个部类，设39编、308章、1045节，全书330万字，分上、下两册，收录图照近200幅，表格512张。《杭州市滨江区志》是杭州高新区（滨江）历史上第一部地方综合志书，合理处理滨江区和杭州高新技术产业开发区“两区合一”的关系，时代特征鲜明，注重地方特色，挖掘历史资料和民间资料，运用21个专记强化特色记述、21个附录补充引证。

2021年10月22日，《杭州市滨江区志》首发仪式在区文化中心举行

（区志编研室 供图）

【《滨江年鉴（2021）》公开出版】 2021年12月，《滨江年鉴（2021）》定稿出版。年鉴由中共杭州高新区工委（滨江区委）、杭州高新区管委会（滨江区政府）主办，杭州市滨江区地方志编纂委员会编纂，方志出版社出版。《滨江年鉴（2021）》记载2020年1月1日至12月31日杭州高新区（滨江）经济建设、政治建设、文化建设、社会建设、生态文明建设的基本情况，全书85万字，按分类法编纂，分类目、分目、条目3个层次，以条目为主要记事单元。《滨江年鉴》自2017年出版以来，已连续公开出版5卷，为行政区和高新技术产业开发区二合一、综合性年鉴和专业性年鉴二合一编写做出探索。

【2篇论文入选中国地方志学术会议】 2021年12月7—10日，中国地方志指导小组办公室、中国地方志学会及其分支机构联合举办的第十一届中国地方志学术年会、第二届全国方志论坛、第五届全国年鉴论坛、全国地方志史志期刊建设暨理论研讨会以线上方式召开。会议采取以文与会的方式，收到论文596篇，入选论文177篇，杭州高新区（滨江）2篇论文入选。《高新技术产业开发区和行政区二合一年鉴编纂探索——以杭州〈滨江年鉴（2020）〉为例》入选第五届全国年鉴论坛，论文探讨综合性年鉴和专业性年鉴二合一编纂的方法。《新设区区志编纂的回顾与思考》入选全国地方史志期刊建设暨理论研讨会，论文介绍滨江特殊区情（高新技术产业开发区和行政区合一）的区志编纂具体做法、理论总结。140名作者通过网络作会议交流，杭州高新区（滨江）代表作交流发言。 （张 烨）

档案事业

【概况】 2021年，杭州高新区（滨江）贯彻执行上级档案工作要求，围绕中心服务大局，谋划全区"十四五"档案工作，印发《杭州高新区（滨江）"十四五"期间档案工作的实施意见》。区档案馆事务服务继续通过项目运作确保档案工作正常开展。及时对"两类"档案（脱贫攻坚和疫情防控档案）、重大活动档案的业务指导和红色档案资源征集。落实档案安全工作责任制，加强风险管控和闭环管理，抓好重大节日、汛期档案安全工作，组织开展档案信息系统安全检测，对建成的4个系统开展等保测评。做好档案数字化改革，启动调研《滨江区域管理服务一体化应用建设方案》。继续开展馆藏档案数字化成果质检，完成50万页纸质档案及对应的数字化成果质量检查和提升整改。完成全国档案年报系统杭州高新区（滨江）数据上报。完成数字档案室创建3家，开展掌上档案执法年度检49家。杭州高新区（滨江）在杭州市"我们"论坛暨党办系统档案业务能力提升比学赶超活动中获三等奖。

【档案法规宣传】 2021年，杭州高新区（滨江）贯彻实施新修订的《中华人民共和国档案法》，区党委办公室理论中心组专题学习习近平总书记关于档案工作的批示指示精神，全区档案工作人员开展《中华人民共和国档案法》知识竞赛。继续将档案工作纳入年度综合考评，做好档案"双随机"执法检查工作，掌上执法率、行政执法检查事项监管覆盖率和执法信息公开率100%。开展"国际档案日"和"12·4"全国法制宣传日主题活动，组织人员参加上级档案部门举办的档案业务培训。至年底，参加培训人员160人次。

【档案信息化建设】 2021年，区档案局围绕服务政府数字化转型，推进档案数字治理，推动行政服务事项电子化归档79.31万件，归档率100%；做好权力事项库部门事项办事指南自查、更新与维护13次。做好"互联网+监管"平台事项的认领28项，实现认领新增事项全覆盖。完成电子印章及云签章申领及更新。在线开展档案年检，首次采用自编小程序辅助全区档案事业年报统计工作的数量采集、校核，实现技术赋能，比上年提前8天完成，准确率100%。

【档案资源建设】 2021年，区档案馆落实省委办公厅、省政府办公厅《关于加快推进档案新时代档案资源建设的意见》，开展档案接收工作，加大征集力度，丰富馆藏资源、优化馆藏结构，做好"两类"档案和红色资源档案征集。更新《滨江区档案进馆指南》，共接收进馆婚姻档案5673件，文书档案544卷、4935件，照片档案23卷，实物档案8件。接收区府办法制科移交的2018年部分诉讼案30卷。加快建设档案专题数据库建设，更新新冠肺炎专题档案数据库，新增档案2088件。资源总库累计存储全区37个全宗19383卷210551件档案，数据总量999.7吉字节。

【档案安全监管】 2021年，杭州高新区（滨江）加强对区档案馆本级和全区档案室安全监管。区档案馆健全库房管理、安全管理、人员管理、数字资源管理、档案数字化加工等档案工作环节制度，形成《区档案馆安全工作制度汇编》，对档案库房消防设施设备运行情况进行检查记录，落实专人负责每日库房安全巡查，记录库房温湿度并远程控制，确保库房保管条件符合要求。利用馆藏档案安全监管平台，联合文化中心物业开展消防培训和演练2次。加强政务外网档案信息系统数据安全保障，对馆室一体化系统云维护及问题、对信息中心检测出的系统安全隐患及漏洞进行整改，系统漏洞补丁进行更新或联系软件开发商对系统进行升级，对应用系统宕机进行紧急处理7次，对馆室一体化系统、电子归档平台、馆藏数字档案馆系统、志鉴等4个系统进行等保测试工作。常年开展应用系统维护，对图书馆开设的新全宗在馆室一体化系统中对其进行档案门类配置（文书、特载、业务、专题）及相关字段设置，对相关门类的打印模板进行个性化制作，对区委组织部、区经信局、区司法局、区社发局、浦沿街道5个全宗新增的档案门类进行系统设置，线上指导、解答使用系统的各单位档案室数字化人员22人次，确保全年档案安全。12月13日，将馆藏档案数据备份至市档案馆，实现增量数据异地备份0.82太字节，涵盖2010年前馆藏文书、婚姻、业务、照片等档案数据，确保馆藏档案数据安全。

【档案服务利用】 2021年，区档案馆融入“移动办事之城”服务体系建设，推进“网上可办”全覆盖，深化“异地查档、跨馆服务”，健全“省外协作查阅、省内跨馆服务、查档即办即取”的远程查档和共享服务工作机制。全年网上查档21人20件、回复网上申请637人次，电话咨询55人次、异地查档75人次66件，共查档501人次2647件，查档满意率100%。做好到期档案开放审核，落实期满25年档案开放要求，审核到期档案3742件，为更好地提升服务提供档案资源。区档案馆查档窗口被授予“杭州市巾帼文明岗”称号，并获评为先进单位。

（张　烨）

2021年8月20日，区档案馆查档服务厅工作人员接待市民查档

（区档案馆　供图）

新闻传媒

【概况】 2021年，杭州高新区（滨江）融媒体中心坚持“新闻+政务+服务+互动”的融合发展模式，在内容、渠道、经营、管理等方面探索，建设具有滨江特色的新型融媒品牌。推进媒体融合，建强含微信、微博、客户端、《天堂硅谷》报、抖音、视频号、门户网站、“高新味道”、滨江新闻网、《天堂硅谷》杂志、“滨江方志”的融媒“滨滨矩阵”。“滨江发布”微博粉丝19万人，共发布微博4563条；微信粉丝35万人，共发布文章1610篇，其中4篇微信文章阅读量10万余人次。“滨江发布”App共发布头条、时政、经济、民生、视界等稿件8421条，开设“建设天堂硅谷、打造硅谷天堂”“抗击疫情、滨江在行动”等专题58个，开展视频及图文直播16场。《天堂硅谷》报发行52期，刊发报道1500多篇。《天堂硅谷》杂志编发12期，刊发稿件500多篇，每期发行5000册。“滨江发布”抖音号发布视频675条，视频号发布视频227条，抖音号粉丝数32.3万人，净增28万人，居杭州区县（市）官方抖音号首位，在“美丽浙江”抖音号区县市融媒体录用中，“滨江发布”抖音号2次排名月度第一，并上榜年度报送榜单。“杭州高新区（滨江）新闻网”剪辑、制作、上挂区内新闻视频共249条，被杭州电视台《新闻60分》栏目录用视频115条。与部门、企业、社区、学校联动，挖掘热点选题，制作视频。其中《重磅！滨江区总体城市设计出炉》在各平台阅读量突破20万人次。

（吴梦娴）

【《天堂硅谷》报】 2021年,《天堂硅谷》报每周出版1期,全年编发52期,刊发稿件1500多篇、图片200多幅,用稿170万字,策划宣传方案20个,发行426万份。围绕全区重点工作,定制特色化专栏。至年底,推出“三大主题年、争创先行示范区”栏目报道18篇,“两会”宣传报道3期80篇,“比学赶超”专版报道12篇,“国际滨江、亚运核心”系列报道20多篇,“七一建党节、献礼100周年”系列报道10多篇,聚焦经济高质量发展报道5篇;推出“学党史、忆初心、百企送祝福”特别报道,组织120家企事业单位为中国共产党成立100周年献礼送祝福,共8个专版。（张　磊）

【《天堂硅谷》杂志】 2021年,《天堂硅谷》杂志每月编发1期,全年12期,刊发稿件500多篇、图片800多幅,用稿70多万字;大16开本全彩印刷,每期108页,发行6万册。杂志围绕杭州高新区(滨江)党委、管委会、政府的工作,对区内外政治经济社会现象和发展趋势及其对杭州高新区(滨江)的影响作剖析,突出新闻性、思想性、权威性和可读性。开设《第一关注》《特别策划》《创业在高新》《图说滨江》《创客故事》等专栏,策划“两会”相关报道16篇、“宜居宜业宜创,未来新城”报道10多篇、“数字滨江、数治先行”报道50多篇、“高举红色火炬、照亮高新之路”报道30多篇、“国际滨江、亚运核心”报道20多篇、“聚焦滨江制造”报道30多篇、“三大主题年,启航新征程”系列报道20多篇。

（李　洁）

群众体育

【概况】 2021年,杭州高新区(滨江)举办“舞动中国——排舞联赛”线上总决赛、红动浙江·2021浙江马拉松接力赛等10多个大项100多场次比赛。组织3个街道及钱塘实验幼儿园开展国民体质测试工作,测试总人数2000多人,合格率为94.3%。至年底,全区建设健身苑点142处,其中西兴街道40处,长河街道49处,浦沿街道53处,经社区、区体育局联合区财政局实地检查验收,合格率100%。江南体育中心各场馆(不含滨江公园免费健身点、老年室外免费健身项目)共接待顾客18.37万人次,游泳馆接待顾客10.86万人次。

【红动浙江·2021浙江马拉松接力赛】 2021年4月17日,由省体育局、滨江区政府主办,省体育竞赛中心、省马拉松及路跑协会、区社发局承办的“红动浙江·2021浙江马拉松接力赛”在滨江区闻涛路最美跑道开跑,全国各地330支队伍共1980人参赛。嘉兴市马拉松路跑协会A队以2分18秒的成绩获公开组的冠军,并打破赛会纪录;乐清联队以2分32秒的成绩获得县区组的冠军;雁渡寒潭A队以2分19秒的成绩获得长三角组的冠军。该比赛是浙江马拉松接力赛的第五届,以创新、活力、协同为主旋律,倡导全民健身和团队协作精神。

【“舞动中国——排舞联赛”总决赛】 2021年12月14日,由国家体育总局体操运动管理中心、中国蹦床与技巧协会、杭州市体育局、滨江区政府主办,中国蹦床与技巧协会排舞分会、杭州市体育事业发展中心、滨江区社发局承办的2021年福摩杯“舞动中国——排舞联赛”线上总决赛在杭州滨江体育馆开幕,18个省(市、自治区)以及香港和澳门特别行政区,69个城市的338支精英队伍共5600人参赛。在疫情防控常态化背景下,线上总决赛采取纯线上的比赛模式,参赛者身在各地通过网络同场竞技。“互联网+体育”赛事模式改变锻炼和生活的方式,形成排舞“云赛事”在线观看。“云赛事”比赛参赛人数创下历史新高。大赛新增师生混合组别。大赛决出各组别团体获奖名单,揭晓年度排舞推广曲目创编者名单和年度排舞广场舞推广大使名单。大赛期间,举行2021年校园排舞线上专题交流报告会。50多家媒体对线上总决赛进行报道。

（徐樱桃）

2021年4月17日，“红动浙江·2021浙江马拉松接力赛”在滨江区闻涛路举行
（区文广旅体局　供图）

竞技体育

【概况】 2021年，杭州高新区（滨江）竞技体育以学校体育为主，举办“白马湖杯”青少年校园足球联赛、“白马湖杯”青少年科技模型挑战赛。承办“韵味杭州”2021年田径邀请赛。谭玉娇获东京残奥会女子举重67公斤级金牌。

【“韵味杭州”2021年田径邀请赛】 2021年7月9—11日，“韵味杭州”2021年田径邀请赛在杭州奥体中心主体育场（“大莲花”）举行，是“大莲花”建成后举行的首场正式比赛。比赛由“韵味杭州”系列赛事组委会主办，中国田径协会、滨江区政府、浙江省田径协会承办。国家田径队和各省、自治区、直辖市、各行业体协运动员参加。比赛为期3天，分上午及晚上2个比赛单元，共35个比赛项目。田径邀请赛按照亚运会赛事流程进行，是对“大莲花”及杭州亚运会相关工作人员的一次大练兵。

【谭玉娇获残奥会金牌】 2021年8月28日，滨江区户籍运动员谭玉娇获东京残奥会举重女子67公斤级金牌，是滨江区历史上首枚残奥会金牌。谭玉娇于1990年10月出生于湖南韶山，2010年通过人才引进至浙江省台州市并加入浙江省残疾人举重队，2019年11月落户滨江区，是北京体育大学2020届本科毕业生、中国残疾人举重队运动员、北京青年榜样宣讲团宣讲员、北京冬奥宣讲团宣讲员。谭玉娇历经18年运动生涯，共获30枚金牌、2枚银牌，19次打破世界纪录。

【“白马湖杯”青少年校园足球联赛】 2021年9月至2022年5月，由区教育局、区社发局主办，浙江省黄龙绿鹰足球俱乐部、区内各中小学承办的“白马湖杯”青少年校园足球联赛在各学校举行，比赛设初中组、小学甲组、小学乙组、小学女子组4个组别，全区30所中小学的57支队伍参赛。比赛历时9个月，进行223场比赛。经角逐，杭州江南实验学校代表队、杭州钱塘实验小学代表队、杭州滨文小学代表队、杭州浦沿小学代表队分别获初

2021年8月28日，谭玉娇获东京残奥会女子举重67公斤级金牌
（区文广旅体局　供图）

中组、小学甲组、小学乙组、小学女子组的冠军。

【“白马湖杯”青少年科技模型挑战赛】 2021年9月25日，由区教育局、区社发局主办，杭州中天模型有限公司、杭州滨和中学承办的2021年“白马湖杯”青少年科技模型挑战赛在杭州滨和中学开赛，全区30所中小学选拔的515名科技模型小选手参赛，项目为“雷鸟”橡筋动力飞机、“山鹰800”遥控滑翔机、“幻影F1”创意赛车等8个类别，赛事是自2015年首届后的第四届。赛事融科技、创新、教育、体育为一体，以海陆空模型为主要载体，对培养学生发现问题、综合解决问题能力以及创新能力、实践动手能力有推动作用。经角逐，杭州江南实验学校、杭州滨文小学、杭州浦沿小学分别获小学组团体前三名；杭州江南实验学校、杭州西兴中学、杭州滨和中学分别获中学组团体前三名。

（徐樱桃）

体育产业

【概况】 2021年，杭州高新区（滨江）召开高危险性体育项目管理工作会议。夏季向社会开放游泳场所51个。杭州中天模型有限公司、杭州菲练健身管理有限公司2家单位申报浙江省体育产业发展资金项目库并入库。

【杭州中天模型有限公司】 2021年，杭州中天模型有限公司的红色主题科技模型助力“体教融合”项目申报浙江省体育产业发展资金项目库，通过材料审查、专家评审、实地考察确定入库。杭州中天模型有限公司位于滨江区浦沿科技园明德路6号，于2016年开始研发科技体育进入中小学的教学产品。研发“红色主题科技模型”，产品包括“南湖红船”“一大会址”“解放牌军卡”等多个红色主题系列，作为“红心向党、匠心育人”庆祝中国共产党成立100周年红色主题系列模型教育竞赛活动项目，使全国35万名青少年通过模型活动受到红色教育。公司结合各地中小学对课后服务的普遍需求，开发“少年中国梦”科技模型科普课程。课程通过科技模型，向青少年全面展示中国在航空、航天、航海、车辆、建筑方面的成就，介绍科研专家。公司在中国科协年会上为全国科技辅导员展开科技模型课程线上师训辅导，课程获中央电视台新闻频道“双减”主题节目详细报道。该系列产品在全国500多所中小学、科技馆、少年宫、素质教育基地等教育机构投入教学使用，公司获评浙江省“双减”科普教育基地。与浙江省模型无线电运动协会联合，开展2021年浙江省航空航天、车辆、航海模型初级教练员（社会）培训班。至年底，通过线上培训科技体育辅导员2000多人次。

【杭州菲练健身管理有限公司】 2021年，杭州菲练健身管理有限公司的“菲练健身滨江区场馆升级及服务提升项目”申报浙江省体育产业发展资金项目库，通过材料审查、专家评审、实地考察确定入库。杭州菲练健身管理有限公司创立于2014年，位于长河街道，原名杭州菲特尼斯健身管理有限公司，2020年8月更名为杭州菲练健身管理有限公司。至2021年年底，公司在杭州有6家品牌门店及托管健身房，总面积1.8万平方米，有活跃会员2万余人。场内设有健身场馆、游泳馆、球类等，包括跑步机、登山机、椭圆机、龙门架、各类力量器械等。操课室有瑜伽、有氧舞蹈、拳击台、动感单车等，球类运动包括篮球、羽毛球、桌球、高尔夫等。所有教练由菲练健身培训体系统一培训上岗，有专业教练团队50多人，在职员工加兼职员工近100人。与赛普等多家知名培训机构签订培训协议，定期拓展教练团队的专业知识。

（徐樱桃）

卫生健康

综　述

【卫生服务】2021年，杭州高新区（滨江）有医疗卫生机构271家。其中：综合性医院4家（含民营2家），专科医院5家，康复医院3家，街道卫生服务中心3家，社区卫生服务站35个，诊所、门诊部、医务室221个。全区社区卫生服务机构门诊急诊量136.21万人次，无医疗安全责任事故发生。2021年医养护签约服务13.09万人，建立家庭病床400张。开展2022年医养护签约12.48万人，签约完成率93.48%。十类重点人群签约9.32万人，签约率85.91%，包括老年人2.68万人、高血压2.62万人、糖尿病7693人。建立居民健康档案41.48万份，建档率90.3%。老年人、高血压和糖尿病管理不断规范，管理65岁及以上老年人2.49万人，老年人健康管理率为65.77%。管理高血压患者2.02万人，规范化管理率70.01%。管理糖尿病患者7478人，规范化管理率70.02%。健康档案开放30.03万份，开放率73.35%。

【新冠肺炎疫情防控】2021年，杭州高新区（滨江）新增新冠肺炎无症状感染者17例，确诊病例9例，除1例为杭州本地病例外，其他均为境外输入病例。区疾控中心对所有病例进行流行病学调查，消杀疫点，共开展指导培训155家次，现场消毒26家次，消毒面积4500平方米。规范开展隔离医学观察和核酸检测，对于隔离期间确诊的新冠病人及时进行处置，隔离点未发生疫情传播。协调落实新冠肺炎确诊病例、疑似病例、出院后复诊和隔离观察期间因其他疾病需要就诊等人员的救护车转运工作，共转运219次，实施紧急转运2次。

【医疗保障】2021年，杭州高新区（滨江）完成全区机关事业单位干部职工和教师年度健康体检工作。做好45次区内重大活动和会议的医疗保障工作，共派出医务人员217.5人次。征兵工作实行“一年两征”改革后，顺利完成征兵体检。开展日常风险评估4次、开展大型活动新冠肺炎疫情风险评估12次。（顾淑婧）

卫生应急

【概况】2021年，杭州高新区（滨江）卫健系统启动应急处置机制，快速排查密切接触者、次密接触者，进行隔离管控，并落实核酸检测。加强日常应急监测，开展医疗机构、集中隔离点、冷链相关场所等重点人群、食品及环境的新冠病毒核酸检测，至年底，共检测标本8.16万份，其中人员样品6.98万份、外环境样品8675份、物品3105份。上述样品中检出外环境阳性样本6份，人员阳性样本20份，区疾控中心均规范及时处置和控制每起疫情。全年报告突发公共卫生事件相关信息23起（其中诺如病毒肠炎疫情21起、流感疫情1起、水痘疫情1起），上升27.78%。

【新冠病毒核酸检测实战演练】 2021年8月19日，杭州高新区（滨江）在闻涛社区最美广场开展新冠病毒核酸检测实战演练。演练背景设定为省内某小区发现一例新冠肺炎检测阳性患者，立即启动全员核酸检测应急预案，通过区、街道、社区三级联动，多部门配合、协同作战，对中南公寓开展全员新冠病毒核酸检测。演练现场分别设置进口、预检、登记等候、登记、采样等候、采样、出口七大区域，配备警戒线、指示牌等，引导群众按照流程单向流动，确保人员全程闭环不交叉。现场共设置4个采样单元，各设置2名医护人员。现场测算，平均1个人完成全流程检测需要13分钟。其中，专门为老弱妇孺设立的“绿色通道”，只需要5~10分钟。演练还根据前期摸底调查，针对小区内行动不便的居民，安排检测机动队，进行入户采样，实施上门服务，实现全员新冠病毒核酸检测的“全覆盖”。

【卫生应急防御强台风】 2021年9月，杭州高新区（滨江）防御第14号台风“灿都”（强台风）。区社发局建立局主要领导、分管领导、科室负责人“三级”责任制，落实局领导24小时带班值守制度，加强卫生应急值班力量。区卫生监督所对滨江水厂和大型酒店住宿场所开展生活饮用水及二次供水督导检查，确保台风期间居民用水安全。区疾病预防中心梳理防台防汛的卫生物资准备情况，进行隐患排查。各街道社区卫生服务中心摸排重大安全隐患；组建医疗救治小分队随时待命，保障急救力量；落实应急物资、药品储备、消杀用品等物资的储备工作。红十字海豹救援队准备好抽水泵等抗台设备，安排队员24小时备勤值班。

2021年8月19日，杭州高新区（滨江）在闻涛社区最美广场开展新冠病毒核酸检测实战演练 （区卫健局 供图）

【省应急救护培训师教学大赛获奖】 2021年9月27—29日，由省红十字会、省总工会联合主办的2021年浙江省红十字应急救护培训师教学大赛在杭州举行。区红十字会应急救护师蒋全龙获“心肺复苏含AED使用授课技能”一等奖。护师蒋全龙是区红十字会“救在身边·亚运同行”专项行动的主力，直接参与亚运会志愿者的培训，受邀拍摄用于城市志愿者、赛事志愿者培训的红十字应急救护精品课程。（顾淑婧）

基层卫生

【概况】 2021年，杭州高新区（滨江）西兴、长河、浦沿3个街道社区卫生服务中心总人数552人，卫生技术人员483人。其中，中级职称人员253人，正副高职称人员38人。3个中心总床位125张，门诊急诊服务136.21万人次，比上年上升7.93%。

优化基层社区卫生服务机构布局。启动浦沿街道社区卫生服务中心异地改造项目，开展长河街道社区卫生服务中心选址前准备，新改建社区卫生服务站5家（市考核第一）。推动社区卫生服务机构标准化建设。传染病监测哨点规范化建设全覆盖，并通过验收。浦沿社区卫生服务中心成功创建“优质服务基层行”国家推荐标准机构，长河街道社区卫生服务中心通过社区医院建设的省级验收，“老年友善医疗机构”社区卫生服务中心创建全覆盖。完成浦沿、长河中心绩效考核系统应用和区域基层医疗卫生机构绩效考核系统建设。做实做优城乡居民健康管理。全区建立健康档案41.48万份，家庭医生签约服务13.09万人，首次接受基本公共卫生服务项目省级、国家级考核，成绩优秀。

【基层中医药管理】 2021年，区社发局组织第二轮中药饮片和中药配方颗粒剂供应商招标活动，确定1家中药饮片和1家中药配方颗粒剂供应商，与3个街道社区卫生服务中心组建中医药“廉洁共同体”。发挥区中医药质控小组作用，定期对中医药服务的医疗机构和中药供应商进行专项检查，规范中药生产、储藏、经营等环节，确保中药材质量，提高药品的安全性和疗效。全年，3个社区卫生服务中心门诊诊疗136.21万人次，中医处方数为65.64万张，占处方总数的36.85%；中药饮片处方数为5.84万张，占处方总数的3.28%；中医非药物处方数为11.2万张，占处方总数的6.26%。0～3岁儿童和65岁以上老年人中医药健康管理率分别为70.60%、74.19%。

【基层医疗服务水平提升】 2021年，杭州高新区（滨江）3个街道社区卫生服务中心结合各自特色，采取各项措施，提升基层医疗服务水平。西兴街道社区卫生服务中心利用智慧医疗建设“智慧健康站”，建设以“智慧健康+便民惠民”为方向的未来社区卫生服务站，以缤纷分中心为起点，以点带面，逐步提升其他站点；通过拓展妇科领域，增加服务项目，提升医疗服务能力，满足市民更多的就医需求；组织开展4次义诊活动，把医疗服务送进社区；通过公众号平台推出“西卫小讲堂”栏目，普及健康保健知识。长河街道社区卫生服务中心以医联体建设为着力点，安排上级医院专家定期到社区卫生服务站坐诊，推进优质医疗资源“双下沉，两提升”，把小病进社区、大病去医院的分级诊疗落到实处。浦沿街道社区卫生服务中心为满足社区居民常见疾病的诊疗需求，有效推动医疗资源上下贯通，在原有医联体合作单位专家定期坐诊基础上增加中医皮肤科、疼痛科等专家门诊，形成院内一站式中西医结合转诊模式。

资料：“双下沉，两提升”

城市医院下沉、医学人才下沉，服务能力提升、群众满意度提升。

（顾淑婧）

卫生监督

【概况】 2021年，区卫生监督所根据新冠肺炎疫情防控执法工作要求，集中力量对医疗机构和人员密集的公共场所防控措施落实情况组织多轮次巡查，共巡查公共场所406家次、医疗机构390家次、消毒产品生产企业5家次，查处医疗机构防控措施落实不到位案件15件，关停整顿违规接诊新冠肺炎相关症状患者的医疗机构5家次，防止院感事件发生、提升防控意识。

加大对违法行为的查处力度，打击卫生违法行为。全年共办理案件196件，比上年增长58.1%，罚没款90.72万元，其中大案要案5件。完成国家“双随机”执法任务为191家，比上年增加38家，增长率为25%，完成率为100%。省级“双随机”共抽查19个检查事项、145家单位，事项覆盖率为100%，完成率为100%。结合“双随机”检查，开展夏季游泳场所专项检查40家次，覆盖率100%，抽检样品173件，合格169件，合格率97.7%，对7家游泳场所进行立案处罚，罚款金额2.05万元。

【重点区域检查迎接国卫复评】 2021年4月，为做好国家卫生城市复评迎检工作，区卫生监督所对重点区域的旅馆、美容美发店、浴室等重点公共场所开展全面检查。检查内容为卫生许可证亮证情况、从业人员健康合格证明持证情况、公共用品清洗消毒保洁、室内控烟及环境卫生等。同时，执法人员对公共场所的新冠肺炎疫情防控工作进行督导。检查期间，区卫生监督所出动执法人员70人次，检查公共场所60多家，出具卫生监督意见书12份。

【数字化云监管】 2021年7月，区卫生监督所探索“互联网+监管”非现场执法新模式，在口腔诊疗机构诊疗器械清洗消毒灭菌智慧监管、住宿场所消毒保洁及客房保洁全过程在线监控进行应用试点，共完成30家口腔医疗机构的诊疗器械清洗消毒灭菌的智慧监管项目和10家住宿场所的消毒保洁及客房保洁全过程在线监控项目建设，实现远程、实时智慧监管，提升监管的时效性、准确性和公正性，保障公共卫生安全。同时，对非现场执法办案起到推动作用，办理非现场执法案件2件。

【医疗美容机构乱象整治】 2021年7月，区卫生监督所开展医疗美容行业乱象整治百日攻坚行动，对全区31家医疗美容机构进行全覆盖的监督检查。检查内容包括依法执业、医院感染管理、医疗器械消毒灭菌、医疗质量、医疗安全管理等。整治期间，区卫生监督所共出动执法人员86人次，对检查中发现的超范围诊疗、使用非卫生技术人员从事医疗美容服务，院感管理不落实、病历书写不规范等违法行为进行查处，行政处罚7家，罚没款金额计8.3万元，取缔非法医疗美容1家。

【维护劳动者职业健康检查】 2021年12月，区卫生监督所组织执法人员对27家重点用人单位进行全覆盖执法检查。现场执法人员重点检查职业病危害评价及职业病防护设施“三同时”、工作场所职业病危害项目申报、职业病危害定期检测、职业健康检查、职业健康培训、职业病危害因素劳动合同告知等职业病防治工作的开展情况。经检查，执法人员对违反《中华人民共和国职业病防治法》的5家单位进行立案查处。其中，对安排未经职业健康检查的劳动者从事接触职业病危害作业的1家用人单位给予罚款5万元的行政处罚，对未按规定进行职业病危害申报、未按规定组织从事接触有职业病和危害作业的劳动者进行职业健康检查、未按规定进行职业病危害劳动合同告知的4家用人单位分别给予警告的行政处罚。

资料：“三同时”

建设项目职业病防护设施必须与主体工程同时设计、同时施工、同时投入生产和使用。

（顾淑婧）

疾病防控

【概况】 2021年，杭州高新区（滨江）疾控中心及时对所有病例进行流行病学调查，消杀疫点，共开展指导培训155家次，现场消毒26家次，消毒面积4500平方米，使用消毒液1立方米。开展各项疫情防控工作，疫情未出现本地传播。

2021年，杭州高新区（滨江）共报告法定传染病18种3549例，比上年下降54.99%，报告发病率每10万人779.34例；无甲类传染病报告。其他传染病聚集性疫情27起（手足口及疱疹性咽峡炎9起、流感6起、札如病毒肠炎7起、诺如病毒肠炎2起、水痘1起、人偏肺病毒呼吸道感染1起、肠道病毒感染发热疫情1起）。区疾控中心及时采取有效控制措施，均得到有效控制。全区共接种免疫规划疫苗6.98万剂次，接种非免疫规划疫苗13.87万剂次。开展3轮九价HPV疫苗摇号接种工作，共产生1912名有效接种对象。为全区6000名70岁以上老人开展民生流感疫苗接种工作。全年全区报告常规疫苗AEFI个案133例，召开区异常反应调查诊断专家会2期，判定一般反应127例，异常反应5例（其中1例为严重异常反应，过敏性休克），偶合症1例。全年指导及保障大型活动共34次、开展日常风险评估4次、开展大型活动新冠肺炎疫情风险评估12次。

【精神卫生】 2021年，区社发局联合街道开展重大节日及会议期间社区严重精神障碍患者排查、走访；开展线索调查，多途径发现辖区严重精神障碍患者并开展诊断复核，及时纳入社区管控；开展精防医生业务培训，落实常态化督导，提高社区精神卫生综合管理水平。至年底，登记在册严重精神障碍患者2052人，报告发病率4.51%，严重精神障碍患者管理率100%，规范管理率99.85%，服药率96.49%，规律服药率93.03%，期间未发生在册严重精神障碍患者肇事肇祸事件。针对公众社会心理服务新需求，结合常态化疫情防控，分层分类推进社会心理服务体系建设。运用“战疫滨滨”心理机器人、数字智能化社会心理服务“连心码”，为全区居民提供13万余人次心理服务；结合世界精神卫生日等宣传日，开展心理健康服务进社区、进学校、进单位活动，为社区居民、学校师生、单位员工提供心理健康服务，受众3000多人。

【慢性病防治和健康教育】 至2021年年底，杭州高新区（滨江）管理高血压患者2.49万人，规范管理高血压患者1.74万人，高血压规范管理率70.01%，控制率71.51%；管理糖尿病患者7478人，规范管理糖尿病患者5236人，糖尿病规范管理率70.02%，控制率59.99%。全年共报告滨江区户籍恶性肿瘤1263例，糖尿病1272例，冠心病118例，脑卒中408例，死亡763例。通过浙江省慢性病综合防控示范区复评工作。结直肠癌筛查项目完成，共计筛查问卷2.03万例，FIT（免疫化学法粪便隐性试验）检测人数2.01万例，任务完成率100%，肠镜应检查人数1000例，已检查人数636例；规范率94.24%，达到85%的规范要求；结肠镜依从率30.98%。开展健康教育线上线下活动，区疾控中心联合三家社区卫生服务中心共组织开展健康讲座39场，参与人数5000多人；围绕“世界防治结核病日”“肿瘤防治宣传周”“全民营养周”“防治碘缺乏病”“高血压糖尿病”等卫生主题日开展现场宣传活动46次，发放健康教育宣传资料2万余份；发布科普微信文章204篇。

【方舱式新冠疫苗接种点】 2021年3月30日，杭州高新区（滨江）海外高层次人才创新创业基地方舱临时接种点投入使用。方舱总面积1600平方米，内部设置健康筛查区、候诊区、健康询问区、登记（知情）告知区、接种区、留观区、应急处置区、冷链区。候诊区设置6个询问台，登记（知情）告知区设置12个登记台，接种区设置16个接种室，留观区摆放座椅，保持有效社交间距。方舱接种点队伍由浙江大学医学院附属儿童医院、杭州市第三人民医院、武警浙江总队医院、3个社区卫生服务中心及区内其他医疗机构的36名医务人员和杭州高新后勤物业公司的16名工作人员组成。配备1辆“120”救护车。接种点的投用，提高全区新冠疫苗接种服务能力和效率，满足大规模新冠疫苗接种需求。

【疾病防控业务培训】 2021年8月16—19日，区疾控中心组织3个社区卫生服务中心、200多家民营医疗机构医务人员及浙江中医药大学师生，分批开展大规模人群核酸采样培训及考核工作，完成辖区医疗机构工作人员大规模新冠核酸采样的采样及防护穿脱培训，共考核医务工作人员926人，

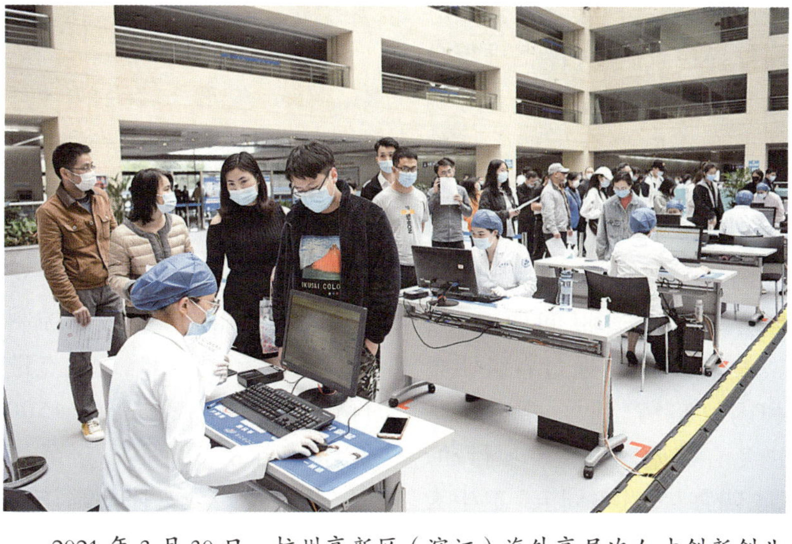

2021年3月30日，杭州高新区（滨江）海外高层次人才创新创业基地方舱临时接种点投入使用（区卫健局 供图）

浙江中医药大学师生887人。开展各项其他常规业务培训。至年底，区内开展业务培训7次，参训人员2420人，培训内容涵盖传染病监测报告、预防接种、学校结核病疫情处置、慢性病监测及综合防治、健康教育等；派出42人次参加上级业务培训，提高业务能力，拓宽专业知识。（顾淑婧）

爱国卫生

【概况】 2021年，杭州高新区（滨江）迎接第六次国家卫生城市复评，区委区政府多次召开专题会议对复评迎检工作进行部署，区迎检办组织召开2场联络员培训、开展为期3个月的冬春季爱国卫生专项行动，严格按照国家卫生城市标准，对责任单位和重点区域进行督导检查，对发现的问题，督促有关方面限期整改。各街道、各部门建立健全相应的督导检查制度，严格进行自查自纠，聚焦城市卫生薄弱环节和影响群众生产生活的突出卫生健康问题进行整治。全年通报印发《2021年滨江区国家卫生城市复评整改交办单》6期，通报问题85个，整改率100%。通过省级明察和国家暗访验收。常态化推进冬春季爱国卫生专项行动、“除四害”、“月末周五”卫生大扫除等活动，组织开展以“文明健康，绿色环保”为主题的第33个全国爱国卫生月主题活动。结合“健康滨江”建设，落实健康教育宣传阵地建设，制作6期健康教育宣传栏在3个街道办事处、59个社区及16家农贸市场进行宣传。

【冬春季爱国卫生和环境整治】 2021年1—3月，杭州高新区（滨江）启动为期3个月的冬春季爱国卫生和环境整治行动。区爱卫办召开全区国家卫生文明城市复评迎检工作联络员会议，传达冬春季爱国卫生与环境整治动员部署会的会议精神，布置行动的时间节点、安排及任务重点。各单位、部门以国家卫生文明城市复评为重点，紧扣新冠肺炎疫情防控常态化和爱国卫生大整治两大主题，加大环境整治和自查整改，确保环境干净、整洁、优美。各社区结合春节前环境清理、越冬蚊消杀等活动，有序开展“月末周五卫生大扫除活动”。整治行动提升环境卫生质量，培养市民更好的文明卫生习惯。

【无烟环境建设】 2021年5月31日，杭州高新区（滨江）召开全区公共场所控制吸烟工作联络员会议，推进全区公共场所控制吸烟工作。会议对最新版《杭州市公共场所控制吸烟条例》及控烟暗访重点进行讲解，制作控烟标识4500份印发各街道、部门。至年底，开展公共场所控烟暗访督查6次，印发控烟督查问题清单6期，问题均已整改到位。制作控烟宣传视频，在全区1875个电梯内播放宣传。

【健康细胞建设】 2021年6月，区社发局邀请市疾控中心专家开展“健康细胞”（指健康机关、健康社区、健康学校、健康企业、健康医院、健康园区等）创建业务培训会。9—10月，对各类创建单位进行走访。11月，杭州市健康办开展验收并通过。至年底，杭州高新区（滨江）申报创建杭州市健康单位18家（其中含社区9家、农贸市场4家、中医诊所2家、企业2家、机关单位1家），浙江省健康促进医院1家，浙江省健康促进学校（银牌）16家，浙江省健康促进学校（铜牌）10家（中小学3家、幼儿园7家）。推进高质量健康园区（华瑞科技园）试点培育工作。（顾淑婧）

智慧医疗

【概况】 2021年，杭州高新区（滨江）全面推动数字化改革应用，区社发局依托数字社会领域12个开展卫生健康领域的数字化改革，联合浙江大学医学院附属儿童医院开展全区儿童健康数据中心建设，推进儿童保健新服务项目开发、运用。推动信息安全技术、网络安全等级保护三级评测工作，开展信息安全应急演练，推进信息安全建设。智慧健康站（未来社区卫生服务站）入选杭州市“民呼我为”第一批最佳实践案例，入选杭州市卫健委第一批“揭榜挂帅”项目名单，获杭州市数字社会系统首批多跨场景揭榜擂台赛“未来乡村卫生室”场景总分第三名，获2021年度数“智”卫健应用场景技能竞赛优胜奖。

至年底，区智慧医疗更新、完善区域医院信息系统（HIS）、区域实验室信息管理系统（LIS）、区域体检、区域电子病历（EMR）、区域卫生信息平台、数据交换平台、区域电子健康记录（EHRVIEW）、区域医学影像存档与通信系统（PACS）、社区应用系统、“健康滨江”App、“滨江健康直通车”微信小程序、统一短信平台、云影像平台、基层医疗补偿机制改革信息系统、电子医疗票据改革、基于云平台的数据中心、人工智能电子病历、儿童保健新服务等多套系统。

【智慧化社区卫生服务站建设】2021年，区社发局搭建社区卫生服务站心电疑难诊断中心、远程会诊中心，患者病案数据一键共享，实现“名医名院零距离”。全年转诊市医联体单位6.35万例。开展智慧药房改造，处方出药耗时由1分钟降低至20秒，增加药师对患者用药指导时间。部署“无感验码”与预检分诊机器人，落实非接触式“测温、验码、戴口罩”。上线AI智能诊疗辅助决策系统，提升医务人员病历书写规范与质量。社区卫生服务站预约挂号全覆盖，智能小屏一键签到，居民免挂号、免预约取号。打造“健康云诊室，智慧云药房”。至年底，冠山、缤纷未来社区卫生服务站实现场景落地建设。

【重点人群健康管理服务】2021年，区社发局利用数字化手段，实施重点人群健康管理服务。针对老年人数字化健康管理服务，制定《居家健康服务管理方案》，联合华数集团打造“未来社区健康问诊”，提供适老、医养通健康的数字家医服务，形成“自我监测—异常预警—视频问诊—专家会诊”四级管理闭环，通过大数据分析，生成居民个人血压、血糖控制曲线。至年底，归集居家健康数据2000多条，产生预警320条。儿童保健新服务依托“红黄绿”三色图形成儿童健康画像，实现儿童生长发育管理闭环，共评估儿童4.6万人，评估率88.53%。推广肥胖、发育迟缓单病种管理，预警信息推送至网格责任医生处，共预警2000条，宣传教育3000人次。推进儿童传染病防控，利用加权算法实现全区66家幼儿园的皮疹、腹泻、呕吐、发热等症状的传染病监测，完善“幼儿园—社区卫生服务中心—疾控中心”三级管理模式，上线后产生传染病预警500多起、高风险预警8条。

【基层医疗机构智慧医疗应用】2021年，区社发局完善补偿机制改革信息平台应用，实现基层医疗机构内部信息化绩效考核全覆盖。推进“互联网+医疗健康”公共服务事项，实现检查检验共享互认、献血荣誉证“三免”、重点人员核酸报告上传、互联网诊疗服务等内容落地。开展医保类、疾病诊断相关分类（DRGS）、区域医院信息系统（HIS）升级、死亡报卡等8项改造项目。形成《滨江区智慧医疗网络安全管理手册》，通过三级网络安全等级保护测评。完善“滨江健康驿站”微信小程序，实现活动全流程线上管理，全年共发布活动83个，报名667人次，支持托育机构活动运营、幼儿园开放日活动等工作；上线入园入托体检线上预约缴费功能，共完成缴费4648笔；建设政策制度发布功能，方便托育机构了解最新政策。

（金楚杭）

医联体建设

【概况】2021年，杭州高新区（滨江）推进街道社区卫生服务中心与浙江大学医学院附属儿童医院（简称“浙大儿院”）、浙江大学医学院附属第二医院（简称“浙大二院”）、杭州市第三人民医院（简称“市三医院”）的医联体建设。根据新冠肺炎疫情形势，及时开展医联体专家坐诊、培训、帮扶等工作。区域儿科医联体、区域医疗质控检查和区域远程影像诊断得到加强和提升。与浙大儿院建立区域儿科医联体。浙大儿院长期选派4名主治医师坐诊3个街道社区卫生服务中心，共门诊服务2.09万人次，比上年上升17.14%。与浙大二院形成高水平医联体，选派专家定期坐诊西兴街道社区卫生服务中心，开展门诊服务797人次；精准转诊浙大二院1.08万人次，浙大二院开展医联体大讲堂全科医师技能培训和社区护士培训，共培训7期。与市三医院签订第二轮城市医联体合作协议，市三医院专家下沉社区卫生服务机构全覆盖。社区卫生服务中心门诊服务共1970人次，放射远程诊断1826人次，心电远程诊断729人次。

利用浙大二院、浙大儿院、市三医院等医联体专家资源，办好医联体专家大讲堂。全年举办全科医生培训4期、社区护士培训3期，开展对口帮扶的远程培训5期，培训贵州省黔东南苗族侗族自治州麻江县、丹寨县、湖北省恩施土家族苗族自治州建始县等地医务人员600多人次。

【新冠疫苗接种保障支援】 2021年，杭州高新区（滨江）发挥紧密型医联体的优势，联合市三医院开展新冠疫苗接种医疗保障工作。全区以“1+3”服务模式，即1个方舱临时接种点和3个社区卫生服务中心固定接种点，推进大规模人群新冠疫苗接种工作，市三医院向区内接种点派驻“五医五护”，做到驻点医疗保障全区接种点全覆盖、接种服务期间全程覆盖。疫苗接种期间，市三医院组织专家对各接种点开展医疗保障工作巡查，强化业务培训，加强设备和药品的配备，规范工作流程。市三医院承担方舱临时接种点的支援任务，派驻“两医两护”负责医疗保障工作，另外派出3名护士支援接种工作，保障接种工作安全有序展开。

【房颤专病联合门诊开诊】 2021年2月23日，房颤专病联合工作室在长河街道社区卫生服务中心挂牌。工作室由长河街道社区卫生服务中心与浙大二院合作成立，浙大二院心血管内科派出专家指导，加强房颤患者的规范化就医和常态化管理，提升杭州高新区（滨江）基层医疗机构的服务水平。授牌仪式后，浙大二院主任医师边昶为长河街道社区卫生服务中心的临床医生开展业务培训，介绍最新就医指南规范，共有20多名临床医生参加培训。2月24日，工作室开诊。

滨江区新冠疫苗方舱式接种点保障队伍　　（区卫健局　供图）

【乳腺诊治中心大型义诊及健康宣讲】 2021年10月31日，“爱的传递，乳此健康”浙大二院（滨江）乳腺诊治中心大型义诊及健康宣讲活动在西兴街道社区卫生服务中心举行。浙大二院常务副院长、乳腺诊治中心学科带头人、教授黄建以及浙大二院乳腺诊治中心的专家现场坐诊并开展宣讲。乳腺诊治中心专家团队向患者讲解乳房保健、乳腺癌早期筛查和康复等相关知识，传递“早预防、早发现、早治疗”的理念，呼吁女性朋友关注乳腺健康，树立正确的乳腺疾病观念和自我保健意识。活动为适龄妇女免费提供自动乳腺全容积（ABUS）超声检查，开展乳腺疾病防治的健康宣传。

（顾淑婧）

妇幼保健

【概况】 2021年，杭州高新区（滨江）维护妇女儿童健康，提供优质均衡、公平可及的全生命周期医疗健康服务。全区有产妇2547人，活产数2592人，孕妇建卡率99.52%，产前检查率97.65%，早孕建卡2528人，早孕检查率99.25%，孕妇产前筛查2435人，筛查率95.60%，产后访视率97.49%，孕产妇系统管理率96.91%，5岁以下儿童死亡率1.52‰，婴儿死亡率1.33‰，新生儿死亡率0.57‰，3岁以下儿童系统管理率99.09%。开展重大公共卫生项目，两癌筛查宫颈癌筛查4885人，乳腺癌筛查6122人，有异常发现结果的都予反馈，对查出的可疑病人进行追踪随访。为所有孕产妇免费提供艾滋病、梅毒、乙肝母婴传播阻断项目服务，建立孕产妇保健册和孕妇首次检查时免费化验HIV（人类免疫缺陷病毒）、RPR（快速血浆反应素环状卡片试验）、HAA（肝炎相关协同抗原），早发现早治疗。

【更年期妇女保健规范化门诊】 2021年，杭州高新区（滨江）开展更年期妇女保健门诊，提供更年期妇女心理、营养、运动功能、盆底康复等常见问题的咨询指导及健康教育，指导病人进行自我保健和自我健康监测；完善门诊病历，规范检查和评估，规范合理使用绝经激素治疗，加强激素使用监测，一人一档案，建立个性化治疗和指导方案，按要求随访。12月，更年期门诊通过规范门诊评审。至年底，更年期门诊建档50人，门诊500多人。

【母子健康手册绑定使用】 2021年，杭州高新区（滨江）孕产妇母子健康手册共建册绑定使用2472人，绑定使用率97.06%，对检查的孕妇进行宣传教育，动员孕妇绑定母子健康手册，进行孕期知识自助学习，通过线上线下相结合的方式，使孕产妇都能接受到需要的知识。宣传动员儿童家长建立并绑定《母子健康手册》。至年底，杭州高新区（滨江）0～3岁儿童绑定数11173人，绑定率92.95%，互动数7444人，互动率61.92%。

【3家机构获评“杭州市示范性婴幼儿照护服务机构”】 2021年4月5日，杭州市示范性婴幼儿照护服务机构公布，杭州高新区（滨江）的杭州通宁托育服务有限公司、杭州彼安诺托育园、杭州好姑姑滨盛托育有限公司获评。杭州通宁服务有限公司位于滨江宝龙城，是一家民办性质的专业托育机构，集日托、早教、父母课堂、家庭教育咨询服务为一体，解决家庭看护、教育、早教等方面的难题，满足年轻家庭早期教育需求的专业机构。杭州好姑姑滨盛托育有限公司位于滨盛路金茂府，实行“全日托+亲子课程”的特色模式。杭州彼安诺托育园位于西兴街道滨康二苑9幢，是西兴街道投资发起并主办的非营利性机构，是杭州高新区（滨江）首家普惠型托育园，由彼安诺托育中心专业团队负责运营管理，共同打造“嵌入式的社区儿童之家”。

【3岁以下婴幼儿照护服务项目】 2021年11月，杭州高新区（滨江）出台《关于促进3岁以下婴幼儿照护服务发展的实施意见》《滨江区婴幼儿照护服务资金扶持实施办法（试行）》，在全市率先推出“爱婴护婴”六大礼包。至年底，增加照护服务设施供给，建立全省首个社区型儿童健康中心；实现街道普惠性托育服务机构全覆盖；每千人口托位数3.41个（居全市第一位）；建成市级婴幼儿成长驿站10家；省首个实施“快乐宝贝”计划，首批试点的11家幼儿园资源周末向社会有序开放。加强对家庭婴幼儿照护的支持和指导。成立“滨滨育儿”专家团队，实施“育儿有道”计划，提供线上线下科学育儿指导，举办线下课程156场。该项工作获《人民日报》、新华社等媒体报道。全市婴幼儿成长驿站现场推进会在杭州高新区（滨江）召开。参加“长三角一体化托育人才培养论坛”，做“打造医育结合型托育从业人员”经验分享。

（顾淑婧）

驻地医院

【概况】 2021年，杭州高新区（滨江）境域内有2所省属医院：浙江大学医学院附属第二医院滨江院区、浙江大学医学院附属儿童医院；1所武警医院：武警浙江总队医院。

【浙江大学医学院附属第二医院滨江院区】 2021年，浙江大学医学院附属第二医院滨江院区核定床位1200张；门诊量217.76万人次，比上年增长64.70%；急诊19.82万人次，增长55.1%；手术量5.63万台，增长42.5%；出院9.72万人次，增长37.1%；平均住院日下降至5.01天；年度总收入共计26.7亿元（医疗收入共计26.55亿元），增长26.9%。解放路院区和滨江院区在编员工4842人，其中主任医师274人，副主任医师462人，具有博士学位的医师比例为51.53%，国家人才计划入选者6人及青年人才计划2人，国家杰出青年科学基金获得者2人，“973计划”首席科学家1人，浙江省特级专家6人，浙江省人才计划入选者6人，浙江大学求是特聘教授25人。

2021年，浙江大学医学院附属第二医院在国家自然科学基金项目中标数、经费总数创新高，继续蝉联浙江省医院榜榜首。在集中申报期获批159项，直接经费总数8404.5万元，列全国第二名；新增千万级项目及课题4项，作为牵头单位新增国家重点研发计划项目2项、新增科技创新2030-“脑科学与类脑研究”课题2项。医院的省神经外科疾病精准诊治及临床转化重点实验室通过答辩，获批省肝胆胰肿瘤精准诊治国际合作基地，获批省临床医学研究中心1个。组织和申报国家急危重症（急诊）国家临床医学研究中心、经血管重大植入器械研发国家重点实验室、国家紧急医学救援基地等国家级科研平台。自然指数排名居全国第4位、全球第53位、省内第一位。获2020年度浙江省科学技术进步一等奖2项（第一完成单位），国家科学技术进步一等奖创新团队奖1项（第二完成单位）。肝胆胰外科学科带头人、教授王伟林和浙江大学高分子系教授毛峥伟团队在国际顶级期刊 *ADVANCED MATERIALS* 上发表封面文章。成果转化实践模式入选“国家医院科研管理与学科建设十大典型案例”。举办第六届广济创新项目大赛，优秀参赛项目经推荐获省卫生健康科技成果转化大会暨第二届浙江省妇产科学创新转化大赛决赛项目路演二等奖1项，并入围国家卫健委举办的2021年度“第二届医学科技创新大赛——生育健康专场”决赛。推动科研组织范式转型，鼓励攻克重大疾病，组建以临床医生为主导的多学科研究团队，开展全链条交互式研究。肺移植科成立，第一期开张床位17张。Day surgery2病房启用，放疗中心开展试运营。

2021年，浙江大学医学院附属第二医院与加利福尼亚大学洛杉矶分校、哈佛大学陈曾熙公共卫生学院、康奈尔大学医学院、得克萨斯大学西南医学中心神经外科、麻省总医院、特种外科医院深化合作层次；与英国皇家内科医师学会、英国剑桥皇家帕普沃斯医院、法国格勒诺布尔大学医院就共建联合创伤中心拓宽合作领域。主办第十届海峡两岸医院院长论坛、亚太健康发展论坛、第七届中国瓣膜大会。《“我需要世界，世界需要我”——医院全球化发展战略模式实践》被评为2021年度中国现代医院管理“医院战略管理”典型案例。进行外籍患者就诊全流程再造，实现双语化，试点省内首家英文发票、国内首家支付宝小程序双语就诊服务，为110个国家和地区近8000名外籍及中国港澳台患者提供医疗服务。与国家卫健委人才交流服务中心联合开发全球学院官方网站，建设卫生健康国际交流重要窗口。

浙江大学医学院附属第二医院滨江院区共设立6个新冠肺炎疫情防控“四要素”筛查点，日均筛查人数1.4万人次，筛查车辆1500辆次。组建核酸检测支援人员后备队伍，动态调整支援发热门诊及采样点的医护人员，缩短核酸采样人员的等候时间，每日定期巡查各工作区域，及时发现防控风险点。至年底，发热门诊共接诊49.11万人次。完成支援宁波市北仑区、绍兴市上虞区核酸采样任务。全年为17家省级单位进行新冠疫苗接种，共组织20场次，接种疫苗3036人次。

医院获“2021第十届中国

航空医疗救援国际会议”卓越医院服务奖。智慧医疗实现刷脸就医、健康服务一卡通、互联网医疗、信息互联互通等，并整合流程与资源，预约、用血、出入院、新生儿出生手续等多项服务实现一站式集成服务。完成各类大型赛事、活动的医疗保障任务，特别是亚运会筹备前期各类医疗保障任务。区院医疗合作项目推进，优质医疗资源下沉。派遣心血管、内分泌、消化内科、神经内科、风湿免疫科专家60多人次，到西兴街道社区卫生服务中心坐诊，开展社区门诊服务。开展乳腺癌检查项目，与杭州高新区（滨江）3个社区卫生服务中心共同开展乳腺癌筛查400多人。完成重点人群结直肠癌筛查项目，制定结直肠癌筛查阳性患者转诊流程，针对肠镜阳性需要手术患者开通绿色通道。与杭州高新区（滨江）社发局联合举办社区护士培训班。（严天阳）

【浙江大学医学院附属儿童医院】 2021年，浙江大学医学院附属儿童医院滨江院区一期工程核定床位900张，二期工程核定床位600张。医院有职工2970人，主任医师（教授）109人，副主任医师（副教授）134人，主治医师335人。获首届浙江省“十佳医院”称号。医院年门急诊量334.05万人次，住院量7.51万人次，手术量3.67万例，其中三、四类手术占48.08%；收治危重新生儿830例，危重患儿570例，包括极低出生体重儿172例、超低出生体重儿121例。入选第二批“国家新生儿保健特色专科”建设单位。开展造血干细胞移植48例，比上年增加12例；联合树兰医院开展儿童肝移植手术2例，累计开展17例；开展微创手术1.23万台；开展ECMO（体外膜肺氧合）44例，存活出院率70.45%，持续高于国际平均水平（50%～60%）。小儿外科达芬奇机器人手术量和技术水平在全国小儿外科领域继续保持领先，共开展601例，累计开展872例；编写《儿童达芬奇机器人手术学》，完成《临床小儿外科杂志》达芬奇专刊。

2021年，医院落实落细新冠肺炎疫情防控各项措施，做好疾病流调、核酸检测、院感防控、医疗救治等工作。落实病房陪护、探视制度，搭建患者、职工方舱采样点，定期组织新冠肺炎疫情防控巡查，降低交叉感染风险。按规定做好职工新冠核酸检测、健康监测，有序推进职工新冠病毒疫苗接种工作。浙江疫情期间，紧急集结医疗队援助绍兴市上虞区、宁波市北仑区，派出3批共113人次支援核酸采样、检测和临床诊治。

医院全职引进浙江大学百人计划（临床医学）1人、浙江大学新百人计划1人、特聘（副）研究员10人、学科带头人2人；柔性引进浙江大学讲座教授1人、特聘研究学者2人。医院有入选国家卫健委突出贡献中青年专家1人、浙江省卫生高层次人才培养工程领军人才培养对象1人、创新人才培养对象3人、医坛新秀培养对象4人；设立浙江省博士后工作站，招收学科博士后6人、临床博士后4人。全年共获科研项目141项。牵头国家重点研发计划项目2项，国家重点研发计划课题1项、子课题2项；中国博士后科学基金资助项目3项；国家自然科学基金项目11项；浙江省重点研发计划项目3项；浙江省基础公益项目23项；厅局级项目40项。发表科学引文索引（SCI）论文319篇。其中：国际高质量论文103篇；国际高水平论文12篇，最高影响因子32.97，创历史新高。发表国内学术期刊论文334篇，包括中文核心期刊论文发表52篇、一级期刊74篇。授权专利123项，其中发明专利9项、软件著作权1项、实用新型专利110项、外观设计专利3项。完成9个新增专业临床药物试验备案工作，累计医院药物临床试验认证和备案专业共23个。

医院完成本科生儿科见习629人，本科生儿科实习698人，共招收博士生22人，硕士生72人，新增博士、硕士生导师16人。立项教育部和省部级教学课题7项、校级教学课题7项、省级一流课程1门、校级一流课程1门。获浙江大学教学成果一等奖2项、浙江省教学成果二等奖1项。共举办25个国家级继续教育项目、13个省级继续教育项目，共培训卫生专业技术人员7000多人次。医院与安吉县妇幼保健院等签订合作协议，选派医师122人到基层开展业务指导。医院协作网络覆盖全国23家医疗机构，其中省内20家、省外3家；组织浙江省儿童疾病分级诊疗项目，培训基层医生1418人次，53名医师通过浙江儿科联盟医生认证。开展“组团式”援疆工作，选派2名专家到新疆兵团第一师医院实施医疗援助；作为主要成员参加浙江省援疆残疾儿童康复救助“启明行动”，选派3名医务人员到新疆阿克苏第一人民医院为29名听障儿童实施人工耳蜗植入手术。助力乡村振兴，选派专人担任省派驻村指导员到台州市仙居县钱潘村帮扶结对，依托医院优势为当地儿童健康成长创造更好的环境和条件。做好援青援外工作，选派1名医务人员到青海省海西州第一人民医院支援，1名专家在非洲马里开展援建工作。

医院推出“就诊不限号”服务，与杭州市急救中心联动开展危重患儿转运工作，建立一体化医疗应急救援网络。推动信息化建设，自主上线互联网医院，通过国家医疗健康信息互联互通标准化成熟度五级乙等测评，通过国家医院智慧服务分级评估三级评审。组织建院70周年系列主题活动，主办“国家儿童区域医疗中心、国家儿童健康与疾病临床医学研究中心2021儿童健康发展高峰论坛”，全年共举办系列学术活动17次，举办毅行、绘画比赛、修院史等多种形式的活动。滨江院区二期扩建工程主体结构结顶。

（谢冰玉　蒋烨琛）

【武警浙江总队医院】武警浙江总队医院占地面积3.9万平方米，建筑面积7.69万平方米，其中医疗用房5.58万平方米。医院有编制科室22个，住院病区2个，展开床位700张，医护人员800多人。2021年，医院年门诊量30万余人次、住院9000多人次、手术近3000台次。武警浙江总队医院担负武警浙江总队和驻浙部分海警部队官兵及其家属的医疗保障、遂行卫勤伴随保障和为民服务任务。根据全军统一部署的军保卡联网，驻地解放军部队和符合优惠医疗的解放军现役官兵家属也可到医院就诊。医院为三级乙等综合性医院，脑损伤康复、创伤手足为医院特色专科，其中脑损伤康复专科为武警部队康复医学专科中心。

2021年，武警浙江总队医院加强政治学习，开展党委机关作风纪律教育整顿活动，成立医院党委政法委员会，组织全院党员到吉利集团参观见学。医院医学影像科主任张联合获评武警浙江总队首届“十大忠诚卫士”，选派特检科主任吴赤球到西藏代职援建。推动医院各项建设，完成军史长廊体系建设，首批军队文职人员入职报到。滨江区图书馆武警医院分馆开馆运行。召开医院党史学习教育动员大会，组织党史学习教育知识竞赛活动。开通“武警浙江总队医院”微信公众号。邀请“潮起滨江”颂党恩红色四季理论宣讲团到院授课。医院举办庆祝中国共产党成立100周年文艺晚会暨第三届“天使杯”歌咏比赛。召开文职干部改任专业技术警官任命大会。

加强专业队伍和专业技能建设。承办武警浙江总队第39期卫生员集训。组织召开国家级康复继教班暨全军康复医学与理疗学专业委员会学术会议。推进医疗卫生行业专项整治。举办“气管切开的意识障碍患者的精细化管理”省级继续教育培训班。邀请武警部队特色医学中心、武警后勤学院专家到院参加部队训练伤防治座谈会。举办杭州市继续教育项目“膝关节损伤康复的新进展”培训班。启用室外移动核酸检验方舱。

助力乡村振兴，组织医疗队到建德市大洋镇、景宁县渤海镇开展乡村振兴义诊活动，派员到建德市大洋镇参加联乡结村座谈会。（李宏峰）

人力资源

综　述

【人才生态区建设】 2021年，杭州高新区（滨江）加快推进“一流人才生态区”建设，完善综合性、多层次、全周期人才服务体系，做好人才“引、育、留、用”工作。全区引进各类人才3.69万人，比上年增长10.29%，其中硕士博士人才9084人，增长3.8%。分层次开展行业专场、企业专场及校园招聘122场，其中校园招聘69场，接收简历2.4万人次。全年签约2021年应届毕业生1.15万人，占全市签约总量的22.39%，居全市首位。建成“才岗智配”数字平台，汇集108所重点高校170万名毕业生源信息以及282万名海内外导师信息，为692家企业配置微官网，为69家企业发布网申项目。举办第七届中国杭州大学生创业大赛、“创客天下”大赛等活动，14个获奖项目落地杭州高新区（滨江），“创青春”“互联网+”等国赛获奖项目落地4个，优质项目落地居全市第一位。新增大学生创业企业450家。推进企业博士后科研工作站建设，至年底累计设立博士后科研工作站65家，设站规模在全省各区县（市）中居第一位，当年新增获博士后独立招收资格的工作站2家、省级博士后科研工作站10家，引进博士后研究人员138人，均创历史新高。获2021年全国博士后创新创业大赛银奖1人，获浙江省优秀博士后1人，获杭州市杰出博士后1人；14名博士后入选2021年度浙江省博士后科研项目择优资助名单。新增享受国务院政府特殊津贴专家3人，占全市企业人才入选数50%；入选浙江省人才计划青年拔尖人才5人；入选首批杭州市人才计划青年拔尖专项人才3人；入选杭州市“钱江特聘”专家12人；新认定杭州市高层次人才4565人，其中D类以上177人。

【就业及技能人才培养】 2021年，杭州高新区（滨江）城镇新增就业13.86万人，比上年增长59.71%；帮扶就业困难人员实现就业2371人。职业技能培训10671人，培养高技能人才2781人，1人获评首席技师；1人获评市人才计划高技能领军人才；5人入选“浙江工匠”；5人入选“浙江青年工匠”。（钭舟凌）

【人才生态环境优化】 2021年，杭州高新区（滨江）召开全区人才工作领导小组会议，调整充实人才工作领导小组成员单位，建立部门、街道、平台三方合作联动机制。开展“三服务”活动，走访服务企业857家，帮助人才解决问题980个；出台《关于进一步打造一流人才生态区的实施意见》。推进实施“5050计划”3.0版本，全年征集人才项目230个，新认定项目103个，新增C类以上企业58家，比上年增长21%，27家“5050”企业完成新一轮融资，总融资额22.77亿元，新培育人才上市企业1家。创新推出“5151”人才创业协同计划，链动平台型、链主型企业和上下游产业链资源，面向各行各业开展“5151”专场活动8场，惠及企业450家，促成合作50多项。创新推出“5050基金”并进行实质化运作，前期投资5个人才项目，缓解初创企业融资难问题。推动新落地杭州电子科技大学滨江创新中心，累计有高能级产学研平台6个。新增省级孵化器4家，省级众创空间5家，居全省第一位。芯火平台成为省工程师协同创新中心试点。举办第四届滨江国际人才节，发布“5050”生态体系，40万人线上线下同频互动；承办2021年创客天下大赛数字经济专场决赛，引进落地“一赛一会”相关项目12个。聚焦集成电路“卡脖子”领域人才自主培养，与杭州电子科技大学建立全面合作关系，发布人才合作“3+1”举措，聘任首批5名具有行业较大影响力的集成电路企业负责人担任导师。全年开展高层次人才运动会、人才安居音乐读书分享会、人才政策海外云宣讲、高校专场云聘会等人才活动300多场，100万余人次参与；推进人才“一件事”改革，迭代升级人才e达，整合资源，其中“人才测一测”模块嵌入未来社区建设并应用；推广嵌入式幼儿园办学模式，筹建物联网幼儿园、大华幼儿园；提升海外高层次人才创新创业基地配套服务，成立全省首个顶尖人才共享服务平台，提供服务事项44项；滨和人才社区打造美好生活共同体，住创一体、解决职住分离问题的做法获省市领导批示肯定；构建滨江人才视觉识别体系（VI）、推出滨江人才品牌宣传片、主题曲和人才形象“状元滨”等多款特色产品；讲好滨江“人才故事”，全年被《人民日报》、新华社、《科技日报》、《浙江日报》等国家级、省级媒体宣传报道40多次；推动数字化改革，建成集科技人才创业孵化、才岗智配、机会合作图谱等若干人才工作应用场景于一体的人才数字化平台，实现多跨协同、流程再造、数字赋能。（俞启慧）

人事工资管理

【概况】 至2021年年底，杭州高新区（滨江）有事业单位145家，事业人员4411人，其中教育卫生下属各学校、社区卫生服务中心58家3998人，占全区事业单位人数的90.6%。事业人员中大学本科及以上占96.3%，大学专科及以上学历的占99.7%，“双一流”院校毕业生占14%，35岁以下人员占52%，全区平均工龄15年。男性占22.6%，女性占77.4%。中级及以上职称人员占45%，科级及以上干部占11%。区、街事业单位以管理岗位为主，教育卫生以专业技术岗位为主。2021年，开展公务员、参照公务员管理的事业单位人员工资调整690人次，其中新招录、岗位变动等324人次，年度正常晋升工资调整366人次。事业单位人员工资调整5240人次，其中新招录、岗位变动等1354人次，年度正常晋升工资调整3886人次。全年共招录教师286人，医技人员32人。

【编外人员规范管理】 2021年，区人力社保局持续加强全区编外人员管理规范。区级机关各单位继续实施编外人员“只减不增”的原则，全年减少43人。完成公安、城管、交警、消防、市场监管等条线编外人员规范整合，核定各条线队伍编外人员管理控制数。清理规范街道编外人员386人，超标准完成清理规范任务。

【事业单位工作人员年度考核和奖励】 2021年1月，杭州高新区（滨江）开展事业单位工作人员年度考核工作，考核内容包括德、能、勤、绩、廉5个方面，重点考核工作实绩，对全年工作完成情况进行绩效评估。考核结果分为优秀、合格、基本合格、不合格4个等次。考核通过单位内部评议与听取服务对象意见和评价相结合，平时考核与定期考核相结合的办法，采取个人总结、绩效分析、内部评议、第三方评价、综合评价等开展年度考核。考核程序分个人总结、述职、测评、确定等次、反馈结果等阶段进行。结合年度考核结果，经推荐、审核、公示，给予董志强等530名考核优秀等次的事业单位工作人员嘉奖奖励。

【机关事业单位规范管理】 2021年1月，区人力社保局会同区委组织部，制定出台《杭州高新区（滨江）机关事业单位借用人员管理办法》，并对全区47家主管单位开展借用人员规范工作，规范借用61人次。9月30日，区人力社保局会同区纪委、区委组织部、区财政局开展机关事业单位工作人员假期管理制度自查工作，覆盖全区106家主管部门和单位，其中区级机关事业单位48家、学校55家、社区卫生服务中心3家，各单位对本单位实施情况开展自查。11月，区人力社保局开展事业单位岗位设置规范专项行动，共完成16家单位岗位设置规范调整。

【数字化改革项目获评全省系统改革创新项目】 2021年12月，"浙江省事业单位人事工资管理服务系统滨江模块优化"被省人力社保厅评为全省系统改革创新项目。项目以解决监管侧"一网通览"，需求侧"一网通办"为目标，依托浙江省事业单位人事工资管理服务系统，推进形成数据多跨协同、业务规范监管、决策客观科学的场景应用，实现简单问题当下解决，共性问题专项突破的动态管理机制。项目包含5个特点：上线全省首套"全覆盖"电子签章运用模式，推进公开招聘、交流调动、岗位变动、考核备案等业务工作全流程线上运行，有序衔接"一件事"，实现"全流程""云端"审批，全市复制推广；建设全省首家区县级数据分析监管平台，实现人员概况、收入概况、岗位概况及业务监管全覆盖，搭建可视化业务逻辑框架；发布全省首家"事业单位人才魅力值"数据模型，从政策环境、晋升空间、对高端人才的吸引力、发展潜力4个维度，测算出区事业单位人才魅力值，为优化人才结构提供科学参考；全省首家打通"数据流"，打通财政预算（全省第二家、全市第一家）、"内跑"（全省第一家）两大数据通道，提高数据交互效率；全市首家完成统筹设岗模块开发，解决区县单位小、人员少的管理痛点，并在全市推广。

（钟琛琛）

专业聘用制人员

【概况】 2021年，杭州高新区（滨江）制定出台《杭州高新区专业聘用制人员管理办法（试行）》《杭州高新区专业聘用制人员薪酬管理办法（试行）》。完成2021年专业聘用制人员招聘工作，录用高级专业聘用制人员60人、中级专业聘用制人员82人。针对高级专业聘用制人员开展培训团建活动。开展2020年（第六批）政府专业聘用人员（专业聘用人员为2020年及以前招录，专业聘用制人员为2021年起招录的人员）工作述职测评会，对2019年（第五批）暂缓入编3人和2020年（第六批）33人进行入编考察考核，其中22人招录为事业编制。

【中、高级专业聘用制人员招聘】 2021年4—9月，杭州高新区（滨江）开展2021年高级专业聘用制人员招聘工作，与多家双一流学校对接、宣传，1853人报名应聘，789人通过资格审查。通过简历筛选、初次面谈、心理测评等方式对报名人员进行初步择选，158人进入二轮复试。经笔试、终面、体检、背景调查等考察环节，录用60人。5—9月，开展2021年中级专业聘用制人员招聘工作，5175人报名应聘。经过资格审查、笔试、心理测试等环节，共有272人进入面试。经面试、体检、背景调查等环节，录用82人。

【专业聘用制人员管理办法出台】 2021年8月31日，杭州高新技术产业开发区管理委员会制定并出台《杭州高新区专业聘用制人员管理办法（试行）》，明确专业聘用制人员岗位设置与资格条件、招聘与管理、工资薪酬、职级晋升、入编及职务选任等内容，建立起专业聘用制人员的招聘和管理机制，该办法从发文之日起执行。9月23日，区人力社保局会同区财政局出台《杭州高新区专业聘用制人员薪酬管理办法（试行）》，明确专业聘用制人员薪酬的结构和类型、薪酬水平、福利及待遇保障等事项，构建科学合理的收入分配和激励机制，该办法从发文之日起执行。

【高级专业聘用制人员培训】 2021年10月20日，区人力社保局对新入职的2021年高级专业聘用制人员开展入职培训，介绍区情区况、人事管理制度等，参观区内高新企业；10月29日进行入职培训测试，检验培训效果。全年，推进高级专业聘用制人员的常态化培训，组织中秋团建、职场礼仪培训等活动，提升高级聘用制人员专业技能、增强该群体的认同感与归属感。

【专业聘用人员年度述职】 2021年10月18日，杭州高新区（滨江）组织2020年（第六批）政府专业聘用人员年度述职演讲会。44名专业聘用人员现场演讲，展示入职一年的工作情况及工作成效，谈工作体验、工作计划及未来职业规划。区委办、区人大常委会机关、区府办、区政协机关、区纪委监委、区委组织部、区委宣传部、区财政局、区人力社保局等部门相关负责人担任现场评委，进行现场点评。述职表现纳入专业聘用人员聘期专项考察和工作考核。

【专业聘用人员入编考察考核】 2021年10—11月，区委组织部、区人力社保局工作人员组成入编考核小组，以走访用人单位、本人谈话、综合考察个人表现等形式对2019年（第五批）3名暂缓入编人员及2020年（第六批）33名人员进行入编考察考核。12月24日，经区专业聘用人员工作领导小组会议审议，第五批3人和第六批19人录用为事业单位工作人员。 （何　俊）

2021年10月18日，杭州高新区（滨江）第六批政府专业聘用人员年度述职
（区人力社保局　供图）

人才引进

【概况】 2021年新引进各类人才3.69万人，比上年增长10.29%，创引进人才总量新高，其中硕士博士人才9084人，增长3.81%。签约2021年应届毕业生1.15万人，增长11.51%，居全市首位。签约硕博学历毕业生4497人，占总签约量的33.56%。举办招聘会122场，其中云聘会25场，共组织3123家企业引才，发布用人需求15.09万个，吸引3.08万人次投递简历，1.29万人与企业达成意向，意向率41.83%。受理应届高学历毕业生生活补贴申请3.71万人，发放补贴5.27亿元，居全市第一位。

【高层次人才培养】 2021年，杭州高新区（滨江）新增享受国务院政府特殊津贴专家3人，占全市企业入选数50%，居全市第一位；入选2020年浙江省人才计划青年拔尖人才2人，创新类人才入选数居全市第一位；入选杭州市政府特殊津贴专家3人；入选首批杭州市人才计划青年拔尖专项人才3人，占各城区该专项入选总数的25%；入选杭州市“钱江特聘”专家12人。杭州海康威视数字技术股份有限公司团队入围第六届全国专业技术人才先进集体。全年新认定杭州市高层次人才4565人，其中B类人才17人、

C类人才41人、D类人才119人、E类人才4388人。

【博士后研究人员培养】 2021年，杭州高新区（滨江）新引进博士后研究人员138人，创历史新高。14名博士后入选2021年度浙江省博士后科研项目择优资助名单，占全市23.73%。其中：特别资助1人，占全市33.33%；一等资助3人，占全市20%；二等资助10人，占全市24.39%，各入选指标均居全市第一位。北京航空航天大学杭州研究院马佳曼获全国博士后创新创业大赛银奖、郑浩入选2021年度杭州市杰出博士后，杭州海康威视数字技术股份有限公司谢迪入选2021年度浙江省优秀博士后。

【专业技术人才培养】 2021年，杭州高新区（滨江）职称评定申报6205人，比上年增长13.92%。其中：初级职称认定2604人，增长21.4%；中高级职称评审3601人，增长8.04%。区人力社保局推动职称制度改革，组织69人通过“职称直通车”申报高级职称，占全市的24.47%。

【人力资源服务机构】 2021年，杭州高新区（滨江）新增人力资源服务机构31家，累计有人力资源服务机构84家。其中30家次机构入围《2021年浙江省人力资源服务业发展白皮书》榜单，人力资源测评、人力资源培训、科技型人力资源服务机构3个榜单列第一位。杭州联科美讯生物医药科技有限公司的“丁香人才”和杭州远传新业科技有限公司的“天堂声谷”项目分别获2021年杭州人力资源服务和产品创新创优项目路演重点项目和优秀项目；杭州沃土教育科技股份有限公司获2021年杭州人力资源服务机构参与重大发展战略项目资助；杭州轩宇人力资源有限公司和杭州睿得企业管理有限公司2家机构入围2021年杭州人力资源服务机构招才引智群英榜。

【人员招聘】 2021年，杭州高新区（滨江）招录社区专职工作者89人、消防大队社区微型消防站工作人员23人、物联网产业园发展服务中心工作人员1人，其中社区专职工作者于8月23日发布招聘公告，11月完成招聘，录用89人。消防大队社区微型消防站于9月3日发布消防人员招聘公告，10月完成招聘工作，录用23人。物联网产业园发展服务中心于3月10日发布招聘公告，4月完成招聘，录用1人。

【“相约在高新”HR沙龙活动】 2021年1月起，区人力社保局线上线下并举，开展“2022校园招聘策略”“医保实操业务培训沙龙”“‘五心关爱’系列讲座”“后疫情期，如何‘精细化’管理员工关系”“HR业务访谈”等主题培训，帮助企业和人才解决在人才招聘、医疗保障、技能提升等方面的问题，提升人力资源服务能力。至年底，举办“相约在高新”HR精英沙龙活动14场，参训1185人次。

【博士后工作新政】 2021年2月，区人力社保局修订升级博士后科研工作多项政策，结合杭州高新区（滨江）产业发展和人才需求，重点新增独立招收资格奖励，给予获得资格的工作站一次性200万元的奖励。同时在市级政策的基础上，提高博士后科研资助资金和出站留区（来区）补助的标准，对新进入博士后科研工作站的博士，按每人15万元的经费标准给予进站科研资助，对出站留区（来区）工作的博士后，给予每人最高60万元补助。至年底，新增博士后独立招收资格的工作站2家、省级博士后科研工作站10家，引进博士后研究人员138人。

（盛丛杰　戴敏人）

【第四届滨江国际人才节】 2021年5月6日，“滨朋远至、江成大业”第四届滨江国际人才节在杭州白马湖建国饭店举行开幕式。活动采取“线下+线上”相结合，全球同步直播，中国科学院院士、半导体物理和器件专家褚君浩发视频祝贺。人才节发布滨江人才视觉识别体系，推出滨江人才品牌宣传片、主题曲和人才形象“状元滨”。成立杭州国家“芯火”双创基地工程师协同创新中心。发布“5151人才创业协同计划”，会同区相关部门链动平台型、链主型企业和上下游产业链资源，促进“人才链、产业链、创新链”三链耦合。启动“5050人才基金”，基金为杭州高新区（滨江）首支由区属国有企业直接担任基金管理人的股权投资基金，首期规模1亿元。与杭州电子科技大学、西安交通大学、同济大学签约“5050创业金”合作协议。发布“人才战略伙伴专家（投资人版）”，礼来亚洲基金合伙人陈飞、华登太平洋创业投资管理有限公司董事总经理黄庆、杭州泰格医药科技股份有限公司董事长叶小平受聘成为人才战略合作伙伴。人才节持续8天，举办“人才安居日”“创‘芯’日”“IP人才日”“才财日”“杭电日”“校企合作日”“双创‘侨’梁日”等人才日活动。（沈　恬）

【政校企人才合作交流论坛】 2021年5月12日，第四届滨江国际人才节——“打造一流高科技园区、汇聚一流高校人才”2021年政校企人才合作交流论坛在华为全球培训中心举行，全国58所高校、区内100多家企业代表参加。区人力社保局在论坛上向与会代表推介杭州高新区（滨江）创新产业发展和企业运行情况，与电子科技大学、大连理工大学、天津大学、山东大学4所高校签署“十四五”校地人才战略合作备忘录，提升政府、产业部门、行业院校人才培养联动能级，深化资源共享机制。

【才岗智配系统上线】 2021年8月，才岗智配系统上线。才岗智配系统是区人力社保局整合多端信息数据共享、建设人才招引流程一体化、搭建人才与岗位高效匹配和精准招引的服务平台。至年底，系统归集全国108所高校的170万毕业生源信息，以及282万海内外导师信息供企业对接查询；为1354家企业发布1.07万个岗位、7.46万个用人需求，吸引1.43万人次投递简历；为692家企业配置微官网，为69家企业发布网申项目。82家企业运用才岗智配系统2098次，为2431人次提供岗位智推服务。

【2022届毕业生校园招聘】 2021年9月16—17日，“相约在高新”杭州高新区（滨江）2022届毕业生系列招聘首场活动在山东大学、济南大学举行。区人力社保局结合不同区域和高校的疫情防控情况，应用才岗智配系统，开展“相约在高新”2022届毕业生校园系列招聘活动，组团带领企业在济南、哈尔滨、西安、北京、合肥、成都、南京、武汉和杭州9个城市30多所高校线上线下引才。至年底，开展2022届毕业生招聘活动28场，吸引参会企业1135家次，推出岗位6.81万个，入场交流1.2万人，7096人与企业达成意向。（盛丛杰　戴敏人）

【滨江杭电集成电路人才合作交流大会】 2021年10月20日，“滨朋远至、芯向未来”滨江杭电集成电路人才合作交流大会在杭州电子科技大学举行。大会发布人才合作“3+1”举措，即实施集成电路产业导师帮带“导计划”、百名师生进企五年“企计划”、支持师生创新创业“芯计划”，建立集成电路政校企定期交流活动制度。杭州高新区（滨江）党委人才办与杭州电子科技大学电子信息学院共同签署关于深化集成电路领域人才全面合作协议，开启集成电路人才合作。举行首批企业导师聘任仪式，聘任首批5名具有行业较大影响力的集成电路企业负责人担任导师。

【“逍遥荟”人才月活动】 2021年11月8日，“逍遥荟”人才月活动在海外高层次人才创新创业基地启动。浙江大学滨江研究院特聘研究员吴丹、美国宾夕法尼亚大学终身教授黎珍辉分别围绕“核磁影像”和“数字驱动科学”进行演讲，与现场学生交流互动。杭州高新区（滨江）成立“逍遥荟”，为全省全市高层次人才专家提供互动交流场所，发布逍遥PASS卡，从工作创业、生活服务、体育休闲等方面，为人才提供全方位的保障和服务。发布滨江人才工作数字一体化平台，介绍“合作机会图谱”“才岗智配”“人才e达”等多个应用场景。北京航空航天大学杭州创新研究院院长邓元与人气数码博主何世杰就杭州高新区（滨江）进行对话，分享对创新的理解。在

2021年11月8日，“逍遥荟”人才月活动在海外高层次人才创新创业基地启动　　（区委宣传部　供图）

活动月中，中科科技创新产学研高层次合作峰会、博士后科研工作交流会、滨江潮玩音乐节、IPO知识产权培训会、上市后备企业成长营等活动举行。

（沈　恬）

就业创业

【概况】 2021年，杭州高新区（滨江）新增城镇就业岗位2.3万个，核发市、区促进就业专项资金8269万元，发放创业担保贷款7952万元，帮扶就业困难人员再就业2371人，其中拆迁户家庭成员1190人。核发就业创业证4173本，认定就业困难人员777人。浙江中南建设集团有限公司等21家企业获区促进就业突出贡献企业补贴322.5万元。开展“家燕回巢”5.0活动，落实稳定岗位补贴、社保费返还等工作，促进高质量就业。出台《关于落实公益性岗位人员绩效补贴政策的通知》，提高公益性岗位上岗人员待遇。推进完善技能人才培育评价体系，加强全区职业能力建设，新认定区级技能大师工作室3家，1家单位获评省级技能大师工作室。职业技能培训1.06万人，培养高技能人才2781人，1人获评首席技师。1人获评市人才计划高技能领军人才，5人入选“浙江工匠”，5人入选浙江青年工匠。杭州高新区（滨江）与四川省广元市朝天区开启新一轮东西部劳务协作。区人力社保局被市政府办公厅评为杭州市东西部扶贫协作工作成绩突出集体。

【“五心关爱”援企稳岗活动】 2021年2月，区人力社保局开展“五心关爱”援企稳岗活动，“五心”即暖心、安心、舒心、放心、开心，鼓励支持外省务工人员留滨过年，确保企业节后复工复产实现“开门红”。制定出台《关于印发〈滨江人社“五心关爱”活动方案〉的通知》，共开展援企稳岗活动15场，服务企业1143家次，向全区手机用户共发放21万条安“薪”过年提醒短信。活动作为典型案例入选《浙江省用工保障情况专报》。

【公益性岗位人员绩效补贴政策】 2021年5月28日，区人力社保局联合区财政局、区民政局出台《关于落实公益性岗位人员绩效补贴政策的通知》，明确对公益性岗位人员可给予一定绩效补贴，补贴标准为每人每月200～300元，补贴资金由街道承担，原则上按月发放，各社区（用人单位）负责公益性岗位上岗人员绩效考核。至年底，帮扶就业困难人员在公益性岗位上岗5369人次，核拨市、区两级补贴金额共计2224.67万元。

【本土青年人才培训】 2021年7月27日，“家燕回巢”暑期夏令营开班仪式在杭州高新区（滨江）直播产业展示中心举行。活动以“青年长技能，培训促就业”为主题，推出岗位推荐、职业培训、技能体验三大模块10场活动。仪式后，50多名滨江青年参加新人直播训练营，了解直播产业的基础理论知识并上机操作。“家燕回巢”项目是构建滨江区户籍大学生特别是拆迁户家庭人员技能培训、就业创业全过

2021年7月27日，杭州高新区（滨江）"家燕回巢"暑期夏令营开班　（区人力社保局　供图）

程指导的服务体系，推出后已历时5年，从拆迁户大学生拓展到在校大学生和"两后生"（初中毕业、高中毕业未继续升学的应往届学生）。至年底，推出视频剪辑与动画制作、电子竞技运营师、网络营销师等职业培训项目，服务本土青年人才1000多人次。

【"数智就业"推广】 2021年10月，区人力社保局推广"浙就业"公共服务模块，实现5类人群17项补贴在线申领，在"就业创业政策管理"模块中完善政策信息31条。"浙就业"公共服务模块是人力社保部门建设的就业数字化应用场景，致力于简化办事流程，落实惠民政策。"浙就业"服务专区已在"浙里办"App上线，集成就业创业政策咨询、补贴申请和智能推荐3个模块。10月12日，杭州高新区（滨江）举办数字就业应用培训，推出"浙就业"落地应用，3个街道59个社区80多名工作人员参加。至年底，辖区街道、社区重点群体帮扶场景应用达到省人力社保厅规定的验收标准，完成失业人员、就业困难人员和离校未就业高校毕业生等重点群体帮扶5063人。

【稳定岗位补贴】 2021年11月18日，区人力社保局启动2020年度稳岗补贴申报工作。返还对象为参加失业保险并足额缴纳失业保险费12个月以上；裁员率不高于2020年度全国城镇调查失业率控制目标（6%），其中2020年末参保30人（含）以下的裁员率不高于20%的企业和社会团体。至年底，完成5批稳岗补贴发放工作，惠及企业4997家，涉及职工22.22万人，补贴金额4656.97万元。　（马　菁）

【职业能力提升】 2021年2月，区人力社保局联合阿里巴巴集团推出"连锁经营管理师""外卖运营师""互联网营销师（直播销售员）"3个免费线上培训班，参训67人次，30人次获阿里巴巴本地生活大学认证中心结业证书。联合杭州高新区（滨江）职工服务中心在线提供手工水饺、插花花艺等云课程，1000多人在线观看。4月，在杭州大和热磁电子有限公司启动"企业新型学徒制"工作，对61名技能岗位职工开展为期1年的培养。10月，与上城区、拱墅区、西湖区人力社保局和杭州高新区（滨江）总工会联合举办杭州市区域性职业技能竞赛，推出网络与信息安全管理员、家政服务员、企业人力资源管理师职业技能竞赛，共738人参加。逐步建立企业自主评价体系，至年底，共评估通过16家职业技能等级认定试点企业、3家社会培训评价机构。全年区内职工通过职业技能等级认定考核6390人。

（周　芳）

劳动监察

【概况】 2021年，杭州高新区（滨江）以维护疫情常态化防控情况下的劳动关系稳定和"根治欠薪"工作为重点，处置各类劳资纠纷，推进"滨江无欠薪"工作，以线上数字监管和线下主动巡查专项检查为重点，坚持执法与服务相结合，探索数字化改革小切口，健全劳动关系协调机制，规范劳动用工。全年辖区劳动关系整体和谐稳定。上线滨江“心联薪”多跨场景应用，开展跨部门联合检查，推进“双随机”检查信息公开，实现全区在建工程项目工资支付线上监管和随机抽查事项全覆盖。

【劳动法律法规专项检查】 2021年，区人力社保局实施清理整顿人力资源市场秩序专项执法、劳务派遣单位遵守社会保险法律法规情况专项执法行动、重大工程建设领域专项整治、护航建党百年“浙江安薪”专项行动、根治欠薪冬季专项行动等活动，检查用人单位372家，涉及劳动者3.5万人。

【欠薪投诉集中接访】 2021年1月11日，区人力社保局、区住建局、区信访局和公安滨江分局等在区社会矛盾纠纷调处化解中心开展欠薪投诉集中接访活动，现场为来访人员合力调处。活动现场设立等候区、接待区、调解区，接访人员按优先调解、化解纠纷的原则，对当场能解决、答复的问题，及时解决、答复；对于不能当场解决的，明确责任单位，限时解决；对于不属于受理和管辖范围的，及时进行引导并按规定登记移送。活动共接待来访咨询13批次，受理现场欠薪投诉4起，涉及金额4万余元。

【《保障农民工工资支付条例》宣传】 2021年4月29日，区人力社保局联合公安滨江分局、区住建局、区总工会在世茂智慧之门项目工地开展《保障农民工工资支付条例》（简称“条例”）实施一周年专题普法宣传活动，督促企业合法用工，履行工资支付主体法律责任，为农民工提供条例等劳动保障法律法规咨询、现场受理投诉举报服务。参加活动的各部门选派业务骨干参加政策宣讲，通过悬挂横幅、发放宣传资料、面对面答疑解惑等方式，解读条例核心制度，宣传工资支付和工伤保险法律法规政策；在工地维权公示栏张贴欠薪线索反映平台二维码，现场受理劳动保障监察投诉举报，引导农民工依法维权。活动发放宣传资料800份，受理投诉2件，均当场协调解决。

【“心联薪”多跨场景应用】 2021年9月，区人力社保局启动“心联薪”多跨场景应用建设。应用围绕根治欠薪工作中的难点痛点堵点问题，通过机关内部“一件事”集成改革，发挥区根治欠薪工作领导小组成员单位力量，实现劳动关系领域整体智治、高效协同。“心联薪”数字应用纳入区人力社保局、区法院、区检察院、公安滨江分局、区住建局、区市场监管局6个部门（单位），梳理9个联办事项，贯通欠薪治理全过程，形成事前、事中、事后“多元一体、同心共治”工作格局。应用于10月上线后，劳动纠纷平均处置化解时间提速至6.25天。 （徐天飞）

2021年4月29日，区人力社保局开展《保障农民工工资支付条例》实施一周年专题普法宣传活动 （区人力社保局 供图）

社会生活

民政事务

【概况】 2021年，滨江区有困难家庭353户481人，发放生活补贴462.77万元。其中：低保家庭287户341人，发放生活补助439.82万元；低保边缘家庭54户128人，发放生活补助11.29万元；特困家庭12户12人，发放生活补助11.66万元。全年发放节日临时补助4.1万元，临时救助55户20.43万元，为全区困难家庭购买每人500元保额的1份意外伤害险及家电统保服务。开展2021年“福彩暖万家·救助直通车”公益活动，资助低保家庭中因病大额医疗支出致贫的人员10户2万元。推动社会救助数字化改革，社会救助“一件事”惠民联办。规范使用浙江省救助信息系统。健全“主动发现”机制，对符合条件的困难人员应保尽保。

2021年，滨江区有美女山公墓、山一公墓、山二公墓3座公墓，全部为公益性公墓，计墓穴3.41万穴。办理结婚登记4678件，离婚申请1892件，离婚登记1191件。区民政局为滨江区企事业单位和个人发放门牌证129本、制作安装楼（幢、户）门牌16815块、预编门牌16769块。

【先行救助机制】 2021年，滨江区开展困难群体临时救助的先行救助工作。困难群体先行救助机制指因灾害、疾病等急难问题造成生活困难的群众可启动临时救助紧急程序，按照“先行救助、事后审批”原则，由街道先行垫付救助资金，后续由社区协助家庭补齐相关申请材料，确保程序到位。区民政局拨付3个街道各5万元，用于先行救助。至年底，拨付因病先行救助困难群众3户6000元。

【社会救助领域专项治理】 2021年，区民政局调整社会救助联席会议领导小组，召开全区社会救助工作联席会议，明确各成员单位工作职责，开展社会救助领域专项治理，对困难对象进行动态管理，提高救助精准度。3月，开展“一证通办”专项治理，清查新增对象5户，临时救助对象13户，复审对象8户；开展电话抽查街道、社区“一证通办”落实情况，抽查率100%；通过以查代训的形式要求街道、社区对救助申请“一证通办”全面了解并执行。9月，开展低保专项治理，梳理市评估考核细则，开展近亲属享受低保备案及银行卡代管备案。至年底，滨江区新增低保家庭20户33人，退出39户52人；新增低保边缘家庭12户23人，退出11户26人；新增特困家庭10户10人。

【困难群众探访服务】 2021年，区民政局推进困难群众探访服务工程，坚持政府搭台、社会化运作的模式，针对困难对象的需求，推出儿童平安护航计划、暖心公益拍摄、家门口的健康管家等10个精准帮扶项目，总投入31.2万元，涉及扶老、就业、助医、家庭、儿童、社会服务等方面，服务困难群众1124人次；开展“点亮微心愿·传递爱温暖”活动，实现困难群众微心愿330

个。通过探访服务实现困难群众精准救助，为困难家庭购买困难家庭意外险。全年为493名困难群众购买金额500元的意外伤害险，支出保费24.63万元。全年出险33人次，赔付16.79万元。继续为全区困难家庭购买家电统筹保修服务，每户困难家庭每年均能享受一定额度的免费家电维修服务，支出服务费用2.7万元，服务困难群众192户次。至年底，探访困难群众2672户，参与结对党组织123个，结对社工191人，结对网格员275人。

【救助服务试点项目】 2021年，滨江区领办救助服务阵地打造试点项目，通过政府搭台、组织服务、企业支持、志愿参与的运行模式，依托区慈善基地建立500平方米困难群众救助阵地，配套完善办公及开展活动必需的设施、器材，设置办公、会议、宣传展示和信息公开等功能区块，选配2名专兼职管理人员管理。至年底，入驻区救助服务主阵地社会组织7家。该项目获2021年度市十大救助案例。

【困难家庭家境调查】 2021年1月，滨江区通过社会组织参与社会救助事务类及服务类工作，委托杭州市滨江区乐城公益事业社会服务中心，采用多维贫困指数理论，综合调查家庭收支状况、健康状况及就业状况、生活环境等，识别家庭贫困程度。加大主动发现力度，防止"漏保""错保"。至年底，完成250户困难家庭的新增核查及复核工作，复核率50%，新增核查率100%。

（陈小夏）

【福利企业监管和服务】 2021年，滨江区有杭州通茂塑料制管有限公司、杭州华宇智讯科技有限公司、杭州宏翔建筑材料有限公司、杭州威隆消防安全设备有限公司4家福利企业。4家企业实现产值7880.38万元，销售7829.38万元，利润309.97万元，安置残疾职工57人，安置比例43.37%；残疾职工月人均工资2732元，实现退税303.81万元。区福利企业服务中心完善福利企业日常监管机制，每月开展不定期的日常督查和专项督查；加强对福利企业优惠政策的监督管理和及时兑现工作，会同区残联落实下拨滨江区2021年度残疾人集中就业扶持资金93.6万元；按照"福利企业考勤监管信息系统"的要求，加强对福利企业考勤实时监管；对4家企业集中进行定期和不定期的安全生产大检查及无障碍设施督查；督促企业按时纳税，开展消防、食品安全等隐患自查自纠，采取措施消除安全隐患，防止工伤事故等问题的发生；不定期到企业对残疾职工开展情况与问卷调查，了解残疾职工的生活与工作情况。区福利企业服务中心会同区残联联合开展高温期间"送清凉、献爱心"慰问和春节"送温暖"活动，分别送出价值总额为10万元和3.6万元的慰问品。

（贾胜军）

【地名服务】 2021年，区民政局为滨江区企事业单位和个人发放门牌证129本、制作安装楼（幢、户）门牌16815块、预编门牌16769个，全年完成16个居民点、14幢房屋、89座

2021年7月21日，区民政局开展"上城滨江线"图上定界和实地勘界工作

（区民政局　供图）

桥梁、2个隧道、12条道路的命名申报工作，共计133个地理实体命名。清理未经审批备案无序设置、设置不规范和破损的标牌8处。成立滨江区行政区划界线勘定工作领导小组，会同上城区完成“上城滨江线”界线勘定工作。为个人、单位解答民政信息咨询3000多次，满意率100%。

【地名文化传承】 2021年，区民政局讲好滨江地名故事，弘扬地名文化，拍摄《槐树下的红色印记》《诗情白马、意兴千年》地名文化微视频；完成《滨江地名故事（浦沿篇）》的编写工作；完成第二批浙江省“千年古镇（古村落）”地名文化遗产申报，西兴街道入选千年古镇地名文化遗产；完成滨江区第三批地名文化遗产保护申报，泉井塘、乳泉列入滨江区第三批地名文化遗产保护名录，通过市地名专家评审团评审，确定为重要自然地理实体地名文化遗产；组织开展“滨江，正写着的诗歌”“家乡名字背后的故事”“地名文化宣传进校园”等活动，多渠道宣传优秀地名文化。

【数字门牌试点】 2021年11月30日，滨江区启动数字门牌项目第一批硬牌更换工作。根据《浙江省数字化改革总体方案》《关于推进标准地名地址数据协同及第一批数字门牌应用试点的通知》《杭州市民政局关于印发〈全市民政系统数字化改革行动方案〉的通知》的要求，滨江区被列为省级第一批数字门牌建设试点单位。数字门牌通过对硬牌增设“二维码”，赋予门牌地址专属“身份证”，成为城市中信息交换和流通的核心要素及智慧城市建设的核心组件。“数字门牌”应用服务项目以建设数字门牌“一码到家、多码合一、一码多用”为目标，将民生服务、政务服务嵌入二维码数字门牌信息集成系统，提升公共服务均等化、普惠化、便捷化水平。至年底，滨江区安装数字门牌9430块，数字幢牌3088块。 （陈卓琳）

【殡葬服务】 2021年，滨江区有美女山公墓、山一公墓、山二公墓3座公墓，全部为公益性公墓，共计墓穴3.41万穴。滨江区落实殡葬惠民政策，遗体接运、殡仪馆内遗体冷藏存放、遗体火化、骨灰寄存共减免700多人，减免金额34.2万元，火化率保持100%；骨灰撒江1例，奖励2000元；对符合《滨江区文明治丧奖励办法》规定的住户发放文明治丧奖励资金6.2万元。

【美女山公墓二期项目推进】 2021年，美女山公墓二期项目持续推进。公墓为全区城市公益性生态公墓，始建于2008年，一期于2010年建成，建设用地4.66万平方米，共建墓穴1.26万座2.36万穴，墓区分为3个园区12个区块（兰花园区3个、傲梅园区4个、松竹园区5个），剩余墓穴310座。二期项目规划用地面积5.28万平方米，设计建设规模3万穴，概算投资1.93亿元，以节地生态墓为主，含小型的台地式墓区、骨灰寄存楼、花坛葬、草坪葬、树葬、壁葬等。配套建设一座综合性殡仪服务中心，功能满足集中治丧，包括地下停车场、业务办理区、餐饮区、守灵区、悼念区、员工后勤住宿区。至年底，基础设施建设完成30%。

【殡葬用品管理】 2021年，区民政局根据禁止生产、销售、焚烧迷信殡葬用品的要求，加强执法管理，推进文明殡葬。会同区市场监管局4次联合执法，对制造、销售封建迷信殡葬用品的进行督促检查。联合长河街道对辖区内销售殡葬用品的10个点开展突击检查，禁止销售迷信用品。扩大整治范围，对拆迁小区、过渡房流动小商贩销售封建迷信丧葬用品进行不定时检查。

【殡葬专项整治】 2021年，区民政局开展“惠民殡葬专项治理和提标增项扩面工作”“殡葬业价格秩序、公益性安葬设施建设经营”专项整治工作，开展“两路两侧”“四边三化”散埋乱葬、裸露坟墓以及超标墓整治工作，完成长河街道塘子堰王家滩山区块3座翻新超标坟墓整治，整治长河街道山一公墓山顶处超标准墓3座，拆除浦沿街道山二公墓461座超标准的墓穴。

【陵园祭扫服务】 2021年，在冬至、春节、清明祭扫期间，区民政局针对疫情防控，科学制定工作预案，细化应急处置措施，发布“文明祭扫告市民书”，推出“云祭扫”“代为祭扫”等服务项目，祭扫现场测温、佩戴口罩、绿码通行、登记身份证，按照不聚集、不扎堆的原则，实行分时、分批、分段、错峰、错时祭扫，确保祭扫安全。美女山公墓实行预约祭扫，通过“杭州民政”“滨江民政”微信公众号预约。至年底，投入资金100万元，开展“免费鲜花换纸钱”活动，共接待扫墓群众9.59万人，发放鲜花5.53万束、单枝鲜花5.42万枝，“云祭扫”5443人次。

（吕和军）

【婚姻登记服务】 2021年，滨江区办理结婚登记4678件，离婚申请1892件，离婚登记1191件，补领结婚证2249件，补领离婚证78件，出具（无）婚姻登记记录证明3份，年办理总量1.01万件，其中婚育户联办4047件，保持登记合格率100%。全年为3813对新婚夫妻开展免费颁证仪式，婚姻家庭辅导共647次。

【婚俗改革和宣传】 2021年，滨江区以政府购买服务方式，拓宽婚姻家庭服务，推进婚俗改革。以婚姻登记服务中心为主阵地，联合社会力量，以“每月一活动”要求，多形式开展婚姻文化宣传活动。组织开展“文明婚俗进社区”活动、“爱你在心”集体颁证、“执子之手、与子偕老”婚姻文化宣传、“幸福照相馆”快闪留影等活动，通过年轻人喜欢的游戏方式、知识竞答、情景模拟、心愿上墙、新婚宣誓、领导颁证等方式，推行婚俗改革。专业心理辅导老师开展新婚辅导、团体心理辅导、婚姻沙龙等，服务内容由离婚辅导向婚前引导、家庭问题辅导拓展。至年底，开展婚姻文化宣传活动17场。

2021年3月14日，区民政局举办“爱你在心”集体颁发结婚证活动

（区民政局　供图）

【离婚冷静期实施成效】 2021年1月1日，《中华人民共和国民法典》实施生效，离婚冷静期实施。离婚当事人须经历30天的冷静期后，才能申请发证（离婚证）。办理离婚手续从即时办变更为申请—受理—冷静期—审查—登记发证。自离婚冷静期届满后30日内双方未共同到婚姻登记机关申请发给离婚证的，视为自动撤回离婚登记申请。至年底，滨江区婚姻登记服务中心共受理离婚申请1892件，其中尚未到期或未办结228件；已到期中，主动撤回申请13件；到期未领证460件，占离婚申请的24.3%；实际办理离婚登记1191件。

【集中补领婚姻登记证试点】 2021年6月，杭州市全面开展集中补领婚姻登记证试点工作。滨江区经全面调查摸底后制定集中补证工作方案，争取财政支持，召开集中补证专题部署会议，印制宣传资料，完成服务外包；成立工作专班，组织专班人员上岗培训、社区工作人员培训，全面部署。9月，以婚姻登记中心为基点，补领婚姻登记证临时巡回点入社区，分13个片区巡回办理。至年底，巡回点已覆盖14个社区，补证2249件，比上年增长563.4%。（姚佩红）

社区建设

【概况】 至2021年年底，经滨江区政府批复成立的有62个社区（因撤并，实际运转59个），其中城市社区37个、撤村建居社区25个。2021年，滨江区提升社工队伍建设，组织社工招聘，招录91人，其中直招24人；有专职社区工作者860人，其中社区“两委”班子成员438人。有持证社会工作师437人，其中初级社工师266人，中级社工师171人；出台《杭州市滨江区专职社区工作者分类培养办法（试行）》；举办2021年杭州市滨江区社区工作者节。推动社会工作，新建社区特色社会工作室6个，共计建成3个街道社会工作站15个社区社工室；举办2021年国际社工日主题宣传活动，启动全省首个医务社会工作“四方”共建基地。提升社区治理，成立24支责任居民队伍；在6个社区开展“微自治”项目；申报未来社区省级试点2个，市级试点10个，启动编制《全域未来社区建设规划》；推进9个社区美好生活共同体建设，印发《社区美好生活共同体建设装修实施办法》《社区美好生活共同体运营办法》《专职社区工作者错时上下班制度》。推动“清廉社区”建设，加强社区经费审计管理，对全区7个社区2020年度的社区运行保障经费、6个2019年度社区服务业发展专项资金项目进行专项审计调查，对相关问题进行整改；修订完善“小微权力”清单，推进实施“三务公开”“居账街审”“居监会建设”工作；推进“三务公开”系统升级，开发“三务公开”系统移动平台。全年在各级期刊发表文章20篇，其中国家级5篇、省级2篇、市级5篇、区级8篇。

【全域未来社区建设】 2021年，滨江区成立书记、区长“双组长”制的全域未来社区建设领导小组，组建实体化运作工作专班。聚焦人本化、生态化、数字化为价值导向，以和睦共治、绿色集约、智慧共享为基本内涵，构建未来邻里、教育、健康、创业、建筑、交通、低碳、服务和治理九大场景，研究制定《推进全域未来社区建设实施方案》《未来社区建设工作指南》，成功申报省级试点2个、市级试点10个，着手编制《全域未来社区建设规划》，探索全域未来社区建设。未来社区建设工作2次接受省委书记袁家军检查指导，受高度赞扬。

【社区“微自治”项目】 2021年，区民政局探索“社区微自治”模式，鼓励以居民需求为导向，以“微项目”助推“微自治”，围绕《滨江区社区微自治项目实施办法（试行）》，支持社区开展各种类型的自治项目实践。至年底，在西兴街道星民、襄七房、西陵，长河街道白马湖、闻涛、晶都6个社区开展“微自治”项目，安排项目资金120万元。

【《滨江区社区治理与服务质量调查报告》完成】 2021年，滨江区围绕建设社区美好生活共同体、全域打造未来社区、智慧社区以及社区治理现代化等主题开展效果评价。依托区校合作框架，聘请浙江理工大学专家团队完成评价方案设计，采取社区自评、现场调查、现场居民评价、社区工作人员评价、电话居民评价、专家评价等方式开展评价，完成《滨江区社区治理与服务质量调查报告》。《滨江区社区治理与服务质量调查报告》是全区社区建设质量和基层社区治理状况的重要依据，为完善社区政策、赋能社区工作、优化指导服务提供重要参考。

【滨江区医务社会工作共建基地】 2021年3月17日，“仁心所向，爱满滨江”杭州市滨江区2021年国际社工日主题宣传活动暨滨江区医务社会工作共建基地启动仪式在“智慧e谷”举行。省市民政部门、浙江大学医学院附属儿童医院、浙江大学社会工作专业学位教育中心相关负责人，以及区级有关部门，各街道负责人、全体社区居委会主任共100多人参加活动。会上启动区民政局与浙江大学医学院附属儿童医院、浙江大学社会工作专业学位教育中心、浙江心基金慈善基金会联合建立的全省首个医务社会工作"四方"共建基地，发布"四叶草"儿童义务社会工作项目（患儿社区康复支持计划、家长社区互助计划、医务志愿者提升计划、医护工作人员社会支持计划），举行首批导师、医务社工受聘仪式，组织儿童医务社会工作的理论与实践培训。

【社会工作站、室建设推进】 2021年6月，西兴街道、长河街道两个社会工作站建设通过省级民生实事项目验收。8月，杭州市社会工作站建设推进会在滨江区召开。至年底，新建6个社区特色社会工作室：西兴街道西陵社区工作室（老年社会工作）、襄七房社区工作室（居民就业方向），长河街道钱潮社区社会工作室（医务社会工作）、冠山社区社会工作室（老年社会工作），浦沿街道滨文社区高校联盟社会工作室（学校社会工作）、华悦湾社区悦港湾社会工作室（妇女儿童社会工作）；共建成3个街道社会工作站、15个社区社会工作室，形成社会工作"多点开花"的新格局。长河街道医务社会工作站被市政府列为特色社会工作站建设示范点，全市首个社会工作名家督导室落点长河街道。

【"责任居民"队伍培育】 2021年6月3日，滨江区首支"责任居民"队伍成立，首期42位居民签约成为观潮社区的"责任居民"。全年，区民政局根据《关于推进"国际滨"高水平社区治理的实施意见》，开展"责任居民"队伍建设，研究制定"责任居民"队伍标准，采取试点先行方式推进"责任居民"队伍建设。"责任居民"是小区问题的发现者、环境的保护者、矛盾的解决者和行为规范的监督者，参与社区建设和社区治理，带动居民参与社区活动。至年底，共成立24支"责任居民"队伍，其中西兴街道7支、长河街道7支，浦沿街道10支，开展活动97次。

【社工师资格考试培训】 2021年8月，区民政局发动全区与社会工作相关的机关事业单位、社区、社会组织、重点企业和社会人员共617人参加社会工作者职业水平考试，组织开展考前培训，共通过社工师考试242人，助力全区社会工作专业人才队伍提质扩面和结构改善。

【专职社区工作者招聘】 2021年8—11月，区民政局组织2021年度社区工作者招聘。招聘经公开报名、资格审查、笔试、面试、体检、政审（背景调查）、公示等程序，确定聘用人员。对符合条件的持证社工师和符合相应专业的研究生学历人员及与在滨江区社区参加实习且合格的战略合作院校相关专业学生，采取免笔试直接面试方式招录。招聘计划招录107人，实际招录91人，其中直接面试招录24人。12月6—9日，区民政局对新任专职社区工作者实行岗前培训。全区社区工作者总数增加10%，持证社区工作者增加46人；本科及以上学历社区工作者增加72人，提高4%。

【社区工作者节】 2021年10月29日，滨江区社区工作者节主题宣传活动在西兴街道西陵广场举行。活动主题为"滨江有我，共赴亚运"，内容分社区

2021年6月3日，滨江区首支"责任居民"队伍成立

（区民政局　供图）

工作者表彰、趣味运动会两部分，全区120名社区工作者代表受邀参加。活动现场表彰2021年度“十佳优秀案例”，展现社工工作成果，弘扬社区正能量。残奥会冠军谭玉娇和杭州市最美社工代表为社工节录制《亚运有我》祝福短片，呼吁更多的人关注社会工作，关注社区工作者，为滨江社区治理赋高能，为杭州亚运盛会传薪火。活动中，新老社工代表上台宣誓，立志以最佳精神面貌迎接亚运。仪式后，社工们领取“亚运挑战券”参与现场七大趣味挑战，赢取亚运特许奖品。

【“三型社区”创建】 2021年11月，根据《关于全面提升杭州市社区建设国际化水平的实施意见》《关于加快全市撤村建居社区规范化建设的实施意见》《关于进一步推进农村社区建设的实施意见》，经社区申报和市专家现场走访、座谈及现场评价，对照杭州市“三型社区”（国际化社区、撤村建居社区、田园社区）创建标准，长河街道中兴社区成功创建杭州市国际化社区示范点；西兴街道襄七房社区成功创建杭州市撤村建居社区示范点。

【《滨江区专职社区工作者分类培养实施方案》出台】 2021年11月29日，滨江区为加强专职社区工作者队伍建设，构建专职社工分层分类培养体系，优化队伍结构，提升专职社工整体水平，发挥专职社工在社区治理和社区服务中的作用，出台《杭州市滨江区专职社区工作者分类培养办法（试行）》（简称“办法”）。办法根据社工的年龄层次、教育水平、岗位职级和持证情况，将社工分成领军型、专业型和潜力型，按需进行分类培养，促进专职社工专业化、职业化发展。（陈　超）

2021年10月29日，滨江区社区工作者节主题宣传活动在西兴街道西陵广场举行（区民政局　供图）

社会组织

【概况】 2021年，滨江区依法登记社会组织359家，其中社会团体98家、民办非企业单位259家、基金会2家；有备案类社区社会组织1294家。新增社会组织38家，社区社会组织备案28家。全年对应检的289家社会组织进行预审，规范审核，全区社会组织年检应检289家，实际参检245家。成立滨江区社会组织联合会妇联，是杭州市成立的首家区级社会组织联合会妇联。

【社会组织品牌建设】 2021年，区民政局搭建三级社会组织服务平台，鼓励社会组织开展公益服务项目、信用评估、培育人才和品牌认定，参与省、市品牌社会组织评选工作。经第三方机构初审、专家委员会现场评审和公示，傅引炜、吴桂玲获评“浙江省社会组织领军人物”，杨清、吴桂玲获评“杭州市社会组织领军人才”，杭州市滨江区乐城公益事业社会服务中心、杭州市滨江区她视界创新助力发展中心2家社会组织获评“市品牌社会组织”，杭州市滨江区安然殡葬服务中心的“鲜花换纸钱”——滨江区居民文明殡葬倡导项目获评“杭州市2021年度示范性社会组织品牌项目”。

【社会组织公益创投】 2021年4月1日至11月30日，根据市委、市政府《关于进一步激发社会组织活力推进我市社会治理创新的若干意见》、滨江区《关于加快社会组织培育发展激发社会组织活力的实施意见》，鼓励社会组织参与社区治理和创新社区服务，加强和创新基层社会治理体系、加快转变政府职能、满足群众的社会需求，区民政局组织公益创投活动。申报条件包括具有独立健全的内部控制、财务管理和资产管理等制度，执行《民间非营利组织会计制度》；拥有公益创投项目实施必需的工作场地、设施设备、专业团体和项目执行能力；必须完成"党建入章"工作等要求。项目要求秉持公益性、专业性、经济性、紧迫性、广泛性、针对性、契合度7个指标。项目分公益创投项目和定向资助项目（指申报主体根据其机构服务的特色而设计的项目）。经培训动员、项目申报、材料审核、社会公示、专家评审等环节，申报的38个公益创投项目全部通过初审入围，其中创投项目28个、定向类项目10个。创投项目包括基层党建类2个、社会治理类7个、社企联动类6个、助力亚运类5个、数字滨江类3个、产业社区类5个，下拨公益创投绩效和资金298.8万元。

2021年4月1日，区民政局在区社会组织服务中心举办"公益创投项目设计与管理"能力建设课程　　（区民政局　供图）

2021年滨江区公益创投项目一览表

表44　　　　单位：万元

序号	类别	项目名称	承接单位	项目金额
1	基层党建类	"学党史践初心"红色精神进园区项目	杭州市滨江区花都益剪美丽小屋	9.6
2		"学党史践初心"党史精神进园区项目	杭州市滨江区杭州湾社会创新中心	9.6
3	社会治理类	"新家园"随迁老人社区融入项目	杭州市滨江区创兴社会服务发展中心	9.6
4		"少年行"社区青少年赋能项目	杭州市滨江区益心社会工作服务中心	9.6
5		"一米阳光"社区跨代养老服务项目	杭州滨江绿康阳光家园	9.6
6		"圾不可失"垃圾分类社区参与式项目	杭州市滨江区创兴社会服务发展中心	9.6
7		"玫瑰佳媛"全职妈妈再就业自信心提升项目	杭州市滨江区益生社区家庭教育指导中心	9.6
8	社会治理类	"正义同行"社区法律知识普及项目	杭州市滨江区法视界矛盾调解中心	9.6
9		"幸福胶囊"社区家庭关爱项目	杭州市滨江区心智慧公益发展中心	9.6
10	社企联动类	"360度"企业在职员工关怀项目	杭州市滨江区常青树公益服务中心	9.6
11		"益企远航"企业在职员工素质提升项目	杭州乾能职业技能培训学校	9.6

续表44

序号	类别	项目名称	承接单位	项目金额
12	社企联动类	“引擎计划”社会组织助力中小企业成长项目	杭州市滨江区法视界矛盾调解中心	9.6
13		“美丽有约”职场女性减压服务项目	杭州市滨江区她视界创新助力发展中心	9.6
14		“平安护航”安全园区建设助力项目	杭州市滨江区乐城公益事业社会服务中心	9.6
15		“向阳花开”企业白领赋能计划	杭州市滨江区社区少年宫	9.6
16	助力亚运类	“美丽滨江迎亚运”社区氛围营造项目	杭州市滨江区兴兴老年社区文艺社	9.6
17		“健康滨江迎亚运”社区健身服务项目	杭州市滨江区英智为老服务中心	9.6
18		“文明滨江迎亚运”文明礼仪提升项目	杭州市滨江区杭州湾社会创新中心	9.6
19		“平安滨江迎亚运”社区急救能力提升项目	杭州市滨江区公羊会应急救援大队	9.6
20		“绿色滨江迎亚运”社区节能宣传项目	杭州市滨江区养老服务行业协会	9.6
21	数字滨江类	“智慧助老”智能设备应用教学项目	杭州市爱来家社区事业服务中心	9.6
22		“反网络电信诈骗”财产安全守护项目	杭州市滨江区化云惠老公益中心	9.6
23		“E路相伴”社区残疾人士赋能项目	杭州市滨江区乐城公益事业社会服务中心	9.6
24	产业社区类	“衣网情深”二手衣物回收利用环保项目	杭州市滨江区衣来衣往生活公益服务中心	9.6
25		“幸福烘焙”智慧园区融合项目	杭州市滨江区福馥公益中心	9.6
26		“COFFEE TALK”物联青年成长项目	杭州市滨江区碧兰朵公益服务中心	9.6
27		“益企行”高新企业职场健康关爱项目	杭州市滨江区常青树公益服务中心	9.6
28		“午间加油站”职场女性美育项目	杭州市滨江区茶艺协会	9.6
29	定向类	“老有所乐”关爱社区老人项目	杭州市滨江区葛道公益发展中心	3
30		“与经典同行”中华传统文化进社区	杭州市滨江区南孔公益发展中心	3
31		在职人员皮肤健康知识普及项目	杭州高新开发区（滨江）之江日化科学技术公益服务中心	3
32		凝心聚力服务社工	杭州市滨江区社会组织联合会	3
33		生命的礼物—人体器官捐献服务项目	杭州市滨江区晴雨公益发展中心	3
34		社区智慧父母成长学校（社校联建）	杭州市滨江区初心心理健康服务中心	3
35		“一企创益”滨江企业员工关怀	杭州市滨江区予之公益服务中心	3
36		滨江区中小企业政策解读辅助与项目申报辅助	杭州市滨江区社会组织联合会	3
37		“益路同行”楼宇社会组织培育项目	杭州市滨江区励行社会公益事业服务中心	3
38		“凝心聚力”社会组织增能项目	杭州市滨江区励行社会公益事业服务中心	3

【社区公益嘉年华项目】2021年5月，滨江区社会组织服务中心开展的社区公益嘉年华项目完成，共出动社会组织120家次，为民服务3000人次。项目周期为2020年9月至2021年5月，是2020年公益创投项目之一，通过整合社会组织、社工的专业志愿服务资源，不定期在指定社区开展便民服务，为社区居民提供志愿服务活动，以公益服务模式打造共建共治共享的社会治理格局，让社区居民了解和认识社会组织的作用。杭州市滨江区乐城公益事业社会服务中心、杭州市滨江区花都益剪美丽小屋、浙江树人职业技术培训学校等组织提供专业服务。

【社会组织等级评估】2021年5月，根据《社会组织评估管理办法》《杭州市社会组织评估工作规程》《杭州市民政局关于开展2021年度社会组织等级评估工作的通知》，对三类社会组织进行等级评估：2018年12月31日前，在滨江区民政部门登记成立，未参加过评估的社会组织（职工持股会除外）；至2020年12月31日，评估等级有效期已满3年，需要晋升等级的社会组织；至2021年12月31日，评估等级已过有效期的社会组织。至11月底，通过评估资格审核、社会组织自评、评估机构初评、评估专家组的审核和审定、结果公示，确定评估结果并颁发等级证书和牌匾，参评的7家社会组织中，杭州市滨江区养老服务行业协会、杭州市滨江区公羊会应急救援大队、杭州市滨江区晶心闪耀社会组织服务中心、杭州市滨江区西兴街道社会组织服务中心、杭州市滨江区长河街道社会组织服务中心、杭州市滨江区浦沿街道社会组织服务中心6家获AAA级，杭州市滨江区之江戏曲服务协会1家获AA级。

【“僵尸型”社会组织专项整治】2021年8—12月，区民政局联合行业主管部门开展“僵尸型”社会组织专项整治。“僵尸型”社会组织指连续未参加2019年度与2020年度检查（年报）、自取得登记证书之日起1年未开展活动、自2019年1月1日起未按照章程规定的业务范围对外开展业务活动、通过登记的住所和法定代表人等方式无法取得联系、民政部门和业务（行业）主管单位认为应纳入整治的社会组织。专项行动分工作部署、摸底自查、集中整治、总结验收4个阶段。区民政局印发《关于开展“僵尸型”社会组织专项整治行动的通知》，召开“僵尸型”社会组织专项整治行动工作部署会议，梳理全区登记在册的348家社会组织，清理出27家“僵尸型”社会组织，联合区教育局、区科技局、区人力社保局等8个涉及“僵尸型”社会组织的业务主管单位和行业管理部门进行分类整治。对于停办的社会组织，由业务主管单位敦促其主动办理注销登记手续，存在注销困难的，进行撤销登记。对于仍在开展活动但未按要求参加年检的社会组织，由业务主管单位敦促其进行限期整改，按时参加年检。至年底，完成4家“僵尸型”社会组织整改工作，清理整治持续推进中。

【社会组织资金补助】2021年10月22日，根据《杭州高新区（滨江）社会组织培育发展资金补助暂行办法》《杭州市滨江区社会组织培育发展办法》《杭州市滨江区社会组织培育发展办法实施细则》的相关资金补助标准及各组织提交的资金补助申请材料，区民政局与区财政局联合出台《关于下拨2021年滨江区社会组织培育发展补助资金的通知》，对审查后符合要求的62个申报项目予以资金补助，共137.76万元。（陈卓琳）

人口监测与家庭发展

【概况】2021年，滨江区出生2824人，其中一孩1541人、二孩1204人、多孩79人，出生性别比103.17。受理生育登记2848例，其中一孩1904例、二孩921例、三孩23例。再生育审批32例。新建公共场所母婴设施8处。完成国免检查（免费婚前医学检查和免费孕前优生健康检查）

2651人次，目标人群覆盖率98.61%。发放免费避孕药具2.7万人份。

【公共场所母婴设施标准化建设】 2021年，根据浙江省公共场所母婴设施建设标准，区社发局排摸区内公共场所母婴室情况，制定整改计划，对浙江大学附属儿童医院、奥体中心体育场等重点区域加大建设投入，提升母婴设施的舒适程度。至年底，完成10个五星级母婴室、8个四星级母婴室和20个三星级母婴室的提升。

【失独家庭服务】 2021年，滨江区依托社区美好生活共同体阵地建设，将人口家庭元素融合其中，建设“特殊家庭暖心家园”。浦沿街道“暖心家园”开辟谈心角，利用节假日为老年人组织茶话会等活动，丰富老年生活。为失独家庭解决生活中实际困难，提供菜单式家政服务，服务内容包括维修家电及清洗洗衣机、油烟机、衣物、窗帘等。至年底，共为29户失独家庭提供服务。

【区计生协召开第五次会员代表大会】 2021年1月27日，滨江区计划生育协会第五次会员代表大会在“智慧e谷”召开。区委副书记、政法委书记张玮，杭州市卫健委党委委员、计生协专职副会长崔威武等100多人参加会议。会议听取区计生协会第四届理事会工作报告，审议通过《杭州高新区（滨江）计划生育协会第五次会员代表大会关于第四届理事会工作报告的决议》，选举产生第五届理事会理事，万爱民当选为第五届理事会会长。

【婴幼儿照护服务入企业活动】 2021年5月15日，国际家庭日，区社发局为杭州海康威视数字技术股份有限公司、浙江中南集团股份有限公司、恒生电子股份有限公司3家企业中0~3岁婴幼儿家庭提供婴幼儿照护服务。组织明月江南幼儿园、长河幼儿园、钱塘实验幼儿园3个婴幼儿照护培训基地为企业适龄家庭设计多样的现场活动。活动形式包括亲子运动会、游园会、育儿课堂等，受到企业员工的欢迎，共有150户家庭参加。

【全面三孩政策衔接】 2021年5月31日，全面三孩政策实施。区社发局召开基层工作指导会议，解读行政审批、涉法审核、数据统计等方面的变化情况，推进政策有序实施。联合区委组织部、区委统战部、区总工会等，落实计划生育涉法审查工作的新要求。与外地公安部门协调三孩政策实施后停止提供生育证明所产生的问题，保障办事群众的权益。 （吴　俊）

【户籍人口管理】 2021年，滨江区受理审批户口材料14101件（包括人才引进9086件，研究生1115件，大中专学习毕业1215件），办理杭州市内迁移24924人，办理全城通办业务1708件，互联网申报业务16389件，出生登记户口3527人，死亡注销户口830人，受理制作二代指纹身份证53073张，制作临时身份证4418张；办理港澳台居民居住证153张，办理边境管理通行证518张；完成上半年积分落户审批落户461人，接听咨询电话和接受群众口头咨询万余人次；查询户籍资料6000多次；回复户籍内容咨询类信访800多件；收到省公安厅下发信息数据核查共153条，完成率100%，居全市第一位；在深入推进户口登记管理专项清理整顿中，完成全国治安管理信息应用门户下发重复户口信息核查6批次共计78人，清理注销重复户口14人。办理一窗受理平台类17545件。

【流动人口管理】 2021年，滨江区受理发放新型居住证31303张。公安滨江分局开展居住证“积分落户”“积分入学”工作，共受理“积分落户”申请材料1760份，“积分入学”申请材料710份，经审核，1030名流动人口在杭州落户，512名流动人口子女符合条件进入公办学校就读。办理出租房和流动人口处罚案件1070起。

【出入境人员及往来港澳台人员管理】 2021年，公安滨江分局出入境管理大队受理、审批中国公民因私出国及往来港澳台申请9529人次，比上年上升9.7%，其中护照申请1067人次，港澳通行证及签注申请8299人次，台湾通行证及签注申请163人次。受理境外人员临时住宿登记1.15万人次，登记量下降13.04%，其中派出所登记1893人次，涉外酒店登记0.95万人次。滨江区有常住境外人员1639人，全年外国人签证窗口共受理、签发外国人居留许可1602人次，上升35.3%；受理、签发外国人普通签证68人次，下降25%；受理、签发外国人停留签证692人次，增长208%。发生涉外案（事）件133起，增长87.3%。受理涉外案件133起，其中查处外国人非法居留案件73起、查处非法就业案件19起、其他类41起，遣送出境11人。（杜　鹃）

社会保障

【概况】 至2021年年底，滨江区基本养老保险累计参保57.14万人，净增8.7万人，工伤保险累计参保65.53万人，净增11.02万人，净增数排名主城区第一位。全区户籍人口参保率99.63%，社保业务高频事项网办率98.53%，全民参保登记率保持100%。推进养老保险待遇和工伤保险待遇通过社会保障卡发放，新增待遇领取人员社会保障卡绑定率100%。2021年，受理审批职工退休2344件；工伤认定1689起，时效内办结率100%；审批不定时工作制行政许可422件，综合计算工时行政许可447件。现存许可有效期内劳务派遣企业146家。推动医保“一窗通办”，实现实体窗口掌办网办率100%，基本医疗保险参保率99.77%。提升医保服务效率，全年审核零星医疗费用报销7814人次，拨付医疗费用1648.95万元；审核生育津贴8593人次，拨付金额2.09亿元；审核医保在职转退休2169人次；办理医保关系转移接续10952人次。全年发放农转非拆迁人员家庭大病医疗补助886人600.62万元。推广商业补充医疗保险，西湖益联保参保23万人。全区3200名机关事业单位子女参加杭州市基本医疗保险（少儿医保）。

【被征地农民参加基本养老保险政策调整】 2021年1月，区委、区政府贯彻省人力资源和社会保障厅、省财政厅、省自然资源厅、省税务局《关于进一步做好被征地农民参加基本养老保险有关工作的通知》文件精神，专门成立联席会议、工作专班，区委书记、区长牵头，分管区领导负责。对滨江区40072人被征地农民参加基本养老保险政策进行调整，其中政策不作变动20267人，分类施策、合规调整19805人。完成存量人员参保登记工作，经过对被征地存量指标的全面排摸和动员参保，共937名被征地存量人员参加职工养老保险。

【人社业务政务服务2.0平台推广应用】 2021年2月，省大数据发展管理局召开一网通办“示范大厅”建设启动会，杭州高新区（滨江）被列入全省6个试点先行单位之一。“示范大厅”的核心任务是应用推广政务服务2.0平台。政务服务2.0平台即以实现一网通办为目标的数字化改革。2月24日，区政府常务会议明确，

区行政服务中心社保、医保综合服务窗口

（区人力社保局　供图）

"示范大厅"建设工作属于省、市、区全面深化改革的重要任务，并纳入综合考评。区人力社保局依据政务服务2.0事项"应领用尽领用"的原则，上线142个2.0事项，可正常受理125项业务。至年底，人社业务在政务服务2.0平台的一网通办率88.26%。

【机关事业单位养老保险改革推进】 2021年3月，区人力社保局启动民办学校教师参加机关事业单位养老保险和职业年金工作。完成2014年以来162名转业干部基本养老保险和职业年金转移接续工作，累计转移养老保险基金1539.28万元，职业年金949.83万元。5月开始，完成321名机关事业单位"中人"（2014年10月之前进入机关事业单位工作，2014年10月之后退休的人员）职业年金与养老待遇的分开发放工作。（丁永芳）

【劳务派遣企业管理】 2021年3月，区人力社保局对区内146家许可有效期内劳务派遣企业进行年度核验工作，117家劳务派遣企业提交年度经营情况报告、签订劳动合同、缴纳社保、被派遣劳动者数量等情况，完成年度经营情况核验工作。将劳务派遣企业的年度核验结果、"双随机"抽查结果载入企业信用记录，通过浙江政务服务网等进行公示，推动社会监督，促进劳务派遣单位依法经营、规范用工。

【职工退休（退职）"一件事"服务模式改进】 2021年3月，区人力社保局探索退休业务"一次申请、一窗收件、一站服务、一体反馈"的全流程"最多跑一次"联办服务模式，将政务服务网、浙江数字人社工作台、医保业务经办系统、市住房公积金管理中心等业务系统有效连接，基本信息借助平台实现同步导入、数据实时共享。5月31日，联办服务模式上线运行，实现办理时效压缩65%以上，常规退休业务事项办理时限由30个工作日压缩至10个工作日内，实现"一张表单申请、一个平台联办、一次不跑办成"。（朱　熠）

【人社政务地图采集】 2021年4月，区人力社保局采集92个服务网点绘制滨江区人社电子地图。"人社政务"服务平台以高德地图、百度地图等第三方应用的形式呈现，市民可在网页端和手机移动端实时检索网点、查询地点、精准导航，办理就业创业、社会保险、医疗保险、人事人才、劳动关系等人社业务。查询可直接点击进入导航，为市民提供精准的指引服务。

【人社窗口业务技能提升】 2021年7月，区人力社保局开展业务技能练兵比武，全员参加人社部组织的"日日学、周周练、月月比"活动，通过业务小比武程序、退件研判学习、典型案件分享、日常业务培训等形式，统一人员业务口径，提高人员业务能力水平，提升服务意识。在全市人社系统窗口单位业务技能练兵比武竞赛中获团体三等奖，4人获评"人社知识通"，其中1人获"优秀选手奖"。

【养老保险基金管理风险排查】 2021年7—12月，区人力社保局开展养老保险基金管理风险排查。排查分自查、市内抽查、上级转办、督办等。核实在自查中发现的养老保险基金及人社部稽核平台、浙江人社工作台稽核风控系统、浙里社保基金安全在线、杭州风控稽核平台下发的疑点数据，追回重复领取待遇11.62万元；追回审计整改督办函中涉及整改的3名城乡居民死亡冒领待遇6321.24元、1名重复领取待遇17.68万元。

【社保基金安全"警示教育月"活动】 2021年12月，区人力社保局开展"以案为鉴、警钟长鸣"为主题的社保基金安全"警示教育月"活动。区人力社保局印发《深化社保基金管理问题专项整治、开展社保基金安全警示教育工作方案》，组织区、街道、社区共100多名工作人员观看人社领域违纪违法典型案例警示教育片，召开2场形势分析会，形成内部社保基金管理风险清单41条。通过该活动，推进社保基金安全警示教育制度化、常态化。（丁永芳）

【医保"一窗通办"】 2021年，区人力社保局加快推进医保

2021年9月8日，杭州市医保“一窗通办”2.0事项观摩学习交流会在滨江区举行（区人力社保局　供图）

“一窗通办”建设，通过打造“一张清单”，理清工作机制、打通工作环节、解决系统问题，推进2.0高频事项应用工作。建设“一个窗口”，优化窗口设置，有效提升2.0办件率。加大网办掌办指导力度，通过窗口接待、咨询电话、网上“店小二”指导网办掌办。推进医保高频事项向街道、社区延伸，加强医银合作，构建“30分钟医保服务圈”。9月8日，市医疗保障受理中心在滨江区举办全市医保“一窗通办”2.0事项观摩学习交流会。至年底，实体窗口2.0办件率达到100%。

【商业补充医疗保险参保】2021年，区人力社保局开展西湖益联保推广工作。西湖益联保是杭州医保指定的一款商业补充医疗保险，浙江省本级以及杭州市职工、城乡居民基本医疗保险参保人均可参保，交一年保一年，投保后可享医保目录内医疗费用补充报销、医保目录外合理药品费用补充保障、高额创新药品以及耗材费用报销、符合约定的罕见病专项药品医疗保障。区人力社保局建立健全工作专班机制，采取线上线下结合、点对点宣传与面推互补等方式进行宣传推广，协助承保公司进社区、进园区、进企业、进行业，面对面向群众宣传政策、指导参保。至年底，滨江区西湖益联保参保23万人。

【欺诈骗保专项治理行动】2021年7月，区医疗保障管理服务中心协同区社发局、区市场监管局、公安滨江分局等部门开展欺诈骗保专项治理行动，对17家定点医疗机构是否存在“假病人”“假病情”“假票据”等欺诈骗保行为进行专项检查，规范定点医疗机构行为。

（刘　军）

企业退休服务

【概况】2021年，滨江区有4.76万名企业退休人员纳入社区实施社会化管理服务。春节、端午节、中秋节慰问企业退休人员13.39万人次，发放慰问金1.25亿元；关爱“五类”企退老人，开展“冬送温暖、夏送清凉”、重阳节慰问等活动，慰问1262人次，投入资金31.58万元；发放困难补助329人，投入资金75万元；街道、社区工作人员探望住院病人8447人，购买慰问品87.64万元。开展企业退休人员文娱健身活动，组织4.67万名企业退休人员外出活动，投入活动资金604.52万元。组织第八轮企业退休人员健康体检，参加体检35883人，自动放弃体检9962人。倡导企业退休人员开展志愿者服务活动，参与疫情防控、“五水共治”、垃圾分类、爱心服务、助力“帮你跑”等活动3.39万人次。

【退管智能服务】2021年，区人力社保局推进资格认证在“浙里办”办理，借助户籍、殡葬、交通出行、医院等系统大数据和日常服务实现“无感认证”，根据个性化需求开展远程认证、上门认证，做好辖区内4.5万名企业退休人员生存认证工作，认证率100%。推动新增企业退休人员人事档案数字化建设，实施5.11万份企业退休人员档案数字化，

2021年5月26日，滨江区企业退休人员喜迎中国共产党成立100周年书画摄影展开展 （区人力社保局 供图）

提高档案的使用性和便捷性。通过“民生直达”平台，成功发放企业退休人员慰问金，13.39万人次1.25亿元“一键到账”。

【五类企业退休人员慰问】 2021年，区人力社保局开展全区“孤寡、独居、伤残、困难、高龄”五类企业退休人员“冬送温暖、夏送清凉”、重阳节等慰问活动，在调查摸底的基础上，确定重点慰问人员，做到不遗漏、不重复，与街道社区、企业退休人员小组长、骨干人员共同开展实地走访慰问。至年底，共慰问1262人次，投入资金31.58万元。

【企业退休人员书画摄影展览】 2021年5月26日至6月7日，区人力社保局举办“展百年风华、看潮起滨江”企业退休人员喜迎中国共产党成立100周年书画摄影展。活动征集、评审历时3个月，有99名企业退休艺术爱好者投稿，收集书法作品107幅、国画作品48幅、摄影作品104幅，经过专家评审，从中选出60幅优秀作品进行展览，并制成精美画册。展览吸引1000多人次观看。

（姚杭娜）

退役军人事务

【概况】 2021年，滨江区退役军人事务局（简称“区退役军人事务局”）全面做好思想政治、就业安置、服务保障、拥军优抚、权益维护、褒扬纪念等工作。开展崇军系列宣传和活动，推进退役军人服务站建设，组织3个街道、59个社区退役军人服务站工作人员开展优抚优待、信访处置等退役军人事务工作。接收2021年退役士兵，对全区退役军人就业情况和用工单位需求进行摸底，为退役士兵提供就业培训、专场招聘会、社工单考单招，完成军转干部、退役士兵、随军家属的安置工作。组织全区退役军人投身新冠肺炎疫情防控工作，退役军人志愿者参与疫情防控和复工复产工作。成立杭州市滨江区关爱退役军人协会。开发退役军人全生命周期管理系统。“红色崇军码数智赋能党史学习教育”分别被浙江省、杭州市党史学习教育领导小组办公室录用。长河街道作为红色崇军“直播间”试点，征集50年以上党龄退役老兵为宣讲团成员，累计宣讲百余场。退役军人韩虎根被评为2021年度杭州市最美志愿者。何国祥获杭州市第三届“最美退役军人”称号。

【退役军人服务站建设】 2021年，区退役军人事务局持续推进退役军人服务站建设。4月15日，开展驻站连心服务活动，指导基层服务站“兵支书”规范化建档立卡。4月28日，全省退役军人服务中心主任集训在滨江区举行，集中观摩长河街道退役军人服务站、西兴街道新州社区退役军人服务站阵地建设，探讨服务站工作机制和创新服务。8月31日，全区59个社区服务站确定轮值站长，实现“轮值站长”全覆盖。至年底，建成全国“示范型”服务站59家、全省“枫桥式”服务中心（站）10家。

【退役军人就业创业服务】 2021年，区退役军人事务局拓宽渠道，提升退役军人职业技能，促进就业创业。1月16—17日,联合她视界创新助力发展中心举办滨江区退役军人直播培训辅导班。8月24日,定向推出退役士兵专职社工岗位。9月23日,开展“圆梦社工”退役军人面试培训。10月15日,成立3家退役军人就业创业孵化基地。10月12日,组织退役军人企业参加杭州市第二届创新创业大赛,获三等奖。

【区关爱退役军人协会成立】2021年5月27日,杭州市滨江区关爱退役军人协会成立大会召开。市退役军人事务局、区委有关负责人等60多人参加。会议审议通过《杭州市滨江区关爱退役军人协会章程》《杭州市滨江区关爱退役军人协会财务管理章程》《杭州市滨江区关爱退役军人协会选举办法》,选举产生杭州市滨江区关爱退役军人协会第一届理事会成员、监事,为“杭州市滨江区关爱退役军人协会”授牌。袁如祥当选协会首任理事长。区关爱退役军人协会是由滨江区关心、热心崇军工作的各界人士组成的地方性、联合性、非营利的民间社会组织。区关爱退役军人协会的成立,有助于动员社会各界力量共同参与服务退役军人工作。

【崇军系列活动】2021年7月19日,区委退役军人事务工作领导小组办公室印发《关于做好“八一”期间退役军人工作的通知》,开展驻军部队走访慰问、最美退役军人选树、退役军人书画摄影展、致敬“最可爱的人”、送喜报、走访入户、送法入户、退役军人座谈会、崇军优惠、崇军问候等“十个一”崇军关爱系列活动。至年底,签约星光大道、滨江宝龙城、龙湖天街、鑫都汇等商业综合体内崇军商家。印发《中华人民共和国退役军人保障法》《滨江区退役军人政策汇编》。

【“钱潮老兵”退役军人志愿品牌发布】2021年11月25日,滨江区“钱潮老兵”退役军人志愿服务品牌发布仪式在白马湖畔举行。活动由区退役军人事务局主办,西兴街道、长河街道、浦沿街道、区关爱退役军人协会协办。市、区退役军人事务局负责人和退役军人志愿者等参加。仪式上,发布“钱潮老兵”退役军人志愿服务品牌,为水上救援队、医疗救援队、应急救援队、三联救援队、社会治理队、文化兴盛队、文明靓城队、巡河护水队、亚运先锋队、轮值站长队等退役军人志愿者队伍授旗,退役军人志愿者代表发言,全体队员集体宣誓。水上救援队在白马湖进行现场演练。“钱潮老兵”退役军人志愿服务队伍的启动,标志着滨江区退役军人志愿者队伍建设获得突破。

【退役军人数字化服务】2021年12月15日,区退役军人事务局开发完成退役军人全生命周期服务管理系统,用数字化方式为退役军人提供退役安置、就业培训、线上招聘、优抚优待、节日慰问、困难帮扶等服务,形成从新兵入伍到退役返乡全过程服务保障的闭环。“退役军人‘滨置无忧’综合管理平台”项目入围全省退役军人工作数字化改革第二批重点项目试点。

(郑梦雨)

2021年5月27日,杭州市滨江区关爱退役军人协会成立大会召开

(区委宣传部　供图)

养老服务与老龄事业

【概况】 2021年，滨江区有居家养老服务（照料）中心50家，其中街道级6家、社区级44家；养老机构4家，老年床位2240张，每千名老年人拥有床位53张。全区有60周岁以上老年人4.3万人，占户籍总人口13.72%，其中80周岁以上5366人。办理老年人优待证1551人本；为80周岁及以上的老人发放高龄津贴和城乡居民养老金共358.9万元。为全区70周岁及以上1.16万户老年人家庭购买家电统筹保修服务，投入资金370.9万元。拨付养老服务资金555.2万元，其中，照料中心及老年食堂建设、运营补助538.6万元，照料中心连锁化托管补助16.6万元。推进滨江数字颐养港（康养联合体）建设，依托长河街道冠山未来社区建设冠山居家养老服务中心，对标精细化的“日式介护”建设示范型居家养老服务中心、对标省级康养联合体建设“幸福颐养标杆站”、对标省级养老数字化改革建设“多跨协同示范站”。

2021年，老年人、高血压和糖尿病管理不断规范，管理65岁及以上老年人2.22万人，老年人健康管理率为65.77%，管理高血压患者2.03万人，规范化管理率79.74%，管理糖尿病患者5875人，规范化管理率76.57%，健康档案开放30.03万份，开放率73.35%。实施老年人数字化健康管理服务，制定《居家健康服务管理方案》，联合华数集团建设“未来社区健康问诊”，提供适老、医养通健康的数字家医服务，形成“自我监测—异常预警—视频问诊—专家会诊”4级管理闭环。开展老年电大滨江分校春季、秋季课程，其中，电视课程学员共2500人；开设兴趣班，兴趣班设有剪纸、国画、书法、摄影、葫芦丝、广场舞6门课程，共开课200多课时，学员300多人。

资料：“日式介护”

介护指以照顾日常生活起居为基础、为独立生活有困难者提供帮助。基本内涵为自立生活的支援、正常生活的实现、尊严及基本的人权的尊重和自己实现的援助。“日式介护”需要经过专业的技能培训，注重人文关怀、从老人的切身实际出发，帮助老人提高生活质量，辅助老人完成各种康复运动，延长老人寿命，帮助老人实现高品质生活。

（陶晓青　傅静霞）

【养老机构】 2021年，滨江区有养老机构4家，设置床位2240张，已备案养老机构床位1883张，每百位老年人拥有床位数5.3张。其中：区级养老机构1家——阳光家园；街道级养老机构3家，分别为西兴元墅老人公寓、长河街道乐居冠山居家养老服务中心、浦沿街道敬老院。长河街道乐居冠山居家养老服务中心为2021年新增设的街道级嵌入式微型养老机构，满足老年人就近就便、“离家不离亲”的养老需求。

【居家养老服务中心】 2021年，滨江区在运营居家养老服务（照料）中心有50家，医养结合签约50家，包括社会化运营39家，老年食堂（助餐点及配送餐）36家，为全区老年人提供生活照料、家政、康复护理等服务，保障高龄、独居、空巢、失能和低收入老年人的生活。区民政局与区财政联合发文《关于下达2020年度社区养老服务补助资金的通知》，拨付养老服务资金555.2万元，其中照料中心及老年食堂建设、运营补助538.6万元，照料中心连锁化托管补助16.6万元。

【居家养老服务】 2021年，区民政局推进居家养老服务。起草完成养老服务电子津贴实施办法、实施方案，全年发放电子津贴重阳分702万分，结算资金418万元，累计服务时长16.8万小时。完成新一轮服务商公开招投标工作，确定服务商5家，分别为杭州钱江养老服务中心、浙江乐城养老服务有限公司、杭州市健康社区服务中心、杭州市萧山区乐意居家养老服务中心、杭州萧山区吾爱吾老服务中心，通过岗前培训和定人帮带等提高业务水平，5家服务商有居家养老护理人员124人，护理人员百分百持证上岗。开展第三方运营监管及满意度测评工作，每月召开例会，共开展上门走访500人次，电话回访3000人次，通过细化考核内容、摸清服务需求、提升服务满意度。至年底，政府为5000多人购买服务，服务时间280万小时，全年投入资金700多万元；为6491名老人配发老年手机。

【数字化康养联合体建设】 2021年，滨江区被列为省级数字化康养联合体试点单位，区民政局推进滨江数字颐养港暨数字化康养联合体建设。通过区民政局、街道、社区、居家养老服务中心运营单位会商、实地调研、参加培训和学习等方式，拟写滨江区养老服务数字化改革试点（康养联合体场景）工作实施方案、滨江数字颐养港服务方案、数字颐养港落地方案和责任分工表。依托长河街道冠山未来社区建设冠山居家养老服务中心，构建示范型居家养老服务中心。至年底，成立2个街道级康养联合体“数字专班”，召开部门、街道协同会议63次，邀请涉老服务高新企业座谈72次，调研养老服务机构6家，访谈老年人200多人。编制完成康养联合体数字化建设试点建设方案、可行性方案和数字化模块建设方案，总结政策清单、养老服务项目清单、需求清单，明确老年人数据互通共享不够、为老服务资源整合不够、失能失智老年人康复护理专业性不够三大痛点作为滨江康养联合体数字化改革重点课题。

资料：数字化康养联合体

将5G、人工智能、物联网、云计算、大数据等新一代信息技术和智能硬件应用于康养服务，实现康养服务信息获取、感知记录和过程监管等数字化和智能化，助推建立居家社区机构相协调、医养康养相结合的整合式照护服务体系。

（陶晓青）

【老年服务多措并举】 2021年，滨江区继续开展老年人照顾服务工作，开展《浙江老年报》和《每日商报·乐活老年周刊》订阅工作，为老年人提供养老、家庭、健康、娱乐等信息。开展“千堂万艺”文艺大课堂活动，为社区老人免费提供书法绘画、歌舞器乐、摄影等文艺培训，全年开展培训2250课时。为全区5108名80周岁及以上老年人发放每人300元护理补贴、共153.24万元，为全区90周岁及以上老年人发放慰问金28.2万元，走访慰问15名百岁老人，为全区60周岁老年人购买意外伤害保险122.51万元，向60周岁以上农转非拆迁老年人发放春节慰问金1228万元。

【老年体育与保健】 2021年，滨江区开展“迎亚运”老年人八法五步、太极拳（剑）、健身球、柔力球、棋类等比赛交流活动，丰富老年群众健身活动内容；开展排舞、武术等培训50多场次。组织老年人参加“红动浙江”浙江省马拉松接力赛、“喜迎亚运、舞动滨江”滨江区排舞大赛、全民健身日活动—趣味挑战赛、桥牌等群众性体育赛事活动70多场次。安排老年人参加3~69周岁国民体质测试，全年完成测试人数2000多人次。邀请省市专家到滨江区开展“体医融合”培训上岗服务，完成三级社会体育指导员培训1000多人次，社会指导员网上注册激活1000多人次，促进全民健身与全民健康深度融合。

【老年友好型社区构建】 2021年，滨江区推进家庭医生签约、医养结合、安宁疗护等工作，绿康康复医院入选全国首批老龄健康医养结合远程协同服务试点机构名单，是杭州市唯一一家入选机构。利用远程协同平台多样化菜单式教学模式，为医养机构管理人员、服务人员开展专业化培训25场，受训272人次。建立高血压、糖尿病等慢性病老年人电子健康档案320份，为290名失能需长期照护服务、高风险慢性病的老年人开展初级信息筛查、分析评估、分级精准监测管理、反馈闭环管理。制定远程监测及医疗救援管理方案，利用杭州市紧密医养联合体一体化管理，提升医疗救援响应速度，从12分钟压缩至6分钟，提高老年人获得感和满意度。

【常态化老龄工作】 2021年，滨江区推进敬老爱老助老“最美”系列先进选树创评，获市级“最美长者”“最美模范人物”“最美幸福家庭”“最美示范社区”称号各1个,“最美医护”2人。开展国家老龄健康医养结合远程协同服务试点工作,对阳光家园需要长期照护服务高风险慢性病的125名老年人开展筛查、分析、救治,完善失能老年人长期照护服务和高风险慢性病患者动态远程监测和医疗救援工作机制。“探索老年康复护理服务机制”申报成为2021年杭州市老年健康相关工作试点项目,为社区卫生服务中心(站)、医养结合、康复医疗卫生机构、社区日间照料中心、敬老院等机构,开展同质化老年康复护理培训15场次、500多人。“老年友善医疗机构”社区卫生服务中心创建覆盖率100%。(傅静霞)

文明城区建设

【概况】2021年,滨江区以培育和践行社会主义核心价值观为根本,开展全国文明城市创建工作,加强公民思想道德建设,拓展新时代文明实践,推动群众性精神文明创建工作。杭州兴耀控股集团有限公司、浙江华业控股集团有限公司2家单位获评省级文明单位,浙江吉利控股集团有限公司、杭州市滨江区长河幼儿园、浙江能源天然气集团有限公司3家单位获评市级文明单位,国家税务总局杭州市滨江区税务局高新技术产业开发区税务所、中国农业银行股份有限公司杭州月明路支行、中国银行股份有限公司杭州江汉科技支行3家单位获评区级文明单位。西陵社区、闻涛社区获评市三星级社区文化家园,累计建成社区文化家园58个,持续开展各类公益活动。网易蜗牛读书馆、北京航空航天大学杭州创新研究院航空航天科普体验展厅、区党群服务中心、浙江中医药大学浙江中医博物馆、杭州滨江青少年宫、杭州宝龙艺术中心新培育为第二课堂基地。开展“我推荐我评议身边好人”活动。开展滨江区第十七届美德少年(新时代好少年)选树活动。组织浙江红领巾公益基金“红暖一冬”专项关怀行动,慰问21名滨江籍低保家庭的未成年儿童。(来国丽)

【精神文明建设】2021年,杭州高新区(滨江)持续开展“文明靓城、滨滨有礼”文明礼仪行动。开展“心心相融迎亚运、滨滨有礼我先行”文明创建暨美丽杭州“洁美杯”竞赛。推进文明殡葬,持续开展“鲜花换纸钱”“云祭扫”等文明祭扫工作。组织开展十大“最美滨江人”评选宣传,张超(已故)入选“中国好人榜”,徐文娥入选“浙江好人”、提名“中国好人榜”,诸鸣、徐文娥2人入选“杭州好人”。围绕“建党100周年”主题开展“‘船’承经典、少年起航”百日、百场沉浸式未成年人红色党史教育活动,吸引20多家主流媒体和新媒体聚焦,“新华社”微信公众号浏览量30.2万人次。(王春松)

【未成年人红色党史教育】2021年3月3日,区委宣传部、区文明办联合区委党史研究室

2021年3月3日,区委宣传部、区文明办联合区委党史研究室在网易蜗牛读书馆开展未成年人红色党史教育活动

(区委宣传部 供图)

在网易蜗牛读书馆开展"'船'承经典、少年起航"百日百场沉浸式未成年人红色党史教育活动。活动主办方把科技与学习党史结合，以中国共产党第一次代表大会的召开为故事主线，以学生喜爱的数字化、科技感等形式，在闯关体验活动中运用虚拟人对话推进剧情演进和视频学习，学生化身历史的亲历者，通过角色扮演、任务闯关、剧情设定、机关解密、虚拟人交互等方式，在互相协作中完成闯关，体验中国共产党第一次代表大会召开的过程。活动邀请52年党龄的退伍军人谢吕法为学生讲述中国共产党的光辉历程、长征儿童军的故事。新华社、《人民日报》等近20家中央、省、市主流媒体和新媒体关注聚焦该次活动，刊发报道20多篇。活动内容登上"学习强国"全国平台，新华社网上浏览量30.2万人次。

【第十六届"公民爱心日"活动】 2021年10月30日，杭州市第十六届"公民爱心日"活动在杭州高新区（滨江）宝龙城商场广场举行。活动由市文明办主办，区文明办、市慈善总会、杭州电视台西湖明珠电视频道承办。机关、街道、社区、学校及企业代表共600多人参加。主会场活动由爱心文艺会演和爱心公益集市两部分组成。爱心文艺会演邀请公益组织和困境儿童演出、开展困境儿童画作拍卖、进行日常手语教学、公益活动经验分享等。爱心公益集市募捐以"捐一份钱、赠一本书、参与一项公益活动、奉献一份爱心"为主题，所得款项全部进入杭州市慈善总会专款专用，所得书籍用于困难家庭未成年人、留守少儿、外来务工人员子女以及其他困难特殊未成年人群体。活动以培育践行社会主义核心价值观为根本，弘扬志愿精神，传递向善力量，关爱帮扶特殊困难未成年人群体，在全社会营造关心和爱护未成年人健康成长的良好风尚。

（来国丽）

关心下一代工作

【概况】 2021年，滨江区关心下一代工作以开展党史学习教育为主线，加强青少年思想道德和法治教育，关心关爱新就业青年群体。持续资助对口帮扶地区贫困大学生，区关心下一代工作委员会（简称"区关工委"）向贵州省黔东南州苗族侗族自治州丹寨县、麻江县共16名贫困大学生捐赠爱心助学款每人5000元，共计8万元。连续5年结对贫困大学生，累计资助75人次，捐赠助学款37.5万元。浙江中医药博物馆、北京航空航天大学杭州创新研究院被市关心下一代工作委员会命名为第三批"杭州市关心下一代教育基地"。滨江区红色讲师团成员来品涛被省关心下一代工作委员授予"红船精神优秀五老宣讲员"称号。

【市关工委调研滨江区关心下一代工作】 2021年5月10日，市关工委名誉主任于辉达、副主任林振国，市关心下一代基金会副理事长陈利卿一行到滨江区调研指导关心下一代工作。区关工委负责人陪同调研。调研组到浙江中医药博物馆和北京航空航天大学杭州创新研究院，查看了解青少年中医药文化研学项目和"飘扬党旗下的中国航天梦"红色研学项目，听取教育基地建设以及研学项目汇报，了解青少年党史学习教育开展情况。座谈会上，于辉达对滨江区关心下一代工作和特色研学项目表示肯定，要求区关工委利用滨江独特的党史资源和社会主义发展史资源，弘扬优秀传统文化和创新创业精神，开展好红色研学活动，加强青少年爱国主义教育，传承红色基因。

【章元熙获评"2021年度浙江省青少年英才·红船好少年"】 2021年6月起，省关工委办公室、省青少年英才奖励基金会、浙江教育出版集团等联合开展"浙江省青少年英才·红船好少年"选树活动，引导全省青少年弘扬和传承"红船精神"，培育和践行社会主义核心价值观。11月，发布《关于命名"2021年度浙江省青少年英才·红船好少年"的决定》，滨江区杭州二中白马湖学校学生章元熙获评“2021年度浙江省青少年英才·红船好少年”。

【“情暖重阳、爱满滨江”主题活动】 2021年10月14日，区关工委举行“情暖重阳、爱满滨江”主题活动暨先进表彰会议。市关工委常务副主任吴春莲，区关工委负责人以及部分区关工委成员单位、工作集体和“五老”代表；“曹操出行”“美团外卖”“邮政速递”青年群体代表出席活动。会上，对关心下一代工作先进集体和个人进行表彰，向新加入区关工委工作团的13名“五老”人员颁发聘书。“五老”代表唐燕鸣、杜文华、王锡才、叶柏明共同宣读《迎亚运·共参与志愿服务倡议》，倡导大家共同携手，服务亚运。活动发布区关工委《2021年度关爱新就业群体暖心计划》，通过“心运力”暖心包和青年说“法”法律宣讲、“爱在滨江”联谊交友等专场活动，以及“圆梦计划”专项资助等关爱服务举措，做好对新就业青年群体的关心关怀。 （王 飞）

慈善事业

【概况】 2021年，滨江区慈善总会募集善款1810.64万元，支出慈善救助款1515.33万元，开展助困、助医、助学等慈善救助75户次62.12万元；完成全区首个慈善信托备案；开展首届慈善创投大赛；慈善发展指数居全省第五位；举办“兴系慈善，耀动滨江”“慈善一日捐”等慈善宣传活动。出台《滨江区慈善事业发展基金实施方案（试行）》《滨江区公益慈善创新创业服务基地管理办法（试行）》《滨江区公益慈善创投项目管理办法（试行）》，规范慈善基地运营，发展和支持慈善组织。

开展“送温暖送清凉”活动，走访慰问困难群众1481户、工疗养老机构6家，发放慰问金244.74万元。组织实施“携手高新·联动济困”慈善项目，对滨江区内因病导致生活困难的企业员工、困难党员、抗美援朝老兵开展“送温暖送健康”活动，援助35人3.9万元。开展“点亮微心愿·传递爱温暖”项目，完成全区困难群众“微心愿”330个6.35万元。“春风行动”募集资金376.65万元。

联合区发改局定向捐赠四川省广元市朝天区乡村振兴与东西部协作公益事业建设450万元。与广元市朝天区慈善合作开展困难群众助医项目捐赠资金50万元。开展“臻质筑梦”助学项目，资助四川省广元市朝天区困难家庭学生52人20万元。

【慈善基地建设】 2021年，滨江区公益慈善创新创业基地进行内部装修改造，提档升级。基地位于建业路511号华业园区，占地面积500平方米，有路演厅（会场）、会议室、办公室、孵化办公室、社会组织创业工位、咖啡吧等，是衔接政府、慈善组织及服务对象的枢纽型载体，由慧空（杭州）科技服务有限公司负责运营。基地通过项目管理、培训交流、信息共享、文化建设、孵化培育等多功能服务平台，培育慈善服务组织、提升慈善项目质量、突出慈善文化宣传、打造慈善文化品牌，实现需求方和慈善资源的对接。基地全年孵化慈善组织5家：杭州市滨江区领雁公益服务中心、杭州市滨江区星渡桥社会公益创新发展中心、杭州市滨江区康乐家庭服务中心、杭州市滨江区茉然公益服务中心、杭州市滨江区微力公益服务中心。至年底，开展服务活动66场次，服务人数2855人次，公益慈善宣传活动13次，领军人才培训4场次。

【“益起·善”公益慈善毅行大会】 2021年4月18日，“兴系慈善、耀动滨江”2021年滨江区“益起·善”公益慈善毅行大会在海外高层次人才创新创业基地举行。活动由区慈善总会联合区内企业、社会组织共同开展，20多家企业、70名志愿者、600多名选手参与活动。毅行全程10千米，在沿线伟业路口、信诚路口、江南第一码头遗址（复兴大桥下）设3个打卡点，打卡点设置爱心捐赠点、爱心义卖点、党史加油站，通过扫描“滨江区慈善总

2021年4月18日，滨江区“益起·善”公益慈善毅行大会在海外高层次人才创新创业基地举行　（区民政局　供图）

会”的捐款二维码即可进行爱心捐款，活动共募集善款5.02万元。

【首届慈善创投大赛】 2021年5—8月，滨江区开展2021年首届慈善创投大赛。大赛由区民政局、区慈善总会主办，区公益慈善创新创业基地承办，21家社会组织参与。大赛总资助金额48万元。其中：自主类命题项目10个，计人民币18万元；统一类命题项目6个，计人民币30万元。通过筹备动员、项目申报、材料审核、现场路演及社会公示等环节，16个项目入选。为困境人群理发、滨心驿困难群众救助服务联合体构建、儿童平安护航计划、滨江区老年人助餐体系建设、“快乐小候鸟”外来务工人员子女服务、携手健康心系一家人——关爱企业保安、保洁人员健康管理项目、暖心公益摄、家门口的健康管家、家庭教育进学校社区、滨江区矫正人员创业就业服务10个项目入选自主类项目，失能半失能老人支持服务、困境儿童心理援助、服务走进过渡房、亚运进社区、智慧用“新”保安心、慈善文化传承6个统一类项目确定社会组织。

【河南洪灾援助】 2021年7月22日，滨江区慈善总会发布筹款公告，开通河南洪灾款物的捐赠通道，开展“援助河南洪灾”募集项目，助力河南救灾。区内企业和爱心人士响应号召，捐赠款项和物资，共收到善款771.97万元以及价值662.29万元的爱心物资，所有款项和物资均全部拨付河南省郑州市、鹤壁市、新乡市等受灾地区。

【“中华慈善日”主题宣传活动】 2021年9月，滨江区开展“中华慈善日”主题宣传系列活动。在区公益慈善创新创业基地开展“中华慈善日”主题宣传活动暨“慈善一日捐”启动仪式，成立滨江区公益慈善创新创业基地党建联盟。向行政机关、企事业单位、社会各界爱心人士发出倡议书，按照“坚持自愿、鼓励奉献”的原则，倡议参加活动的每一名公民自愿捐赠一日的收入，企业单位捐赠一日的利润，党政机关、事业单位、社会团体及其他机构捐赠部分节约的经费，动员捐款；组织公益慈善组织入社区、企业、街区开展募捐活动，募集善款1.66万

2021年9月2日，滨江区第六个“中华慈善日”主题宣传活动暨“慈善一日捐”启动仪式在区公益慈善创新创业基地举行

（区民政局　供图）

元；加入杭州市慈善总会的“钱塘善晓”伙伴计划，推出“共享好时光”关爱滨江区困难群众项目，通过网络募集善款1.92万元。

【慈善发展指数评估居全省第五位】 2021年12月31日，浙江省慈善联合总会在第八届“西湖论善”论坛上发布2020年浙江城市慈善发展指数报告，滨江区慈善发展指数80.15，居全省区县（市）第五位。评分主要从慈善捐赠、慈善组织、慈善服务、慈善基地和政府支持5个方面设置的38个单项指标，从规模量、参与度、成长性和影响力4个维度考量，其中，滨江区城市慈善捐赠指数16.19，排名居第三位；城市慈善组织指数16.95，排名居第二位。 （陈小夏）

未成年人保护

【概况】 至2021年年底，滨江区有困境儿童72人。其中：孤儿4人，事实无人抚养儿童16人，贫困家庭重病重残和三四级智力、精神残疾儿童5人，低保家庭儿童19人，低保边缘家庭儿童28人。2021年，滨江区健全区、街道、社区三级未成年人保护工作体系，根据新出台的《中华人民共和国未成年人保护法》，由区民政局牵头统筹协调全区未成年人保护工作。

2021年8月30日，滨江区未成年人保护工作委员会第一次全体会议召开 （区民政局 供图）

【未成年人保护工作队伍建设】 2021年，滨江区建立健全基层未成年人保护工作队伍建设。根据省市文件要求，配足配强街道儿童督导员3人、社区儿童主任59人。在全市率先落实社区儿童主任补贴政策，出台《关于进一步明确儿童主任报酬补贴的通知》，明确社区儿童主任每人每月发放补贴100元，于2021年4月开始执行。开展儿童督导员、儿童主任岗前与能力提升培训，提升工作能力。

【适度普惠型儿童福利制度建设】 2021年，滨江区实行适度普惠型儿童福利制度，全年发放困境儿童基本生活费和生活补贴66.23万元。为低保、低保边缘的困境儿童家庭购买318元每人每年的家电统保，使困难群众足不出户享受免费家电上门维修专业服务；为全区所有困境儿童购买500元每人每年的困难家庭意外保险；开展困境儿童“微心愿”征集活动，征集有效志愿71个，满足儿童的不同需求。对困境儿童在册对象实行动态管理，做到“应保尽保、应补尽补、应退尽退”。至年底，新增困境儿童12户15人，退出7户9人。

【未成年人保护工作体系建设】 2021年5月，滨江区调整未成年人保护工作委员会，建立由分管副区长任主任，区民政局、区教育局、区检察院、区妇联等20个职能部门组成的机构体系，形成各成员单位各司其职、齐抓共管的工作机制。8月30日，召开全区未成年人保护工作委员会第一次全体会议，会议通过《滨江区未成年人保护工作委员会工作职责》《2021年滨江区未成年人保护工作要点》《滨江区未成年人保护工作委员会关于加强未成年人保护工作的意见》。滨江区建立区、街道、社区三级未成年人保护网络体系，建立区未成年人救助保护中心，明确专人从事未成年人保护工作。至年底，3个街道、59

个社区全部成立未成年人保护工作站、未成年人保护工作点，实现全区未成年人保护网络全覆盖。（陈小夏）

民族事务

【概况】2021年，滨江区有少数民族52个，人口1.3万人，其中常住人口4500多人。民族团体有滨江区民族团结促进会。区民宗局成立民族团结志愿服务团，举办“最美民族广场”系列活动；杭州市旅游职业学校创建为“省级民族团结进步创建单位”；开展全区民族领域矛盾纠纷和重大不稳定问题排查，做好民族团结工作；发挥统一战线资源优势，对口帮扶新疆阿克苏少数民族34人到滨江区接受职业培训。

【严丽杰名师导航站民歌课堂】2021年4月12日，严丽杰音乐名师导航站第二届“乐懿生——中国民歌”课堂节在杭州市滨和小学举办。导航站全体成员、基地校负责人、2020届新教师等100多人参加活动。活动是滨江区委统战部、滨江区教育局、丽水市景宁畲族自治县委统战部联合倡导的“党恩各族颂·民族一家亲”主题工程的序章。导航站以乐生教育为主题，以民族音乐研究为主线。活动分小学场和中学场，分别由杭州市滨文小学教师余贤君教学民间音调《一对好朋友》和杭州滨兴学校教师钱淑萍教学新疆民族音乐《青春舞曲》。活动立足中小学音乐课堂实际，把中华民族音乐教学作为研究切入点，增强学生对传承音乐文化的责任感，激发民族自豪感、认同感和爱国精神。

2021年6月4日，杭州市“党恩各族颂·民族一家亲”民族故事会暨宣讲启动仪式在杭州市旅游职业学校举行（区委统战部　供图）

【畲风红歌进课堂活动】2021年5月24日，由滨江区委统战部、滨江区教育局与景宁畲族自治县委统战部、景宁畲族自治县教育局联合主办的“党恩各族颂·民族一家亲”畲风红歌进课堂活动在景宁县民族小学举行。滨江区严丽杰名师导航站名师团队、景宁县和云和县全体中小学音乐教师参加活动。活动以习近平新时代中国特色社会主义思想为指导，以“铸牢中华民族共同体意识，献礼建党100周年”为主旨，以“中国民歌”课堂节为平台，立足民族一家亲文艺、故事、歌曲等形式，由6名来自滨江区与景宁畲族自治县的教师轮流上台授课，教授民歌主题音乐课。

【全省首个民族专项基金设立】2021年6月4日，以“党恩各族颂·民族一家亲”为主题的民族故事会暨宣讲仪式在杭州市旅游职业学校举行，省、市、区相关单位300多人参加。仪式上，中华民族共同体意识宣讲启动仪式举行，全省首个民族专项基金——红石榴基金发布。红石榴基金由区慈善总会和区民宗局共同发起，执行周期为3年，为杭州旅游职业学校新疆班困难同学提供“雪莲花”助学金，为浙江警察学院西藏班困难同学提供“格桑花”助学金。申请由学校审定，符合条件的学生每学年可获助学援助金3000元。（王声涛）

宗教事务

【概况】 2021年，滨江区登记在册的宗教场所有冠山禅寺、协同福音堂、西兴基督教堂、长河基督教堂、真理堂、江边聚会处6处，纳入管理的聚会点3处，民间信仰点24处。宗教教职人员32人，可统计的基督教信徒5000多人。宗教团体有滨江区佛教协会、滨江区基督教协会和滨江区基督教三自爱国运动委员会。西兴教堂获“省级平安宗教活动场所”称号，冠山禅寺获“省级宗教法治宣传教育基地”称号，协同福音堂获“省级消防安全标准化示范基地”称号。

2021年6月29日，滨江区组织消防员在西兴基督教堂讲解消防知识 （区委统战部 供图）

【宗教领域安全隐患大排查大整治】 2021年6月24日，滨江区开展宗教领域安全风险隐患大排查大整治专项行动，区委统战部（民宗局）召开“平安护航建党百年”安全隐患大排查大整治专项行动会议，组织宗教网格员培训，解读宗教场所“1+9”（管理规范和政治、人员、活动、卫生、消防、建筑、网信、财务、财产安全）指标体系，部署安全隐患大排查大整治工作，指导做好重大安全风险防控。区、街道、社区按照“1+9”指标体系开展安全隐患排查，做细做实风险隐患的源头治理。6月29日，在西兴基督教堂开展宗教场所消防演练活动，组织消防实战和疏散逃生演练。强化宗教场所管理人员消防安全意识，提高防灭火和自救能力，推进宗教场所安全规范化管理，防范和遏制宗教领域生产安全事故发生。

【宗教政策法规学习月活动】 2021年8月，宗教政策法规学习月活动举办，由区委统战部（民宗局）主办，西兴、长河、浦沿街道党工委和办事处承办，区佛教协会、区基督教协会协办。宗教政策法规学习通过集中学习、自主学习、统战员专题会议部署等方式开展。组织机关专题学习会专题学习《宗教常识·你问我答》《浙江省宗教工作手册》等文件。采用集中学习和自主学习相结合，重点学习习近平总书记关于宗教工作的重要论述和中央、省市区委关于宗教工作的决策部署。结合疫情防控等工作实际学习，提高宗教领域的整体管理能力。通过发放宣传资料、宗教场所的宣传栏展示等方式，加强对宗教政策法规的宣传解读，扩大知晓度和覆盖面。学习月中，共组织400多名街道、社区党员干部、宗教教职人员集中学习宗教政策法规。

（王声涛）

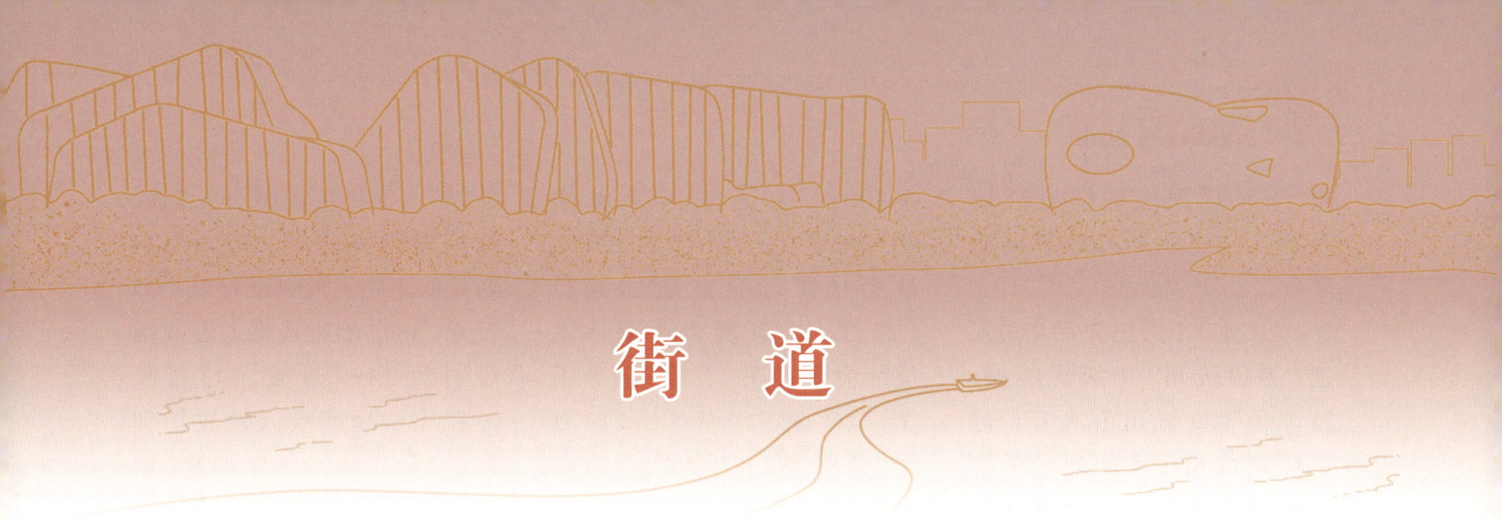

街　道

西兴街道

【概况】 至2021年年底，西兴街道辖社区20个，其中撤村建居社区8个、城市社区12个（含3个筹建社区），划分网格106个。街道常住人口217601人，其中流动人口118624人、户籍人口98977人。全年出生1004人，其中男孩493人、女孩511人，死亡139人。

街道财政总收入7.12亿元，一般公共预算收入3.51亿元，街属企业实现工业总产值15.5亿元，比上年下降9.6 %，工业销售产值16.7亿元，下降7.7%；营业收入284.4亿元，增长24.1%；实缴税金15.3亿元，增长40.9%。有注册企业1.4万家（不含个体工商户），新设企业2697家。全年创建市级孵化器3家、区级孵化器2家、直播产业基地2家、国家级高新技术企业33家、省级重点研发中心1家。万轮科创园被认定为“全国创业孵化示范基地”，金绣国际科技中心被认定为“国家级小微企业创业创新示范基地”和“国家级中小企业公共服务平台”。西兴工业园提升改造工程全面启动。

街道8个原撤村建居社区有村级留用地三产项目16个、31.01公顷（含整村拆迁奖励用地）。其中，10个项目已交付使用，4个项目在建（协同社区项目、马湖社区项目、七甲闸社区项目、整村拆迁奖励用地项目），2个项目（西兴、庙后王社区项目）筹建。挂牌成立西兴综合行政执法队，在全区率先试点统一执法主体。全年开展安全生产宣传培训11场，开展企业专项检查324家次，落实省委环保督察组“回头看”整改工作。完成全省食药安办四星级创建工作，滨康农贸市场获评省三星级文明规范市场。

街道耕地总面积144.73公顷，围垦可耕地面积为133.87公顷，“五万二千亩围垦”10.87公顷，森林面积0.67公顷。全年种植小麦16公顷，水稻72.13公顷，复种蔬菜69.33公顷；收获小麦12万千克，早、晚稻91.97万千克。共兑现粮食补贴资金84.5万元。抓好畜禽防疫工作，全年进行犬类免疫1700多只，疫病防治率100%。

推进西兴老街、襄七房国有土地房屋收购工作。完成46户国有土地房屋收购签约工作，面积共4332.84平方米。全域征迁交地后暂未利用的22块总面积44.48公顷的土地于2021年全部移交国有土地平台进行管理。完成马湖原村委会办公大楼及周边附房、西兴社区江陵路过渡房西侧可回收垃圾处置站等地块交地工作。全年安置房屋505套。2021年，街道共拆除协同、共联2个社区6517户保笼，在全区率先实现保笼清零目标。完成加梯签约227个单元，交付使用246台，其中马湖、西兴、七甲闸、星民4个社区实现加梯全覆盖。

街道保持疫情指挥响应体系持续激活状态，76小时打赢玲珑府疫情防控遭遇战；组织编制街道、社区、企业三级防控应急预案并实时更新完善；开展2场大规模核酸检测实战演练和3场突发疫情封控拉练。全年核查数据3.66万人次，发动居民接种疫苗21.13万剂次。建立西兴数字防疫平台。

2021年，街道先后4次入选“美丽杭州”市级优胜榜，被评为年度杭州市洁美示范单位和杭州市美丽建设突出贡献集体。缤纷街区被评为2021年度浙江省“街容示范街”。水电、滨和、官河、奥体、星民、七甲闸、金东方7个社区成功创建区洁美达标社区。西陵社区风情苑小区、官河社区锦绣玲珑府小区、官河社区东方花城及七甲闸社区缤纷东苑上榜2021年杭州市“美好家园”住宅小区名单。襄七房、金东方、奥体、官河4个社区上榜杭州市健康单位。滨和社区党群服务中心“青年社团——聚青春之力、绽青春之光”项目获全市党群服务“最优项目”。星民社区缤纷小区、西兴社区滨安小区加梯工作入选杭州市最美加梯项目。

【西兴街道就业劳动保障服务】 2021年，西兴街道举办用工单位招聘会5场，新增就业岗位7514个，发布用工信息1425家次，职业介绍502人，服务大学生就业创业271人；发放创业担保贷款1839.9万元；为152家用工单位及3452名个人申请再就业资金1050万元；对5.77万人开展劳动力资源调查，调查率100%，失业人员服务率100%；开展稳岗补贴工作，受理审核2380家次，其中正常办结2210家次；社会保险全民参保登记率100%，全民医保参保率99.52%以上。至年底，纳入社会化管理企业退休人员1.23万人。开展企业退休人员社会化管理“五项”服务工作，全年服务经费支出213万元，共服务2.8万人次。劳动保障书面审查1753家单位、8.96万人。组织辖区专项检查5次，检查用人单位209家、9768人，处理“110”应急联动408件，处理欠薪案件1377件，为劳动者追回款项1542万元，结案率100%。

【西兴街道民生事业服务】 2021年，西兴街道帮扶低保户75户96人、低保边缘户19户51人、特困户4户4人，发放帮扶救助资金110.35万元。开展第二十一次春风行动，募集捐款62.14万元。开展春风行动送温暖88户、送清凉89户，发放救助金共32.37万元；开展春风助学4户，发放救助金1.7万元。日常慈善救助30户，发放慈善救助款19.43万元。为439人开展居家养老“一对一”志愿服务，665名老年人享受到助餐优惠；为1456名高龄老年人发放高龄津贴102.78万元；对1451名高龄老年人开展重阳节慰问，发放慰问金29.02万元。为211名优抚对象发放优抚金186.87万元，为6名义务兵家庭发放优待金20.15万元，为416名企业移交社会化管理的复退军人发放慰问金11.36万元。新州社区、襄七房社区被评为省“新时代枫桥式退役军人服务站”。为997名残疾人发放残疾津贴补助58.33万元、78名残疾车主发放燃油补贴7.05万元、53名困难残疾人发放困难补贴23.61万元、443名卧瘫在床护理残疾人发放护理补贴11.61万元。至年底，发放4项补助补贴200.6万元。全年申报残疾人扶持救助586人次，补助金额229.15万元；向40名残疾人开展高温送清凉活动，补助金额4万元，对19名残疾儿童进行“六一”国际儿童节慰问，慰问金额0.64万元；组织427名残疾人进行健康体检；发放残疾人辅助器具108件，家庭无障碍改造26户；组织11名残疾人到滨江范围内企业就业，为符合条件的6名下肢残疾人购买残疾车并发放购车补助及残疾车意外保险。

【西兴街道社区妇联、团组织换届选举完成】 2021年1月12日，西兴街道17个社区妇联组织换届选举完成，选举产生新一届社区妇联执委125人（其中妇联主席17人、妇联副主席24人），妇联执委中党员73人，占58.4%；35周岁以下46人，占36.8%；学历大专及以上86人，占68.80%。41名社区妇联主席、副主席中，党员33人，占80.49%；35岁及以下20人，占48.78%；大专及以上37人，占90.24%。1月24日，西兴街道完成17个社区团组织换届选举，选举产生新一届社区团支部成员85人（其中团支部书记17人、副书记17人),团支部成员中党员56人,占65.88%;女性55人,占64.71%;28周岁以下51人,占60%;学历大专以上83人,占97.65%。所有社区团支部书记均由35周岁以下两委班子成员担任。34名社区团支部书记、副书记中,党员28人,占82.35%;女性21人,占61.76%;28周岁以下15人,占44.12%;学历大专及以上34人,占100%。

【西兴街道实现保笼全域清零】2021年3月15日至9月19日,西兴街道拆除迎春区块安置小区、湘云雅苑保笼6517户。拆除实行指挥部负责制、阳光操作制、专项分工制。街道在以主要领导为组长的领导小组下,设立以党工委副书记为现场总指挥,条线分管领导、联社领导为现场副总指挥,抽调街道机关、各社区、城管中队和小区物业单位等骨干力量组成多个指挥部,根据小区安置居民所属社区划分小组,由相应社区抽调的社区工作人员牵头工作,按小组明确负责楼幢与完成时间,执行指挥部现场负责的挂图作战,整幢推进。各个指挥部以政策为准绳,实行阳光操作,使用统一的丈量单位丈量与核对、公示,做到"一户一档";使用统一的中标施工单位进行拆除施工;根据区级统一的标准计算补偿款和配合奖励金,明确补贴与奖励款项在保笼拆除后15日内发放到户。针对拆除保笼过程中涉及的宣传动员、思想教育、安全管理、拆除施工、维修加梯、后勤保障及效能督查等各个方面工作,组建九大专项工作组,具体分工,明确职责,保证专人专管,形成合力。至年底,完成11个安置房小区共1.25万户保笼拆除工作,在全区率先实现全街道保笼清零。

【普惠性托育园开园】2021年6月1日,滨江区第一家针对3周岁以下婴幼儿的普惠性托育园在西兴街道滨康美好生活共同体开园。托育园由区社发局指导,西兴街道牵头主持筹建,结合滨康美好生活共同体建设同步推进。托育园室内面积300平方米,室外活动面积150平方米,委托具有专业资质的托育机构进行日常运营管理。园内含3个班级,每班配备2名教师、1名保育员,共45个托位,全部享受普惠政策。每个托位保育费定价每月2300元,一日三次的伙食费为25元。托育园面向辖区居民及附近公司员工的20~46月龄幼儿招生,滨康美好生活共同体辐射的襄七房社区和庙后王社区范围内房户一致的婴幼儿优先录取。首批招生45人。

【西陵社区党群服务驿站】2021年6月29日,滨江区首家党群服务驿站——西兴街道西陵社区党群服务驿站在风情苑小区建成开放。驿站总面积270平方米,内设党建图书角、志愿者驿站、儿童游益室、议事大厅等区块,是社区党群服务中心的一个分点,为小区居民在5分钟交通圈内提供集议事交流、宣传教育、便民服务、休闲娱乐于一体的活动场所。驿站日常管理由社区负责,采取书记总抓、党员轮岗、志愿者参与的模式运行。至年底,驿站共举办活动50场、800多人次参加。

【西兴街道党群服务中心升级启用】2021年6月30日,西兴街道党群服务中心全新升级、启用,同时承担西陵社区美好生活共同体、滨江区新时代文明实践中心功能。中心总面积5535平方米,利用原西兴电影院(街道文体中心)改建,设置便民服务大厅、图书室、党群会议室,电影观影室、大咖工作区、儿童游戏室及羽毛球馆、健身房等多个功能区块,藏书2万余册。至年底,服务中心共开展活动36场、组织手工制作课程45期、艺术培训68期、文化类课程131次、健身课程63次、烘焙课程9期。服务人群涉及老中青幼各个年龄段,服务人次1万多人。

【一体化综合行政执法改革试点】2021年9月起,西兴街道在缤纷未来社区5个小区及周边试行一体化综合行政执法改革工作。组建由公安、城管、交警、消防、市场监管、街道平台等部门抽调专人组成的一体化综合执法队伍,以物业人员、社区网格员、联防队员、保安员等为辅助力量。在一体化社区驾驶舱建设基础上，建立完善缤纷未来社区一体化综合执法"微脑"平台指挥中心，"微脑"调度员由派出所、城管各派驻2人，实行四班三运转，街道综治中心派驻1人，实行常白班，具体负责监督、考评、研判等工作。执法部门梳理日常处理事件188项、日常开展工作51项、主要宣传、预防内容35项清单。各执法部门从进驻人员中抽调人员组成综合执法直属中队，直属中队统一服装、统一标识，开展常态化巡查工作，承担5个执法部门梳理出的执法类、服务类、宣传类等具体职能。创新消防执法，街道办事处与区消防救援大队共同签署《消防行政执法委托协议书》，街道根据协议，行使消防行政处罚权，采取口头提醒、警告通知单、正式处罚等处理措施，开展基层执法工作。

【缤纷街区加梯全覆盖】 2021年10月14日，西兴街道未来社区创建试点街区缤纷街区的缤纷小区、缤纷北苑、缤纷西苑3个小区165个单元完成全部加梯工作，成为全省首个加梯"区域全覆盖"试点。街区内3个小区均为近20年房龄的拆迁安置小区，共有1400多户居民。街道、社区结合调查排摸发现其中60岁以上老年人居住率占25%，加梯需求大，结合未来社区创建，统一规划加梯进程，从缤纷小区开始推开，逐步覆盖整个街区。

【缤纷未来社区开街试运行】 2021年10月18日，西兴街道缤纷未来社区开街试运行。缤纷未来社区范围涉及星民、七甲闸、水电3个社区，包含缤纷西苑、缤纷北苑、缤纷小区、缤纷东苑、印月尚庭5个小区，含撤村建居社区与城市社区两类不同的社区形态与居民群体。街道以"治理一体化"为核心，打破条块分割、单部门内循环模式，构建"一体化、大综合"的治理体系，实施"缤纷管家、缤纷执法、缤纷掌柜、缤纷数智、缤纷服务"5大项目，实现一体化的物业管理、综合执法、社区运营、数字平台、惠民服务。街道聚焦人本化、生态化、数字化，围绕未来邻里、教育、健康、创业、建筑、交通、低碳、服务、治理等九大场景，在区域内设置涵盖需求为导向的全生命周期生活功能配套，打造家门口的"科技馆""成长驿站""云厨房"等。至年底，缤纷未来社区吸引80多批次省内外参访团考察参观，20多家境内外知名媒体报道。"缤纷经验"在全市乡镇街道工作交流会上做分享。省委主要领导连续2次陪同省级参访团参观。

（陈俊谕）

2021年10月18日，西兴街道缤纷未来社区开街试运行

（西兴街道　供图）

长河街道

【概况】 至2021年年底，长河街道有社区20个，其中城市社区12个（包括筹建中的越王社区），撤村建居社区8个。社区经济合作社12个。居民总户数28060户、常住总人口215277人，其中户籍人口97444人，男性为48172人、女性为49272人；外来流动人口117833人。2021年，街道新出生1049人，其中男546人、女503人。

2021年，街道财政总收入15.3亿元，比上年增长25%；一般公共预算收入9.39亿元，增长39.6%，街道一般性支出下降17.9%。街道居民人均收入53168元，增长8.8%。全年新设企业4793家，总注册资金210.8亿元，占全区新设数的30.6%；净迁入企业87家；完成固定资产投资17.5亿元。37家规模以上工业企业产值280.5亿元，增长5%；88家规模以上服务业企业营业收入125.9亿元，增长27.4%；152家规模以上贸易业企业营业收入597.7亿元，增长36%。推进一期工业园区提升改造，13家企业全部完成签约，进入腾房改造阶段，共吸储土地12.4公顷。

推进"全域清零"。完成复垦一期、大立科技、广脉科技和滨和路幼儿园等地块交地126.4公顷，保障营业性出让土地等交地28.8公顷。完成江一、江二农贸市场等征迁清零工作。推进留用地开发项目，采用统筹开发模式，12个经济合作社全部启动留用地开发，六村联建项目、江一中赢之星项目完成主体结顶。

街道有围垦土地188.6公顷，其中街道集体围垦土地105公顷，社区围垦土地面积83.6公顷。街道集体围垦土地中有"五万二千亩"围垦土地28.46公顷、"东江围垦"土地76.54公顷，由承包经营户种植水稻、种植蔬菜、水产养殖等项目，全年总收入1200万元。

2021年，街道农转居安置房完成安置1414套。拆除11个安置小区保笼9011套，对外立面进行加固、粉刷、防水处理，实现全街道安置小区保笼清零。实现江虹小区、长江小区、春波南苑加装电梯全覆盖，其他小区签订加装电梯的安装协议273个单元，新增开工223台，新增吊装完成211台。江一农贸市场完成签约拆房；江二农贸市场完成签约腾房拆除；推进山一农居SOHO收购、整理工作，发放告知书250份，完成农户丈量82户、评估82户、签约59户、腾房7户，拆除附房20户。

街道推出就业用工岗位2500个，发放小微企业贴息贷款2500万元，个人创业贷款1025万元，累计社会救助479人。完成江三、中兴、钱潮社区的美好生活共同体建设，新增公共服务空间6000多平方米。春波、冠山2个居家养老服务中心被列入省级康养联合体和数字化康养联合体试点，春波、冠山2个公建民营托育服务中心建成开放。

2021年，白马湖片区被评为省级美丽河湖片区；街道入选全省"五水共治"（河长制）工作考核优秀乡镇（街道）和杭州市"五水共治"（河长制）工作"二十佳"乡镇（街道）。钱潮社区被列入第四批省级未来社区建设项目，江一、江三、中兴、闻涛4个社区被列入2021年市级未来社区建设项目。

【长河街道常态化防疫】 2021年，长河街道在新冠肺炎疫情防控中按街道、社区两级指挥部模式运作，增加企业工作组，分六大网格对辖区企业和园区（楼宇）进行指导、督查和联系。建立8个督查小组，成立20个社区疫情防控指挥部，组建30人社区数据专员队伍，储备社区应急分队40支，组织核酸采样单元40个，做到"早发现、早报告、早隔离"。按"社区一小区—网格—楼幢—居民户"五级防控体系，在网格中解决问题。至年底，街道疫情防控集中隔离1260人，居家隔离2222户、5620人，完成数据核查13.18万人次，自排查3.41万人，处理健康码申诉1.96万人次。

【长河街道"两新"组织建设】 2021年，长河街道新建新经济组织和新社会组织（简称"两新"）党组织93家，成立园区、楼宇党组织6家。推行区域化党建，联合北京航空航天大学杭州创新研究院、恒生电子股份有限公司、杭州安恒信息技术股份有限公司等12家高新技术企业成立"红色智联汇"，在学校、社区和机关开展系列活动12场，推广前沿科技和数字化理念。至年底，长河街道有5名"两新"党员获评省、市级优秀共产党员；2名"两新"党组织书记分别获评市级优秀党务工作者、"最强领头雁"；2家"两新"党组织获评市级"最强党支部"。

【平安长河建设】 2021年，长河街道组建"长河E警"队伍，推进“小脑+手脚”模式，开展打防结合治理电信网络诈骗新型违法犯罪，牵头组织“喜迎亚运、共建平安”全民消防安全应急疏散演练91场，牵头开展道路交通安全突出问题挂牌整治，通过市级交通安全整治现场考核。11月1日，杭州市消防救援工作现场会在冠山社区召开，全市消防条线人员参观冠山社区电动车整治管理工作。推进风险隐患纠纷化解，开展居住出租房消防安全排查整治，共排查出租房1.39万户，清腾非居住空间（违规出租住人）663间。实行信访积案化解领导包案和矛调中心坐班值守接访制，安排专业心里咨询服务团队入驻矛盾中心，化解信访积案23起。

【数字化改革推进】 2021年，长河街道坚持数字化改革，强化数字赋能，建立数字生活样本。组建街道数字化改革工作专班，以数字化改革引领各领域改革。聚焦未来社区建设，全域提升社区品质，冠山社区入围2021年省级未来社区创建名单，被列为全市未来社区现场建设推进会参观点。推进全域智慧交通综合整治，完成浙江大学附属儿童医院、龙湖天街商业圈等4个示范区治理，早晚高峰交通拥堵指数下降9.16%。数字应用场景创新，升级“亲清驾驶舱”，聚焦“居有所安”，现有电梯的安置房小区均安装梯阻系统，冠山智慧电动车管理场景、“污水零直排”闭环管理模式获全市推广，街道入选首批浙江省数字生活新服务特色镇。坚持整体智治，调动各方资源参与街道、社区数字化建设，推进街道数字驾驶舱与“基层治理四平台”融合场景，利用“滨视通”平台，接入街道综合信息指挥室，在社会面维稳、防汛抗台、疫情防控等工作中联动各方力量，实现重点管控事件实时上线，人员管理到位。

【长河街道护老扶困】 2021年，长河街道完成入住养老机构老人护理补贴和享受助餐优惠老人的申请审核，分别为96人和613人；做好60周岁及以上老人居家养老服务申请工作，共872人；发放60周岁及以上10380名农转非拆迁老年人春节慰问金515.8万元；为市、区、街道三级80周岁及以上老年人发放重阳节慰问金，共2226人次、58.32万元；为80周岁以上高龄老年人20155人次发放高龄津贴128.55万元；发放高龄护理补贴金1917人、57.57万元。对142户困难家庭发放春风行动慰问金41.36万元，对118户低保户、24户低保边缘户家庭发放家庭生活补助金178.25万元；发放困境儿童基本生活费39.86万元，特困金4.59万元。发放残疾人困难生活补贴45.25万元，残疾人护理补贴150.6万元；发放残疾人津贴79.8万元，残疾车燃油补贴10.07万元；发放一户多残、购买残疾车、残疾人职工养老保险和医疗保险参保、精神服药和住院、助学、贷款贴息等半年救助补助金265.96万元；发放残疾人高温慰问金6.8万元。为街道74名中度残疾人进行医疗保险登记；为708户残疾人开展数字电视和宽带免费安装和续缴服务；发放残疾人康复辅助器材72件、投资558.48万元；完成无障碍家庭改造10户。

【退役军人补助发放及服务】 2021年，长河街道发放各类退役军人资金补助，包括部分农村籍退役士兵认定及老年生活补助，三属（烈士遗属、因公军人遗属、病故军人遗属）、三红（在乡退伍红军老战士、在乡西路军红军老战士、红军失散人员）、在乡复员军人、部分烈士子女、带病回乡退伍军人定期生活补助，退出现役的分散安置的一级至四级残疾军人护理费，伤残人员抚恤金，5~6级精神类残疾军人护理费，中华人民共和国成立后参战和参加核试验军队退役人员抚恤优待金；丧葬费补助。换发新版军残疾证23本，办理优抚对象电子免费乘车卡4人次；办理杭州市区企业退休军转干部慰问补贴10人次。

【垃圾分类推进】 2021年，长河街道在长一社区长虹苑、长一社区公租房、冠山小区、江尚景苑、风景蝶园留园、长二社区下庄过渡房新建垃圾房6个。联合区城管局、各社区，完成垃圾分类双色桶增设及

2021 年 4 月 1 日，长河乡贤馆对外开放　　（长河街道　供图）

标识标牌更新；完成街道辖区道路果壳箱更换；加大商铺垃圾分类工作力度，签订辖区内餐饮店铺餐厨废弃油脂收运协议，签订率100%；做好日均清运量100桶以上的21个点的低价值、可回收物的收集和清运；生活垃圾资源化和利用率、无害化处理率100%，生活垃圾分类处理率90%以上，小区、企业、公告机构生活垃圾分类全覆盖。全年长河街道获评浙江省高标准生活垃圾分类示范片区、竹山社区白马湖和院获评浙江省高标准生活垃圾分类示范小区。

【长河街道庆祝中国共产党成立100周年系列文体活动】 2021年，长河街道围绕“打造最强街道，建设最美长河”的目标，做好庆祝中国共产党成立100周年宣传教育活动。4月8日和4月23日，开展“百年百人话初心·党旗下的诵读”主题的诵读比赛、经典诵读展示，街道19个社区200多人参与演出和观看。4月19日至5月13日，开展“百年恰是风华正茂”摄影大赛。5月25日，在长河历史文化街区开展“永远跟党走、红心映长河”街道主题党日活动，演出分“长河好声音红色讲师团、红色农民运动斗争地、来氏耕读文化传承地、全国最美现象发源地”4个篇章，以舞蹈、合唱、朗诵、现场采访、连线、微电影等形式呈现，300多名党员参加，活动同时开通网络直播渠道。6月19—29日在街道文体中心举办“宝坤故里·红色传承”大型书画剪纸作品展，7月，在竹山社区、冠山社区、区图书馆等地巡展，展出书画、剪纸作品330幅，2000多人观看。

【长河乡贤馆开馆】 2021年4月1日，长河乡贤馆开馆运营，对外开放。乡贤馆位于天官社区樟树园12–1号，每周周二、周四、周六开放，只接受预约。乡贤馆图文并茂，陈列长河变迁图、来氏家族南迁图和照壁画像。长河变迁图包含宋时钱塘江江道示意图、明初钱塘江江道示意图、清初南沙围示意图、1930年萧山南沙行政区划图、1941年萧山县乡镇区域图、1953年萧山南沙行政区划图和长河公社简图，记载长河800多年的历史变迁。来氏南迁图展示长河最大的家族来氏的发展历史。照壁画像展示长河从明清至今部分已故乡贤的画像。乡贤馆设置老物件展示厅、今昔发展厅、古近现乡贤厅，展示100多位乡贤人士。至年底，(除防疫期间闭馆外）有1850人次到访参观。

【冠山未来社区建设】 2021年5月，冠山社区作为社区数智治理样板，成为杭州市未来社区现场建设推进会参观点。冠山小区建筑面积40万平方米，含高层、多层住宅2700多户，是一个五村联合安置社区，有商业街、农贸市场、幼儿园、养老服务中心、社区文化馆等一站式生活配套设施。冠山未来社区以“融”为核心理念，以构建社区智慧服务平台和“一老一小一人才”服务场景为重点，建设“五融共治、乐居冠山”服务场景，形成共建共治共享的未来社区智慧治理体系，建成党群、养老、邻里三大服务中心，涵盖托幼机构、四点半课堂、社区智慧食堂、长者客厅、农贸市场、超市、卫生服务站、冠山书房、社创空间、篮球馆、舞蹈房等邻里共享开放空间。6月，冠山社区被列入浙江省第三批未来社区创建社区。至年底，接待省内外参观团85批、1500人次。

【白马湖区域林地整治】 2021年5月15日至12月30日，根据区委区政府"全域景区化"工作要求，长河街道启动全域林地整治工作。街道成立工作专班，采用边排查、边整治、边管理、边审计的模式，做到"拆、整、管、审"同步进行，推进白马湖区域林地环境整治。整治涉及山林社区5个、林场8个，山林面积318.2公顷。经过2个阶段的专项整治，至年底，318.2公顷山林全部移交杭州白马湖生态创意城管委会，整治菜地24.49万平方米，拆除乱搭乱建棚4.03万平方米，完成林地全域整治任务。

【长河街道2家儿童之家入选市示范儿童之家】 2021年11月2日，杭州市政府妇女儿童工作委员会办公室公布"2021年度杭州市示范儿童之家名单"，长河街道江汉社区儿童之家和钱潮社区"蜗牛e家"儿童之家入选。江汉社区儿童之家位于龙湖春江郦城小区和社区活动中心内，有"儿童天地""亲子阅读楼廊吧""棋艺馆""书画馆"等，设置"家庭生活指导室""乐智小天地"等特色服务延伸区。钱潮社区"蜗牛e家"儿童之家位于仁苑小区、盛庐小区内，有室内和室外2块组成，室内青少年儿童工作室场地设置在盛庐小区，室外由"生态绿岛环保角"和游戏广场两部分。儿童之家开展"家教聊聊吧""维权姐妹帮""健康咨询台""家庭志愿者"等特色服务。至年底，2家儿童之家组织讨论会、讲座等100多次，惠及家庭500多户、居民1000多人次。

【长河街道第七次人口普查工作获市级表彰】 2021年6月，市政府对杭州市第七次全国人口普查成绩突出的集体和个人给予行政奖励，长河街道获集体三等功，长一社区统计员周琴芳获个人嘉奖。长河街道组建街道第七次人口普查领导小组、23个社区级人口普查小组。安排132个普查指导员、632个普查员，划分22个普查区、627个普查小区。召开人口普查大会，开展全民宣传，悬挂横幅600多条，发放人口普查宣传资料3万余份。安排普查工作业务培训，组织上门入户、汇总审核、组织协调等。该次普查共8.69万户，涉及22.56万人。

【加装电梯服务中心投入使用】 2021年12月24日，长河街道加装电梯服务中心投入使用，是街道首个加装电梯服务中心。服务中心覆盖周边包括春波小区、滨兴小区等300台加装电梯的日常维保服务；在维保软件上新增互联电梯智能化管理系统，应用智能乘梯、智能维保、智能监管、智能服务四大功能加强智慧监管。同时发布《老旧小区加装电梯维护保养技术规程》，是全市首个加装电梯维护保养技术规程。

（华浩泉　傅庆龙）

浦沿街道

【概况】 至2021年年底，浦沿街道辖22个社区，其中9个撤村建居社区、13个城市社区，设22个社区居委会。街道总人口222898人，其中户籍人口114737人，在册流动人口108161人。

2021年，街道完成财政总收入7.39亿元，比上年增长6.48%；街道有规模以上企业96家，营业收入192.05亿元，增长21.2%；9个股份经济合作社经营性收入1.88亿元，增长9.4%。常态化开展"亲清三访"，组织12期产业政策培训，帮助解决企业用工、"两新"组织建设、政策扶持等问题501个。建成3个企业服务站并投用，扩展服务载体。挽留企业104家。完成新注册企业3238家。实施浦沿工业园区提升改造，完成园区整体提升初步方案；完成楼厦科技老厂房内部改造；开展杭州之江液化气公司搬迁；报批楼厦新厂区拆复建项目。在建村级留用地三产项目4个。

街道推进征迁清零，完成22户整村拆迁遗留农户拆迁；完成智造谷产业服务综合体、东冠单元小学、冠山河、信诚路铁路以南段等87个基础设施和地块完整交地，共交地221.9公顷。完成9个拆迁区块共2万余平方米存量违建清理，拆除房屋351处，占总数的89%；抓好新浦社区老街国有土地216户房屋收购工作，前期入户测绘、店铺关停、房屋丈量工作均按时按量100%完成。

推进民生实事项目。街道做好辖区133个排水单元整改工作，成功创建“污水零直排”街道。垃圾分类工作被评为省级垃圾分类示范片区、市级优胜街道。分配安置房2129套，创历年新高。完成农转居安置小区保笼拆除1760户，浙新小区综合整治基本完成，完成电梯加装40台。滨文、山二、冠二、华悦湾4个社区美好生活共同体投入使用。完成3处亚运主题公园建设。推进未来社区创建，东信国际社区列入省级未来社区创建示范点，创建方案通过省市专家评审；抓好彩虹和华悦湾省级、滨文和新浦市级未来社区建设；在统筹抓好点上创建和面上推进中，推动全域未来社区创建。

街道健全落实各项防控机制，抓好宣传引导、核查管控、核酸检测、疫苗接种等工作，街道全年无一例确诊病例，管控工作中未发生失管失职情况。创新制作发放“三色警示”告知单，督促企业、商家做好疫情防控工作；制作宣传海报1.8万份、横幅360条、展板500多块，发送短信835次。全年排查中高风险地区回浦沿人员。街道疫情防控信息专班获市级先进集体荣誉。

检查小微、劳动密集型、危化品使用企业1472家次，签订安全生产目标考核责任书267份，发现隐患998条，全部整改完成；开展“四房一小区”消防安全综合治理，检查过渡房211幢、沿街商铺1380家、厂改公寓165家次，拆除违规分隔出租房304套。针对电信诈骗高发问题，坚持宣传教育为先，以“降案量、控案损”为目标，全社会、全方位开展防范电信网络诈骗宣传，比上年案发下降39.79%。完成36处交通安全隐患排查整治，开展电动自行车安全专项整治160次，道路交通死亡人数下降50%。

以培训促就业，全年组织职业培训3期，提供急需岗位336个，举办2场现场招聘会，应聘人数870人次，提供岗位335个。帮助创业人员办理小额贷款29笔，贷款金额1345万元。为518名求职人员做职业介绍和定岗推荐，推荐失业人员再就业121人。通过各类就业服务举措共开发就业岗位4255个，实现失业人员就业1102人、征地拆迁户家庭就业363人。

浦沿街道党群服务中心在全市94个街道党群服务中心综合评价指数年度排名中列第一位。

【社会治理综合服务】 2021年，浦沿街道社会治理综合服务中心以“基层治理四平台”为支撑，聚焦诉讼、信访、“110”报警三大矛盾纠纷，形成“一中心、四平台、一网格”（区社会治理综合服务中心、4个街道基层治理综合信息平台、社区网格）上下联动、左右协调的治理模式，推进诉源、访源、警源“三源融合”治理。至年底，共受理信访件3889件，办结率100%；登记接待来访、来电群众226人次，调处化解矛盾纠纷983起。

【退役军人服务站建设】 2021年，浦沿街道加快推进社区退役军人服务站标准化建设。整合空间资源，合理规划布局，走访22个社区察看建设场地，完成江南、岩大房、西浦等17个社区的站点建设。召开创建工作培训会，以组织领导、思想引领、工作保障到位为原则，规范台账标准。在中共浙江省委退役军人事务工作领导小组办公室公布的2021年全省“新时代枫桥式退役军人服务中心（站）”名单中，之江社区、新生社区退役军人服务站上榜。

【网格管理服务】 2021年，浦沿街道3次调整完善网格考核细则，收集网格案事例选编264篇，“网格二三事”专栏定期在“浦沿发布”微信公众上展示网格员工作风采，共发布12期。144个网格的网格员在平安建设、疫情防控、美丽杭州建设等重点工作中发挥作用。至年底，15名专职网格员、22名兼职网格员被评为区级优秀网格员。

【浦沿街道庆祝中国共产党成立100周年系列活动】 2021年，浦沿街道和各社区、直属单位开展庆祝中国共产党成立100周年活动，组织线下“百千万、忆献扬”百场主题活动、线上“我在浦沿学党史”活动等。以街道党群服务中心为平台，开展进社区、进企业、进基层等便民服务活动，涉及免费缝补、义务磨刀、爱心理发、金融咨询等服务内容。至年底，共开展系列活动403场次，惠及群众4万余人。

【社区楼廊改造】 2021年，浦沿街道持续做好22个社区“先锋滨”楼廊改造，提升改善公共环境。各社区党组织统筹物业、业委会、楼道长等力量入户走访、征求意见；与广告公司对接，合理安排设计施工，多次召开三方会议，打造“一楼一品”，挖掘特色亮点。建立长效机制，营造楼廊自治氛围，动员业主参与小区管理，提升小区自治能力和民主议事能力。至年底，全街道231处楼廊完成改造。

【“五水共治”工作治理】 2021年，浦沿街道组建治理工作领导小组，设置街道、社区两级治理专管员45人，共召开专题会、现场会、工作例会等27次。完成“污水零直排”创建，实现46个生活小区雨污“分家”。开展深度自查自检，重点查明沿河排水情况，检查河道排口438个、沿街商铺757家、重点工业企业13家。打击企业偷排、漏排及超污排放，对沿街商铺涉水行业精准溯源、掌握源头，确保污水处理设施满足需求，做到尾水无直排。引进生物消纳技术，实现粪便污泥减量化排放。浦沿街道被省美丽浙江建设领导小组“五水共治”办公室评定为2021年度全省“五水共治”工作优秀乡镇（街道）。

【“邻里停”共享停车平台】 2021年2月，浦沿街道推出“邻里停”共享停车平台。“邻里停”是东信社区联合华数数字电视传媒集团有限公司推出的共享停车小程序，通过盘活社区和周边商业楼宇停车资源，提高闲置车位的利用率，推出“邻里停”独家优惠，缓解社区居民夜间停车、员工上班停车和家长接送学生停车的难题。共享停车小程序对接城市大脑滨江频道，实时采集和发布停车场余位信息，市民停车无须办卡，手机一点即可进行余位查看和在线预约，通过高德地图和路面引导指引到相应的停车场；实现以社区为中心，挖掘各类业态下的闲置停车资源，实现小区邻里共享、社区停车共享、社会全域共享的应用。至年底，共享平台纳入小区停车场6个、园区停车场11个、公共停车场22个，共1.39万个车位。方案是杭州市首个以社区为中心、多业态融合互补、分时错峰共享的综合性停车共享解决方案。

【“巾帼6+1”浦沿街道高校联盟成立】 2021年3月30日，浦沿街道联合六大高校成立“巾帼6+1”浦沿街道高校联盟。6所高校是浙江中医药大学、浙江警察学院、杭州医学院、浙江商业职业技术学院、浙江机电职业技术学院、浙江艺术职业学院。街道妇联与高校建立定期联系沟通制度，围绕党史学习教育走进高校开展“听党话、跟党走、报党恩”活动；开展提高女性素质相关的主题教育实践活动；发挥妇联桥梁纽带作用，搭建平台、联合街道就业创业中心，加强属地的精准服务，促进各高校女大学生就业、创业；鼓励支持女教职工、女大学生参与属地巾帼志愿服务。联盟推出“春帆护航——构筑女大学生维权团队”“后浪公益——高校志愿者服务”“创享未来——就业创业指导”“铿锵玫瑰——巾帼平安创建反诈先锋服务”“青春‘医’站——中医药健康服务和中医药文化进基层服务”五大品牌活动。

【新生农贸市场开业】 2021年4月28日，新生农贸市场开业。新生农贸市场位于浦沿街道滨文路与西浦路交叉口，紧邻杭州地铁6号线的西浦路站。农贸市场分上下两层，总面积4590平方米，覆盖人口10万人以上。市场结合“便利化、智慧化、人性化、特色化、规范化”要求，立足未来社区，构建15分钟的便民生活圈。一楼为餐饮零售区，增设轻餐饮区和文化长廊与党建联谊宣传专区。二楼按照干湿分离、生熟分离的原则，分果蔬、水产、肉蛋干调、熟食四大区域。市场配备智慧云平台，为商户提供数据终端电子显示屏，商户信息和参考菜价实时展示，公开经营户的信用等级，顾客可以扫码进行评价。市场内部采用简约现代的装修风格，加入钱塘特色文化符号。

【3家企业服务驿站成立】 2021年5月28日，浦沿街道东冠楼宇企业服务驿站成立，由浙江东冠资产管理有限公司管理。8月27日，高新软件园企业服务驿站成立，由德信AI产业园管理。高新软件园服务站的服务对象为整个软件园的企业，以“互联网+政务服务+产业服务”的模式运行。9月28日，盛巢汇企业服务驿站在盛巢科技园成立，由盛巢科技园管理。企业服务驿站是浦沿街道推出的服务企业新举措，驿站与区级职能部门联手，为辖区企业提供常态化“一站式”服务，打通政府服务企业的“最后一公里”。企业服务驿站建设是浦沿街道2021年度的民生实事工程项目。

2021年10月28日，滨江高教园区反诈、交通安全治理工作站在浦沿街道成立　（浦沿街道　供图）

【高教园区反诈、交通安全治理工作站成立】 2021年10月28日，滨江高教园区反诈、交通安全治理工作站在浦沿街道成立。工作站由浦沿街道会同辖区派出所、交警大队及相关高校在高教园区合作共建，以“反诈、反恐、反邪教和交通安全、消防安全宣传教育”为主题内容，面向7所高校5万余名在校师生。工作站内设视频宣教、电动自行车行驶情景模拟、VR体验、反诈知识应知应会、安全常识抢答等应用场景，全天候开放。浦沿街道与高校专门成立“巾帼宣讲团”和“平安使者宣讲团”，承担宣教任务。工作站是浙江省首个高教园区“多站合一”平安建设宣传工作站。

【浦沿街道4个小区获市“美好家园”小区】 2021年12月15日，市物业综合管理工作领导小组公布杭州市2021年“美好家园”住宅小区名单，浦沿街道东信社区钱塘山水湾、西浦社区星汇荣邸、华悦湾社区钱塘玫瑰湾、信诚社区水晶城4个小区上榜。街道联合社区宣传创建，营造创建氛围，坚持“成熟一个、创建一个”的工作思路，经过征集申报、整治提升、满意度调查、两级验收评估、审核认定等环节，创建成功。“美好家园”住宅示范小区建设以“美好家园”为创建目标，围绕“美丽小区”“平安小区”“有序小区”“和谐小区”四大指标体系要求，建设体现杭州优秀物业综合管理水平，具备和谐美好生活环境的品质住宅小区。　（陈睿妍）

人物和荣誉

全国五一劳动奖章获得者

【沈辉】 男，中共党员，浙江中控技术股份有限公司高级副总裁，曾获“杭州市劳动模范”称号、教育部“科学技术进步”二等奖、杭州市高层次D类人才等。1988年从浙江大学化工系工业自动化专业毕业，2000年进入浙江中控技术股份有限公司，致力于振兴民族自动化事业。沈辉凭借十余年流程工业自动化控制的经历积累的专业知识和技能，研发国产自动化产品和技术，打破被国外系统垄断的局面，走向大规模应用。完成国产化首台套项目，使中控DCS（分散控制系统）产品的市场占有率逐年提高，连续9年实现国内市场占有率第一。参与“一带一路”建设，推动产品研发部门进行改进，满足海外用户的需求，在海外市场建设标杆项目。2021年4月27日，沈辉被中华全国总工会授予“全国五一劳动奖章”称号。

【梁骏】 男，中共党员，杭州国芯科技股份有限公司首席技术专家，曾获评杭州工匠、杭州市劳动模范并获浙江省科学技术一、二、三等奖等。梁骏专注集成电路的开发工作，擅长科学技术产业化，助力中国高清机顶盒的普及。带领团队掌握集成电路先进工艺的设计能力，突破信号干扰等关键技术，解决国家“核高基”重大专项“数字电视SoC芯片”项目的技术难题。面向国家需求和国际市场开发芯片产品；主持高清卫星数字电视芯片的设计，实现国家对卫星数字电视芯片的“安全、自主、可控”。开发国内首款语音物联网应用AIoT（人工智能技术与物联网在实际应用中的落地融合）芯片，并在疫情防控期间研发智能语音控制算法，应用于武汉第六人民医院等防疫场所。响应工业和信息化部与公安部的指示，梁俊研发电子雷管芯片，提升社会公共安全。力行创新创造与知识产权保护。兼任浙江大学企业导师，团队2次获“五小”创新成果，授权发明专利12项、实用新型专利6项、软件著作权1项，发表专业论文10篇。2021年4月27日，梁骏被中华全国总工会授予“全国五一劳动奖章”称号。

（孔潇若）

浙江工匠

【叶雷鹏】 男，杭州安恒信息技术股份有限公司安全研究员，曾获“浙江省技术能手”“浙江青年岗位能手”称号。叶雷鹏曾任45届世界技能大赛网络安全项目全球总决赛技术指导，46届世界技能大赛网络安全项目安徽省裁判长、厦门安防科技职业技术学院客座教授、公安部网络警察培训基地特聘专家、第十三届全国大学生信息安全竞赛技术委员。参与多省公安厅公安网及网络边界检查及金融、能源等单位实际渗透，带队参与强网杯、网鼎杯等网络安全竞赛并取得优异成绩；推广发展安恒月赛，使该比赛成为众多网络安全爱好者学习的重要途径之一；工作认真负责，勇于担当和创新，在甘肃省、贵州省公安厅等单位工作中取得突破，受到客户认可和感谢。2021年4月30日，叶雷鹏被省总工会评为“浙江工匠”。

【王海山】 男，中共党员，浙江中南建设集团钢结构有限公司常务副总经理，高级技师、一级建造师、正高级工程师，曾获授权5项发明专利和15项实用新型专利。王海山的《高层建筑波形钢板组合剪力墙结构体系研究》技术创新成果，获住房和城乡建设部的“建设行业科技成果评估证书”，达到国际领先水平；申报的“双向斜交空间网格筒结构设计和施工关键技术与应用”的技术创新成果，获中国钢结构协会“2018年度科学技术一等奖”。主编《波形钢板组合结构技术规程》，主持和参与完成多项技术创新、国家工法和浙江省省级工法；主持研发的“一种蜂窝等离子发生器”等20多项研发技术成果获实用新型专利，研发的“管中管制作及安装施工方法”等近10项技术成果获国家发明专利；主持的江西鹰潭体育场等10多个项目分别获国家优质工程金奖、年度国家优质工程金奖、鲁班奖等荣誉。《利用组合钢格构架铅直提升、水平滑移安装钢梁施工工法》等多项工法被批准为国家工法和浙江省省级工法。2021年4月30日，王海山被省总工会授予“浙江工匠”。

【邹继红】 男，杭州三艺智能科技有限公司技术总监，曾获“杭州市经济技术创新能手”“杭州市职业技术带头人”称号、浙江省2015年“金蓝领”高技能人才、2018年“杭州市五一劳动奖章”、杭州首届“双微”创新大赛前十名等荣誉。邹继红申报专利4项，攻克多项国家、省、市重点项目的加工技术难题；撰写的《控制阀组焊式低噪音套筒的制造》论文被国家专业期刊录用发表，并获该期刊“艾默生FISHER杯”2018年度三等奖；参与发明迷宫式降压降噪装置，解决流体高压差时的噪声和减压难题；发明中小型快递网点的智能分拣装置，解决分拣错误率高和效率低痛点。开展培训，带徒传技，带队参加杭州市和滨江区技能大赛，获3次区冠军、2次市三等奖。2021年4月30日，邹继红被省总工会评为“浙江工匠”。

【陈康】 男，杭州艺福堂茶业有限公司运营经理，电子商务师（技师二级），曾在2016年浙江省青年职工技能大赛获“电子商务师”竞赛第三名、浙江省“技术能手”、2016年度浙江省“青年岗位能手”等称号。陈康在2019年东西部扶贫项目杭州对口湖北恩施州的企业帮扶中进行电商分享；拓展杭州艺福堂茶叶有限公司的寄售模式渠道，牵头开设京东自营店、天猫超市等寄售渠道店铺，优化服务，组建寄售渠道团队；通过对实际运营过程中反馈出来缺货、断货、周转高、送货慢等问题进行供产销三端联合分析，优化流程，推进数据系统化、在线化，提前制定销售计划，带领团队将寄售渠道的年销售额从零提升到千万元级别。2021年4月30日，陈康被省总工会评为“浙江工匠”。

【冯双双】 女，中共党员，杭州维讯机器人科技有限公司技术支持，计算机及外部设备调试员技师（二级），曾获全国职业院校技能大赛工业机器人技术应用大赛二等奖（国家级一类）、全国职业院校技能大赛制造单元智能化改造与集成技术三等奖（国家级一类）、2019年度浙江省青年岗位能手、2020年度浙江省技术能手等。冯双双学习认真，参加社会实践和志愿服务；自觉履行工作职责，勇于负责，热爱本职工作；积极学习，努力提高综合素质。2021年4月30日，冯双双被省总工会评为“浙江工匠”。（孔潇若）

浙江省“担当作为好支书”

【高文琴】 女，西兴街道星民社区党委书记、居委会主任。高文琴围绕“幸福社区”目标，以“党建+社区治理”构建居民自治型社区治理新模式，把居民利益和诉求解决在“零公里”和“最初一公里”。设立“三级专班”和“三支队伍”收集民意，将拆除保笼、小区提升改造与加装电梯结合，在全省率先实现老旧小区提升改造与加装电梯全覆盖；坚持疫情防控与复工复产两手抓，建强党组织网格体系，动员党员、物业、志愿者齐上阵，形成“组织+队伍”“1+3”疫情防控模式；主持完成星耀城合作项目开发，集体收入增长1500万余元，比上年增长33%。2021年10月12日，高文琴被浙江省委组织部授予浙江省“担当作为好支书”称号。

【陈荧平】 男，聚光科技（杭州）股份有限公司党委书记、工会主席。陈荧平围绕企业中心工作和党委工作任务，构建“红色传感”党建品牌，通过五大途径53项内容解决“党组织做什么、怎么做、做到什么程度”的问题。出台《党支部积分制评优标准》《党员积分制管理实施办法》，实行党支部和党员“双积分制”考核，此工作被列入“浙江省两新工作要点”。推出“支部工作与业务结合”理念，牵头组织开展10多场技能比武，选拔中坚力量助力企业发展。新冠肺炎疫情防控期间，成立疫情防控小组，号召绿码党员回归岗位，组织捐款捐物350万余元。2021年10月12日，陈荧平被浙江省委组织部授予浙江省“担当作为好支书”称号。（陈　晨）

浙江省社会组织领军人物

【傅引炜】 男，中共党员，杭州市滨江区乐城公益事业社会服务中心理事长。2015年，创办杭州市第一家大学生创业的公益类社会组织——杭州市滨江区乐城公益事业社会服务中心，是一家专门从事养老服务和社会服务的AAAAA级社会组织，包括居家养老服务中心托管、居家上门服务、康复护理、失智照护、智慧养老等类别的专业养老服务项目。服务中心管理运营养老设施5万余平方米，居家养老服务2万余人，年服务50万小时，提供就餐服务10万余人次，年组织各类活动600多场次。傅引炜致力公益慈善事业，参与东西部脱贫攻坚，结对贵州省黔东南苗族侗族自治州丹寨县、麻江县、雷山县等村庄10多个，捐赠资金和物资100万余元。获“2015年杭州市优秀志愿者”“2018年杭州市最美敬老助老模范人物”“2019年杭州市功勋志愿者”“2020年杭州市优秀防疫志愿者”等称号，带领滨江区乐城公益事业社会服务中心获评“杭州市民政民生领域先进单位”“2019年度助力东西部脱贫攻坚先进单位”“杭州市敬老助老志愿者工作先进单位”等。2021年10月27日，省民政厅公布关于2021年度全省品牌社会组织和社会组织领军人物评选结果，傅引炜获“社会组织领军人物”称号。

【吴桂玲】 女，杭州市滨江区兴兴老年社区文艺社负责人。2015年，吴桂玲成立杭州市滨江区兴兴老年社区文艺社，通过开展文艺演出、主题培训、现场讲座、团队建设等活动，配合街道、社区做好社区治理、社区纠偏，提供社区救助、养老服务，开展社区宣传等公益活动。吴桂玲参加各类社会工作主题培训，了解社会工作需求和趋势，提升自身管理能力和服务能力，坚持以非营利性、独立性、民间性的特色提供志愿服务，建立独特的基本价值观和团队文化。文艺社有40多人，多次承接市、区民政局的公益创投项目，开展线上、线下公益活动200多次，参演大型文艺演出50多场，服务10万余人次，获杭州市AAAA级社会组织、优秀组织奖、优秀表演团队等称号。吴桂玲获2021年度乡村文化能人称号。2021年10月27日，省民政厅公布关于2021年度全省品牌社会组织和社会组织领军人物评选结果，吴桂玲获“社会组织领军人物”称号。（区志编研室）

杭州市五一劳动奖章获得者

【章旗】 男，诺基亚通信系统技术（北京）有限公司浙江分公司总裁、工程师。章旗将TDLTE（一种4G网络模式）全球化置于浙江公司战略发展的重中之重，将中国主导的4G标准TDLTE产品推广到全球其他国家数十个运营商网络，取得通信设备商在国内运营商4G网络中外商最高市场份额的成绩。领导的浙江公司在近两年5G快速推进的关键时期，与运营商展开各项合作，从最初的3人发展到近4000人的诺基亚全球最大的无线研发中心，产品组合从单一的平台单元发展到覆盖3G/4G/5G、云计算、网络管理等软硬件研发相结合的全产品组合研发中心，超过20名员工被授予诺基亚“全球卓越工程师”。“高质量，快速交付”形成品牌。关注企业社会责任，公司响应国家“精准扶贫”号召，走访慰问、捐款、采购农产品等举措支持扶贫事业。参与总工会发起的春风行动捐款行动，回报社会。2021年4月26日，章旗被杭州市总工会授予“杭州市五一劳动奖章”称号。

【张兴明】 男，中共党员，浙江大华技术股份有限公司企业技术中心主任、省工程研究中心首席技术专家，高级工程师。张兴明深耕技术，推动安防行业从标清向高清，从高清到网络，从监控到人工智能应用的3个革命性的发展阶段，引领行业向人工智能和物联网转型。参与硬盘录像机、高清网络摄像机、智能交通摄像机、高清视频数字矩阵、智能分析服务器、视频物联网平台、人工智能等项目的研发和产业化，参与多项国家、省、市高新科技项目并完成验收。带领研发中心建立国家级博士后科研工作站，获得国家企业技术中心、国家创新型试点企业，拥有4项国家火炬计划项目、5项国家高技术产业化重大专项、2项国家核高基项目，3700多项申请专利，其中240多项国际专利。作为“高清视频物联网的感知层和应用层关键技术及产业化”项目的第一完成人，该项目成果获2015年浙江省科技进步奖一等奖。2021年4月26日，张兴明被杭州市总工会授予“杭州市五一劳动奖章”称号。

【谢伟飞】 男，杭州兴耀商业经营管理有限公司一线工作人员。2014年进入杭州兴耀集团招商部，工作上踏实、肯干，主动应对与克服困难。参与公司与社区合作村级留用地项目4个，总规模近50万平方米，历年获满意度调查最高，获评“低调、务实，点子多、服务好、形象佳”。2020年度作为杭州兴耀商业经营管理有限公司的“90后”代表为公司代言。2021年4月26日，谢伟飞被杭州市总工会授予“杭州市五一劳动奖章”称号。

【陈忠良】 男，中共党员，杭州迪普科技股份有限公司软件架构及算法首席专家、高级工程师，从事Conplat（控制台）平台软件的软件架构及其核心算法的研发。2015年代表公司与国网浙江省电力公司联合研发课题，完成电网调度报文黑匣子系统及其核心算法研发，被授权中国专利1项。2016年被任命为研究开发部软件架构和算法首席专家，申请多项专利，被授权中国专利4项，获浙江省科学技术进步奖三等奖。作为软件经理参与“基于多核CPU XLPII的高性能入侵防护板卡”“基于新一代硬件平台的入侵防御系统”项目研发。作为项目经理主导“基于新一代硬件平台的入侵防御业务板卡”项目研发，并被聘为浙江工程师学院、浙江大学工程师学院工程硕士（电子与通信工程领域）专业学位研究生校外合作导师。2019年，作为项目经理主导“新一代高性能云计算数据中心安全平台基于NFV技术的VIPS系统”项目研发。2021年4月26日，陈忠良被杭州市总工会授予“杭州市五一劳动奖章”称号。 （孔潇若）

统计资料选辑

杭州高新区（滨江）经济社会主要指标统计表

2021年杭州高新区（滨江）经济社会主要指标一览表

表45

指标名称	计量单位	2021年	为2020年的（%）
年末人口概况			
年末总户数	万户	8.3	104.8
全区年末户籍人口	万人	31.1	106.4
其中：男性	万人	15.6	106.2
女性	万人	15.5	106.7
当年出生人口	万人	0.4	92.7
全区人口出生率	‰	11.8	#-1.7
全区人口自然增长率	‰	9.2	#-1.4
全区年末常住人口	万人	52.5	103.8
全区土地面积	平方千米	72.2	100
地区生产总值			
全区生产总值	亿元	2022.6	111.3
其中：第一产业	亿元	0.5	72.7
第二产业	亿元	859.1	112.9
第三产业	亿元	1163.1	110.2
其中：工业	亿元	841.0	112.9
建筑业	亿元	18.1	112.9
批发和零售业	亿元	52.0	106.4
交通运输、仓储和邮政业	亿元	19.0	113.0
住宿餐饮业	亿元	7.2	109.2
金融业	亿元	89.0	106.1
房地产业	亿元	45.4	137.4

续表45

指标名称	计量单位	2021年	为2020年的（%）
营利性服务业	亿元	878.9	110.1
非营利性服务业	亿元	71.6	104.9
人均生产总值（按常住人口计算）	万元	39.2	111.4
规模以上工业			
出报企业数	家	219	111.7
工业增加值	亿元	771.1	116.6
其中：战略性新兴产业	亿元	735.3	117.9
高新技术产业	亿元	743.3	117.3
装备制造业	亿元	718.0	118.4
营业收入	亿元	3095.9	118.3
利润总额	亿元	319.3	102.1
亏损企业数	家	47	95.9
亏损企业亏损额	亿元	19.1	142.7
新产品产值率	%	50.6	*10.6
应付职工薪酬	亿元	297.8	124.8
平均用工人数	万人	10.8	106.7
综合能源消费量	吨标准煤	216761	117.3
规模以上服务业			
出报企业数	家	679	121.3
营业收入	亿元	3377.4	118.9
其中：交通运输、仓储和邮政业	亿元	699.2	116.4
信息传输、软件和信息技术服务业	亿元	2250.4	118.4
租赁和商务服务业	亿元	117.1	145.9
科学研究和技术服务业	亿元	212.4	112
水利环境和公共设施管理业	亿元	12.4	103.3
居民服务、修理和其他服务业	亿元	5.4	96.3
文化、体育和娱乐业	亿元	5.8	117.5
利润总额	亿元	434.2	113.1
应付职工薪酬	亿元	682.1	117.5
期末用工人数	万人	22.7	105.3
批零贸易、住宿餐饮业			
出报企业数	家	508	128.6
其中：批零企业	家	456	128.8
住餐企业	家	52	126.8
社会消费品零售总额	亿元	476.7	111.2
其中：汽车零售额	亿元	115.7	105.6

续表45

指标名称	计量单位	2021年	为2020年的（%）
汽车零售额占社零比重	%	24.3	*-1.0
商贸销售额（限上企业）	亿元	3332.3	116.1
其中：批发和零售业	亿元	3319.6	116.1
住宿和餐饮业	亿元	12.8	127.2
固定资产投资			
固定资产投资完成额	亿元	—	102.7
其中：生态环保、城市更新和水利设施投资	亿元	—	124.6
其中：水利管理业投资	亿元	—	49.9
生态保护和环境治理投资	亿元	—	165.4
市政环卫设施投资	亿元	—	116.8
公园绿化项目投资	亿元	—	293.6
高新产业投资	亿元	—	131.6
其中：高新制造业投资	亿元	—	137.7
高技术服务业投资	亿元	—	126.5
项目民间投资	亿元	—	108.8
交通投资	亿元	—	270.2
工业投资	亿元	—	128.2
房地产情况			
房地产销售面积	万平方米	83.8	227.1
其中：商品房住宅成交面积	万平方米	53.1	226.0
商业地产成交面积	万平方米	30.5	242.5
房地产销售额	亿元	347.5	228.3
其中：商品房住宅成交额	亿元	248.6	226.9
商业地产成交额	亿元	98.7	245.6
房地产库存面积（平方米）	万平方米	46.3	85.8
其中：商品房住宅库存面积	万平方米	20.5	123.8
商业地产库存面积	万平方米	24.9	69.1
房地产库存套数（套）	套	3333	87.0
其中：商品房住宅库存套数	套	1649	134.0
商业地产库存套数	套	1607	64.5
财政收支			
财政总收入	亿元	407.0	113.5
其中：地方一般公共预算收入	亿元	202.9	111.0
其中：税收收入	亿元	192.5	111.5
其中：增值税（含营改增）	亿元	65.7	101.5
企业所得税	亿元	45.8	108.7

续表45

指标名称	计量单位	2021年	为2020年的（%）
个人所得税	亿元	46.3	145.9
上划中央六税收入	亿元	204.1	116.2
一般公共预算支出	亿元	143.2	113.3
其中：产业扶持支出	亿元	61.5	114.6
民生保障支出	亿元	124.1	115.5
其中：教育支出	亿元	27.0	108.2
区本级财政科技拨款	亿元	36.8	115.8
出口及招商引资			
自营进出口	亿元	1088.6	135.5
其中：出口	亿元	734.4	134.6
其中：高新技术产品	亿元	411.5	131.2
其中：美国	亿元	115.8	127.3
欧盟	亿元	151.4	131.9
进口	亿元	354.2	137.3
服务贸易出口	亿美元	45.8	100.5
新引进外商投资企业数	家	173	138.4
实际利用外资	亿美元	8.5	82.5
对外直接投资备案额	亿美元	27.0	166.2
世界500强投资企业数（累计数）	家	38	100
企业发展			
累计工商注册单位数	家	67324	120.5
其中：当年新办工商注册数	家	15653	138.2
新增注册资本	亿元	987.1	131.0
江北新注册企业数	家	689	—
浙江省创新企业百强	家	15	125.0
上市公司	家	63	118.9
有效期内的高新技术企业数	家	1928	124.4
其中：新认定	家	698	181.3
在孵企业	家	3548	114.7
科技创新			
获授权专利数	件	17874	134.2
其中：发明专利	件	5995	148.6
市级及以上科技企业孵化器	家	75	125.0
其中：国家级	家	10	100.0
市级及以上众创空间	家	42	95.5
其中：国家级	家	17	100.0

续表45

指标名称	计量单位	2021年	为2020年的（%）
市级以上技术中心	个	173	104.2
研究与发展经费支出（R&D）与GDP之比	%	9.6	—
人才			
引进人才总数	人	36927	110.3
其中：博士	人	296	106.5
硕士	人	8788	103.7
其中：海外高层次人才数	人	1248	112.6
留学人员创办企业	家	1718	106.4
其中：当年新增	家	103	92.8
新增大学生创办企业数	家	420	100.5
拥有国家级人才计划人数	人	124	114.8
拥有省级人才计划人数	人	184	107.0
收入支出			
居民人均可支配收入	元	76498	109.2
居民人均消费支出	元	50705	113.9
就业保障			
全年新增就业岗位	个	23581	104.0
年末职工基本养老保险参保人数	人	571419	118.0
其中：当年新增	人	86969	175.3
基本医疗保险参保率	%	99.77	*0.23
年末城镇登记失业率	%	2.34	*-0.06
教育			
学校数△	所	65	100.0
其中：幼儿园	所	36	100.0
小学	所	16	100.0
初中	所	13	100.0
学生数	人	59431	102.4
其中：幼儿园	人	20469	101.4
小学	人	31358	109.0
初中	人	9821	108.3
专职教师数	人	4818	105.0
其中：幼儿园	人	1831	106.0
小学	人	1846	103.4
初中	人	1141	105.9

续表45

指标名称	计量单位	2021年	为2020年的(%)
卫生			
卫生机构数	个	283	104.4
其中：医院数	个	8	100.0
卫生技术人员	人	3723	108.1
其中：执业(助理医师)	人	1132	103.7
注册护士	人	1569	104.5
年末各类医疗机构床位数	张	655	109.7
其中：医院床位数	张	515	112.7
医院年诊疗人次	万人次	21.7	164.7
城市建设			
园林绿地面积(新增)	公顷	32.9	102.8
其中：公园绿地面积(新增)	公顷	16.9	96.6
年末实有道路总长度	千米	322.8	108.4
其中：当年新增	千米	24.9	191.5
用电量			
全社会用电量	万千瓦时	398623	114.3
其中：居民生活用电量	万千瓦时	86047	122.2
"1+6"产业集群			
数字经济核心产业增加值占GDP比重	%	78.9	*2.0
数字经济核心产业增加值	亿元	1596.2	116.0
文化产业增加值	亿元	432.9	115.6
金融产业增加值	亿元	89.0	106.1
旅游休闲产业增加值	亿元	—	—
健康产业增加值	亿元	138.6	105.3
时尚产业(制造业)增加值	亿元	44.5	145.1
高端装备产业(制造业)增加值	亿元	82.8	121.2

说明：带#号为增减千分点，带*号为增减百分点，带△号为九年一贯制学校按一所初中计，数据为初步统计数

2021年杭州市各区县(市)主要经济指标对比一览表

表46

区县(市)名称	计量单位	2021年	为2020年的(%)
地区生产总值			
上城区	亿元	2417.5	107.2
拱墅区	亿元	1968.6	108.1
西湖区	亿元	1904.2	110.7

续表46

区县（市）名称	计量单位	2021年	为2020年的（%）
滨江区	亿元	2022.6	111.3
萧山区	亿元	2011.6	108.7
余杭区	亿元	2502.2	107.5
临平区	亿元	940.1	110.6
钱塘区	亿元	1218.2	106.6
富阳区	亿元	873.3	107.7
临安区	亿元	658.4	107.6
桐庐县	亿元	413.9	109.5
淳安县	亿元	255.2	105.2
建德市	亿元	430.6	107.5
西湖名胜风景区	亿元	50.7	107.2
规模以上工业增加值			
上城区	亿元	466.6	106.5
拱墅区	亿元	110.8	105.1
西湖区	亿元	91.8	120.5
滨江区	亿元	771.1	116.6
萧山区	亿元	554.1	108.5
余杭区	亿元	248.4	116.7
临平区	亿元	410.0	113.0
钱塘区	亿元	677.2	106.5
富阳区	亿元	269.9	109.1
临安区	亿元	230.8	113.2
桐庐县	亿元	107.3	111.6
淳安县	亿元	28.8	106.4
建德市	亿元	158.5	111.7
西湖名胜风景区	亿元	—	—
第三产业增加值			
上城区	亿元	1812.9	107.8
拱墅区	亿元	1774.8	108.5
西湖区	亿元	1757.1	110.8
滨江区	亿元	1163.1	110.2
萧山区	亿元	1177.9	109.7
余杭区	亿元	2125.5	106.7
临平区	亿元	418.8	110.6

续表46

区县（市）名称	计量单位	2021年	为2020年的（%）
钱塘区	亿元	375.6	109.0
富阳区	亿元	432.3	106.8
临安区	亿元	280.8	107.6
桐庐县	亿元	199.7	108.9
淳安县	亿元	151.0	108.5
建德市	亿元	175.7	106.6
西湖名胜风景区	亿元	49.1	106.2
社会消费品零售总额			
上城区	亿元	976.9	110.6
拱墅区	亿元	1273.4	111.2
西湖区	亿元	787.6	114.2
滨江区	亿元	476.7	111.2
萧山区	亿元	813.4	114.4
余杭区	亿元	676.3	122.7
临平区	亿元	349.0	111.8
钱塘区	亿元	339.5	109.6
富阳区	亿元	417.4	109.2
临安区	亿元	212.7	111.4
桐庐县	亿元	158.6	115.4
淳安县	亿元	90.0	107.5
建德市	亿元	126.1	110.5
西湖名胜风景区	亿元	45.9	111.5
财政总收入			
上城区	亿元	377.8	105.7
拱墅区	亿元	322.0	107.3
西湖区	亿元	345.7	108.8
滨江区	亿元	407.0	113.5
萧山区	亿元	565.0	122.5
余杭区	亿元	745.3	115.2
临平区	亿元	247.1	137.9
钱塘区	亿元	240.6	126.5
富阳区	亿元	174.6	125.9
临安区	亿元	148.9	135.9
桐庐县	亿元	67.6	115.9

续表46

区县(市)名称	计量单位	2021年	为2020年的(%)
淳安县	亿元	47.8	119.0
建德市	亿元	66.6	119.7
西湖名胜风景区	亿元	12.5	91.7
地方一般公共预算收入			
上城区	亿元	201.4	107.6
拱墅区	亿元	179.5	106.9
西湖区	亿元	175.7	108.5
滨江区	亿元	202.9	111.0
萧山区	亿元	343.0	114.3
余杭区	亿元	375.7	114.0
临平区	亿元	151.3	135.7
钱塘区	亿元	117.3	117.0
富阳区	亿元	105.0	116.5
临安区	亿元	90.4	131.9
桐庐县	亿元	38.4	112.2
淳安县	亿元	25.9	113.9
建德市	亿元	38.5	112.5
西湖名胜风景区	亿元	6.6	94.2
实际利用外资			
上城区	亿美元	6.3	34.7
拱墅区	亿美元	8.6	49.3
西湖区	亿美元	8.3	82.5
滨江区	亿美元	8.5	82.5
萧山区	亿美元	8.9	105.3
余杭区	亿美元	9.7	69.3
临平区	亿美元	1.7	91.1
钱塘区	亿美元	9.9	80.2
富阳区	亿美元	3.4	109.1
临安区	亿美元	2.6	139.6
桐庐县	亿美元	2.6	138.0
淳安县	亿美元	0.3	259.2
建德市	亿美元	1.3	89.1
西湖名胜风景区	亿美元	—	—

说明：以上数据由市统计局提供

（区统计局）

2021年杭州高新区（滨江）国民经济和社会发展统计公报

2021年，杭州高新区（滨江）高举习近平新时代中国特色社会主义思想伟大旗帜，全面贯彻落实党的十九大和十九届历次全会精神和习近平总书记考察浙江、杭州重要讲话精神，在党中央和省委、市委的坚强领导下，坚持稳中求进工作总基调，立足新发展阶段，贯彻新发展理念，融入新发展格局，全年经济呈现“前高后稳、稳中有进、稳中加固”特征，全区经济高质量发展韧性强劲。

一、综合

（一）经济增长

初步核算，全年地区生产总值（GDP）2022.6亿元，比上年增长11.3%。其中：第一产业增加值0.5亿元，第二产业增加值859.1亿元，第三产业增加值1163.1亿元，分别增长-27.3%、12.9%和10.2%。三次产业结构调整为0.02 ∶ 42.47 ∶ 57.50。

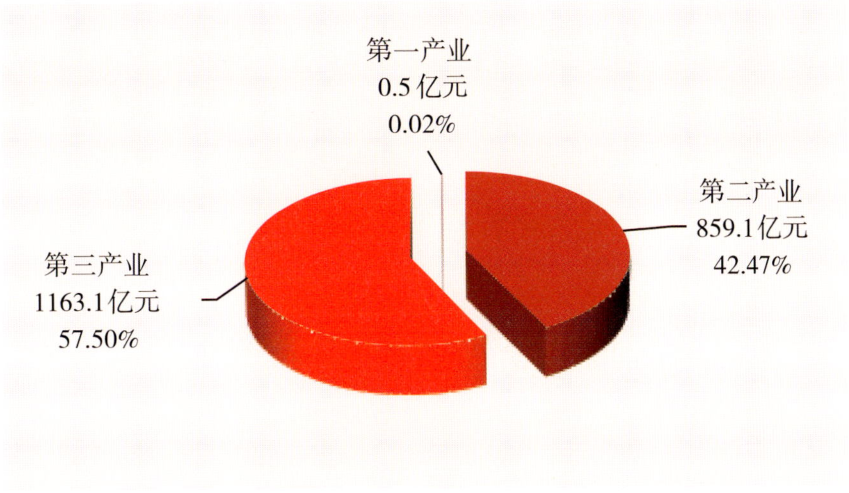

图1　2021年地区生产总值三大产业占比（%）

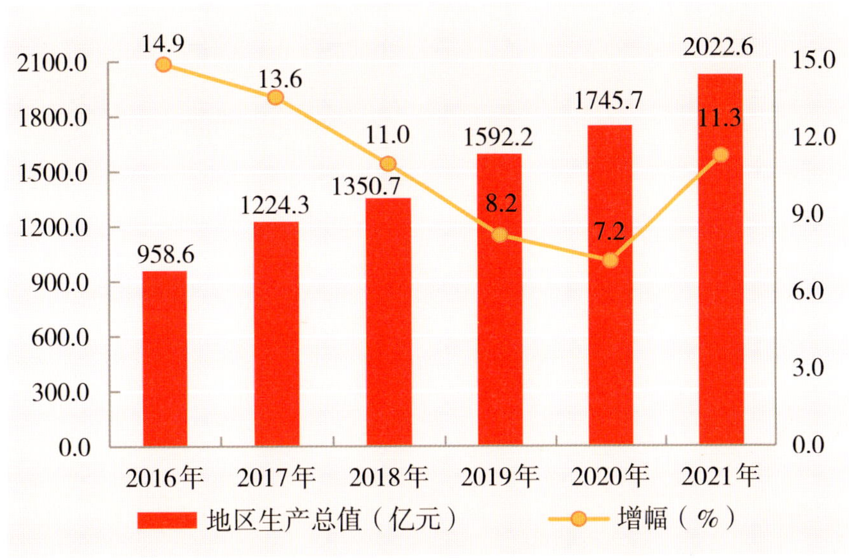

图2　2016—2021年地区生产总值及增幅

数字经济核心产业增加值1596.2亿元，增长16.0%，高于GDP增速4.7个百分点，占GDP的78.9%，列全市第一。

（二）财政收支

全年实现财政总收入407.0亿元，增长13.5%；一般公共预算收入202.9亿元，增长11.0%，其中税收收入192.5亿元，占一般公共预算收入的94.9%，其中增值税（含营改增）、企业所得税、个人所得税分别为65.7亿元、45.8亿元、46.3亿元，分别占32.4%、22.6%、22.8%。

全年一般公共预算支出143.2亿元，增长13.3%，其中民生保障支出124.1亿元，占一般公共预算支出的86.7%。用于教育、产业扶持的支出分别为27.0亿元、61.5亿元，分别增长8.2%、14.6%。

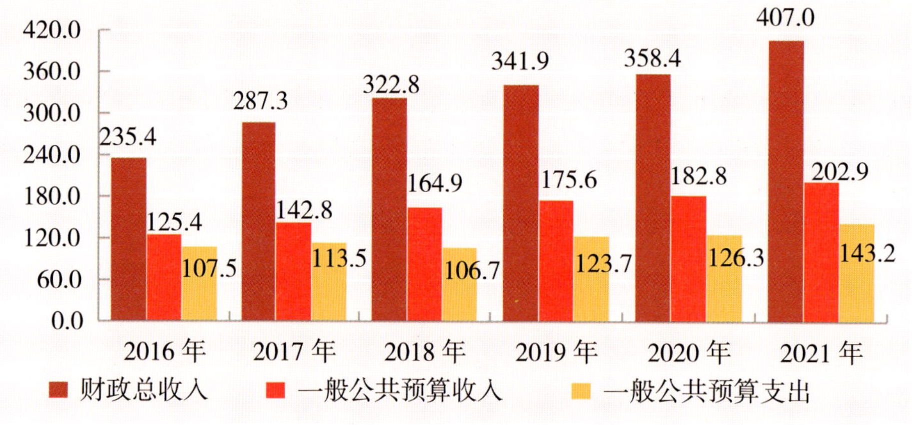

图3　2016—2021年全区财政收支（亿元）

（三）人口就业

年末户籍人口31.1万人，其中男性人口15.6万人，女性人口15.5万人，分别占户籍人口的50.2%和49.8%。全年出生人口3573人，出生率为11.8‰；死亡人口794人，死亡率为2.6‰，自然增长率为9.2‰。

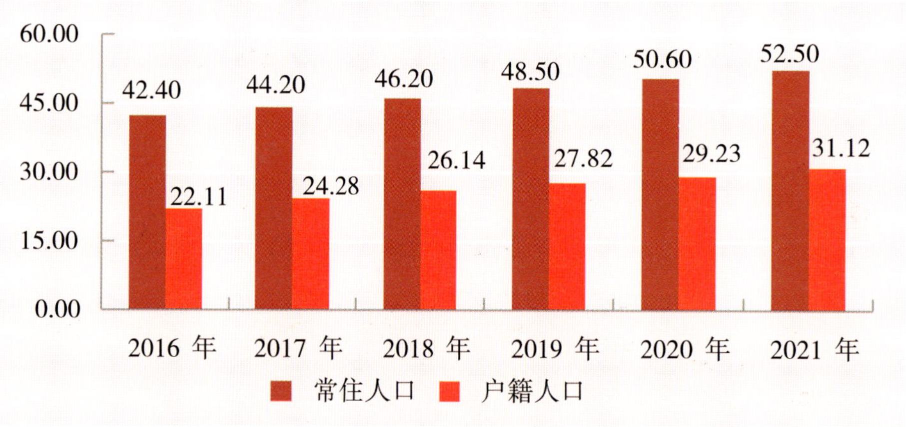

图4　2016—2021年全区常住、户籍人口数（万人）

全年新增就业岗位23581个，增长4.0%，年末城镇登记失业率2.34%。

二、工业和建筑业

全年实现工业增加值841.0亿元，增长12.9%，其中规上工业增加值771.1亿元，增长16.6%。新产品产值率50.6%；规上工业劳动生产率71.4万元/人。

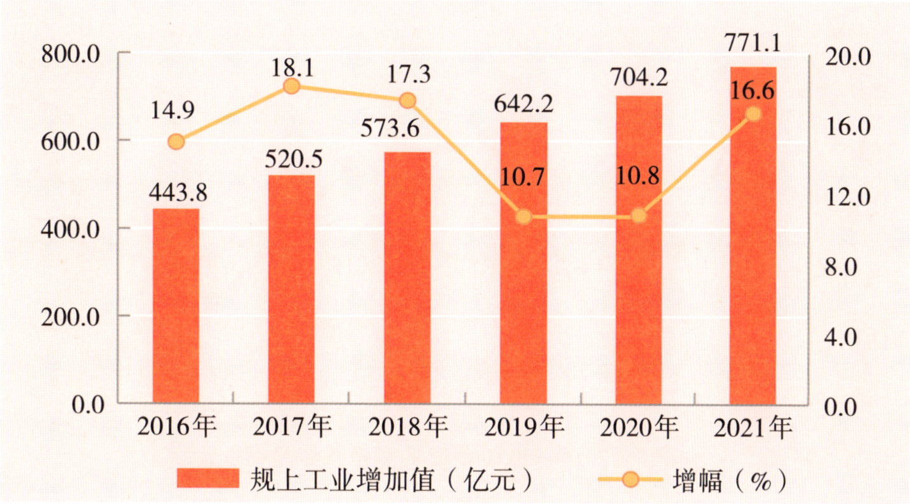

图 5　2016—2021 年规上工业增加值及增幅

规上工业实现营业收入3095.9亿元，增长18.3%；利润总额319.3亿元，增长2.1%，营业收入利润率达10.3%。

规上工业中高新技术产业增加值增长17.3%，占规上工业增加值的96.4%；战略性新兴产业增加值增长17.9%，占规上工业增加值的95.4%；装备制造业增加值增长18.4%，占规上工业增加值的93.1%。全年建筑业实现增加值18.1亿元，增长12.9%。

三、规上服务业

全年规上服务业实现营业收入3377.4亿元，增长18.9%，其中信息软件服务业实现营业收入2250.4亿元，增长18.4%，占规上服务业的66.6%。实现利润总额434.2亿元，增长13.1%。

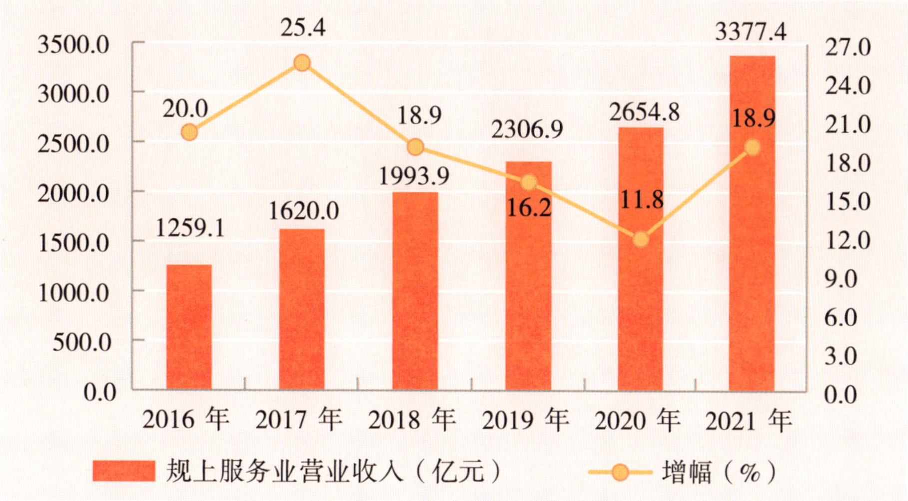

图 6　2016—2021 年规上服务业营业收入及增幅

四、固定资产投资和房地产业

（一）固定资产投资

全年固定资产投资增长2.7%，其中项目民间投资增长8.8%，交通投资增长170.2%，生态环保、城市更新和水利设施投资增长24.6%，高新产业投资增长31.6%，工业投资增长28.2%。

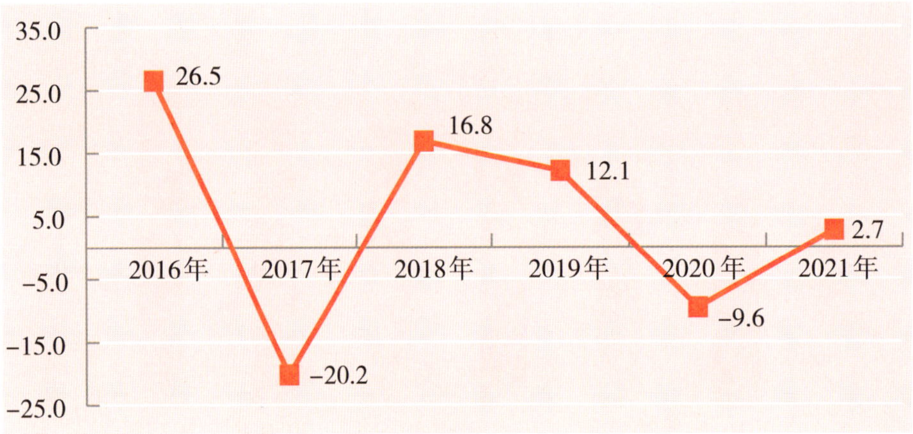

图 7　2016—2021 年固定资产投资增幅

（二）房地产开发

全年房地产开发投资下降8.7%，年末房屋施工面积 381.4 万平方米，下降 11.6%；新开工面积 63.3 万平方米，下降 41.2%；竣工面积 8.6 万平方米，下降 83.0%。房地产销售面积 83.8 万平方米，增长 127.1%；房地产销售额 347.5 亿元，增长 128.3%。

五、国内外贸易、对外经济

（一）国内贸易

2021 年，全区社会消费品零售总额为 476.7 亿元，增长 11.2%，汽车零售额增长 5.6%；通过公共网络实现的商品零售占限额以上批零单位商品零售总额的 44.2%。

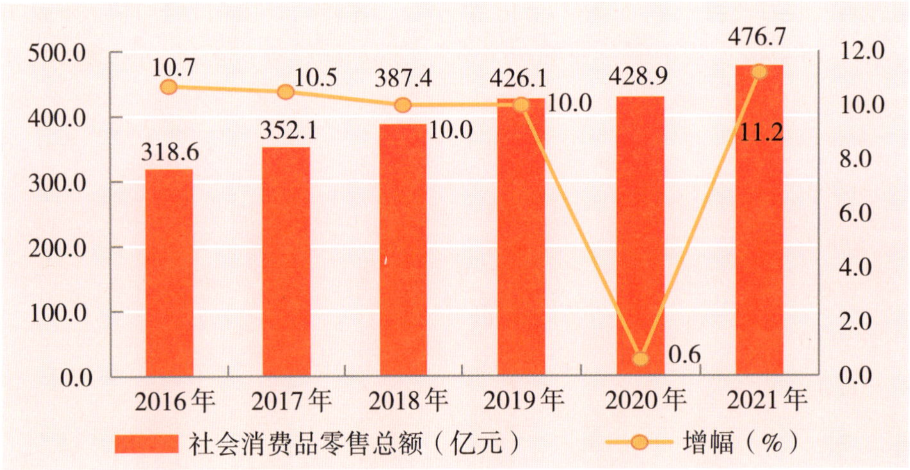

图 8　2016—2021 年社会消费品零售总额及增幅

（二）对外贸易

全年自营进出口总额 1088.6 亿元，增长 35.5%，其中进口总额 354.2 亿元，增长 37.3%，出口总额 734.4 亿元，增长 34.6%。出口总额中，美国和欧盟市场出口分别为 115.8 亿元和 151.4 亿元；高新技术产品出口 411.5 亿元，占出口总额的 56.0%；服务贸易出口 45.8 亿美元。

（三）利用外资

全年备案新设外商投资企业 173 个，增资项目 90 个，投资总额 1000 万美元以上大项目 28 个；实际利用外资 8.5 亿美元。

六、企业发展

全年新注册企业15653家，累计拥有注册企业数67324家，新增注册资本987.1亿元。新增上市公司10家，总计培育63家，上市公司总量位列全省第一。新认定的高新技术企业698家，有效数1928家，继续保持全省第一。国家规划布局内重点软件企业和集成电路设计企业27家，占全省87%。15家企业入选省创新企业百强；17家企业被认定为省技术先进型服务企业，占全省74%。

全年新增研发中心省级56个、市级71个，年末拥有省级研发中心356个；新增市级以上企业技术中心19个，其中市级16个、省级3个，年末拥有技术中心173个；新增省级实验室2家，年末拥有省级重点企业研究院44个。

七、科技创新

全年专利授权量17874件，增长34.2%，每万人发明专利拥有量479.1件，列全省第一。PCT(国际专利合作条约)申请量为660件，占全市PCT申请总量的30.6%，位居全省第一。获评国家知识产权示范企业14家，占全省16.7%，中国专利奖65项。

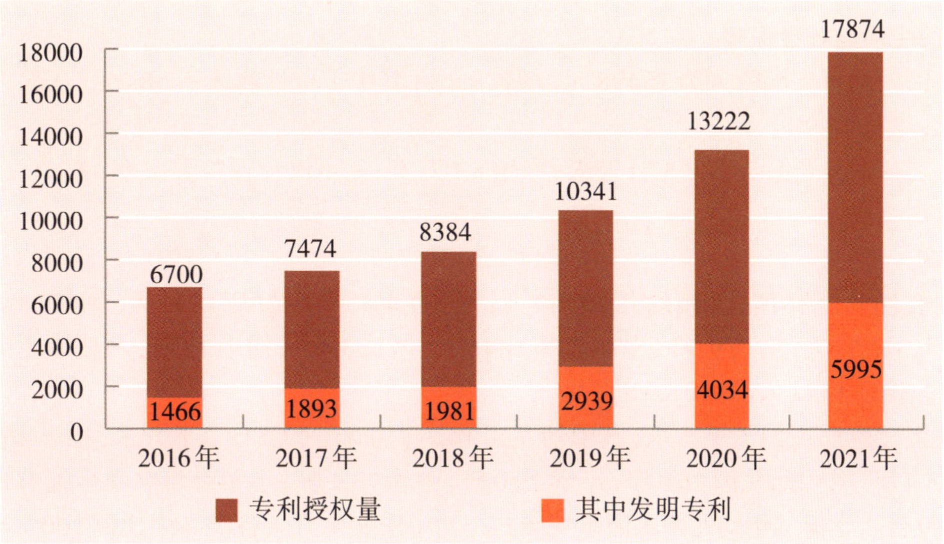

图9　2016—2021年专利授权量（件）

年末拥有市级及以上科技企业孵化器75个、众创空间42家，其中国家级孵化器10个、众创空间17家，在孵企业3548家。研究与试验发展经费支出（R&D）与地区生产总值之比预计在10%左右。全年各类技术合同登记共3473项，技术交易总额约240.2亿元，同比增长41.6%，年度技术交易额蝉联全省首位。财政一般公共预算支出中科技支出36.84亿元，增长15.8%。截至年末，我区阶段参股引导基金子基金35支，其中已退出9支、正在运作26支。基金总规模270.6亿元，撬动社会资本207.2亿元，产业扶持基金出资63.4亿元；目前基金已出资63.3亿元，产业扶持基金出资12.5亿元。累计完成投资365笔，投资金额46.8亿元，其中，在我区投资178笔，投资金额16.4亿元，占35.0%。

八、人才

全年新引进各类人才总数36927人，其中博士296人，硕士8788人，硕博人才占人才引进总量24.6%。年末拥有“省千”人才184人，新增发达国家院士专家等国际顶尖人才2人、各级人才计划工程人选54人、海外高层次人才1248人。新增市“115”国（境）外引智计划项目46个，列全市第一。

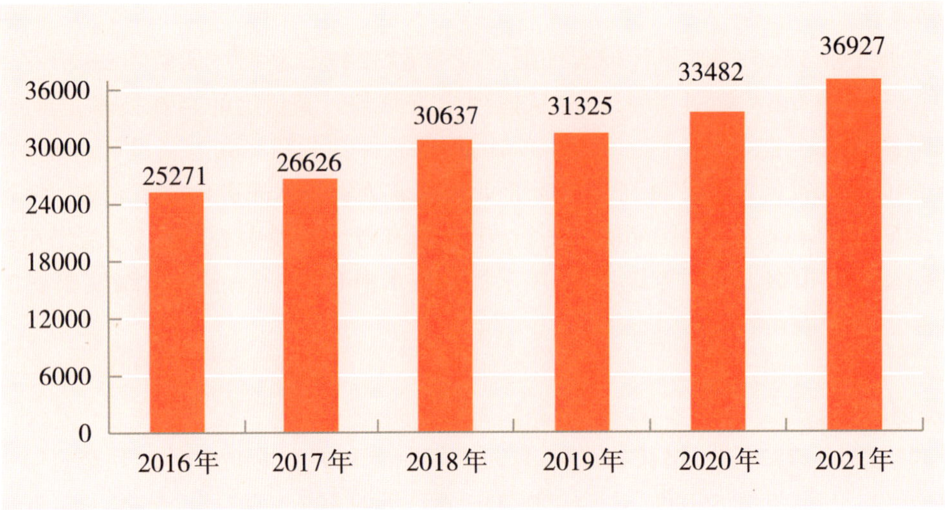

图 10　2016—2021 年人才引进数（人）

九、人民生活与社会保障

全年居民人均可支配收入为76498元，增长9.2%，其中工资性收入占68.2%；居民人均消费支出50705元，增长13.9%。

年末职工基本养老保险参保57.1万人，净增8.7万人；基本医疗保险参保率99.77%。

十、教育

年末拥有幼儿园36所，在园幼儿20469人，增长1.4%，专职教师1831人，增长6.0%；小学16所，在校学生31358人，增长9.0%，专职教师1846人，增长3.4%；初中13所，在校学生9821人，增长8.3%，专职教师1141人，增长5.9%。

生均校舍建筑面积21.5平方米，其中幼儿园14.3平方米，小学18.3平方米，中学46.5平方米；生均图书35.4册，其中幼儿园26.9册，小学29.0册，中学73.2册；小学每百名学生拥有计算机12.5台，中学56.9台。学前三年幼儿园入园率99.85%，初中毕业生升入各类高中比例100%。

十一、卫生

年末拥有卫生机构283个，增长4.4%，其中医院8个。拥有各类医疗机构床位655张，其中医院床位515张，分别增长9.7%和12.7%。卫生技术人员3723人，增长8.1%；其中执业（助理）医师1132人，注册护士1569人，分别增长3.7%和4.5%。医院年诊疗21.7万人次，增长64.7%。婴儿死亡率和5岁以下儿童死亡率分别为1.53‰和1.33‰。社区卫生服务站35家。

十二、城市建设、环境保护和安全生产

全年新建道路24.9千米，实有道路总长度322.8千米，新增、优化公交线路17条，完成再生资源回收网点125处，全区所有小区（188个，含过渡房）实行“定时定点”投放。

新增园林绿地面积32.9公顷，其中公园绿地面积16.9公顷。建成“口袋公园”10个，建成红色城管驿站6座。完成了18条（段）河道约44.8千米绿道改造、新建（含高新总公司2条和物联网1条）。

全社会用电量39.9亿千瓦时，增长14.3%，其中居民生活用电8.6亿千瓦时，增长22.2%。

2021年共发生各类安全生产责任事故2起，死亡2人，受伤0人，直接经济损失285万元（含赔偿费），无较大以上事故发生，安全生产形势总体平稳。

公报注释：

1.本公报数据为初步统计数。

2.全区生产总值和各产业增加值绝对数按现行价格计算，增长速度按不变价格计算；三次产业划分执行国家统计局2018年修订《三次产业划分规定（2012）》。

3.2016—2021年地区生产总值数据含研究与开发支出。

4.根据第三次全国农业普查结果及有关制度规定，部分指标数据基数进行修订，2018年增速按可比口径计算。

5.根据第四次全国经济普查结果及有关制度规定，2014—2018年社会消费品零售总额进行修订。

6.根据第七次全国人口普查结果及有关制度规定，2011—2019年全区常住人口数进行修订。

资料来源：

本公报综合部分中户籍人口数据主要来自区公安分局；财政收支数据来自区财政局；外经及招商引资数据来自区商务局；企业发展、科技投入产出数据主要来自区市场监管局、区财政局、区科技局、区经信局；人才数据来自区委组织部、区人社局；社会保障数据来自区人社局；教育数据来自区教育局；卫生数据来自区社发局；城市建设、安全生产数据来自区住建局、区城管局、区应急管理局；其他数据均来自区统计局。

主要指标解释：

1.地区生产总值（简称GDP）：是一个国家或地区的所有常住单位在一定时期内生产活动的最终成果，反映一个国家或地区的经济总体规模和经济结构。

2.工业增加值：是指工业企业在报告期内以货币形式表现的工业生产活动的最终成果；是工业企业全部生产活动的总成果扣除在生产过程中消耗或转移的物质产品和外购劳务价值后的余额；是工业企业生产过程中新增加的价值。

3.数字经济：数字经济指一个经济系统，在这个系统中，数字技术被广泛使用并由此带来了整个经济环境和经济活动的根本变化。数字经济也是一个信息和商务活动都数字化的全新的社会政治和经济系统。

4.“1+6”产业集群：根据杭州“十三五”发展规划，将重点打造1个万亿级信息经济集群和6个千亿产业集群，包括文化创意产业、金融服务产业、旅游休闲产业、健康产业、时尚产业、高端装备制造业等六大主导产业

5.固定资产投资：指建造和购置固定资产的经济活动是以货币形式表现的在一定时期内建造和购置固定资产的工作量以及与此有关的费用的总称。它反映的是运用各种资金完成的用价值体现的实物工作量。

6.社会消费品零售总额：指企业（单位、个体户）通过交易直接售给个人、社会集团非生产、非经营用的实物商品金额，以及提供餐饮服务所取得的收入金额。该指标所涉及的商品包括售给个人用于生活消费的商品，也包括售给社会集团用于非生产、非经营的商品。但纳入社会消费品零售总额统计的商品不包括企业和个人经营户用于生产经营和固定资产投资所使用的原材料、燃料和其他消耗品的价值量，也不包括居民用于购买商品房的支出和农民用于购买农业生产资料的支出费用。

7.居民可支配收入：指居民可用于最终消费支出和储蓄的总和，即居民可以用来自由支配的收入，包括现金收入和实物收入。

（区统计局）

滨江区2020年第七次人口普查主要数据公报[1]

杭州高新区（滨江）统计局
杭州市滨江区人民政府第七次人口普查领导小组办公室

2021年5月19日

根据《全国人口普查条例》和国务院的决定，我国以2020年11月1日零时为标准时点进行了第七次全国人口普查。在国务院第七次全国人口普查领导小组的统一领导和省、市、区各级人民政府的精心组织下，在全体普查对象的支持配合下，经过广大普查工作人员的艰苦努力，人口普查主要阶段任务已圆满完成。现将滨江区快速汇总的主要数据公布如下：

一、总人口

全区常住人口[2]为503859人，与2010年第六次全国人口普查的319027人相比，10年共增加184832人，增长57.96%，年平均增长率为4.68%。

二、户别构成

全区常住人口中共有家庭户[3]165654户，集体户33005户，家庭户人口为395911人，集体户人口为107948人。平均每个家庭户的人口为2.39人，比2010年第六次全国人口普查2.34人增加0.05人。

三、性别构成

全区常住人口中，男性人口为260336人，占51.67%，女性人口为243523人，占48.33%。总人口性别比（以女性为100，男性对女性的比例）为106.90，与2010年第六次全国人口普查的110.65相比，性别比有所下降。

四、年龄构成

全区常住人口中，0～14岁人口为69032人，占13.70%；15～59岁人口为380393人，占75.50%；60岁及以上人口为54434人，占10.80%，其中65岁及以上人口为34973人，占6.94%。与2010年第六次全国人口普查相比，0～14岁人口的比重上升3.47个百分点，15～59岁人口的比重下降7.10个百分点，60岁及以上人口的比重上升3.63个百分点，65岁及以上人口的比重上升2.50个百分点。

全区常住人口年龄构成情况表

表47

年龄	人口数（人）	比重（%）
总　计	503859	100.00
0～14岁	69032	13.70
15～59岁	380393	75.50
60岁及以上	54434	10.80
其中：65岁及以上	34973	6.94

五、教育程度

全区常住人口中，拥有大学（指大专及以上）文化程度的人口为262585人；拥有高中（含中专）文化程度的人口为57775人；拥有初中文化程度的人口为71679人；拥有小学文化程度的人口为69227人（以上各种受教育程度的人包括各类学校的毕业生、肄业生和在校生）。与2010年第六次全国人口普查相比，每10万人中拥有大学文化程度的由33448人上升为52115人；拥有高中文化程度的由16668人下降为11467人；拥有初中文化程度的由24426人下降为14226人；拥有小学文化程度的由16500人下降为13739人。

全区常住人口中，文盲人口（15岁及以上不识字的人）为6440人，与2010年第六次全国人口普查相比，文盲人口减少5487人，文盲率[4]由3.74%下降为1.28%，下降2.46个百分点。

注释：

〔1〕本公报中数据均为初步汇总数。

〔2〕常住人口包括：居住在本乡镇街道且户口在本乡镇街道或户口待定的人；居住在本乡镇街道且离开户口登记地所在的乡镇街道半年以上的人；户口在本乡镇街道且外出不满半年或在境外工作学习的人。

〔3〕家庭户是指以家庭成员关系为主、居住一处共同生活的人组成的户。

〔4〕文盲率是指常住人口中15岁及以上不识字人口所占比例。

说明：

部分分项数据之和不等于总量数据是由于数值修约误差所致，未作机械调整。

（区统计局）

附 录

2021年杭州高新区（滨江）重要报道精选

杭州高新区——激发创新活力　优化城市服务

记者　钱一彬

打开“浙里办”手机客户端、点选“企业码”栏目、参评并获取企业创新积分、线上申请得到银行贷款授信……位于杭州高新区（滨江）的杭州雅格纳科技有限公司去年凭借企业创新积分，在无抵押、无担保情况下获得杭州联合银行发放的500万元“创新积分贷”。

据了解，2020年9月，杭州高新区（滨江）面向轻资产但具备较强创新能力的科技型企业启动“企业创新积分”试点，破解企业融资难、融资贵问题。截至目前，已累计向60余家企业审批发放贷款超过1.6亿元。

以创新改革赋能，以优质服务助力。近年来，杭州高新区（滨江）充分发挥体制机制优势，采取企业创新积分试点、实行知识产权质押等举措，提升数字化政务服务效能，提高基层治理数字化水平，助力产业发展、优化城市服务。

“知产”变“资产”　助力企业发展

“2019年，公司通过知识产权质押获得了1065万元贷款。”杭州维慕德科技有限公司负责人姚若漪介绍，公司营收从2018年的7000多万元增长到2020年的1.25亿元。

作为全国最早一批试水知识产权质押的国家级高新区，杭州高新区（滨江）自2009年起，通过完善政策支持、优化办事流程和加强配套服务，为企业发展注入金融活水。据统计，2020年，杭州高新区（滨江）帮助区内企业实现知识产权质押融资超过20亿元。

激发创新活力，助力企业发展。杭州高新区（滨江）聚焦知识产权创造、运用、保护、管理、服务等全链条，通过设立全门类知识产权综合服务中心、成立物联网产业知识产权联盟等，令创新要素充分涌动。杭州高新区（滨江）2020年发明专利授权量是2015年的3.4倍。

集智攻关，协同创新。杭州高新区（滨江）通过组建创新联合体，实现集智创新，攻坚关键技术。目前，包括鲲鹏生态创新中心、杭州长光产业技术研究院等在内的多个平台在此落地。

审批在线办　服务高效便捷

从率先试点商事登记制度改革，到实现“实时申请、实时审核、实时生成电子营业执照、实时领取纸质营业执照”的商事登记24小时数字化服务，从“无纸化审批”到“全天候审批”……近年来，杭州高新区（滨江）推动政务服务改革，不断提高数字化政务服务效能。

2020年，杭州高新区（滨江）行政服务中心缩减了办事大厅60%以上实体窗口，安排服务人员担任“亲清在线”平台“店小二”，增设一站式、一键通的企业服务专区、网办掌办专区，为办事企业提供高效便捷的帮办服务，实现了“前台减、后台优”。

“优化政务服务，不仅是回应需求，更要发现需求，要推动从‘人找服务’向‘服务找人’转化。比如，通过数据分析技术，我们已为172家企业提供了许可证到期主动办服务，受到企业欢迎。”杭州高新区（滨江）行政服务中心相关负责人孙佳丽说。

提升获得感　数字动能强劲

配备运营至午夜的阅读场所，打通杭州图书馆和滨江区图书馆借阅系统，实现“家门口”借阅；上线小程序组织开展社区活动，住户参与公益服务积累的“滨豆”，可用于预约活动场地……位于杭州高新区（滨江）的滨和社区，这些服务社区居民都可享受。据介绍，滨和社区有超过80%的社区居民就职于高新企业，为推动居民参与社区治理、享受社区服务，社区提供了多种便捷温馨服务。

滨和社区有关负责人王晓芳说：“提供社区服务，需要借助数字化的技术手段和方式，从家长里短的‘琐碎’入手，从与群众生活相关的点滴着眼，为居民提供涵盖线上线下的服务体验。”

创新试点“一码解纠纷”矛盾纠纷受办一体化平台，实现多渠道解纷，将矛盾纠纷化解在基层；破除“数字壁垒”，打通预约挂号平台与城市大脑停车系统，实现重点街区“车辆不排队、直达停车位”……智慧技术的应用，有效提升了民生获得感。

“杭州高新区（滨江）汇聚了一批高新技术企业，2020年全年生产总值增长7.2%，数字经济核心产业增加值占地区生产总值的76.9%。蓬勃发展的数字经济，推动了高质量发展，为政务服务优化、民生事业改善提供数字动能，让创新之城更加温暖。”杭州高新区（滨江）党委书记王敏表示。

（2021年4月9日《人民日报》第10版）

2021数字经济创新发展论坛在杭州高新区（滨江）举办

发展数字经济　打造重要窗口

记者　窦瀚洋

习近平总书记指出，加快数字中国建设，就是要适应我国发展新的历史方位，全面贯彻新发展理念，以信息化培育新动能，用新动能推动新发展，以新发展创造新辉煌。

6月16日，2021数字经济创新发展论坛在杭州高新区（滨江）举办。本届论坛主题为“数字变革引领高质量发展”，关注打造数字经济新优势，催生高质量发展新动能。来自政府主管部门、研究机构和企业的200多位代表出席了论坛。

浙江省委常委、宣传部部长朱国贤在致辞时介绍，浙江将“着力强化科技创新、打造全球数字变革高地”作为扎实推动高质量发展建设共同富裕示范区的创新性突破性重大举措，正全面推进一场数字化改革，数字经济已经成为浙江经济增长的主引擎、转型升级的主动能、创业创新的主阵地。

杭州高新区（滨江）党委书记王敏表示，杭州高新区（滨江）正以“数字产业化、产业数字化、城市数字化”协同融合发展为主线，深耕数字经济。据介绍，杭州高新区（滨江）数字经济核心产业增加值占GDP比重接近80%。凭借内生式动力，2020年，该区数字经济核心产业实现增加值1343亿元，同比增长16.6%。今年一季度，更是实现数字经济增加值357.3亿元，同比增长39.3%，继续保持高位运行，“数字”已成为杭州高新区（滨江）发展的鲜亮底色。

推动生产方式、生活方式和治理方式发生改变

眼下，一场数字化改革浪潮也在之江大地悄然掀起。

早在2003年7月，浙江就将“数字浙江”建设上升为“八八战略”重要内容，此后历届省委省政府锚定“数字浙江”建设，一以贯之抓落实。

如今，浙江迎来建设“重要窗口”新使命和争创社会主义现代化先行省新目标。今年农历春节后上班第一天，浙江省委便召开全省数字化改革大会，全面部署相关工作，一场数字化改革应运而生。

数字化改革，在于推动生产方式、生活方式和治理方式发生改变。实现高质量发展，数字化就是重要动力。

在宁波舟山港梅山港区，碧海蓝天间，远控自动化桥吊矗立在码头，从巨轮上搬运着集装箱。巨大的集装箱被抓起后稳稳地卸载到抵达的智能集卡车上……整个生产作业井然有序。

作为宁波舟山港智慧港口建设先行示范区，梅山港区在宁波舟山港从传统港口向数字化港口转型中先行先试。2020年5月，宁波舟山港与中国移动浙江公司等正式签署战略合作协议，将在梅山港区建设“5G+智慧港口”，完善港口智慧作业流程，打造一批包括“5G+”远控自动化轮胎式龙门吊等在内的应用。

“以前，我们要在20多米高的操控室里连轴转12小时。”龙门吊司机叶勇说，远控自动化技术的引入，让他坐进了宽敞舒适的操作间，眼前是数台高清显示器，手边的机械操作杆换成了远程操控的电子按键和手柄，工作效率高了，也更精准。

在杭州建德杨村桥镇的草莓小镇产业园，大棚里的自动化浇灌机集施肥、浇水于一体，还配备有草莓采摘机器人，让前来采摘体验的游客眼前一亮。

“大棚里安装有传感器，只要温度过低或浇灌机断电，都能及时通知。”村民周卫芬向记者展示起“农业大脑”手机端操作界面，“现在草莓生产搭上了数字化便车，像抗寒保暖、自动化浇灌等工作都可以实现智慧管控。”

“农业大脑”平台，是当地政府打造的草莓种植产业数字化平台，通过数据收集、平台搭建，打通产业数据流通各环节，精准帮助农民实现数字化农业生产与销售。通过和国网杭州供电公司合作，平台还融入了电力数据。“利用电能采集器监控大棚中设备的用电情况，用以判断设备运行状态，让生产环节更添数据保障。”国网杭州供电公司相关负责人介绍。

探索社会治理难点痛点的“数字解法”

以“小切口大牵引”的特色化应用场景为抓手，浙江各地不断探索社会治理难点痛点的“数字解法”，探索数字化改革。这不仅是政府数字化转型的一次拓展升级，也是浙江立足新发展阶段、贯彻新发展理念、构建新发展格局的重大战略举措。以数字化改革撬动经济社会全方位数字化转型，省域治理体系和治理能力现代化程度显著提升。

“本月61起纠纷中，有50多起来自‘一码解纠纷’平台。”说这话的，是杭州滨江区人民调解员汤关泉。他告诉记者，自打该平台上线后，居民在线上“下单”矛盾调解的情况越来越多，自己通过系统接到的调解任务也精准了不少。

汤关泉是当地的金牌调解员，专长是调解房屋租赁、邻里纠纷等矛盾，但他也有烦恼——倘若遇到劳资纠纷、产权纠纷等专业度较高的问题，往往还是要转移至相关部门。这样会导致矛盾调解链条被拉长。

去年6月，滨江区上线“一码解纠纷”平台，当事人只需通过“一码解纠纷”微信小程序，选择“我要调解”菜单，输入“纠纷描述”，便可自动判别纠纷类型和对应调解机构。“发生纠纷后，居民既有表达各种诉求的渠道，也能找对路子解决矛盾。”滨江区司法局局长蔡文刚说，从居民解决纠纷的诉求出发，平台上线以来约有28%的案件通过扫码进入解纷流程，4237桩案件调解成功，诉前分流调解成功率、诉前委派调解成功率和法院诉中调解成功率均大幅提高。

将数字化改革打造成标志成果

依靠大数据，浙江创新推出“一图一码一指

数”，对疫情实时跟踪、全面溯源、科学管控；去年6月上线的自然灾害风险防控和应急救援平台，接入16个部门2.3亿条数据，实现对各类灾害的综合分析研判，及时发布风险评估“五色图”和提示单，科学指导各地各部门有针对性地做好防御措施……如今，各种数字化场景在浙江遍地开花。

前不久，嘉兴桐乡市东安村村民钟仁尧切实感受到了数字政府建设带来的便利——仅用10分钟，他便顺利拿到养老保险缴费结算单，以往则需花费一整天。近年来，浙江政务服务改革由“最多跑一次”向“一次不用跑”升级。这背后，由中国移动浙江公司推动的“双千兆”服务成了政务网络体系的强有力支撑系统。

“我们将进一步推动浙江信息基础设施升级，争取以一流的基础设施支撑全国领先的数字化改革成果，为浙江奋力打造‘重要窗口’、争创社会主义现代化先行省助力添彩。”中国移动浙江公司总经理郑杰说。

乘势而上，浙江将经济发展、民主法治、社会治理、文化发展、生态建设和党的建设等领域作为数字化改革主战场，奋力将数字化改革打造成为社会主义现代化先行省的闪亮招牌和“重要窗口”标志成果。

（2021年6月18日《人民日报》第14版）

积蓄“源动力” 畅通“传送带”

杭州高新区（滨江）全力服务企业上市发展

中共杭州市滨江区委宣传部

11月15日，位于浙江省杭州高新区（滨江）、深耕信息通信产业的广脉科技由“新三板”精选层平移至北京证券交易所（简称“北交所”），成为北交所第一批上市企业。这是杭州高新区（滨江）今年上市的第10家企业，上市企业的增速和增量创下历史新高。

近年来，杭州高新区（滨江）全面落实浙江“凤凰行动”计划，推动区内企业对接市场，鼓励优质企业在境内外上市和参与并购重组，打造动能强劲的“滨江板块”。在73平方公里的区划面积上，自主培育出网易、海康威视、大华股份、百世物流等上市企业63家。

作为首批国家级高新区，杭州高新区（滨江）大力发展高科技、实现产业化，持续推进“创新链、产业链、服务链”三链耦合、“产城人”深度融合，培育出大批具有自主知识产权并具有国际竞争力的行业领军企业，已基本形成以数字经济为核心的现代产业体系和数字经济全产业链。数字经济核心产业增加值占GDP比重近80%，全区全社会研发投入占GDP比重保持在10%左右，每万人发明专利量390件，居全国前列。

围绕创新链布局产业链，努力培育新增长点，杭州高新区（滨江）突出科技引领作用，推动发展科技含量高、市场竞争力强、带动作用大、经济效益好的战略性新兴产业。在今年浙江省创造力百强企业榜单中，杭州高新区（滨江）有27家企业上榜，数量占区县（市）第一，其中前10强占有7席，折射出杭州高新区（滨江）的创新实力。

今年前三季度，杭州高新区（滨江）生产总值1427.4亿元，同比增长12.7%，两年年均增长10.0%，增速及两年年均增速均列杭州第一。规模以上工业增加值547.2亿元，同比增长18.5%，两年年均增长15.4%，其中95%以上来自高新技术产业。经济稳中有进、稳中加固特征日渐明显，高质量发展劲头更足。

厚植创新土壤的同时，杭州高新区（滨江）不断完善服务机制，畅通企业上市全流程。针对不同类别产业、不同发展阶段企业和不同功能产业平台，采取差异化培育政策——提供房租补贴、联系银行融资、给予政策支持，开展上市辅导和培训，精准帮助企业发展壮大。由政府组织的上市（拟上市）企业专题研讨和培训促进企业与资本无缝对接，帮助企业了解专业知识并提前按照资本市场要求对各类业务进行规范。

杭州高新区（滨江）还注重增强上市工作合力，不定期召开专题会议，“一事一议”及时协调解决企业上市过程中遇到的问题和困难，积极构建绿色通道，畅通企业上市快车道。

杭州高新区（滨江）由发改局金融办牵头，主动把企业在上市过程中涉及的所有政府部门联系起来，企业提需求，政府协调内部流程以及各种材料和资源，解决企业在上市过程中的沟通难题，让企业少跑腿。

今年，杭州高新区（滨江）重新认定上市后备企业92家，已报会企业6家，在辅导企业18家，现有“新三板”挂牌企业44家，上市进程各阶段均有一定的企业储备，保证了未来上市公司数量的可持续增长。“十四五”期间，杭州高新区（滨江）力争达到上市企业突破100家，全力构建企业上市生态圈，推动经济高质量发展。

（2021年11月17日《人民日报》第15版）

浙江自贸区滨江区块发布建设方案及创新清单

通讯员　洪恒飞　宋桔丽　记者　江耘

1月15日，杭州高新区（滨江）举行中国（浙江）自由贸易试验区杭州片区滨江区块建设推进大会，发布中国（浙江）自由贸易试验区杭州片区滨江区块建设方案、36条政策措施和创新清单。当天，浙江自贸区滨江区块自贸大厦揭牌，首批18个项目签约入驻。

2020年9月，浙江自贸区扩区方案公布，新增总面积近120平方公里的三大片区，其中，杭州片区滨江区块实施范围11.32平方公里，重点发展数字经济、金融科技、人工智能、数字识别（安防）等产业。

“根据建设方案，在自贸试验区重点产业基础上，实施范围达26.16平方公里的滨江区块联动创新区将重点发展智能制造、生命健康等产业。”杭州高新区（滨江）区委常委、常务副区长姜永柱介绍，辐射带动区则涵盖整个高新区（滨江），将通过构建与自贸试验区、联动创新区协同发展机制，充分吸纳改革创新与制度开放的溢出效应。

谈及浙江自贸区滨江区块建设具体目标，杭州高新区（滨江）党委书记王敏表示，要基本建立以投资贸易自由化、便利化为核心的制度体系，形成一批可复制、可推广的改革经验；要让数字经济主营业务收入五年实现翻番、达到6000亿元；自贸试验区滨江区块内GDP、进出口、利用外资、研发经费支出增速高于全区平均3~5个百分点。

王敏介绍，围绕目标定位，杭州高新区（滨江）将打造数字技术创新中心、金融科技创新中心、跨境电商创新中心，并在数字新技术新业态新模式、贸易平台全球布局、数字智能口岸监管、数字贸易规则创新、营商便利化改革五个方面开展先行先试。

（2021年1月21日《科技日报》第6版）

给城市装上“大脑”——杭州市智慧城市建设调查

记者　黄　平

随着我国城镇化进程不断加快，城市治理议题日趋复杂多元。为进一步挖掘城市发展潜力，让群众拥有更多获得感、幸福感、安全感，2016年，杭州在全国首创“城市大脑”，加快建设智慧城市。如今，通过不断探索创新，杭州“城市大脑”建设成效如何？如何从数字化到智能化再到智慧化不断前行？经济日报记者就此进行了调研，为读者寻找答案。

当城市装上“大脑”，会产生怎样的奇妙反应？今年初，杭州“城市大脑”数字界面亮相，集成“先离场后付费”“先看病后付费”“多游一小时”“非浙A急事通”等38个应用场景，把“城市大脑”打包装进市民手机。

这是杭州“城市大脑”提升治理效能的最新成果，也是这座城市从数字化到智能化再到智慧化不断前行的生动截面。

2016年，杭州在全国首创“城市大脑”。在此推动下，杭州探索城市数字化建设的步伐不断加快。根据最新发布的《中国城市数字治理报告（2020）》，杭州数字治理指数居全国第一，正在成为“最聪明的城市”。

一键直达　全程在线　“亲清在线”勾勒数字政府

数字，是城市治理的密码，“城市大脑”让杭州成为一座数字系统治理之城。

“只闻楼梯响，不见人下来。”这是不少企业对于政府优惠政策难以落地的感受。但在杭州，不需要跑现场，不需要烦琐流程，各级政府的惠企资金，一键兑现，“秒到账”。

仅通过一个新平台，点击申报杭州市“鲲鹏计划”制造业企业上规模奖励，100万元奖励金即时自动到账——这是欧文斯科宁复合材料（中国）有限公司财务人员王晓丹日前的真实经历。

杭州市经信局经济运行处处长陆夏峰告诉记者，这是杭州实施的“新制造业计划”配套政策，主要对制造业年营业收入首次达到一定规模的企业分档给予一次性奖励。但该政策申请流程较复杂，及时兑付难度大。“去年奖励企业30家，仅审核材料就耗时30天；今年增加至300多家，如仍用人工审核，难度可想而知。”陆夏峰说。

同样是这个平台，在去年2月，杭州很多企业员工通过它领到了政府给予的每人500元新冠肺炎疫情补贴，且实时到账。这一做法一经推出，广受好评。

这个企业纷纷点赞的平台，便是“亲清在线”。新冠肺炎疫情期间，杭州率先建立“亲清在线”新型政商关系数字平台，开启了惠企政策精准推动、补贴资金实时到账的先河。自平台上线以来，共有27万家企业、80.5万名员工通过平台享受到政府补助资金77.3亿元。

“‘亲清在线’体现出城市大脑最基本的治理理念：诚意、诚信和直达。”中国工程院院士、杭州“城市大脑”总架构师王坚说，这是近年来浙江推行“最多跑一次”改革与“城市大脑”的有机结合，倒逼政府流程再造，让更多部门实现政务数字化协同，引领基层治理变革。

在“亲清在线”平台总框架下，杭州将无感智慧审批纳入城市智慧管理体系中，打造“线上行政服务中心”，围绕企业办事全生命周期，上线“工业项目全流程审批”“企业五险一金登记”等“一件事”联办事项。

过去，新华三集团为1.5万名员工办理“五险一金”缴纳事项时，需要4个人忙3天，对接多个部门。如今，“亲清在线”平台将分属人社、医保、公积金的4个事项合并，企业只需一次填报，便同步完成所有登记事项。公司政府事务部专员戚杰辉说，“现在1个人忙两三个小时就能办好”。

“要让群众和企业办事像网购一样方便，最终实现‘零纸质’‘零人工’‘零时限’‘零跑次’的‘四个零’无感智慧审批。”杭州市行政审批服务管理办公室副主任施甜甜告诉记者，“亲清在线”上线惠企、惠民直达政策330条，累计有52.3万家企业登录平台，服务普通市民200余万人。

一方面，大数据“跑腿”，群众和企业办事像网购一样方便；另一方面，政府职能转变，政府部门像淘宝客服一样随时在线。

“公司有位应届毕业生去年10月刚参保，为什么申请生活补贴会失败？”杭州某企业通过互动交流板块在线咨询，“应答D小二”3分钟内响应，随即将问题转派给“业务D小二”线上回复。

走进西湖区行政服务中心“亲清在线”“亲清D小二”服务中心，办公桌上“首席D小二”“督办D小二”“管理D小二”的工号牌格外显眼。翻开“D小二”工作日志，上面详细记录着企业咨询时间、解决方案等，从去年6月29日“亲清D小二”服务平台上线以来，这项工作从未间断。

为推进线上线下服务有机融合、补充配合，杭州市推出了1750余名“亲清D小二”搭档智能客服，为企业提供上线事项和政策“7×24小时”的1对1专属在线服务，累计接受咨询应答8.6万人次，企业好评率达90%以上。

以“亲清在线”为代表，在杭州“城市大脑”的全面支撑下，包括“健康码”“复工复产数字平台”等在内的诸多“首创”，为全国打赢疫情防控与复工复产战做出贡献。

数据指路　服务上门　“驾驶舱”内感知城市脉搏

“先生您好，贵公司于2016年申请的许可证将于2021年2月到期，目前系统中暂未看到您申请办理延续，请问需要办理延续吗？”“是吗？我都忘了，谢谢提醒。”

这段对话，是杭州高新区（滨江）相关部门和一家医疗技术公司的通话内容。这样的服务，通过电话、短信、面对面告知等多种方式在高新区（滨江）各地展开。

助企服务的“不请自来”、精准发力源于什么？原来，去年11月，杭州在“亲清在线”平台试点镇（街）“亲清”数字驾驶舱建设。通过数据共享、算法集成，驾驶舱内可实时监测辖区内企业在“亲清”平台的日常运营情况；同时指导条线或属地及时开展线下工作，实时追踪任务进度，破解为企业提供服务的“最后1公里”问题。

眼下，由数字驾驶舱推动的基层治理应用场景在杭州已屡见不鲜。

在楼宇园区，驾驶舱充分发挥数字赋能企业服务的乘数效应，服务主动靠前、需求主动发掘。

走进杭州江干区四季青街道的“亲清”数字驾驶舱，记者看到大屏幕上跳动着注册企业数、今年累计税收等数据。有了数据指路，职能人员仅需坐在“驾驶舱”内，就能感知城市动态、把握管理全局。

“我们街道是杭州楼宇经济的主战场，有88幢商务楼宇9971家企业。怎么管理？怎么服务？驾驶舱建设为我们指明了方向。”四季青街道办事处主任孙强告诉记者，依托驾驶舱，街道企业发展服务中心的50名“D小二”分工协作，从规划楼宇产业定位、安商稳商、协税护税，到楼宇企业综合治理、城市管理等，为企业发展提供全生命周期服务。

滨江区长河街道驾驶舱，是杭州市首个街道级平台“亲清”驾驶舱。街道相关负责人介绍，当有新登记企业注册资本达到1000万元以上时，驾驶舱将发布走访提示，由网格“D小二”发起组团上门服务，为企业精准提供政策解释、咨询应答等服务。

施甜甜告诉记者，今年杭州在完成各区、县（市）试点镇街“亲清”驾驶舱落地应用基础上，还将根据各地实际需求，定制个性化数据接口开放给基层数字驾驶舱，帮助基层管理者做好分析研判与企业服务。

在商业街区，驾驶舱接入市场监管、公安、城管等系统，打破数据壁垒、提升治理效能。

位于杭州下城区东新街道的新天地街区，集商务、百货、娱乐等多元业态于一体，依托数字驾驶舱，便捷泊车、智慧电梯、“10秒找房、20秒入园、30秒入住”等场景得以有效落地。

以智慧电梯为例，驾驶舱协同市场监管电梯管理系统，对街区内123部电梯状况在线监测，一旦发现电梯故障，会立即自动向社区、物业等相关工作人员发送短信，从发出警报至现场处置仅需7分45秒。

“得益于城市大脑中枢协同机制，街道层级数字驾驶舱才能协同到市场监管、公安等系统的数据，实现精密智控。通过打破数据壁垒，新天地街区的特保人员从原有170人减至80人，总体治理效能却提升了。”东新街道党工委副书记汤灵峰告诉记者。

在基层社区，驾驶舱协同“人头熟”“地头熟”的“武林大妈”，打造线上线下互动治理模式，问题实时可控、处置精准高效。

“白泽弄3号2单元门口的水管冻住了，请尽快处理。”1月8日，杭州下城区武林街道数字驾驶舱平台弹出一条新事件。由于寒潮来袭，武林街道竹竿巷社区不少水管出现问题。经街道协调后没多久，水务部门便上门处理。

如此快速的处置反应，得益于“武林大妈”“码上报”数字驾驶舱运用场景。

68岁的汪红武是竹竿巷社区居民，也是“武林大妈”的一员。她告诉记者，以往发现问题，要先用本子登记，再电话反映、登门上报……一整套流程下来，要花费不少时间和精力。如今，一旦发现问题，仅需拍好照片，扫码后通过“1call”上传到数字驾驶舱，值班人员会第一时间梳理信息，针对上报问题分配任务。

数据显示，自去年10月“武林大妈”“码上报”上线以来，辖区880余名“武林大妈”、网格员完成登记，汇集信息6117条，数字驾驶舱信息收集、分流、协同、指挥、处置的系统作战能力凸显。

“让数据从‘别人看’变成‘自己用’；让不同部门的数据发生‘化学反应’，产生更多价值，这是杭州城市大脑建设的显著变化。”王坚认为，数字驾驶舱可以让政府部门实现“前看看、后看看，左看看、右看看”，从“人脑算数据”变成“城市大脑算数据”，实现城市管理无盲点。

还路于民　还时于民　城市之治折射理念“智”变

城市治理最需要解决什么、群众最盼什么，就谋划什么、推出什么。这是杭州“城市大脑”加速“进化”的唯一方向。

不排队、不抬杆、不扫码，杭州西湖景区69根停车杆全部“下岗”，“先离场后付费”让出场时间由20秒降至不足2秒。作为国内首个拆除停车杆的城市，杭州市“无杆停车”收缴率达92.5%。

从挂号、检查、化验、配药往返付费，到“先看病后付费”“最多付一次”“舒心就医”，杭州市红会医院成为全国第一家撤除自助机的医院。目前，全市343家医疗机构均已开通“舒心就医”，累计服务5973万人。

从“低头录入”到“抬头微笑”，从处处排队到30秒入住、20秒入园，目前“30秒入住”覆盖杭州市613家酒店、服务642万人次，“20秒入园”覆盖206个景区（场馆）、服务1835万人次，促进游客“多游一小时”，城市将增收100亿元。

这些应用场景均来自杭州近日发布的“城市大脑”数字界面。界面首页闪现一句标语：“让城市会思考，让生活更美好。”它囊括38个应用场景、366个办事事项，能找车位、查天气，也提供健康码、民意直通车、12345民生平台。

实用的App背后，是一座城市数字治理的实力。杭州作为一座拥有千万人口的省会城市，人口流动大、管理要求高、突发变数多。2016年“城市大脑”诞生之初，就明确了它的使命——解决城市“四肢发达，头脑简单”的弊病。王坚曾感慨，红绿灯和交通摄像头在同一根杆子上，但由于没有通过数据连接，摄像头看到的东西永远不会变成红绿灯的变换。

数据不通，交通不畅。从交通拥堵的感知起步，杭州将目光瞄准城市车辆的“在途量”。王坚拿出了一组数据：杭州机动车保有量是360余万辆，高峰期的在途量是30万辆，平峰时期仅有20万辆。因此，交通治堵的对象不是360万的机动车保有量，而是高峰时期多出来的10万在途量。

2017年，“城市大脑”接管调控了杭州市128个路口信号灯，将试点区的通行时间缩减了15.3%，高架道路出行时间节省了4.6分钟。在杭州主城区，“城市大脑”日均报警500次以上，精准率达92%。在杭州萧山区，120救护车等特种车辆到场时间缩减50%。

依据“在途量”，不仅能“指挥”信号灯优化时间配置“治堵”，还能精准“放量”。

根据大数据分析，在杭州交通高峰期时再放入0.5万至1.5万辆车不会引起延误指数直线上升。由此，杭州推出“非浙A急通车”场景，为非浙A车辆高峰期间到杭州办事提供通行便利。目前，“非浙A急事通”工作日日均申请量5000次以上，累计申请量已超80万次。

还路于民、还时于民，从数据开始。杭州已成为第一个实现“急救车不必闯红灯”的城市、第一个利用数据计算后有序放宽“限行措施”

的城市。在人口净增120万、总路面通行面积因施工减少20%的情况下，杭州交通拥堵排名从2014年的第2名，下降至如今的第31名。

目前，杭州已建成覆盖公共交通、城市管理、卫生健康、基层治理等11个领域的48个应用场景、390个数字驾驶舱，率先真正实现"用一部手机治理一座城市"。

（2021年3月23日《经济日报》第9版）

滨江区推进跨层级联动、跨部门协同、跨事权集成改革 知识产权事项"一楼办"

记者　张留　万笑影　共享联盟滨江站　宋桔丽　肖鳕桐

"没想到在这里申请发明专利后，又能在同一楼层办理质押融资，不用再跑好几个地方，节省了大量时间精力。"日前，在杭州高新区（滨江）知识产权大厦，杭州百伴生物技术有限公司总经理张扬办完业务后感慨，知识产权事项"一楼可办"，真方便。

知识产权"一件事"改革，涉及的领域广、层次多、链条长。原先，杭州没有设立商标受理窗口，全省也缺乏知识产权代理、质押等头部中介机构，企业办理知识产权事项需要经常往北京等地跑。"我们联动国家、省市资源以及市场力量，在一座大楼里集聚了近30个机构，并设立了线上知识产权公共服务平台，实现跨层级、跨部门、跨门类的75个知识产权事项'一站式'办理。"杭州高新区（滨江）市场监管局知识产权监管科科长吕德军介绍。

加强跨层级联动、跨部门协同、跨事权集成，曾经的"多地跑"变"一楼办"。

为了系统集成推进"一件事"改革，杭州高新区（滨江）在知识产权大厦设立综合服务中心，引入世界知识产权组织技术与创新支持中心以及国家知识产权局专利局杭州代办处、商标受理窗口、商标质押受理点等，服务范围涵盖专利、商标、版权等知识产权全领域。

精准服务，大幅提升知识产权办理速度。杭州高新区（滨江）知识产权大厦即将在10楼引进中国（杭州）知识产权保护中心。该中心专门为高端装备制造产业提供知识产权快速协同保护服务。经过专利预审之后，原先两三年的专利审查周期，一下子缩短到3个月左右，将大大增强杭州高端装备技术企业的竞争优势。

引入市场力量等多种资源，为企业质押知识产权获得融资提供便利。如何让小微企业凭借知识产权融到创业资金？杭州高新区（滨江）在知识产权大厦引进浙江高新技术产业高价值知识产权培育平台，对知识产权进行评价，帮助小微企业对接金融机构，并出台贴息政策。

（2021年1月10日《浙江日报》头版头条）

（区委宣传部）

杭州高新区（滨江）重要报道题录

电视媒体重要报道一览表

表48

序号	播出时间	栏目	标题
1	2021-02-04	央视综合频道《新闻联播》	（在习近平新时代中国特色社会主义思想指引下）浙江努力打造数字变革高地
2	2021-04-07	央视综合频道《新闻联播》	（接种新冠疫苗 构筑免疫屏障）信息化助力浙江提升疫苗接种服务能力
3	2021-10-05	央视综合频道《新闻联播》	第十七届中国国际动漫节闭幕
6	2021-10-20	央视综合频道《新闻联播》	李克强出席全国大众创业万众创新活动周启动仪式
4	2021-11-08	央视综合频道《晚间新闻》	2021杭州国际人才交流与项目合作大会开幕
5	2021-03-30	央视新闻频道《新闻直播间》	浙江杭州 钱塘江畔樱花开 居民休闲好去处
6	2021-09-06	央视新闻频道《朝闻天下》	“双减”观察 联手青少年宫　选课走班拓展学生兴趣
7	2021-09-26	央视新闻频道《新闻周刊》	本周视点 电池警“爆”
8	2021-09-30	央视新闻频道《新闻直播间》	浙江杭州 第十七届中国国际动漫节金猴奖结果出炉
9	2021-10-05	央视财经频道《第一时间》	关注国际动漫节 第十七届中国国际动漫节昨天闭幕 签约金额4.8亿元
10	2021-10-13	央视科教频道《创新进行时》	《碧水保卫战》专题片——滨江治水黑科技
11	2021-01-16	浙江卫视《浙江新闻联播》	浙江自贸区杭州滨江片区发布建设方案
12	2021-01-21	浙江卫视《浙江新闻联播》	2020年度“风云浙商”昨晚揭晓
13	2021-03-18	浙江卫视《浙江新闻联播》	打通产业链关键环节 集中开工项目引领高质量发展
14	2021-03-22	浙江卫视《浙江新闻联播》	阳春三月 赏花正当时
15	2021-05-05	浙江卫视《浙江新闻联播》	一季度经济观察：从一个新职业看数字服贸风生水起
16	2021-06-17	浙江卫视《浙江新闻联播》	2021数字经济创新发展论坛在杭举行

续表48

序号	播出时间	栏目	标题
17	2021–08–30	浙江卫视《浙江新闻联播》	“浙江数字文化国际合作区”入选第二批国家文化出口基地
18	2021–09–10	浙江卫视《浙江新闻联播》	奋斗百年路 启航新征程·党史学习教育“三为”专题实践：杭州——迭代升级数字化平台快速精准响应群众诉求
19	2021–09–10	浙江卫视《浙江新闻联播》	我省上线全国首个知识产权区块链公共存证平台
20	2021–09–15	浙江卫视《浙江新闻联播》	浙江：数字赋能质量建设 构建质量变革新格局
21	2021–09–25	浙江卫视《浙江新闻联播》	2021年世界互联网大会·我的数字生活（三）多跨场景应用 让衣食住行更智慧
22	2021–10–05	浙江卫视《浙江新闻联播》	第17届中国国际动漫节闭幕 数字技术让国漫更具竞争力
23	2021–10–19	浙江卫视《浙江新闻联播》	王浩检查调研杭州亚运会场馆建设：紧之又紧细之又细做好筹办工作
24	2021–10–26	浙江卫视《浙江新闻联播》	三季度经济观察：数字化改革牵引见实效 有效投资精准落地
25	2021–11–08	浙江卫视《浙江新闻联播》	2021杭州国际人才交流与项目合作大会举行分会场活动
26	2021–01–04	杭州电视台《杭州新闻联播》	〔改革排头兵·高新区（滨江）〕前台“减”促后台“优”打造“指尖上的行政服务中心”
27	2021–01–04	杭州电视台《杭州新闻联播》	袁家军在杭州调研时要求全面打造“三服务”2.0版
28	2021–01–06	杭州电视台《杭州新闻联播》	〔改革排头兵·高新区（滨江）〕因分“推政”以分“引财”创新积分激发企业创新活力
29	2021–01–16	杭州电视台《杭州新闻联播》	〔改革排头兵·高新区（滨江）〕做数字贸易的全球枢纽 自贸区杭州片区滨江区块启动建设
30	2021–01–20	杭州电视台《杭州新闻联播》	〔改革排头兵·高新区（滨江）〕找准需求结合点 嵌入式幼儿园实现“双赢”
31	2021–01–24	杭州电视台《杭州新闻联播》	〔改革排头兵·高新区（滨江）〕地下空间联建互通 滨江智慧破题“城市病”
32	2021–01–29	杭州电视台《杭州新闻联播》	浙江省首个产业社区今天在杭启用
33	2021–02–13	杭州电视台《杭州新闻联播》	（留杭过年福利多）赏灯光秀游西溪湿地 杭州年过出家的味道
34	2021–02–16	杭州电视台《杭州新闻联播》	（百年新征程 启航2021）发展双线互动“数字+”“体验+”消费模式 推动数字科技自立自强
35	2021–02–17	杭州电视台《杭州新闻联播》	（新春走基层——致敬留杭过年的你）留杭青年过大年 梦之所向皆归途

续表48

序号	播出时间	栏目	标题
36	2021-02-20	杭州电视台 《杭州新闻联播》	（新春开门红）问需求送政策 “走亲连心三服务”真抓实干助开局
37	2021-02-21	杭州电视台 《杭州新闻联播》	创新点位包干制 滨江西兴街道连续四登“美丽杭州”榜单
38	2021-02-21	杭州电视台 《杭州新闻联播》	春满杭城 繁花渐欲迷人眼
39	2021-02-22	杭州电视台 《杭州新闻联播》	改革攻坚　项目提速　组织提质 高新区（滨江）开展“三大主题年”活动
40	2021-02-27	杭州电视台 《杭州新闻联播》	数字赋能云上减负 西兴街道加快智慧街道建设
41	2021-03-04	杭州电视台 《杭州新闻联播》	“船”承经典 少年起航 未成年人红色教育活动昨日开幕
42	2021-03-19	杭州电视台 《杭州新闻联播》	晒成绩亮问题明思路 高新区（滨江）举行首场“比学赶超”活动
43	2021-03-21	杭州电视台 《杭州新闻联播》	花开正好“最美跑道”樱花簇拥 三百亩桃林扮美小山村
44	2021-03-25	杭州电视台 《杭州新闻联播》	（“重大项目建设”比学赶超进行时）补短板 添动能 以项目促产业提质增速
45	2021-03-31	杭州电视台 《杭州新闻联播》	“巾帼6+1”精准对接高校提供服务
46	2021-04-04	杭州电视台 《杭州新闻联播》	（学党史　悟思想　办实事　开新局）创新形式 多种载体 赋予红色基因新含义
47	2021-04-09	杭州电视台 《杭州新闻联播》	“奋战300天 交付人才房”高新区（滨江）人才房建设再提速
48	2021-04-16	杭州电视台 《杭州新闻联播》	改革排头兵·高新区（滨江）滨富“联姻”谱新篇： 强强联合　探索区域合作新模式
49	2021-04-18	杭州电视台 《杭州新闻联播》	改革排头兵·高新区（滨江）滨富“联姻”谱新篇： 创新全流程管理系统 抢占制造生态制高点
50	2021-04-21	杭州电视台 《杭州新闻联播》	（牢记嘱托　接续奋斗）“知识产权大脑”为企业“画像” 解决“最后一公里”难题
51	2021-04-29	杭州电视台 《杭州新闻联播》	防控电信网络诈骗 浦沿街道成立反诈宣传队
52	2021-05-03	杭州电视台 《杭州新闻联播》	北塘河畔双核心公园试开放 滨江又多了一处新地标
53	2021-04-27	杭州电视台 《杭州新闻联播》	（未来城市大家谈）对话高新区（滨江）区委书记王敏： 在创新迭代中发现未来城市
54	2021-05-10	杭州电视台 《杭州新闻联播》	（学党史 悟思想 办实事 开新局）高新区（滨江）： 生动鲜活讲党史 提质提速抓落实 数智赋能推动红色基因代代相承

续表48

序号	播出时间	栏目	标题
55	2021-05-12	杭州电视台《杭州新闻联播》	高新区(滨江)发布企业人才需求情况 数字经济人才占六成
56	2021-05-21	杭州电视台《杭州新闻联播》	永远跟党走 高新区(滨江)启动庆祝中国共产党成立100周年红色接力活动
57	2021-05-23	杭州电视台《杭州新闻联播》	汲取党史力量 市委党史学习教育宣讲团走进滨江建德
58	2021-05-25	杭州电视台《杭州新闻联播》	寻“宝”之旅走进高新区(滨江) 红色宝藏串联过去和未来
59	2021-05-29	杭州电视台《杭州新闻联播》	高新区(滨江)数字化改革成果亮点纷呈 十大应用场景亮相“比学赶超”
60	2021-06-03	杭州电视台《杭州新闻联播》	新时代美丽杭州样板:沿江绿道“腾笼换鸟”
61	2021-06-08	杭州电视台《杭州新闻联播》	第七届中国杭州大学生创业大赛落幕 两支团队斩获百万元创业大奖
62	2021-06-15	杭州电视台《杭州新闻联播》	“亚运城市行动”比学赶超进行时 亚运风采“显山露水”建设进程“硬核”加速
63	2021-06-16	杭州电视台《杭州新闻联播》	数字变革引领高质量发展 2021数字经济创新发展论坛亮相滨江
64	2021-06-28	杭州电视台《杭州新闻联播》	(大杭州 高质量 共富裕)从需求出发开出未来“配方” 打造家门口的乐享生活
65	2021-07-14	杭州电视台《杭州新闻联播》	(民呼我为·学党史 悟思想 办实事 开新局) 小区门口开出医疗分中心
66	2021-07-20	杭州电视台《杭州新闻联播》	小程序大作用 共享停车解民忧
67	2021-07-20	杭州电视台《杭州新闻联播》	滨和小学:暑托班里吃点啥?
68	2021-07-24	杭州电视台《杭州新闻联播》	(全力防御台风“烟花”)连夜转移群众 避灾安置点24小时轮班服务
69	2021-07-26	杭州电视台《杭州新闻联播》	办好一个会提升一座城 高新区(滨江)启动“亚运靓城”攻坚行动
70	2021-08-04	杭州电视台《杭州新闻联播》	家门口的“托管班”解决百姓急难事
71	2021-08-09	杭州电视台《杭州新闻联播》	(开局新气象 经济加速度) 当好数字经济“领跑者”找准赛道跑出高质量
72	2021-08-17	杭州电视台《杭州新闻联播》	未来社区卫生服务站:家门口的24小时智慧医疗中心
73	2021-08-17	杭州电视台《杭州新闻联播》	试点带动全域创建 高新区(滨江)这样打造未来社区

续表48

序号	播出时间	栏目	标题
74	2021-09-06	杭州电视台《杭州新闻联播》	“双减”之下少年宫如何应对素质课程升温
75	2021-09-22	杭州电视台《杭州新闻联播》	晚托放学不担心 “求知专线”为“双减”护航
76	2021-09-23	杭州电视台《杭州新闻联播》	新时代新面貌 看看滨江工匠的“高新范”
77	2021-10-08	杭州电视台《杭州新闻联播》	第十七届中国国际动漫节·中国网络作家村IP直通车专场活动举行
78	2021-10-08	杭州电视台《杭州新闻联播》	让党史学习“有滋有味” 全市首座沉浸式智慧体验馆等你来打卡
79	2021-10-18	杭州电视台《杭州新闻联播》	一分钱坐公交 1.9公里的线路解决5个小区出行大难题
80	2021-11-01	杭州电视台《杭州新闻联播》	第二届中国自由贸易试验区发展论坛在杭州举行
81	2021-11-01	杭州电视台《杭州新闻联播》	首届全球数字贸易博览会专题新闻发布会今天举行
82	2021-11-04	杭州电视台《杭州新闻联播》	共建第二课堂　举办专场招聘 助力“双减”政策平稳落地
83	2021-11-04	杭州电视台《杭州新闻联播》	创业中华——2021侨界精英创新创业（中国·杭州）峰会在杭举行
84	2021-11-10	杭州电视台《杭州新闻联播》	冲刺全年红　奔跑“国际滨”（一）： 企业“要”政府“邀”资源对接零距离
85	2021-11-11	杭州电视台《杭州新闻联播》	冲刺全年红　奔跑“国际滨”（二）： 工业投资首次突破30亿 滨江为何这么猛？
86	2021-11-16	杭州电视台《杭州新闻联播》	“两班制”“弹性制” 教师减负有制度保障还有技术“赋能”
87	2021-11-17	杭州电视台《杭州新闻联播》	冲刺全年红 奔跑“国际滨”（三） 站稳脚跟才能加速奔跑　提升数字贸易中的核心竞争力
88	2021-11-23	杭州电视台《杭州新闻联播》	钱塘区、西湖区、滨江区、临平区 召开全区领导干部会议传达学习贯彻党的十九届六中全会精神
89	2021-11-30	杭州电视台《杭州新闻联播》	冲刺全年红 奔跑“国际滨”（四） 大企业带动“小巨人”　滨江动能越“打”越强
90	2021-12-03	杭州电视台《杭州新闻联播》	滨江区：紧抓亚运机遇 坚持干在实处 三态融合发展打造共富样板
91	2021-12-04	杭州电视台《杭州新闻联播》	国家宪法日：新建主题园开展法制宣讲 营造宪法学习浓厚氛围
92	2021-12-05	杭州电视台《杭州新闻联播》	冲刺全年红 奔跑“国际滨”（五） 紧守数字赛道不放松 滨江经济“稳扎稳打”

续表48

序号	播出时间	栏目	标题
93	2021-12-06	杭州电视台《杭州新闻联播》	亚运赛事齐分享 家门口的观赛空间陆续“上新”
94	2021-12-08	杭州电视台《杭州新闻联播》	刘忻在检查督导疫情防控工作时强调 在精密精准精细防控上下功夫　用最短时间遏制疫情扩散蔓延
95	2021-12-11	杭州电视台《杭州新闻联播》	防疫“双管齐下”： 拉紧安全防护绳　保障百姓生活需求
96	2021-12-15	杭州电视台《杭州新闻联播》	疫情下的“杭州办法”：数智管控让防疫更精准
97	2021-12-17	杭州电视台《杭州新闻联播》	“疫情不减　就不能离开岗位” 期待寒冬过去花开人间
98	2021-12-19	杭州电视台《杭州新闻联播》	杭城多个小区解除临时管控 疫情防控仍不容松懈
99	2021-12-28	杭州电视台《杭州新闻联播》	迎亚运 杭州城市路网建设按下“加速键”亚运城市行动
100	2021-12-30	杭州电视台《杭州新闻联播》	〔聚焦区县（市）党代会〕滨江：打造硅谷天堂 迈向世界一流

平面媒体重要报道一览表

表49

序号	刊发时间	刊发媒体、版面	标题
1	2021-04-09	《人民日报》10版：要闻	杭州高新区——激发创新活力　优化城市服务
2	2021-10-17	《人民日报》3版：要闻	第八届中国国际版权博览会开幕
3	2021-11-08	《人民日报》9版：要闻	杭州高新区（滨江）全力打造全球人才高地
4	2021-05-16	《人民日报》5版	奋斗百年路 启航新征程·浙江篇： 钱江奔涌立潮头　改革开放再扬帆（企业创新积分）
5	2021-05-16	《人民日报》7版	奋斗百年路　启航新征程·浙江篇： “民有所呼，我有所应”（感悟初心）（首家数字办税厅）
6	2021-06-17	《人民日报》7版：要闻	2021数字经济创新发展论坛举行
7	2021-06-18	《人民日报》15版：专题	培育新优势催生新动能——2021数字经济创新发展论坛发言摘编
8	2021-06-18	《人民日报》14版：专题	2021数字经济创新发展论坛在杭州高新区（滨江）举办 发展数字经济　打造重要窗口

续表49

序号	刊发时间	刊发媒体、版面	标题
9	2021-09-10	《人民日报》 15版:政治	2022年在杭州高新区(滨江),看亚运
10	2021-11-17	《人民日报》 15版:生态	积蓄“源动力”畅通“传送带” 杭州高新区(滨江)全力服务企业上市发展
11	2021-12-09	《人民日报》 13版	搭建“IP直通车”扩大文化产业链 杭州高新区(滨江)打造最具活力的数字文创生态
12	2021-03-03	《新华每日电讯》 15版	“三色”杭嘉湖: “数智”起钱塘 今朝更繁华——数字经济领跑加速度
13	2021-01-21	《科技日报》 6版:园区	浙江自贸区滨江区块 发布建设方案及创新清单
14	2021-05-12	《科技日报》 7版:园区	对人才扶持再升级 杭州高新区发布“5050”生态体系
15	2021-03-23	《经济日报》 9版	给城市装上“大脑”——杭州市智慧城市建设调查(亲清驾驶舱)
16	2021-01-05	《浙江日报》 头版	对标对表“重要窗口”迭代升级 开展全程服务精准服务联动服务
17	2021-01-10	《浙江日报》 头版 头条	滨江区推进跨层级联动、跨部门协同、跨事权集成改革 知识产权事项“一楼办”
18	2021-01-15	《浙江日报》 头版	一隧连两区
19	2021-02-24	《浙江日报》 头版 之江新事	“伯乐”点赞 千万元扶持到账 杭州滨江创新人才项目招引
20	2021-07-08	《浙江日报》 头版 要闻	努力建成全球数字变革高地
21	2021-08-04	《浙江日报》 头版	杭州高新区(滨江)联动创新链产业链助力高质量发展 科创“特长生”迎来“半年红”
22	2021-09-10	《浙江日报》 头版	我省探索数据知识产权价值转化 企业数据“产权证”可办贷款
23	2021-09-11	《浙江日报》 头版 要闻	杭州亚运会倒计时一周年主题活动举行
24	2021-09-15	《浙江日报》 头版 要闻	杭州不断完善机制打造质量强市“质量官”严把质量关
25	2021-10-20	《浙江日报》 头版 要闻	王浩在杭州检查调研杭州亚运会、亚残运会场馆建设和筹办工作 紧之又紧细之又细实之又实做好筹办工作
26	2021-11-16	《浙江日报》 头版 要闻	北交所带来浙企之变 首批3家登陆,后续或快速进场
27	2021-11-27	《浙江日报》 头版 要闻	杭州高新区(滨江)创新指数蝉联全省第一 “小块头”释放大能量

续表49

序号	刊发时间	刊发媒体、版面	标题
28	2021-12-31	《浙江日报》 2版 要闻	夜空绽开“大莲花”
29	2021-01-05	《杭州日报》 头版	开展“三大主题年”确保“十四五”开好局 高新区（滨江）要争创社会主义现代化先行示范区
30	2021-01-05	《杭州日报》 头版	对标对表“重要窗口”迭代升级 开展全程服务精准服务联动服务
31	2021-01-16	《杭州日报》 头版	推动“五个先行先试”打造“三个创新中心” 自贸试验区杭州片区滨江区块建设方案发布
32	2021-01-20	《杭州日报》 头版	一隧连两区 横贯奥体城
33	2021-02-01	《杭州日报》 头版	产城人融合改革再深化 高新区（滨江）成立首个产业社区
34	2021-02-18	《杭州日报》 头版	2020年产值突破250亿元 同比增长30.63% 杭州动漫游戏产业逆势上扬创历史新高
35	2021-02-22	《杭州日报》 头版	重点项目提速 重大改革攻坚 基层组织提质 高新区（滨江）擂响“三大主题年”奋进战鼓
36	2021-02-24	《杭州日报》 头版	一纸签名，价值1000万元！ 高新区（滨江）大胆探索引才机制，让好项目搭上“政策直通车”
37	2021-03-04	《杭州日报》 头版	“船”承经典 少年起航 滨江沉浸式体验活动让红色教育更鲜活
38	2021-03-13	《杭州日报》 头版	群星助力唱响亚运 打造全民音乐盛宴 杭州亚运会首批优秀音乐作品发布 刘忻出席发布活动
39	2021-03-22	《杭州日报》 头版	以数字化改革撬动项目建设提速增效 高新区（滨江）“比学赶超”赛出协同新气象
40	2021-03-24	《杭州日报》 头版	给城市装上“大脑”——杭州市智慧城市建设调查
41	2021-04-04	《杭州日报》 头版	李火林赴萧山滨江调研时强调 让数字化改革成果更好惠及民生
42	2021-04-05	《杭州日报》 头版	一季度4家企业“上新”，新增和培育总量全市第一 高新区（滨江）实现上市企业“开门红”
43	2021-04-11	《杭州日报》 头版	有请企业代表上党课 高新区（滨江）党史宣讲增添新力量
44	2021-04-13	《杭州日报》 头版	企业如何赋能“数智杭州”建设？ 华数争当数字化改革“领跑者”
45	2021-04-21	《杭州日报》 头版	推进知识产权领域数字化改革 高新区（滨江）“知识产权大脑”正式亮相
46	2021-04-28	《杭州日报》 头版	“数字企业天团”与“数智杭州”建设双向赋能 高新区（滨江）加速产业链治理链“双链”融合

续表49

序号	刊发时间	刊发媒体、版面	标题
47	2021-05-01	《杭州日报》头版	为数字自贸注入金融“活水” 四大国有银行“落子”自贸区杭州区块滨江片区
48	2021-05-06	《杭州日报》头版	率先开启“大群团、开放式、直达性”效能变革 杭州扎实推进“数智群团”系统建设
49	2021-05-07	《杭州日报》头版	以数字赋能促“三链”耦合 高新区（滨江）发布“5151”人才创业协同计划
50	2021-05-09	《杭州日报》头版	时代高架（白马湖路—天马路）、彩虹快速路西延之江段今起试运行 杭州快速路建成通车“加速”
51	2021-05-09	《杭州日报》头版A4版	南北盾构双线“洞通” 江南大道改造年底完成
52	2021-05-13	《杭州日报》头版	喜获国务院两项督查激励 创新滨江显实效
53	2021-05-15	《杭州日报》头版	让党旗在高新产业主战场上飘扬 高新区（滨江）打通党史学习教育“最后一公里”
54	2021-05-21	《杭州日报》头版	2021年“杭州民营企业牵手‘一带一路’国家”对接交流会在杭举行 潘家玮致辞
55	2021-05-25	《杭州日报》头版	央视《今日中国》聚焦浙江 数字之城智慧亚运等杭州元素入镜
56	2021-05-31	《杭州日报》头版	当好“红船先锋”打造“三型窗口” 我市税务系统推进党史学习教育走深走实
57	2021-05-31	《杭州日报》头版	传递亚运精神 彰显城市魅力 “亚运文化走十城”系列推广活动启幕
58	2021-06-07	《杭州日报》头版	交付运营1万套蓝领公寓　推进产业园区建设嵌入式幼儿园 今年，杭州要为一线职工办十件实事！
59	2021-06-27	《杭州日报》头版	中国动漫博物馆开馆
60	2021-07-04	《杭州日报》头版	高点定位“国际滨江” 精心锻造“亚运核心”
61	2021-07-11	《杭州日报》头版	“质”“量”并举，创新驱动 浙江“资本第一区”是如何炼成的？
62	2021-07-20	《杭州日报》头版	落实数字化改革要求 强化数字赋能政协工作
63	2021-07-22	《杭州日报》头版	“最聪明”的“大小莲花”等你来！ 高新区（滨江）发布“亚运靓城”五大攻坚行动
64	2021-07-30	《杭州日报》头版	人均GDP超过5.1万美元！高新区（滨江）抢位“共富特长生”
65	2021-08-02	《杭州日报》头版	数字赋能 幸福宜居

续表49

序号	刊发时间	刊发媒体、版面	标题
66	2021-08-04	《杭州日报》头版	市级领导干部人大代表赴代表联络站接待群众
67	2021-08-09	《杭州日报》头版	我市宣传文化系统数字化改革再提速
68	2021-08-18	《杭州日报》头版	规划建设15个社区邻里中心、3个产业邻里中心 高新区（滨江）发布全域未来社区建设实施方案
69	2021-08-25	《杭州日报》头版	一道“彩虹”从滨江跨进萧山
70	2021-09-03	《杭州日报》头版	突破创新堵点 释放制度红利 杭州自贸片区15项优秀改革试点经验揭晓
71	2021-09-06	《杭州日报》头版	数字经济和新制造业融合发力 高新区（滨江）“双引擎”推动高质量发展
72	2021-09-10	《杭州日报》头版	授信100万元！数据资产也可“变现”了 全国首单基于区块链数据知识产权质押落地滨江
73	2021-09-12	《杭州日报》头版	中央媒体来杭采访新的社会阶层人士统战工作
74	20212-09-13	《杭州日报》头版	优化公共服务 绘就共富“滨江图景”
75	2021-09-19	《杭州日报》头版	入围企业数全国居首 三项指标领跑全省 高新区（滨江）营造区域质量一流生态
76	2021-09-23	《杭州日报》头版	搭建5大场景 构建87个算法模型 滨江全“数”打造人才“一体化”平台
77	2021-09-27	《杭州日报》头版	“926”工匠公园正式开工建设
78	2021-09-29	《杭州日报》头版	中国国际动漫节今天开幕
79	2021-09-30	《杭州日报》头版	第十七届中国国际动漫节“金猴奖”颁奖仪式举行 刘忻薛继军为获奖作品颁奖
80	2021-09-30	《杭州日报》头版	第十七届中国国际动漫节在杭开幕 杨小伟朱国贤刘忻薛继军出席
81	2021-10-05	《杭州日报》头版	共富新时代 动漫创未来 第十七届中国国际动漫节圆满落幕
82	2021-10-12	《杭州日报》头版	4天时间，感知一个丰满鲜活的杭州 境外主流媒体杭州行活动拉开帷幕
83	2021-10-14	《杭州日报》头版	浙江自贸试验区发布最新建设进展 杭州片区争“先”更争“尖”
84	2021-10-17	《杭州日报》头版	第八届中国国际版权博览会在杭开幕 张建春朱国贤刘忻致辞　阎晓宏胡孝汉周国辉出席

续表49

序号	刊发时间	刊发媒体、版面	标题
85	2021-10-20	《杭州日报》头版	2021侨界精英创新创业峰会在杭开幕 李卓彬出席
86	2021-10-20	《杭州日报》头版	2021年全国双创活动周浙江分会场在滨江正式启动
87	2021-10-31	《杭州日报》头版	前三季度GDP增速12.7%，两年年均增速10% 高新区（滨江）两项GDP指标均列全市第一
88	2021-11-07	《杭州日报》头版	滨江“5151计划” 以产业协同赋能人才创新发展
89	2021-11-09	《杭州日报》头版	杭州13个特色小镇获评优秀
90	2021-11-14	《杭州日报》头版	260.3！杭州创新指数全省第一！
91	2021-11-16	《杭州日报》头版	迈向新征程 建功新时代 全市干部群众持续热议党的十九届六中全会精神
92	2021-11-21	《杭州日报》头版头条	R&D经费投入强度超10% 高新区（滨江）创新指数蝉联全省第一
93	2021-11-23	《杭州日报》头版	杭州基层干部群众认真学习宣传贯彻党的十九届六中全会精神 走好赶考路　当好答卷人
94	2021-11-23	《杭州日报》头版	省十三届人大杭州中心组代表视察争当城市范例工作 李火林参加
95	2021-12-02	《杭州日报》头版	西湖上城滨江拱墅 提前超额完成2022年度党报党刊征订任务
96	2021-12-09	《杭州日报》头版	在精密精准精细防控上下功夫 用最短时间遏制疫情扩散蔓延
97	2021-12-21	《杭州日报》头版	1—11月工业和制造业投资保持两位数增长 杭州工业投资跑出“加速度”
98	2021-12-23	《杭州日报》头版	刘捷在调研数字化改革工作时强调服从服务全省大局 注重解决实际问题
99	2021-12-28	《杭州日报》头版	“尖兵”“领雁”36个项目立项 总量居全省首位 高新区（滨江）亮出“科研攻关”硬实力
100	2021-12-29	《杭州日报》头版	刘捷在富阳区调研时强调 优生态 拉长板 提能级 推动实现经济高质量发展 〔富芯模拟芯片项目—高新区（滨江）富阳特别合作区〕

（王春松）

主要机构及负责人名录

中共杭州市滨江区委员会

区委书记
　王　敏（2021年11月止）
　章登峰（2021年11月始）
区委副书记
　李志龙（2021年11月止）
　郑　迪（2021年11月始）
　张　玮（女，2021年12月止）
　沈　建（2021年12月始）
区委常委
　王　敏（2021年11月止）
　李志龙（2021年11月止）
　章登峰（2021年11月始）
　郑　迪
　张　玮（女，2021年12月止）
　沈　建
　黄利文（2021年11月止）
　商丽萍（女）
　杨晓峰（女，2021年3月止）
　陈　宇（2021年11月始）
　王孟辉（2021年11月始）
　翟慧清（2021年11月始）
　屠国平（2021年12月止）
　姜永柱（2021年3月止）
　钟　孚（人武部部长，兼职，2021年12月止）
　朱黎明（2021年3月始）
　丁昌钰（2021年6月始）
　陶　峰（2021年12月始）

中共杭州高新技术产业开发区工作委员会

党工委书记
　王　敏（2021年11月止）
　章登峰（2021年11月始）
党工委副书记
　李志龙（2021年11月止）
　郑　迪（2021年11月始）
　张　玮（女，2021年11月止）
　沈　建（2021年11月始）
党工委委员
　王　敏（2021年11月止）
　李志龙（2021年11月止）
　章登峰（2021年11月始）
　郑　迪
　沈　建
　张　玮（女，2021年11月止）
　黄利文（2021年11月止）
　商丽萍（女）
　杨晓峰（女，2021年3月止）
　陈　宇（2021年11月始）
　王孟辉（2021年11月始）
　翟慧清（2021年11月始）
　屠国平（2021年11月止）
　姜永柱（2021年3月止）
　钟　孚（人武部长，兼职，2021年11月止）
　朱黎明（2021年3月始）
　丁昌钰（2021年6月始）
　陶　峰（2021年11月始）

区委工作部门

党委办公室（台湾工作办公室）

主任
　冯建伟（2021年12月止）
　汪　栾（2021年12月始）

组织部

部长
　商丽萍（女）
常务副部长
　蒋应东

区直属机关党工委

书记
　商丽萍（女）

党委人才办

主任
　商丽萍（女）
常务副主任
　林春盛（2021年12月止）

宣传部

部长
　沈　建
常务副部长
　周　皓

文明办

主任
　任　勇

文创发展中心

主任
　龚　栩（女）

网信办

主任
　余小平（女，2021年3月始）

统战部

部长
　杨晓峰（女，2021年4月止）
　朱黎明（2021年4月始）
常务副部长
　袁海峰

民宗局

局长
　袁海峰

政法委员会

书记
　张　玮（女）

副书记

夏剑兵

信访局

局长

应　军

司法局

局长

蔡文刚

杭州市滨江区人大常委会

主任

韩建中

副主任

万爱民（女）

周建杭

丁幼芳（女）

汤伟平

陈玉棠

胡银根

党组书记

韩建中

人大常委会机关

人大常委会办公室

主任

胡国渭

人大常委会监察和法制司法工委

主任

彭　虹（女）

人大常委会财经工委

主任

高　翔

人大常委会城建环保工委

主任

楼东文

人大常委会教科文卫民宗侨工委

主任

陈有兴

人大常委会人事代表工委

主任

王晓莹（女）

人大常委会社会建设工委

主任

汤小萍（女）

杭州市滨江区人民政府

区长

李志龙（2021年11月止）

代区长

郑　迪（2021年11月始）

副区长

姜永柱（2021年4月止）

郑　迪（2021年4月始）

陈　宇（2021年12月始）

陶　峰

包嘉颖（女）

荆　慰（2021年12月止）

周力军（2021年12月止）

张宏光（2021年12月始）

陈　健

高　翀（2021年12月始）

陆文俊（挂职，2021年9月止）

杭州高新技术产业开发区管理委员会

主任

李志龙（2021年12月止）

郑　迪（2021年12月始）

副主任

姜永柱（2021年4月止）

郑　迪（2021年4月始，2021年12月止）

陈　宇（2021年12月始）

陶　峰

包嘉颖（女）

荆　慰（2021年12月止）

周力军（2021年12月止）

张宏光（2021年12月始）

陈　健

高　翀（2021年12月始）

郁廷栋（2021年12月始）

陆文俊（挂职，2021年9月止）

顾华锋（2021年12月始）

王理生（2021年12月始）

区管委会、政府工作部门

办公室

党组书记、主任

郭吉龙

发展改革和经济局

党组书记、局长

胡嘉欢

经济和信息化局

党组书记、局长

张炬刚（2021年7月止）

林春盛（2021年12月始）

教育局

党委书记、局长

来江飞

科学技术局

党组书记、局长

柴志冬

民政局

党委书记、局长

戴灿东（2021年5月止）

汪　栾（2021年7月始，2021年12月止）

财政局

党委书记、局长

顾华峰

人力资源和社会保障局（党委编办）

党委书记、局长，编办主任

胡也静（女，2021年3月止）

孙灿平（2021年3月始）

住房和城市建设局

党委书记、局长

郁廷栋

农业农村局（2021年4月撤销）

党组书记

唐晓雄（2021年4月止）

局长

空缺

商务局

党组书记、局长

许江晨（2021年11月止）

社会发展局

党委书记

孙雪帆（2021年12月止）

杨晓红（女，2021年12月始）

局长

陈月利（女）

退役军人事务局

党组书记、局长

郭　良

应急管理局

党委书记、局长

高国明

审计局

党组书记、局长

谢迎光

市场监督管理局

党委书记、局长

钱毓军（女）

统计局

党组书记、局长

姜　黎（女，2021年4月始）

城市管理局

党组书记、局长

李树人

公安分局

党委书记、局长

荆　慰（2021年11月止）

张宏光（2021年11月始）

政委

何华坤

常务副局长

徐国宏（2021年1月止）

李　震（2021年9月始）

行政服务中心

党委书记

姜永柱（2021年4月止）

郑　迪（2021年4月始，2021年12月止）

陈　宇（2021年12月始）

党委副书记、主任

王　汀（女）

杭州白马湖生态创意城管委会

党工委书记、主任

邵　臻

杭州高新区江东科技园管委会

党组书记、主任

张志真

杭州高新区（滨江）富阳特别合作区管委会

党工委书记、主任

谭建军

规划和自然资源分局

党组书记、局长

宓伟庆（女）

生态环境分局

党组书记、局长

高德洪

税务局

党委书记、局长

郭富礼（2021年10月止）

陈岳敏（2021年10月始）

政协杭州市滨江区委员会

主席

王国珍（女）

副主席

张爱莲（女）

夏福志

余静漪（女）

周　翔

秘书长

郑　丽（女）

党组书记

王国珍（女）

政协委员会机关

办公室

主任

空缺

政协提案委员会

主任

周国桥

政协经济科技委员会

主任

沈　璞（2021年1月始，12月止）

孙雪帆（2021年12月始）

政协城市建设和人口资源环境委员会

主任

陈　悦（女）

政协教育文化卫生体育和文史委员会

主任

沈　璞（2021年1月止）

政协社会法制民族宗教和港澳台侨委员会

主任

许利萍（女）

政协委员工作委员会

主任

朱来兴

中共杭州市滨江区纪律检查委员会

书记

黄利文（2021年11月止）

商丽萍（女，2021年11月始）

副书记

杜海涯

周国桥（2021年3月止）

侯百曙（2021年3月始）

中共杭州高新技术产业开发区纪律检查工作委员会

书记

黄利文（2021年11月止）

副书记

杜海涯（2021年12月止）

周国桥（2021年3月止）

侯百曙（2021年3月始，2021年12月止）

中共杭州市纪委市监委派出杭州高新技术产业开发区纪检监察工作委员会

书记

商丽萍（女，2021年11月始）

副书记

杜海涯（2021年12月始）

侯百曙（2021年12月始）

杭州市滨江区监察委员会

主　任

黄利文（2021年11月止）

代主任

商丽萍（女，2021年12月始）

副主任

杜海涯

周国桥（2021年3月止）

侯百曙（2021年3月始）

巡察办

主　任

杜海涯（2021年1月止）

侯百曙（2021年1月始，2021年12月止）

第一巡察组

组长

俞天平

第二巡察组

组长

林章忠

第三巡察组

组长

孙　连

第四巡察组

组长

任　军

杭州市滨江区人民法院

院长

池海江（2021年11月止）

代院长

赵　平（2021年11月始）

杭州市滨江区人民检察院

检察长

夏　涛

民主党派

民革杭州高新区（滨江）基层委

主委

冯　枫（女）

民盟杭州高新区（滨江）基层委

主委

高　澜（女）

民建杭州高新区（滨江）基层委

主委

詹艳青（女）

民进杭州高新区（滨江）基层委

主委

陈月利（2021年12月止）

谢春凤（2021年12月始）

农工党杭州高新区（滨江）基层委

主委

宣苏岚（女）

致公党杭州高新区（滨江）党支部

主委

许利萍（女）

九三学社杭州高新区（滨江）基层委

主委

楼华龙

部分群众团体

杭州高新区（滨江）总工会

主席

丁幼芳（女）

常务副主席

王利君

共青团杭州高新区（滨江）委员会

书记

许江晨（2021年8月止）

杭州高新区（滨江）妇女联合会

主席

杨晓红（女）

杭州高新区（滨江）科学技术协会

主席

柴志冬

杭州高新区（滨江）归国华侨联合会

主席

曹才源（2021年1月止）

袁海峰（2021年1月始）

杭州高新区（滨江）工商业联合会

主席

范　渊

党组书记、副主席

汤　茵（女）

滨江区文学艺术界联合会

主席

周　皓

滨江区社会科学界联合会

主席

周　皓

杭州高新区（滨江）残疾人联合会

理事长

马剑平

其他机构

杭州市滨江区农村多层住宅建设管理中心

党组书记、主任

唐晓雄（2021年4月始）

杭州高新区（滨江）智慧新天地发展服务中心

党委书记

虞文华

主　任

詹艳青（女，2021年12月止）

杭州高新区（滨江）物联网产业园发展服务中心

党委书记、主任

史　琼（女）

杭州高新区（滨江）互联网产业园发展服务中心

党委书记、主任

王建武

杭州高新国有控股集团有限公司

董事长

董一义

总经理

胡跃华

杭州高新开发建设管理运营有限公司（杭州滨江奥体博览城开发建设运营管理有限公司）

董事长、总经理

劳唯中

杭州高新科技创业服务有限公司

董事长、总经理

张炳于

杭州高新技术产业开发区资产经营有限公司

董事长

徐学文

总经理

梁芳霞（女）

杭州滨江城建发展公司

董事长、总经理

唐贞伟

街　道

西兴街道

党工委书记

丁昌钰（2021年6月止）

徐建刚（2021年7月始）

人大工委主任

何美娟（女）

办事处主任

周　翔

长河街道

党工委书记

瞿　野

人大工委主任

林　文

办事处主任

周小刚（女）

浦沿街道

党工委书记

孙灿平（2021年3月止）

葛宇鹏（2021年3月始）

人大工委主任

陈贤忠（2021年3月止）

胡也静（女，2021年3月始）

办事处主任

来惟贫

（区委组织部　区委统战部　区委编办）

索 引

说　明

一、本年鉴索引依照国家标准《索引编制规则(总则)》(GB/T 22466-2008)进行编制，由主题索引、图照索引和表格索引三部分组成。内文内容均可通过索引进行检索。

二、类目、分目标题用黑体字标示。

三、主题索引中文标目按汉语拼音顺序排列，同音字按笔画数从少到多排列。第一字相同，按第二字音序排列，依次类推。

标目后的阿拉伯数字表示内容所在页码。数字后的英文字母 a、b、c 分别表示从左到右第一、二、三栏。标目后有多个页码的，则表示相关信息在这些页码中均出现。副标目或说明语缩进两个汉字放在主标目下面。

图照索引仅标注所在页码，不标注分栏。表格索引按序号排列，仅标注所在页码，不标注分栏。

主题索引

A

“爱，就留在滨江”联谊活动　138c
爱国卫生　362a
安防产业　196c
安恒信息公司　195a　212a
安全生产工作会议　266a
安全生产专项整治行动　310c
安全隐患排查整治　265c
安全用气保障　288b
安全知识培训　94a
安全执法检查　93b
“安置帮教一件事”改革　164c
安置房建设安置全流程智慧监管平台建设　313b
安置房项目　312c　313a
安置房小区物业管理　107a
案件办理　119b
案件受理审查　159a
案件质量考核自查　119b

B

白马湖单元中学项目　282c
白马湖健康状况评价报告发布　207c
白马湖区域林地整治　410a
白马湖人民法庭揭牌　163a
白马湖生态创意城　206a
白马湖生态创意城　206b
白马湖文化创意产业研究基地　207b
白蚁防治　311c
半导体　198c
保笼全域清零　405a
《保障农民工工资支付条例》宣传　377b
北京航空航天大学杭州创新研究院　231c

北塘河大讲堂　214c
北塘河畔双核心公园　302a
本土青年人才培训　375c
编外人员规范管理　370c
滨安路绿化整治项目　299b
滨富特别合作区建设　80c
滨江华数“智慧”服务项目　292a
滨江华数通信保障　292b
滨江教育数字化研修平台　330b
“滨江教育一体化管理系统”建设　330a
《滨江精览》编纂项目　350c
《滨江年鉴（2021）》公开出版　351b
《滨江年鉴》编纂出版服务项目化管理　350b
“滨江青年说”系列活动　137a
滨江区法学会第二次会员代表大会　154c
滨江区教育现代化发展　323a
滨江区人民代表大会　67
《滨江区社区治理与服务质量调查报告》　382c
滨江区文学艺术界联合会　145c
滨江区医务社会工作共建基地　382c
《滨江区中小学、幼儿园家委会公约（试行稿）》发布　323a
《滨江区专职社区工作者分类培养实施方案》出台　384b
滨江数字健康小镇　209c
滨江调研　71a
《滨江微村志》编纂　350c
滨江物联网小镇　213a
滨康路整治工程　285b　286a
滨盛路整治工程　285c
滨兴路跨风情河桥梁工程　284b
滨盈基金　242c
缤纷街区加梯全覆盖　406b
缤纷未来社区开街　406b
殡葬服务　380b
殡葬用品管理　380c
殡葬专项整治　380c
并购　271a
博日科技公司与省疾控中心共建技术研究中心　201b
博士后工作新政　373c
博士后研究人员培养　373a
不动产登记业务　320c
步行街　260b
部机关安全管理　167b
部级智慧矫正中心创建　163c

C

才岗智配系统　374b
财税·金融　181
财政　181a
财政改革深化　182b
财政管理和预算执行审计　178c
财政监督管理　182b
财政收入　181b
财政收支　44c
采购经理调查　178a
彩虹江一110千伏线路土建工程　283a
彩虹老年学堂　329a
参访　99c
参政议政　125b　126c　128a　129b　131a
餐饮美食直播　261a
餐饮油烟整治　296a
餐饮智慧化监管　261c
残疾人各专门协会更名　149c
残疾人居家就业培训　150a
“残疾人之家”活动　149a
残疾人专项扶持　147c
产业规划　169c
产业链　221a　278a
产业平台　206
产业投资　45a
产业项目　171b
常态化防疫　407b
常态化老龄工作　395c
长川科技公司集成电路高端智能制造基地　215c
长河工业园区一期整治提升项目　208a
长河街道　406c
长河路整治工程　285b
长河乡贤馆开馆　409b
长三角G60科创走廊　205a
长三角物联网产业链共同体成立　212b
陈康　415b
陈荧平　416a
陈忠良　417c
成人教育　327c
成人文化技术学校　328a
成长营　23b
城区环境管理　295c
城区环境整治　280b
城区基础设施养护管理体制改革　281a
城区建设与管理　280
城市建设保障　182a

城市文化建设 56c
城投类国有企业业务模式调整 180a
持证上岗专项检查 310b
崇军系列活动 393a
出入境人员及往来港澳台人员管理 388c
出租车和网约车管理 303c
出租车企业和汽车租赁企业管理 303b
厨神争霸赛 261a
“雏鹰计划”企业培育 227b
创新成果 45b
创新创业生态优化 49b
创新峰会 332a
创新平台布局 45a
创新主体培育 226b
创业慧康公司 216c
慈善创投大赛 399a
慈善发展指数评估 400a
慈善基地建设 398b
慈善事业 398a
“村民日”活动 147a

D

大丰实业公司杭州文创总部 207c
大和热磁公司 204a
大华股份公司发布新战略 196a
大咖沙龙 263a
大气环境治理 316c
大数据审计 179b
大数据试点示范项目 190b
大型超市 259a
大宣讲行动动员部署会 51c
大禹奖 290b
大运河遗产区消防建设 343c
代表联络站建设 78a
档案安全监管 352c
档案法规宣传 352a
档案服务利用 353a
档案事业 352a
档案信息化建设 352b
档案资源建设 352b
党风廉政风险防控排查 117c
党风廉政建设 117c
党管武装制度落实 166b
党群服务驿站 405b
党群服务中心升级启用 405c
党史学习教育 22a
党史学习教育 24a 25c 117b 162c 213b
党史学习教育动员部署会 22b
党史学习教育实施方案 52c
党史学习教育实施方案出台 23a
党史研究 63c
党委信息 57a
党员活动 123b
道路安全隐患点整治 303c
道路基础设施建设 280c
道路建设 283c
道路交通组织优化 304b
道路竣工 210a
道路开工建设 209b
道路提升改造 26c
等级评估 387a
低价值可回收物清运专线 297b
迪普科技公司 198a
地方志成果数字化应用 350c
地方志事业 350a
地貌特征 41a
地名服务 379c
地名文化传承 380a
地区生产总值 44c
地铁口序化民主监督 112c
地铁线路正常运营 295b
地下安全隐患排查整治行动 310a
第八届中国（杭州）国际电子商务博览会 262b
第八届中国国际版权博览会 268b
第二届中国自由贸易试验区发展论坛 29b
第九届中国（杭州）国际汽车博览会 267a
第六批制造业单项冠军 172a
第七次人口普查工作 410b
第七届中国杭州大学生创业大赛 267b
第十届中国创新创业大赛生物医药全国赛 268a
第十七届中国国际动漫节 267c
第四届滨江国际人才节 373c
电力业务营销环境优化 289c
电力主配网建设 289b
电商平台塑料污染治理示范试点工作 262c
电信网络反诈知识专题培训 139c
电子商务 262a
电子政务 92a
东部软件园 221c
东帝汶国家馆 99c
东方通信智能制造基地项目 217b

东冠路整治工程　285c
东西部协作协议　279c
东信北邮公司项目　192b
冬春季爱国卫生　362b
“董秘圆桌会”启动　60c
动漫　263c
动物防疫和兽药经营管理工作培训会　252c
动植物疫病防控　251c
对口帮扶（合作）和山海协作　278c
对外宣传　56c
多跨场景应用　377c

F

法院　161a
法治　153
法治化营商环境优化　155c
“法治人大”建设　67b
法治政府建设　155a
法治政府建设实践创新　156b
繁简分流改革试点　162b
反邪教理论研究成果　141a
反邪教联盟宣传教育活动　141b
反诈联盟组织建立　153c
方舱式新冠疫苗接种点　361b
防汛防台　94b
防汛排水保障　288a
房产管理　311a
房颤专病联合门诊开诊　364b
房源回迁安置和调整　313a
“访侨企送服务”活动　100b
访源治理　63a
非税收入征管职责划转　183c
非物质文化遗产　344b
冯双双　415c
孵化器　207c　224a
服务贸易　255c
服务贸易企业　257a
服务贸易系统　257a
服务业统计　177b
福利企业监管和服务　379b
妇儿工委工作　140a
妇幼保健　364c
傅引炜　416b
富春湾大道项目　217c
富芯半导体模拟芯片项目　217a
“覆盖攻坚”专项行动　54a

G

干部关心关爱实事介绍会　65a
干部人才交流　278c
干部人事档案管理　56a
钢筋专项检查　310c
岗位补贴　376b
港澳籍人士及家属慰问　100c
港澳台事务　100c
高层次人才培养　372c
高端制造业集群发展　122c
高级专业聘用制人员培训　372a
高架养护　305c
高教园区反诈、交通安全治理工作站成立　413b
高空抛物判罚问题　122c
高能级创新平台布局　80c
高文琴　415c
高校联盟成立　412c
高新汇·三维信息科技园　223b
高新技术产业　189
高新技术企业服务　230a
高新技术企业培育　226c
高新技术企业申报实操培训会　219c
“高新味道”小程序　146b
告知承诺管理制度　96a
革命传统教育　131b
更年期妇女保健规范化门诊　365a
工程运输车辆规范整治　306a
工程质量安全监督　309b
工地消防安全排查整治　311a
“工地一码通”应用　167c
工业　248a
工业·农业　248
工业统计　177a
工资集体协商业务培训　134b
公安　157a
公安部检测中心滨江实验室　86b
公厕改造　299b
公共场所服务　349a
公共交通　292c
公共设施　286b
公共图书管理　348c
公共卫生应急保障体系　124c
公共文化服务　342a
公共资源交易　98a
公交线路开通　295a
公交线路优化　295a
“公民爱心日”活动　397a
公务员一件事线上办理　55c
公务员招录　62b
公益创投　384c
公益慈善毅行大会　398c
公益性岗位人员绩效补贴政策　375c

公益性文艺展览服务　343b
公园建设　26c
共联路工程　284b
共青团杭州高新区（滨江）委员会　134c
“共青团与人大代表、政协委员面对面”活动　136a
共同富裕示范区建设　31a
供电　289a
供排水管线建设　287b
供气　288a
供水　287c
供水管网综合漏损率　286b
供应链创新　259c
固定资产投资统计　177c
关心下一代工作　397b
“关银一 KEY 通”项目　29a
管党治党　50b
冠山路工程　284a
冠山未来社区建设　409c
冠塘路工程　283a
冠新路工程　283b
冠业巷工程　283a
光云二期基金　243a
规划管理　281b
规划项目审批　281c
硅谷创新论坛报告会　57b
国际动漫游戏商务大会　267b
国际高峰论坛　325b
国际化数字贸易生态体系　210c
国际货运专题工作会议　255b
国际体育幽默画展　147a
国际研讨会　202b
国家“5G+ 医疗健康”应用试点项目　216c
国家级工业设计中心　215b
国家科技型中小企业培育　227a
国家小型微型企业创业创新示范基地名单　171c
国卫复评　359c
国务院、省、市政府涉区项目督查　88a
国有企业监管　180a
国有企业融资　180b
国有资本和国有企业调整　180c
国有资产管理　179c
国自机器人公司项目　198a
过渡用房专题询问　75a

H

海康威视公司　212c
海外留学生滨江行活动　100b
“海外侨领杭州行——走进滨江”活动　143a
行道树整治　298c
行业标准出台　98c
行政案件审理　162a
行政机构调整　62a
行政决策法治化　155c
行政区划　43c
行政审批和服务　96b
行政事业审计　179b
行政争议化解　156c
杭新景灵桥互通迁改项目　217c
杭绣·江南传习所　345b
杭州餐饮业“六名”工程　260c
杭州电子科技大学滨江创新中心　232c
杭州菲练健身管理有限公司　356c
杭州高新区（滨江）残疾人联合会　147b
杭州高新区（滨江）妇女联合会　137c
杭州高新区（滨江）富阳特别合作区　216c
杭州高新区（滨江）工商业联合会　143b
杭州高新区（滨江）归国华侨联合会　141c
杭州高新区（滨江）红十字会　150c
杭州高新区（滨江）科学技术协会　140c
《杭州高新区（滨江）数字化改革总体方案》出台　91b
《杭州高新区（滨江）文化产业发展“十四五”规划》发布　265a
杭州高新区（滨江）总工会　132a
杭州高新区管委会（滨江区政府）　80
杭州国际人才交流与项目合作大会　268c
杭州国际学校　341c
杭州国芯公司　199a
杭州华业高科技产业园　222b
杭州极弱磁场重大科技基础设施研究院　232a
《杭州市滨江区粮油生产补贴资金管理办法》出台　251a
杭州市滨江区社会组织联合会妇联成立　139a
《杭州市滨江区志》首发　351a

《杭州市滨江区总体城市设计》 282a
杭州市财经职业学校 340c
杭州市创客节 350a
杭州市第八批历史建筑 344b
《杭州市居家养老服务条例》执法检查 74c
杭州市旅游职业学校 340a
杭州市生物医药产业发展资助项目 202c
杭州市示范性婴幼儿照护服务机构 365b
“杭州市文明校园” 324c
杭州市五一劳动奖章获得者 416c
杭州市长河高级中学 339a
杭州市职工经济技术创新能手 133c
杭州市专利示范试点企业 244c
杭州天和高科技产业园 222c
“杭州亚运人文体验点” 345b
杭州医学院 337c
杭州医学院 5G 云大学项目 292a
杭州长光产业技术研究院 232b
杭州正泰新能源智能制造项目 217b
杭州智慧物联创新中心 225a
杭州中科国家技术转移中心 232b
杭州中天模型有限公司 356b
合作协议 201a 286c
河道设施整治 300c
河道养护 300a
河道综保工程 300b
河湖水环境生态修复研讨会 319b
河南洪灾援助 399b
贺一诚考察缤纷未来社区 101b
红歌比赛 127b
红歌联唱 142b
红色教育场馆建设 63c
红色教育阵地 23c
红色接力 23a
“红色智联汇——数智新课堂”启动 322c
宏杉科技公司 212b
后备干部培养 331c
“互联网反诈联盟”成立 157c
互联网经济产业园 213b
互联网现代服务业创新发展区 215a
互联网小镇 216a
户籍人口 44a
户籍人口管理 388b
护老扶困 408b
“护校安园”行动 347b
华城和瑞科技园 223a
华家排灌站工程 290b
化妆品监管 173c
环境管理 316a
环境空气质量巩固提升实施计划出台 315b
环境执法 317b
环境质量 48b
环境资源 315
换届选举 71b 135b 404c
会议无纸化技术支持 92b
会展 266c
婚俗改革和宣传 381a
婚姻登记服务 381a
火炬大道整治工程 27b
火炬统计 176b

J

机动车维修市场监管 303b
机构编制 62a
机关事业单位规范管理 371a
机关事业单位养老保险改革 390a
机关退休干部文化班 64c
基本单位名录库维护 178a
基本养老保险政策调整 389b
基层规范化建设 166c
基层红会组织建设 151a
基层卫生 358c
基层医疗服务 359a
基层医疗机构智慧医疗应用 363b
基层依法治理推进 156b
基层中医药管理 359a
基层组织建设 50a
基础设施 170c
疾病防控 360b
疾病防控业务培训 361c
集成电路产业 198b
集成电路人才合作交流 374b
集成服务改革工作 96c
集中补领婚姻登记证试点 381c
技能提升行动 132c
既有房屋建筑自然灾害综合风险普查 314c
寄递业务 306c
加强知识产权工作的实施意见出台 244a
加速器 223a
加装电梯服务中心 410b
家居市场 258c
家庭教育体验点 140b

家庭团圆 158a
家校社协同育人机制 106c
假期校园拆改 288c
驾培市场监管 303b
检察 158b
检察数字化改革 159b
检律定期会商机制 159b
剪纸艺术展 344c
建设工程劳务综合管理 308b
建设投资 282b
建业路跨铁立交工程 284c
建置区划 42c
建置沿革 42c
建筑工程防欠薪监督管理 308c
建筑工地可视化管理 307c
建筑工地文明施工管理 309c
建筑起重机械安全管理 310b
建筑业行业管理 308a
建筑业和房地产业管理 307
建筑业统计 177c
“健康滨江”推进 48a
健康细胞建设 362c
健康宣讲 364c
江北科技园 218b
江北科技园 218c
江陵路整治工程 286a
江南大道地面道路拓宽改造 27b
江南大道改造提升工程 284a
降本增效 306c
“交个朋友”项目 262c
交流论坛 374a
交通感知设备 304c
交通设施养护 305b
交通违法行为查处 304a
交通运输管理 302b
教师队伍建设 330c
教师信息应用技术能力 332a
教育 321
教育高质量发展 81a
教育优先发展 46c
街道 403
街道工业园提升改造“腾笼换鸟”计划实施方案 52c
节能环保产业 204c
结对帮扶 144b
结对签约 101b
界别活动月 114b
“巾帼反诈进万家”工作推进会 139c
金融 184b
金融赋能行动 60b
金绣国际孵化器 223b
进出口贸易 253a
禁渔期监督管理 251a
经济高质量发展 49b
经济管理 169
经济和信息化管理 171a
经济建设 44c
经济责任审计 179a
精神卫生 360c
精神文明建设 396c
竞技体育 355a
境外投资 270a
九三人文大讲堂 131b
九三学社杭州高新区（滨江）基层委员会 130c
酒店“一次性用品”监管 266b
救助服务试点项目 379a
“就近办”扩面提速 96c
就业帮扶 278c
就业创业 375a
就业及技能人才培养 369b
就业劳动保障服务 404a
居家养老服务 394c
举报投诉受理 346c
军事 166

K

开曼群岛新设公司 271a
科技成果丰硕 81a
科技成果及应用 240b
科技创新 220
科技创新产业扶持基金运营 242a
科技管理 227c
科技合作与交流 231b
科技活动周和科普宣传周 141a
科技企业孵化器 221b
科技下乡 131c
科技新政出台 86a
科技型企业研发费用补助 227b
科技研发载体 232c
科普阅读推广 349b
“科普中国”推广成果 141a
口袋公园提升改造 299a
跨国企业 IDC 业务 291c
跨境贸易税收服务探索 184a
堃博医疗公司港股上市 202a
鲲 AI 空间 225c
困难家庭家境调查 379a
困难群众探访服务 378c

L

垃圾分类示范创建 297a
垃圾分类推进 408c

垃圾分类宣传活动 297c
垃圾分类专项执法 296b
蓝印花布包 345a
劳动法律法规专项检查 377a
劳动工资统计 178a
劳动监察 376c
劳动争议案件调解 165c
劳动仲裁 165b
劳模工匠之家 132c
劳务派遣企业管理 390a
劳务协作 279b
老干部工作 64b
老旧小区改造 307b
老年服务多措并举 395b
老年体育与保健 395b
老年学堂新建 328a
老年友好型社区 395c
老物件巡回展 64a
离婚冷静期 381b
理论武装铸魂工程 54c
理论学习和政治教育 166a
历史建筑测绘建档 344a
联芸科技公司 199b
廉政风险防控分类管理机制 119a
梁骏 414b
两端建设 91a
“两客一危”专项整治 303a
“两新”党建经验 54a
“两新”组织建设 407c
亮化养护 297c
“邻里停”共享停车平台 412b
林业管理 320b
陵园祭扫服务 381a
零跑科技公司 203c
零星积水点整治 300a
流动人口 44b
流动人口管理 388c
六和桥众创空间 226a
“六进六讲”宣讲活动 149c
楼友会 225b
鲁班奖 86a
路面交通设施设置 304b
路面盲区暗点消除行动 298a
旅游 265b
律师行业管理 163c
绿化养护 298b
绿化整治 298b

M

慢性病防治 361a
贸易统计 177b
贸易外汇收支便利化 210b
美国照明工程协会 204a
“美丽杭州”建设 48c
“美丽河道”创建 300c
“美丽学校” 324c
美女山公墓二期项目 380b
民法典主题公园开园 164c
民歌课堂 401b
民革杭州高新区（滨江）基层委员会 122a
民工安全培训 310a
民建杭州高新区（滨江）基层委员会 125a
民建社会服务活动 126a
民建议政日活动 125c
民进杭州高新区（滨江）基层委员会 126b
民盟杭州高新区（滨江）基层委员会 123c
民商事案件审判 161c
“民生人大”建设 67c
民生实事项目 46b
民生实事项目督查 88c
民生实事项目专项监督 111b
民生事业服务 404b
民生事业改善 181c
民生药事服务站建设 174b
民营企业统战示范创建工作 60a
民政事务 378a
民主党派 122
民主党派工作会议 60a
民主监督 111a
民族事务 401a
民族专项基金设立 401c
“名师丹寨行”第五期行动 325a
母婴设施标准化建设 388a
母子健康手册 365b

N

纳晶科技公司 203b
男幼儿教师 323c
能源双控工作 290a
年度工作推进会 148c
年度聚焦 30
年度述职 372a
凝聚共识 113a
凝聚共识实施意见出台 114c
农村集体经济数字管理系统 252a
农工党杭州高新区（滨江）基层委员会 127c
农工党社会服务活动 128b

“农工之家”设立 128c
农贸市场 174a 258a
农贸市场菜价 258a
农业 250c
农业龙头企业 252a
“暖滨心”项目 54c
诺辉健康公司上市 200c
女性健康“暖心”公益行 140a
女性宣讲团成立 138b

P

排水保障 287b
批发和零售业 257c
品茗股份公司“科创板”上市 192c
品牌建设 384c
“平安滨江” 48a
平安法治直通车系列宣传活动 153c
平安考核 153b
平安长河建设 407c
平台发展 169b
浦沿街道 410c
普法宣传 123a
普法宣传 156a
普惠性托育园开园 405b
普通教育特殊教育融合 329c

Q

“七一”会演 23b
欺诈骗保专项治理行动 391b
企业、园区妇联成立 138c
企业创新联合体 239b
企业发展服务 181b
企业服务 171c
企业服务驿站成立 413a
企业经济犯罪合规工作 159b
《企业经济犯罪刑事合规暂行办法》出台 144c
企业考察 99c
企业劳动用工诊断评估 165c
企业楼宇主体结顶 211b
企业南迁 218c
企业数字服务优化 175b
企业退休服务 391c
启明星辰公司信息安全总部项目 278b
启明星辰集团 193b
启明医疗生命健康产业园 208c
气候 42a
气候特征 41b
欠薪投诉集中接访 377a
侨海报国论坛 142c
侨界精英创新创业峰会 143a
侨企“三为”实践活动 100b
侨务 100a
桥梁涵洞养护 305c
“亲青恋”系列活动 136c
“亲清直通车·政企恳谈会”活动 144a
青年德育教师学堂学员结业 331a
青年干部训练营 332b
青年商会 145a
青年说“法”系列活动 137b
青少年红色研学活动 136a
青少年互动式法治体验馆 160c
青少年科技模型挑战赛 356a
青少年校园足球联赛 355c
青少年校园足球特色学校 321b
清廉滨江建设 46b
清廉滨江建设实施方案 53b
清廉单元建设工作 116a
清廉国企建设 115c
“情暖滨江·红十字博爱送温暖”活动 152a
“情暖重阳、爱满滨江”主题活动 398a
庆祝中国共产党成立100周年 25a 129c 412a 409a
“求知专线”保障学生安全出行 327b
区“放管服”改革协调机构成立 97b
区本级党委工作督查 66b
区本级综合考评 65c
区第二次归侨侨眷代表大会 141c
区第二十四届中小学生田径运动会 326c
区孤独症人士及亲友协会成立 150b
区关爱退役军人协会成立 393a
区管委会、政府会议 81b
区红十字会第三次会员代表大会 151c
区计生协召开第五次会员代表大会 388a
区纪委五届六次全会 116c
区教育“三中心”成立 326a
区教育评价种子学校揭晓 325a
区科创中心 221c
区块链 212c 247b 247c
区侨联二届一次主席（扩大）会议 142a

区情概览　41
区人大常委会会议　69c
区人大浦沿街道工委活动　79b
区人大西兴街道工委活动　78c
区人大长河街道工委活动　79a
区人大重要会议　68b
区水务公司"十四五"发展规划编制　286c
区委常委会和书记专题会议　51a
区委五届十一次全体（扩大）会议　50c
区五届人大五次会议　68b
区信访局在区委政法委挂牌　154c
区域治理　46a
区政府区政协联席会议　103c
区政协常委会会议和主席会议　103c
区政协党史学习教育　113c
区政协二届五次会议　102c
区知联会换届选举大会　61b
区中小学校党史教育基地揭牌　325c
区总工会四届四次全委（扩大）会议　133a
全国五一劳动奖章获得者　414a
全国消费促进月·浙江站启动仪式　260a
全国性干部教学基地建设　55c
全面三孩政策　388b
全面深化改革　49c
全民阅读公益活动　349c
全民终身学习活动周　328c
全球产业科技发现与科创服务平台上线运行　243c
全区妇女干部培训班　140c
全区社区妇联换届选举工作　138a
全省"一网通办"示范大厅创建　97a
全省商业综合体灭火救援准备推进会　96b
全时线上执法检查　310a
全域未来社区建设　51c　53b　382b
群众体育　354b
群众团体　132
群众文化　343a
群众文化团队　343c

R

燃气安全隐患专项整治　296b
燃气服务数字化　288b
燃气管线拆改工程　288b
热点区域交通治理　304c
人才房公开摇号配租　312b
人才房配租　307b
人才工作数字化一体平台　191a
人才生态环境优化　369c
人才生态区建设　369a
人才引进　372c
人才月活动　374c
人大常委会重要事项　71a
人大代表工作　78a
人大代表建议办理　78a
人大街道工委工作　78b
人大宣传工作　71c
人防工程全生命周期系统建设　168b
人防宣传　168a
人工智能产业园数智化低碳改造　290a
人口监测与家庭发展　387c
人口迁移　44b
人口状况　44a
人力资源　369
人力资源服务机构　373a
人民防空　167c
人民武装部　166a
人社窗口业务技能　390b
人社业务政务服务 2.0 平台推广　389c
人社政务地图采集　390b
人事工资管理　370b
人事任免　71c
人物和荣誉　414
人员招聘　373b
日常监督项目化管理　118b
乳腺诊治中心大型义诊　364c
入编考察考核　372b
软件和信息技术服务　193a

S

"三大主题年"攻坚行动实施方案　52b
"三大主题年"活动　30a
三方联动　165b
"三改一拆"工作　301a
"三社联动"服务　288c
三维通信公司　192a
"三型社区"创建　384a
森林防火灭火　93c
杀猪盘诈骗案　157c
沙龙活动　373b
山海协作协议　279c

商贸服务业　253
商贸服务业技术能手　259c
商品房小区经营性收入审计工作　314b
商事服务数字办理　175a
商业补充医疗保险参保　391a
上峰电商产业园品牌指导服务站　263a
上级党委工作督查　66b
上市服务　169b
上市公司新增　87a
上市后备企业培训　187c
上市后备企业梯队建设　188a
上市企业"同心荟"全覆盖　61b
上市企业培育　187a
畲风红歌进课堂活动　401c
社保基金安全"警示教育月"活动　390c
社工队伍建设　107b
社工师资格考试培训　383b
社会保障　389a
社会保障　48a
社会工作站、室建设　383a
社会建设　48a
社会救助领域专项治理　378b
社会生活　378
社会治理精品案例　160b
社会治理综合服务　411c
社会组织　384c
社情民意调查　178b
社区"微自治"项目　382b
社区工作者节　383c
社区公益嘉年华项目　387a
"社区好老师"评选　328b
社区建设　382a
社区居务监督专题培训　118a
社区楼廊改造　412a
社区人民调解委员会换届　164b
"社区微型残疾人之家"试点建设　150a
沈辉　414a
审计监督　178c
审计整改　179c
生态环境保护"十四五"规划出台　315c
生态环境保护督察问题整改　317c
生态环境管理平台　317c
生态环境行政许可服务　317b
生态环境执法检查　317c
生态文明建设　48b
生物医药产业基金　201c
生物医药创新联盟　145b　202c
生物医药与健康产业　199c
省"枫桥式"司法所　165a
省班主任基本功大赛　326c
省创新型领军企业培育　227a
省地下空间电力设施防涝整治技术　289b
省高新技术企业技术　231a
省级标准国际化试点、示范单位　175b
省级国际科技合作载体　239a
省级企业研究院建设　237a
省级生态文明建设示范区　316a
省级首版次软件产品应用推广指导目录　193c
省级信息技术与制造业融合发展试点示范名单　190c
省级研发攻关计划　227c
省级研发中心建设　233c
省科技型中小企业培育　227b
省名师新课堂教学研训　332a
省数字化改革大会精神解读讲座　126a
省数字化示范小微企业园　172a
省外贸综合服务示范企业　255a
省现代化社区学校　328a
省应急救护培训师教学大赛　358c
省中小学心理健康示范点验收　325a
省重点企业研究院建设　237b
失独家庭服务　388a
师生运动码　322b
"十四五"妇女儿童规划征求意见会　140a
时迈药业公司项目　202a
实验室　197a
食品安全监管　173a　261b
士兰微电子公司　199b
示范班　23b
世界红十字日活动　152a
世界互联网　212c
市"美好家园"小区　413c
市"美好家园"住宅小区　314a
市场化调解模式运用　164b
市场监督管理　172b
市场监管执法民主监督　112c
市场主体　45b
市关工委调研滨江区关心下一代工作　397c
市级示范儿童之家验收　138b
市级研发中心建设　233b
市级综合考评　65b
市老年智能技术应用评比　328c
市民大讲堂　57c

市容环境整治　296c
市示范儿童之家　410a
市委巡察指导督导　121b
市新零售服务企业　262a
市政道路养护　305b
事故源头宣传教育　304a
事业单位工作人员年度考核和奖励　370c
事业机构调整　62b
视察监督　112a
视察与监督　74a
视频网安全运营解决方案　198a
适度普惠型儿童福利制度建设　400b
首店经济　259b
首席数据官制度　91c
首长机关和民兵训练　166b
书画笔会　114c
书画摄影展览　392a
书香政协活动　113c
暑期托管服务　326b
述职大会　117a
数据资源管理　90a
“数智就业”推广　376a
数智消费嘉年华　260a
数智治水系统　319a
数智治水系统上线　91a
数字产业园项目　206c
数字法院建设　162b
数字法治应用场景　154a
数字化改革　80b　91c　91b　190a　291b　371a　408a
数字化改革推进　32a
数字化康养联合体建设　395a
数字化云监管　360a
数字化转型技术　205c
数字见证系统启用　99b
数字经济综合评价排名　172a
数字开标直播注册国家商标　98c
《数字力评价体系（治理版）》出台　55a
数字力研习营　55b
数字疗法产业园　202b
数字门牌试点　380a
“双减”实施办法　53b
“双强”品牌建设　54b
“双随机”抽查监督　346c
水环境治理　317a
水利工程　290a
水泥行业数字化转型　196a
水生态环境保护“十四五”规划出台　315c
水文防汛“5+1”工程建设项目　290c
水务安全生产管理　287c
水质监测　287a
税收风险管理　183b
税收优惠助企减负　183a
税务　182c
硕博人才　45c
司法行政　163b
“送你一把健康伞”活动　124a
送戏下乡　343b
隧道养护　306a

T

台湾事务　101c
太庙桥河工程　284c
泰鲲基金　242a
泰誉基金　242c
谭玉娇　355b
“碳达峰、碳中和”主题联合支部活动　123b
特色旅游文化项目　265c
特色幼儿园　321b
特殊教育　329b
特殊群体关爱　127a
特种设备安全监管　174a
提案办理　88b
提案办理协商　106a
体育比赛　342c
体育产业　356a
体育馆　27c
《天堂硅谷》报　354a
《天堂硅谷》杂志　354a
调研　143c
通信　291a
通信设备产业　191b
同辈导师项目　55a
同登路工程　218a
统计法治建设　176c
统计管理　176a
统计数字化改革　177a
统一战线工作　59a
头雁班学科名师培养　330c
投资促进与区域合作　270
投资管理　169a
投资项目审批优化　97c
“土地码”协同服务平台上线　319c
土地使用管理　319c
土地执法监察　320a
土地资源管理　319b
土壤环境治理　317a
团区委培训工作　136b
退管智能服务　391c

退休干部到基层看变化 64c
退役军人补助发放 408c
退役军人服务站建设 392c 411c
退役军人就业创业服务 392c
退役军人事务 392b
退役军人数字化服务 393c
退役军人志愿品牌发布 393b

W

外贸支持政策 255a
外事 99b
万高科技公司 198c
万轮科技园 222a
万朋科创中心生产基地 215c
王海山 415a
王家宕路工程 218a
网格管理服务 411c
网络餐饮服务监管 261c
网络交易监管 173a
网络文化监管 346b
“网络文学 IP 直通车”一周年活动 206c
网络运行安全保障 92b
网络主题公园 158b
网易未来大会 194a
危化品从业单位安全监管 93b
微党课讲师 24a
微电影《出发，莫斯科》 64b
微纪录片发布 25a
微视频《唱支红歌给党听》 128c
为侨服务月 142c
卫生服务 357a
卫生监督 359b
卫生健康 357
卫生应急 357c
卫生应急防御强台风 358b
未成年人保护 400a
未成年人保护工作 400b 400c
未成年人红色党史教育 396c
“未来工厂”培育企业 250b
“未来工厂”试点建设 250c
“未来教育之春”三地论坛 321c
未来社区建设 170a
未来社区交通场景创建 305a
位置面积 41a
文创产业管理服务平台升级 264c
文创企业 263c 264a
文化“扫黄打非” 347c
文化 · 体育 342
文化创意产业 263b
文化和自然遗产日活动 345a
文化建设 46c
文化经营法规宣传 347a
文化领域执法信息化建设 347a
文化推广 342b
文明城区建设 396a
文史研究成果 102b
文体市场安全生产监管 348a
文体市场管理 345c
文体市场疫情防控 346a
文物保护 343c
文艺公益培训 343b
文艺作品 145c
无偿献血者 151b
“无废城市”建设 317a
无废城市”建设 48c
“无废工地”创建 308c
无烟环境建设 362b
无障碍设施改造 299c
无照经营整治 296a
吴桂玲 416c
五届区委第十轮巡察 120a
五届区委巡察 121a
五类企业退休人员慰问 392a
五水共治 318a
“五水共治” 318c 412a
五一劳动奖章 133b
武警浙江总队医院 368b
“舞动中国——排舞联赛”总决赛 354c
物联网产业 195b
物联网产业社区挂牌启用 211c
物联网产业园 210a
物联网产业园 211a
物联网产业园法律驿站启用 164b
物业服务企业考核 313c
物业管理 313c

X

“西新会”对接交流会 219a
西兴街道 403a
西兴路整治工程 285c
西兴铁路工匠公园竣工 302a
嘻番图书馆挂牌 207a
习近平总书记在庆祝中国共产党成立 100 周年大会上的重要讲话精神 24c
洗车行业执法整治 296c
先行救助机制 378b
线上线下融合咨询服务体系 97b

"献礼百年华诞、百企送祝福"活动 144c
香港创新创业服务中心 101a
向南路工程 283b
项目建设 209c
消防安全综合演练 95c
消防管理 94c
消防宣传进社区 95b
消防执法规范化建设 94c
消防治理新模式 95c
小源溪东侧景观带工程 218a
校本研修信息化 331a
校外培训机构管理政策出台 322a
校外培训机构排查治理专项行动 322a
校外培训机构转登 322b
"校园开放"应用登录 330b
校园招聘 374b
协商议政 105a
谢伟飞 417b
芯岚微基金 242b
"新春送福写春联，滨滨留你过大年"活动 146a
新的社会阶层人士 61a
新迪公司"3D 云盘" 196b
新冠病毒核酸检测实战演练 358a
新冠肺炎疫情防控 211a 357b
新冠疫苗接种保障支援 364b
新华三 191c 195b
新教师培养 331b
新就业形态联合工会 134c
新媒体业务 306b
新能源产业 203a
新生代企业家联谊会 145a
新生农贸市场开业 412c
新时代美丽滨江建设三年行动计划》出台 315b
新时代统战工作拓展 50c
新时代政协工作机制探索 46b
新违建处置率 100% 302a
新闻传媒 353b
新芯片 198c
新型建筑工业化成果及应用 308b
新一代网络安全产品产业化基地项目 212a
新一轮非物质文化遗产项目 345b
"新制造业计划"发展建议 124b
信诚路铁路 285a
信访工作 62c
信访工作机制 63a
信访积案化解 63b
信访业务 63b
信息管理 87c
信息技术基础设施保障 92b
信息软件产业 192b
信用等级评价 183b
信用网信息审核 308a
刑事案件审判 161c
宣传工作 56a
宣传和意识形态工作 50b
宣讲团 25b
选调生招录 55c
学前教育 323b
学生军训 167b
学习型城市发展指数 329a
巡察工作 119c
巡察工作动员部署会 120c
巡察全覆盖工作 121c
巡察整改情况回访督查 120a

Y

亚运会场馆 27a
亚运建设专项监督 116b
"亚运靓城"攻坚行动 26a
"亚运靓城"攻坚行动 51b 53a 112c
亚运主场馆智慧化建设 291c
严丽杰 401b
沿江区域提升改造项目 27a
杨林科技创业中心 223c
养老保险基金管理风险排查 390c
养老服务与老龄事业 394a
养老机构 394b
叶雷鹏 414c
一达通公司 255a
"一件事"服务模式 390b
"一码解纠纷"迭代升级 162c
一桥公园改造 299a
一体化智能化公共数据平台建设 90c
一体化综合行政执法改革试点 405c
医保"一窗通办" 390c
医惠科技公司总部大楼 212a
医惠智慧医疗产品产业化基地项目 309a
医教结合 329b
医联体建设 363c
医疗保障 357b
医疗美容机构乱象整治 360a

医疗器械质量监管 173b
依申请公开政府信息 87c
“以法之名，守护少年的你”宣传系列活动 159c
义务教育 324b
艺术考级专项整治 348c
银行自贸区支行揭牌 28c
英飞特电子公司 204a
婴幼儿托育服务体系 106b
婴幼儿照护服务 365c 388b
迎亚运入城口改造 296b
迎亚运摄影大赛 318c
营商环境 162b 170c
应急管理 92c
应急救护师资授课技能大赛 152b
映翠路建成 284c
优特电源公司 205b
邮政 306b
游卡滨江产业基地 265a
游泳场所监管 348b
“有爱无碍”系列活动 148b
幼儿教师区域研修 324a
幼儿园城乡互助 324a
渔业增殖放流 251b
宇视科技公司 197b
雨水管网养护 299c
圆桌会 130b
援企稳岗活动 375b
远程异地“评审 e 站”建设 99a
院士专家工作站建设 240a
云趣数科公司项目 212c
鋆昊基金 243a
运输企业安全整治 303c
“韵味杭州”2021 年田径邀请赛 355a

Z

再生资源回收 297c
在售商品房预售资金监管 311b
在线直播电动车火灾实验 95a
造血干细胞 151b
“责任居民”队伍培育 383a
战略合作 86c 98a 188c 197b 197c
张兴明 417a
章旗 416c
章元熙 397c
招商创库 225c
招商引资 271c
照明设施提升工程 298a
哲达科技公司 205a
浙东唐诗之路影像展 146b
浙江大学滨江研究院 232a
浙江大学滨江研究院建设生命健康领域三大中心 200b
浙江大学医学院附属第二医院滨江院区 366a
浙江大学医学院附属儿童医院 367a
浙江工匠 414c
“浙江工匠”获得者 133c
浙江机电职业技术学院 336a
浙江警察学院 334a
浙江马拉松接力赛 354a
浙江商业职业技术学院 335a
浙江省“担当作为好支书” 415c
浙江省当虹智能视频重点企业研究院 238b
浙江省多维感知技术应用与安全重点实验室 240a
浙江省高端模拟芯片重点企业研究院 238a
浙江省杭州第二中学 338b
浙江省鸿运华宁抗体新药重点企业研究院 238c
浙江省极弱磁空间及应用技术重点实验室 239a
浙江省建筑设计研究院滨江新大楼项目 215a
浙江省开关电源技术重点企业研究院 238a
浙江省科学技术奖 240c
浙江省绿色商场 259b
浙江省社会组织领军人物 416b
浙江省数字贸易百强榜 257a
浙江省专利创造百强企业 246c
浙江数字文化国际合作区 47b
浙江艺术职业学院 336c
浙江中医药大学 332c
“浙里连心”获全省推广 164a
浙能基金 242b
征兵工作 167a
整改工作机制 66c
整机专用固态硬盘主控芯片 199b
正泰新能源公司发布新产品 204b
“政采云”在线交易 98b
政法队伍教育整顿 154b 160a
政法委及综治 153a
政府投资项目审计 179a
政府信息 87a
政务督查 88a
政务公开 87b
政务应用系统运维 92c
政协滨江区委员会 102

政协工作宣传 102b
政协系统中共建设 113b
政治建设 45c
政治生态优化 115b
知识产权（专利） 243b
知识产权案件审理 162a
知识产权保护 244b
知识产权检察办公室成立 160a
知识产权宣传周 246b
知识产权转化运用 244b
知识产权综合平台服务与保护 106b
执行工作 162a
执纪审查与监察调查 119a
直播电商产业发展的建议 122b
直管公房管理 311c
职业健康检查 360b
职业能力提升 376b
植树节认养活动 299a
志愿服务十大行动发布 135b
志愿服务项目评审 135c
制水保障 287a
制造业 249a 250a
制造业高质量发展2021年行动计划编制 249b
质量发展大会 175c
质押融资 247b
致公党杭州高新区（滨江）总支部 129a
致公明志讲堂 130c
智慧安防建设 157b
智慧管网数字化建设 318b
智慧化社区卫生服务站建设 363a
智慧教育 329c
“智慧人大”建设 68a
智慧水务建设 287b
智慧税务滨江样本 183a
智慧校园新型基础设施建设 330a
智慧新天地 208a
智慧新天地 208b
智慧型生命健康教育基地授牌 201a
智慧医疗 362c
智能河长机器人上线 319a
智能楼宇技术与智能产品展览会 267a
智能物联产业发展规划 249c
智能型科技情报 240b
智能照明 205b
智涌钱塘大会 266c
智造供给小镇 216b
中、高级专业聘用制人员招聘 371c
中共滨江区纪律检查委员会滨江区监察委员会 115
中共杭州高新区工委（滨江区委） 49
中共杭州市滨江区委六届一次全体（扩大）会议 52a
中国（浙江）自由贸易试验区杭州片区滨江区块建设 28a
中国（浙江）自由贸易试验区杭州片区滨江区块建设推进大会 28c
中国创新创业大赛 220c
中国地方志学术会议 351c
中国动漫博物馆开馆 47a
中国共产党成立100周年庆祝活动（党史学习教育） 22a
中国共产党杭州市滨江区第六次代表大会召开 45c
中国空分公司 205c
中国民营企业 144c
中国石英新材料产业大会 204a
中国水科学数学模型发展趋势研讨沙龙 318c
中国网络安全矩阵 197b
中国网络作家村 147a 264c
中国物联网产业知识产权运营中心 246a
“中国芯” 199a
中国专利奖 247b
“中华慈善日”主题宣传活动 399c
中考新政与备考策略专场咨询 125a
中科曙光公司高端芯片研发项目 278a
中瑞智慧医疗创新中心 224c
中太创业空间 224b
中小学生体能素质检测 327a
中兴单元小学及幼儿园项目 282c
众创空间 224b
众创空间 225a 225b
重大科技专项配套项目 228a
重点工程监督 75c
重点领域安全管理 93a
重点人群健康管理服务 363b
重要会议 50c 102c
重要会议和活动 116c
重要决策 52b
重要政事 81b
主动公开政府信息 87b

主题花园建设　299a
主题团日活动　136b
主题征文　113b
主体结构验收　209a
住房保障和管理　312a
住房补贴　312a
住房租赁市场整顿　311b
住户和劳动力调查　178b
住宿和餐饮业　260c
住宅小区环境整治　314b
驻地学校　332c
驻地医院　365c
专记　22
专精特新“小巨人”　249a
专任教师心理健康教育C级证书培训　323c
专题督查　75b
专题学习　24c　57a
专项集体民主监督　112b
专项民主监督　130a
专项整治　266a　266b　387b
专项治理　116b
专业技术人才培养　373a
专业聘用制人员　371b
专业聘用制人员管理办法出台　371c
专职社区工作者　383c
装修垃圾清运　297a
咨询服务模式　174c
资金帮扶和消费协作　279a
资金补助　387c
自贸区建设　170b
自然概貌　41a
宗教领域安全隐患大排查　402b
宗教事务　402a
宗教政策法规学习月活动　402c
综合经济管理　169a
综合考评和督查　65b
综合商场　259a
综合统计分析　176b
邹继红　415b
租房补贴　312b
组件共建共享　91a
组织工作　53c
组织活动模式创新　126c
“最多跑一次”平台　98a

字符

“1+X”政策专场培训会　219b
“136”格局构建　63c
“2021年度硬核中国芯”　199b
“926工匠公园”开工建设　134a
PingPong科技产业产品化基地项目　213c
RCEP线上培训　255b

图照索引

B

白马湖之秋“劳动教育+”创新峰会暨省名师新课堂教学研训活动　332
“百年回望，中国共产党领导科技发展”科技活动周　141
北京航空航天大学杭州创新研究院　231
滨江高教园区反诈、交通安全治理工作站　413
滨江交警大队工作人员清理被台风刮倒在道路上的树枝　302
滨江区“益起·善”公益慈善毅行大会　399
滨江区第二十四届中小学生田径运动会　327
滨江区第六个“中华慈善日”主题宣传活动暨“慈善一日捐”启动仪式　399
滨江区教育系统2018级后备干部结业典礼暨2021级后备干部开班典礼　331
滨江区企业退休人员喜迎中国共产党成立100周年书画摄影展　392
滨江区社区工作者节主题宣传活动　384
滨江区首支“责任居民”队伍成立　383
滨江区未成年人保护工作委员会第一次全体会议　400
滨江区新冠疫苗方舱式接种点保障队伍　364
滨江区中小学校党史教育基地

揭牌暨党史学习教育十大系列活动启动仪式 326
滨江区组织消防员在西兴基督教堂讲解消防知识 402

C

长河革命历史纪念馆一角 64
长河乡贤馆对外开放 409

D

地区生产总值及增幅 427
地区生产总值三大产业占比 427
第十七届中国国际动漫节 268
第五季"为地球朗读"活动启动仪式 349

F

法官在滨江区人民法院白马湖法庭揭牌仪式上宣誓 163
富芯半导体模拟芯片项目一期开工建设 217

G

公安部检测中心滨江实验室 86
固定资产投资增幅 430
冠山路竣工 284
规上服务业营业收入及增幅 429
规上工业增加值及增幅 429

H

杭州博日科技股份有限公司与浙江省疾病预防控制中心举行战略合作签约仪式 201
杭州高新区(滨江)"家燕回巢"暑期夏令营开班 376
杭州高新区(滨江)"庆建党百年 与健康同行"守护月暨"5·8"博爱周系列活动启动仪式 152
杭州高新区(滨江)2021年"119"消防宣传月启动仪式 95
杭州高新区(滨江)党外知识分子联谊会二届一次理事大会 61
杭州高新区(滨江)第二次归侨侨眷代表大会 142
杭州高新区(滨江)第六批政府专业聘用人员年度述职 372
杭州高新区(滨江)海外高层次人才创新创业基地方舱临时接种点投入使用 361
杭州高新区(滨江)红十字会第三次会员代表大会 151
杭州高新区(滨江)举行2021年度春季征兵新兵入伍欢送仪式 167
杭州高新区(滨江)开展数字力研习营分组研讨活动 55
杭州高新区(滨江)青年说"法"主题活动 137
杭州高新区(滨江)数字化改革应用产业链创新图谱上线 221
杭州高新区(滨江)推出人才工作数字化一体平台 191
杭州高新区(滨江)新的社会阶层人士联谊会 60
杭州高新区(滨江)新生代企业家联谊会新一届会员代表大会 145
杭州高新区(滨江)与启明星辰信息技术集团有限公司总部项目签约仪式 193
杭州高新区(滨江)与四川省广元市朝天区东西部协作联席会议 279
杭州高新区(滨江)与中国银行浙江省分行举行战略合作签约仪式 188
杭州高新区(滨江)在闻涛社区最美广场开展新冠病毒核酸检测实战演练 358
杭州高新区(滨江)召开"五水共治"暨生态文明建设大会 316
杭州高新区(滨江)召开法治政府建设暨"两高一低"专项整治工作推进会 155
杭州高新区(滨江)知识产权宣传周启动仪式 246
杭州高新区(滨江)总工会第四届委员会第四次全体(扩大)会议 133
杭州华业高科技产业园 222
杭州市"党恩各族颂·民族一家亲"民族故事会暨宣讲启动仪式 401

杭州市滨江区、深圳市南山区和重庆市江北区“未来教育之春”三地论坛 321
杭州市滨江区第五届人民代表大会第五次会议 68
杭州市滨江区关爱退役军人协会成立大会召开 393
杭州市滨江区社会组织联合会妇联成立 139
《杭州市滨江区志》首发仪式在区文化中心举行 351
杭州市崇文世纪城实验学校学生参观“E路守护”青少年互动式法治体验馆 161
杭州市医保“一窗通办”2.0事项观摩学习交流会 391
“红动浙江·2021浙江马拉松接力赛” 355
“红色智联汇——数智新课堂”启动仪式 323
华家排灌站 290

J

“吉利寰球互联网+新能源产品产业化基地”项目完成主体结构验收 209
九三学社杭州高新区（滨江）基层委员会组织社员到中国共产党杭州历史馆参观 131

L

两岸青年网络文学大赛·未来发展高峰论坛暨“网络文学IP直通车”一周年活动 207
六和桥众创空间 226

M

民革杭州高新区（滨江）基层委开展“参政议政践初心、集智聚力迎国庆”党员活动 123
民建杭州高新区（滨江）基层委举行议政日活动 125
民进杭州高新区（滨江）基层委组织西兴幼儿园和新疆维吾尔自治区阿克苏市第一幼儿园开展“共读小红书，齐唱小红歌”活动 127
民盟杭州高新区（滨江）基层委在月亮湾幼儿园开展“均衡营养，合理膳食”主题公益活动 124

N

“南北桥”系列活动——“西新会”对接交流会 219
农工党杭州高新区（滨江）基层委党员在杭州高新区（滨江）党群服务中心拍摄庆祝中国共产党成立100周年微视频 128

Q

区残联在西兴街道“残疾人之家”举行首届趣味运动会 149
区档案馆查档服务厅工作人员接待市民查档 353
区动物防疫和兽药经营管理工作培训会 252
区行政服务中心入选全省“一网通办”示范大厅创建试点单位 97
区行政服务中心社保、医保综合服务窗口 389
区检察院知识产权检察办公室在知识产权大厦成立 160
区民政局举办“爱你在心”集体颁发结婚证活动 381
区民政局开展“上城滨江线”图上定界和实地勘界工作 379
区民政局在区社会组织服务中心举办“公益创投项目设计与管理”能力建设课程 385
区农业农村局组织人员在钱塘江流域增殖放流 251
区人大常委会组织开展“平安护航建党百年”大排查大整治工作专题督查 75
区人大常委会组织民生实事项目代表专项监督小组成员，到月亮湾幼儿园开展“巩固深化垃圾分类”民生实事项目专项监督活动 74
区人防办工作人员在区政府南广场开展“9·18”人防宣传活动 168
区人力社保局开展《保障农民工工资支付条例》实施一周年专题普法宣传活动 377
区市场监管局工作人员到杭州启明医疗器械股份有限公司服务 173

区市场监管局工作人员到民生药事服务站杭州易心堂大药房连锁有限公司江晖路店指导和服务 174
区委第二巡察组召开巡察区总工会党组工作动员会 120
区委宣传部、区文明办联合区委党史研究室在网易蜗牛读书馆开展未成年人红色党史教育活动 396
区委召开2021年度区委巡察工作动员部署会 121
区应急管理局在冠山公园组织开展森林防灭火演练 94
区政协在区知识产权大厦召开完善知识产权综合平台服务与保护功能"请你来协商"专题协商会 106
区政协在英飞特园区挂牌成立首个"书香政协·硅谷书房" 114
全国消费促进月·浙江站启动仪式 260
全区财政收支 428
全区常住、户籍人口数 428

R

人才引进数 432

S

社会消费品零售总额及增幅 430
时代大道高架通车 281

T

谭玉娇获东京残奥会女子举重67公斤级金牌 355
塘子堰河及两侧绿化景观 300

W

"文化和自然遗产日"暨"红色非遗走进高新企业"宣传展示活动 344

X

西兴街道缤纷未来社区开街试运行 406
"逍遥荟"人才月活动在海外高层次人才创新创业基地启动 375
"新春送福写春联，滨滨留你过大年"活动 146
新一轮滨江区和富阳区幼儿园城乡互助共同体结对签约 324
巡特警在第十七届中国国际动漫节会场执勤 157

Y

映翠路建成 285

Z

浙江大华技术股份有限公司"大华PCBA（电路板相关）工厂" 196
浙江省首个产业社区——物联网产业社区在滨江物联网小镇挂牌启用 211
浙江正泰新能源开发有限公司总部大楼 204
志愿者在海外高层次人才创新创业基地方舱临时接种点服务 135
致公党杭州高新区（滨江）总支部组织"同心·同行"——体验中共一大情景沙盘模拟活动 129
中共杭州市滨江区委五届十一次全体（扩大）会议 51
中国动漫博物馆开馆 47
中国共产党杭州市滨江区第五届纪律检查委员会第六次全体（扩大）会议暨作风建设"三大主题年"动员大会 117
中国人民政治协商会议第二届杭州市滨江区委员会第五次会议 103
专利授权量 431

字符

2021网易未来大会在线上直播 194
"926工匠公园"开工仪式 134
PingPong科技产业产品化基地项目 214

表格索引

表1 白马湖大讲堂课程内容情况 58
表2 滨江区人大常委会会议情况 69
表3 区人大常委会人事任免情况一览 72
表4 杭州市滨江区人大常委会民生实事项目督查情况 76
表5 区管委会、政府重要会议一览 81
表6 滨江区政府民生实事项目内容及责任部门一览 89
表7 政协滨江区委员会常委会会议情况 103
表8 政协滨江区委员会主席会议情况 104
表9 区政协重要建议情况 107
表10 杭州市滨江区纪委监委日常监督项目一览 118
表11 杭州高新区(滨江)新成立的部分企业、园区妇联情况 139
表12 区残疾人各专门协会主要活动情况 148
表13 区残联各专门协会更名前后对比一览 150
表14 驻杭州高新区(滨江)保险公司机构一览 184
表15 驻杭州高新区(滨江)银行机构一览 185
表16 驻杭州高新区(滨江)证券机构一览 186
表17 杭州高新区(滨江)数字经济及相关产业情况 190
表18 杭州高新区(滨江)入选省级首版次软件产品应用推广指导目录一览 194
表19 杭州高新区(滨江)入选杭州市生物医药产业资助项目一览 202
表20 北塘河大讲堂课程内容一览 214
表21 杭州高新区(滨江)“尖兵”“领雁”研发攻关计划项目立项情况 228
表22 杭州高新区(滨江)国家、省重大科技专项配套项目情况 229
表23 杭州高新区(滨江)新认定市级研发中心一览 233
表24 杭州高新区(滨江)新认定省级研发中心一览 235
表25 杭州高新区(滨江)新认定省级企业研究院一览 237
表26 杭州高新区(滨江)新认定省级重点企业研究院一览 238
表27 杭州高新区(滨江)新认定省级国际科技合作载体一览 239
表28 杭州高新区(滨江)新增市级企业创新联合体一览 239
表29 杭州高新区(滨江)获省级科学技术奖励项目情况 240
表30 杭州高新区(滨江)入选杭州市专利示范试点企业一览 244
表31 杭州高新区(滨江)规模以上工业主要经济指标情况 248
表32 杭州高新区(滨江)出口前20名企业情况 253
表33 杭州高新区(滨江)出口名牌企业一览 254
表34 杭州高新区(滨江)服务外包离岸执行额1000万美元以上企业一览 256
表35 杭州高新区(滨江)农贸市场基本情况 258
表36 杭州白马湖国际会展中心会展情况 269
表37 杭州高新区(滨江)境外中方投资额1000万美元以上项目一览 270

表38　杭州高新区（滨江）新引进中国香港、澳门、台湾地区投资企业情况　271
表39　杭州高新区（滨江）新引进外商投资企业情况　274
表40　杭州高新区（滨江）投资总额1000万美元以上中国香港投资企业情况　277
表41　杭州高新区（滨江）投资总额1000万美元以上外资项目一览　277
表42　杭州高新区（滨江）区内公交线路一览　292
表43　杭州高新区（滨江）省、市级“美丽河道”创建情况　301
表44　滨江区公益创投项目一览　385
表45　杭州高新区（滨江）经济社会主要指标一览　418
表46　杭州市各区县（市）主要经济指标对比一览　423
表47　全区常住人口年龄构成情况　435
表48　电视媒体重要报道一览　445
表49　平面媒体重要报道一览　450